बेनीपुरी ग्रंथावली-1

कहानियाँ, शब्दचित्र, उपन्यास, ललित निबंध, स्मृतिचित्र और कविताएँ

बेनीपुरी ग्रंथावली

1

सामग्री संकलन
जितेन्द्र कुमार बेनीपुरी

संपादक
सुरेश शर्मा

राधाकृष्ण

ISBN : 978-81-7119-424-7

बेनीपुरी ग्रंथावली-1

पहला संस्करण : 1998
पहली आवृत्ति : 2013

मूल्य : ₹ 7200
(आठ खंडों का पूरा सेट)

प्रकाशक
राधाकृष्ण प्रकाशन प्राइवेट लिमिटेड
7/31, अंसारी मार्ग, दरियागंज, नई दिल्ली-110 002

शाखाएँ : अशोक राजपथ, साइंस कॉलेज के सामने, पटना-800 006
पहली मंजिल, दरबारी बिल्डिंग, महात्मा गांधी मार्ग, इलाहाबाद-211 001

वेबसाइट : www.radhakrishnaprakashan.com
ई-मेल : info@radhakrishnaprakashan.com

मुद्रक
बी.के. ऑफसेट
नवीन शाहदरा, दिल्ली-110 032

BENIPURI GRANTHAVALI-1
Edited by Dr. Suresh Sharma

श्रीरामवृक्ष बेनीपुरी (1899-1968).

1954 में परिवार : आगे की पंक्ति में बाएं से—बेनीपुरी, गोद में ललन (पौत्र), जितेन्द्र बेनीपुरी (मंझले पुत्र), प्रभा बेनीपुरी (पुत्री), पत्नी उमारानी बेनीपुरी, गोद में मन्नन (पौत्र), महेंद्र बेनीपुरी (छोटे पुत्र). पीछे खड़े हैं—देवेन्द्र बेनीपुरी (बड़े पुत्र) और उनकी पत्नी सुशीला बेनीपुरी.

यह रचनावली

प्रख्यात लेखक और पत्रकार श्रीरामवृक्ष बेनीपुरी के जन्मशती वर्ष में हम उनकी ग्रंथावली का प्रकाशन कर रहे हैं। बेनीपुरी देश के पहले लेखक हैं जिन्होंने संभवतः किसी भी भारतीय भाषा में सबसे पहले अपनी रचनाओं का प्रकाशन ग्रंथावली के रूप में स्वयं करने की योजना बनाई। प्रकाशन की दुनिया में भी यह एक ऐतिहासिक प्रयोग था। लेकिन बेनीपुरीजी पाँचवें दशक के पूर्वार्द्ध में अपनी ग्रंथावली के सिर्फ दो खंड ही प्रकाशित कर पाए। अस्वस्थ हो जाने के कारण उनकी योजना अधूरी रह गई। आठ खंडों में उनकी संपूर्ण रचनाओं की ग्रंथावली प्रकाशित कर हमने उनकी अधूरी रह गई योजना पूरी करने की कोशिश की है।

बेनीपुरीजी स्वाधीनता आंदोलन से जुड़े महान लेखक हैं। उन्होंने अपने लेखन और राजनीति से स्वाधीनता आंदोलन को गंतव्य तक पहुँचाया। आजादी के स्वर्ण जयंती वर्ष में बेनीपुरी जैसे क्रांतिकारी लेखक की ग्रंथावली के प्रकाशन की अनिवार्य प्रासंगिकता है। साहित्यकार होने के कारण बेनीपुरी के व्यक्तित्व का केन्द्रीय गुण उनकी ईमानदारी थी। इसीलिए वे सत्ता के शिखर की बजाय साधारण लोगों के बीच विपक्ष की राजनीति में रहे। समाज के लिए ऐसे इतिहास पुरुषों की प्रासंगिकता हमेशा बनी रहेगी। ऐसे ऐतिहासिक व्यक्तित्वों की समग्र रचनाओं को एक साथ उपलब्ध कराने की योजना के तहत कुछ समय पहले हमने 'राहुल वाङ्मय' का प्रकाशन शुरू किया था। अब बेनीपुरीजी की ग्रंथावली प्रस्तुत है।

बेनीपुरी ग्रंथावली के प्रकाशन के लिए श्री जितेन्द्र कुमार बेनीपुरी ने जिस तत्परता से सामग्रियाँ उपलब्ध कराईं उसके कारण ही ग्रंथावली को यह रूप देना संभव हुआ। डा. नामवरसिंह जी के बहुमूल्य सुझावों से हम लाभान्वित होते रहे। डॉ. सुरेश शर्मा ने लगातार परिश्रम कर विशाल बेनीपुरी ग्रंथावली का नए ढंग से संपादन किया। मैं इन सब विद्वद्‌जनों का आभारी हूँ।

—अशोक महेश्वरी

मेरी बात

मेरे पिता हिन्दी के लेखक और पत्रकार तो थे ही, राजनीति और समाजवादी विचारधारा के प्रति उनमें गहरा लगाव था। उनकी ये विशेषताएँ उनके व्यक्तित्व, पारिवारिक तथा सामाजिक जीवन में भी उसी तरह देखी जा सकती थीं, जिस तरह उनके लेखन में। आजादी के बाद 1947 में एक दिन उन्होंने मुझसे कहा, "बेटा, मेरी बड़ी इच्छा है कि जिस देश की आजादी के लिए मैंने इतना किया, उसकी रक्षा में मेरा एक बेटा लगा रहे। क्या तुम फौज में जाओगे?" मैंने 'हाँ' किया और मेरा चयन राष्ट्रीय भारतीय सैनिक कॉलेज, देहरादून में हो गया। उस समय मेरी उम्र मात्र ग्यारह साल थी। उसके बाद राष्ट्रीय प्रतिरक्षा अकादमी, खड़गवासला से होते हुए मैंने भारतीय वायुसेना में राष्ट्रपति कमीशन फरवरी, 1958 में पाया। मैं सैनिक सेवा में जाऊँ, इस संदर्भ में उनके क्या सपने थे, क्या अपेक्षाएँ थीं, मेरे नाम लिखे उनके पत्रों में उनकी चर्चा है। देशप्रेम के आदर्शों को वे अपने लेखन में बुनते ही नहीं थे, अपने जीवन में गुनते भी थे। मुझे सेना में भेजकर उन्होंने देश के प्रति अपनी समर्पण-भावना ही व्यक्त की थी, ऐसा मुझे लगता रहा है। मैंने बराबर महसूस किया, जैसे मैं देश के प्रति उनके उसी संकल्प और समर्पण का अग्रदूत हूँ।

जब दिसंबर, 1953 में बेनीपुरी ग्रंथावली का पहला खंड प्रकाशित हुआ था; उसके दो साल बाद फरवरी, 1955 में दूसरा खंड प्रकाशित हुआ, तब उन्होंने अपने समस्त साहित्य को बेनीपुरी ग्रंथावली के दस खंडों में प्रकाशित करने का संकल्प हिंदी संसार के सामने व्यक्त किया था। उसकी एक-एक खंड की योजना भी इन्हीं प्रकाशित खंडों में स्वयं परिकल्पित की थी। 'बेनीपुरी ग्रंथावली' के ये दो खंड अपने समय में प्रकाशन जगत में एक प्रतिमान बने। ये खंड पिताजी की बनाई प्रकाशन संस्था 'बेनीपुरी प्रकाशन' से निकले थे। बाद में पिताजी की अस्वस्थता और संचालकों द्वारा उचित ध्यान नहीं देने के कारण 'बेनीपुरी प्रकाशन' बंद हो गया और आगे के खंडों का प्रकाशन संभव नहीं हुआ। योजना अधूरी रह गई। पिताजी के कई और सपनों की तरह, उनका यह सपना भी साकार नहीं हो सका।

करीब तैंतीस साल भारतीय वायुसेना में अफसरी करने के बाद 1991 में मैं सेवा-निवृत्त हुआ। वायु सेना में रहते हुए भी, समय आने पर 'बेनीपुरी ग्रंथावली' के सपने को साकार करने के दृढ़ निश्चय को मैं सँजोता रहा। इसका कारण यह था कि अपने जीवनकाल में मेरे पिताजी ने जो साहित्यिक दानपत्र लिखा, उसमें 'बेनीपुरी ग्रंथावली' (जिसमें उनकी लिखी समस्त सामग्री आ जाए) के प्रकाशन का कापीराइट और दायित्व उन्होंने केवल मुझे ही सौंपा। इसके लिए हमेशा मुझे प्रोत्साहित करने में मेरे बचपन के मित्र (और पिताजी के साहित्यिक अभिभावक आचार्य शिवपूजन सहाय के आत्मज) डॉ. मंगलमूर्ति का बड़ा हाथ रहा। सेवा-निवृत्त होकर जब मैं पटना आ गया तो सामग्री संग्रह करने और समय-समय पर समुचित सुझाव देकर उन्होंने मुझे बहुत महत्त्वपूर्ण सहयोग दिया है। इसके लिए मैं उनका बहुत आभारी हूँ।

पूर्व-प्रकाशित दो खंडों को तो यथावत प्रकाशित करना था, किन्तु शेष खंडों की सामग्री को चार दशकों बाद खोज-ढूँढ़कर इकट्ठा करना, व्यवस्थित करना और यथावश्यक संपादित करना अत्यंत कठिन कार्य था। अप्रकाशित पांडुलिपियों, डायरियों, पत्रों आदि को नये सिरे से खोज निकालना, उनकी फोटो-प्रतियाँ बनवाना और उन्हें क्रमबद्ध करना—इन सब कार्यों में मुझे पूरे तीन वर्ष कठिन परिश्रम करना पड़ा। इन सभी तरह के महत्त्वपूर्ण कार्यों में अनेक व्यक्तियों

ने मुझे सहयोग प्रदान किया जिनके प्रति मैं हार्दिक आभार प्रकट करना चाहता हूँ। ऐसे व्यक्तियों में सबसे पहले मैं स्मरण करना चाहता हूँ—शारदा पुस्तकालय, लालगंज, वैशाली के स्व. जगन्नाथ प्रसाद साह को जिन्होंने मुझे बेनीपुरीजी की अधिकांश पुस्तकों की फोटो प्रतियाँ उपलब्ध कराईं। इसी क्रम में कुछ और व्यक्तियों और संस्थाओं का भी आभार ज्ञापन मैं करना चाहता हूँ। उनके नाम हैं—सर्वश्री हरिदेव शर्मा (उप-निदेशक, नेहरू स्मारक संग्रहालय एवं पुस्तकालय, नई दिल्ली), वहीं के रिसर्च अफसर श्री जी.एल. गेरा और श्रीमती सेनगुप्ता, श्री रामशोभित सिंह (सच्चिदानंद सिन्हा पुस्तकालय, पटना), श्री महेन्द्र यादव (निदेशक, बिहार राष्ट्रभाषा परिषद) और राष्ट्रभाषा परिषद के लाइब्रेरियन श्री रवीन्द्र प्रसाद। हिन्दी साहित्य सम्मेलन के प्रधानमंत्री श्री केदारनाथ कलाधर और वहीं के लाइब्रेरियन श्री वृजभूषण शर्मा का भी मैं आभारी हूँ। पुस्तकालयों में बिहार हितैषी पुस्तकालय, मंगल तालाब पटना सिटी, चैतन्य पुस्तकालय गायघाट, पटना सिटी, राजा राधिकारमण पुस्तकालय, पटना और आचार्य शिवपूजन सहाय स्मारक न्यास, पटना का भी मुझे सहयोग मिला। इसलिए इन संस्थाओं को मेरा हार्दिक धन्यवाद।

अपने परिवार के सदस्यों में भी अपने छोटे भाई डॉ. महेन्द्र कुमार बेनीपुरी के प्रति मैं आभारी हूँ जिनसे बाबूजी की दो डायरियाँ 'कुछ मैं और कुछ वे' तथा 'टुलिप्स' की पांडुलिपियाँ प्राप्त हुईं। उसी प्रकार बाबूजी की शेष डायरियों की फोटोप्रतियों के लिए अपने भ्रातृज रतन बेनीपुरी तथा बाबूजी और परिवार के कुछ चित्रों के लिए भ्रातृज मन्नन बेनीपुरी का भी मैं विशेष आभार मानता हूँ।

'बेनीपुरी ग्रंथावली' को उसकी संपूर्णता में हिन्दी-जगत के सामने प्रस्तुत करने के अपने संकल्प में मुझे सबसे अधिक भावनात्मक सहयोग मिला है अपनी अर्द्धांगिनी श्रीमती ऊषारानी बेनीपुरी, अपने सुपुत्र-द्वय स्क्वाड्रन लीडर अनिल कुमार बेनीपुरी तथा सुनील बेनीपुरी और अपनी प्यारी बेटी मिनीता भारद्वाज बेनीपुरी से। इन्होंने मेरे इस प्रयास में हर कदम पर मेरी हिम्मत बढ़ाई है।

अंत में, मैं आदरणीय डॉ. नामवरसिंह जी के प्रति भी विशेष कृतज्ञता जताना चाहता हूँ जिन्होंने अपने परामर्श से सदा मेरा मार्गदर्शन किया। 'राधाकृष्ण प्रकाशन' दिल्ली के अधिष्ठाता श्री अशोक महेश्वरी का भी मैं आभार मानता हूँ कि उन्होंने इस 'ग्रंथावली' को अंततः हिन्दी-जगत के सम्मुख प्रस्तुत किया।

184-बी. श्री कृष्णपुरी, पटना-1 —**जितेन्द्र कुमार बेनीपुरी**

प्रस्तावना

प्रसिद्ध लेखक और पत्रकार श्रीरामवृक्ष बेनीपुरी के जन्मशती वर्ष (1998-99) मे उनकी ग्रंथावली प्रकाशित की जा रही है। बीसवीं सदी के तीसरे दशक से छठे दशक तक वे लेखन की दुनिया में सक्रिय रहे। इन वर्षों में उन्होंने सिर्फ साहित्यिक लेखन ही नहीं किया। पत्रकारिता और राजनीति उनकी जिंदगी के दो अन्य मोर्चे थे जिन पर वे निरंतर सक्रिय रहे। अपने जीवन में वे साहित्य लेखन को सबसे अधिक समय देना चाहते थे, लेकिन विडम्बना यह रही कि उसके लिए वे सबसे कम समय निकाल पाए। जब जेल में उन्हें राजनीति और पत्रकारिता की व्यस्तताओं से फुर्सत मिलती थी तो साहित्य लेखन के लिए समय निकालते थे। उनकी *माटी की मूरतें* और *अम्बपाली* जेल में लिखी कृतियाँ हैं। वे आज कालजयी रचना के रूप में समादृत हैं। उन्होंने सिर्फ कहानियाँ, शब्दचित्र और उपन्यास ही नहीं लिखे हैं बल्कि नाटक, ललित निबंध और बाल साहित्य के अतिरिक्त जीवन के उत्तरार्द्ध में महत्त्वपूर्ण कविताएँ भी रची हैं। उन्होंने जीवनियाँ और आत्मकथात्मक संस्मरण लिखे हैं। उनके यात्रा-वृत्तांत और डायरी हिंदी साहित्य की अमूल्य निधि हैं। विभिन्न पत्रों में लिखे उनके संपादकीय लेख तथा रूस और चीन की समाजवादी क्रांति पर लिखी उनकी पुस्तकें आज भी सर्वथा प्रासंगिक हैं।

उनका कहानी संग्रह सिर्फ एक ही है *चिता के फूल*। लेकिन उनके शब्दचित्रों के तीन संग्रह हैं : *लाल तारा, माटी की मूरतें* तथा *गेहूँ और गुलाब*। दो उपन्यास हैं : *पतितों के देश में* और *कैदी की पत्नी*। *सतरंगा इद्रधनुष* में उनके ललित निबंध संकलित हैं। उनके वैचारिक निबंधों की अनेक पुस्तकें हैं : *हवा पर, मशाल, नई नारी, वंदेवाणी विनायकौ* तथा *अत्र-तत्र* आदि। *पैरों में पंख बाँधकर* तथा *उड़ते चलो, उड़ते चलो* उनकी यात्रा पुस्तकें हैं। आत्मकथात्मक संस्मरण भी उन्होंने काफी लिखे हैं। *मुझे याद है, कुछ मैं और कुछ वे* तथा *जंजीरें और दीवारें* में उन्होंने अपने जीवन में आए लोगों और घटनाओं का जीवंत वृत्तांत प्रस्तुत किया है। उन्होंने दूसरों की जीवनियाँ भी बड़ी संख्या में लिखी हैं। जयप्रकाश, कार्ल मार्क्स, रोजा लुग्जम्बर्ग, च्यांग काइ शेक, विद्यापति, शिवाजी, गुरु गोविंद सिंह तथा लंगट सिंह की जीवनियाँ उन्होंने बिल्कुल नई शैली में लिखी हैं। उनकी पुस्तक *मील के पत्थर* में भी अनेक महत्त्वपूर्ण लोगों के व्यक्तित्व का परिचय देनेवाले संस्मरण हैं। बेनीपुरी का एक ऐतिहासिक योगदान यह भी है कि उन्होंने समाजवादी देशों की क्रांति प्रक्रिया का परिचय देनेवाली अनेक किताबें लिखी हैं। लाल चीन, लाल रूस तथा रूसी क्रांति आदि पुस्तकें इसका उदाहरण हैं। जिन पत्रों के वे संपादक रहे उनमें लिखे सैकड़ों संपादकीय लेखों से उन्होंने पाठकों को स्वाधीनता आंदोलन में गति देने के लिए तैयार किया।

बेनीपुरीजी ने बड़े पैमाने पर बाल साहित्य भी लिखा है। बच्चों के लिए उन्होंने *बालक* नामक प्रसिद्ध पत्रिका का संपादन किया और दर्जनों पुस्तकें लिखीं। इनमें बच्चों की कल्पनाशीलता को नया रूप देनेवाली कहानियाँ तो हैं ही, ज्ञान-विज्ञान की जानकारी देनेवाली सामग्रियाँ भी हैं।

सैकड़ों पृष्ठों में उनकी डायरियाँ भी फैली हैं। इनमें उनके निजी जीवन, आंतरिक व्यक्तित्व और उनके समय का नया परिचय मिलता है। ये डायरियाँ अब तक अप्रकाशित थीं। उन्होंने अनेक अनुवाद भी किए। उनमें रवीन्द्रनाथ ठाकुर तथा अंग्रेजी के कुछ रोमांटिक कवियों की कविताओं के अनुवाद अत्यंत महत्त्वपूर्ण हैं। बेनीपुरी का यह सारा साहित्य बीसवीं सदी में एक नया भारतीय समाज बनाने की कोशिश का हिस्सा है। ऊपर उनके जिस साहित्य का विवरण

दिया गया है वह सारा का सारा इस ग्रंथावली के *आठ खंडों* में संकलित है। अपने संपूर्ण साहित्य में बेनीपुरी ने समाज की वास्तविकताओं को सर्वथा नई शैली में उजागर किया। वर्तमान भारतीय समाज की समझ और पहचान के लिए भी इन कालजयी रचनाओं की गहरी प्रासंगिकता है। इसी उद्देश्ये से *आठ खंडों* में उनकी विस्तृत ग्रंथावली प्रकाशित की जा रही है।

उनकी पत्रकारिता भी सामाजिक संघर्षों का ही प्रतिबिंब है। 1921 में *तरुण भारत* से शुरू करके छठे दशक के अंत में *नई धारा* तक उन्होंने दर्जनों पत्रों का संपादन किया या उसके संपादक मंडल में रहे। अपनी सक्रिय जिंदगी के दौरान वे हमेशा किसी न किसी पत्र का संपादन करते रहे। एक बार तो उन्होंने एक से अधिक पत्रों का एक साथ संपादन किया। जेल में भी उन्होंने पत्रकारिता नहीं छोड़ी। 1930 में उन्होंने हजारीबाग जेल में रहते हुए *कैदी* नामक हस्तलिखित पत्र निकाला था।

बेनीपुरी ने एक निश्चित उद्देश्य को लेकर मिशन भाव से पत्रकारिता की। 1947 से पहले उन्होंने अपनी पत्रकारिता से स्वाधीनता आंदोलन को गति दी। देश में समाजवाद लाने का रास्ता बनाया। स्वाधीनता के बाद उन्होंने पत्रकारिता द्वारा राष्ट्रीय पुनर्निर्माण और सांस्कृतिक उत्थान के प्रयास किए। हिंदी की लड़ाई लड़ी। अपने पत्रकार जीवन के 37 वर्षों में उन्होंने जिन पत्र-पत्रिकाओं का संपादन किया या जिनसे संबद्ध रहे, उनके नाम हैं : *तरुण भारत, किसान मित्र, गोलमाल, बालक, युवक, कैदी, लोक संग्रह, योगी, जनता, तूफान, हिमालय, जनवाणी, चुन्नू-मुन्नू* तथा *नई धारा*। बेनीपुरी अन्याय के विरुद्ध लिखने वाले निर्भीक पत्रकार थे। स्वाधीनता आंदोलन के दौरान अपने संपादकीय में व्यक्त विचारों के लिए उन्हें जेल भी जाना पड़ा था।

एक राजनीतिकर्मी की हैसियत से स्वाधीनता आंदोलन में वे अनेक बार जेल गए। उन्होंने लगभग नौ साल जेल में गुजारे। उनकी राजनीति समाजवाद की राजनीति थी। कांग्रेस में रहते हुए सोशलिस्ट पार्टी बनाने का स्वप्न सबसे पहले बेनीपुरी ने चौथे दशक के पूर्वार्द्ध में देखा। उसके अनेक वर्षों बाद कांग्रेस सोशलिस्ट पार्टी बनी जिसका नेतृत्व जयप्रकाश नारायण जैसे नेताओं ने किया। बिहार के विपक्ष केन्द्रित राजनीतिक मानस के निर्माण में बेनीपुरी और उनके साथियों का ऐतिहासिक योगदान है। 1942 के 'भारत छोड़ो' आंदोलन के दौरान जयप्रकाश नारायण जेल से फरार हो गए थे। इस साहसिक कार्य को संभव करानेवाले लोगों में बेनीपुरी की महत्त्वपूर्ण भूमिका थी। स्वाधीनता के बाद वे प्रजा समाजवादी पार्टी के प्रमुख नेताओं में रहे। 1957 में बिहार विधानसभा के सदस्य भी निर्वाचित हुए थे।

साहित्य, पत्रकारिता और राजनीति के इन तीन मोर्चों के अलावा अपने परिवार जनों और अपने गाँव बेनीपुर से गहरा लगाव उनकी जिंदगी का चौथा मोर्चा था। अपनी तमाम साहित्यिक, राजनीतिक और पत्रकारिता संबंधी अति व्यस्तताओं के बीच उन्होंने अपने परिवार के एक-एक सदस्य की मर्यादा को ध्यान में रखा। जेल में रहे तो परिवार के सामने जरूर मुश्किलें आईं। 1937 में जब जेल में थे तो छह साल के बेटे सुरेन्द्र का बीमारी से निधन हो गया। बेनीपुरी जेल से बाहर रहते तो बीमार बेटे की ज्यादा अच्छी तरह देखभाल हो पाती और शायद वे उसे बचा लेते। लेकिन यह संभव नहीं हुआ। सुरेंद्र को प्यार से सब 'गाँधी' कहते थे। उसकी याद में बेनीपुरी ने *गाँधीनामा* नाम से एक अद्वितीय स्मृतिचित्र लिखा था। *गाँधीनामा* को पढ़ते हुए निराला की *सरोज स्मृति* बार-बार याद आती है। बेनीपुरी की गाँधीनामा शीर्षक अप्रकाशित कालजयी कृति ग्रंथावली के पहले ही खंड में प्रकाशित है। अपने शेष तीन बेटों—देवेन्द्र कुमार बेनीपुरी, जितेन्द्र कुमार बेनीपुरी तथा महेन्द्र कुमार बेनीपुरी और एकमात्र बेटी प्रभा बेनीपुरी के श्रेष्ठतम विकास के लिए वे निरंतर प्रयत्नशील रहे। पत्नी उमा रानी के लिए उनके मन में

कितने सम्मान का भाव था, यह उनके पत्रों में बार-बार प्रकट हुआ है। उनके चुने हुए कुछ पत्र ग्रंथावली में शामिल हैं।

वे चाहते थे कि जीवन के उत्तरार्द्ध में बेनीपुर में रहकर लोगों की सेवा करें और बाकी समय साहित्य सृजन में लगाएँ। बेनीपुर गाँव में रहने के लिए उन्होंने एक सुंदर-सा घर भी बनवाया था, जो उनके स्मारक की तरह आज भी मौजूद है। इस घर से प्रेमचंद के लमहीवाले घर की याद आती है। दोनों ही ग्राम कथाकारों ने अपने-अपने गाँव में रहने के लिए एक घर जरूर बनवाया।

अपनी जन्मधरती बेनीपुर के विकास के लिए उन्होंने अनेक प्रयास किए। अपने ग्रामीण इलाके में एक कालेज की स्थापना के लिए निरंतर भाग-दौड़ करने के कारण उन्हें 1959 में पक्षाघात हुआ। इसके बाद वे सक्रिय जीवन जीने के लिए बिस्तर से नहीं उठ पाए।

जिंदगी के अनेक मोर्चों पर सक्रिय इस महानायक की पहली रचना 1916 ई. में कानपुर के प्रताप में छपी थी। तब से 42 वर्षों तक साहित्य और समाज में निरंतर सक्रिय रहने के बाद इस बीमारी की वजह से अचानक ही उनके सृजनशील जीवन का पटाक्षेप हो गया। लगभग दस साल तक बीमार रहने के बाद 1968 में उनका निधन हुआ।

उन्होंने काफी लिखा। सामाजिक परिवर्तन के लिए अपने समय के आंदोलनों में शिरकत की। अपने व्यक्तित्व के इन गुणों के कारण वे बीसवीं सदी के महानायकों में शामिल किए जा सकते हैं। इस सदी के एक महानायक बेनीपुरी का लेखन न सिर्फ अपने समय का जीवंत दस्तावेज है बल्कि भविष्य के लिए भी उसमें बहुमूल्य पाथेय है। समाज के दबे-कुचले लोगों के जीवन की वास्तविकताओं का उद्‌घाटन उनके लेखन का लक्ष्य था। इसमें वे पूरी तरह सफल हुए। समाज की वास्तविकताओं को उन्होंने सर्वथा नई शैली में अपनी रचनाओं के अंतर्गत प्रस्तुत किया। मूल मानवीय भावनाओं को उन्होंने ऐंद्रिकता और कलात्मकता के साथ अपनी रचनाओं में अमर कर दिया है। अपनी पूरी रचनाशीलता में वे कहीं व्यक्तिवादी नहीं हैं। समाज का यथार्थ हमेशा उसकी पृष्ठभूमि में होता है। उनकी रचनाओं का यही गुण उन्हें कालजयी बनाता है। अपने कालजयी गुणों के कारण बेनीपुरी की रचनाएँ आज भी प्रासंगिक हैं। समानता और सामाजिक परिवर्तन के लिए संघर्ष करनेवाली शक्तियों को उनकी रचनाएँ ताकत देती हैं। लेकिन उनकी ये रचनाएँ बिखरी हुई थीं। अपने जीवन के अंतिम सक्रिय दशक में उन्होंने अपनी रचनाओं को समेटकर दस खंडों में ग्रंथावली प्रकाशित करने की योजना बनाई थी। दो खंड प्रकाशित भी किए। 1953 में पहला और 1955 में दूसरा खंड प्रकाशित हुआ। लेकिन 1955 के बाद की राजनीतिक व्यस्तताओं और अचानक 1959 में बुरी तरह अस्वस्थ हो जाने के कारण उनकी ग्रंथावली की संपूर्ण योजना ठप पड़ गई। लेकिन लगभग तीन दशक बाद इस काम को आगे बढ़ाने का संकल्प लिया उनके बेटे ग्रुप कैप्टेन श्री जितेन्द्र कुमार बेनीपुरी ने। सेना से अवकाश लेने के बाद अनेक वर्षों तक उन्होंने अपनी पिता की रचनाओं के लिए पुस्तकालयों और संग्रहालयों की खाक छानी। कुछ रचनाएँ तो उनके पास संचित थीं। कुछ का संकलन उन्होंने बाहर से किया और भगीरथ की तरह उन्हें संपादन के लिए सुलभ बना दिया। राजकमल और राधाकृष्ण प्रकाशन के प्रमुख और मेरे मित्र श्री अशोक महेश्वरी ने मुझे ये सामग्रियाँ 1994 में संपादन के लिए सौंपीं। शेष सामग्रियाँ मुझे नेहरू म्यूजियम लाइब्रेरी, तीन मूर्ति भवन, दिल्ली से प्राप्त हुईं। कुछ अपने पास भी थीं। सामग्रियों के इस महासमुद्र को ग्रंथावली के कुछ खंडों में बाँटना कठिन काम था। सारी सामग्रियाँ आठ खंडों में समायोजित हो जाएँ इसलिए ग्रंथावली के विभिन्न खंडों का नए सिरे से विभाजन करना पड़ा। बेनीपुरीजी ने अपनी ग्रंथावली की जो योजना बनाई थी उसमें संपूर्ण परिवर्तन करना पड़ा। रचनाओं को मैंने कालक्रम से रखा। कुछ खंडों के अंत में एक-दो ऐसी

कृतियाँ भी देनी पड़ गई हैं जो उस खंड की सामग्रियों की प्रकृति से मेल नहीं खातीं। लेकिन विभिन्न खंडों के पृष्ठों में संतुलन बनाने की दृष्टि से ऐसा करना पड़ा। इस तरह कुछ रचनाओं को समायोजित करने का एक कारण यह भी था कि कोई भी कृति ग्रंथावली में शामिल होने से रह न जाए।

कोशिश यह की गई है कि बेनीपुरीजी की प्रकाशित-अप्रकाशित समस्त रचनाएँ उन आठ खंडों में आ जाएँ। ग्रंथावली के आठ खंडों में उनकी रचनाएँ निम्नलिखित क्रम से रखी गई हैं:

पहला खंड—*कहानी संग्रह :* चिता के फूल। ***शब्दचित्र संग्रह :*** लाल तारा, माटी की मूरतें, गेहूँ और गुलाब। ***उपन्यास :*** पतितों के देश में, कैदी की पत्नी। ***ललित निबंध :*** सतरंगा इंद्रधनुष। ***स्मृतिचित्र :*** गांधीनामा। ***कविताएँ :*** नया आदमी, कुछ और कविताएँ। ***परिशिष्ट :*** 'कविता कुसुम' का कवि परिचय, 'झोंपड़ी का रुदन' का संपादकीय, क्रमशः जीवन और लेखन : एक नजर में, वंशवृक्ष, तथा आइए चलें बेनीपुर।

दूसरा खंड—*नाटक :* अम्बपाली, सीता की माँ, संघमित्रा, अमर ज्योति, तथागत, सिंहल विजय, शकुंतला, रामराज्य, नेत्रदान, गाँव का देवता, नया समाज, विजेता। ***परिशिष्ट :*** बिहारी सतसई की टीका, तथा पाटलिपुत्र।

तीसरा खंड—*निबंध :* हवा पर, मशाल, नई नारी, वंदे वाणी विनायकौ, अत्र-तत्र, कुछ अन्य लेख और पुस्तक समीक्षाएँ, 'हिमालय' और 'नई धारा' के संपादकीय। ***परिशिष्ट :*** विद्यापति की पदावली।

चौथा खंड—*आत्मकथात्मक आलेख :* मुझे याद है, जंजीरें और दीवारें, कुछ मैं कुछ वे। ***यात्रा साहित्य :*** पैरों में पंख बाँधकर, उड़ते चलो-उड़ते चलो, नेपाल में। ***परिशिष्ट :*** अपनी ओर, मेरा स्कूल जीवन।

पाँचवाँ खंड—*जीवनी :* शिवाजी, विद्यापति, बाबू लंगट सिंह, गुरु गोविंद सिंह, रोजा लुग्जेम्बर्ग, जयप्रकाश, कार्ल मार्क्स। ***संस्मरणात्मक लेख :*** मील के पत्थर।

छठा खंड—*राजनीति :* लाल चीन, लाल रूस, रूसी क्रांति, जनता के संपादकीय और लेख। ***परिशिष्ट :*** च्यांग काई शेक और पत्र।

सातवाँ खंड—*बाल साहित्य :* बगुला भगत, सियार पांडे, बिलाई मौसी, हीरामन तोता, फूलों का गुच्छा, संसार की मनोरम कहानियाँ, अमृत की वर्षा, हमारे पुरखे हमारे पड़ोसी, साहस के पुतले, जान हथेली पर, पद चिह्न, बेटे हों तो ऐसे, बेटियाँ हों तो ऐसी, इनके चरण चिह्नों पर, ऋषियों की परंपरा, पृथ्वी पर विजय, प्रकृति पर विजय-1, प्रकृति पर विजय-2, रंग-बिरंग। ***परिशिष्ट :*** रवीन्द्र भारती, टुलिप्स।

आठवाँ खंड : डायरी 1950-1963

इन आठ खंडों में बेनीपुरीजी के संपूर्ण प्रकाशित-अप्रकाशित मौलिक लेखन को समेटने की कोशिश की गई है। उनके कुछ अनुवाद और संपादित कृतित्व ग्रंथावली की पृष्ठ सीमा की वजह से उपलब्ध होते हुए भी नहीं जा पा रहे हैं। हालाँकि उनके द्वारा किए गए काव्यानुवाद शामिल कर लिए गए हैं। 1941 में हजारीबाग सेंट्रल जेल में उन्होंने जोश मलीहाबादी की 56 कविताओं का लिप्यंतरण किया था और उर्दू-फारसी के कठिन शब्दों का अर्थ भी लिखा था। इसी तरह उन्होंने इकबाल की कविताओं का भी लिप्यंतरण किया था। लेकिन ये पांडुलिपियाँ मुझे नहीं प्राप्त हो सकीं। 'नई धारा' के अंकों में मुझे बेनीपुरीजी द्वारा लिप्यंतरित इकबाल की कुछ रचनाएँ जरूर मिलीं; लेकिन ऐसी दो-चार रचनाओं को देने का कोई अर्थ नहीं था। डॉ. नामवर सिंह जी की सलाह मिली कि जोश और इकबाल की रचनाओं का लिप्यंतरण स्वतंत्र रूप से प्रकाशित किया जाए। लेकिन रवीन्द्रनाथ और अंग्रेजी के रोमांटिक कवियों के अनुवाद ग्रंथावली

में जरूर शामिल किए जाने चाहिए। मैंने यही किया। बेनीपुरी ने शोलोखोव के एक रूसी उपन्यास का अनुवाद 'दोन के किनारे' नाम से किया है। यह चार सौ से अधिक पृष्ठों का है। इसे ग्रंथावली में शामिल नहीं किया जा रहा है। इसी तरह उनकी कुछ ऐसी पुस्तकों को भी ग्रंथावली में शामिल नहीं किया जा रहा है जिनमें उन्होंने दूसरों की रचनाओं का संपादन किया है।

1926 में बेनीपुरीजी ने *कविता कुसुम* शीर्षक से विभिन्न कवियों की कविताओं का संपादन किया था। अधिकांश कविताएँ किशोरोपयोगी हैं। संकलन में उनकी अपनी कोई कविता नहीं है। लेकिन कविता संग्रह के मुख पृष्ठ पर *कविता कुसुम* शीर्षक के नीचे भूमिका के बतौर उन्होंने जरूर कविता की दो पंक्तियाँ लिखी है :

मन मिलिंद विमुग्ध होगा, मस्त हो जाओगे तुम
चाव भरकर चित्त में प्रियवर पढ़ो कविता कुसुम

कविता कुसुम नाम के रूपक का निर्वाह करते हुए संपादक की जगह 'माली' लिखा गया है और उसके नीचे श्रीरामवृक्ष शर्मा बेनीपुरी। पुस्तक में संकलित कवि हैं : अंबिकादत्त व्यास, प्रतापनारायण मिश्र, गयाप्रसाद शुक्ल 'सनेही', मुकुटधर पांडेय, बदरीनाथ भट्ट, शिवाधार पांडेय, 'नयन', मन्नन द्विवेदी गजपुरी, अयोध्यासिंह उपाध्याय, बालमुकुंद गुप्त, भारतेन्दु हरिश्चन्द्र, जैनेन्द्र किशोर, रामचरित उपाध्याय, सैयद अमीर अलीमीर, वागीश्वर मिश्र, सत्यनारायण कवि रत्न, जगन्नाथप्रसाद चतुर्वेदी, लाला भगवानदीन तथा बाबू रघुवीर नारायण। काव्य विषय हैं : विनयवाणी, वनविहार, पवित्र परिवार, पुनीत पर्व, प्रकृति पर्यवेक्षण, बुढ़ापा बनाम बचपन, वीर विरुदावली तथा स्वर्गीय संदेश। पुस्तक के अंत में बेनीपुरी ने इस संग्रह में शामिल कवियों का संक्षिप्त परिचय लिखा है। उसे पहले खंड के परिशिष्ट में शामिल कर लिया गया है। *किताब पुस्तक भंडार, लहेरिया सराय से छपी थी। मूल्य था एक आना।*

इसी तरह *झोंपड़ी का रुदन* शीर्षक से बेनीपुरी ने यथार्थवादी कहानियों का एक संग्रह संपादित किया। यह संपादित पुस्तक भी ग्रंथावली में शामिल नहीं है। पुस्तक प्रगतिशील लेखक संघ की स्थापना से पहले ही फरवरी, 1936 में प्रकाशित हुई थी। संग्रह में शामिल कथाकार थे : प्रेमचंद (सवा सेर गेहूँ), श्रीनाथ सिंह (गरीबों का स्वर्ग), मोहनलाल महतो (नरमेध), श्रीराम शर्मा (शीर्षकहीन कहानी), अख्तर हुसैन रायपुरी (कुछ नहीं, कुछ नहीं) तथा स्वयं बेनीपुरी (कहीं धूप कहीं छाया)। संग्रह की कहानियों में प्रगतिशीलता की गहरी चेतना है। प्रगतिवाद की पृष्ठभूमि के रूप में इस संकलन का ऐतिहासिक योगदान है। ये कहानियाँ मात्र सामाजिक विसंगतियों को ही सामने नहीं लातीं, वर्गसंघर्ष के लिए भी प्रेरित करती हैं। बाद में यही दोनों प्रवृत्तियाँ प्रगतिवादी कथा साहित्य का आधार बनीं। बेनीपुरी ने *झोंपड़ी रो रही है* शीर्षक से पुस्तक की भूमिका लिखी है। इसके अंतर्गत सामाजिक असमानता को झोंपड़ी और महल के रूपक के जरिए सशक्त ढंग से अभिव्यक्त किया गया है। यह भूमिका पहले खंड के परिशिष्ट में शामिल कर ली गई है। बेनीपुरीजी की कहानी *कहीं धूप कहीं छाया* पहले खंड में ही है। *झोंपड़ी का रुदन पुस्तक युनाइटेड प्रेस पटना से प्रकाशित हुई थी। इसकी कीमत थी आठ आना।* प्रगतिशील कथा साहित्य के इतिहास में *झोंपड़ी का रुदन* पुस्तक के योगदान का रेखांकन किया जाना चाहिए।

बेनीपुरी ने 1945 में हजारीबाग सेंट्रल जेल में एक सरल उर्दू-हिंदी शब्दकोश भी तैयार किया था। यह कोश भी ग्रंथावली में शामिल नहीं है। कोश तीन कापियों में से दो ही उपलब्ध हैं—नं 1 और 3; नं 2 नहीं है। इन कापियों में उन्होंने प्रचलित उर्दू शब्दों का कोश बनाया है। कोश का नाम रखा है : *हिन्दुस्तानी : देहात में*। कापी नं 3 जेल की ओर से दी गई है। उसका कागज हाथ का बना है। जिल्द पर छपा है सेंट्रल जेल, हजारीबाग। कोश में लगभग चौदह सौ

उर्दू शब्दों का हिंदी अर्थ दिया गया है। पहली कापी 26 पृष्ठों की है और तीसरी 45 पृष्ठों की। कापियों की जिल्द पर बेनीपुरी ने हस्ताक्षर करके तारीख लिखी है : 18.1.45 ई.।

उन्होंने सर्वथा नई शैली में हिंदी का व्याकरण भी लिखना शुरू किया था। व्याकरण के बीस पन्ने प्राप्त हैं। वह अधूरा व्याकरण भी रचनावली में नहीं जा रहा है। 1948 में उन्होंने जयप्रकाश नारायण के लेखों और भाषणों का एक संग्रह *जयप्रकाश की विचारधारा* शीर्षक से संपादित किया था। इसमें जेपी के 21 लेख और भाषण हैं। पुस्तक 316 पृष्ठों की है। यह भी ग्रंथावली में शामिल नहीं है। लेकिन बेनीपुरीजी द्वारा लिखी हुई इस पुस्तक की भूमिका हमने छठे खंड के परिशिष्ट में शामिल कर ली है।

बेनीपुरी जैसे विराट और बहुमुखी व्यक्तित्ववाले लेखक की ग्रंथावली संपादित करना एक *चुनौती-भरा काम* था। उनके लेखन के महासमुद्र को ग्रंथावली के अंतर्गत विभिन्न खंडों की धाराओं में बाँटना *लगभग असंभव* था। लेकिन ग्रंथावली के आठ खंडों में बेनीपुरीजी का संपूर्ण कृतित्व समेटने की कोशिश की गई है। आशा है, प्रकाशित-अप्रकाशित इन सामग्रियों के एकसाथ छपकर आने के बाद बेनीपुरी के कृतित्व की प्रासंगिकता का अहसास हमें नए सिरे से होगा।

ग्रंथावली संपादन के दौरान गुरुवर डॉ. नामवरसिंहजी के परामर्श से अनेक समस्याएँ सुलझीं। श्री जितेंद्र कुमार बेनीपुरी के स्नेह और विश्वास से बल मिला। उनके फौजी दृढ़ निश्चय के कारण ही यह आयोजन संभव हो पाया। राजकमल और राधाकृष्ण प्रकाशन के प्रमुख मित्र श्री अशोक महेश्वरी के पारिवारिक स्नेह से हमेशा मैं प्रेरित हुआ। उन्होंने मेरे व्यस्त पत्रकार जीवन से तालमेल बिठाया और मुझे स्वायत्त ढंग से काम करने की पूरी आजादी दी। डॉ. मैनेजर पांडेय के सुझाव से भी मैंने लाभ उठाया। अपने कॉलेज के दिनों के शिक्षक डॉ. महेन्द्र कुमार बेनीपुरी का भी आभारी हूँ जिन्होंने इस काम के लिए लगातार प्रोत्साहित किया। बेनीपुरीजी की कुछ दुर्लभ तस्वीरें दीं। डॉ. प्रभा बेनीपुरी ने भी सहयोग किया। पत्नी डॉ. राधिका शर्मा और बेटे तथागत प्रकाश और नवागत प्रकाश का भी आभारी हूँ जिन्होंने किसी न किसी रूप में ग्रंथावली के संपादन में मेरा हमेशा सहयोग किया। सब स्नेही जनों को धन्यवाद।

नई दिल्ली

—सुरेश शर्मा

भूमिका

[पहला खंड]

ग्रंथावली के पहले खंड में श्रीरामवृक्ष बेनीपुरी की कहानियाँ, शब्दचित्र, उपन्यास, ललित निबंध, स्मृतिचित्र और कविताएँ संकलित हैं। उनकी कृतियों को विधा और रचनावर्ष के हिसाब से रखा गया है ताकि उनकी रचना-यात्रा स्पष्ट हो सके। बेनीपुरीजी के जीवन में प्रकाशित ग्रंथावली के प्रथम खंड में सिर्फ कहानियाँ, शब्दचित्र और उपन्यास थे। अब उसमें उनके ललित निबंध, एक स्मृतिचित्र और कविताएँ भी जोड़ दी गई हैं। इस प्रकार पहले खंड में नाटक को छोड़कर उनका संपूर्ण सर्जनात्मक साहित्य संकलित करने का प्रयास किया गया है।

1947-48 में बेनीपुरीजी का एकमात्र कहानी संग्रह 'चिता के फूल' प्रकाशित हुआ। ये कहानियाँ उन्होंने 1928-30 के बीच लिखी थीं। उन दिनों उन्होंने इन कहानियों का संकलन प्रकाशित नहीं कराया। फरवरी, 1932 में उन्होंने 'झोंपड़ी का रुदन' शीर्षक से जरूर एक कथा-संग्रह का संपादन किया जिसमें प्रेमचंद सहित पाँच अन्य कथाकार शामिल थे। इनमें स्वयं बेनीपुरी भी थे। उन्होंने इस संकलन में अपनी प्रसिद्ध कहानी 'कहीं धूप कहीं छाया' दी है। यथार्थवादी कहानियों के विकास में इस संपादित संग्रह का ऐतिहासिक योगदान है।

अपने कहानी संग्रह 'चिता के फूल' को बेनीपुरी, 1940 में ही 'आँसू की तस्वीरें' शीर्षक से प्रकाशित करना चाहते थे। 'माटी की मूरतें' के अधिकांश शब्दचित्र उन्होंने 1940 में हजारीबाग सेंट्रल जेल में लिखे थे। जिस कापी में उन्होंने 'माटी की मूरतें' के शब्दचित्र पहली बार लिखे हैं उसके पहले पन्ने पर दो पुस्तकों की योजनाएँ हैं। एक योजना तो शब्दचित्र संग्रह 'माटी की मूरतें' की हैं, दूसरी योजना एक कथा संग्रह की है जिसका शीर्षक दिया है 'आँसू की तस्वीरें'।

'आँसू की तस्वीरें' में शामिल करने के लिए बेनीपुरी ने उस कापी पर नौ कहानियों के शीर्षक लिखे हैं। लेकिन 1947 में जब 'चिता के फूल' के रूप में यह पुस्तक छपी तो उन्होंने उसमें मूल योजना की सिर्फ छह कहानियाँ ही रखीं। जो तीन कहानियाँ 'चिता के फूल' में जाने से रह गईं, उनके शीर्षक हैं : 'धन की बेदी पर', 'सिर्फ एक फिसलन' और 'कवि की लाश'। बेनीपुरी की ये तीनों कहानियाँ अनुपलब्ध हैं। यह भी पता नहीं चल सका कि ये सन् 1928-30 के दौरान किसी तत्कालीन पत्र में छपी भी या नहीं। इन कहानियों की तलाश की जानी चाहिए। कहानी में यथार्थवाद की अभिव्यक्ति की दृष्टि से 'चिता के फूल' की कहानियों का ऐतिहासिक महत्त्व है। संग्रह की भूमिका में बेनीपुरी लिखते हैं : "अपनी इन कहानियों में देश और समाज की विषम स्थिति से उत्पन्न मृत्यु और संहार की विभीषिकाओं को ही मैंने कलात्मक रूप देने की चेष्टा की है।... हम इन विभीषिकाओं को देखें, समझें और अपने समाज को नया रूप देने की चेष्टा करें, जिसमें ऐसे दृश्य न देखने पड़ें।"

इन पंक्तियों में बेनीपुरी ने अपनी कथा-रचना के उद्देश्य को स्पष्ट रूप से सामने रखा है। उनकी सृजन-प्रक्रिया के केन्द्र में यही यथार्थवादी रचनादृष्टि है। 'चिता के फूल' में बहुत कुछ आपबीती भी है। यही वजह है कि इन कहानियों में 'भोगे हुए यथार्थ' की भरपूर गूँज है। इन कहानियों पर थोड़ी-सी चर्चा आवश्यक है। बेनीपुरी के शब्दचित्रों पर तो चर्चा हुई है लेकिन उनकी इन उल्लेखनीय कहानियों पर नहीं। 'चिता के फूल' शीर्षक कहानी के कुछ हिस्सों में रचनाकार की अपनी ही जिंदगी की झलक है। इस कहानी में स्वाधीनता की बलिवेदी पर एक

ग्रामीण युवक रामू के शहीद होने का वृत्तांत है। 'भिखारिन की थाती' में ब्रजेश एक हिंदी दैनिक का 'सहकारी संपादक' है। कहानी में एक गैर सवर्ण स्त्री के साथ किए गए धोखे का चित्रण है। 'जीवन तरु' कहानी दो स्तरों पर चलती है। एक ओर कहानी में नायक हाकिम सिंह का अपनी बेटी के लिए कोमल स्नेह भाव अभिव्यक्त हुआ है तो दूसरी ओर दमनकारी के प्रति घोर घृणा को समानांतर रूप से दिखाया गया है। सन् 1928-30 के सघन गाँधीवादी दौर में कहानी के अंत में सूदखोर की हत्या बेनीपुरी की क्रांतिकारी दृष्टि का परिचायक है। 'कहीं धूप कहीं छाया' उनकी कालजयी कहानी है। मखना और बाबू साहब के रूप में उन्होंने दो वर्गों के चरित्र को संपूर्णता में उभारा है। 'कहीं धूप कहीं छाया' का मखना 'गोदान' के होरी की तरह सबकुछ सहता नहीं चला जाता, वह बाबू साहब की गाली का प्रतिरोध करता है और मारा जाता है। 'उस दिन झोंपड़ी रोई' कहानी के अंतर्गत स्वाधीनता-आंदोलन में अवसरवादी शोषक-वर्ग के घुस आने तथा समाज के शोषित वर्ग के कार्यकर्ताओं के उपेक्षित किए जाने का वृत्तांत है। प्रेमचंद और बेनीपुरी हिंदी के दो ऐसे कथाकार हैं जिन्होंने स्वाधीनता-आंदोलन के यथार्थ पर अनेक कहानियाँ लिखी हैं। इन कहानियों के माध्यम से स्वाधीनता-आंदोलन की भीतरी विसंगतियों का यथार्थ सामने आता है। उसका खामियाजा देश आज भी भुगत रहा है। 'जुलेखा पुकार रही है' कहानी एक उच्च कोटि की प्रेम-कथा है। इसमें रोमानीपन है। लेकिन आज से सत्तर साल पहले मनोविज्ञान को आधार बनाकर एक नितांत नए प्रकार की कथा का सर्जन करना बेनीपुरी के सशक्त कथाकार रूप को ही सामने लाता है। कथा-संरचना की दृष्टि से इसमें नए प्रयोग हैं। गुलेरी के 'उसने कहा था' के डेढ़ दशक बाद लिखी हुई यह कहानी उस दौर की दूसरी कालजयी प्रेमकथा है।

लेकिन धीरे-धीरे बेनीपुरी ने कहानियों के बने-बनाए ढाँचे को छोड़ दिया। कुछ समय बाद उन्होंने नितांत भिन्न शिल्प में 'कथा' लिखी जिसे स्केच या शब्दचित्र नाम दिया। चौथे दशक के उत्तरार्द्ध में महादेवी भी शब्दचित्र लिख रही थीं। 'अतीत के चलचित्र' शीर्षक अपने शब्दचित्र संग्रह की भूमिका (1941) में उन्होंने इन रचनाओं को 'संस्मरण कथाएँ' कहा है। बेनीपुरी अपने शब्दचित्र संग्रह की भूमिका (1943) में लिखते हैं : "ये कहानियाँ नहीं, जीवनियाँ हैं, ये चलते-फिरते आदमियों के शब्दचित्र हैं।" बेनीपुरी के शब्दचित्र सिर्फ इस अर्थ में कहानी नहीं कि उनमें कहानी के पारंपरिक शिल्प का बंधान नहीं है। इन शब्दचित्रों में लगता है जैसे चरित्रों पर वे फीचर लिख रहे हैं। इन चरित्रों को किसी दूसरे चरित्र के पास ले जाकर वे कहानी की अन्विति आदि के लिए किसी काल्पनिक घटना का निर्माण नहीं करते। वे तो चरित्र जैसे हैं, उन्हें उसकी अद्वितीयता में रेखांकित करते हैं। चरित्रों की यह अद्वितीयता जिन विशेषताओं के कारण है, उनकी पहचान ही बेनीपुरी के शब्दचित्रों की उपलब्धि है। 'माटी की मूरतें' संग्रह के एक शब्दचित्र 'बाल गोबिन भगत' में बेनीपुरी यह दिखलाते हैं कि समाज के दबे-कुचले वर्ग में विचार और व्यवहार के बीच बहुत कम दूरी है। कबिरहा बाल गोबिन भगत अपने इकलौते बेटे के असामयिक निधन पर रोते नहीं बल्कि उसके पास खंजड़ी लेकर गाते हैं। बाल गोबिन का तर्क है कि आत्मा परमात्मा में मिल गई है तो फिर रोना कैसा!...

बेनीपुरी शब्दचित्रों में अपने ग्रामीण परिवेश के किसी न किसी चरित्र की पूरी कथा इस तरह कहते हैं मानो हम घटनाओं को पढ़ नहीं रहे बल्कि देख रहे हों। इसीलिए कहा शब्दचित्र। असल में शब्दचित्र लफ्ज रचना के शिल्प को ज्यादा इंगित करता है। फणीश्वरनाथ रेणु ने बेनीपुरी के इस शिल्प को अपनी रचनाओं में उत्कर्ष तक पहुँचा दिया है। शब्दचित्र एक प्रकार से चरित्र केंद्रित कहानी है। इसमें कथाकार केन्द्रीय चरित्र को अपनी कथात्मकता के लिए निर्धारित नहीं करता। जैसा भी चरित्र का जीवन और उसकी घटनाएँ हैं उसी की दृश्यात्मक प्रस्तुति को कथाकार

अपना उद्देश्य बनाता है। बेनीपुरी के शब्दचित्र बेहद लोकप्रिय हुए। इसकी वजह यह थी कि इन शब्दचित्रों में पहली बार गाँव के लोग इतनी दृश्यात्मकता में उपस्थित हुए थे। रचनाओं में पाठक सिर्फ उनका वृत्तांत नहीं पढ़ रहा था बल्कि उनसे मिल रहा था। बेनीपुरी के शब्दचित्रों के कालजयी होने का कारण यही है कि आज भी जब हम 'माटी की मूरतें' के पन्ने पलटते हैं तो तत्काल उनके चरित्र हमारे रूबरू खड़े हो जाते हैं।

बेनीपुरी के शब्दचित्रों के तीन संग्रह हैं : 'लाल तारा', 'माटी की मूरतें' तथा 'गेहूँ और गुलाब'। 'लाल तारा' में 1937 से 1939 के बीच लिखे शब्दचित्र हैं। 'माटी की मूरतें' की रचनाएँ 1940-41 की हैं। 'गेहूँ और गुलाब' के शब्दचित्र 1945-50 ई. के बीच लिखे गए हैं।

'लाल तारा' बेनीपुरी के शब्दचित्रों का पहला संग्रह है। इसमें उन्होंने चरित्र के व्यक्तित्व को विभिन्न कोणों से दृश्यात्मकता में उपस्थित किया है। इस संग्रह के शब्दचित्रों में भारतीय किसान जीवन की महागाथा दर्ज है। बेनीपुरी के किसान का स्वभाव प्रेमचंद के किसान की तरह मुलायम नहीं है। उनके किसान उग्र स्वभाव के हैं। वे अपनी दुर्दशा को अपनी नियति नहीं मानते इसलिए उसे खत्म करना चाहते हैं। 'लाल तारा' शब्दचित्र में गरभू इस बात से परेशान है कि उसने जो कुछ उपजाया है उसका अधिकांश महाजन ले जानेवाला है। ग्रंथावली में 'लाल तारा' का तीसरा परिवर्द्धित संस्करण शामिल किया गया है। इसमें शब्दचित्रों के अलावा एक एकांकी और कुछ लेख भी बेनीपुरीजी ने शामिल कर दिए हैं। भगतसिंह की शहादत पर लिखा उनका लेख 'इंकलाब जिंदाबाद' भी संकलन में शामिल है। इस लेख पर उन्हें डेढ़ साल की सजा हुई थी। इस संग्रह के लेखों में उन्होंने यथार्थवाद की नई सौंदर्य दृष्टि अपनाने की वकालत की है। 'आँधी में चलो' शीर्षक लेख में वे नए सौंदर्यबोध के लिए प्रेरित करते हैं : "आप चाँदनी का सौंदर्य देखते हैं पुरानी नजरों से, जरा नई नजर से चिलचिलाती धूप के सौंदर्य को देखिए।" एक लेख में साहित्य का उद्देश्य वे इस प्रकार घोषित करते हैं : "हम साहित्य को उस पथ से ले चलें जिसके द्वारा जनता स्वतंत्र और पूर्ण जीवन का उपभोग कर सके।" एक और लेख में वे जनता के अभावों और अभियोगों का सही चित्रण करना रचनाकार और पत्रकार दोनों का गंतव्य मानते हैं।

'माटी की मूरतें' उनका दूसरा शब्दचित्र संग्रह है। इसमें उनके 11 शब्दचित्र हैं। वे 1940 में लिखे गए। पुस्तक 1946 में छपी थी। इन शब्दचित्रों की विशेषताओं की चर्चा की जा चुकी है। 'माटी की मूरतें' की मूल पांडुलिपि दो कापियों में है। पहली कापी के पहले पन्ने पर लिखा है : 'माटी की मूरतें/ कुछ गँवई स्केच'। उसी पृष्ठ पर समर्पण के वाक्य हैं : 'मामा और मौसी को अर्पित'। 'माटी की मूरतें' के इधर प्रकाशित संस्करणों में यह समर्पण वाक्य नहीं मिलता। इसी पन्ने पर तारीख भी लिखी है : 22.9.40, अर्थात् 'माटी की मूरतें' के ज्यादातर शब्दचित्र 1940 में ही लिख लिए गए थे। अब तक ये रचनाएँ 1941 से 45 के बीच की मानी जाती रही हैं। उन्होंने ये शब्दचित्र कापी में पन्ने के एक तरफ लिखे हैं। प्रथम आलेख में ज्यादा काटपीट नहीं की गई है। पन्ने की दूसरी तरफ परिवार की किसी सदस्या ने पेंसिल से मुजफ्फरपुर और उसके आसपास की स्थानीय बोली बज्जिका में लोकगीत लिख दिए हैं।...

तीसरे शब्दचित्र संग्रह 'गेहूँ और गुलाब' में 31 रचनाएँ हैं। इन शब्दचित्रों में बेनीपुरी कथात्मकता को और भी गौण कर देते हैं। अनेक रचनाओं में वे किसी भी एक दृश्य का शब्दचित्र खींचते हैं और उसके सहारे अपने विचार रखते हैं। बेनीपुरी ने स्वयं भी पुस्तक की भूमिका में लिखा है कि 'ये शब्दचित्र पिछले शब्दचित्रों से भिन्न हैं—छोटे, चलते, जीवंत! मैंने कहा, हैंड कैमरा से स्नैप शॉट।' 'गेहूँ और गुलाब' से तात्पर्य है जीवन-संघर्षों के बीच सौंदर्य की तलाश और उसकी अनिवार्यता। देश को आजाद हुए सिर्फ तीन साल हुए थे। बेनीपुरी 'गेहूँ और गुलाब' के रूपक

से एक नए सांस्कृतिक आंदोलन की आवश्यकता रेखांकित कर रहे थे। तुरंत आजाद हुए एक मुल्क में इस तरह की सांस्कृतिक क्रांति का आह्वान निश्चय ही उनकी दूर-दृष्टि का परिणाम था। उन्होंने पुस्तक की भूमिका में लिखा कि हमें अब ऐसे आंदोलन की जरूरत है 'जो संघर्ष के बीच भी हमें सौंदर्य देखने की दृष्टि दे।' गुलाब की उनकी परिकल्पना किसी पलायन से नहीं जुड़ी है। गुलाब का क्या अर्थ है ? बेनीपुरी लिखते हैं : 'गुलाब की दुनिया—मानस का संसार—सांस्कृतिक जगत।' आजादी के संघर्ष के बाद सांस्कृतिक जगत को समृद्ध करने की अनिवार्यता रेखांकित करने के लिए ही उन्होंने 'गेहूँ और गुलाब' का मुहावरा दिया। उस दौर में यह एक नारा बन गया था। 'गेहूँ और गुलाब' के बाद एक बार फिर वे 'माटी की मूरतें' जैसे शब्दचित्र लिखने की योजना बना रहे थे। पुस्तक का नाम भी रख लिया था 'धरती की धड़कनें', लेकिन इसे वे संभव नहीं कर पाए।

बेनीपुरी ने कुल चार उपन्यास लिखे : 'पतितों के देश में', 'दीदी', 'कैदी की पत्नी' तथा 'सात दिन'। लेकिन इनमें से सिर्फ 'पतितों के देश में' तथा 'कैदी की पत्नी' ही छपकर सामने आए। 'दीदी' उपन्यास 1935-36 में लिखा गया था। इसके चार फर्मे छप गए थे लेकिन अंततः इसका प्रकाशन नहीं हो सका। पांडुलिपि 'बर्मन कंपनी' में रह गई। 'सात दिन' उपन्यास 1940 में लिखा गया था। पुस्तक भंडार से उसे छपना था। लेकिन छप नहीं सका। पांडुलिपि वहीं रह गई।

बेनीपुरी ने अपना पहला उपन्यास 'पतितों के देश में' 1930-32 के दौरान लिखा। वे हजारीबाग सेंट्रल जेल में थे। कबीर और कुछ दूसरे मध्यकालीन कवियों की प्रसिद्ध कविताओं की उन्होंने एक लंबी पैरोडी तैयार की थी। एक दिन अपनी बनाई पैरोडी गुनगुना रहे थे कि एक कैदी ने उसमें एक देहाती कड़ी जोड़ दी। वह 'रेप केस' का कैदी था। बेनीपुरी ने इस कैदी की जीवनगाथा सुनी तो उपन्यास लिखने के लिए प्रेरित हुए। 'पतितों के देश में' उसी कैदी की जीवनगाथा है। उपन्यास में अपराधी की जिंदगी की व्यथा-कथा के साथ ही तत्कालीन जेल-जीवन के नरक का जीवंत चित्रण है। इससे पहले इतनी बारीकी से जेल-जीवन की यंत्रणा को किसी उपन्यासकार ने चित्रित नहीं किया था।

उन्होंने 'कैदी की पत्नी' 1940 में लिखा : एक बार उनकी पत्नी उमा रानी सीवान जेल में उनसे मिलने गईं। लेकिन बेनीपुरी से उन्हें मिलने नहीं दिया गया। इस घटना ने भावनात्मक रूप से इतना आंदोलित किया कि उन्होंने 'कैदी की पत्नी' उपन्यास लिख डाला। इस उपन्यास में एक कैदी स्वाधीनता सेनानी के परिवार की मुश्किलों का वृत्तांत है। स्वाधीनता-आंदोलन के यथार्थ का यह एक और पक्ष है जिसका उद्घाटन किया जाना चाहिए। उनके ये उपन्यास विषयवस्तु और शिल्प दोनों ही दृष्टियों से अत्यंत महत्त्वपूर्ण हैं। संरचना की दृष्टि से इनमें अनेक नए प्रयोग किए गए हैं।

बेनीपुरीजी के रचनात्मक साहित्यलेखन का एक प्रमुख पक्ष ललित निबंध लेखन भी था। 'सतरंगा इंद्रधनुष' उनके दस ललित निबंधों का संग्रह है। इसके अधिकांश निबंध 1937 से 39 के बीच लिखे गए थे। इन निबंधों में पांडित्य का शोर नहीं है। इनमें तो उत्तर बिहार के लोकजीवन और उसकी संस्कृति के आह्लादकारी और रचनात्मक पक्षों का उद्घाटन किया गया है। कुछ निबंधों का कथात्मक शिल्प एक सर्वथा नए किस्म के निबंधों की सृष्टि करता है। संवेदना के अनेक ऐंद्रिक प्रसंगों को इन निबंधों में प्रस्तुत किया गया है।

इस खंड में बेनीपुरीजी का अब तक अप्रकाशित एक स्मृतिचित्र पहली बार संकलित किया जा रहा है 'गाँधीनामा'। 1937 में वे हजारीबाग सेंट्रल जेल में थे। उसी दौरान बीमारी से उनके दूसरे बेटे सुरेन्द्र का निधन हो गया था। सुरेन्द्र को प्यार से वे गाँधी कहते थे। इसीलिए उनके

स्मृतिलेख का नाम दिया—'गाँधीनामा'। इस रचना में एक दिवंगत बेटे को लेकर पिता के मन में उठनेवाली भावनाओं के तूफान को कालजयी अभिव्यक्ति मिली है। 1937 में लिखा 'गाँधीनामा' गद्य में लिखा गया एक अद्वितीय शोकगीत है। उसकी तुलना निराला की सिर्फ 'सरोज स्मृति' से की जा सकती है। यह एक संयोग ही है कि ये दोनों रचनाएँ चौथे दशक में लगभग आसपास ही लिखी गईं।

बेनीपुरी के साहित्यिक जीवन की शुरुआत कविता से हुई थी। बाद के अनेक दशकों तक वे सिर्फ गद्य लिखते रहे। लेकिन अपने जीवन के उत्तरार्द्ध में उन्होंने फिर से कविताएँ लिखीं जो यथार्थ की अभिव्यक्ति की दृष्टि से अत्यंत महत्त्वपूर्ण हैं। ग्रंथावली के इस खंड में उनकी लंबी कविता 'नया आदमी' तथा 11 अन्य कविताएँ शामिल हैं। सन् 1950 से 55 के बीच लिखी इन कविताओं की विषयवस्तु और विवरणात्मक शिल्प में नयापन है। लघु मानव के दायरे में घूमनेवाली 'नयी कविता' के दौर में बेनीपुरी ने विराट मानव समुदाय के जीवन की वास्तविकताओं को वाणी दी है।

लंबी कविता 'नया आदमी' उन्होंने 1950 में लिखी। कविता में वर्गों में बँटे समाज की विसंगतियों को इतिहास, मिथक और लोककथाओं के माध्यम से अभिव्यक्त किया गया है। इस कविता की विषयवस्तु और शिल्प को देखकर आश्चर्य होता है कि मुक्तिबोध ने अपनी कविता में जो रास्ता अपनाया, उस पथ के पहले यात्री बेनीपुरी हैं। हिंदी की लंबी कविता की परंपरा में 'नया आदमी' मील का पत्थर है। लंबी कविताओं के बीच इसकी तुलना सिर्फ 'अँधेरे में' से की जा सकती है : 'क्या करें बेचारे वे/प्रकृति की देन पर/जिंदगी के साधन पर/एक मुट्ठी लोगों का कब्जा हुआ/भूमि यह मेरी है/खानें ये मेरी हैं/कारखाने मेरे हैं/मेरे ही खजाने हैं/बेचो श्रम, या कि तुम भूखों मरो/'टके सेर श्रम?'/ नहीं, नहीं, भागो हटो दूर जाओ/पैसे का डेढ़ सेर बेचोगे श्रम/ बेचो, या भूखों मरो/दूर हटो भागो' 1950 में लिखीं ये पंक्तियाँ मुक्तिबोध की नहीं, बेनीपुरी की हैं। 'नया आदमी'.. कविता के तीन खंडों में उन्होंने आदमी के आज तक के इतिहास को नए सिरे से दर्ज किया है। कविता में हम वर्तमान से सुदूर अतीत तक की लंबी यात्रा करते हैं। 'नया आदमी' एक महाकाव्यात्मक बंधान की कविता है जिसमें सृष्टि और मनुष्य के विकास की महागाथा लिखी गई है।

बापू की समाधि पर, बंबई, आँसुओं को बोलने दो जैसी ग्यारह अन्य कविताओं में भी उन्होंने जीवन यथार्थ के अनेक रूपों का उद्‌घाटन किया है। बेनीपुरी की इन अँधेरे में पड़ी कविताओं को हिंदी की प्रगतिशील कविता की दुनिया में शामिल करके उसका विवेचन-विश्लेषण करने की जरूरत है। यह एक विडंबना ही है कि बेनीपुरी की ये महत्त्वपूर्ण कविताएँ अब तक हमारी निगाह से ओझल रहीं। इन कविताओं के आधार पर यह जोर देकर कहा जा सकता है कि वे प्रगतिशील धारा के महत्त्वपूर्ण कवि हैं। उन्होंने अधिक कविताएँ नहीं लिखी हैं लेकिन उनके योगदान के मूल्यांकन के लिए ग्रंथावली में शामिल ये कविताएँ पर्याप्त हैं।

परिशिष्ट में अनेक प्रकार की सामग्रियाँ हैं। सब से पहले बेनीपुरी द्वारा संपादित 'काव्य कुसुम' पुस्तक का 'कवि परिचय' तथा 'झोंपड़ी का रुदन' की भूमिका दी गई है। उसके बाद बेनीपुरी की सृजन-यात्रा रेखांकित की गई है। उनका संक्षिप्त वंशवृक्ष भी दिया गया है। अंत में मैंने एक फीचर लिखा है : 'आइए चलें बेनीपुर'। यह संपादकीय का ही एक हिस्सा है। जिस गाँव और इलाके से बेनीपुरी इतने जुड़े थे, उसके आज क्या हाल हैं, लोग उन्हें किस रूप में याद करते हैं, फीचर में इन बातों की जानकारी दी गई है।

1953 में बेनीपुरीजी ने अपनी ग्रंथावली का पहला खंड निकाला था। उसे उन्होंने अपने निकटतम मित्र शिवपूजन सहाय को समर्पित किया था। नए सिरे से संपादित बेनीपुरी ग्रंथावली

का यह पहला खंड स्वभावतः शिवपूजन सहायजी को ही समर्पित है। बेनीपुरीजी ने शिवपूजन सहाय को अपनी ग्रंथावली का पहला खंड समर्पित करते हुए लिखा था :

श्रद्धेय भाई शिवपूजन सहाय जी को

श्रद्धेय भैया,

मेरी ग्रंथावली के प्रकाशन से सर्वाधिक प्रसन्नता आपको ही होगी, अतः उसका पहला खंड आपके ही हाथों में।

ग्रंथावली के पहले खंड की सामग्रियों से बेनीपुरीजी के विराट रचनाकार व्यक्तित्व की विविधता से भरी दुनिया नए सिरे से परिभाषित होती है। आपको भी इस दुनिया में पुनः प्रवेश का न्योता देता हूँ।

—सुरेश शर्मा

अनुक्रम

चिता के फूल

[1930-1932 ई.]

रामू और राघो ऐसे पटना-कैम्प-जेल के अनेक साथियों को
जिनके बलिदान और त्याग से देश आजाद हुआ !

ये फूल !

काश, ये फूल होते ! हमारे पूर्वज कैसे तत्त्वज्ञ थे, जिन्होंने चिता-भस्म में चमकती हड्डियों को फूल का आस्पद दिया ! मृत्यु और संहार की विभीषिका को ढँकने की यह चेष्टा धन्य है!

अपनी इन सात कहानियों में देश और समाज की विषम स्थिति से उत्पन्न मृत्यु और संहार की विभीषिकाओं को ही मैंने कलात्मक रूप देने की चेष्टा की है। किंतु इनमें ढँकने की कोशिश कहीं नहीं की गई है, बल्कि उभारने का ही प्रयास है। हम इन विभीषिकाओं को देखें, समझें और अपने समाज को ऐसा नया रूप देने की चेष्टा करें, जिसमें हमें ऐसे दृश्य न देखने पड़ें।

मेरी कहानियों का यह पहला संग्रह है। बहुत दिनों तक ये फूल इधर-उधर बिखरे पड़े थे—धन्यवाद है उन मित्रों को, जिनके बार-बार के आग्रह ने इन्हें संगृहीत होने और प्रकाश में आने को बाध्य किया।

—श्रीरामवृक्ष बेनीपुरी

चिता के फूल

1

दोपहर से ही खेतों और मेड़ों से एक-एक तिनका इकट्ठा करता हुआ शाम को रामू घास के एक गट्ठर के साथ घर पहुँचा। गट्ठर पटक आँगन में घुसा। माँ ने मकई की चबेनी तैयार कर रखी थी। हरी मिर्च और नमक के साथ जल्द-जल्द उसने दस-पाँच फंक्के मुँह में रखे और लोटा-भर पानी छाक लिया। फिर दरवाज़े पर आ घास की कुट्टी काटी, उसमें थोड़ा रबिय। भूसा मिलाया। खूँटे से बँधी, ब्याई भैंस चुकर रही थी। छींटी-भर उसके निकट रखकर वह चला बुझावन दादा के दरवाज़े।

क्योंकि आज शुक्रवार है न ! आज ही तो बुझावन दादा के पास अख़बार पहुँचता है क्योंकि डाक-पिउन का बीट आज ही का है। रामू ने पढ़ा-लिखा बहुत ही कम; किसी तरह टो-टाकर काम चला लेता है। माँ-बाप का इकलौता ठहरा। बाप ने स्कूल में पढ़ने को ज़रूर भेजा, किंतु एक तो माहवारी फ़ीस और साप्ताहिक 'सीधे' की ज़बरदस्त माँग, दूसरे, अकेले बाप से खेती-गृहस्थी सँभलती न थी, अतः वह अधिक दिनों तक स्कूल में नहीं रह सका। किंतु देश और संसार की खबर जानने का उसे बड़ा शौक़ है। हर शुक्रवार को, जब अख़बार आता, रामू बुझावन दादा के नज़दीक ज़रूर जाता और उनसे देश का हाल-चाल जानता। बुझावन दादा भी अपने इस किशोर श्रोता को बहुत मानते क्योंकि देहात में अख़बार की ख़बरें जानने के लिए उत्सुक लोगों की संख्या ही कितनी होती है ?

जाड़ा शुरू हो रहा था। बुझावन दादा के दरवाज़े पर एक अच्छी-सी धूनी जल रही थी। लोग उसके चारों ओर इकट्ठे हो रहे थे। बुझावन दादा भी वहीं बैठे थे। रामू ने वहाँ पहुँचकर छूटते ही पूछा—"दादा, अख़बार का हाल कहिए न। गाँधी बाबा का जहाज़ बंबई पहुँचा या नहीं ?"

"हाँ-हाँ; उसी जहाज़ पर गाँधी बाबा रामू के लिए स्वराज्य ला रहे हैं। क्यों रामू, स्वराज्य में से थोड़ा हमें भी दोगे ?"—धूनी तापनेवालों में एक ने व्यंग्य से कहा और ठठाकर हँस पड़ा। रामू इस हँसी पर उबल पड़ा, और वह अपनी ज़बान का चरखा चालू ही करनेवाला था कि बुझावन दादा, एक तो विवाद शांत करने के लिए, दूसरे, उस दिन ख़बर भी ऐसी न थी कि ज़्यादा समय तक ज़ब्त रखी जा सके, कह उठे—"अरे, बड़ा अंधेर हो गया रामू, जवाहरलालजी गिरफ़्तार हो गए, और गाँधीजी भी हो ही चुके होंगे !"

"क्या ? जवाहरलालजी गिरफ़्तार ? गाँधीजी भी ? कहाँ, क्यों—यह क्या?" आदि कितने ही प्रश्न दनादन किए जाने लगे। बुझावन दादा सबको समझाने लगे—किस तरह गाँधीजी ने राउंड-टेबल-कॉन्फ्रेंस में पूर्ण स्वराज्य का दावा रखा। किस तरह उनकी बातों पर उचित ध्यान नहीं दिया गया। किस तरह उसके अंदर यहाँ, अपने देश में, युक्त प्रांत के किसानों ने सस्ती की वजह से अपनी मालगुज़ारी कम करने की बात पेश की; किस तरह उनकी माँग ठुकरा दी गई; किस तरह उन लोगों ने कर-बंदी शुरू की, तो उनका नेतृत्व करने के कारण पं. जवाहरलालजी को गिरफ़्तार किया गया है। फिर बुझावन दादा ने बताया—जिस समय जवाहरलालजी गिरफ़्तार किए गए, लगभग उसी समय सीमाप्रांत में किस तरह 'लाल कमीज'-दल संगठन के लिए खान अब्दुलग़फ़्फ़ारखाँ भी सपरिवार निर्वासित किए गए। अब गाँधीजी के लौटने पर बंबई में कांग्रेस-कार्य-समिति बैठी है और वायसराय से ख़त-किताबत चल रही है। आज के अख़बार में इतनी ही ख़बर है, किंतु उसमें लिखा है कि गाँधीजी का गिरफ़्तार होना

भी निश्चित जान पड़ता है; क्योंकि सरकार पहले से ही तैयार बैठी है और नए वायसराय का दावा है कि वह एक महीने के अंदर ही इस आंदोलन को दबा लेंगे।

लोगों ने यह समाचार बड़ी उत्सुकता से सुना। फिर बहस-मुबाहसा प्रारंभ हुआ। किसी ने कहा—भविष्य-पुराण में लिखा है, अंग्रेजों का सात 'टोपियों' तक राज्य रहेगा, अभी तो तीन ही हुई हैं, स्वराज्य कैसे हो ? किसी ने कहा—"बिना युद्धेन केशव!"—कहीं बिना लड़ाई के राज्य मिला है ? किसी ने कहा—देशी राजे गाँधीजी को मदद दें, तो आज स्वराज्य हो जाए। फिर किसी ने प्रह्लाद की उपमा देकर, तो किसी ने "रावण रथी, बिरथ रघुबीरा" की चौपाइयाँ पढ़कर यह सिद्ध किया कि गाँधीजी ज़रूर जीतेंगे, स्वराज्य ज़रूर होगा। किंतु रामू चुपचाप सब सुनता रहा। यही नहीं, बहस-मुबाहसे के शोर-गुल के बाद लोगों ने पाया कि रामू वहाँ से खिसक चुका था।

ठीक ही रामू वहाँ से खिसक चुका था। यह समाचार ही उसके लिए दुःखदायी था। फिर, इस बहस-मुबाहसे ने तो उसके हृदय को छलनी कर दिया। वह ज़्यादा पढ़ा-लिखा नहीं था, किंतु बुझावन दादा की संगति और टो-टाकर अख़बार पढ़ने के कारण अपने देश से, अपनी मातृभूमि से, उसे ममत्व हो चला था। स्वराज्य में सोने-चाँदी की वर्षा होगी, या भाई का गला भाई काटेंगे—इस बात पर उसने कभी ग़ौर नहीं किया था। किंतु वह इतना ज़रूर जानता था कि दुनिया में केवल एक उसी का देश है, जो ग़ुलामी का तौक़ पहने हुए है। यह अवस्था उसके लिए असह्य थी। जब गाँधी-इरविन सुलह हुई, और गाँधीजी राउंड-टेबल-कॉन्फ्रेंस में गए, तो उसने समझा—गुलामी की ज़ंजीर कटेगी ही नहीं, कुछ ढीली ज़रूर होगी; किंतु इस ख़बर ने उसकी इस आशा पर भी पानी फेर दिया। सबसे ज़्यादा उसे खटका नए वायसराय का यह दंभ कि एक महीने के अंदर ही वह इस आंदोलन को दबा दे सकेंगे। वह चुपचाप घर आया। भैंस दुहने बैठा—कहा नहीं जा सकता, दूध की कितनी धार झबई में पड़ी और कितनी ज़मीन पर। उस दूध की मीठी धार में उसकी आँखों की नमकीन धारा की दो-एक बूँदें पड़ीं या नहीं—यह भी किसे मालूम? भोजन करने के बाद वह चुपचाप सोने गया। दूसरे दिन उसकी माँ उसकी लाल आँखें देख चौंक पड़ी। उसने समझा, उसकी तबीयत ख़राब है—शरीर छुआ, ज्वर तो नहीं था। किंतु, वह बेचारी क्या जानती थी कि एक ज्वर ऐसा भी होता है, जो शरीर को ठंडा रखता है, परंतु हृदय को जलाता है।

दिन-भर रामू ने अपने दैनिक कर्म भलीभाँति सम्पन्न करने की चेष्टा की, किंतु किसी काम में भी उसका मन नहीं लगा। यों ही दो-तीन दिन और बीते। वह मशीन-सा सब काम करता रहा। धीरे-धीरे ख़बर मिल गई कि गाँधीजी एवं देश के अन्य सभी नेता एक-एक कर गिरफ़्तार कर लिए गए—कांग्रेस-कमेटियाँ ग़ैर- क़ानूनी क़रार दे दी गईं—चारों ओर गिरफ़्तारी, ज़ब्ती आदि की धूम है। ऐसी हर ख़बर पर रामू की आत्मा जोर से उससे पूछती—राम, यह क्या हो रहा है? तुम्हारा भी कोई कर्तव्य इस समय है कि नहीं ? उसकी व्याकुलता दिन-दिन भीषण रूप धारण करती जाती।

एक दिन बड़े तड़के रामू घर से निकल पड़ा। उसका कोमल मन इतना हृदय-मंथन बरदाश्त नहीं कर सकता था।

2

घर से चलकर रामू शहर में आया। उसे मालूम था कि कांग्रेस का जिला-ऑफ़िस शहर में है। किंतु कांग्रेस तो ग़ैर-क़ानूनी घोषित हो चुकी थी, वह किससे पूछे कि कांग्रेस का ऑफ़िस कहाँ है ? शहर में आने पर यह भी पता चला कि जहाँ पहले कांग्रेस का ऑफ़िस था, वहाँ अब

पुलिसवालों ने अपना डेरा डाल रखा है—जहाँ तिरंगा लहराता था, वहाँ यूनियन जैक उड़ रहा है।

रामू असमंजस में पड़ा हुआ था कि उसने अकस्मात् देखा, उसी की उम्र के पाँच-छह किशोर झंडे लिए, गीत गाते, आगे बढ़े आ रहे हैं। कांग्रेस तो ग़ैर-क़ानूनी है, फिर ये नौजवान कहाँ से निकल पड़े ? झंडे कहाँ से मिले इन्हें ? वे बढ़ते जा रहे थे। रामू उन्हें देखकर मन-ही-मन अनेक तर्क-वितर्क करता उसी ओर आगे खिसक रहा था कि उसने देखा, कुछ पुलिस के जवान दौड़ते हुए उन किशोरों के निकट जा पहुँचे। जाते ही उन्होंने झंडे छीनना शुरू किया। कुछ खींच-तान हुई, पर किशोरों के सुकुमार हाथ पुलिस के इस्पाती हाथों से कब जीत सकते थे ? झंडे छीने लिए गए और उन्हें गिरफ़्तार कर पुलिस थाने की ओर बढ़ी। वे अब भी जय-जयकार कर रहे और गीत गा रहे थे। उनके पीछे एक छोटी-सी भीड़ भी जमा हो गई थी।

भीड़ और गिरफ़्तार लोगों के साथ पुलिस कुछ दूर चली कि पीछे से सुनाई पड़ा—"महात्मा गाँधी की जय !" सबका ध्यान आकृष्ट हुआ। लोगों ने देखा, एक किशोर-वयस्क बालक हाथ में झंडा लिए जय-जयकार कर रहा है। पुलिस में से एक जवान दौड़ा हुआ उसके निकट पहुँचा, और उसे भी गिरफ़्तार कर लिया। यह कौन था ? यह था रामू। पुलिस और स्वयंसेवकों में झंडों को लेकर जब छीना-झपटी हो रही थी, एक झंडा उछलकर अलग जा गिरा था। रामू ने उसे छिपाकर रख लिया था, और ज्यों ही वे लोग बढ़े, वह झंडे को उड़ाते हुए जय-जयकार करने लगा। उसने सोचा, कांग्रेस के ऑफ़िस की तलाश कहाँ तक की जाए, उसे पता भी चले या नहीं? क्यों न इन्हीं लोगों के साथ हो ले ? जेल होगी ? तो, इसीलिए तो वह आया है। इनसे जान-पहचान हो जाने पर पीछे काम करने में भी सहूलियत होगी।

रामू उन साथियों के साथ थाने पर लाया गया। उसने सोचा, रात में उसे थाने में रहना पड़ेगा, कल मजिस्ट्रेट के सामने वह पेश किया जाएगा, जब कि उसे सज़ा मिलेगी। किंतु, यहाँ उसने विचित्र ही हालत देखी। कुछ पुलिस के अफ़सरों ने सारे क़ानून को अपने हाथों में कर लिया है। वे इस आंदोलन को दबाने के लिए ज़ुल्म और ज़्यादती की हद कर रहे हैं। रामू अभी कच्चा सोना था, किंतु पहली बार ही उसे खरी कसौटी पर चढ़ना पड़ा। थाने के पुलिस-अफ़सर ने इन सात सुकुमार बच्चों की सब प्रकार परीक्षाएँ लीं—थप्पड़, बेंत, ठोकर, कान पकड़कर उठना-बैठना, दीवार में नाक रगड़ना, कहाँ तक गिनाया जाए ? किंतु वाह रे रामू ! उसने एक बार भी आह न की, वरन् साथियों को भी ढाढ़स दिलाता रहा। इस अपराध के चलते तो उसे और भी सज़ा भुगतनी पड़ी, किंतु वह डटा रहा—डटा रहा। पीछे इन सातों को स्टेशन ले जाया गया। कहा गया—तुम पटना-कैंप-जेल में भेजे जाओगे। किंतु उन्हें गाड़ी पर चढ़ाकर, जब गाड़ी खुलने को हुई, साथ के सिपाही वहाँ से चलते बने। कड़ाके के जाड़े में, ठिठुरते हुए, सातों बच्चे दूसरे स्टेशन पर उतरे, तो उनकी दुर्दशा का क्या पूछना ? उनका क्षत-विक्षत शरीर देखकर स्टेशन-मास्टर को भी दया आ गई। उनकी वह रात उस दयालु स्टेशन-मास्टर की ही शरण में कटी, और भोर ही, छह मील पैदल चलकर ये कांग्रेस-शिविर में आ पहुँचे—वह गुप्त शिविर, जिसकी ख़बर सिर्फ़ कांग्रेस कार्यकर्त्ताओं को ही रहती थी।

कांग्रेस-शिविर में पहुँचकर रामू को सबसे प्रसन्नता यह देखकर हुई कि ग़ैर-क़ानूनी क़रार दिए जाने पर भी कांग्रेस के कामों की शृंखला पूरी तरह अक्षुण्ण है। देहातों से लोग लगातार आते-जाते हैं। थाने-थाने में कांग्रेस के कार्यक्रमों को अच्छी तरह सम्पन्न किया जाता है और उसकी बाज़ाब्ता रिपोर्टें आती हैं। ये रिपोर्टें डाक से न आकर ख़ास स्वयंसेवकों द्वारा आती हैं। स्वराजी डाक का एक बाज़ाब्ता संगठन हो गया है। एक ज़िले का दूसरे ज़िले से और सब ज़िलों का प्रांत से घनिष्ठ संबंध इस स्वराजी डाक के कारण बना हुआ है। राष्ट्रीय अख़बार बंद हैं,

किंतु कांग्रेस की बुलेटिनें नियमित रूप से प्रकाशित ही नहीं होतीं, बाज़ार में बिकती भी हैं। सबसे विचित्रता तो यह है कि पुलिस प्रायः इधर-उधर छापा मारा करती है: किंतु वह आज तक यह पता नहीं पा सकी कि कांग्रेस का शिविर यथार्थतः है कहाँ ? शिविर के स्थान बदलते रहते—एक तरह से शिविर एक चलता-फिरता पड़ाव बना हुआ है। कांग्रेस के सभी कार्यकर्त्ताओं में फ़ौजी प्रवृत्ति बढ़ रही है। वे प्रकट और गुप्त लड़ाइयों की कलाएँ धीरे-धीरे जानने लगे हैं। नए वायसराय ने कहा था, वह एक महीने में आंदोलन को कुचल देगा; उसकी शेखी धूल में मिल गई—रामू के आनंद का क्या कहना ?

रामू की वीरता की कहानी उन किशोर स्वयंसेवकों से सुनकर शिविर-पति ने उसकी प्रशंसा की, उसकी पीठ ठोंकने से भी वह नहीं चूक सके। रामू की उम्र यही तेरह-चौदह साल की थी—बड़ा भोला-भाला-सा लगता था उसका चेहरा। किंतु उसकी तत्परता और उत्तरदायित्व के ज्ञान ने शिविर के सभी लोगों के मन मोह लिए। जो काम उसे सुपुर्द किया जाता, वह भली-भाँति सम्पन्न करता। पीछे चलकर डाक ले आने और पहुँचाने में तो उसने बड़ी नामवरी हासिल की। न केवल देहातों से, किंतु ज़िला-ऑफ़िस से प्रांतीय ऑफ़िस में डाक ले जाने और ले आने का काम भी वही करता। सरेआम स्टेशन पर जाता, टिकट कटाता, रेल पर सवार होता, प्रांतीय ऑफ़िस में पहुँचता, किंतु क्या मजाल कि कोई उसे पकड़ पावे। वह भोला-भाला चेहरा! फिर वेश भी तो वह प्रायः बदलता ! एक दिन जब भिखमंगे की सूरत उसने बनाई, तो सभी साथी हँसते-हँसते लोट-पोट हो गए। यों ही एक दिन उसने गूँगे का स्वाँग रचा, तो ठहाके-पर-ठहाके लगे। सी.आई.डी. की पूरी पलटन के रहते हुए भी आख़िर तक सरकार इस डाक-प्रबंध का पता न पा सकी, उसमें रामू-जैसे कुछ किशोरों की दिलेरी और कौशल ही काम करते थे।

हाँ, सिर्फ़ कौशल का ही नहीं, यह दिलेरी का काम भी था। सबके सामने, सरेआम, गुप्त चीज़ों को लेकर यों आना-जाना क्या कम हिम्मत का काम है ? फिर जब कभी 'स्वराजी डाक' के हरकारे पकड़े जाते, उनकी जो सेवा-शुश्रूषा की जाती, उसे मत पूछिए। यह आग से खिलवाड़ करना था, काले नाग से खिलवाड़ करना था।

किंतु कुछ दिनों तक इस काम के करने के बाद रामू का मन इस आँख-मिचौली से ऊब उठा। वह खुलकर मोर्चा लेना चाहता था। और, जहाँ चाह, वहाँ राह !

एक दिन सरकार द्वारा ज़ब्त किए गए कांग्रेस-आश्रम पर चढ़ाई करने का कार्यक्रम निश्चित हुआ। जब पुलिस हमारे आश्रम पर ज़बर्दस्ती क़ब्ज़ा कर लेती है, तब हम अपने आश्रम को फिर से दख़ल करने की कोशिश क्यों न करें ? सुना गया, पुलिस इसकी भनक पाकर पहले से तैयारी कर रही है। कहा जाता था, वह बड़ी सख़्ती से काम लेगी इस बार। गोलियाँ भी चलाई जाएँगी, इसकी भी अफ़वाह थी। इन बातों को सुन-सुनकर रामू का हृदय और भी उछलता। कभी-कभी माँ-बाप का ध्यान आने पर, यह समझकर कि वही अपने माँ-बाप के बुढ़ापे का एकमात्र सहारा है, अतः यदि उसकी मृत्यु हुई, तो वे बेचारे तड़प-तड़पकर मर जाएँगे, वह विचलित-सा होने लगता। किंतु उसी समय अनेकों शहीदों की स्मृतियाँ उसके हृदय को मज़बूत कर देतीं। वह उत्सुकता से निश्चित दिन की प्रतीक्षा करने लगा।

एक दिन सुबह-सुबह, जब पुलिसवाले झपकियों में ही थे, और शहरवाले भोर की मधुर नींद के मज़े ले रहे थे, 'स्वतंत्र भारत की जय' के शोर से दिशाएँ निनादित हो उठीं। कांग्रेस-आश्रम के चारों ओर थोड़ी देर तक शोर-गुल रहा— फिर दो-तीन बार गोलियों की धायँ-धायँ सुनाई दी—और अंत में सन्नाटा ! इसे शांति कहना तो इस शब्द की हत्या करना होगा।

3

ज़रा हम अब रामू के गाँव चलें !

उसके माँ-बाप उस भोर में उसे न पाकर बहुत चिंतित हुए। भैंस अभी तक बथान में बँधी चुकर रही थी—उसका पाड़ा एक कोने में अलग शोर कर रहा था। रामू भैंस को तड़के घर से बाहर करता, उसे खिलाता, फिर दुहता। आज वह कहाँ चला गया?

शायद निकट के गाँव में किसी काम से गया हो—माँ-बाप ने ऐसा मान लिया, और उस पर नाराज़ होते हुए कि क्यों बिना ख़बर दिए वह यों निकल गया, शांत हुए। किंतु, जब दोनों प्राणी बिना खाए-पिए दोपहर तक राह देखते रहे, और रामू नहीं आया, तो उनकी चिंता बढ़ने लगी। बुझावन दादा से भी कुछ पता नहीं चला, तब तो उनके प्राण सूखने लगे। शाम हुई। अब तो चिंता का पारावार नहीं रहा। माँ से नहीं रहा गया। उस झुटपुटे के वक़्त, जिस समय निकट के दरवाज़े पर देहाती भजनों की जमात गा रही थी—"साँझ भई घर आए न मुरारी, कहाँ अटके बनवारी"—वह बेचारी अपने मुरारी के विरह में व्याकुल हो फूट-फूटकर रोने लगी। बेचारे पिता की आँखों से भी आँसू बहने लगे। गाँव के कुछ लोग इस क्रंदन-ध्वनि पर आकृष्ट हो उन्हें सांत्वना देने को पहुँचे। रामू-ऐसा सुशील, समझदार बेटा यों एकाएक कहीं चल दे—यह बात सबको आश्चर्यजनक मालूम पड़ रही थी।

किंतु, यह समस्या भी तुरत ही हल हो गई। इसी गाँव के एक सज्जन कहीं बाहर से घर लौट रहे थे। रामू के दरवाज़े पर आकर उन्होंने ख़बर दी कि रामू की उनसे रास्ते में भेंट हुई है—उसने कहा है, बाबूजी से कह देना, मैं तीर्थ-यात्रा करने जा रहा हूँ, शीघ्र लौटूँगा। इस ख़बर ने अनिश्चितता को कुछ हद तक दूर किया—थोड़ा आश्वासन मिला। पर आश्चर्य यही हो रहा था कि इस बालपने में ही यह वैराग्य उसमें कैसे आ गया?

पर, यह तीर्थ कौन-सा है, और वह वैराग्य कैसा है—इसका पता चल गया उस दिन, जब दारोग़ाजी सदल-बल पहुँचकर गाँव को प्रकंपित और आतंकित करने लगे। उनका दल पूछ-ताछ करते सीधे रामू के दरवाज़े पर पहुँचा, और उसके दरवाज़े पर बँधी भैंस को कुर्क़ किया। मालूम हुआ, रामू कांग्रेस के काम में गिरफ़्तार हुआ है, और उसे छह महीने की सख़्त क़ैद और पचास रुपये जुरमाने की सज़ा हुई है, जिस जुरमाने की वसूली में यह कुर्क़ी की गई है। दारोग़ाजी की ज़बानी यह भी पता चला कि उस दिन शहर में भीड़ पर गोलियाँ चलीं, उसमें रामू भी था, और भाग्य से ही वह बच गया, घायल होकर ही रह गया !

भैंस की कुर्क़ी की ज़रा भी परवा उसके माँ-बाप को नहीं हुई। जिस दिन से रामू गया, उसके पिताजी विचित्र ढंग से अन्यमनस्क बने रहते। कुछ दिनों तक तो कुछ काम ही नहीं किया; अब करते भी, तो जैसे मशीन काम कर रही हो—न रस, न उत्साह। भैंस रामू की सबसे प्रिय यादगार थी। उसके ख़रीदने में उसकी ज़िद काम कर गई थी, उसके पालने में उसका हाथ था, उसके दूध-दही का सबसे बड़ा भोक्ता भी वही था। रामू के पिता के हृदय में यह भैंस बुरी तरह कसक पैदा करती। वह रामू से ऐसी घुलमिल गई थी कि उसके जाते ही खाने-पीने में उदासीनता दिखलाने लगी। वह सूख चली थी—दूध भी कम देने लगी थी। जब दारोग़ाजी ने उसे कुर्क़ किया, और सिपाही उसे खोलकर एक मोटा डंडा उसकी पीठ पर देकर, उसे ले चले, तो एक बार रामू के पिता को ऐसा लगा, मानो कोई कलेजा निकाले जा रहा है। किंतु, वह कलेजा नहीं, कलेजे का काँटा था। इसके निकालने में दर्द था, परंतु घाव भरने की सूरत भी यही थी। उन्होंने सोचा, जाने दो, रामू ही नहीं, तो भैंस रखकर क्या होगा ? फिर भैंस की क्या परवा करते बेचारे; उन्हें तो रामू के लिए दूनी चिंता हुई। वह घायल हुआ, न जाने कहाँ-कहाँ घाव लगे हों। वह जेल में है—न जाने वह कैसे रखा जाता हो ? उसी क्षण, बिना किसी से कुछ कहे, वह शहर की ओर चल पड़े।

4

रामू पटना कैंप जेल में है।

भला, यह जेल है, या मेला ? काँटों के तार के घेरे के अंदर है यह जेल, जहाँ से चारों ओर के खेतों में वसंत की बहार देखिए। न वार्डर का पहरा; न जेल-अधिकारियों की छेड़छाड़। कहीं सभाएँ हो रही हैं, कहीं कवि-सम्मेलन जमा है, कहीं ताश और शतरंज पर लोग जुटे हैं, कहीं स्कूलों के क्लास लगे हैं। कबड्डी, आसन, कुश्ती, सेवा-दल का परेड, जिसमें जी लगे, शामिल होइए। रविवार के दिन जब मुलाक़ाती आते, एक हुजूम-सा मच जाता। साधारणतः खाना-पीना भी अच्छा ही था—उसमें भी पंद्रहवें दिन जब 'भोज' मिलता, तब का क्या कहना ? यहाँ आकर रामू ने कुछ पढ़ना-लिखना भी शुरू किया, और दीन-दुनिया को समझने की भी चेष्टा की। मन के लायक उसे कुछ दोस्त भी मिल गए, जिनको लेकर वह खूब ही मस्त रहता।

इसी बीच एक रविवार को उसके पिता उससे भेंट करने को आ पहुँचे। रामू उनकी दशा देखकर द्रवित हो गया। उसके पिताजी हड्डियों के ढाँचा-मात्र हो रहे थे। रामू ने आश्वासन दिया—यहाँ उसे कोई तकलीफ़ नहीं है, गोलियाँ जब चलीं, तो भाग्यवश वह बच गया, केवल पैर में कुछ छर्रे लगे। अब तो चार ही महीने की देर है, वह शीघ्र ही आकर माँ के चरण छुएगा।

किंतु, आह री उसकी माँ औंर आह रे उसके पिता ! क्या उनका ऐसा अच्छा भाग्य था?

कैंप-जेल में ऊपर-ऊपर जितना आनंद था, भीतर-भीतर उसमें उतना ही खोखलापन था। वह बीमारियों का अड्डा बना हुआ था। डिसेंट्री का वहाँ बोलबाला था। निमोनिया वहाँ की मारक बीमारी थी। और भी 'किं रूप किमाकारं' बीमारियाँ वहाँ तांडव-नृत्य करती रहतीं। ऐसा भी समय आया कि कुल आबादी की एक चौथाई बीमार हो शय्याशायी हो गई। वहाँ बीमार पड़ना भी कोई साधारण बात न थी। एक बार जो बीमार पड़ा, वह समझता, अब गया ! जेल में डॉक्टर भी थे, दवाइयाँ भी थीं। सुपरिंटेंडेंट अपने को बीमारों का बाप ही समझता और कहता। अपनी समझ से, दूध और फल का भी उसने यथेष्ट प्रबंध कर रखा था, किंतु न-जाने क्यों, इतने पर भी बीमारी वहाँ एक जीवित भूत थी—एक प्राण-पीड़क आतंक।

-रामू भी बीमार पड़ा।

पहले तो उसे डिसेंट्री की थोड़ी शिकायत हुई। अपने वार्ड में रहकर और माँड़-भात खाकर ही उसने उसे भगा देना चाहा। किंतु पीछे उसे अस्पताल जाना ही पड़ा, क्योंकि डिसेंट्री के साथ बुखार भी आने लगा। अस्पताल क्या था, साधारण वार्डों को ही अस्पताल में परिणत कर लिया गया था, जहाँ बहुतों को ज़मीन में ही लेटना पड़ता। अस्पताल के नाम पर दो ख़ास कमरे भी थे, किंतु एक तो वहाँ 'सीट' कम, फिर, वे तो कुछ 'ख़ास बीमारों' के लिए रिज़र्व रखे जाते, अतः रामू को भी उन वार्डोंवाले, नाम के अस्पताल में ही, रहना पड़ा, और इन वार्डों के ही लायक़ उसकी दवा भी हुई। धीरे-धीरे बीमारी बढ़ती गई। कुछ स्वयंसेवकों ने, जो उसकी वीरता को पहचान गए थे, उसके गुणों ने जिन्हें उसका मित्र या भक्त बना लिया था, उसकी सेवा में कुछ भी उठा नहीं रखा; किंतु बीमारी केवल तीमारदारी से ही तो अच्छी नहीं होती !

अब हालत ऐसी हो गई कि मित्रों ने उसके जीवन की आशा खो दी। खून के दस्त और अत्यधिक बुखार। वह प्रायः चेतना-शून्य हो जाता, और अंट-संट बकने लगता। कभी-कभी उसके मुँह से 'माँ', 'बाबूजी' ऐसे शब्द भी निकलते; लेकिन ज़्यादातर वह उन घटनाओं को दुहराता-सा मालूम होता, जो इधर के कुछ महीनों में उसकी ज़िंदगी में घटी थीं। "स्वराज नहीं देख सकूँगा?" —एक दिन जब थोड़ी रात बाक़ी थी, उसने टूटे-फूटे शब्दों में यह कहा, और धाड़ मारकर रोने लगा। फिर दो-चार हिचकियाँ और...

अरे, यह क्या हो गया ? उसके साथी भौचक्के हो 'डॉक्टर-डॉक्टर' पुकारने लगे; लेकिन

जब तक डॉक्टर आवे, तब तक तो रामू चल बसा था !

लोगों ने देखा, उस वार्ड से भोर में एक लाश निकाली जा रही है। इस तरह लाशों का निकलना कैंप-जेल के लिए नई बात नहीं रह गई थी। शुरू में जब कुछ लोग मरे थे, तो उनकी लाशें चौक पर रखी गई थीं, और जेल के एक-एक राजबंदी ने उन पर फूल चढ़ाए थे। लेकिन फूल भी चुक गए थे, उत्साह भी कुंठित हो चुका था। जहाँ दूसरे-तीसरे दिन लाशें निकलें, वहाँ श्रद्धांजलि की यह प्रथा कैसे जारी रखी जा सकती थी ? हाँ, रामू के कुछ साथी और मित्र ज़रूर उसकी लाश के पीछे-पीछे फाटक तक जा रहे थे। उनकी आँखों से जो मोती झरते जाते थे, वे प्रभात की सूर्य-किरणों के स्पर्श से कभी लाल और कभी फ़िरोज़ी बनकर चमक उठते थे।

घोर देहात में था रामू का घर। उसकी लाश जेल से बाहर ले जाने के लिए समय पर कोई पहुँच नहीं पाया। ऐसे मृत राजबंदियों के लिए सरकारी प्रबंध था, कुछ वार्डर ही उनकी लाशें गंगा-किनारे ले जाते और सरकार द्वारा कृपा कर दी गई तीन मन लकड़ियों से अंतिम संस्कार कर देते। रामू के भाग्य में भी यही बदा था !

किंतु, यह क्या ? जब उसकी चिता ठंडी पड़ रही थी, अचानक दो व्यक्ति रोते-चिल्लाते आते दिखाई पड़े। रामू-रामू कहते, वे लगातार छाती पीट रहे थे। अब तक वार्डरों के हृदय में एक हल्की उदासी के भाव-मात्र थे, जो ऐसे अवसरों पर स्वभावतः ही आ जाते हैं। किंतु इन दोनों को देखते ही जैसे उनके हृदय की करुणा-मंदाकिनी भी अचानक फूट निकली। वे आगे बढ़कर उन्हें समझाने की चेष्टा करने लगे। बूढ़े को पकड़ा; वह धाड़ मारकर रो पड़ा, किंतु उस बूढ़ी को क्या करें जो, लगता था, इस चिता को ही बटोरकर हृदयस्थ कर लेगी ! अब चेतन की क्या बात, जड़ भी रो रहे थे मानो। गंगा का वह किनारा, किनारे पर का वह बूढ़ा पीपल का पेड़, गंगा की धार—सब आँसुओं में डूबे हुए थे।

कोई वहाँ ऐसा नहीं था, जो इसकी घोषणा करता कि रामू ने अपने को देश के लिए क़ुर्बान कर दिया; किसी के मुँह से उस दिन रामू की जयकार नहीं निकली; उसका जनाज़ा फूलों-भरा भी नहीं निकल पाया था ! एक जंगली फूल की तरह वह खिला और अनदेखे झड़ पड़ा—उसकी शहादत की अमर साक्षिणी एकमात्र माँ-गंगा रहीं, जिनके पावन-जल में, जी-भरकर रो-धो लेने के बाद, उसके पिता ने काँपते हाथों से उसकी चिता से चुनकर पाँच फूल अर्पित किए—चिता के वे फूल, श्वेत-शुभ्र, पावन-पवित्र !

कहीं धूप, कहीं छाया

1

बाबू साहब की बेटी की शादी है। उनके घर की सरगर्मी का क्या कहना ? किंतु उससे भी ज़्यादा सरगर्मी समूचे गाँव में है। गाँव ही क्यों, उनकी ज़मींदारी-भर के गाँवों में एक हलचल-सी दीख पड़ती है।

बढ़ई बुलाए गए और उन्हें आज्ञा हुई कि इतने पलँग, इतनी कुर्सियाँ, इतनी बेंचें आदि तैयार करो; पुराने फ़रनीचरों की मरम्मत अलग। कुम्हारों को हुक्म हुआ कि इतनी हाँडियाँ, इतने घड़े, इतनी तश्तरियाँ और इतने आबखोरे बनाकर ड्योढ़ी पर हाज़िर करो। छोटी जातियों के सछूत लोगों के दरवाज़े पर धान के बोरे 'चिउड़ा' कूटने के लिए रखवा दिए गए; अछूत भी न बचे; दाल और आटे के लिए अरहर और गेहूँ के बोरे उनके आँगनों में फिंकवा दिए गए।

तंबोली से पान की और तेली से तेल की फ़रमाइश हुई। लोहार से तंबू-शामियाने के लिए खूँटे और मोखियाँ तैयार करने तथा जलाने के लिए प्रचुर परिमाण में चैला चीरने की ताक़ीद कर दी गई। राज को बुलाकर ड्योढ़ी की दीवारों की मरम्मत और उन पर सफ़ेदी करने का आदेश हुआ। ग्वालों तथा गाय-भैंस पालनेवाले दूसरे लोगों पर दही और घी के लिए फ़रमान निकले। इस तरह, जो जिस योग्य था, उसके सिर पर वैसा बोझ लादा गया—किंतु लादा गया सबके सिर पर कुछ-न-कुछ ज़रूर। बाबू की बेटी का ब्याह है या ठट्ठा?

फिर गाँवों की सरगर्मी और हलचल का क्या पूछना?

एक पहर रात से ही मूसलों की धम्म-धम्म और चक्कियों की घर्र-घर्र से—जिनमें कभी-कभी काँच की चूड़ियों की खन्-खन् और काँसे के कड़ों की टन्-टन् भी मिली होती थी—सारा गाँव मुखरित हो उठता। कुम्हार का चाक अविरल गति से नृत्य करता, जिस पर उसकी थाप अपने थप्-थप् शब्द से ताल-सी देती रहती। बढ़ई के बसूले की खट्-खट् और लोहार की कुल्हाड़ी की ठायँ-ठायँ की कर्णकटुता को तेली के कोल्हू का चर्र-चों और ग्वाले के मटके का घर्र-घों बहुत अंशों में स्निग्ध और मधुर बनाने की चेष्टा करता। बाबू साहब की ड्योढ़ी से सटे, एक कमरे में, दर्ज़ी की सिंगर मशीन हरहराती रहती; दूसरी तरफ़ सोनार की हथौड़ी-छेनी खुट-खुट करती हुई सोने और चाँदी की निर्जीवता में सजीव चित्रण करने का प्रयत्न करती। कहाँ तक गिनाया जाए, सारे गाँव का वायुमंडल नाना प्रकार के शब्दों से आंदोलित और प्रकंपित रहता !

कोई दौड़ा हुआ तंबू और शामियाने की मँगनी को जा रहा है, तो कोई कहीं से इत्रदान और गुलाबपाश के गंगा-जमुनी जोड़े ला रहा है। बाजेवाले और आतिशबाजीवाले—सबको साइयाँ दी जा रही हैं। पुराने तालाबों की मरम्मत हो रही है; कुओं का कीचड़ निकाला जा रहा है; टूटी सड़कें दुरुस्त की जा रही हैं; बागों के गड्ढे-सड्ढे भर-भराकर, घास-फूस छील-छालकर, उन्हें साफ़-सुथरा बनाया जा रहा है। क्यों न हो ? इतनी बड़ी बरात आनेवाली है, उसके आराम-चैन के लिए इतना भी न किया जाए?

बाबू साहब के घर में भी सरगर्मी है—बाबू साहब बरात के ठहराने, खिलाने-पिलाने, दहेज देने आदि की स्कीमें बनाने में तल्लीन हैं; और उनकी श्रीमतीजी अपने दामाद को नाना तरह के उपहार और अपनी बेटी को अच्छी विदाई देने का प्रबंध कर रही हैं। यों बाबू साहब के घर की सरगर्मी कुछ कम नहीं है; किंतु उनके घर की सरगर्मी और इन गाँवों की सरगर्मी में कितना अंतर है। ऊपर की सूरत-शकल मिलने पर भी अंदर में—हृदय में—कितना भेद है। एक तरफ़ उल्लास है, आनंद है, मनुहार है—दूसरी ओर लाचारी है, बेबसी है, बेगारी है !

2

मखना—मातृभक्त मखना अपनी बीमार माँ के सिरहाने बैठा अनवरत पंखा झलता और जब-तब माँ को उसकी अपनी करनी के लिए कोस रहा था कि किसी ने बाहर से पुकारा—"मखना, ओ मखना ! मखना रे—सुनता नहीं है ? घर से बाहर आता है कि..."

मखना की माँ आज चार-पाँच दिनों से बीमार है। बीमार तो सभी पड़ते हैं, किंतु इस बीमारी को, मखना की समझ में, उसकी माँ ने स्वयं निमंत्रण देकर बुलाया है, इसलिए सब सेवा करता हुआ भी वह झल्लाया हुआ था।

बात यह थी कि एक दिन बाबू साहब का सिपाही एक मज़दूर के सिर पर एक बोरा धान लिए पहुँचा और फ़रमान सुनाया कि आठ दिन के अंदर इसका चिउड़ा कूटकर ड्योढ़ी पर पहुँचाना होगा। डेढ़ मन धान है, एक मन चिउड़ा होना चाहिए, तौल में कमी हुई, तो खैर

नहीं; चिउड़ा पतला हो; कन-भूसा ज़रा भी रहेगा, तो अच्छा न होगा। इतना कह, बोरा पटकवा, सिपाही चलता बना। वह कुछ सुनने-सुनाने को राज़ी न था—मालिक की ऐसी ही मर्ज़ी थी।

मखना भी बड़ा जीवट का आदमी था। पुष्ट शरीर पर कुश्ती ने और भी मद लाद दिया था। वह डेढ़ मन के बोरे को अकेले सिर पर रखकर बाबू की ड्योढ़ी की ओर चल पड़ा।

'अंधेर है—दिन-भर बेगारी करते-करते मरा जा रहा हूँ; न खाना, न दाना; आज यहाँ जाओ, कल वहाँ जाओ; आज यह करो, कल वह करो। बाप रे, गाँव-भर परेशान है। यह शादी क्या हुई, हम लोगों की जान साँसत में आ गई। अब यह चिउड़ा! —मेरी स्त्री नैहर चली गई, माँ बुड्ढी और बीमार है, कौन कूटेगा ? —उहँ, यह न होगा; अपनी माँ के गले में खुद फाँसी न लगाऊँगा, न लगने दूँगा ! नहीं-नहीं, मुझी को मार डालें ! यह उनकी बेटी है कि मेरा काल। एक दिन तो मरना ही है—इसी यज्ञ में सही...'

यों ही मन-ही-मन बड़बड़ाता जा रहा था कि पीछे से माँ ने आकर उसके पैर पकड़ लिए। वह जानती थी कि इस धान के लौटाने का क्या नतीजा होगा ! आज ही बेटे से उसको हाथ धोना पड़ेगा। मातृममता उमड़ चली। आँगन से दौड़ी और आकर बेटे का पैर पकड़ बैठी।

माँ को इस प्रकार पैर पकड़ते देख वह सन्न हो गया। कुछ देर तक पत्थर की मूर्त्ति-सा अचल खड़ा रहा। फिर बोला—"तू क्या करती है, पगली ! मुझे जाने दे; मुझसे जितना बेगार करावें, मैं तुझे मरने न दूँगा।"

"इसमें मरना कहाँ है, बेटा ? बस, एक मन तो कूटना है। एक पँसेरी भी कर लूँगी, तो आठ दिन में ख़तम।"

"बड़ी ख़तम करनेवाली बनी है। एक वक़्त रसोई बनानी पड़ती है, तो दम फूलता है, चिल्लाने लगती है कि बहू को बुला, बहू को बुला ला; और तुझी से चिउड़ा कूटा जाएगा ? नहीं, मैं बिना लौटाए नहीं छोड़ूँगा—ज़मींदार हैं, तो अपने घर के। बेगार लेंगे या खाल खींचेंगे..."

बुढ़िया ने ठुड्ढी पकड़ ली—"ऐसा न कहो, बेटा ! बाबू की बेटी तो मेरी भी बेटी ठहरी; क्या अपनी बेटी के ब्याह में मैं इतना भी न कर सकूँगी ? मुनिया के ब्याह में तो अकेले ढाई मन चिउड़ा कूट लिया था। उस समय कहाँ थी तुम्हारी बहू? जैसी मुनिया मेरी बेटी, वैसी बाबू की बेटी भी मेरी बेटी। चल, मेरे लल्ला, लौट..." आदि नाना प्रकार के तर्क-वितर्क और आरजू-मिन्नत के द्वारा वह मखना को लौटा लाई।

किंतु लौटा लाना जितना आसान था, धान को चिउड़ा बनाना उतना आसान न था। तो भी लग पड़ी। ईंधन नहीं था, बगीचे से पत्ते बटोर लाई। कुम्हार से कह-सुनकर एक खपड़ी माँग लाई। अब अकेले तारना, भाड़ना, घानी करना और कूटना। कभी चूल्हे-खपड़ी से झगड़ती, कभी ओखल-मूसल से युद्ध करती। बुढ़ापे का शरीर, थोड़ी ही देर में उंगलियाँ ऐंठने लगतीं, हाथ झनझना उठते किंतु तो भी वह डटी रहती। बेगार से फुर्सत पा, जब कभी मखना घर आता, तो इस प्रकार हँसकर बतियाती, मानो आसानी से सब काम सम्पन्न हो रहे हैं। मखना को भी अचरज होता। खैर, किसी प्रकार अपने पर अत्याचार कर और मखना को धोखे में रख उसने चिउड़ा तैयार कर दिया। मखना भी उसे ड्योढ़ी पर तौलवाकर कुछ निश्चिंत-सा हुआ।

किंतु मखना की माँ अपने बेटे को धोखे में डालकर भी प्रकृति को धोखा न दे सकी। अब प्रकृति ने अपने नियम के व्यतिक्रम का दंड चुकाना आरंभ किया। मखना की माँ बीमार पड़ी। चार-पाँच दिनों से वह शय्या पर बेहोश-सी पड़ी थी। अंग-अंग टूट रहे थे, बुखार उतरने का नाम ही नहीं लेता था; किंतु ज्यों ही आज थोड़ा बुखार घटा कि मखना को शांत करने की कोशिश करने लगी। वह बताना चाहती थी कि बीमारी स्वभावतः हुई है, चिउड़ा कूटने के सबब से नहीं; किंतु मखना को अब धोखे में नहीं डाला जा सकता था। झल्ला-झल्लाकर माँ को कोसता;

कहता—"कर अब बेटी का ब्याह ! कहाँ है बेटी ? क्यों नहीं आकर दवा-दारू करती? धनी की बेटी ग़रीबों की मौत होती है ! वह बिना खाए तुझे न छोड़ेगी—हाँ, तू भी मरेगी, मैं भी मरूँगा। मैं तुझे अकेले मरने न दूँगा। समझी ? मर तो..."

इसी प्रकार की झल्लाहट के बीच एक दिन मखना के कानों में बाहर से पुकार की आवाज़ पहुँची। बोली से ही वह पहचान गया कि बाबू साहब का सिपाही है। ऐसे श्रुति-मधुर शब्द दूसरे किसके मुँह से निकल सकते थे ? भर्राई हुई आवाज़ में उसने भी जवाब दिया—"मुझे फुर्सत नहीं; मेरी माँ बीमार है...।"

"तुम्हारी माँ बीमार है, तो क्या इसलिए बाबू साहब की बेटी का ब्याह रुक जाएगा ? चल, भरथुआ चौर से पुरइन के पत्ते लाना है; शाम तक लौट आएगा; चलता है..."

"नहीं चलता। बाबू साहब की बेटी का ब्याह नहीं रुकता, तो क्या मैं किसी की बेटी के लिए अपनी माँ को मार दूँ। दूसरा कोई देखनेवाला भी तो नहीं है; मैं नहीं जाता..."

इस सूखे कथन को इस रूखे ढंग से कहा गया था कि सिपाही दाँत पीसता हुआ ड्योढ़ी की ओर चल पड़ा।

3

ड्योढ़ी पर आकर सिपाही ने एक की दस-बीस बनाकर सुनाईं। मुंशीजी—बाबू साहब के कारवार के एकमात्र कर्त्ताधर्त्ता मुंशीजी—क्रोध से आग-बबूला हो गए, और "पाँच सिपाही जाकर, टाँग-टूँगकर उस हरामज़ादे को ले आओ—" यह हुक्म उनके मुँह से निकला ही था कि रामधनी मुखिया बीच में पड़ गए। उन्होंने मुंशीजी को बहुत तरह समझाया—"मखना अभी लड़का है, गदेल है; उसका बाप मँगरू ड्योढ़ी का वफ़ादार असामी था। मखना भी सदा बेगार करता रहा है; सचमुच उसकी माँ बीमार है, तो भी उसने ऐसा नहीं कहा होगा, शायद सिपाहीजी को सुनने में धोखा हुआ है। मैं अभी जाकर बुला लाता हूँ..."

रामधनी वृद्ध थे, गाँव के मुखिया थे, मुंशीजी ने उनकी बात मान ली। रामधनी अपनी लाठी टेकते मखना के घर आए, बहुत समझाया। माँ ने भी आजिज़ी प्रकट की। ख़ैर, मखना राज़ी हो गया और ड्योढ़ी पर आया। रामधनी साथ थे। उन्होंने मखना को रास्ते में ही समझा दिया था कि तुम वहाँ कुछ नहीं बोलना; जो हुक्म हो, चुपचाप मान लेना। मखना भी यह निश्चय करके आया था; किंतु यहाँ तो कुछ दूसरा ही होना था।

मुंशीजी के सामने एक हट्टा-कट्टा नौजवान खड़ा था। उसकी चौड़ी छाती, मांसल बाँहों और भरे चेहरे को देखकर मुंशीजी को आनंद नहीं हुआ। जो एक धनी के लिए गुण है, ग़रीब के लिए घोर अवगुण। कौन नहीं जानता कि जब कहीं चोरी होती या डाके पड़ते हैं, तो दारोग़ाजी आस-पास के ऐसे नौजवानों को ही पहले पकड़ते हैं, जो ग़रीब होकर भी हट्टे-कट्टे होते हैं। मुंशीजी ने मखना को देखते ही समझ लिया कि यह ज़रूर बदमाश होगा। रुखाई से पूछा—"हूँ, क्या तुम्हारा ही नाम मखना है?"

मखना ने सिर हिलाकर जवाब दिया। मुंशीजी बोले—"बोलता क्यों नहीं बे, क्या गूँगा है ? क्या सचमुच तूने कहा था कि नहीं जाता?"

मखना ने स्वाभाविक स्वर में कहा—"जी हाँ।"

"जी हाँ !" —मुंशीजी का क्रोध ज्वालामुखी-सा एकाएक भड़क गया। बोलते गए—"जी हाँ कहता है ? बदमाश, पाजी। क्यों तुमने ऐसा कहा?"

"सरकार, मैया बीमार..."

"तेरी माँ की..."

बस, मुंशीजी ने एक ही साँस में कितनी ही गालियों की गोलियाँ दनादन बरसा दीं। वह सुनते ही सन्न हो गया। एक बार उसने रामधनी की ओर घूरकर देखा, मानो उसकी आँखें कह रही हों—रामधनी चाचा, तुम्हीं आज मुझे बेइज़्ज़त करवा रहे हो। फिर उसने अपनी प्रज्वलित आँखों को मुंशीजी की ओर करके कहा—"मुंशीजी, कहे देता हूँ, गालियाँ मत बकिए..."

"गालियाँ मत बकिए ! बकूँगा, तो क्या होगा ? बोल, बोल, बोल तेरी..."

मखना के कानों ने सुना, उसकी माँ को न-जाने क्या-क्या गंदी गालियाँ दी जा रही हैं। उसका हृदय छलनी हो गया। उसके गरम मस्तिष्क में विचार-शक्ति भाप बनकर उड़-सी गई। वह कहाँ है, यहाँ क्या हो सकता है—आदि बातों के सोचने की बुद्धि ही उसमें न रह गई। वह पागल-सा हो उठा। बिजली-सा कड़ककर बोला—"गालियाँ रोकिए; रोकिए, नहीं तो..."

"नहीं तो—नहीं तो—नहीं तो क्या... क्या होगा ? बोल पाजी।"

यह कहते हुए स्वयं बाबू साहब अपने कमरे से निकले। वह भीतर दालान के कमरे में थे; ओसारे पर मुंशीजी बैठे थे। मखना ओसारे के नीचे आँगन में खड़ा था। कमरे से निकलकर बाज़ की तरह वह मखना की ओर झपटे। पैर में खड़ाऊँ थी। जाते ही उसके सिर पर तड़ातड़ मारने लगे।

बाबू साहब का आना और मारना पलक मारते हुआ। मखना नहीं जानता था कि बाबू साहब भीतर बैठे सब सुन रहे हैं। शायद रामधनी भी नहीं जानते थे। बाबू साहब को देखते ही मखना स्तंभित-सा हो गया। यहाँ तक कि दो-तीन खड़ाऊँ खोपड़ी पर पड़ने पर भी अचल खड़ा था; किंतु जब सिर से लहू की बूँदें टप-टप करके टपकने और उसके ललाट, गाल आदि को भिगोती हुई ज़मीन पर गिरने लगीं, तब जैसे वह कुछ चंचल-सा हो उठा। बाबू साहब उसके एकदम निकट खड़े खड़ाऊँ मारे जा रहे थे। इस बार ज्यों ही उन्होंने खड़ाऊँ उठाकर उसके सिर पर पटकनी चाही, त्यों ही उसने उस प्रहार को रोकने की नीयत से अपनी बाँह उस ओर बढ़ा दी। खड़ाऊँ सिर तक नहीं पहुँची, किंतु इस प्रकार रोकने से जो प्रतिघात हुआ, उसे बाबू साहब—दुर्बल-काय, शीर्ण-शरीर बाबू साहब—बर्दाश्त न कर सके। वह ढिलमिलाकर ज़मीन पर आ रहे। बाबू साहब को गिरते देख मखना भौचक हो उठा। लपककर उठाना ही चाहता था कि एक सिपाही ने उसके सिर पर एक ज़बरदस्त लाठी जमा दी।

फिर तो 'मारो-मारो' का तुमुल-नाद होने लगा। दो-तीन आदमी बाबू साहब को लेकर ओसारे पर बिठा आए—क्योंकि उन्हें चोट-ओट तो आई नहीं थी, सिर्फ़ कमज़ोरी के कारण ज़रा लुढ़क गए थे। बाक़ी लोग—सिपाही, नौकर, अमले आदि—मखना पर प्रहार-पर-प्रहार करने लगे। लाठी, छड़ी, जूते, लात, सबका विपुल प्रयोग किया जा रहा था।

लाठी-छड़ी, लात-जूते, इन सबका विपुल प्रयोग किया ही जा रहा था कि इतने में उन्हीं में से एक आदमी चिल्ला उठा—"मर गया ! मर गया !!" रामधनी अलग खड़े बगल से यह सब देख रहे थे। 'मर गया', यह आवाज़ सुनते ही दौड़े, और मखना के शरीर पर लेट गए। इनके लेटने और 'कहीं मर न गया हो, फिर तो कल से ही शादी के बदले...' इस आशंका के कारण भी, यह प्रहार-प्रकरण जहाँ-का-तहाँ रोक दिया गया।

मखना का क्षत-विक्षत शरीर निर्जीव-सा पड़ा है। उस जगह की ज़मीन खून से रँग गई है। खोपड़ी एक जगह फट गई है, जिससे रक्त का अविरल प्रवाह चल रहा है। नाक और मुँह से भी खून निकल रहा है। जहाँ एक मिनट पहले एक हट्टा-कट्टा नौजवान था, वहाँ अब मांस का एक लोथड़ा-सा पड़ा है। रामधनी कभी उसकी नाक दबाते और कभी मुँह में पानी देने की चेष्टा करते हैं। बाबू साहब तो अपने कमरे में पलँग पर जा लेटे हैं, जहाँ उन पर पंखा झला जा रहा है। किंतु मुंशीजी इस घटना के गुरुत्व को—'कहीं मर गया, तो पुलिस के द्वारा कितनी

परेशानियाँ उठानी पड़ेंगी', इस बात को समझकर वहाँ खड़े उसे होश में लाने के लिए नाना तरह के उपचार बता रहे हैं। जिन निर्दय हाथों ने निष्ठुर प्रहार किए थे, वे अब कृत्रिम उपचार में लगे हैं। शायद तड़पने का तमाशा देखने के लिए!

4

चार दिनों से समूचे गाँव में धूमधड़क्का मचा हुआ है। बाबू साहब की बेटी के ब्याह की बरात आई है। ऐसी बरात इस जवार में कभी नहीं आई। गाँव के बुड्ढे, जवान, बच्चे, स्त्रियाँ, लड़कियाँ सब बरात देखने में मग्न हैं। दूर-दूर के गाँवों से भी लोग दर्शक-रूप में आते-जाते रहते हैं।

हाथी, घोड़े, मोटर, बग्घी आदि की क्या गिनती ? नाच-गान का बाज़ार दिन-रात गरम रहता। रात में थिएटर होता, आतिशबाजियाँ छूटतीं; हा-हा-ही-ही-हू-हू से दिगंत आंदोलित रहता।

खाने-पीने की भरपूर व्यवस्था है। चिउड़ा-दही की कौन बात, दिन-रात गरमागरम पूड़ियाँ-कचौड़ियाँ उड़ती रहतीं। नाना तरह की मिठाइयों की सुगंध से तमाशबीनों की नाक भरी रहती, खानेवालों की जीभ की हालत का क्या वर्णन किया जाए !

बाबू साहब की उमंग का क्या कहना ! मुंशीजी के पैर तो ज़मीन पर पड़ते नहीं। यदि बाबू साहब इस महाभारत के दुर्योधन थे, तो मुंशीजी शकुनि। नौकर-चाकर सभी रंगीन कपड़े पहने उड़ते-से दीख पड़ते।

बाबू साहब के महल में संगीत की गंगा-जमुना तरंगें ले रही हैं। सास खुश हैं—योग्य दामाद पाकर; सरहज खुश हैं—सुघड़ ननदोई देखकर; और सालियाँ व्यस्त हैं—सुंदर बहनोई लेकर।

चारों ओर मस्ती, आनंद, उन्माद, उल्लास का समुद्र लहरा रहा है।

किंतु गाँव में एक ऐसा भी घर है, जहाँ इस समय एक दूसरा ही समुद्र अपना तूफ़ानी रूप दिखला रहा है—न-जाने यह किसकी भरी नाव डुबाएगा।

मखना उस दिन मरा नहीं, किंतु, जी गया घुल-घुलकर मरने के लिए। जब कुछ उपचार के बाद उसे होश आया, रामधनी उसे उठाकर उसके घर ले गए। निस्संदेह चलते समय मुंशीजी ने चाँदी के कुछ चमचमाते टुकड़े रामधनी के हाथ में रख दिए कि इनसे इसकी दवा-दारू करना, किंतु रामधनी ने विनयपूर्वक अस्वीकार कर दिया। कहा—"सरकार, अभी मेरे पास कुछ पैसे हैं; ज़रूरत पड़ेगी, तो ड्योढ़ी पर हाज़िर होऊँगा।" वह अनुभवी थे; जानते थे, ये रुपए उदारतावश नहीं दिए जा रहे हैं, वरन् जिससे किसी तरह पुलिस को खबर न लगे, इसके लिए यह घूस मिल रही है।

बेटे की यह हालत देखकर माँ की क्या हालत हुई होगी, कल्पना कीजिए! पहले तो वह चीख़ उठी। किंतु, तुरत ही अपने को ज़ब्त कर वह बेटे की सेवा-शुश्रुषा में लग गई। न मालूम उसकी बीमारी कहाँ चली गई ? न जाने उसमें यह शक्ति कहाँ से आ गई?

गाँव के दो-चार नवयुवकों ने थाने में ख़बर देने की चर्चा की, किंतु बूढ़ों ने डाँट दिया। बाबू साहब से मुक़दमे में कौन जीतेगा; फिर, मुक़दमे के लिए रुपए भी तो चाहिए।

इस दुस्संवाद को सुनकर मखना की पत्नी भी आ गई है। दोनों सास-पतोहू दिन-रात परिचर्या में लगी हैं। रामधनी भी वहीं बैठे रहते हैं।

देहात में परिचर्या ही क्या ? कुछ लोगों ने अस्पताल में ले जाने की बात चलाई, किंतु इसकी ख़बर ज्यों ही ड्योढ़ी पर पहुँची कि बाबू साहब ने खुद रामधनी को बुलाकर डाँट दिया। अस्पताल में जाने से पुलिस पर भेद खुल जाने का डर था।

मखना की हालत दिन-दिन ख़राब होती गई।

वह दिन-रात कराहता रहता। ज्यों-ज्यों दिन बीतते गए, पीड़ा घुलती गई, कराहना बढ़ता गया। उसके अंग-अंग कचोटते रहते; रह-रहकर टीस उठती—मानो सैकड़ों सुइयाँ एकसाथ चुभोई जा रही हैं। सदा बुख़ार—जोरों का बुख़ार—बना रहता। वह प्रायः बेहोश ही रहता। वह बेहोशी में अंटसंट बका करता—मैयाँ... चिउड़ा... सिपाही... मुंशीजी... तेरी... बाबू साहब... खड़ाऊँ... मारो-मारो... रामधनी चचा—बस, इन्हीं कुछ शब्दों के इर्द-गिर्द उलटा-पुलटा उसका बकना होता। कभी हँसता, कभी रोता, कभी उत्तेजित होकर खड़े होने की कोशिश करता। तीनों प्राणी सँभालकर रखते और रोते—पत्नी रोती, माँ रोती और रोते रामधनी चाचा।

किंतु आज अकस्मात् मखना की हालत अच्छी देखी गई। न वैसी कराह है, न छटपटी। थोड़ी चेतनता के चिह्न भी दीख पड़े। बुखार कुछ उतर गया था। रात उसे नींद भी आई। भोर में ज्यों ही उसने आँखें खोलीं, माँ ने उत्सुकतापूर्वक हौले-से पूछा—"बेटा, जी अच्छा है न?"

मखना ने सिर हिलाकर 'हाँ' की सूचना दी। माँ जैसे निहाल हो गई। आनंद से उसकी आँखें चमकने लगीं, जिनके कोने पर पानी की कुछ बूँदें डबडबा आईं। फिर मखना ने जैसे कुछ बोलने का प्रयत्न किया—किंतु बोल न सका। बेचैनी की एक रेखा-सी उसके ललाट पर खिंच आई। माँ इसको ताड़ गई। कुछ पूछना ही चाहती थी कि मखना ने इशारे से पानी पिला देने का भाव जतलाया। माँ ने अस्त-व्यस्त होकर बहू से पानी लाने को कहा। बहू ने झटपट पीतल के एक कटोरे में औंटा हुआ पानी लेकर सास के हाथ में दे दिया। माँ ने सोए-सोए ही पानी पिला देना चाहा। किंतु, मखना ने उठाकर पिलाने का संकेत किया। सास-बहू ने मिलकर यत्न से उठाया—रामधनी बाहर गए थे। उठाकर ज्यों ही उसके मुँह से कटोरा लगाया कि मखना को ज़ोर से हिचकी आई। एक... दो... तीन। तीसरी हिचकी के साथ-ही-साथ उसके मुँह से जमे हुए खून का एक लोंदा नीचे गिर गया। उस लोंदे को देखते ही सास-बहू अधीर हो गईं। माँ सिसकियाँ भरती हुई 'बेटा-बेटा' कह ही रही थी कि इधर बेटे की आँखें उलट गईं। वह लुढ़ककर उसकी गोद में गिर पड़ा।

आज बाबू साहब की बेटी की बरात वापस जानेवाली है। रात से ही महफ़िल जमी है, जो भोर तक भी ख़तम नहीं हुई। रंग-गुलाल उड़ रहे हैं, गुलाब-इत्र का छिड़काव हो रहा है, पान-इलायची कचरे जा रहे हैं। समधी-समधी मिल रहे हैं—हा-हा-ही-ही का बाज़ार गर्म है। नाच-गान का समा बँधा है—हँसी-दिल्लगी के फ़व्वारे छूट रहे हैं। समूचा गाँव इस उत्सव-तरंग में डुबकियाँ ले रहा है। इसी गाँव में, इसी समय, एक घर में, इसी बरात के चलते, जो एक प्रलय-दृश्य उपस्थित है, उसकी ओर कौन ध्यान दे?

गाँव के एक छोर पर एक फूस के घर से, हृदयबेधी आवाज़ आ रही थी—'हो रजऊ... !' दूसरे छोर पर, एक विशाल शामियाने के नीचे, 'गरवा में गरवा लगा जा हो बालम' का सुरीला स्वर निकल रहा था !

जुलेख़ा पुकार रही है

1

दो दिनों तक राँची की ठंडी हवा से दिमाग़ मुअत्तर करने के बाद सोचा, क्यों न घर लौटने के पहले ज़रा उस जगह को भी देख लूँ, जहाँ हिंदुस्तान-भर के बद-दिमाग़ों की बस्ती बसाई

गई है ? मेरा मतलब काँके से था। फिर क्या, अपना बोरिया-बधना सँभाल वहाँ जा पहुँचा। जब पागलख़ाना देखने के लिए टिकट पाने की दौड़-धूप में था, तब पता चला, मेरा पुराना क्लासफ्रेंड हसीब ही उस पागलख़ाने का इन दिनों डिप्टी-सुपरिंटेंडेंट है। हसीब उसी पुराने प्रेम से मिला। हाथ मिलाने से ही उसे तसल्ली नहीं हुई, वह मुझसे भरपूर लिपट गया। खादी के धूमिल कुर्त्ते से दपादप सूट का वह गाढ़ालिंगन देखने ही लायक़ था।

हसीब ने बड़े प्रेम और चाव से मुझे पागलख़ाना दिखलाया, फिर अपने बँगले में ही ठहराया। जब हम खाना खा रहे थे, मैंने कहा—"हसीब, तुमने यह क्या नौकरी पसंद की ? यह तो सुना था, तुमने डॉक्टरी लाइन पकड़ी है, लेकिन मैंने यह सपने में भी नहीं सोचा था कि तुम्हारा तूफ़ान मेल यहाँ आ लगेगा।"

यह कहते समय निस्संदेह मेरे दिमाग़ पर पागलख़ाने के दयनीय और वीभत्स दृश्यों का बोझ था। किंतु, हसीब ने अपने हँसमुख चेहरे से, मानो मेरे इस बोझ को हल्का करने के लिए ही, दिल्लगी के स्वर में कहा—"और, मैंने भी यह नहीं सोचा था कि तुम वकील बनने की साध लिए एक दिन क़ौम के फ़कीर बन जाओगे। अरे यार, यह दुनिया है—यहाँ आदमी सोचता कुछ और है, और हो जाता कुछ और है।"

खाने-पीने के बाद कुछ इधर-उधर की गप-शप चली। हम दोनों यार बहुत दिनों पर मिले थे। बहुत-सी बातें करनी थीं। हसीब खोद-खोदकर पूछता भी था। लेकिन, मेरा दिमाग़ तो जैसे पागलों की बस्ती में था—"उफ़्, आदमी क्या से क्या हो जाता है !" मैं यह सोचता और मुँह से उसके सवालों का हाँ-ना जवाब दिए जाता। आख़िर मैंने उसका ध्यान भी इस ओर केंद्रित किया। एक-दो बार उसने बातें टालने की कोशिश भी की, किंतु मेरी अज़हद दिलचस्पी देखकर वह इस ओर रुज़ू हुआ, और बोला—

"मेरे दोस्त, पागलों से दिलचस्पी तो सब लोग रखते हैं लेकिन भीतर, तह तक, जाने की कोशिश कौन करता है ? उन्हें तरह-तरह के स्वाँग भरते, तरह-तरह की भावभंगी दिखाते, तरह-तरह की अजीबोग़रीब हरकतें करते देखकर लोग हँसते हैं, मन बहलाते हैं, दो घड़ी की दिलवस्तगी कर लेते हैं और इस दिलवस्तगी और मन-बहलाव के लिए कुछ ख़र्च करने को भी तैयार हो जाते हैं। सिर्फ़ तुम्हीं नहीं आए, बहुत-से लोग यहाँ हमेशा आते ही रहते हैं। यह पागलख़ाना क्या हुआ, चिड़ियाघर हो गया; अलीपुर न देखा, काँके देखा। ये आदमी नहीं, चिड़ियाघर के चित्र-विचित्र जानवर हैं। देखो, हँसो ! वह बंदर है, ज़रा छेड़ दो; वह शेर है, ज़रा दूर ही रहो। इन दर्शकों की यही मनःस्थिति इन पागलों के बारे में होती है। भयानक पागलों को अलग-अलग से ही देखा, और सुधुओं से दो-एक दिल्लगी कर ली, मन-भर हँस लिया और चल दिए। ख़ैर, अच्छा ही है, क्योंकि अगर तह तक जाया जाए; तो हँसने के बदले इन पर रोना पड़े, आँसुओं से मुँह धोना पड़े। क्योंकि आज तुम जिन्हें जानवर देख रहे हो, कभी वे तुम्हारी ही तरह इन्सान थे—दया, ममता, खुशी-ग़मवाले इन्सान ! जिन्हें आज तुम यहाँ ढूह की शकल में देख रहे हो वे कभी सुंदर इमारतें थीं—हाँ, सुंदर, मोहक ! लेकिन, अचानक ऐसे धक्के लगे कि ये अपने तो गिर ही गईं, कितनों को मलबे के नीचे ले बैठीं—कितने अरमानों, और उम्मीदों को। दोस्त, पागलपन ! —यह ट्रेजडी है, ट्रेजडी !"

हम दोनों टेबल के दोनों ओर कुरसियों पर आमने-सामने बैठे थे। मैंने देखा, हसीब का चेहरा यह कहते-कहते लाल हो उठा है। और, उसकी आँखों में शायद नमी भी थी, जिसे उसका चश्मा छुपाए हुए था। बात यों थी कि गो इस लाइन में वह नौकरी की ग़रज से ही आया था, लेकिन उसका जज़्बाती दिल धीरे-धीरे पाग़लों की ज़िंदगी में रस लेने लगा था। पागलख़ाना उसके लिए अब सिर्फ़ रोटी का ज़रिया नहीं रह गया था, बल्कि अब वह उसकी लेबोरेटरी हो

चला था, जहाँ वह नए-नए प्रयोग करता, और नए-नए अनुभव प्राप्त करता। वह सिर्फ़ पागलों का डॉक्टर नहीं था, उनका हमदर्द हो चला था। मैं देख रहा था, जब वह बोल रहा था, उसकी ज़बान ही नहीं हिल रही थी, उसके दिल के तार झनझना रहे थे। थोड़ी देर रुककर, मानो मेरे मनोभावों को पढ़ने की चेष्टा करता हुआ, वह फिर बोला—

"और पागलपन कोई शख्सी बीमारी नहीं है, दोस्त, यह तो एक सामाजिक रोग है। सिवा चंद ख़ानदानी पागलों के आदमी बज़ातखुद पागल नहीं होता, बल्कि पागल बना दिया जाता है। आज शाम को तुमने किसी भलेमानस को भला-चंगा देखा; वह प्यारा पति, भला बाप, नेक बेटा, सच्चा दोस्त था। एक हँसता-खेलता बिलकुल नेचुरल इन्सान ! लेकिन, रात में ही कुछ ऐसी घटना घटी कि रातोंरात उसका चेहरा ही बदल गया ! वह अजीब ढंग से बोलने लगा, अजीब ढंग से चलने लगा, अजीब हरकतें करने लगा। दुनिया चिल्ला उठी—वह पागल हो गया ! उसे बाँधा गया, बहुत बार पीटा भी गया, फिर रो-धोकर उसकी दवा-दारू कराई गई, और जब कुछ न बन पड़ा, तो काँके के इस काँजीहाउस में उसे डालकर निश्चिंत हो जाया गया। किंतु, कोई भला आदमी इस पर कुछ सोचने की तकलीफ़ गवारा नहीं करता कि आख़िर उसकी यह दुर्गत क्यों हुई ? किसने की ? आग लगाकर पानी के लिए दौड़ना इसी को कहते हैं।"

इसके बाद उसने कई मिसालें पेश कीं। सुन-सुनकर मेरे रोंगटे खड़े हो जाते। उसने पूरे तीन दिनों तक मुझे वहाँ रोके रखा। कई पागलों को उनके इतिहास के साथ उसने मुझे दिखलाया। किन सिद्धांतों पर उनकी चिकित्सा होती है, कैसे उन्हें अच्छा किया जाता है, यह सब ब्योरे के साथ उसने बताए। अंत में, जिस दिन मैं जाने की तैयारी कर रहा था, उसने जो एक कहानी सुनाई; क्या मैं ज़िंदगी-भर उसे भूल सकूँगा?

2

शाम का वक़्त था। हसीब अपने बँगले में बैठा हुआ कुछ दोस्तों में गप-शप कर रहा था। उसी समय उसके चपरासी ने एक मुलाक़ाती कार्ड उसके सामने रखा। उस पर एक डिप्टी-कलक्टर साहब का नाम था। वह मुसलमान थे। डिप्टी साहब को हसीब ने बुलाया। अधवयस-से आदमी, चेहरा सूखा, भर्राया। किस काम से तशरीफ़ लाए, पूछे जाने पर उनकी आँखों से झर-झर आँसू झरने लगे। बड़ी मुश्किल से कह पाए, उनका लड़का—पटना कॉलेज का शानदार ग्रेजुएट—अचानक पागल हो गया है। बहुत दवाएँ कीं, अच्छा नहीं हुआ। आख़िर उसे यहाँ ले आए हैं। उन्होंने सुना था, हसीब यहाँ का डिप्टी-सुपरिंटेंडेंट है। उन्हें थोड़ा धीरज हुआ कि हम-मज़हब होने की वजह इस मुसीबत-ज़दे पर उसका ज़्यादा ख़याल होगा। इसी उम्मीद में उसके पास वे आए हैं। हसीब ने उनसे बीमारी का ब्योरा पूछा। उन्होंने बताया, वह कोई भयानक या गंदी हरकत नहीं करता; न गालियाँ बकता, न चीख़ता-चिल्लाता है। यों बड़ा भोला-भाला-सा है, लेकिन अचानक वह चौंक उठता है, इधर-उधर कोई चीज़ खोजता है, अगर कोई चीज़ मिली, तो उसे लेकर, नहीं तो हाथों से वह ज़मीन खोदने लगता है। ज़मीन खोदता है, रह-रहकर ज़मीन से कान लगाकर सुनने की कोशिश करता है, फिर खोदता है, और यदि ज़बरदस्ती पकड़ न लिया जाए, तो तब तक खोदता रहता है, जब तक बेहोश न हो जाए। उसकी उँगलियाँ घिस गई हैं, उन्हें वह खोदते-खोदते लहूलुहान कर डालता है। यह खोद-खाद वह कब शुरू करेगा, कोई ठिकाना नहीं। लोगों के पूछने पर कि क्या कर रहे हो, होंठों में ही कुछ बुदबुदाता है, जो किसी की समझ में नहीं आता।

उस समय उन्हें धीरज देकर और कल रोगी को लाने को कहकर हसीब ने उनसे फ़ुरसत ली। दूसरे दिन भोर में ही बेटे को लिए वह डिप्टी साहब पहुँचे। बेटा बिलकुल नौजवान था।

अभी मसें भीग रही थीं। सूखे, उदास, खोए-खोए चेहरे से भी खूबसूरती टपक पड़ती थी। बड़ी-बड़ी आँखें, जिनमें से प्रतिभा झाँकती-सी मालूम पड़ती थी। कभी वह बहुत ज़हीन रहा होगा, इसमें शक नहीं। हसीब ने उसका नाम पूछा, एक बार बड़े ग़ौर से उसने हसीब के चेहरे को देखा, फिर अपना नाम बतला दिया। कहाँ तक पढ़ा है, क्या-क्या विषय लिए थे, कॉलेज में उसके कौन-कौन प्रोफ़ेसर थे, सबका जवाब उसने सही-सही दिया। हसीब ने समझा, मर्ज लाइलाज नहीं है। उसकी भर्ती पागलख़ाने में करा दी। बाप को इत्मीनान दिलाया कि वह घबराएँ नहीं, उनका लड़का ज़रूर ही अच्छा हो जाएगा।

पागलों की चिकित्सा में उनकी कहानी जानना सबसे ज़रूरी है। कुछ बातें तो उसने बाप से दरियाफ़्त कीं, कुछ मरीज़ से। किस्से से निकट का संबंध रखनेवाले अन्य कई व्यक्तियों से भी कुछ बातें पूछीं-पुछवाईं। बड़ी मुश्किल से एक-एक कड़ी जुटाकर जो चीज़ बनी, वह यों थी—

डिप्टी साहब का यह इकलौता बेटा है। इसका जन्म तब हुआ था, जब डिप्टी साहब पढ़ ही रहे थे। डिप्टी साहब का परिवार साधारण हैसियत के देहाती काश्तकार का था। काश्तकारी अच्छी थी, अच्छे खाते-पीते लोग थे। डिप्टी साहब के पड़ोस में ही, उनकी ही हैसियत के, उनके एक लँगोटिया यार थे। दोनों की बीवियों में भी ख़ासी दोस्ती गँठ गई थी। डिप्टी साहब के इस बच्चे के जन्म के चार साल बाद उनके दोस्त के एक लड़की हुई। दोनों बीवियों ने हँसी-हँसी में तय कर लिया कि इन दोनों की शादी होगी। दोनों यारों ने यह ख़बर सुनकर एक ज़ोर के ठहाके में स्वीकृति दे दी।

दिन बीतने लगे। डिप्टी साहब बी.ए. करके सब-डिप्टी फिर पूरे डिप्टी बन गए, लेकिन उनके यार देहात के ही काश्तकार बने रहे। दोनों के बच्चे भी बढ़े। जब दोनों बच्चों को होश हुआ, उन्हें ख़बर लगी, दोनों का ब्याह पहले से ही तय है। लड़की शुरू से ही शरम करने लगी; बच्चा बचपन से ही उसे छेड़ने लगा। दोनों की जोड़ी जैसे खुदा ने खुद बनाकर भेजी हो। दोनों से खूबसूरती चुई पड़ती। बच्चे का नाम था सलीम, बच्ची का जुलेख़ा।

सलीम लोअर, अपर और मिडिल देहात में ही करके अपने डिप्टी बाप के साथ शहर में रहने लगा। जुलेख़ा घर पर ही उर्दू लिखना-पढ़ना सीखकर सिलाई-बुनाई में कलाकारी हासिल करने लगी।

सलीम की माँ घर पर ही रहती। तब वह ज़माना न था, जब डिप्टी साहब लोग अपनी मेम साहब को साथ रखते। पुराने रीति-रिवाज़ का दौरदौरा था। छुट्टियों में डिप्टी साहब आते, उनका यह इकलौता लड़का आता; जिसे देखने के लिए उसकी माँ छटपट किए रहती। इस लड़के के बाद उस बेचारी के एक बच्ची हुई, जो मर गई। तब से कोई बच्चा नहीं हुआ। फलतः उसका ध्यान अपने इस बच्चे पर ही हमेशा टँगा रहता। गाँव के नज़दीक मिडिल तक स्कूल था, तब तक उसने अपने इस प्यारे बेटे को आँखों से ओझल नहीं होने दिया था, लेकिन अब तो लाचारी थी। लड़के का पढ़ना-लिखना ज़रूरी था, इसलिए उसे अलग करना पड़ा; लेकिन छुट्टी होने पर अगर उसके पहुँचने में एक-आध दिन की देर हो जाती, वह छटपट करने लगती।

छुट्टी में जब सलीम आता, शहर की कुछ दिलचस्प सौगात जुलेख़ा के लिए ज़रूर लाता! जुलेख़ा भी उसके लिए रूमाल, तकिए के खोल, टेबल-क्लॉथ आदि पर कुछ बेल-बूटे काढ़कर तैयार रखती।

जब सलीम फिर पढ़ने चला जाता, उसकी माँ जुलेख़ा को प्रायः अपने ही घर पर रखती, और उसे तरह-तरह की दस्तकारी और घरेलू काम-काज सिखाती। जुलेख़ा कभी उसके घर को बसाएगी ही, फिर वह अभी से उसे तालीम देकर क्यों न योग्य पतोहू और चतुर गृहिणी बनाकर रखे?

धीरे-धीरे सलीम कॉलेज में गया, मूँछ पर ज़रा-सी काली रेखाएँ आने लगीं। उसकी माँ सोचने लगी, अब जल्द शादी कर दी जाए। जुलेख़ा की माँ भी यही चाहती थी। लेकिन, डिप्टी साहब टालते गए। उनका कहना था, कम-से-कम लड़के को ग्रेजुएट होने दो, शादी हो जाएगी। तयशुदा बात है, जल्दी क्या है ? माँ कहती, तुम्हारी शादी तो पहले हो चुकी थी, तो भी तुम पढ़ते रहे, बी.ए. किया, डिप्टी हुए। शादी हो जाने दो, मुझे अकेले घर नहीं सुहाता। डिप्टी साहब हँसकर कहते—पतोहू को घर में तो पहले से ही रख लिया है, अब ज़ाब्तगी की ही तो देर है, घबराहट क्या है ? माँ इस झाँसे-पट्टी में नहीं आती, वह जवाब देती, इसी से तो और भी कहती हूँ कि जल्द शादी हो जानी चाहिए। जिसको इतना नज़दीक रखती हूँ, उससे ज़रा भी परायापन महसूस करूँ, यह बरदाश्त नहीं होता। लेकिन, डिप्टी साहब की मर्ज़ी तो सबके ऊपर थी। बात टलती ही जाती। जुलेख़ा और सलीम के कानों में भी ये बातें पड़तीं। जुलेख़ा शर्म से गड़ी जाती, सलीम दिन में सपने देखता।

किंतु कैसी दुःख की बात—माँ बेटे की शादी का अरमान लिए ही अचानक चल बसी। गाँव में हैजा फैला था। वह भी बीमार पड़ी, और जब तक डिप्टी साहब या सलीम पहुँचे, वह साँस तोड़ चुकी थी !

डिप्टी साहब अब छुट्टियों में घर कम आते, बाद में तो आना ही छोड़ दिया। सलीम चाहकर भी छोटी छुट्टियों में नहीं आ पाता। जुलेख़ा अपने घर रहती। जब कभी बड़ी छुट्टियों में दो-चार दिनों के लिए सलीम इस देहाती गाँव में पहुँचता, जुलेख़ा निहाल हो जाती।

कुछ साल यों ही बीत गए। अब सलीम बीस साल का अच्छा-ख़ासा नौजवान था, जुलेख़ा संस्कृत-कवियों की प्यारी 'षोडशी' हो चली थी। सलीम भी ग्रेजुएट हो चला था। अगर उसकी माँ रहती, तो कुछ पूछना ही नहीं था, शादी भी हो चुकी होती। लेकिन, उसके अभाव में अब डिप्टी साहब से तक़ाजा कौन करे ? बेटी को इस उम्र में देख जुलेख़ा की माँ को उसकी शादी के लिए चिंतित होना लाज़िमी था। उसने अपने पति पर ज़ोर डाला। उस बेचारे ने अपने पुराने लँगोटिया यार डिप्टी साहब को लिखना शुरू किया। लेकिन डिप्टी साहब उन्हें इत्मीनान दिलाते हुए टालते गए। एक साल यों ही बीत गया। अब जुलेख़ा की माँ ने अपने पति को, ख़त-किताबत पर न रहकर, डिप्टी साहब के पास जाने को लाचार किया। यह महाशय डिप्टी साहब के दरबार में पहुँचे। डिप्टी साहब की उस शहरी शान-शौकत का क्या कहना ? लेकिन उन्होंने अपने लँगोटिया यार की ख़ातिर में कमी नहीं की। पूरे दुनियादार आदमी थे। उनकी ख़ातिर की, बहुत-सी फ़ालतू बातें भी कीं; लेकिन शादी की चर्चा से बचते रहे। और, जब यार ने लाचार यह प्रसंग छेड़ ही दिया, तो फिर, 'जल्दी क्या है,' कहकर दूसरी बातों में उन्हें बहला दिया।

जब वह घर पहुँचे, जुलेख़ा की माँ बहुत बिगड़ी—तुम समझते नहीं, घर में जवान बेटी रखे हुए हो, और आप यारबाशी करते फिरते हो। जुलेख़ा की शादी इस साल होनी ही चाहिए। तुम फिर एक बार जाओ। उनसे साफ़ कहो, यह तो उनकी पतोहू है ही, उसे अपने घर अब ले जाएँ। सलीम भी बड़ा हुआ, खुदा उसे सलामत रखे।

लेकिन इस बार जब यह बेचारे डिप्टी साहब के पास पहुँचे, तो प्रसंग चलाने पर वह किस तरह कन्नी काट गए—"अरे यार, तुम निरे देहाती भोले हो, बातों को समझते नहीं। यह ठीक है कि मैं वादा कर चुका हूँ। बात तय-सी थी, लेकिन आजकल के लड़के पढ़-लिखकर क्या माँ-बाप के रह जाते हैं। ख़ासकर शादी के मामलों में? तुम्हारी लड़की बड़ी खूबसूरत, बड़ी नेक है—एक ज़माना था, सलीम उसे चाहता भी था। लेकिन, आजकल लड़कों की पसंद की बात मत पूछो। मुझे शक है, जुलेख़ा अब सलीम को भा सकेगी या वह उसे अपनी बीवी बनाना चाहेगा? तरह-तरह के लोग निस्बत लेकर आ रहे हैं। एक सब-जज साहब हैं, उनकी लड़की

इंट्रेंस मे पढ़ रही है, दहेज में मोटर देने को तैयार हैं। उस दिन एक एस.पी. साहब आए थे, लड़की का फ़ोटो भी लाए थे; कहते थे, मेरे यहाँ शादी होने दीजिए, सलीम को मैं पढ़ने के लिए विलायत भेज देता हूँ। यहाँ के कलक्टर ने भी एक दिन एक निस्बत की बात चलाई थी ! बताओ, यार, इतने पर भी क्या वह तुम्हें अपना ससुर चुनना पसंद करेगा ? मुझे अफ़सोस है, लेकिन दूसरा चारा ही क्या है—अब जाओ, जुलेख़ा की शादी कहीं दूसरी जगह कर दो; पैसे की दिक़्क़त हो तो कहना, मैं तुम्हारी मदद को हमेशा तैयार हूँ।"

जुलेख़ा के बाप के सिर पर जैसे वज्र टूटा ! वहाँ एक क्षण भी ठहरना वह गवारा नहीं कर सके। भागे-भागे घर आए, बीवी से बातें सुनाईं। बीवी ने एक बार सिर पर हाथ मारा, फिर सँभलकर बोली—तुम सलीम से नहीं मिले, वह जुलेख़ा को प्यार करता है ! पिछली बार भी जब आया था, दोनों कैसे घुले-मिले थे। वह शरीफ़ लड़का है, वह धोखा नहीं दे सकता। लेकिन शौहर ने दीन-दुनिया समझाई, ज़माने का रंग-ढंग बताया और फिर दोनों नए घर-वर की तलाश में लग गए।

जहाँ चाह, वहाँ राह। आख़िर जुलेख़ा के लिए एक वर ठीक हो ही गया, शादी का दिन भी तय हो गया।

डिप्टी साहब के पास से लौटकर अपने बाप के आने के बाद जुलेख़ा ने सब सुना था। उसके काटो तो खून नहीं। लेकिन, न वह रोई, न चिल्लाई, न चेहरा उदास किया, न आँसू बहाए। मानो शंकर की तरह ज़हर का घूँट पीकर रह गई। उसकी माँ को भी आश्चर्य होता, जुलेख़ा क्या सचमुच सलीम को नहीं प्यार करती थी? ख़ैर, जब शादी का दिन तय हो गया, और उसके बाप ने अपने लँगोटिया यार डिप्टी साहब को शिष्टाचारवश निमंत्रण का ख़त भेजा, तो उस ख़त के साथ, माँ के आग्रह पर, ज़िंदगी में पहली बार उसने एक पंक्ति सलीम को लिख दी—"क्या तुम आ सकोगे? एक बार तुम्हें देख लें, फिर न जाने ज़िंदगी में कभी भेंट होती है या नहीं?"

निमंत्रण का ख़त पाकर घाघ डिप्टी साहब मुस्कुराए। अब उनकी गोटी लाल थी। अब अपने बेटे की शादी वह मनमानी जगह कर सकेंगे, खूब दहेज वसूल कर पाएँगे। ऊँची रिश्तेदारी होगी, ख़ानदान का रुतबा बढ़ेगा। जब बात तय हो ही चुकी, तो एक आख़िरी रस्म से क्यों मुँह मोड़ें? अच्छी तरह न्योता पूरा जाए। संयोग की बात; गर्मी की छुट्टियों में सलीम भी कॉलेज से फ़ुरसत पाकर उनके पास, जो एक मुफ़स्सिल शहर में उन दिनों रहते थे, आ गया था। शादी में सिर्फ़ दो दिन रह गए थे। उन्होंने सलीम को न्योते के ख़त के साथ जुलेख़ा का वह ख़त भी दिया और उससे आग्रह किया कि तुम्हें ज़रूर जाना चाहिए। मानो, बेटे पर अपनी उदारता की धौंस जमा रहे हों। इसी सिलसिले में यह भी कहा कि जुलेख़ा के बाप दो बार आए थे, उन्होंने उनसे थोड़ा और ठहरने को कहा था। मगर उनकी लड़की सयानी हो चली थी, कैसे ठहरते बेचारे ? ख़ैर, अब सलीम को उस सब-जज साहब या उस एस.पी. साहब की निस्बतों पर विचार करना होगा। एक पुराने रईस की ओर से ज़िले के कलक्टर साहब ने भी उनसे कहा था। यहाँ तक कि बातें करते-करते एस.पी. साहब के यहाँ से आया फ़ोटो भी उन्होंने सलीम के सामने रख दिया।

सलीम कुछ समझ न सका, कुछ बोल न सका। डिप्टी साहब उसी शाम को बाज़ार गए और न्योते के लिए चीज़ें ख़रीद लाए। जुलेख़ा के लिए एक बढ़िया साड़ी, सलूका और चादर लाए, और बोले—"उसकी माँ से कहना, इसी को पहनाकर बेटी को ससुराल भेजे। आह, कहाँ बेचारी मेरे घर आती, कहाँ पराए घर जा रही है।" डिप्टी साहब की आँखें भी नम थीं।

न्योता लिए जब सलीम गाँव पहुँचा, बरात आ चुकी थी। जुलेख़ा के दूल्हे को देखा, अच्छा-ख़ासा खूबसूरत नौजवान था। उसे थोड़ा संतोष हुआ। फिर, जुलेख़ा के घर पहुँचा। उसके

बाप ने उसकी आमद पर खुशी ज़ाहिर की, और बताया, संयोग से जुलेख़ा को अच्छा घर-वर मिल गया है। उसकी माँ की आँखें सलीम को देखते ही डबडबा आईं, लेकिन इस खुशी के वक़्त आँसू के लिए जगह कहाँ थी ? आँखों का पानी आँखों में ही पी गई। उससे ख़ैरियत पूछी, डिप्टी साहब की सेहत दरियाफ़्त की। सलीम की बोली सुनते ही जुलेख़ा घर से निकली। वह पहले की तरह ही हँसकर मिली। उस पर लगन सोलहों आना सवार थी, वह पूरी दुल्हन मालूम पड़ रही थी।

"खैर, तुम आ गए—इतनी उम्मीद तो मैंने की ही थी"—उसने सलीम से कहा, जब उसकी माँ जान-बूझकर उन दोनों को एकांत देने के लिए वहाँ से हट चुकी थी। सलीम क्या बोले, उसकी समझ में नहीं आ रहा था। ये सारे दृश्य, सारी बातें उसे भौचक में डाले हुई थीं। यह सबने महसूस किया कि सलीम में न तो पिछला चुलबुलापन है, न उसके होंठों पर हमेशा खेलनेवाली वह हँसी है। हाँ, इसके मानी अलग-अलग लोगों ने अलग-अलग लगाए। रात को हँसी-खुशी में शादी हुई। बरात के खाने-पीने और महफ़िल की धमा-चौकड़ी में रात गुज़र गई। सलीम सब चीज़ों में शिरकत करता रहा। लेकिन, सिर्फ़ कल के पुतले की तरह। भोर हुई; किंतु यह क्या ? जुलेख़ा के घर से एक चीख़ की आवाज़ निकली ! यह उसकी माँ रो रही थी। शाम को गीत; भोर में रुदन ! जुलेख़ा चल बसी थी !

उसे क्या हुआ था, क्या बात थी, किसी की समझ में नहीं आया। माँ ने सिर्फ़ यह बताया कि शादी के बाद, बहुत देर तक, वह सखियों से गप-शप करती रही। लेकिन क़ोहबर में जाने के लिए सखियाँ उसकी तैयारियाँ कर ही रही थीं कि उसने बताया, उसका सिर चक्कर दे रहा है, उसे मतली आ रही है। दो-एक बार उसने क़ै की, लोगों ने समझा, भीड़-भाड़ के चलते ऐसा हुआ है। क़ोहबर की रस्में यों ही पूरी करके उसे निश्चिंत सोने का मौक़ा दिया गया। दूल्हा मियाँ रात-भर साली-सरहजों से गप करते रहे, माँ घर के कामों में फँसी रही। भोर में ज्यों ही माँ उसे जगाने को गई, पाया, अरे, यह तो जुलेख़ा की ठंडी लाश-मात्र है !

जुलेख़ा के घर पर, बरात पर, समूचे गाँव पर जैसे मातम छा गया। ख़ैर, जो होना था, हो चुका था। जहाँ से जुलेख़ा की लाल पालकी निकलती, वहाँ से उसकी काली ताबूत निकली ! क़ब्रगाह में उसे दफ़नाते वक़्त फ़ातिहा पढ़ने को उसके बहुत-से बुज़ुर्ग और अज़ीज़ गए; उसका दूल्हा भी गया। लेकिन, लोगों को आश्चर्य हुआ, सलीम वहाँ नहीं था।

बरात वापस गई, दूल्हा वापस गया, हित-कुटुंब सब अपने-अपने घर गए। शाम हुई, रात आई। सलीम के घर उसके कुछ बचपन के साथी आ जमे। वे लोग बड़ी रात तक जुलेख़ा और इस आकस्मिक घटना की तरह-तरह चर्चा करते रहे। एक ने इसी चर्चा के बीच दबी ज़बान से कहा—सलीम भैया, आप फ़ातिहा पढ़ने नहीं गए, यह अच्छा नहीं किया। उफ़्, वह बेचारी आपको कितना प्यार करती थी। उसकी रूह क़ब्र में तड़पती होगी ! अनमना सलीम इस बात को यों टाल गया, जैसे इसका कोई महत्त्व नहीं। दूसरी चर्चाओं में भी वह बहुत कम हिस्सा लेता रहा। आज दिन में उसे इस बात की भी पूरी ख़बर मिल चुकी थी कि किस तरह उसके बाप ने शादी नामंज़ूर कर दी थी। इन बातों का उसके सिर पर भारी बोझ था। जब सभी साथी घर गए, सलीम भी सोने का उपक्रम करने लगा। लेकिन, जल्दी उसे नींद आई नहीं। जब गाँव का पहरुआ दूसरा पहरा दे चुका, तब कहीं उसे नींद आई।

नींद आई?—वह तो सिर्फ़ एक झपकी थी। और, उस झपकी के बाद ? वह फिर सोया... ?

भोर में क़ब्रगाह की ओर एक शोर मचा। कुछ ढोर चरानेवाले अपनी भैंसें उसी ओर ले जा रहे थे कि उन्होंने देखा, जुलेख़ा की क़ब्र के नज़दीक कोई पड़ा हुआ है ! वे चिल्ला उठे। लोगों ने वहाँ जाकर देखा, क़ब्र की बगल में बहुत-सी मिट्टी खोद दी गई है। और, उसी मिट्टी

निकलने से बनी खोह में सलीम का सिर है, और बाकी धड़ बाहर पड़ा है। झटपट उसके सिर को खोह से निकाला, देखा, ज़रा-ज़रा साँस आ रही है। बगल में ही उसकी छड़ी टुकड़े-टुकड़े होकर बिखरी थी। उसके नाखून लहूलुहान हो गए थे। लोगों की समझ में कोई बात नहीं आई। उसे बेहोशी में ही उठाकर घर ले आए। बेहोशी दूर होती ही नहीं थी। डिप्टी साहब के पास आदमी दौड़ाया गया। वह डॉक्टर लेकर दौड़े आए। बहुत उपचार के बाद, पाँच दिनों बाद, उसने आँखें खोलीं। इधर-उधर देखा। फिर आँखें मूँद लीं। दो दिन तक यों ही आँखें खोलता-मूँदता रहा। चिकित्सा होती रही। आख़िर, वह बैठने-उठने लायक हुआ। थोड़े दिन बाद मालूम हुआ, अब वह बिलकुल अच्छा होने जा रहा है कि अचानक एक दिन आँगन के एक कोने की ओर दौड़ा। बगल में एक लकड़ी पड़ी थी, उसी से ज़मीन खोदने लगा। लोग पकड़ने दौड़े, लकड़ी छीन ली, तब वह नाखूनों से ही ज़मीन कुरेदता रहा, जब तक कि लोग उसे ज़बरदस्ती उठा नहीं लाए ! तब से यह दौरा बराबर हुआ करता है।

3

यह करुण कहानी यहीं समाप्त नहीं होती है...

हसीब ने बताया, इस कहानी की कड़ी जोड़ने में उसे कितनी दिक्कतें उठानी पड़ी थीं। डिप्टी साहब, जुलेख़ा की माँ, उसके बाप, गाँव के लोग, सलीम के यार-दोस्त सबसे पूछताछ की गई थी। लेकिन उसके सोने और बेहोश होने के बीच की कड़ी को तो खुद सलीम ही जोड़ सकता था। सबसे बड़ी दिक़्क़त की बात यही थी कि ज्यों ही जुलेख़ा का नाम उसके सामने लिया जाता, वह चौंक उठता, इधर-उधर देखने लगता, सिर झुकाकर ज़मीन से उठती हुई किसी कल्पित आवाज़ को सुनने की चेष्टा करता, किसी चीज़ की तलाश में दौड़ता, न मिलने पर हाथों से ही कभी-कभी मिट्टी खोदने लगता। बड़े धीरज से हसीब ने धीरे-धीरे एक-एक बात पूछी। ज्यों ही देखता, वह चौकन्ना हो रहा है, रुक जाता, दूसरी बातों में उसे बहला देता। फिर धीरे से शुरू करता।

बात यों हुई कि सलीम जब उस रात पहली झपकी में था, उसने ख़्वाब में देखा कि जुलेख़ा वही दुल्हन की साड़ी पहने उस पर मुस्कुरा रही है। व्याकुलता में उसकी नींद टूट गई। उसने सोचा, फ़ातिहा नहीं पढ़ा, इसी से उसकी रूह शायद मँडला रही है। दिन में जाऊँगा, तो लोग क्या कहेंगे? बिछावन पर से उठा, टॉर्च जलाई। कपड़े पहन, छड़ी ली, और क़ब्रगाह की ओर चल पड़ा। वहाँ टॉर्च से उस नई क़ब्र को देखा, फिर फ़ातिहा पढ़ने लगा। दो बार बैठा-उठा, तीसरी बार जब बैठकर सिर झुकाया, उसे मालूम हुआ, जैसे जुलेख़ा पुकार रही है—"सलीम, मेरे प्यारे ! ... मैं अभी ज़िंदा हूँ... मुझे इस क़ब्र से निकालो ! ... उफ़्, मेरा दम घुटा जा रहा है... जल्दी करो !" ऐं, यह क्या ? उसने ज़मीन से कान लगाया, आवाज़ और साफ़ सुनाई पड़ी। तो, जुलेख़ा जिंदा है—यह कैसी गलती हुई ? किसी को पुकारने की उसे सुध कहाँ रही ? अपनी छड़ी से क़ब्र खोदने लगा। छड़ी टुकड़े-टुकड़े हो गई, तो उँगलियों से ही बकोटने लगा। इसी खोद-खाद में वह बेहोश हो गया था।

उस रात में उसने किस तरह ख़्वाब देखा और क़ब्रगाह में पहुँचा, इसके जानने में तो पद-पद पर कठिनाई हुई थी। क़ब्रगाह में फ़ातिहा पढ़ते समय की बात कहते-कहते वह ज़ोर से चिल्ला उठा—"जुलेख़ा पुकार रही है", और एक चीख़ के साथ जो बेहोश हुआ, तो दो दिनों तक उसे होश में नहीं लाया जा सका, और पूरे एक महीने में कहीं जाकर वह चलने-फिरने लायक हुआ।

निस्संदेह सलीम के दिल में जुलेख़ा की गाढ़ी मुहब्बत थी—मुहब्बत उस गहराई तक जा

पहुँची थी, जब वह ज़बान की चीज़ नहीं रह जाती। उसकी शादी दूसरी से होगी, वह दूसरे की हो जाएगी, इसकी कल्पना भी उसने नहीं की थी। शहर में रहकर, अंग्रेज़ी की ऊँची तालीम हासिल करके भी, उसने अख़लाक़ नहीं खोया था। जुलेख़ा को छोड़कर कभी किसी दूसरी लड़की से शादी की बात वह सोच भी नहीं सकता था। फिर, अपनी माँ को वह बहुत ही प्यार करता था। जुलेख़ा के प्रति उसकी मुहब्बत में उसकी माँ की जुलेख़ा के प्रति जो स्नेह-भावना थी, इसका भी बहुत हिस्सा था। जुलेख़ा उसकी सिर्फ़ अपनी ही नहीं थी, बल्कि मातृप्रेम की एक प्रतीक भी थी। किंतु इन बातों पर दुनियादार डिप्टी साहब का कुछ ध्यान नहीं रहा। अपनी अज़हद चतुराई के कारण वह खुद ठगे गए।

किंतु सिर्फ़ डिप्टी साहब की तस्बीह करने से तो कुछ होता-जाता नहीं था। हसीब ने भी तय किया, वह अपनी पूरी कला लगाकर इस मरीज़ को अच्छा करने की कोशिश करेगा। यह एक ऐसा केस था, जिस पर प्रयोग करने में उसे भी रस अनुभव होने लगा। हाँ, इस रस में करुणा की मात्रा कहीं ज़्यादा थी।

उसने डिप्टी साहब से कहा कि ऐसी एक लड़की ठीक कीजिए, जिसकी सूरत-शक्ल जुलेख़ा से कुछ-कुछ मिलती हो। उसने यह भी बताया कि वह लड़की ज़रा होशियार हो, उसके कहे मुताबिक वह कर सके। उसे सलीम की चहेती बनना पड़ेगा, और यदि सलीम अच्छा हुआ तो उससे शादी भी करनी पड़ेगी। डिप्टी साहब को उसने इत्मीनान दिलाया कि खुदा के फ़ज़्ल से वह सलीम को भला-चंगा करने में ज़रूर ही सफलता प्राप्त कर सकेगा।

जुलेख़ा की ख़ाला की एक लड़की थी, हूबहू जुलेख़ा की-ऐसी। यद्यपि जुलेख़ा की माँ अपनी बेटी की मौत का कारण डिप्टी साहब को ही मानती थी। उनसे वह बहुत ही नाराज़ थी। लेकिन सलीम से जो उसे प्रेम था, उसके सबब उसने अपनी बहन को राज़ी किया कि वह उस लड़की को सलीम की सेहत के लिए ज़रूर दे। फिर कहीं सलीम अच्छा हुआ, तो इसकी शादी भी हो जाएगी, और यों जुलेख़ा की शादी की कलक भी दूर हो जाएगी—बेटी की शादी नहीं हुई, बहन की बेटी की हुई! वह लड़की काफ़ी होशियार थी। वह भी तैयार हो गई। उसे लेकर डिप्टी साहब हसीब के पास पहुँचे। हसीब ने उसका रूप-रंग देखकर खुशी ज़ाहिर की। अब उसे विश्वास-सा हो गया कि वह सलीम को भला-चंगा कर सकेगा।

पहले दिन ही जब वह लड़की को लेकर पागलख़ाने में सलीम के सेल के निकट पहुँचा, सलीम उसे घूर-घूरकर ताकता रहा। उस दिन उसने बार-बार ज़मीन खोदने की भी चेष्टा की—और दिनों से कहीं ज़्यादा। यह प्रतिक्रिया अच्छे शकुन की सूचक थी—हसीब को आनंद हुआ, उसे ज़रूर कामयाबी हासिल होगी।

धीरे-धीरे वह लड़की सलीम के पास प्रायः भेजी जाने लगी। एक दिन उसने सलीम को सलाम किया, ख़ैरियत भी पूछी। सलीम चुपचाप सब सुनता रहा। चलते समय पान का एक बीड़ा उसने सलीम की ओर बढ़ाया। उसने हाथ बढ़ाकर ले लिया।

हसीब ने देखा सलीम की ज़िंदगी पर इस लड़की का असर हो रहा है।

कुछ दिनों के बाद वह सलीम को अपने बंगले पर ही बुला लेता। वह लड़की अब उससे बातें करती, उसे खिलाती-पिलाती। उसकी ख़ाला-जुलेख़ा की माँ को भी हसीब ने बुला लिया था। वह भी हसीब के कहे मुताबिक़ सलीम से व्यवहार रखतीं। एक दिन सलीम अचानक चौंक पड़ा जब उन्होंने अपनी इस बहन की बेटी को जुलेख़ा कहकर पुकारा। फिर तो उस पर जैसे भूत सवार हो गया। लगा वे ही पुरानी हरकतें करने । लेकिन ज्यों ही वह लड़की पहुँची और उसका हाथ पकड़ा, वह सुधुआ गाय बन गया। उसने उसे कुरसी पर ला बिठाया। चाय पिलाई, बातें कीं। ज़रा नाराज़ी के स्वर में यह भी कहा—"तुम यह क्या करते हो ?" सलीम सहमा,

सिकुड़ा आजिज़ी प्रकट करने लगा—"नहीं, मैंने कुछ नहीं किया।" हसीब ने समझा, अब तो मैंने बाज़ी मार ली।

धीरे-धीरे सलीम की हालत सुधरती गई। जुलेखा की माँ ने एक दिन उससे यह भी बता दिया कि यह मेरी बहन की बेटी है, जुलेखा इसका भी नाम है। इस बात से उसे थोड़ा धक्का लगा, लेकिन इसका असर भी दूर होने लगा। वह लड़की इस तरह उस पर प्रेम-भाव प्रकट करती, उससे यों लगी-लगी रहती कि उसकी ज़िंदगी पर वह पूरी तरह छा गई थी। आख़िर वह दिन भी आया, जब दोनों एकसाथ रहते, गप-शप करते, ताश खेलते, कभी-कभी सलीम कोई उपन्यास, कहानी या कविता की किताब लेकर भी उसे सुनाता। इस नई जुलेखा पर, उसकी ख़ाला यानी जुलेखा की माँ पर, डिप्टी साहब पर और उससे बढ़कर हसीब पर एक नए आनंद का रंगीन बादल छाने लगा। सब खुश थे, सब उस दिन की प्रतीक्षा में थे, जब यह रंगीन बादल रंगीन बरसात लाएगा, पपीहे की प्यास बुझेगी, दुनिया हरी-भरी होगी।

हसीब अपने फ़न की बारीक चातुरी से एक-एक क़दम आगे बढ़ता गया। उसने सोचा, अब चीज़ें वहाँ पहुँच गई हैं, जहाँ 'फ़ाइनल टच' दिया जा सकता है। उसकी राय से एक दिन जुलेखा की माँ ने बातों-ही-बातों उस पर प्रकट किया कि वह नई जुलेखा से शादी कर ले। और, शादी की बात पक्की हो गई।

उस दिन हसीब के बँगले पर खुशी की बाढ़ आई हुई थी। कुछ चुने हुए लोगों को न्योता देकर बुलाया गया था। गाना-बजाना हो रहा था, खाने-पीने के इंतज़ाम हो रहे थे। सलीम दूल्हा बना यहाँ-वहाँ घूम रहा था। जो लोग आते, डिप्टी साहब को उनकी खुशनसीबी पर और हसीब को उसके फ़न की उस्तादी और कामयाबी पर मुबारकबाद देते। रात हुई, हँसी-खुशी में शादी हुई। जुलेखा की माँ को उस समय अपनी बेटी की याद आई, और याद आई सलीम की माँ की। काश, बेचारी यह खुशी देख पाती! शादी के बाद क़ोहबर के लिए दूल्हा-दूल्हन ख़िलवत में गए। डिप्टी साहब अब अपने को सँभाल न सके। हसीब के पैरों से वह लिपट गए। हसीब हाँ-हाँ करता रहा, लेकिन वह क्यों मानने लगे, रोते, कहते—डॉक्टर साहब, आप मेरे लिए इन्सान नहीं, खुदा हैं। आपने मेरे बेटे को नई जान दी है—मुझ निपूते को फिर एक बार बेटेवाला बना दिया है। यह सलीम मेरा बेटा नहीं, आपका बेटा है, डॉक्टर साहब !

बड़ी रात तक आगंतुकों ने बातें जारी रखीं। शादी और डॉक्टरी—उनकी चर्चा के ये ही दो मुख्य विषय थे। डिप्टी साहब अपनी दुनियादारी पर शर्मिंदा थे, दूसरे लोग इससे सबक ले रहे थे। डॉक्टरी, ख़ासकर मनोवैज्ञानिक चिकित्सा की, तो भूरि-भूरि प्रशंसा हो रही थी। जो लोग कल तक साइंस के नाम से भड़कते थे, वे ही आज उसकी तारीफ़ करते नहीं अघाते थे। बातों से थक-थकाकर लोग सुख की नींद सोने गए।

लेकिन भोर होते ही फिर एक चीख़ सुनाई पड़ी। यह नई जुलेखा की चीख़ थी। जब उसकी नींद टूटी, उसने देखा, सलीम उसके नज़दीक नहीं है। दरवाज़ा खुला था, इधर-उधर उसने देखा, उसे कहीं नहीं पाया। उसका माथा ठनका। वह चीख़ पड़ी। सब लोग जगकर इधर-उधर तलाश करने लगे। सलीम कहाँ गया, क्या हुआ—सबके चेहरे पर हवाई उड़ रही थी, सबके पैरों में पर लग गए थे। आख़िर ढूँढ़ते-ढूँढ़ते लोगों ने हसीब के बंगले की फुलवाड़ी में जो एक चमेली का पौधा था, उसके नज़दीक उसे पाया। उसे ?—नहीं, उसकी लाश को ! पौधे के निकट उसने एक खोह-सी खोद रखी थी। उसका सिर उसी खोह में था। खोह काफ़ी गहरी थी। मालूम होता था, खोदता हुआ अपना सिर उसमें वह घुसेड़ता गया था। खोदते-खोदते उसमें ताक़त नहीं रह गई, वह मूर्च्छित हो गया, और अंत में उस सँकरी जगह में दम घुट जाने के कारण मर गया !

जिस बादल से अमृत की बूँदें बरसतीं, वहाँ से वज्र गिरा ! बेचारे डिप्टी साहब की हालत

का क्या कहना ? वह तो ज़िंदा ही मुर्दा बन चुके थे। हसीब के दिल पर भी कम सदमा नहीं लगा ! लेकिन सबसे ज़्यादा असर हुआ इस नई जुलेख़ा पर। बेचारी ने दुनिया में पैर रखे ही थे कि यह धक्का लगा। इस धक्के को वह बरदाश्त नहीं कर सकी। उसने अपने घर जाने से साफ़ इनकार कर दिया। अब हसीब के घर ही वह रहती है, और हर भोर को उस चमेली के पौधे के निकट जाकर कुछ फूल चढ़ा आती है। हर भोर को—चाहे जाड़ा हो, या गर्मी, वर्षा हो रही हो, या ओले गिर रहे हों ! हसीब का सारा साइंस इस भोली लड़की के नज़दीक पराजय मान चुका है—सिर झुका चुका है।

वह चोर था

1

जेल में पहुँचकर लक्ष्मी बाबू ने अनुभव किया, जेल वह भयानक चीज़ नहीं है, जिसकी कल्पना से ही वह घबरा उठते थे, उनके हित-मित्र उदास हो जाते थे; और उनकी श्रीमती आँखों में आँसू लाकर उसाँसें भरने लगती थीं। गाँधी बाबा के प्रताप से जहाँ देश-भक्ति आसान चीज़ बन गई है—यही, खादी पहनिए, चंदे में कुछ पैसे दिया कीजिए, हो सके, तो जब-तब चर्खे को गुनगुना लीजिए, और खुदा-न-ख़ास्ता जब कभी मौक़ा आ जाए, तो जेल की गंगा में हल्की-फुल्की एक-दो डुबकियाँ लगा लीजिए। उसी तरह, उनके पुण्य-बल से, यह जेल भी पुरानी जेल नहीं रह गई है, जहाँ पहले कोड़े बरसते थे, बेड़ियाँ खनकती थीं, खाने को पेनल डायट और रहने-सोने को काल-कोठरी मिलती थी। अरे, यहाँ की तो अब दुनिया ही निराली है। माना, लक्ष्मी बाबू का वह बड़ा बँगला, वह ड्राइंग रूम, वे क़ालीन और सोफ़े और वे बावर्ची, वे चाँदी की तश्तरियाँ यहाँ नहीं हैं। किंतु, जो कुछ है, शरीफ़ों की गुज़र के लिए काफ़ी है। वह ए डिवीजन के राजनीतिक क़ैदी हैं। सरकार ने अपना इंतज़ाम तो किया ही है, उसने इजाज़त भी दे रखी है, आप अपने खाने-पीने, रहने-सहने में और जो कुछ इज़ाफा कर सकते हैं, करें।

लक्ष्मी बाबू को रहने के लिए जो कमरा मिला, उसे उन्होंने थोड़े ही दिनों में ऐसा सजा लिया कि वह उनका 'मिनिएचर' बँगला बन चुका था। जो रसोइया था, वह धीरे-धीरे बावर्ची बनता जा रहा था, और जो पतिया मिला था, उसे तो उन्होंने 'बेरा' कहकर पुकारना भी शुरू कर दिया था। कभी-कभी यह सोचते, काश, ये जेलवाले एक दिन मेरी श्रीमती को भीतर आकर मिलने की इजाज़त देते, तब उस भोली औरत को दिखा देता, जेल के बारे में उसकी धारणा कितनी गलत है। वह कमबख़्त जब-जब मुलाक़ात करने को आती है मुँह लटकाए, आँसू बहाती हुई—सारा मज़ा ही किरकिरा हो जाता है। जेल के फाटक के मोटे-मोटे लोहे के छड़, बड़े-बड़े ताले और संतरियों की किरचों से ही इसके भीतर का भी अंदाज़ लगाती है !—वह क्या समझे, वैतरनी के बाद ही स्वर्ग की बस्ती है।

जेल में रहने-सहने का इंतजाम पूरा कर आपका ध्यान पढ़ने-लिखने की ओर गया। यहाँ पढ़ने की एक अजीब बीमारी फैली हुई थी, और वह बीमारी संक्रामक थी। उन्हें भी लगनी थी, लगी। फिर, वह अपने को किसी बात में किसी से पीछे क्यों रखें ? सब पढ़ रहे हैं, वह भी पढ़ेंगे। कुछ पढ़क्कू साथियों से मिलकर उन्होंने किताबों की एक लिस्ट तैयार की और थोड़े ही दिनों में उनका सेल्फ़ सुनहली जिल्दों से जगमगा उठा।

यों पढ़ने में कॉलेज के दिनों में भी उनका मन कम लगता था, जब से अपने घर के बड़े

कारबार और ज़मींदारी की देख-भाल का बोझ इन पर पड़ा था, किताबों की ओर नज़र उठाने की फुरसत भी कहाँ थी ? किंतु, इस बार जो किताबों पर टूटे, तो क्या कहना ? मानो बहुत दिनों के भूखे के सामने सुस्वादु भोजन से भरा थाल रखा गया हो। दिन-रात किताबों के पन्ने उलटते; नोट के नाम पर कापियों पर कापियाँ रँग जाते। चाय के समय, टहलने के वक़्त, साथियों से किताबों के विषयों पर बहसें भी करते। रात में बहुत देर तक उनकी लालटेन जला करती—जेल के दो छटाँक किरासिन से काम नहीं चलता, तो 'तिकड़म' भी—सिर्फ़ इसी काम के लिए—करते।

जेल में यों तो हर विषय के अध्ययन की ओर लोगों का ध्यान था—रेशम के कीड़े पालने के शास्त्र से लेकर आइन्स्टीन की 'रिलेटिविटी' के जटिल सिद्धांत तक के पारायण होते; किंतु, वहाँ सबसे ज़्यादा प्रचलित विषय था समाजवाद। लक्ष्मी बाबू अपने को इससे वंचित क्यों रखते? उन्होंने ज़ोरों से इसका अध्ययन और मनन शुरू किया। हाँ, सिर्फ़ अध्ययन ही नहीं, मनन भी। और, इस मनन ने उन्हें बताया कि समाज के कल्याण के लिए, संसार में शांति और सुख की स्थापना के लिए, समाजवाद की अत्यंत आवश्यकता है। पर, सवाल है, समाजवाद की स्थापना कैसे हो ? यहीं जाकर तो झगड़ा शुरू होता है। लक्ष्मी बाबू ने अपने लिए इस झगड़े का निबटारा कर लिया। बहुत ही सरल निबटारा ! कार्ल मार्क्स को रद्द कर उन्होंने अपने लिए रॉबर्ट ओवन को आदर्श बनाया।

रॉबर्ट ओवन !—कैसा सरल, संत पुरुष ! धनी होकर भी उसने ग़रीबों की भलाई में अपने को उत्सर्ग कर दिया। मार्क्स की तरह उसने झगड़े नहीं लगाए, वर्ग-युद्ध के नाम पर इस अशांत संसार की रही-सही शांति को भंग नहीं किया, बल्कि उसने त्याग और प्रेम के द्वारा नया संसार बसाने की कोशिश की। उसकी वह 'न्यू लारनाक कालोनी' ! कैसा आदर्श ! पृथ्वी पर स्वर्ग कायम करने की इनसानी कोशिश ! अगर ओवन की तरह के कुछ संत पुरुष हर देश में जन्म लें, तो सारे संसार का बेड़ा पार। लक्ष्मी बाबू मनन करते-करते ऐसा अनुभव करते कि वह खुद ओवन हैं और अपनी ज़मींदारी के एक गाँव में उन्होंने भी एक ऐसी ही कॉलोनी बसा रखी है, जिसे देखने को हिंदुस्तान के कोने-कोने से लोग पहुँच रहे हैं। सबकी ज़बान पर उनकी प्रशंसा है, अख़बारों के कॉलम उनकी विरुदावली से रँगे जा रहे हैं।

कॉलोनी, जिसे वह 'आश्रम' का सुंदर भारतीय नाम देंगे, पीछे खुलेगी। इस जेल में भी इस संबंध में कुछ किया जा सकता है या नहीं, इस पर विचार करके, 'शुभस्य शीघ्रम्' के आदर्श वाक्य के अनुसार, उन्होंने कार्रवाई शुरू कर दी। उनका प्रयोग दो व्यक्तियों को लेकर शुरू हुआ—एक उनका 'बावर्ची' और दूसरा उनका 'बेरा'। लोगों ने आश्चर्य से सुना, अपने 'बेरा' को वह 'लालू भाई' के नाम से 'आप' कहकर पुकार रहे हैं, और 'बावर्ची' भी 'रमजान भाई' बन चुका है। 'लालू भाई' ज़रा तौलिया लाइए। 'रजमान भाई, खाने में कितनी देर है?' इन पुकारों को सुनकर रमजान और लालू को चाहे जितना आश्चर्य होता हो, उनके कुछ साथी उन्हें ढोंगी भी समझते हों, किंतु लक्ष्मी बाबू को इसमें आत्मिक शांति मिलती। आत्मिक शांति—हार्दिक आह्लाद !

लालू और रमजान के खान-पान में भी इज़ाफ़ा हुआ। अब जो कुछ बनता, तीन के लिए। कभी-कभी लालू का सी-क्लासी भोजन भी लक्ष्मी बाबू चखते, ग़रीबों की ग़रीबी अनुभव करने के लिए। यही नहीं, इन दोनों के जीवन में भी घुसने की कोशिश वह करते। लालू चोरी में आया है, रमजान रेपकेस में। रेपकेस के नाम से ही वह घबरा उठते, उस घिनौनी हरकत के भीतर जाने की कल्पना से भी वह काँप जाते—यद्यपि वह मानते कि यह भी एक सामाजिक अभिशाप ही है, व्यक्ति तो इसमें फँस जाता है, फँसा लिया जाता है। रमजान दिन-भर रसोईघर के ही

प्रपंचों में रहता, अतः उस बेचारे को फुरसत भी कहाँ थी कि उससे कुछ पूछताछ की जाए ? किंतु, लालू तो दिन-भर उनके निकट रहता, अतः उन्होंने यह तय किया कि लालू की ज़िंदगी में घुसकर वह देखेंगे कि आख़िर आदमी चोरी क्यों करता है ?

हाँ, दवा के पहले निदान ज़रूरी है। किताबों में उन्होंने निदान पढ़ा था। किंतु, व्यक्तिगत जानकारी भी तो आवश्यक है। फिर, जब कि इस जेल में फुरसत की कमी नहीं, और लालू के रूप में एक व्यक्ति भी है जिस पर जाँच-पड़ताल मज़े में की जा सकती है, तब तो इस मौक़े को छोड़ना भूल होगी।

2

लालू अपने तीन भाइयों में सबसे छोटा है। उसका बाप देहात का एक खेत-मज़दूर था। शादी के बाद वह अपने बाप के गाँव को छोड़कर लालू के ननिहाल में ही आ बसा था। लालू की माँ सुंदरी थी। अपनी सुंदर पत्नी की जवानी के आग्रह को वह नहीं टाल सकता था, ससुराल में ही आ गया था।

वह काफ़ी हट्टा-कट्टा और कमाऊ आदमी था। अपनी गिरस्ती उसने अच्छी निभाई। बाबू के खेत में काम करता। मज़दूरी इतनी मिल जाती, जिसमें बीवी सहित अपनी गुज़र वह कर ले। कुछ बटाई खेती भी कर लेता। एक गाय और कुछ बकरियाँ भी उसने पाल रखी थीं। धीरे-धीरे उसके तीन बेटे और एक बेटी हुई। अपनी मज़दूरी, बटाई, गाय और बकरियों की आमदनी से सने इन बाल-बच्चों की अच्छी परवरिश ही नहीं की, उनकी शादियाँ भी अच्छे ढंग से कराईं।

लालू की भी शादी हो चुकी है। उसकी शादी के बाद ही घर में वैमनस्य पैदा हो गया। दोनों बड़े भाई बाप से जुदा हो गए। उनका कहना था, बुढ़ऊ छोटे बेटे पर ज़्यादा स्नेह रखते हैं, उसका पक्ष लेते हैं। लालू अपने बाप पर नहीं पड़ा था; उसका रूप-रंग ही नहीं, शरीर का गठन भी उसकी सुंदरी माँ से मिला था। इसलिए शुरू से ही वह ज़्यादा परिश्रम कर नहीं पाता। धूप तेज हुई, उसके शरीर से पसीना चूने लगा; माघ में पछैया हवा बही, उसके दाँत कटकट करने लगे। बुढ़ऊ उससे कम काम लेता। भाई जब इस पक्षपात पर चिढ़ता, तो इसके काम को वह खुद ही पूरा करने की कोशिश करता। उस बुढ़ापे में भी उसकी शक्ति का क्या कहना?—दो जवान के बराबर अकेला काम कर लेता। जिस समय लालू अपने बाप की चर्चा लक्ष्मी बाबू से कर रहा था, उसकी याद कर उसकी आँखों से ढल-ढल आँसू गिरते जाते थे।

लालू की बीवी भी काफ़ी सुंदरी है। जब बीवी आई, लालू उस पर मँडराता रहता। काम-काज में बिलकुल मन नहीं देता। भाइयों के लिए यह असह्य हो गया! आख़िर आपरा में जुदायगी हो गई—दोनों भाइयों ने अलग-अलग गिरस्ती सँभाली, बाप ने लालू का बोझा अपने ऊपर लिया। जब तक बुढ़ऊ रहे, लालू को मालूम नहीं हुआ कि किसे दिन और किसे रात कहते हैं। किंतु, बूढ़ा आदमी तो पका आम है। एक दिन आम गिर गया, डाली सूनी हो गई। लालू की समझ में नहीं आता, अब वह कैसे ज़िंदा रह सकेगा।

आदमी—परिस्थिति का पुतला ! अब लालू को दीन-दुनिया देखने को मजबूर होना ही पड़ा। इसमें उसकी पत्नी ने उसे खूब प्रोत्साहित किया। वह सवेरे लालू को उठाकर, रात की बची कुछ बासी चीज़ें—रोटी, गुड़ या पानी में रखा भात और अचार खिलाकर मज़दूरी के लिए विदा करती। मज़दूरी में जो अन्न मिलता उसे अच्छी तरह कूट-पीसकर वह खाना बनाती, छींटी में रोटियाँ और पानी रखकर खेत में ही उसे खिला आती। लौटती बार कुछ घास भी छील लाती, जिससे गाय और बकरियों को पालती। शाम को जब लालू पहुँचता, बड़े प्रेम से उसके पैर धोती और रात में सरसों का तेल लगाकर उसके शरीर की अच्छी मालिश किए बिना क्या

वह कभी सोती?

लालू की बीवी का सुंदर मुखड़ा इस मेहनतमशक्कत से दिन-दिन मलीन होता जाता था। इस बात से लालू को बड़ा दुख होता। किंतु क्या करे बेचारा ? उसके अपने चेहरे का पुराना रंग भी तो नहीं बचा था। जहाँ वह रोज़ माँग सँवारता, अब आईने में मुँह भी नहीं देखता। एक दिन बाबू के दालान में उसके बड़े आईने के सामने जब वह खड़ा था, अपनी पूरी आकृति उस आईने में देखकर वह चौंक उठा था। अरे, वह क्या हो गया ? काला रंग, धँसे गाल, बिखरे बाल—वह वहाँ खड़ा नहीं रह सका!

तो भी उसे संतोष था, किसी तरह उसकी ज़िंदगी कट तो रही है। न तो उसे भाइयों के निकट हाथ पसारने की ज़िल्लतें उठानी पड़तीं, न बीवी की गोतनी के व्यंग्य सहने पड़ते; बल्कि पति-पत्नी की तारीफ़ें होतीं—आख़िर अपने पर पड़ा, तब कैसे सँभल गए हैं दोनों। बाप की ज़िंदगी में कुछ छैलापन रहा, तो क्या हुआ? बाप की ज़िंदगी में कुछ मौज न करता, तो फिर करता कब?

लेकिन, यह संतोष ज़्यादा दिन तक नहीं टिका। गिरस्ती बढ़ने लगी। पहला बच्चा होने पर तो आनंद ही आनंद रहा। जब लालू की बीवी अपनी पहलौठी बिटिया को गोद में लेकर प्रसूति-गृह से निकली, लालू के आनंद की सीमा न रही। दूसरा बेटा हुआ—यहाँ तक आनंद अपनी जगह पर टिका रहा। लेकिन, जब लगातार हर वर्ष एक बच्चा आकर माँ की गोद भरने लगा, और छह वर्षों के अंदर उसका छोटा-सा आँगन पाँच बच्चों से भर चुका, तब तो आनंद की जगह चिंता ने ले ली। जब बच्चों की ही अच्छी तरह परवरिश नहीं हो पाती, तो उसकी माँ के बारे में क्या पूछना ? वह बेचारी छीजती जाती। धीरे-धीरे बकरियाँ, बछवे और अंत में गाय भी बिक गई। उसके बूढ़े बाप ने बड़े शौक से जो चाँदी और गिलट के गहने अपनी पतोहू को दिए थे वे भी एक-एक कर बिक गए ! बच्चे घर में अनाहार के कारण बन गए। हाँ वे ही बच्चे जो धनिकों के घर में आनंद के स्रोत समझे जाते हैं, लालू की कुटिया में अनाहार के कारण बन गए !

लालू दिन-रात परिश्रम करके भी अपनी गिरस्ती के छकड़े को आगे घसीटने में असमर्थ साबित होने लगा। अनाहार ने पूरी मेहनत की ताक़त उसमें कहाँ छोड़ी थी ? वह अथाह सागर में पड़ा था—न नाव, न पतवार। तैरने के नाम पर हाथ-पैर हिलाने की ताकत भी जब उसमें नहीं रह गई तो अचानक उसे एक सड़ा मुर्दा बहता हुआ मिल गया। वह उस मुर्दे को पकड़कर आगे बढ़ने लगा !

सड़ा मुर्दा—चोरी का पेशा ! सड़ा मुर्दा—बदबू, उकबाई ! कलेजा मुँह को आता! लेकिन, दूसरा चारा क्या था,? या अथाह सागर में डूबो, या इस सड़े मुर्दे को पकड़ो। अकेले रहता तो लालू यह पेशा कभी न करता—मर जाना पसंद करता। किंतु ये बच्चे, यह बीवी—कभी की उसकी सुंदरी, प्यारी स्त्री! सड़े मुर्दे को पकड़कर उसने भव-सागर पार करने का निश्चय किया !

अगहन का महीना था। खेतों में पके धान के सुनहले बाल लहरा रहे थे। किसानों के खलिहानों में बोझों के अंबार लगे थे। जहाँ नज़र दौड़ाइए, अन्न-ही-अन्न—पके, पुष्ट, सुनहले अन्न ! और, अन्न की इस भरमार के बीच लालू के घर का अनाहार ! एक रात को उसे नींद नहीं आई। भूखे बच्चे किल-बिल कर रहे थे, माँ चुप करने से ऊबकर जब-तब उन्हें चपतें लगा देती। लालू के पेट में भी अँतड़ियाँ चिंग्घाड़ रही थीं। वह उठा, घर के बाहर आया। साफ़ आसमान में तारे चमक रहे थे—डंडी-तराजू के पंक्तिबद्ध तीनों तारे पश्चिम की ओर झुक चले थे। हवा सन-सन कर रही थी। उस अर्ध-रात्रि की निःस्तब्धता में हवा के झोंके से खेत के पके धान की बालियाँ रह-रहकर झिर-झिर कर उठती थीं। धान की बालियाँ खेतों में, और आँगन में अन्न

के अभाव में यह कुलबुलाहट ! क्या करे ? उसका दिमाग काम कहाँ कर रहा था ? पैर उठे, हाथों ने हँसिया ली, और काँपते हुए वह सीधे एक खेत में पहुँचा। चारों ओर देखा, कोई नहीं, लेकिन उसके हाथ में जैसे लक़वा मार गया हो। हँसिया ठीक से पकड़ी नहीं जाती। किसी तरह बाएँ हाथ से एक मुट्ठी बालियाँ पकड़ उसने हँसिया चलाई—सूखी डाँट की खड़खड़ाहट से वह खुद चौंक पड़ा। पर, धीरे-धीरे भ्रम दूर होता गया, झिझक भी दूर होती गई। हाथ काम करने लगे, हँसिया काम करने लगी। धान की बालियों को उसकी हँसिया इस निःस्तब्धता में सर-सर काटने लगी। थोड़ी देर में एक बोझ बालियाँ लिए वह आँगन में आया और उन्हें पटक अधसोई बीवी को जगाया। उसे आँगन में लाकर बोला—"इसी समय इन्हें मीसकर धान निकाल ले।" "यह कहाँ से आया? तुमने चोरी की है !" उसकी बीवी पूछने या चिल्लाने जा ही रही थी कि लालू ने उसके मुँह पर हाथ रख कहा—"अब चिल्लाएगी, तो मैं फसूँगा, पीटा जाऊँगा, जेल होगी। चुपचाप मीसकर धान रख ले, पुआल जलाकर ताप जा।"

वही हुआ; आँखों में आँसू भरे उसकी बीवी ने धान घर में रखा। पुआल में जब उसने आग लगाई, लालू ने देखा, उसकी आँखों से आँसू की धारा बह रही है। लालू भी कम शरमिंदा न था। लेकिन, लालू की शरम और उसकी बीवी के आँसू उस समय हँसी में बदल गए, जब दिन में उसने भर-पेट खाए अपने बच्चों को किलकारियाँ भरते देखा।

चोरी ! कितना घिनौना काम ? जब कोई निश्चिंत सोता हो, प्रकृति की अपूर्व देन इस नींद का नाजायज़ फ़ायदा उठाकर चुपचाप किसी का खेत काट लेना, किसी के खलिहान से अन्न उठा लेना, किसी की बुखारी में छेद कर बोरे-के-बोरे ले आना, किसी के घर में सेंध दे गहने या नक़द पर छापा मारना ! उफ़्, कितना जघन्य काम किंतु आसान भी कितना ! न मेहनत, न मशक़्कत—थोड़ी हिम्मत की ज़रूरत। एक बार हाथ साफ़ करो, हफ़्तों, महीनों बाल-बच्चों के साथ निश्चिंत आराम से रहो! न हल्दी लगी, न फिटकरी और रंग चोखा !

लालू धीरे-धीरे पक्का चोर हो गया। खेत से खलिहान में—खलिहान से दरवाज़े पर, दरवाज़े से ज़नानख़ाने में। सब जगह उसकी पैठ हुई। जहाँ पहले पैर काँपते थे, शरीर थरथराता था, साँस ज़ोरों से चलने लगती, खून सूखता मालूम होता, वहाँ अब अपने करतब पर, हाथ की सफ़ाई पर, उसे नाज़ होता, फ़ख्र होता। धीरे-धीरे पुराने चोरों से उसकी जान-पहचान हुई। कुछ नए लोगों को उसने तालीम दी। अब उसका अपना पूरा गिरोह था। बड़े-बड़े हाथ मारे जाते। गाँव का ज़मीदार ही उसका 'गुइयाँ' बना—चोरी का माल वही रखता, बेचता, और जितनी उसकी इच्छा होती, उन्हें देता। चौकीदार से लेकर थानेदार तक से साँठ-गाँठ शुरू हुई ! फिर एक बार लालू की बीबी की देह पर चूनर चमकने लगी, उसके बच्चे रंग-बिरंगे कपड़े पहने किलोल करने लगे; वह ताड़ी से शुरू कर गाँजा तक फूँकने लगा ! बचपन में एक बार उसने भंग पी थी, हँसते-हँसते वह बेहोश हो गया था। उसके पिता ने उसे बड़ी डाँट बताई थी। उसने भी उस दिन से कसम खा ली थी, नशा नहीं करेगा। लेकिन अब वह क्या करे ? चोर के देवता बिना इन मादक पदार्थों के चढ़ावे के खुश ही नहीं होते। और, उनकी नाराज़ी के बाद कोई चोर एक दिन भी बच सकता है ? नशा खाओ, चोरी करो, मस्त रहो।

गाँव के लोग समझते थे, लालू की इस मौज का क्या मानी है ? लेकिन कौन बोले ? ज़मींदार उसकी पीठ पर, चौकीदार उसका साझीदार। उल्टे अब उससे सब डरते—कहीं इसने किसी दिन हमीं पर हाथ साफ़ किए, तो?

लेकिन लालू कह रहा था—

बाबू, पाप छिपाए नहीं छिपता, कुकर्म का फल भुगतना ही होता है; अच्छे दिन के सभी साथी, बुरे में कोई पूछता तक नहीं। एक बार ज़रा पैर नीचे पड़ गया, पकड़ा गया—फिर, किसी

ने सुध भी नहीं ली। दारोग़ाजी ने पीटा, चौकीदार ने गवाही दी, ज़मींदार थाती पचाकर यों बैठ गया कि क्या कहिए। बेचारी औरत ने उससे मिन्नत की—"थोड़ी मदद कीजिए ना, मुकदमा लड़कर उन्हें छुड़ा लाती हूँ।" वह दौड़ी-दौड़ी अदालत आती-जाती रही। जो कुछ घर में था, उसने ख़र्च भी किया, किंतु मेरी तक़दीर फूटी थी—यह, तीन बरस से चक्की चला रहा हूँ।

लक्ष्मी बाबू ने देखा, लालू की आँखों के आँसू पश्चात्ताप के आँसू हैं। परिस्थिति ने उसे इस गंदगी में ढकेला। अब भी इसका सुधार संभव है। आदमी के हृदय में देवता और शैतान दोनों बसते हैं। शैतान देवता पर प्रबल सिद्ध हुआ है ज़रूर, लेकिन देवता अमर है। वही देवता उसके आँसुओं के रूप में चमक रहा है। इस देवत्व को विजयी बनने, विकसित होने में लक्ष्मी बाबू बेचारे लालू की मदद करेंगे। वह दिखला देंगे, एक चोर भी साधु की ज़िंदगी बिता सकता है।

लक्ष्मी बाबू ने लालू के लिए कुछ कम नहीं किया। जब गाँधी-इर्विन सुलह में, समय के पहले ही, वह रिहा होकर घर चले, लालू के नाम से वह कुछ रुपए जेल-गेट पर जमा करते गए। लालू से उसके घर का पता भी उन्होंने ले लिया था। जब लालू की पत्नी ने जेल में ख़त भिजवाया कि किसी ने उसके बच्चे के नाम से 25 रुपए भेज दिए हैं, तब लालू को यह कल्पना करते देर न लगी कि यह लक्ष्मी बाबू की महाकृपा है।

चलते समय लक्ष्मी बाबू लालू से कह गए थे—"छूटकर मेरे घर आना, मैं तुम्हें अपने साथ रखूँगा।" कई बार बीच में उनके ख़त भी आते रहे। पहले पखवारे-पखवारे, फिर देर होना शुरू हुआ। आख़िरी चिट्ठी तो तीन महीने बाद उसे मिली। किंतु, लालू के लिए क्या इतना कम था कि वह उसे भूले नहीं ? पहले तो उसने तय किया था, सज़ा पूरी कर वह पहले बाबू के दर्शन कर आएगा, फिर बाल-बच्चों से मिलेगा; किंतु सज़ा पूरी होने पर ममता उसे पहले घर घसीटकर ले गई। वहाँ एक सप्ताह गवाँकर वह लक्ष्मी बाबू के घर पहुँचा।

3

लक्ष्मी बाबू फिर अपनी घर-गिरस्ती में लग चुके थे। ओवन का नाम और समाजवाद की चर्चा वह मित्रों से बातचीत करते समय बार-बार लेते-करते; लेकिन ओवन का काम और समाजवाद का आदर्श उनके सांसारिक कर्म-कलाप में लोप हो चुका था। जिस गाँव में उन्होंने आश्रम बनाने का संकल्प किया था, वहाँ अब भी उनकी कचहरी क़ायम थी, जिसमें बैठकर उनके अमले किसानों को तरह-तरह से तंग करते। हाँ, मानो इसकी क्षति-पूर्ति के लिए, अब साल में एक बार वहाँ लक्ष्मी बाबू पहुँचते, सभी किसानों को बुलाकर उनके बच्चों में मिठाइयाँ बँटवा आते और उनसे हँस-हँसकर बतियाने की क़ीमत में मोटी रक़म नज़राने में वसूल कर लाते। यह उनका 'जन-संपर्क' था ! वह अपने हमपेशे ज़मींदारों पर रोब जमाते हुए उनसे भी इस उदारता का अनुकरण करने का आग्रह करते !

लालू को देखकर उन्हें वह आनंद नहीं हुआ, जिसकी कल्पना उन्होंने जेल में की थी। क्योंकि अब लालू पर प्रयोग करने की बात ही नहीं रह गई थी। हाँ, जहाँ वह लालू को आश्रमवासी बनाना चाहते थे, वहाँ अब लालू एक नौकर की तरह उनकी शरण में रहने लगा। लालू के लिए उनकी इतनी कृपा ही काफ़ी थी! उनकी पिछली कृपाओं को भी वह नहीं भूल सकता था। वह एक अनुगृहीत दास की तरह तन-मन से उनकी सेवा में जुट पड़ा।

जेल की दुनिया निराली होती है। वहाँ आदमी तरह-तरह की सुनहली कल्पनाएँ करता है, कल्पना के महल बनाता है। लेकिन, वास्तविक दुनिया की गरम हवा लगते ही वह कल्पना-महल ताश के घर की तरह भहरा पड़ता है। लक्ष्मी बाबू के सामने उनका अपना ही

उदाहरण था। जेल में वह त्याग-मूर्त्ति बनने की तय कर चुके थे, यहाँ फिर वही पुराना रईसी रंग-ढंग है। लालू की भी यही हालत हो सकती है, उन्होंने यह सोचा। इसलिए जहाँ नौकर की हैसियत से रखा, वहाँ सशंक भी रहते कि कहीं वह एक दिन कुछ मारकर चंपत न हो जाए। इसीलिए, जिसमें हमेशा वह उस पर निगरानी रख सकें, उन्होंने लालू को अपनी व्यक्तिगत सेवा में ही रखा था। किंतु इस व्यक्तिगत सेवा का मौक़ा पाकर लालू उनका स्नेह और कृपा अधिकाधिक प्राप्त करता गया। तरह-तरह से जाँचकर लक्ष्मी बाबू ने देखा कि लालू सचमुच अपना पुराना जीवन बिलकुल भूल गया है और एक नया, पवित्र, संयमी जीवन व्यतीत करने की चेष्टा में तत्पर है। थोड़े ही दिनों में लालू उनका परम विश्वास-पात्र सेवक बन गया।

एक दिन लालू के घर से एक पोस्टकार्ड आया। वह कार्ड लक्ष्मी बाबू के हाथ में पड़ा। उसकी स्त्री ने घर के कुशल-क्षेम लिखवाने के बाद, नए मालिक को उनकी पूर्व और वर्तमान कृपाओं के लिए अनेक दुआएँ दी थीं, और अंत में लालू को लिखा था कि वह जो मुशाहरे के सात रुपए हर महीने भेजता है, उनसे उसके घर की गुज़र नहीं हो पाती। उसके दो बच्चे मर चुके थे। खुद वह लालू के जेल के बाद से ही एक बाबू के घर कुटान-पिसान कर कुछ कमा लेती थी। लेकिन जैसा ज़माना है, चार प्राणियों की गुज़र नहीं हो पाती, अतः वह अपने दयालु मालिक से अर्ज़ करे, कुछ मुशाहरा वह बढ़ा दें। इस ख़त के बाद लक्ष्मी बाबू ने लालू का मुशाहरा सात रुपए से दस रुपए कर दिया। उस रात कृतज्ञता के बोझ से दबे हुए लालू को जल्दी नींद नहीं आई थी।

लालू की ईमानदारी और सेवा-भावना दिन-दिन कुंदन की तरह निखरती गई। लक्ष्मी बाबू की कृपा भी अधिकाधिक फलवती होती गई। जब अगले फागुन में वह पंद्रह दिनों की छुट्टी में घर जाने लगा, लक्ष्मी बाबू ने उसकी स्त्री के लिए एक अच्छी कोरदार साड़ी और उसके बच्चों के लिए छींट के कुरते सिलवाकर दिए। लालू ने मन-ही-मन कहा—सचमुच, लक्ष्मी बाबू मनुष्यरूप में देवता हैं !

अब लालू सिर्फ़ लक्ष्मी बाबू का परम विश्वासपात्र नौकर ही नहीं था—उनके सूटकेस की कुंजी उसके पास रहती, उनका पर्स वही रखता, बैंक से वही रुपए निकासी कराता। बल्कि वह उनकी उदारता की प्रदर्शन-मूर्त्ति भी था। जब कोई नए ख़याल के सुधार-प्रेमी सज्जन उनके यहाँ आते—प्रायः आते ही रहते, झट लालू को बुलाकर वह उसकी तारीफ़-पर-तारीफ़ किए जाते, मानो उन पर धौंस जमाते कि किस तरह एक पतित जीवन को उन्होंने सुमार्ग पर लगा दिया है ! सचमुच अगर हर धनी आदमी इस ओर ध्यान दे, तो दुनिया में चोरी-डकैती क्यों हो, क्यों जेलें भरें, क्यों यह दुनिया नरक बने ? ईसा ने ज़मीन पर स्वर्ग बसाने की जो बात कही, उसके कथन का तथ्य यही है। लक्ष्मी बाबू सोचते, ओवन के ऐसा आश्रम नहीं बना सके, तो क्या हुआ, एक ज़िंदगी को सुधार देना ही क्या कम है ? 'मॉडल' और 'तस्वीर' में फ़र्क़ होता ही है। इंग्लैंड की बात हिंदुस्तान में आते-आते अपना ज़ोर और फैलाव खो दे, तो आश्चर्य क्या?

एक दिन लक्ष्मी बाबू के पास एक मार्क्सवादी समाजवाद के नेता पहुँचे। उनसे बातें करते समय लक्ष्मी बाबू ने सुधारवाद पर एक ख़ासा लेक्चर दे डाला। आप लोग सिर्फ़ हल्ला मचाते हैं, झगड़े खड़े करते हैं, विध्वंसात्मक कामों में ही उलझे रहते हैं। आप आग लगाना जानते हैं, घर बनाना नहीं। समूह के शोर में व्यक्ति पर आप ध्यान ही नहीं देते। यदि हममें से हर आदमी कम-से-कम एक आदमी का ज़िम्मा अपने ऊपर ले ले, तो बहुत कुछ हो जाए। कुछ रचनात्मक काम कीजिए। देखिए, हमारे इस लालू को। यह चोर था, बुरी ज़िंदगी थी इसकी। अब यह एक ईमानदार आदमी है। मुझसे और कुछ न हो सका—एक ज़िंदगी को बरबाद होने से बचाने, एक घर को उजड़ने से बसाने का फ़ख्र तो मुझे हासिल है ही !

यों ही लक्ष्मी बाबू बोलते गए। नेता थोड़ी देर चुप रहे। फिर उन्होंने इस तरह के प्रयोग की व्यर्थता बताते हुए, अंत में कहा—

सवाल समूह और व्यक्ति का तो है ही। देखना यह भी है कि एक व्यक्ति की ज़िंदगी भी किस हद तक इस समाज में अच्छी की जा सकती है। आप समझते हैं, लालू आपके यहाँ खुश है, उसे अपनी ज़िंदगी पर संतोष है। अपनी मूढ़ता और प्रचलित धारणा के कारण उसने संतोष मान भी लिया हो। लेकिन माफ़ कीजिए, उसकी ज़िंदगी में ऐसे क्षण भी आते होंगे, जब आपके पर्स के नोटों के गड्डे, आपके हाथ की खूबसूरत घड़ी, आपके चमचम कपड़े, आपकी बीवी-बच्चों के पहनावे और ज़ेवर उसके दिल में एक कसक, एक हूक, एक व्याकुलता, एक आतुरता पैदा करते होंगे। लालू इस पर क्षणिक विजय प्राप्त कर लेता हो, इसके लिए आप-हम उसकी तारीफ़ भी करें। लेकिन लक्ष्मी बाबू, एक दिन ऐसा भी आ सकता है, जब संयम का बाँध टूट जाए, और फिर बेचारे को किसी क़ैदखाने में चक्की चलाने को जाना पड़े। और मान लीजिए, एक लालू ने ज़िंदगी निबाह भी दी, लेकिन संसार में जो करोड़ों लालू हैं, उनकी अतृप्त लालसाएँ पुंजीभूत हो रही हैं और वे एक दिन विस्फोट करेंगी ही ! इसलिए ज़रूरी है कि समाज की नींव...

लेकिन, लक्ष्मी बाबू पर ऐसी दलीलों का क्या असर होनेवाला था?—वह अपनी ही हाँकते गए, अपनी ही हाँकते रहे। उनका अपना जीवन संतोषप्रद था— सबकी ज़िंदगी में वह संतोष ही देखें या देखना चाहें, तो आश्चर्य क्या?

नेता चले गए, उनकी बात भी चली गई। लक्ष्मी बाबू और लालू की ज़िंदगी अपनी धारा में बहती चली।

लेकिन, एक दिन जब एक बीमा कंपनी का डायरेक्टर लक्ष्मी बाबू के पास आया और स्वभावतः लक्ष्मी बाबू ने लालू की तारीफ़ें शुरू कीं, तो उसने जो कुछ कहा, उससे थोड़ी देर के लिए लक्ष्मी बाबू काफ़ी चंचल हुए। उसने बताया, लालू-ऐसे आदमियों से हमेशा होशियार रहना चाहिए। ऐसे लोग बड़े घाघ होते हैं। विश्वास जमाने के लिए काफ़ी अर्से तक ये ऐसे सुधुआ बन जाते हैं कि इनके नज़दीक जड़भरत की सिधाई भी मात। लेकिन पीछे तो ये इस तरह हाथ साफ़ करते हैं कि हाथ मलकर रह जाना पड़ता है। इनका सुधार हो नहीं सकता—"सूरदास कारी कामरि पर चढ़त न दूजो रंग।" सिर्फ़ कहकर ही नहीं, उसने कई उदाहरण देकर लक्ष्मी बाबू पर यह सिद्ध कर दिया कि लालू पर उनका विश्वास ग़लत है। वह ज़रा चौकन्ने रहें। कहीं ऐसा न हो कि एक दिन उन्हें पछताना हो, और "फिर पछताए होत क्या, जब चिड़िया चुग गईं खेत?"

लक्ष्मी बाबू ने उसे काफ़ी फटकारा। उसके जाने के बाद भी सोचते रहे, अजीब होते हैं ये लोग। हमेशा संदेह ही इनके दिल में बना रहता है। सबको संदेह की ही नज़र से देखते हैं ये। विश्वास का कहीं नाम-निशान नहीं। और, कहीं बिना विश्वास के संसार चलता है ? अगर विश्वास न हो, तो क्यों कोई इनकी बीमा-कंपनी के जाल में फँसे ? दूसरों से कहेंगे, विश्वास कीजिए, और खुद सबको संदेह की नज़र से देखेंगे। क्या कहने हैं ? एक बार परिस्थितिवश ग़लती हो गई, तो उसे ढोए जाने को कह रहे हैं। जैसे मानव जीवन में सुधार का स्थान ही नहीं।

कुछ ऐसी ठेस इस बात से उन्हें लगी कि वह लालू को और भी प्यार करने लगे। एक दिन उससे पूछा, तुम्हारे बड़े बच्चे की क्या उम्र है, लालू ? और, जब लालू ने बताया, वह बारह वर्ष का हो चुका है, तो उससे कहा कि इस बार घर जाओ, तो उसे भी लेते आना, और उससे छोटे को भी। उन्होंने सोचा, बड़ा 'ब्वाय' का काम अच्छा कर लेगा, और छोटे को वह स्कूल में पढ़ाने को भेज देंगे। हाँ, वह उसे पढ़ा-लिखाकर दुनिया को बता देंगे कि किस तरह एक परिवार को गंदगी और ग़रीबी से उबारकर प्रसन्न, उन्नत और समृद्ध बनाया जा सकता है।

अति सर्वत्र वर्जयेत्—लालू पर लक्ष्मी बाबू की इस अति कृपा का एक बुरा परिणाम भी हुआ। दूसरे नौकर उससे डाह करने लगे। लालू को प्रदर्शन के रूप में पेश करने के लिए लक्ष्मी बाबू उसे बहुत साफ़-सुथरा रखते थे। धीरे-धीरे यह उसकी आदत हो चली थी। उसके साफ़-सुथरे कपड़े को देख दूसरे नौकर जल उठते थे। वह साबुन से नहाता था, सिर में ठंडा तेल देता था, कंघी करता था। पूरा बबुआनी ठाठ। जब वह आया था, सब नौकरों से हिला-मिला रहता था, उनके पास बैठता, उनसे गप्पें करता, कभी-कभी उनके साथ गा लेता, चिलम का दम भी लगा लेता। लेकिन, अब वह उनसे दूर ही रहता। अपने ही एक साथी को अपने से इतनी दूर निकल जाता देख किसे चिढ़ और कुढ़न न होगी?

सिर्फ़ नौकर ही उससे नहीं चिढ़े रहते थे, उनके घरवाले भी इस शोख़ नौकर से जले-भुने रहने लगे थे। जब वह आया था, घर के हर आदमी का काम करने को तैयार रहता। अब, लक्ष्मी बाबू को छोड़ किसी के पास फटकता नहीं। वह कामचोर अब भी नहीं था। लेकिन, लक्ष्मी बाबू की व्यक्तिगत सेवा के बाद का समय वह उन्हीं के किसी काम में लगाता। कभी आलमारी झाड़ता, कभी कपड़ों को धूप में सुखाता, कभी फ़र्श को नए सिरे से झाड़-बुहारकर सजाता, कभी उनके डेढ़ दर्जन जूतों पर अलग-अलग रंग की पॉलिश लगाकर उन्हें चमाचम बना देता। बाज़ार से सौदा-सुलफ़ ज़्यादातर अब वही करता। फिर लक्ष्मी बाबू के ही आग्रह पर, जेल में जहाँ तक वह उसे पढ़ा चुके थे, उसके बाद, नया ज्ञान अर्जन की ओर वह ध्यान देता। जब वह कोई किताब ले, किसी कोने में बैठ, चुपचाप पढ़ता होता, लक्ष्मी बाबू उसे देखकर जितना खुश होते, उससे कई गुना अधिक उनके परिवारवाले जल उठते।

नौकरों का, घरवालों का रुख़ लालू देखता था। उसे पीड़ा होती थी। वह अपनी स्थिति आज भी नहीं भूला था, वह नौकरों से मिलकर रहना चाहता था, मालिक के परिवारवालों को खुश रखना चाहता था। लेकिन, वह करे, तो क्या करे ? लक्ष्मी बाबू की इच्छा और आराम उसके लिए सर्वोपरि चीज़ थी। और दोनों में सामंजस्य की कोई गुंजाइश ही उसे नहीं दीख पड़ती थी।

तो भी, उसे प्रसन्नता इस बात की थी कि लक्ष्मी बाबू को सदा प्रसन्न रखने में वह समर्थ हो सका था। ज्यों-ज्यों दिन बीतते जाते थे, वह लक्ष्मी बाबू की ज़िंदगी का अंश बनता जाता था। हाँ, वह अब सिर्फ़ उनका नौकर नहीं था—उनके जीवन का अंग और अंश हो चला था। जिस तरह उसे पाकर अब लक्ष्मी बाबू व्यक्तिगत सेवाओं से निश्चिंत रहते, लालू भी निश्चिंत हो चला था कि अब उसकी ज़िंदगी एक किनारे लग चुकी है। अब दोनों बेटों को वह लाएगा, उनमें से एक पढ़ेगा, दूसरा उसके काम में मदद करेगा—इसकी कल्पना कर वह आनंद-मग्न हो जाया करता था। उसने अपनी स्त्री को जो हाल में ख़त भेजा था, उसमें इस बात की चर्चा भी कर दी थी। इतनी बड़ी खुशख़बरी से अपनी प्यारी पत्नी को कैसे महरूम रखता?

4

इसी तरह हँसी-खुशी में लालू के दिन कट रहे थे कि—

हाँ, इसी तरह उसकी ज़िंदगी हँसी-खुशी में कट रही थी कि अचानक कुछ अप्रत्याशित घटनाएँ घटकर लालू और लक्ष्मी बाबू दोनों को परेशान करने लगीं।

एक दिन लक्ष्मी बाबू शाम को टहलकर लौटे। बड़ी गरमी थी। उन्होंने अपनी बंडी उतारकर लालू को रखने को दी। लालू ने कमरे में ले जाकर उसे खूँटी पर टाँग दिया। बंडी की जेब में वह अपना फ़ाउंटेनपेन रखते थे। बढ़िया 'पारकर' था। रात को वह अमूमन देर तक पढ़ते रहते थे—यह चाट जेल से ही वह ले आए थे। हाँ, जहाँ जेल में गंभीर विषयों का अध्ययन

होता, वहाँ अब रेलवे-स्टालों पर बिकनेवाले, सस्ते उपन्यासों के ही पन्ने उलटे जाते। उस रात जब सब लोग सो गए थे, पढ़ते-पढ़ते उन्हें कोई चीज़ नोट करने की ज़रूरत महसूस हुई, तो उन्होंने पेन की तलाश की। पेन जेब में नहीं था। क्या हो गया ? इधर-उधर ढूँढ़ा। फिर सोचा, कहीं लालू ने रख दिया होगा। वह झल्लाए तो, लेकिन उन्हें कोई दूसरी आशंका नहीं हुई। भोर में लालू से पूछा। उसने कहा, मैंने न रखा, न देखा। फ़ाउंटेनपेन क्या हुआ ? उनके घर में कोई दूसरा तो आता नहीं। शायद मोटर पर गिर गया हो। उस पर तलाश की गई। वहाँ न मिलने पर लक्ष्मी बाबू ने मान लिया, जब वह नदी के पुल पर टहल रहे थे, कहीं जेब से खिसक गया होगा। लालू पर तो वह संदेह कर ही नहीं सकते थे।

फिर कुछ दिनों बाद उनकी एक सोने की घड़ी ग़ायब हो गई। बाहर से आए। स्नान-घर में जाने के पहले जल्दी में घड़ी उतारकर उन्होंने मेज़ पर रख दी थी। लालू उस समय स्नान-घर में उनके कपड़े, तौलिया आदि रखने गया था। स्नान करके वह जल-पान आदि में लगे। फिर अलसाकर सो गए। जब नींद टूटी, कलाई पर नज़र की। घड़ी नहीं। याद हुआ, मेज़ पर रख दी थी, लेकिन वहाँ घड़ी नहीं थी। और, इस बार भी पूछने पर लालू ने नाहीं कर दी।

जिस समय पेन चोरी गया था, उन्होंने किसी से नहीं कहा था। शाम को बाज़ार गए और उसी मेल का दूसरा पेन ले आए। किसी को पता भी नहीं चला कि उनका फ़ाउंटेनपेन ग़ायब हुआ है। ऐसा उन्होंने इसलिए भी किया था कि कहीं किसी को लालू पर अनुचित शक न पैदा हो जाए। लेकिन, घड़ी की चोरी छिपाना मुश्किल था। काफ़ी क़ीमती घड़ी थी—फिर, ससुराल में मिली। पंद्रह वर्षों से उसे अपनी कलाई पर दिन-रात बाँधते आ रहे थे। उसे न देखकर लोग पूछेंगे ही। क्या कह दूँ, मरम्मत करने को बाहर भेज दी है ? लेकिन यह झूठ क्यों बोलूँ ? आत्मप्रवंचना तो ठीक नहीं। तब घड़ी हो क्या गई ! मेज़ पर रखी—यह अच्छी तरह याद है। घर में यों कोई नहीं आता, और न आया, यह भी सही है। तब ? इसके आगे सोचने की जैसे उनमें हिम्मत नहीं थी। मन दूसरी ओर ले जाने के लिए उन्होंने किताब के पन्ने उलटे, कपड़े की आलमारी खोली, बैठकख़ाने में जाकर मुंशीजी से ज़मींदारी का हिसाब-किताब पूछने लगे, सवेरे टहलने गए, सवेरे खाया, सवेरे सो गए।

लेकिन, सोने की चेष्टा करने पर भी उन्हें नींद कहाँ आई ? उन्हें रह-रहकर उस बीमा-कंपनी के डायरेक्टर की बात याद आने लगी—ऐसे लोग बड़े घाघ होते हैं, विश्वास जमाने के लिए सुधुआ बने रहते हैं, लेकिन पीछे तो ऐसा हाथ मारते हैं कि हाथ मलकर रह जाना पड़ता है। क्या लालू ने भी ऐसा ही किया है ? जाने दीजिए इस बीमा-कंपनीवाले की बात। ये लोग कुछ ज़बाँदराज़ और लफ़्फ़ाज़ भी होते हैं। लेकिन वह समाजवादी नेता ? वह तो ग़रीबों का हिमायती था। उसने भी तो कहा था—आप समझते हैं, लालू खुश है, लेकिन ऐसे वक़्त भी आते होंगे, जब आपके पर्स के नोटों के गड्डे, आपके हाथ की खूबसूरत घड़ी... ! बस, बस, हो-न-हो, वही वक़्त था, जब कि उसने... लेकिन, इससे आगे फिर वह नहीं सोच सके। दूसरे पहलू से देखने की कोशिश की। क्या यह संभव नहीं कि कोई दूसरा नौकर ही अचानक उस ओर से गुज़रा हो, और उसी ने... तो क्यों नहीं, कल ज़रा सब नौकरों की जाँच-पड़ताल की जाए ? परंतु, ज्यों ही मैंने ऐसा किया, फिर तो घर-भर में हल्ला मचेगा। घर में ही क्यों, बाहर तक। और, सबका संदेह लालू पर ही जाएगा, और वे कहेंगे, चोर नौकर रखने का यही नतीजा होता है। कहेंगे, हँसेंगे, मुझे बुद्धू समझेंगे। धन गया, बेवकूफ़ भी कहलाऊँ ? कहीं झूठ न बोलना पड़े, इसके लिए दूसरे ही दिन उन्होंने किसी ज़मींदारी की तरफ़ जाने का तय किया। लौटने पर लोग पूछेंगे, तो देखा जाएगा। हाँ, इस निश्चय के साथ उन्होंने यह भी तय किया कि अब ज़रा लालू पर निगरानी भी रखेंगे।

ज़मींदारी से लौटे। लोगों के पूछने पर यह भी कह दिया कि घड़ी गायब हो गई। लेकिन, कहाँ, कब की चर्चा होते ही बातें बदल दिया करते। धीरे-धीरे लालू पर उनका विश्वास जमता जा रहा था।

इसी समय, ऊँट की पीठ पर के आख़िरी तिनके की तरह, एक घटना और घट गई। एक दिन उन्होंने अपना पर्स भी ग़ायब पाया। पर्स अब वह हमेशा अपने ही पास रखा करते थे। उस दिन सिर्फ़ दस-दस रुपए के दो नोट ही उसमें थे। लेकिन, अब तो उन्होंने मान लिया कि लालू फिर चोर हो चला है। समाजवादी नेता की बात सच निकली—ये कमबख़्त सचमुच कलजुगी पैगंबर होते हैं, लेकिन उन्हें भय तो हुआ बीमा-कंपनी के डायरेक्टर की बात को याद कर। अरे, अब यह निश्चय ही गहरा हाथ मारेगा, और मुझे हाथ मल-मलकर रह जाना पड़ेगा! नहीं, इससे पिंड छुड़ाना ही अच्छा। तो क्या पुलिस को दे दूँ ? ऐसे चोट्टों की यही गति होनी चाहिए। जाएँ साले जेल, पीसें फिर चक्की। किंतु, इसी समय उन्हें याद आई समाजवादी नेता की बात—शायद फिर कहीं न इस बेचारे को उसी क़ैदखाने में चक्की चलाना पड़े ! यह तो उसने ताना दिया था। नहीं, हम उसे भी बता देंगे, हम ऐसे नीच जीव नहीं हैं।

शाम हो रही थी। लक्ष्मी बाबू का रुख़ देख, लटका चेहरा लिए लालू उनके टेबल का बड़ा लैंप जलाने का उपक्रम कर रहा था कि उन्होंने उसे पास बुलाया। कुछ पूछताछ किए बग़ैर, दस-दस रुपए के दस नोट उसके हाथ में रखकर कहा— "लालू, ये रुपए लो, अब घर जाओ। तुम्हारे लिए मेरे यहाँ अब जगह नहीं। इन्हीं रुपयों से कुछ... या...।" वह बोल न सके। "बाबू"—लालू ने भरे गले से कुछ कहना चाहा। "नहीं, जाओ, जाओ।"—उनके मुख की मुद्रा कठोर थी। हाथ से वह हटने का इशारा कर रहे थे।

थोड़ी देर में, जब वह अकेले थे, गुनगुना रहे थे—

"सूरदास कारी कामरि पर चढ़त न दूजो रंग।"

5

जिस दिन लक्ष्मी बाबू का फ़ाउंटेनपेन गुम हो गया, लालू उसी दिन से ग़मग़ीन रहता। यद्यपि उन्होंने उससे इस बारे में एक बात नहीं कही, उलटे उसे उत्साहित करने के लिए अब उससे इधर-उधर की ज़्यादा बातें किया करते, उस पर ज़्यादा विश्वास और प्रेम दिखलाते, तो भी लालू को कोई चीज़ खटकती-सी रहती। कुछ इस तरह उसे मालूम होता कि उसके अच्छे दिन बीत गए, कोई संकट उस पर आनेवाला ही है। दिखाने के लिए वह अपना व्यवहार पूर्व-सा ही रखता, अपने में फुर्ती और चुस्ती पहले-सी दिखलाता, लक्ष्मी बाबू के सामने अपने चेहरे पर पहले की तरह ही मुस्कुराहट और उमंग लाने की कोशिश करता, लेकिन उसके दिल की कली में कोई कीट घुस चुका था, जो धीरे-धीरे उसे खाए जा रहा था।

जब घड़ी ग़ायब हुई—उसने मान लिया, अब उसकी ख़ैर नहीं। उसने लक्ष्मी बाबू के बदले हुए रुख़ को भी भाँपा। दूसरे दिन ही जब वह ज़मींदारी की ओर चले, उसे समझते देर न लगी, यह असामयिक यात्रा उसी के लिए हुई है। फिर जब देखा, लक्ष्मी बाबू की आँखें सदा उसकी ओर लगी रहती हैं—सामने होने पर वे आँखें संदेह बरसाती हैं, पीछे खुफ़िया-सी दौड़ती हैं—तब से उसे निश्चय हो गया, लक्ष्मी बाबू को उसी पर शक है। अब कोशिश करके भी वह अपनी पुरानी फुर्ती, उमंग, मुस्कुराहट अपने में नहीं ला पाता। दिन में खोया-खोया-सा रहता, रात में प्रायः रोता। हाय रे उसके वे सपने ! कहाँ वह दोनों बेटों को यहाँ लानेवाला था, अब उसके अपने रहने का भी ठिकाना नहीं मालूम होता !

एक रात लगातार उसकी आँखों से आँसू आते रहे—उसने आँसू रोकने की कोशिश की,

सोने की कोशिश की, किंतु यह हो न सका। भोर में बिछावन छोड़ने के पहले ही उसने तय किया—आज बाबू से खुलकर कहूँगा, उनके पैर पकड़ूँगा, अपनी निर्दोषिता उन पर सिद्ध करूँगा और अगर उन्हें विश्वास न हो तो उनसे माफ़ी लेकर घर चल दूँगा। तक़दीर में जैसा लिखा है, होगा। गाँव में बहुत-से लोग गुज़र कर रहे हैं, मेरी भी गुज़र हो ही जाएगी। किंतु, इस तरह का निश्चय करके जब वह लक्ष्मी बाबू के सामने आया, उसकी ज़बान न खुली, पैर छूने को हाथ न बढ़े। मानो लक्ष्मी बाबू उसकी मनःस्थिति को समझ गए हों—उन्होंने झट उसे कई ऐसे कामों में लगा दिया कि दिन-भर उसे फ़ुरसत ही नहीं मिल सकी। सोने के पहले जब वह उन्हें दूध पिलाने गया था, उसने सोचा था, इस वक़्त कहूँगा, पर उसके हाथ से दूध लेकर लक्ष्मी बाबू उसके घर का हाल-चाल यों पूछने लगे, जैसे उनके दिल में कोई शक-शुबहा रह नहीं गया था। लालू ने इस बार भी चुप लगा ली—भरे घाव को खोदने में उसने कोई भलाई नहीं देखी।

और, आज यह पर्सवाली घटना ! सिर्फ़ एक बार लक्ष्मी बाबू ने उससे पूछा—"तुमने पर्स देखा?" पर्स की बात सुनते ही लालू काँप उठा। उसे लकवा-सा मार गया। उसकी ज़बान न खुली। जब तक वह होश में आए, लक्ष्मी बाबू वहाँ से टल चुके थे। तब से वह एकांत में जाकर रोता ही रह गया था, किसी काम से लक्ष्मी बाबू ने उसे बुलाया तक नहीं। जैसे वह उसका मुँह देखना नहीं चाहते हों, और शाम को बुलाया, तो विदा देने के लिए !

झुटपुटा हो चला था। कहीं कोई दूसरा नौकर या लक्ष्मी बाबू के घर के लोग उसे देख न लें, इस आशंका से वह वहाँ से तीर-सा निकला। वह किसी को क्या मुँह दिखाए ? उसके कुछ निजी सामान और कपड़े थे, उनकी ओर ध्यान तक नहीं दिया। जल्द-जल्द पैर उठाता, वह आगे बढ़ता गया। रास्ते में कोलाहल था। सड़कों पर आवाजाही लगी थी। वह इस तरह जा रहा था कि कई आदमियों से धक्के लगे। आँखें थीं, लेकिन उनसे दिखाई नहीं देता था; कान थे, लेकिन कुछ सुनाई नहीं पड़ता था। दिमाग़ सूना था। पैर अभ्यासवश आगे बढ़ रहे थे। जिनसे धक्के लगे, उन्होंने डाँटा। एक बार एक घोड़ा-गाड़ी से दबते-दबते बचा, लेकिन उसे कुछ मालूम नहीं होता था। वह अनुभूति खो चुका था। भीड़-भाड़ से निकलकर जब वह कुछ दूर निकल आया, उसने पाया वह नदी के किनारे है। सामने पुल है, पुल पर कुछ लोग टहल रहे हैं। इसी समय, एक भिखारिन वहाँ उसके सामने आ खड़ी हुई। "बाबू एक पैसा" उसने कहा।—चौंककर उसने अपने हाथ में देखा कि दस-दस रुपए के दस नोट चुटकियों में अभी दबे हैं। दसों नोट बुढ़िया के हाथ में रख दिए। बुढ़िया भौचक ! लालू ने कहा—"जा, जा इन्हीं रुपयों से कुछ... या...।"

यह कहकर वह वहाँ से बढ़ा। अंधकार घना हो चला था। जब वह पुल पर पहुँचा, वह सूना हो चला था। हाँ, दूर के घाट पर कोई वंशी बजा रहा था, उसका दर्दीला स्वर सुनाई पड़ता था। एक क्षण वह ठहर गया। आसमान की ओर देखा, नदी में एक मछली उछली और छप-सा शब्द हुआ। "या गंगा मैया, अब तुम्हारी ही शरण...।"

वह पुल पर से उछला, छप-सा शब्द ! फिर लहरों की वही कलकल-कलकल। पश्चिम क्षितिज पर मंगल तारा मुस्कुरा रहा था !

भिखारिन की थाती

1

अपने एक नवागंतुक मित्र के साथ, गोलघर पर चढ़कर हाईकोर्ट और सेक्रेटेरियट के परे डूबते हुए सूरज की रंगीनियाँ, उत्तर ओर बाढ़ से उफनाई गंगा की धूमिल तरंगें, उससे आगे सोनपुर के पुल पर गाड़ी का धुआँ उगलते आना और पूरब ओर, कदमकुआँ से कुम्हरार तक, लंबा लेटे पटना शहर का अभी से ऊँघना देखकर, ब्रजेश लॉन के मैदान में आया। वहाँ टहलने के साथ ही राजनीतिक विषय पर कुछ बातें होने लगीं। बातें हो ही रही थीं कि एक भिखमंगा आकर 'बाबू, एक पैसा' की रट लगाने लगा। बस, फिर क्या था, ब्रजेश बरस पड़ा। अपने किंचित् राजभक्त मित्र को लक्ष्य करके कहने लगा—

"यही है आपका अँगरेज़ी राज्य, जिसकी यशोगाथा आप गाते हैं ! ऐसे हट्टे-कट्टे लोग भीख माँगने पर जहाँ लाचार होते हैं ! इनसे क्या काम नहीं लिया जा सकता था ? आप कहेंगे, ये कामचोर होते हैं। तो, ऐसे आदमियों को जेल में रखिए, उनकी आदत छुड़ाइए, उन्हें काम सिखाइए। लेकिन, आज तो यह सरकार जेल का उपयोग देश-भक्त युवकों को वहाँ सड़ाने के लिए करती है। यहाँ की पुलिस होनहार नौजवानों के पीछे तो हाथ धोकर पड़ी रहती है, उसे फुरसत कहाँ कि ऐसे लोगों की ओर वह ध्यान भी दे ! ये नागरिकों को तंग करते हैं, तो करें !"

मित्र जवाब में कुछ बोलते, लेकिन उनकी एक दूसरे जान-पहचानवाले से भेंट हो गई। वह उनसे मिलने-जुलने लगे। ब्रजेश ने कहा, "माफ़ कीजिए, आज मुझे रात में भी ऑफ़िस जाना है, इसलिए फुरसत लेता हूँ।" वह वहाँ से तेज़ी से क़दम उठाता हुआ चला। लॉन पार कर जब वह एक्ज़िबिशन रोड की तिमुहानी पर पहुँचा, बड़े पीपल के पेड़ की ओर, बिजली के खंभे से सटी, एक सूरत दिखाई दी, और उसके मुँह से भी वही—'बाबू, एक पैसा' सुनाई पड़ा। ब्रजेश यह आवाज़ सुनते ही झल्ला उठा। "ये कमबख़्त कहीं जान न छोड़ेंगे।" और, उसकी ओर से मुँह मोड़ तेज़ी से बढ़ने की सोच ही रहा था कि उसने देखा, वह एक स्त्री है, और उसकी गोद में एक बच्चा है !

बच्चों से ब्रजेश को स्वाभाविक स्नेह था। कहीं बच्चा देखा, उसे चुमकार दिया, चुटकी बजा दी; और हो सका, तो चूम भी लिया। बच्चे को देखते ही उसका दिल उमड़ आया। झट उसने पॉकेट में हाथ डाला और रेज़गारी का जो टुकड़ा पहले उसके हाथ में पड़ा, उसे निकालकर भिखारिन के हाथ पर रख दिया। हाथ पर रखे जाते ही, बिजली की रोशनी में, वह टुकड़ा चमक उठा—एक अठन्नी थी! भिखारिन का हाथ काँप गया, उसने समझा, शायद देने में भूल हुई है। लेकिन, ब्रजेश पर उसका कुछ असर न हुआ। उसने हँसते हुए कहा—"कोई बात नहीं, बच्चे के लिए लाल शरबत ख़रीद देना। यह इसी के भाग्य से निकल आई है।" और, वहाँ से चल दिया।

2

ब्रजेश एक भावुक युवक है। पढ़ने में खूब तेज़ था। अँगरेज़ी में ऑनर्स लेकर बी.ए. पास किया। यूनिवर्सिटी-भर में फ़र्स्ट आया। कुछ लोगों ने आगे पढ़ने की सलाह दी, किसी ने डिप्टीगिरी के लिए कोशिश करने की ओर झुकाना चाहा। किंतु उसने कुछ न सुना। वह पहले ही तय कर चुका था, ग्रेजुएट होकर संपादन-कला में अपना वक़्त लगाएगा, उसने वही किया। वह एक हिंदी दैनिक का सहकारी संपादक है।

अपने कार्यालय में उसे लॉन के ही रास्ते से जाना होता था। कल होकर ऑफ़िस जाते

समय, दस बजे, वह उस तिमुहानी के नज़दीक पहुँचा, उसकी आँखों ने अनायास ही रात की उस भिखारिन की तलाश की। वह नहीं थी। उसने इस पर ज़्यादा ध्यान भी नहीं दिया। इस ज़माने में भिखमंगों और भिखारिनों की क्या कमी ? कहाँ तक किस पर ध्यान दिया जाए ? हाँ, बात बच्चे की थी। और, जेब से संयोगवश अठन्नी ने निकलकर उस प्रसंग में थोड़ी नवीनता ज़रूर ला दी थी।

किंतु, शाम को पाँच बजे, ऑफ़िस से लौटते समय, उसने देखा, भिखारिन पीपल की छाया में खड़ी है और जब कोई भद्र पुरुष या स्त्री को दूर से आते देखती है, सरककर सड़क के किनारे आ जाती और पैसे माँगती है। निःसंदेह बच्चे का असर लोगों पर पड़ता है, उसे औसत से ज़्यादा ही पैसे मिलते हैं। 'बच्चा न हुआ, पेट पालने का साधन बन गया—कैसी करुण स्थिति !' यह सोचते ब्रजेश वहाँ पहुँचा। उसे देखते ही भिखारिन छाया से सड़क की ओर बढ़ी। जब तक उसके मुँह से कुछ निकले, ब्रजेश का हाथ उसकी जेब में था। एक इकन्नी उसके हाथ में फेंक, बच्चे की ओर सतृष्ण आँखों से देखता, वह बढ़ गया।

अब प्रायः ऑफ़िस से लौटते वह भिखारिन और उसके बच्चे को देखता, उसे पैसे देता। उसे मालूम हुआ, वह बच्चा बच्ची है। अब कभी-कभी वह भिखारिन के पास ज़रा-सा रुककर बच्ची को चुमकार भी दिया करता। एक दिन तो उसकी उँगली बच्ची के गाल क़ी ओर बढ़ी भी; लेकिन फिर सहमकर उसने उसे खींच लिया। कहीं कोई देखेगा, तो क्या कहेगा?

बच्ची के स्नेह ने उसकी माँ की ओर भी उसका ध्यान खींचा। उसने यह अनुभव किया कि भिखारिन की ओर नज़र पड़ते ही उसे आभास होता है कि भिखारिन उसके चेहरे को पढ़ने की जैसे कोशिश करती है। उसकी आँखों में अजनबीयत नहीं दिखाई देती, मालूम होता, किसी पुराने परिचित की ओर वह घूर रही है। उसकी वेश-भूषा में भी कुछ निरालापन था। उसकी साड़ी फटी थी, गंदी थी, कितने पैबंद लगे थे उसमें। लेकिन, उसकी किनारी बताती, वह कभी एक नफ़ीस क़ीमती साड़ी रही होगी। साड़ी के भीतर जो चोली वह पहने थी, उसमें से सुनहले काम के कुछ बूटे जहाँ-तहाँ अब भी चमक जाते थे। दाहिनी कलाई खाली थी; किंतु बाईं में एक लाल चूड़ी थी, जो, जब वह हाथ नीचे करती, तो पहुँचे से निकलने की कोशिश करती; अगर ऊपर उठाती, तो कलाई के बहुत ही नीचे, कुहनी और कलाई के बीच के हिस्से तक, जा पहुँचती, और हाथ सीधा रहने पर वह बेडौल-सी झूलती होती। चेहरे पर फुंसियों की भरमार थी, जिससे उस ओर ग़ौर से देखने की इच्छा भी नहीं होती। हाँ, उसकी आँखों से एक अजीब शर्मीलापन टपकता, जो भिखारिन के पेशे के प्रतिकूल मालूम होता था। उसके आगे के दो दाँत टूटे हुए थे, जो उसके चेहरे को ही सिर्फ़ भद्दा नहीं बनाए हुए थे, उसकी उम्र के बारे में भी काफ़ी भ्रम फैलाते थे।

खुद फटेहाली में रहती हुई भी अपनी बच्ची को वह सँभालके रखती। रोज़ बच्ची के बालों में कंघी की हुई दिखाई देती, उसकी आँखों में काजल भी रहता। एक-आध झुनझुने या गुड्डे उसके हाथ में होते, उसके कपड़े भी अच्छे होते। कभी-कभी तो शक होता, किसी शरीफ़ की बच्ची को यह चुरा लाई है। लेकिन जिस लाड़ से वह उसे लिए रहती और जिस निश्चितता से बच्ची उससे चिपकी रहती, ज़रा भी ग़ौर करने पर ऐसा शक तुरत काफ़ूर हो जाता।

'अजीब है यह भिखारिन ! क्या इसके पीछे कोई इतिहास है?' उसके भावुक हृदय में ऐसे सवाल उठते और अख़बारनवीसी का पता लगाने की प्रवृत्ति उसे उत्साहित करती कि ज़रा जाँच-पड़ताल करे। लेकिन, वह लोक-निंदा से डरता—'बदशकल हुई तो क्या, माँ बनी तो क्या हुआ, आख़िर जवान तो है ! ज़माना बुरा है—बुराई ही की ओर तो सबकी नज़र रहती है। दिल कौन देखता है, मंशा का पता कौन लगाता है ? यहाँ तो गढ़ा-सँवारा इल्ज़ाम धरा है, जिस

पर चाहा, थोप दिया।' यों सोचकर, वह रह जाता। फिर, काम की भीड़ भी बनी ही रहती थी। लेकिन, इस भीड़-भड़क्के के बीच भी जब-तब भिखारिन और उसकी बच्ची की याद उसके दिल में चमक उठती। कभी-कभी उसे ऐसा लगता कि उसने ऐसी सूरत कभी देखी है। तब वह उन लड़कियों की याद करता, जिन्हें उसने निकट से देखा है, या जिन्होंने उसके दिल पर कभी असर किया था। ऐसी एक-एक सूरत को याद कर उनके चेहरे से उसके चेहरे का मिलान करने की वह कोशिश करता। लेकिन, वह ज़्यादा देर तक ऐसा नहीं कर पाता; क्योंकि भिखारिन के चेहरे पर की फुंसियाँ उसके दिल में अजीब घिन-सी पैदा कर देतीं। 'गोली मारो इस भिखारिन को! मैं भी अजीब झक्की आदमी हूँ, छोटी-छोटी बातों को तूल देकर लंबा बना लेता हूँ, और फिर उसी की भूल-भुलैया में चक्कर खाता रहता हूँ। दुनिया में बड़ी-बड़ी बातें हैं, राजनीति, साहित्य, कला, क्या-क्या न ! फिर इस नाचीज़ के...' व्याकुल होकर वह सिगरेट जलाता और उसी की फूँक से उसे उड़ा देता।

जाड़े की रात थी। उसके अख़बार का विशेषांक निकलने जा रहा था, जिसके चलते उसे रात में भी बहुत देर तक काम करना पड़ता था। आज तो दो बजने जा रहे थे। जाड़े से उँगलियाँ सिकुड़ रही थीं, रह-रहकर पछवा हवा डोल जाती, जो खिड़कियों से आकर उसके कलेजे को कँपा देती। नींद के मारे उसकी आँखें भी बोझिल हो रही थीं। लेकिन चाय और सिगरेट के ज़ोर पर उसकी क़लम दनादन चल रही थी। आख़िरी मैटर देकर, आख़िरी प्रूफ़ पढ़कर, मन ही मन अपने पेशे और अपने को कोसता वह घर की ओर चला। सड़क पर सन्नाटा था। कुहासे के कारण सड़क की रोशनी खंभे के नीचे मुश्किल से उतर पाती थी। मुँह से सिगरेट का धुआँ छोड़ता, तेज़ क़दम वह आ रहा था। कब घर पहुँचूँ, रज़ाई ओढ़कर, गरमाकर सो जाऊँ—इसी की आतुरता थी।

इसी आतुरता में वह लॉन की उस तिमुहानी पर पहुँचा। इधर कई दिनों तक रात में देर से आने के कारण उसने भिखारिन को नहीं देखा था। उसे धक्-से याद आया, आह ! इस जाड़े में वह और उसकी बच्ची कहाँ और कैसी होगी ? वह गुड़िया-सी खूबसूरत, छोटी, तुनुक लड़की! इस याद को मानो धुएँ में उड़ाने को ही उसने सिगरेट में ज़ोर का कश दिया कि उसके कानों में अचानक एक कराह की आवाज आई—आह ! आह ! आह ! और उस आह की आख़िरी कड़ी की तरह बच्चे की चीख़ सुनाई पड़ी ! सुनते ही ब्रजेश मुड़ गया—मानो, वह आदमी नहीं, कल हो। मुड़कर उसने अपनी टॉर्च की रोशनी उस ओर, पीपल के पेड़ की जड़ें जहाँ थीं, फेंकी। कोई चीज़ दिखाई नहीं पड़ी। वह कुछ सोचने ही जा रहा था कि फिर कराह ! हाँ, जड़ों के ही नज़दीक से तो ! वह, फिर कल के पुतले ही की तरह, उस ओर खिंचता हुआ-सा, बढ़ा। देखा, जड़ों की उस ओर, शायद इसलिए कि सड़क पर चलनेवालों की नज़र न पड़े, दो मोटी-मोटी उभरी जड़ों के बीच, एक फटा टाट ओढ़े एक स्त्री पड़ी है, और बगल में ही बच्चा। हाँ, वही बच्ची, जो टाट से बाहर हो गई है, और जाड़ा लगने से चीख़ पड़ी थी। टॉर्च की रोशनी पड़ते ही बच्ची ने आँखें खोल दीं, और फिर चीख़ उठी। चीख़ सुन भिखारिन टाट के अंदर सुगबुगाई और फिर आह-आह करने लगी।

ब्रजेश बड़े असमंजस में पड़ गया। बच्ची चीख़ रही है। भिखारिन कराह रही है। वह खड़ा है। वह क्या करे ? कोई देखे, तो क्या सोचे ! कुछ सोचे; लेकिन वह क्या करे—यह भी तो वह नहीं सोच पाता ! बच्ची को उठा ले ? भिखारिन को देह पकड़कर जगा दे ? इसे क्या हुआ है, जो इस तरह बच्ची को छोड़ बेहोश-सी कराह रही है ? जो दिन में उसको हमेशा कलेजे से चिपकाए रहती, वही इस रात में बच्ची को यों अनाथ छोड़े हुई है ! कोई जानवर ही उठा ले जाए ! जब होश में आएगी, ज़िंदा बचेगी? इसी तरह ब्रजेश सोच ही रहा था और बच्ची

चीख़े जा रही थी कि उसने देखा, भिखारिन फिर सुगबुगाई, उसका एक हाथ टाट से बाहर निकला, टटोलने-सा लगा, किंतु कुछ न पाकर फिर जड़-सा, निर्जीव-सा हो रहा ! 'आह, आह' भी बढ़ने लगी !

ब्रजेश से देखा नहीं गया, उसने बच्ची को उसके हाथ के नज़दीक ला दिया। झट उसे टाट के नीचे घसीटकर भिखारिन ने छाती से लगा लिया। बच्ची चुप हो रही। अब ब्रजेश क्या करे ? क्या चल दे ? किंतु, भिखारिन की यह कराह ! हिम्मत करके उसने भिखारिन के मुँह पर से टाट हटाया। टॉर्च की रोशनी में उसने एक बार आँखें खोलने की कोशिश की। पपनियाँ हिलीं, पलकों में सुगबुगाहट देखी गई; किंतु आँखें नहीं खुल सकीं। क्या खुलें ? उसके समूचे चेहरे पर बड़े-बड़े फफोले हैं। जो फुंसियाँ थीं, वे फफोले बन गए थे। समूचा चेहरा लाल अंगारा बन रहा है, और नाक से ज़ोरों की साँस चल रही है। विस्मय-विमुग्ध ब्रजेश घूर-घूरकर देख ही रहा था कि भिखारिन के होंठ हिल उठे और बड़ी मुश्किल से एक क्षीण शब्द-मात्र निकला—"पानी !"

पानी ? पानी इस दो बजे रात को कहाँ से लाया जाए ? सड़क के किनारे के नल में तो पानी नहीं होगा। निकट के किसी घर से उसका परिचय नहीं। वह बेतहाशा अपने ऑफ़िस की ओर दौड़ा। ऑफ़िस के चपरासी को जगाया, उससे एक लोटा पानी लेकर आप तो तिमुहानी की ओर लौटा, और उससे कहा, स्टेशन जाओ, एक फिटन, टमटम, रिक्शा, जो कुछ मिले, लेकर लॉन की उस तिमुहानी पर आ जाओ।

उसी दो बजे रात को भिखारिन और उसकी बच्ची को लिए वह बड़े अस्पताल में पहुँचा। ड्यूटी पर का डॉक्टर आरामकुर्सी पर ऊँघ रहा था। ब्रजेश ने अपने परिचय का कार्ड उसे दिखलाया। अपने जिस पेशे को उसने थोड़ी देर पहले कोसा था, उसका प्रभाव देखा। अख़बारवालों से कौन नहीं डरता? डॉक्टर ने बड़ी तवज्जह से रोगी को देखा; लेकिन देखते ही उसके मुख की भाव-भंगिमा बदल गई। फिर उसके कपड़े-लत्ते को ग़ौर से देख उसने ब्रजेश से कहा—"माफ़ कीजिए, मैं पूछूँ, यह कौन है?"

"क्यों, क्या बात है?"

डॉक्टर ने ज़रा सिर खुजलाया, फिर कहा, "यही, शरीफ़ घर में... हाँ, शरीफ़ घर में... मैंने कहा, यह... बड़े बुरे टाइप की बीमारी... क्या कहीं सड़क पर थी?"

"नहीं-नहीं, यह मेरी नौकरानी... हाँ, उसकी गोतिन लगती है।"

"कमबख़्त कहाँ से यह ज़बाल लगा लाई?" कहकर डॉक्टर नर्स को बुलाने का आयोजन करने लगा। "धन्यवाद ! फिर कल मिलूँगा।"—कहकर ब्रजेश वहाँ से घर की ओर चला। अख़बार का चपरासी मन-ही-मन यह सोचता कि ब्रजेश बाबू भी क्या सनकी हैं, दफ़्तर की ओर उसी फिटन पर चला। दोनों तरफ़ का किराया ब्रजेश दे चुका था।

3

नींद का माता होने पर भी ब्रजेश को घर पर जल्द नींद नहीं आई। फलतः वह देर से जगा। ऑफ़िस का वक़्त हो रहा था, जल्द-जल्द नहा धो, कुछ जलपान कर, वह घर से चला। किंतु उसके पैर ऑफ़िस की ओर नहीं बढ़े। रास्ते में उसने एक डब्बा बिस्कुट ख़रीदा, एक रबर का खिलौना लिया और अस्पताल के ज़नाना वार्ड में पहुँचा। बच्ची से ही उसने भिखारिन को पहचाना, जो लाल कंबल से सिर से पैर तक ढँकी थी। सिर्फ़ कराह और उसाँस सुनाई पड़ती थी। उसके सिरहाने टँगे चार्ट को पढ़ने लगा। बुख़ार की रेखा 105 तक खिंची हुई देखकर वह काँप उठा। ब्रजेश इस समय साहबी लिबास में था—फिर, नौजवान। छोकड़ी नर्स उसे देखते ही

उसके नज़दीक आ गई। जब तक वह कुछ बोले, उसके हाथ में बिस्कुट का डब्बा देते हुए ब्रजेश ने कहा—"यह बच्ची के लिए है।" और, खिलौना बच्ची के हाथ में दे, पहली बार उसकी उँगली पकड़कर उसने नज़दीक से पुचकारा। बच्ची ललक पड़ी, ब्रजेश के होंठ बरबस उसके गालों से जा लगे। बच्ची के गालों की गरमी और चिकनापन का एहसास अपने होंठों पर और भिखारिन की बुख़ार की ज्वाला अपने दिमाग में लिए वह जल्द अपने ऑफ़िस को भागा।

ऑफ़िस से छुट्टी पाते ही ब्रजेश अस्पताल आ जाता। भिखारिन की सेवा-शुश्रूषा करता! बच्ची को दुलारता, चुमकारता। उसकी इस प्रकार देखभाल के कारण डॉक्टर भी भिखारिन पर ज़्यादा ध्यान देते। वह धीरे-धीरे अच्छी हो रही है, ऐसा लगता था। भिखारिन वहाँ ब्रजेश की मेडसर्वेंट करके प्रसिद्ध थी। इस मेडसर्वेंट पर इतनी मेहरबानी, उसके लिए इतनी जाँफिसानी देखकर मनचली नर्सों ने कुछ अपनी ही कहानियाँ बना ली थीं। वे जब-तब ब्रजेश से चुहलें भी कर देतीं। ब्रजेश कभी झुँझलाता, कभी मुस्कुरा देता। एक दिन एक नर्स ने कहा—"ब्रजेश बाबू, यह बच्ची ठीक आप ही-सी लगती है।" ब्रजेश ने पहले इसका मर्म नहीं समझा, बोला, "हाँ—खूबसूरत तो है !" लेकिन, जब उसने बात को आगे बढ़ाते हुए कहा—"लेकिन हरजाई निकली यह; या आपकी ही मेहरबानी है !" तब वह क्रोध से आग-बबूला हो चला और उसे डाँटा कि ज़्यादा बढ़ोगी, तो मैं स्टाफ़ से रिपोर्ट कर दूँगा। इस पर कनखियों से ही हँसती वह चलती बनी, मानो यह ताना देती—"सच्ची बात इसी तरह खलती है; मैं तुम नौजवानों की रग-रग पहचानती हूँ, बहुतों को देखा है मैंने !"

कुछ दिन बीते। उस दिन भिखारिन की हालत अच्छी थी। फफोले सूखते-से दिखाई देते थे, बुख़ार भी कम था। नर्स ने स्पंज करके उसे नए धुले कपड़े पहना दिए थे, जिन्हें ब्रजेश ने ही ख़रीदकर ला दिया था। बालों में कंघी कर दी गई थी। इन फोड़ों के बावजूद, वह आज जैसी खूबसूरत मालूम होती थी, ब्रजेश ने उसे वैसी कभी नहीं पाया था। जब वह उसके निकट खड़ा था, उसने ब्रजेश से बैठने का इशारा किया। यह पहली बार थी, जब उसने इस तरह आग्रह दिखलाया था। उसके बैठने के बाद वह थोड़ी देर चुप रही, फिर बोली—

"बिजू बाबू !"

'बिजू बाबू' इस नाम से तो उसे पटना में कोई नहीं पुकारता, 'बिरजी बाबू', 'बिरज बाबू' यहाँ ये ही अपभ्रंश नाम थे उसके। यह तो उसका बिलकुल घरेलू पुकार का नाम है। इस प्रकार के नाम से संबोधित होने से वह आश्चर्यचकित हुआ। भिखारिन की ओर उसने आँखें गड़ाकर देखना शुरू किया!

"बिजू बाबू, आप मुझे भूल गए ? मैं सुगिया हूँ।"

झट उसके सामने एक तस्वीर खिंच गई, अपनी बहन की ससुराल में देखी उनकी नौकरानी की बेटी की तस्वीर ! बचपन से जब उसने बहन के यहाँ जाना शुरू किया, यह लड़की उसकी आँखों के सामने आने लगी। ब्रजेश भी बढ़ा, वह भी बढ़ी। आख़िरी बार जब उसने देखा था, वह किशोरी हो चली थी। नौकरानी की बेटी; किंतु सुंदरी जैसे राजरानी हो ! यों तो उसके अंग-अंग में सौंदर्य कूट-कूटकर भरा था; किंतु उसकी नाक तो अपूर्व मनोहर थी। देहात की सौंदर्य-पारखी आँखों ने इसी नाक को लक्ष्य कर, मानो उसका नाम सुगिया रख दिया था। सुगिया—सुग्गे-सी उभरी, पतली, नुकीली, रंगीन, सुंदर हो नासिका जिसकी।

उसकी विधवा माँ अपनी इकलौती बेटी को खूब सज-धजकर रखती। जब ब्रजेश को बहन की ननद पढ़ने लगी, यह लड़की भी उसके साथ उसका बस्ता लिए स्कूल जाने लगी। किंतु कुछ ही दिनों में इसने पढ़ने में उसे मात किया। उसने गाँव के अपर स्कूल की पढ़ाई ख़त्म की। "नौकरानी की इस पढ़ी-लिखी बेटी के लिए दूल्हा कहाँ मिलेगा ?"—एक बार ब्रजेश ने हँसते

हुए अपनी बहन से पूछा था। जब तक वह बोलें, वह प्रगल्भ किशोरी बोल उठी—"आप ही ले चलिए, बिजू बाबू, कम-से-कम सेवा तो अच्छी कर सकूँगी, दासी की बेटी ठहरी।" अपने पर की गई इस दिल्लगी से ब्रजेश की बोलती बंद हो गई थी।

लेकिन, आज इस सुगिया और उस सुगिया में कितना अंतर है ! समूचे चेहरे पर फोड़े; नाक इन फोड़ों से चिपटी-सी हो चली है। अगले दो दाँतों ने टूटकर सौंदर्य में ही नहीं, स्वर में भी अंतर ला दिया है। उफ़्, आदमी कितना बदल सकता है!

कुछ देर भिखारिन चुप रही, ब्रजेश भी दिमाग़ी उलझन में पड़ा था। उसने फिर कहना शुरू किया—

"मैं बचूँगी नहीं बिजू बाबू ! मेरा भाग्य, आख़िरी वक़्त आप मिल गए; नहीं तो यह बोझ कलेजे पर लेकर ही मरती !"—इस छोटी भूमिका के साथ उसने अपनी कहानी ब्रजेश से कही। संक्षेप में वह यों है—

उसी गाँव में एक नौजवान था। माँ-बाप का इकलौता। बड़ा सुशील, बड़ा नेक। जहाँ गाँव के दूसरे नौजवान सुगिया—इस दासीपुत्री—पर डोरे डालते, फँसाने की कोशिशें करते, ललचाते, डराते, वहाँ वह सुगिया की ओर आँखें भी उठाता, तो सकुचाते, शरमाते। वह हिंदू यूनिवर्सिटी में पढ़ता था। उस साल बी.ए. का इम्तिहान देकर वह होली के पहले ही गाँव में आ गया और गर्मियों तक रहा। सुगिया ने पाया, यों तो वह उसके सामने झेंपता है; किंतु कभी अचानक आँखें चार होती हैं, वह उसकी ओर ललचाई आँखों से देखता ही रह जाता है। कुछ दिनों के बाद सुगिया ने अपने मन में भी कुछ अजीब कशिश महसूस की। पहले इस आकर्षण को मोड़ने की उसने कोशिश की; किंतु नाकामयाब रही। वे दिन भी आए, जब एक बार किसी-न-किसी बहाने, बिना उसे देखे, उसे चैन नहीं पड़ता। उसे क्या हो गया है, वह कहाँ फिसली जा रही है, वह समझ नहीं पाती। खिंचाव दोनों ओर से था। अब वह नौजवान भी जब-तब ब्रजेशजी की बहन के घर की ओर आता और अपनी स्वाभाविक शरमाई, सकुचाई आँखों से उसे देख जाता। एक दिन एक लड़की सुगिया को एक ख़त दे गई—वह उस नौजवान का था। अब, मानो प्रेम को ज़बान मिल गई। दोनों ओर से हृदय का उड़ेलना शुरू हुआ, जो अंत में आत्मसमर्पण तक जा पहुँचा।

हाँ, आत्मसमर्पण ! युवक ने प्रस्ताव किया कि अगर सुगिया राज़ी हो, तो वह उसे अर्द्धांगिनी बनाने को तैयार है। अर्द्धांगिनी—दासी-पुत्री और बाबू की अर्द्धांगिनी? लेकिन, वह दुनिया को दिखा देना चाहता है कि यह असंभव नहीं है। प्रेम क्यों कोई बंधन माने ? फिर, पुराना ज़माना लद गया। माना, उसके बाबूजी सिर पीटेंगे, माँ चिल्ल-पों मचाएगी और समाज के लोग ज़मीन-आसमान एक करेंगे। वह उस समाज की परवाह नहीं करता, जो चुप-चोरी किसी ग़रीब लड़की का सतीत्व लूटना तो बर्दाश्त कर लेता है, लेकिन खुले आम उसके पाणिग्रहण पर हाय-तौबा मचाने लगता है। इस सड़े, दुर्गंध और गंदगी-भरे समाज के सिर पर ठोकर लगाना वह अपना कर्तव्य समझता है। रह गए माँ-बाप। सो, वह इकलौता बेटा ठहरा—कुछ दिनों तक नाराज़ रहकर फिर वे मान ही जाएँगे। युवक के इस उच्च आदर्श पर सुगिया कैसे न हामी भरती। हाँ, उसे भी अपनी माँ की चिंता थी; सो, संयोगवश छुट्टी के बाद कॉलेज जाकर फिर जब विजया की छुट्टी में वह युवक लौटा, तब तक उसकी माँ चल बसी थी—मानो, अपनी प्यारी बेटी के लिए रास्ता साफ़ करने के लिए ही !

विजया की छुट्टी पूरी होते-न-होते गाँव में शोर मच गया, सुकुमार ने (हाँ, उस नौजवान का यही नाम था) सुगिया को उड़ा लिया, दोनों एक रात कहीं निकल गए। कहाँ निकल गए, इसमें भी ज़्यादा सरपच्ची नहीं करनी पड़ी। काशी जाकर सुकुमार ने वहाँ के आर्यसमाज भवन

में सुगिया से बाज़ाब्ता शादी की। अख़बारों में एक छोटा-सा प्रशंसात्मक संवाद छपा। सुकुमार ने अपने बाप को उस संवाद की कटिंग के साथ ख़त भेज दिया। बाप आग-बबूला। उन्होंने लिख दिया—"मैंने मान लिया, मैं निपूता हूँ। तुमने मेरी नाक काट ली। तुम मेरे कोई नहीं होते हो।" सुकुमार इसके लिए तैयार ही था। इस बार काफ़ी पैसे माँ से झटक लाया था। इन्हीं पैसों से यूनिवर्सिटी के नज़दीक के सुंदरपुर में एक मकान लेकर रहने लगा। पढ़ाई भी चलने लगी।

सुगिया किस आस्था से सुकुमार की सेवा करती ! छोटा-सा मकान था। मकान को साफ़-सुथरा, सजा-धजाकर, वह रखती। अपने हाथ से जलपान तैयार करती, अपने हाथ से रसोई तैयार कर परोसती, अपने हाथ से पान लगाकर देती। जब वह कॉलेज जाने लगता, खिड़की से वह तब तक देखती रहती, जब तक वह आँखों से ओझल नहीं हो जाता। लौटने के वक़्त फिर उसकी आँखें खिड़की से झाँकती होतीं। दोनों जब शाम को एकसाथ टहलने निकलते या सिनेमा जाते, तो सुगिया अनुभव करती, उसके पंख निकल आए हैं, वह स्वर्ग की ओर उड़ी जा रही है, उसका जीवन सार्थक हो गया !

सुकुमार के पिताजी का सत्याग्रह संगीन निकला। खुद तो ख़त तक लिखना छोड़ ही दिया, सुकुमार की माँ से भी उन्होंने कह दिया, 'बेटे से नाता रखोगी, तो मैं आत्महत्या कर लूँगा !' वह बेचारी क्या करे ? कई रिश्तेमंद सुकुमार के पास पहुँचे, तुमने यह क्या किया ? ख़ैर, बाबुओं के लिए खानगी रखना नई बात नहीं। यह भी रहेगी, लेकिन दूसरी शादी कर लो। बाप को संतोष हो जाएगा। किंतु उसने किसी की नहीं सुनी। वे प्रेम के ज्वार के दिन थे।

जब बाप के आर्थिक असहयोग के चलते ख़र्च का चलना मुश्किल हुआ, सुकुमार ने कहा, कहीं ट्यूशन कर लेता हूँ। लेकिन, सुगिया ने तब अपनी माँ की धरोहर से काम लेना शुरू किया। रुपए थे, गहने थे। "आप पढ़ना ज़ारी रखिए, मैं इन्हीं से काम चलाऊँगी।" उसने दाई से पार्ट-टाइम काम लेना शुरू किया, वह सिर्फ बाज़ार से सौदा ला देती, गंगा से पानी ला देती। बर्तन माँजना, रसोई बनाना, झाड़ू देना—सब काम वह खुद कर लेती। उसकी यह सेवा-भावना सुकुमार के हृदय पर भी गहरी छाप डालती। वह उसे इस तरह खटते देख उसाँसें भरता, कहता—"कहाँ से मैंने तुम्हें दलदल में घसीटा !" सुगिया सब अपराध अपने पर लेकर, हँसकर, बात टाल देती और कहती, "आप पढ़ लीजिए, हमारे भी अच्छे दिन आएँगे।"

यह तो हुई ज्वार की बात। भाटे के दिन भी आए। सुगिया का वह गुलाबी चेहरा शहर की धूल-धुआँ-भरी आब-हवा में पहले तो पीला पड़ा; अब चूल्हे की गर्मी उस पर स्याही पोत रही थी। एक दिन धड़कते हुए हृदय से उसने सुकुमार से यह भी बताया कि उसे लगता है, शायद वह गर्भवती हो चली है। वह धीरे-धीरे देख रही थी, इन बातों का असर सुकुमार पर अजीब पड़ रहा है। क्या वह सौंदर्य का ही लोभी था ? क्या वह बाप बनने की जिम्मेवारी से घबराता है ? सुगिया इस तरह तर्क-वितर्क करती। इधर उसने यह भी देखा कि सुकुमार ने कुछ नए दोस्त कर लिए हैं। वे कॉलेज के ही लड़के थे; लेकिन उनके चेहरे किस तरह शोहदे के-से थे। अब कॉलेज से ही वह बाहर ही बाहर रह जाता, और रात को बड़ी देर से लौटता। एक बार उसने उसके मुँह से अजीब गंध पाई।—"यह सब क्या हो रहा है ? आप कहाँ इतनी देर रह जाते हैं ? क्या पढ़िए-लिखिएगा नहीं ? मुझ पर कलंक लगाइएगा? मेरी ज़िंदगी क्या हमेशा दुःखमय ही कटेगी ?"—इस तरह कहती-कहती वह रो पड़ी। मालूम हुआ, सुकुमार का हृदय भी थोड़ी देर के लिए पसीज गया। बोला, "अब कल से ऐसा नहीं होगा।" लेकिन, हर कल नए कल की ही बात बताता।

एक दिन सुगिया शाम को खाना तैयार कर हाथ-मुँह धोने जा रही थी कि देखा, तीन-चार साथियों के साथ सुकुमार घर में घुस रहा है। सब हल्ला कर रहे हैं, सबके पैर लड़खड़ा रहे

हैं, सबके चेहरे फक और आँखें लाल हैं। सुगिया घबराई। यह क्या हो गया ? क्या कुछ खुराफ़ात करेंगे ?

हाँ, खुराफ़ात के ही लिए तो ये आए थे। इस मंडली का जो सरगना था, वह लड़खड़ाता सुगिया की ओर बढ़ा। सुगिया ज़रा सख़्त हुई। सुकुमार को डाँटा—"किन आवारों को घर में ले आए हैं आप?"

"हम आवारागर्द..., तू... तू सती-शिरोमणि... सीता-सावित्री—हा-हा-हा—... नौकरानी की छोकड़ी... हमारे दोस्त से घर छुड़ाया, माँ-बाप छुड़ाया... बदज़ात, कुलटा..."

"यह क्या हो रहा है, आप क्या चाहते हैं ?"—सुगिया सुकुमार की ओर कड़ककर बोली।

लेकिन, तब तक वह आवारों का सरताज तो उसके नज़दीक आ चुका था। उसने हाथ बढ़ाया, सब ठठाकर हँस पड़े। सुगिया से यह बर्दाश्त नहीं हो सका। रोटी का बेलन वहीं पड़ा हुआ था। उठा लिया, और उत्तेजना में उसके सिर पर दे मारा। वह गिर पड़ा, सिर फट गया, खून बह रहा था ! "खून"—एक चिल्ला उठा। उसी समय दूसरे ने पीछे से उसे धक्का दिया। वह मुँह के बल गिर पड़ी।

ब्रजेश ने देखा, कहानी के इस अंश तक आते-आते भिखारिन की आँखों में आँसू आ चले हैं। हिचकियाँ बँध गई हैं। उसके बाद उसने अपने अगले दो दाँतों की ओर इशारा किया !—"उसी दिन के वरदान हैं ये, बिजू बाबू ! अब आगे न पूछिए। किसी तरह होश आने पर गंगा में डूबने चली; किस तरह पेट के भीतर की एक आत्मा चीख़ उठी कि डूब भी नहीं सकी; किस तरह अपने चेहरे को अपने हाथ से खसोट-खसोटकर बदरूप बनाया, जिसमें फिर किसी मनचले के फेर में न पड़ जाऊँ; किस तरह भीख माँगती हुई चली; किसी तरह थोड़े दिनों के बाद उस कमबख़्त की ये दो थातियाँ प्रकट हुईं—एक, यह बीमारी; दूसरी, यह बच्ची; इन बातों को न सुनिए, सो ही अच्छा। एक को तो साथ लिए जा रही हूँ, उसकी अनुपम देन को कैसे छोड़ूँ ? किंतु, एक के लिए चिंता थी। अब मैं उससे भी निश्चिंत हूँ। याद है, एक बार मैंने आपसे कहा था, मुझे ले चलिए, सेवा तो करूँगी ! मुझसे आपकी सेवा न बन पड़ी। हाँ, सेवा ली और एक थाती दिए जा रही हूँ ! यह भी बदा था...।" बच्ची की ओर देखकर वह सहसा रो उठी। हिचकियों का ताँता बँध गया। उसने कंबल में मुँह छिपा लिया। ब्रजेश की आँखें भी नम थीं। उधर नर्स मुस्कुरा रही थी ! वह शोख, चंचल नर्स ! उसने समझा, यह प्रेम का मान-मनावन हो रहा है !

4

भिखारिन की बात सच निकली। एक सप्ताह के अंदर-अंदर वह चल बसी। आख़िरी दिनों में वह एक अजीब इच्छा प्रकट करती। वह चाहती थी कि सुकुमार को वह एक बार देख ले।—"भूल जाओ उसे; उसे उलाहना देकर भी क्या करोगी?"—एक बार ब्रजेश ने बड़े मुलायम शब्दों में कहा। वह फूट-फूटकर रो पड़ी—"बिजू बाबू, उलाहना देकर क्या करूँगी ? इसकी इच्छा अब इस चलते वक़्त नहीं रह गई। लेकिन न जाने क्यों, हृदय हाहाकार करता है, मन होता है, एक बार उन्हें भरनज़र देख लेती और आँखें सदा के लिए मुँद जातीं।"

एक दिन एक घटना हो गई। वह बहुत ही दुबली हो चली थी। उसके हाथ-पैर सूखकर काँटे हो चले थे। वह किसी काम से हाथ इधर-उधर कर रही थी कि अचानक उसके बाएँ हाथ की अकेली लाल चूड़ी, खिसककर ज़मीन पर गिर पड़ी। पलँग से उसके गिरते ही एक चन्न-सी आवाज़ हुई, फिर वह टूक-टूक हो गई। चूड़ी गिरते ही वह अजीब अप्रतिहत हो गई। फूटने की आवाज़ सुनकर तो वह फूट-फूटकर रोने लगी, और उसके आँसू तब तक नहीं सूखे, जब तक ब्रजेश ने शाम को एक दूसरी चूड़ी नहीं ला दी। वह तब तक खा-पी भी नहीं सकी थी।

नर्सों ने बहुत समझाया, लेकिन वह तो रोए जा रही थी। जब ऑफ़िस से शाम को ब्रजेश आया, उसे सब बातें मालूम हुईं और एक नई, उसी रंग की चूड़ी वह ख़रीद लाया।

चूड़ी पहनकर जैसे वह निहाल हो गई। चेहरे पर प्रसन्नता की आभा लिए, किंतु आँखों से आँसू की नई निर्झरिणी बहाती, उसने ब्रजेश से कहा—"मैं दासी-पुत्री ठहरी, बिजू बाबू ! मेरी क़ौम में सधवा-विधवा दोनों ही नई शादी कर सकती हैं। लेकिन, न जाने क्यों, शुरू से ही मेरे मन में इन बातों से घृणा रही। ख़ासकर आपकी बहन की पति-परायणता ने मुझे बहुत ही प्रभावित किया। उनके श्रीचरणों में मेरा प्रणाम बोलकर कह दीजिएगा, सुगिया निकल गई, कलंकिनी बनी; लेकिन उसने अपनी टेक न छोड़ी !" फिर कुछ देर ठहरकर उसने कहा—"बिजू बाबू, मेरी एक बिनती है। मरने पर भी इस चूड़ी के साथ ही मुझे जला दीजिएगा ! मेरे लिए यह सिर्फ़ काँच की मेखला नहीं; धर्मबंधन है। यह साथ ही जाए !" कहते-कहते उसका गला रुँध गया।

अब ब्रजेश से भी नहीं रहा गया। उसकी आँखों की अश्रुधारा उसके रूमाल को भिगोने लगी। वह सोचता—हाय रे नारी का हृदय ! जिसने इतनी तकलीफ़ दी, इस तरह घुला-घुलाकर मारा, उसके लिए भी इतना प्रेम संचित है ! सुकुमार, सुकुमार ! आज तुम यहाँ होते ! देखते, तुमने किस रत्न की उपेक्षा की ! हाथ आया रत्न घूरे पर फेंक दिया—आह !

जिस दिन मरी, उस दिन कहा—"उनसे कभी भेंट हो, तो कहिएगा, मेरी गत की, अच्छा किया, भगवान आपका भला करें। लेकिन, अपनी इस बच्ची को तो...। हाय, मेरी बिटिया... !"

ब्रजेश ने अश्रु-सिक्त नेत्रों से ही उसे विश्वास दिलाया, वह बच्ची के लिए चिंता न करे। इसे लालन-पालन के लिए किसी सुकुमार की शरण लेने की ज़रूरत नहीं होगी। "इसका जिम्मा मेरा—दुनिया में वादेवाले भी मर्द होते हैं, सुगिया !"— ब्रजेश के शब्दों में दृढ़ता थी।

मरते समय तक सुगिया का चेहरा अजीब विकृत हो चला था। समूचे चेहरे पर अजीब सूजन आ गई थी। आँखें नहीं खुलती थीं। मुश्किल से साँस ले पाती थी। निस्संदेह वह मर्मांतक पीड़ा में थी, लेकिन वह मुश्किल से कभी कराहती, मानो अपनी इंद्रियों पर उसने क़ब्ज़ा कर लिया हो। आख़िर-आख़िर तक उसे होश रहा। ब्रजेश को उसकी इस शांति पर आश्चर्य होता, ऐसे दृढ़ मनोबल के लिए काफ़ी उच्च आत्मा चाहिए। भिखारिन ने मानो मरते समय दिखला दिया, 'गुदड़ी में लाल' सिर्फ़ कहावत की बात नहीं है।

अपने चंद युवा समर्थकों को लेकर, अपने कंधे पर उसकी अर्थी ढोकर, ब्रजेश ने गंगा के इस पार, साफ़-सफ़ेद रेती पर, उसका अंतिम संस्कार किया—मानो, वह उसकी कोई निकट की संबंधिनी रही हो।

और, जिस कंधे पर एक दिन उसकी अर्थी थी, अब हर दिन उस कंधे पर, शाम-की-शाम, लोग एक बच्ची को देखते हैं। वह अपने ऑफ़िस से लौटकर आता, जलपान करता, फिर बच्ची को सज-सजाकर अपने कंधे पर रखता और लॉन की ओर चल देता है। वहाँ वह कभी उसे उँगली धरकर चलना सिखाता, कभी गोद में लेता, कभी हाथों पर हवा में उछालता है। जब कोई जान-पहचानी पूछते—"यह आपकी कौन होती है ब्रजेश बाबू ?" तो ब्रजेश जवाब देता—"थाती !"

"थाती ? यानी..."

"यानी, धरोहर !"

"यह तो आप पहेली बुझा रहे हैं !"

"हाँ, पहेली ही है; और समझनेवाले की मौत !"

पूछनेवाला उसका मुँह ताकता रह जाता है, वह उन पर मुस्कुराता रहता है !

ब्रजेश ने उसका नाम रखा है—नीलिमा !

एक दिन एक मित्र ने कहा—"ऐसी खूबसूरत, गोरी-चिट्टी लड़की का नाम आपने 'नीलिमा' क्यों रख दिया, ब्रजेश बाबू ? कम-से-कम 'नीलम' ही रखे होते!"

"नीलिमा—मैं तो उसका नाम कालिमा रखने जा रहा था, किंतु ज़रा इस लड़की पर मुरौवत आ गई ! हाँ, कालिमा—क्योंकि यह बताती है, आपके समाज के चंदन से धोए मुख-चंद्र पर कलंक की कालिमा कहाँ है ? गोरी लड़की ? यह गोरी लड़की नहीं है, आपके समाज की काली पताका है। और, पताका जितनी ऊँची फहरे, उतना ही अच्छा।"

इतना कह उसने उसे कंधे पर बिठा लिया और शान से घर की ओर चल पड़ा !

जीवन-तरु

1

यह मेरे ननिहाल की बात है।

यह गाँव बागमती नदी के किनारे बसा हुआ है।

भले ही इसमें बड़ी-बड़ी बाढ़ें आती हों; हर साल खूब कटाव करती, खेतों को ढहाती, गाँवों को उजाड़ती, लोगों को तंग करती हो; लेकिन तो भी हर आदमी चाहता है, बागमती नदी हमारे गाँव होकर बहे। क्यों ? लोग कहते हैं, बागमती के पानी में सोना है—

वह सोना नहीं, जो स्वर्ण-रेखा नदी की तरह बालू को छानकर, धोकर प्राप्त किया जा सके; वरन् जो धान, मकई, कउनी आदि के बालों पर झलकता है। किसानों के लिए यही सोना काफ़ी होता है न ?

यह गाँव किसानों का है। छोटे-छोटे किसान, लेकिन सम्पन्न। खेती में थोड़ी मेहनत, ज़्यादा उपज। फिर, लोगों के जीवन में मस्तानापन क्यों न दिखे ?—लेकिन वह मस्तानापन नहीं, जो शहरों में भड़कीली पोशाक, सिर पर झबरीले बाल, चेहरे पर नज़ाकत और नफ़ासत एवं मधुशाला और मधुबाला की चसक आदि के रूप में दीख पड़ता है। गाँवों के मस्तानेपन का रूप है कुश्ती लड़ना, भंग छानना, घोड़े और मेढ़े पालना, बाँस की लाल लाठियाँ लेकर झूमते हुए मेले-ठेले में जाना या ढोलक-मँजीरे लेकर दरवाज़े पर ही रागों की टाँग तोड़ना ! यहाँ के किसानों की मस्ती भी इसी कोटि की थी।

इन्हीं मस्त किसानों में एक थे हाकिम सिंह। सुनते हैं, इनके रोबीले चेहरे को देखकर ही इनके दादाजी ने, जो जवार-भर में एक ही कचहरिया थे, इनका नाम हाकिम सिंह रखा था। गोरा रंग, चौड़ा ललाट, भरे गाल, उठी हुई भवें, सुर्खी लिए आँखें, तनी हुई मूँछें और दुहरी ठुड्डी। शरीर भी वैसा ही गठा हुआ। जब लँगोट कसकर खड़े होते, मालूम होता, पौरुष प्रतिमा बनकर खड़ा है। चौड़ी छाती, मांसल बाँहें, गोल जाँघें—नख-शिख सँवारा हुआ। इन हिस्सों के गाँव में हाकिम मामा (मैं उन्हें मामा ही कहता) की मस्ती सबसे बढ़ी-चढ़ी थी। कुश्ती में आपसे कोई पार नहीं पाता, भंग का तो अखाड़ा ही आपके यहाँ जुटता, आपके घोड़े से तेज़ चलनेवाला घोड़ा उस जवार-भर में नहीं था, आपका मेढ़ा एक ही टक्कर में कितने मेढ़ों को सुला चुका था। हाकिम मामा ने एक भैंस भी रख छोड़ी थी, जिसके गुजराती सींग और पंजाबी देह देखने ही लायक थी। खुद गाते-बजाते तो नहीं थे, सुनने का शौक़ ज़रूर रखते थे। उनके दरवाज़े पर गवैए आया ही जाया करते, लेकिन सबसे बड़ा शौक़ हाकिम मामा को था बगीचे लगाने का।

कई क़ित्ते बगीचे थे, जिनमें तरह-तरह के अजूबा पेड़ थे, और इन पेड़ों की सिंचाई, जन-मजदूरे पर ही न छोड़कर, हाकिम मामा ने अपने हाथों की थी।

यों, हाकिम मामा की ज़िंदगी हँसी-खुशी की, मस्ती-मशर्रत की ज़िंदगी थी। लेकिन इन सबके बावजूद एक अभाव था, जिसकी याद ही सबको उदास कर देती। हाकिम मामा तो इस संबंध में अपनी मनोभावना को प्रकट नहीं होने देते; लेकिन और लोग तो उसाँसें भरकर जब-तब इसकी चर्चा कर ही देते, और हमारी मामी (हाकिम मामा की गुणवंती पत्नी) को तो इसका सबसे बड़ा दुख था। कितने व्रत किए, कितनी मन्नतें मानीं, कितने साधु-संत और गुणीजन की सेवा की, पर सब व्यर्थ। उनकी गोद न भरी, न भरी। यह भरा-पूरा घर एक संतान के बिना सूना, बिलकुल सूना लगता। लोगों का धैर्य अब सीमा पर पहुँच गया था कि कभी-कभी, दबी ज़बान, हाकिम मामा से दूसरी शादी करने की चर्चा भी कर दी जाती। हाकिम मामा झिड़ककर, कभी हँसकर इसको टाल देते; लेकिन जब इस चर्चा की ख़बर मामी को मिलती, वह मर्माहत हो जातीं—एक तो विधना ने कोख में राख भर दी, दूसरे अब सिर पर सौत आएगी। पर मामी की यह आशंका व्यर्थ थी। हाकिम मामा वैसे आदमी नहीं थे, जिनका निश्चय पल-पल में बदलता है। यहाँ तो रजपूती शान थी—"हाँ करी तो हाँ करी औ ना करी तो ना करी।"

और, एक ज़माना वह भी आया जब मामी ने खुद हाकिम मामा से अनुरोध किया—"शादी कर लीजिए, यह सूना घर मुझे नहीं सुहाता।" और, "जब सौत कलेजे पर मूँग दलेगी तब ?"—हाकिम मामा ने बिगड़कर कहा। "आप निश्चिंत रहें, मैं सब बर्दाश्त कर लूँगी।"—मामी ने मुँह-लगे जवाब दिया। लेकिन इस बात का प्रभाव भी उनके दिल पर कुछ नहीं पड़नेवाला था। हाकिम मामा निर्द्वंद्व हो अपने दैनिक कार्य-क्रम में व्यस्त रहे—खेती-गिरस्ती से जो समय बचा, उसमें वही कुश्ती, वही भंग, वही घुड़दौड़, वही मेढ़ा लड़ाना, वही गाना-बजाना, वही बागवानी! जैसा कि ऐसे लोगों के पास होता है, अलमस्तों का एक जमघट उनके अगल-बगल मँडराता फिरता। हा-हा-ही-ही के इस तूफ़ान में संतान की कामना कहाँ सिसकियाँ ले रही है, पता भी नहीं चलता।

हाँ, उस दिन से अपनी पत्नी के लिए उनके दिल में बहुत आदर और स्नेह बढ़ गया।

2

पूजा की छुट्टी में, जब मैं एक बार स्कूल से लौटा, सुबह-सुबह शहनाई की आवाज़ सुनकर हैरत में पड़ गया। देशी-विदेशी नाना तरह के बाजों के युग में मैं शहनाई का भक्त हूँ, यह कहकर अपनी दिल्लगी कराने से क्या फ़ायदा ? लेकिन फिर भी कहता हूँ, सुबह की शहनाई, अगर उसकी आवाज़ कुछ दूर से और कुछ ऊँचे से आती हो, तब वह, मेरे ख़याल से, ऐसा समाँ पैदा कर देती है कि उसका मुक़ाबला शायद ही कोई बाजा करे—ख़ासकर हृदय में एक विशेष प्रकार की विह्वलता पैदा कर देने में ! मैं विह्वल था, लेकिन उससे भी ज़्यादा आश्चर्यचकित; वह बेवक़्त की शहनाई तो हर्गिज़ नहीं थी, लेकिन बेमौसम की शहनाई तो थी ही। यह आश्विन का महीना, लगन-वगन है नहीं, फिर शहनाई कैसी ? सो भी भोर-भोर। शहनाई की आवाज़ हाकिम मामा के घर की ओर से आ रही थी। क्या मामा को ही यह शौक चर्राया है ? ज़रा चलकर देखें तो, क्या माज़रा है ? उनके दरवाज़े पर जाकर देखा—यहाँ तो आनंद और उल्लास की बाढ़-सी आ गई है। केले के थंभ गाड़कर मेहराबें बनाई गई हैं, जिनमें रंगीन गेंदों की मालाएँ सिलसिलेवार टँगी हैं। एक ऊँचा मचान बना है, जिस पर शहनाई बज रही है। इधर-उधर कई पीली धोतियाँ, साड़ियाँ सूख रही हैं। एक आता, एक जाता है—सबके चेहरे पर उत्साह-ही-उत्साह है। आँगन से औरतों के गाने और बीच-बीच में हँसने की आवाज़ आ रही है, दरवाज़े पर ढोलक गमकती

और मँजीरे खनकते हैं।

हाकिम मामा के घर में, उन्हीं के शब्दों में, लक्ष्मीजी ने पदार्पण किया था ! इसी की बधैया थी।

यह दावे के साथ कहा जा सकता है कि जैसा उत्सव हाकिम मामा ने इस बेटी के जन्म के उपलक्ष्य में किया, वैसा किसी के बेटे के जन्म में भी नहीं देखा गया होगा। हाकिम मामा कहते—"अरे, निस्संतान का कलंक तो छूटा। बेटा न सही, बेटी ही !" मामी भी यही मानकर हर्ष में डूबती-उतरातीं। बरही तक—बारह दिनों तक—मामा का घर भोज-भात, गाने-बजाने का अड्डा बना रहा। बरही को जब अपने आँगन में मामा ने पीली साड़ी पहने, मुक्त-कुंतला, एक स्त्री को छोटे-से प्राणी को गोद में लिए देखा, वह उछल-से पड़े। वही मामी थीं, लेकिन वह न थीं, उनका चेहरा पीला पड़ गया था, आँखें कुछ धँस गई थीं—लेकिन उस पीले चेहरे में जो रूप-छटा थी, उन धँसी आँखों में जो अजीब आकर्षण था, वैसा मामा ने कभी नहीं देखा था। फिर, उनकी गोद की वह बच्ची—ताजे मांस की एक लोथड़ी-सी, लेकिन वह कितनी प्यारी थी! मामा अपनी पत्नी पर आज जितने आकृष्ट थे, शायद कोहबर की रात के बाद कभी ऐसे नहीं हुए थे ! उत्फुल्लता से उफनाकर उन्होंने सबको मुँहमाँगी चीज़ें दीं। गाँव-भर में हाकिम मामा की जय-जयकार हो गई।

मामी ने अपनी इस बेटी का नाम रखा इँजोरिया—इँजोरिया, जिसे हम लोग अपनी सभ्य भाषा में चाँदनी कहते हैं। उनके अँधियारे घर में यह शीतल प्रकाश लाई थी—इँजोरिया नाम तो सार्थक था ही !

इँजोरिया दूज के चाँद की तरह बढ़ने लगी।

कहने को तो इँजोरिया बेटी थी, लेकिन लाड़-प्यार बेटों से भी बढ़कर। यही नहीं, हाकिम मामा इँजोरिया को बेटे की तरह ही अपने साथ दरवाज़े पर रखते, टहलाने को बग़ीचे ले जाते, घोड़े पर चढ़ाकर लगाम थामना सिखलाते, उसे बेटे की पोशाक पहनाकर बेटा बना लेते, बेटों-से ही उसके बाल सँभालते, धोती-कुर्ता पहनाते, चंदन लगा देते। एक बार तो उसके बालों को काकुलनुमा कतरवाकर पूरा-पूरा बेटा बना लेना चाहते थे, लेकिन मामी बिगड़ीं। बेटी के बाल कतरना महा कुलच्छन ! मामा सिटपिटा रहे। यों ही मामी को यह देखकर एक दिन महान् अचरज हुआ कि मामा इँजोरिया को लँगोट पहनाकर कसरतें करना सिखला रहे हैं। मामी ने बड़ी डाँट बताई—"इसे पहलवान बनाओगे ? मालूम होता है, इसका शादी-ब्याह भी तुम बंद करोगे।" मामा सहम गए—अपराधी की तरह हँसने की चेष्टा करते हुए रह गए। मामी ने उन्हें डाँटा तो, किंतु घर में आकर बहुत रोईं—आह ! यह बेटा क्यों न हुई—उनके कितने मनोरथ यों ही रह जाएँगे।

जब इँजोरिया खाने-पीने लायक हुई, हाकिम मामा एक काम बिला नागा करते—वह 'पेठियाँ' ज़रूर जाते। घोड़ा कस, सवार हो, फुदकाते-उड़ाते पेठियाँ पहुँचते, और जो नई या अच्छी चीज़ खाने-पीने की मिलती, उसे मुँहमाँगे दाम में ख़रीदकर घर लाते, और अपने हाथों इँजोरिया को खिलाकर अपूर्व आनंद अनुभव करते। खाने-पीने की नई चीज़ों के ख़रीदने का यह शौक मिठाई के दुकानदार, खोंचेवाले और कुँजड़े-कबारी तक पर शोहरत पा चुका था। "यह नई मिठाई, यह नए क़िस्म का नमकीन, यह नया फल, यह ताज़ा मेवा, हाकिम बाबू, आपके ही लिए मैंने सँजोगकर रखा है"—वे मामा को देखते ही बोल उठते। मामा क्या कभी उन्हें निराश होने देते?

एक दिन मामा 'पेठियाँ' से लौटे। उनके हाथ में लीची के लाल-लाल गुच्छे थे। इँजोरिया उनकी प्रतीक्षा में थी ही। ज्यों ही वह घोड़े से उतरे, वह दौड़कर उनके निकट पहुँची और इन प्यारे-प्यारे गुच्छों को उनके हाथों से छीन लिया। गोल-गोल लाल फल ! देखा, कितना सुंदर!

चखा, कितना मीठा, कितना रसीला ! "बाबूजी, इसका क्या नाम है, कहाँ से लाए हो, रोज़ लाना बाबूजी !" किंतु क्या यह कहने की ज़रूरत थी ? इँजोरिया को पसंद पड़े, और वह चीज़ न आए ? एक दिन इँजोरिया ने कहा—"बाबूजी, अपने बगीचे में क्यों नहीं लीची लगाते ?" बाग़वानी के शौकीन हमारे हाकिम मामा ने बगीचे में लीची नहीं लगाई हो, यह बात नहीं। किंतु, यह फल कुछ विचित्र है। पेड़ तो हर कहीं लग भी जाए, किंतु वैसे फल नहीं लगते। एक तो आते ही कम, आते भी, तो छोटे, खट्टे, गुठली से भरे। हारकर हाकिम मामा ने छोड़ दिया था।

किंतु, इँजोरिया के इस आग्रह ने मानो उन्हें असंभव को संभव करने के लिए तैयार कर दिया। उनके घर से सात-आठ कोस की दूरी पर लीची खूब होती थी। शायद मिट्टी के फ़र्क़ से यहाँ लीची नहीं होती थी, ऐसा सोचकर उन्होंने वहीं से मिट्टी मँगाने का निश्चय किया। ग़ल्ले के लिए बैलगाड़ियों का ताँता इधर-उधर जाते-आते लोगों ने प्रायः देखा था, किंतु मिट्टी लाने के लिए जिस दिन गाँव से गाड़ियों का काफ़िला चला, वह अजीब दिन था। जब वे गाड़ियाँ मिट्टी लेकर लौट रही थीं, बीच के गाँवों में कौतूहल-सा मच गया। यह कौन पगला है, जो आठ कोस से मिट्टी मँगवा रहा है ?

आषाढ़ की एक अच्छी तिथि को, हाकिम मामा के घर से सटी हुई बारी में, शाम के समय, एक अनोखी चहल-पहल मची हुई थी। एक गड्ढा खोदकर उसमें गाड़ियों पर की मिट्टी भर दी गई थी। आज उसी भरन पर लीची का एक बिरवा रोपा जा रहा था। बिरवा को अच्छी तरह रोप हाकिम मामा मुस्कुराते हुए बोले—"बेटी, इसमें सबसे पहला पानी तुम्हारे हाथों ही पड़े—शायद तुम्हारे हाथ में बरकत हो !" सुनते ही अपनी छोटी-सी लुटिया में इँजोरिया पानी लाई और हर्षित-पुलकित हो बिरवा की जड़ में पानी डालने लगी। मामी भी वहीं थीं; इँजोरिया की चपलता और मामा की वत्सलता देखकर उनके दोनों कटोरे लबालब हो गए।

आज से यह लीची मानो हाकिम मामा की दूसरी पुत्री हुई। सुबह, शाम, दोपहर क्या, जब ज़रा-सी फुरसत पाते, उसे देखते। अपने हाथों पानी डालते। उनका कहना था, जिस तरह आदमी एक ख़ास परिमाण में ही पानी पीता है, ज़्यादा पानी उसे बीमार कर सकता, उसे मार डाल सकता है, वही हालत पौधों की भी होती है; अतः पौधों में पानी डालने में बहुत ही होशियारी करनी चाहिए। अपने हाथों ही उसका थाला बनाते—खुरपी की एक हल्की नोक ही पौधों की रग काट डाल सकती है, इसे हमें भूलना नहीं चाहिए, वह गंभीरता से कहते। जब लीची में नया पत्ता निकलता, मामा का रोम-रोम हरा-भरा हो जाता, और जिस दिन उन्होंने उसमें नई शाख फूटते देखी, वह तो आनंद-प्रमत्त हो गए। दौड़कर मामी को बुला लाए, शाख दिखलाई, बोले—"कहा न था, इँजोरिया की अम्मा, इँजोरिया के हाथ में बरक़त है—कितनी जल्द शाख़ निकल आई ? देखना, देखना इसमें फल भी खूब लगेंगे, और अच्छे, रसीले !" इँजोरिया भी वहीं थी—मामा की बातें सुनकर अपने पर फूली नहीं समाई।

मामा का सबसे बुरा दिन वह था, जिस दिन दोपहर को इँजोरिया हाँफती हुई आई, और बोली—"बाबूजी, लीची मुरझा रही है।" मामा दौड़े हुए बारी में गए। देखा, जैसे कोई बच्चा बीमार पड़ा हो और अपने हाल पूछनेवाले की ओर करुण नेत्रों से देख रहा हो। मामा की आँखें डबडबा आईं। सबसे पहले उन्होंने दो-चार मन्नतें मान दीं—यदि लीची बच गई, तो सत्यनारायण की कथा कराऊँगा, गंगा-मैया को अँचरा चढ़ाऊँगा, देवउठान एकादशी करूँगा,—यों क्या-क्या न। फिर; दो-चार बाग़वानी के शौकीनों को बुलाया। किसी ने सेंवार की खाद, तो किसी ने झींगा मछली की खाद डालने की सलाह दी। किसी ने कहा, नज़दीक में दो-तीन केले के पेड़ लगा दीजिए, जो इसे ठंडा रखेंगे। गर्मी से शायद मुरझाई है। एक ने कहा—कुछ नहीं है, किसी ने शायद झकझोर

डाला है, चारों ओर काँटों का घेरा कर दीजिए। यह 'किसी ने' कौन हो सकता है ?—इस बारी में कोई पराया आ नहीं सकता। इँजोरिया ने इसे अपने पर तुहमत समझी। वह बहुत रोई। मामा ने ब ु त कोशिशों से उसे प्रबोधा। फिर उपचारों में लगे। मन्नतों के ज़ोर से या उपचारों के बल से—लीची फिर कभी नहीं मुरझाई, तेज़ी से बढ़ने लगी।

लीची बढ़ने लगी, और बढ़ने लगी इँजोरिया। मामा ने सोच रखा था, यह लीची जिस साल फलेगी, उसी साल इँजोरिया की शादी करूँगा और इसका पहला फल उसके दूल्हे को ही चखाऊँगा। किंतु, यह इच्छा क्या पूरी होनेवाली थी ? एक तो इँजोरिया ने बढ़ने में लीची को कहीं पीछे छोड़ दिया, और दूसरे मामी ज़ोर देने लगीं कि जल्द-से-जल्द इँजोरिया की शादी की जाए। ज़िंदगी का क्या ठिकाना—शुभ कर्म जल्दी ही कर लेना चाहिए। फिर पुरोहितजी का 'अष्टवर्षा भवेद् गौरी, दशवर्षा तु रोहणी' वाला श्लोक था ही। हाकिम मामा इँजोरिया की शादी की धुन में लगे—

इँजोरिया की शादी—यह कल्पना भी उनके लिए क्या कम मधुर थी ?

3

आज तक भी लोग कहते हैं, जिस ठाठ-बाट से बाबू हाकिम सिंह ने अपनी लड़की की शादी की, वैसी न पहले देखी गई और उम्मीद नहीं कि पीछे देखी जाएगी। फिर नहीं देखी जाएगी, इस कथन में एक रहस्य है। इस शादी और इसके दर्दनाक नतीजे से लोगों ने यह अच्छी तरह समझ लिया कि ऐसे अवसरों पर भी अपने पर काबू रखना कितना ज़रूरी है। हाकिम मामा ने इस तरह हाथ खोलकर ख़र्च किया कि वह अपने को पूरा बर्बाद ही कर बैठे।

पर इसमें पूरा दोष हाकिम मामा का ही समझा जाए, यह तो उन पर अत्याचार होगा। पूरा क्या, दोष का एक अधूरा हिस्सा भी उन पर लादते आज आत्मा काँपती है। गर्चे हाकिम मामा मस्ताना तबीयत के लोग थे, लेकिन उनके चरित, सचाई, प्रणपालकता, परोपकारशीलता की धूम गाँव में ही नहीं, जवार में मची थी। यही नहीं, पहलवान, गवैए, अतिथि आदि के रोज़ाना सत्कार और घोड़े-मेढ़े पालने के ख़र्च के बावजूद, उनकी गिरस्ती का प्रबंध कुछ ऐसा होता कि कभी किसी ने हाकिम सिंह को किसी के निकट हाथ पसारते नहीं देखा। पेठियाँ भी जाते, तो घोड़े पर, लेकिन खेती-बारी के दिनों में मूसलाधार वर्षा में भी कंधे पर कुदाल लिए हाकिम मामा अपने खेतों की मेंड़ पर टहलते दीखते और जेठ की जलती दुपहरी में भी मज़दूरों को लिए खेत की तमनी-कोड़नी में लीन होते। 'खेत में जौ-जौ, खलिहान में सौ-सौ'—इस कथन का रहस्य वह समझते थे। उनकी खेती के मुक़ाबले गाँव-भर में किसकी खेती होती ? हाँ, हाकिम मामा में दोष था, तो यही कि उदार थे; जो पैदा होता, ख़र्च कर देते। जमा करके ज़मीन में गाड़ना—इसे वह सर्पवृत्ति समझते थे—मैं न खाऊँगा, न खाने दूँगा। और, सूद पर देना जोंक-वृत्ति—दूसरे के खून पर अपना पेट पालना। इन दोनों से उन्हें घृणा—घोर घृणा थी। यही कारण था कि इँजोरिया की शादी जब हुई, तो उनके पास नक़द पैसे उतने नहीं थे, जितने वह अपनी प्यारी संतान, एकमात्र संतान पर ख़र्च करना चाहते थे। उन्हें ज़िंदगी में पहली बार कर्ज़ लेना पड़ा।

लेकिन इस कर्ज़ का भी उन्होंने पूरा हिसाब कर लिया था। पाँच वर्षों में इस कर्ज़े को पटा दूँगा, यह उनका तख़मीना था। धान की बिक्री से इतने रुपए, मकई से इतने रुपए, गेहूँ से इतने रुपए, तेलहन तीसी से इतने रुपए, बगीचों के फलों से इतने रुपए। यों हर साल इतने के हिसाब से, चार वर्षों में पूरा चुक जाएगा। एक वर्ष और रख लो। पाँच वर्ष में बाकी बेबाक। शादी-ब्याह में कौन खुलकर नहीं ख़र्च करता ? कितने सौभाग्यशाली हैं, जिन्हें कुछ हाथ-हथफेर नहीं करना पड़ता? फिर, जब ज़िंदगी-भर में एक ही बेटी हो, तब क्या कहना ? अतः मामा

को क्यों दोष दिया जाए, समझ में नहीं आता। हाँ, दोष उनका था तो यही कि वह न तो दुनिया की हालत से परिचित थे, और न दैव की।

शादी के बाद से ही मामा कर्ज़ चुकाने में जुट गए; किंतु सबसे पहले दैव ने विद्रोह शुरू किया। मकई एक वर्षा के बिना खड़ी-की-खड़ी रह गई, तो धान बाढ़ से ढह गया, और गेहूँ तैयार हुआ न था कि ओले गिरे। यों दैव ने उनसे आँख-मिचौनी शुरू ही की थी कि संसारव्यापी मंदी उनके दरवाज़े पर भी आकर पैर तोड़कर बैठ गई। जो उपज भी हो, उसके दाम कहाँ मिलते? जहाँ एक मन अनाज में चार-चार रुपए तक टन-टन बजते, वहाँ एक के बाद कुछ ताँबे के सिक्के ही आते ! और, जैसे इतने ही से कसर नहीं पूरी होती थी, तो वह प्रलयंकर भूकंप आया, जिसने अच्छे-अच्छे गिरस्तों की भी कमर तोड़ दी। भूकंप के बाद बाढ़ों की भरमार, फिर मलेरिया का दौरदौरा। जो बागमती स्वर्णांचला समझी जाती थी, वह विपत्ति और बीमारी की जननी बन गई। कहिए, बेचारे हाकिम मामा करें, तो क्या करें ?

जले पर नमक छिड़कने की तरह एक बात और हुई। हाकिम मामा की गुणवंती पत्नी चल बसीं। मामा के ही शब्दों में, मामी उनके घर की लक्ष्मी थी— लक्ष्मी चल दी, संस कहाँ! हाँ, इस लक्ष्मी के श्राद्ध ने उनके कर्ज़ के बोझ को कुछ और भारी बना दिया।

इन सब बातों के बावजूद मामा ने तीन-चार वर्षों तक बड़ी कोशिशें कीं, किंतु पीछे वह उदासीन-से हो चले। बार-बार की असफलता और मामी के अभाव ने ही नहीं, एक और भावना ने भी उनके उत्साह को ख़त्म कर दिया। वह सोचते— यह हैरानी-परेशानी किसलिए ? किसके लिए ? इँजोरिया को राजगद्दी पर बिठा ही चुका हूँ; खुद भी इतनी औज-मौज कर ली; अब काहे को यह हंगामा ? धर्मपत्नी के प्रति अपने कर्तव्य का पालन हो ही चुका, सारी मनोकामनाएँ पूरी हो चलीं, हहराती-घहराती नदी की धारा समुद्र के निकट पहुँचकर शांत हो चली है—फिर इसे तेज़ करने की क्या सार्थकता ? अब इस बुढ़ापे में थोड़ा भजन-भाव क्यों न हो—लोक बनाया, अब परलोक क्यों न बनाया जाए ? कर्ज़ है, तो ज़मीन भी कम नहीं है ? अकेले के लिए इतनी ज़मीन क्या होगी ? महाजन ले लें। लेकिन इसी समय उनके मन में यह भावना उठती, बाप-दादों की ज़मीन कर्ज़ में दे डालना क्या मेरे लिए शोभनीय होगा ? क्या यह मेरे लिए नामर्दी नहीं होगी कि मैं अपना किया कर्ज़ भी नहीं सधा सका ? बूढ़ी हड्डी में जवानी का खून दौड़ जाता। लेकिन जो जवानी चली जा चुकी थी, वह क्यों लौट आती ? हाँ, इस दुविधा में कुछ नहीं हो पाता था—माया मिली न राम।

लेकिन हाकिम मामा भले ही दुविधा में हों, महाजनों के रुपयों को तो कोई दुविधा नहीं थी। न तो सूखा उन्हें सुखा सकता, न बाढ़ बहा सकती, न ओले गला सकते, न भूकंप हिला सकता, और न मंदी उनकी चाल मंद कर सकती थी। कर्ज़ अपनी स्वाभाविक गति से बढ़ता जा रहा था। शिकायत के मारे रजिस्टर्ड तमस्सुक नहीं किया था, हैंडनोट थे—तीन-तीन बरस पर सूद-मूल मिलकर मोटे होते और फिर आगे बढ़ते। वे बढ़ते गए, बढ़ते गए, बढ़ते गए !

इस बढ़ा-बढ़ी में एक नई बात सामने आई। अब तक ज़िंदगी में हाकिम मामा ने कभी किसी का तक़ाजा नहीं सहा था। अब उसका दौरदौरा शुरू हुआ। जिस दिन कोई महाजन या उसका आदमी उन्हें टोक देता, उन्हें मालूम होता, जैसे किसी ने पके बरतोर को छू दिया हो। वह सिहर उठते, उन्हें खाना-पीना अच्छा नहीं लगता। सोचते, फ़िज़ूल मैं यह मानसिक अशांति लिए बैठा हूँ। दो-एक बार उन्होंने ज़मीन बेचने की बात चलाई, लेकिन मंदी ने ज़मीन की क़ीमत को इतना कम कर दिया था कि भाव-साव सुनकर ही वह दंग रह जाते। सोचते—ज़मीन की क़ीमत एक-न-एक दिन लौटेगी ही, तब तक खेपते चलो।

उन्होंने अपने ख़र्च कम कर दिए थे, मुट्ठी कस ली थी; लेकिन जो बचत होती, वह दाल

में नमक के बराबर भी नहीं थी।

सूद बढ़ता गया, तकाजा बढ़ता गया, बेचैनी बढ़ती गई, और एक दिन वह भी आया कि उन्हें एक 'समन' मिला। यह हाकिम मामा के लिए अति थी।

नालिश करनेवाला महाजन उनके गाँव का ही था। हाकिम मामा को अच्छी तरह याद है, यह आदमी अपनी ज़िंदगी के प्रारंभिक काल में उनके खेतों में मज़दूरी करता फिरता था। मामा यह भी नहीं भूले थे कि उसकी मेहनत-पसंदी देखकर वह खुश रहते थे, और मज़दूरी देने में या अँटिया-मुठिया देने में उसके प्रति उदार भाव दिखाते थे। इस आदमी ने मेहनत के साथ कंजूसी को अपनाया था, और उसके बाद सूद को। ताक-ताककर ज़रूरतमंदों को कड़े-से-कड़े सूद में देता और सख़्ती-से सख़्ती करके उनसे वसूल करता। सूद की भी क्या महिमा है !—फिर वह सूद, जो देहातों में चलता है। कुछ ही दिनों में वह भिखरिया से भिखारी बाबू हो गया था और महाजनजी के नाम से पुकारा जाता था। गाँव का वह सबसे बड़ा धनी था। कल यही भिखरिया मेरे सामने गिड़गिड़ाता चलता था, आज यह मुझे अदालत में घसीटना चाहता है। माना, सब महाजनों की तरह उसने भी तक़ाजे किए थे, यह भी ठीक है कि वादे पर रुपए नहीं चुका सका; लेकिन अदालत में घसीटना—यह भी क्या इनसानियत है ? तमादी लग रही थी?—तो, नया कागज़ करा लेता। ख़ैर, बाबा, मैं ऐसा उपाय किए देता हूँ कि तुम सब लोग तमादी से छुटकारा पा जाओ। मामा ने इस बुराई में भी भलाई देखी।

उस दिन लोगों के आश्चर्य का कोई ठिकाना न रहा, जब हाकिम मामा ने सभी महाजनों को बुलाया और घर के नज़दीक की कई बीघे ज़मीन, एक अमराई, घर और उसकी बारी, जिसमें लीची लगी थी, इतना अपने लिए रखकर बाक़ी कुछ ज़ायदाद उन्हें लिख दी। एक तो सूद कहीं-से-कहीं चला गया था, दूसरे ज़मीन कौड़ी के भाव थी, तो भी यदि वह अड़ते, झंझटें करते, तो कुछ और ज़ायदाद बचा लेते। कुछ लोगों ने सलाह दी—यह आप क्या कर रहे हैं, अलग-अलग टुकड़े करके बेचिए तो भी इतनी ज़ायदाद न जाए; नहीं तो नालिशें होने दीजिए, देखिए तो ये कैसे दख़लदिहानी हासिल करते हैं; लेकिन हाकिम मामा ने एक न सुनी। इस उम्र में यह झंझट, किसलिए ? एक ही दिन अपनी ज़ायदाद को ख़तम कर इस तरह सोए, जैसे कोई घोड़ा बेचकर सोए।

अब वह साबिक हाकिम मामा नहीं हैं। घोड़े, मेढ़े, भैंसें उनके दरवाज़े के ये सिंगार नहीं रह गए। कुश्ती की तालठोंक और गाने-बजाने के मधुर स्वर उनके दरवाज़े पर नहीं सुनाई पड़ते। लोगों की धमाचौकड़ी और हाहा-हूहू भी बंद हो चुका है। दरवाज़े पर सिवा दो गायों के कोई जानवर नहीं। खेत बँटाई दे चुके हैं—अच्छे खेत। जो उपजता, उनके लिए वही काफ़ी होता। सेवा करते, तो इन गायों की—वह उन्हें अमृत-रस देकर इस बुढ़ापे में जवान-सा रखने की कोशिश करतीं। दोनों समय बागमती-स्नान, मंदिर में पूजा-पाठ, दरवाज़े पर गो सेवा और इँजोरिया की लगाई लीची के पेड़ के नीचे एक खाट डालकर पड़े रहना—यह थी उनकी दिनचर्या। इस लीची की छाया में उन्हें इँजोरिया की शीतलता और स्निग्धता प्राप्त होती। सर्वस्वहीन-सा होकर भी उनके हृदय में आत्मिक आनंद की लहरें लहराया करतीं। कसक थी, तो बस एक ही। यह लीची इतनी बड़ी और घनी हो चली थी, किंतु अभी तक इसमें मंजरी तक नहीं निकली ! जब कोई कह देता, यह बाँझ है—तब तो वह कट-से जाते। उनकी नज़रों में यह लीची नहीं थी, यह तो इँजोरिया थी। फिर यह अपशकुन की बात !

4

अचानक उस साल लीची को मंजरियों से लदी देखकर जैसे हाकिम मामा के हर रोम-कूप से

मंजरियाँ निकल आईं। लीची के रूप में उन्होंने अपनी प्यारी बेटी को मंजरियों से मंडित देखा। विटपी की यही तो सार्थकता है, किसी भी नारी की यही तो चरम आकांक्षा है—मंजरियों से डालियाँ लदें, फूलों से गोद भरे।

जब मंजरियों से फल निकलने लगे, मामा की खुशी की कोई सीमा नहीं रही।

साथ ही उनकी ज़िम्मेदारी भी जैसे बढ़ गई।

अब वह इस चेष्टा में लगे कि यथासंभव एक भी टिकोरा गिरने न पावे—पूरे-का-पूरा बढ़े, पके। थाले में लगातार पानी पटाने से ही उन्हें संतोष नहीं था। उन्होंने नई-नई खादें डालनी शुरू कर दीं, पर कुछ टिकोरे तो गिरने के लिए ही होते हैं। यदि न गिरें, तो बेचारी सुकुमार डाली एक-एक कर टूट न पड़े ! मामा के सभी उपायों के बाद भी कुछ टिकोरे गिरते ही। किंतु उनमें से एक-एक का गिरना मामा को ऐसा मालूम होता, मानो कोई पेड़ पर बैठकर उनके कलेजे पर ढेले फेंक रहा हो। ममता ऐसी कि उन टिकारों को भी चुनकर रखते, गिनते—उफ़्, आज इतने गिरे ! उनका कोई उपयोग नहीं था, आम के टिकोरे की तरह वे काम के—किसी भी काम के—नहीं थे; किंतु ममता में उपयोगिता का कहाँ स्थान है ? उन्हें खूब सँजोगकर इकट्ठे करते जाते।

जिस दिन फलों के गुच्छों में ललाई आई—बूढ़े हाकिम मामा के चेहरे पर भी ललाई की एक हल्की छाया दौड़ गई। उन्हें एक बहुत ही पुरानी बात याद आई—लीची का पहला फल इँजोरिया के दूल्हे को खिलाऊँगा।

इस ललाई पर कौन नहीं मोह जाता ? और, ललाई चाहे लीची के गुच्छों में हो, या सेंदुरिया आम के डंठल के निकट के हिस्से में या किसी के उभरे जवान गालों पर—ज़रूरी हो जाता है कि उसकी रक्षा की जाए। लीची की इस ललाई को आदमियों से, जानवरों से तो बचाना आसान था, किंतु उन पखेरुओं का क्या हो, जिनके पंख हवा से बातें करते हैं। लीची के सबसे बड़े दो दुश्मन तो इन्हीं में से हैं—कितने घिनौने दुश्मन—दिन में कौवे, रात में चमगादड़ ! लीची खाने का किसी को हक़ हो सकता है, तो सुग्गे को, जिसके हरे पंख और लाल ओठ लीची के पत्तों और लाल फलों में बिलकुल खप जाते हैं। यदि केवल सुग्गे की बात होती, तो मामा हाहा-हूहू पर ही संतोष कर जाते, पर उपर्युक्त दोनों दुष्टाधिराज ! इन्हें लीची छूने का भी क्या अधिकार ? मामा ने तय किया, समूची लीची पर जाल डाल दें, जिससे एक फल भी ये बर्बाद न कर सकें। पर इस साध की लीची के लिए जाल भी तो असाधारण चाहिए। रंग-बिरंगे तागे ख़रीद लाए और उनसे एक बड़ा-सा जाल बुनवाया। जाल बुननेवाले कारीगर तो काम करते ही, आप भी लगे रहते। जिस दिन हरी-हरी डालियों में झूमते हुए उन लाल-लाल गुच्छों पर यह रंग-बिरंगा जाल डाला गया, मालूम पड़ता, किसी सुहाग-भरी दुलहिन को जालीदार दुपट्टा उढ़ा दिया गया ! रसीली लीची की जवानी इस सुहानी साज-सज्जा में जैसे निखर पड़ी।

लीची के नीचे, मचान पर, दरी डालकर लेटे हुए हाकिम मामा डबडबाई आँखों से उसकी डाली-डाली, पत्ती-पत्ती, गुच्छे-गुच्छे को निहारते।

लोग उनकी इस तन्मयता पर वारे जाते। कहते, उफ़् ! किसी पेड़ से भी ऐसी मुहब्बत हो सकती है ?

ज्यों-ज्यों दिन बीतते गए, फलों में लाली बढ़ती गई, वे बड़े भी होते गए। फल काफ़ी अच्छे बढ़े। सब कहते, अजी, इसने तो मुज़फ़्फ़रपुर की लीची के भी कान काट डाले। मामा कहते—“अभी बहुत देर है बबुआ ! अभी क्या आँखें गड़ाते हो—मुझे क्या खाना है ? तुम्हीं खाओगे न ? हाँ, पहले इँजोरिया के दूल्हे को थोड़ा भेज लूँगा।”

“आप क्यों नहीं खाइएगा”—कोई पूछता।

"मैंने यही मन्नत मानी, तब तो यह फली है"—मामा जवाब देते। वह कैसे यह कहते कि यह मेरी बेटी है—बेटी की कोई चीज़ कैसे ग्रहण की जाए ?

इसी समय किसी ने मामा से एक दिन कहा—"आप इतना इँजोरिया-इँजोरिया करते हैं, तो ज़रा इँजोरिया को बुला ही क्यों न लेते ? फल भेजिएगा, माना। किंतु इँजोरिया को जो आनंद इस लीची के फले पेड़ को देखकर होगा, वह टोकरियों लीची से भी कहाँ हो सकता है?" मामा इस बात पर उछल-से पड़े। इधर इँजोरिया को देखे भी कितने दिन हो गए थे ! एक पंथ-दो काज। उन्होंने झट ब्राह्मण बुलवाया, एक अच्छी तिथि गुनवाई और एक पत्री लिखकर तुरत इँजोरिया की ससुराल आदमी भिजवाया कि अमुक-न-अमुक तिथि को मेरी बेटी की विदागरी का दिन है—मंजूर किया जाए। अंत में मामा ने यह भी निवेदन किया था कि यहाँ से मैं किसको भेजूँगा—सिवा इँजोरिया के मेरा दुनिया में दूसरा है ही कौन, अतः उसका दूल्हा ही उसे यहाँ पहुँचा जाए।

कहना व्यर्थ होगा—उनकी दोनों ही प्रार्थनाएँ स्वीकृत हुईं। मामा दिन-रात इँजोरिया और उसके दूल्हे का सपना देखने लगे।

5

हाकिम मामा सपना देख रहे थे, लेकिन उनके सपने को सदा के लिए सपना ही बनाए देखने को जिस सत्य की—ठोस सत्य की सृष्टि हो रही थी, उसकी क्या ख़बर थी उन्हें ?

मामा ने जिस दिन इँजोरिया के पास उसकी विदागरी का दिन मंज़ूर करवाने को आदमी भेजा, ठीक उसी दिन उनके पास महाजनजी का एक आदमी लीची माँगने आया था। लेकिन मामा ने लीची नहीं दी थी—हाँ, मुलायमियत से सब बातें समझा ज़रूर दी थीं। लेकिन, न तो उस आदमी को उनकी मुलायमियत से कोई वास्ता, न महाजनजी को। उन्हें लीची चाहिए थीं, लीची नहीं मिलीं और नहीं दी किसने ? हाकिम सिंह ने, और किसके लिए नहीं दी... ?

बारूद में आग लग गई !

बात यों है कि महाजनजी के छोटे साहबज़ादे उस समय कॉलेज में पढ़ रहे थे। पूरे साहबज़ादे—बन-ठन, तड़क-भड़क का क्या कहना ? भले ही बाप ने न कभी अच्छा कपड़ा पहना हो न अच्छा खाना खाया हो—आज भी वह इन दोनों चीज़ों से भागता हो—लेकिन साहबज़ादे साहब पूरे साहबज़ादा थे। अँगरेज़ी कपड़े पहनते, टेबल पर खाना खाते। गर्मियों की छुट्टी में कई जगहों की सैर कर आख़िरी दौर में वह घर तशरीफ़ लाए थे। आपके साथ आपके कई अन्य घनिष्ठ मित्र भी आए थे। शहर से मोटर कर ली थी। मोटर की सड़क हाकिम मामा के दरवाज़े पर होकर ही गुज़रती थी। जब वहाँ से मोटर निकली, उनकी नज़र लीची पर पड़ने को ही थी। इस लाल-हरे पेड़ को देखकर मित्रगण मुग्ध हो गए—"यह क्या शै है भाई!"

"नहीं जानते, यही तिरहुत की मशहूर लीची है।"

मोटर दन से निकल गई; किंतु यारों के मन से लीची नहीं निकली। दरवाज़े पर पहुँचते ही आग्रह शुरू हुआ, चलो, ज़रा उस पेड़ को देख आएँ। पर, साहबज़ादे ने शेखी में आकर रहा—"उँह, जिस-तिस के दरवाज़े पर मैं नहीं जाता। लीची मँगा देता हूँ, देख लो, चख लो—चख क्या लो, पेट-भर ठूँस लो।" फिर अपने नौकर से कहा—"जाओ, हाकिम सिंह से कहो, मेरे दोस्त आए हैं, कुछ लीची के गुच्छे पत्ते-सहित तोड़कर दे जाएँ। समझा ?—पत्ते-सहित, जिसमें ये लोग अच्छी तरह देख लें। और काफ़ी लाने को कहना, समझा न ?"

जब नौकर आया था, मामा ने बहुत मुलायम होकर कहा—"जाओ, अपने बबुआ से कह देना, अभी लीची नहीं पकी। फिर, मेरी एक प्रतिज्ञा है। इसका पहला फल अपने दामाद को

चखाऊँगा, पीछे तो जितना खाए। मुझे खाना थोड़े ही है—बाँटना ही तो है ? तुम्हारे बबुआ के दोस्तों को यहीं बुलाकर मन-भर खिला दूँगा। बशर्ते कि तुम्हारे बबुआ उन्हें आने दें; वह साहब हैं न ?" यह अंतिम बात हाकिम मामा ने हँसते हुए कही थी।

किंतु उनकी विनम्रता, उनकी हँसी का कोई मूल्य उस नौकर के निकट भी नहीं था, तो भला मालिक की कौन कहे ? साहब का यह नौकर अपने को बड़े साहब से छोटा थोड़े ही समझता था। उसने एक के तीन लगाए। वह तीन, तीन तीन हुआ, यानी तीन सौं तैंतिस !—साहब गरज उठे—"जाओ, अभी आदमियों को लेकर जाओ, और लाठी के हाथ तोड़ लाओ ! हाकिम सिंह की इतनी शेख़ी? वह है क्या ?—अब उनकी समझ में आएगा।"

उन्हें इस समय क्यों याद आए कि हाकिम सिंह के खेत में उनके बाप मज़दूरी किया करते थे और हाकिम सिंह वह शख़्स हैं, जिनकी ओर अब तक लोगों की ओर से श्रद्धा के ही हाथ उठते हैं। यह कोई आसान बात नहीं है कि लाठी के बल पर हाकिम सिंह पर विजय प्राप्त की जाए।

बेटे को तरजते-गरजते देख महाजनजी निकट आए। सब बातें मालूम कर लेने पर कहा—"जहाँ छड़ी से काम होता हो, वहाँ लाठी भाँजने से क्या मतलब? हाकिम सिंह का धन तो गया, शेख़ी बची है, वह भी चली जाती है। बस, एक सप्ताह की देर है बबुआ ! तुम्हारे दोस्तों से मेरा हाथ जोड़कर निवेदन है, एक सप्ताह ज़रूर ठहरें। ज़रा मेरे हाथ की सफ़ाई भी देख लें और लीची भी चख लें ! लीची में अभी रस भी तो नहीं आया होगा, आठवें दिन तो यह समूचा पेड़ तुम्हारा है।"

और, आठ दिन भी नहीं बीते होंगे कि एक दिन सुबह-सुबह जब हाकिम मामा बागमती से स्नान कर, ठाकुरबाड़ी में पूजा-पाठ से निवृत्त हो लौट रहे थे, तो देखा, उनकी लीची के निकट एक मजमा जमा है। डुग-डुग, डुग डुग की आवाज़ भी आ रही है। क्या बात है ? वह दौड़े। वहाँ देखते हैं, चमार का एक बच्चा डुगडुगी दे रहा है। लाल पगड़ी बाँधे अदालत का एक चपरासी दख़लदिहानी का बोल बोल रहा है और बीस-पचीस मुस्टंडे लाठी-बरछी लिए लीची को घेरे हुए हैं। मामा देखते ही भौचक!

उन्हें देखते ही गाँव के लोगों का एक दल उनके निकट आ जुटा। यह बात सबको खली। एक ने कहा—"उफ़्, देवता आदमी के साथ यह शैतानी !" एक बूढ़े सज्जन उसाँस लेकर बोल उठे—"मैंने पूछा है, महाजन, तुमने यह क्या किया ?" तैश में आकर बोला—"कब की न डिग्री थी, मैं तो भलमनसाहत करके उसे रोके हुए था। जब वह मेरे बच्चे को एक गुच्छा लीची का नहीं दे सकते, तो अब चखें लीची!" किसी ने कहा—"हाकिम दादा ने उसकी कौड़ी-कौड़ी सधा दी थी, यह साफ़ बेईमानी है।" एक नौजवान छूटते बोला—"क्या बिना बेईमानी के ही देखते-देखते यह अंबार लग गया है ? कितनों ही पर यों ही झूठी नालिशें करके, एकतरफ़ा डिग्री कराके तो आज बादशाह का बेटा बना फिरता है।" दूसरे नौजवान ने मानो नवयुवकों की पूरी टोली का प्रतिनिधित्व करते हुए कहा—"धन की मस्ती चढ़ी है, तो आज ही वह मस्ती झाड़ दी जाती है। देखते क्या हो—चलो, सबसे पहले उस साहब के जने का ही ख़ात्मा कर दिया जाए।"

मामा सुन्न-से हो रहे थे। जब जो बोलता, उसका मुँह देखते, ज़बान हिल नहीं रही थी। लेकिन क्या उनके दिमाग़ को ज़बान की ही तरह काठ मार गया था? नहीं, वहाँ कितनी ही बातें आ-जा रही थीं। लीची, इँजोरिया, उसका दूल्हा, वह शादी, वह बधैया, वह रंगरेलियाँ, वह जवानी की देह, वह उनका अलमस्त गिरोह ! फिर, भिखारी, उसका बेटा, उसकी नालिश, सर्वस्वहीनता, यह दख़लदिहानी ! बवंडर के बीच-बीच में बिजली कौंध जाती। बिजली—वह पुरानी शान ! उनका चेहरा रह-रहकर दिप उठता। अंततः वाणी फूट निकली—

"भैया ! अपने-अपने घर जाओ। मार-पीट किससे ? भिखारी और उनके छोटे साहब तो अपने कोठे में बंद होंगे। इन भाड़े के टट्टुओं से लड़कर क्या करोगे? जाने दो, सब तकदीर का खेल है। मैं क्या था; क्या हो गया हूँ, और आगे न जाने क्या..."

उनकी आँखों में आँसू भर आए, गला रुँध गया, सबके चेहरे उदास हो गए। मामा ने आरजू-मिन्नत करके सबको विदा किया! चलते समय एक बूढ़े ने ऊपर की ओर देखकर कहा—

"भिखारी, तुम्हारा भला न होगा। तुमने गाय के रोयें नोचे हैं।"

न जाने कैसे मामा कड़क उठे—"दादा, भिखारी ने गाय के रोयें नहीं नोचे हैं, सिंह की मूँछ उखाड़ी है। बूढ़ा हूँ, लेकिन हूँ छत्री !" तैश में आकर वह दरवाज़े से आँगन की ओर चल पड़े।

6

दुनिया में साध की चीज़ों की क्या यही गत बदी होती है ?

बेचारी लीची, लाड़-प्यार की लीची, उसकी यह दुर्गत !

यदि उसके ज़बान होती, तो उसका रुदन-क्रंदन सुनकर न सिर्फ़ गाँव, वरन् समूचा जवार पानी-पानी हो जाता !

पाँच-सात लठबंद उस जगह पड़े रहते। इसलिए नहीं कि पंछियों से या आदमियों से उसकी रक्षा करें। वे वहाँ थे कि हाकिम सिंह यहाँ फटकने न पावें। महाजनजी के साहबज़ादे का हुक्म था, यदि वह आते हैं, साफ़ खून कर दो—अपनी चीज़ की रक्षा में फाँसी नहीं हुआ करती।

वे लठबंद और उनके यार-दोस्त निर्दयता से लीची नोचते। जिसकी एक पत्ती कच्ची गिरे, तो हाकिम मामा को हूक होती, उसकी टहनियाँ-डालियाँ तोड़ी जातीं, और वे टहनियाँ, वे डालियाँ मामा के दरवाज़े से होकर ही महाजनजी की ड्योढ़ी में ले जाई जातीं। क्यों ? उन्हें हाकिम सिंह को बता देना था कि महाजनजी वह पुराने भिखारी नहीं हैं, जो उनके खेत में मज़दूरी करते थे ! और हाकिम सिंह को तड़पाना भी था ! गाँव क्या, जवार जानता था, हाकिम सिंह इस लीची पर जान देते हैं। यह लीची नहीं, उनकी प्यारी बेटी है। बेटी के हाथ-पाँव टुकड़े-टुकड़े कर उन्हीं के सामने से ले आओ, तब उन्हें मालूम हो, बड़े से बैर करने का क्या फल होता है ? समूची लीची के फल एक दिन ही तोड़ लिए जा सकते थे; लेकिन नहीं, तिल-तिल कर तड़पाओ ! तड़पाओ !

गाँव के लोग इस बेरहमी पर मरे जाते। कितने लोग उसाँसें भरते, कितने लोग दाँत किटकिटाते। लेकिन किया क्या जाए, जब कि हाकिम मामा ने स्वयं ही यह सब होने दिया, और होने दे रहे हैं। कई दिन उनके हितेच्छुओं का डेपुटेशन उनके निकट गया, लेकिन उन्होंने सबको टाल दिया।

इधर हाकिम मामा घर से भी नहीं निकलते। बस, शाम को ठाकुरबाड़ी में जाकर आरती लेते और भोर ही जाकर बागमती में स्नान कर आते। गायों के खूँटे आँगन में गाड़ दिए थे, वहीं उन्हें खिलाते-पिलाते।

लीची की इस दुर्गत ने उनके शरीर और मस्तिष्क की क्या हालत कर दी थी, यह कहने की बात नहीं। लेकिन उन्हें तो सबसे बड़ी चिंता थी इँजोरिया की। इँजोरिया आएगी कितनी उमंगों को, हौसलों को लेकर। लीची इस साल फली है यह सुनकर वह किस तरह खिल उठी थी—उन्हें उस आदमी ने बताया था, जो विदागरी का दिन लेकर गया था। वह मन-ही-मन कल्पना करती आएगी—इस तरह लीची फली होगी, उस तरह उसकी रखवाली करूँगी, इस तरह खाऊँगी। मैं खाऊँगी, और खाएँगे 'वे'। 'वे'—एक अच्छर का यह शब्द, कितना भाव-पूर्ण, सरस ! बाबूजी की सूझ की बलिहारी—सचमुच, यदि 'वे' नहीं चलते तो मजा आधा ही रहता ! यों

न जाने कौन-कौन से आकाश-कुसुम को हाथों उछालते इँजोरिया आएगी और यहाँ देखेगी, लीची बाबूजी की नहीं रह गई। ख़ैर, इँजोरिया अपने घर की है, समझा-बुझा ले सकता था, लेकिन उसका दूल्हा ! यह बुलाहट लीची के लिए ही है, वह भी जान चुका है। जब वह आकर यह देखेगा—क्या सोचेगा? क्या अपने इस ससुर की कुपात्रता पर उसे लाज नहीं आएगी, रोष नहीं होगा ? जवानी का खून—यह सरासर अन्याय क्योंकर सिर झुकाकर कबूल कर पाएगा वह ?

तो संवाद क्यों न भेज दूँ कि मत आइयो। लेकिन मना करने के लिए भी तो कोई कारण चाहिए। लीची की इस बेदख़ली की ख़बर समधियाने में भेजने से तो मर जाना अच्छा ! मर जाना अच्छा ! ठीक तो, मर जाना अच्छा ! लेकिन, कैसे मरा जाए ? मैं मर जाऊँ, इँजोरिया आकर रोए और भिखारी और उसका बेटा तालियाँ पीटें।

उनकी आँखें जल उठतीं।

आँखें जल उठतीं। सूखे चेहरे पर खून नाचने लगता, नसें झनझना उठतीं। मालूम होता, सिर चक्कर देने लगा। लेट जाते—जब उठते, तकिया भीगा हुआ पाते।

न जाने कितने दिन, दिन में कितनी बार ये बातें होतीं।

और, कल भोर में इँजोरिया ससुराल से चलेगी; शाम को या थोड़ी रात बीतते यहाँ पहुँचेगी। तेरह-चौदह कोस आना ठहरा। आगे-आगे दूल्हा होगा, घोड़े पर, किस शान से आवेगा? पीछे-पीछे खरखरिया में इँजोरिया होगी ! किस उत्साह में आवेगी! थोड़ी-थोड़ी दूर आगे जाकर दूल्हा अपने घोड़े को रोककर पीछे देखेगा, सवारी कितनी दूर पीछे रह गई ? आस-पास लोगों की भनक न पा, सुनसान जानकर, इँजोरिया ओहार हटाकर झाँकेगी 'वे' कितनी दूर आगे बढ़ गए हैं ? मामा की आँखों में अपनी जवानी के ऐसे ही दृश्य घूमने लगे। यों ही वह घोड़े पर; मामी खरखरिया में !

आह !—मामी कहाँ हैं ?

मामा को मालूम हुआ, मामी आकाश के उस तारे से उनको बुला रही हैं। कहती हैं—क्यों नहीं आते, बहुत दिन हुए, अब आ जाओ, अकेले अब नहीं रहा जाता !

7

मामा को उस रात नींद नहीं आई।

दिमाग़ में बवंडर, देह में ज्वाला। आँगन में लंबे डग से टहलते-टहलते थक जाते, तो लेटते। लेटते-लेटते उकता जाते, तो फिर टहलते। कसमकस !

कई बार पानी से सिर धोया। कई बार रामायण निकालकर पढ़ने चले। कई बार माला लेकर खटखटाई। लेकिन चैन नहीं, कल नहीं। उफ़्—क्या मैं पागल हो जाऊँगा ?

लीची-लीची ! इँजोरिया-इँजोरिया। दूल्हा-दूल्हा ! वह दुष्ट भिखारी ! दुष्टाधिराज उसका बेटा !

उफ़्, मैं पागल हो जाऊँगा क्या ?

मन में एक भीषण संकल्प !

नहीं-नहीं-नहीं, हरगिज़ नहीं ! नहीं !—नहीं !

इतने ज़ोर से चिल्लाने लगे कि पड़ोसी जग जाए।

क्या सचमुच मैं पागल होने जा रहा हूँ ?

नहीं, मैं सोऊँगा, ज़रा तन-मन को ठंडा कर लूँ।

मामा उसी समय दरवाज़े के कुएँ पर आए, स्नान करने लगे। पड़ोस का एक आदमी पेशाब करने के लिए उठा था। इस बेमौक़े नहाने से उसे अचरज हुआ। "कौन? हाकिम दादा ? आज

क्या है दादा ? हाँ, गर्मी आज सचमुच ज़्यादा है।"

"कितनी रात होगी, बबुआ ?"

"पहर से नीची ही दादा !"

स्नान करके मामा घर आए। आँगन में बिछावन ले आए। सो गए ! हाँ, सो गए !

एक झपक–

इँजोरिया आई है। ओह ! बिलकुल जवान हो चली है। पैर पकड़कर रोती है ! फिर उठते ही बारी की ओर बढ़ती है–'बाबूजी चलिए, लीची देखूँ।'

दरवाज़े पर दूल्हा कह रहा है–'छिः, बिना रोक-टोक के ही दखलदिहानी दे दी ! क्षत्रियों की शान...'

मामा चौंककर उठे। सीधे देवता के घर में पहुँचे। वहाँ दो तलवारें रखी हुई थीं। मामा पाँच-छह दिनों से घर से बिलकुल नहीं निकले थे। अतः घर की एक-एक चीज़ को, शगल के लिए ही, उन्होंने सँभाला-सुधारा था। इन दिनों तलवारों की धार भी ताज़ा की थी। खानदानी तलवारें थीं–उस ज़माने की, जब तलवारों में ही सब शक्ति-संपत्ति निहित थी। उसकी धार का क्या कहना ? ज़रा शान देनी थी, चमक उठी थी ! मामा ने गृहदेवता को प्रणाम किया। दोनों तलवारों को उठाया। घर से बाहर गए। एक बार घर को नज़र भरकर देखा–फिर चल पड़े। कहाँ ?

भोर ही खून-खून का शोर होने लगा। वह आवाज़ महाजनजी के दरवाज़े से आ रही थी।

महाजनजी और उनके साहबज़ादा गर्मी से परेशान दरवाज़े की अँगनई में सोए हुए थे। किसी ने–शायद दो आदमी रहे होंगे–दोनों पर इस ज़ोर से तलवार चलाई थी कि एक का तो सिर धड़ से अलग था और दूसरे का आधा कंधा और आधी गर्दन कट चुकी थी। यदि एक आदमी रहा होगा, तो पहले वार में महाजनजी के साहबज़ादे का सिर काटा होगा, और दूसरे वार में वह ज़रा-सा चूक गया होगा; लेकिन यह चूकना क्या था ? ज़रा-सी साँस आ रही थी, जो एकआध घंटे में बंद ही होनेवाली थी। हुई भी !

जब लाशें तड़पने लगी थीं, लोग जागे थे। किसी ने एक आदमी को भागते भी देखा था; लेकिन किसकी हिम्मत जो मौत का पीछा करे !

एक ने कहा–

"शायद हाकिम सिंह ने यह किया होगा।"

कुछ लोग हथियारों से लैस हाकिम सिंह के घर आए। दरवाज़ा बाहर से बंद। समझा, कहीं भाग गया है। पड़ोसी ने कहा–"वह बागमती स्नान करने गए होंगे। समझ-बूझकर तुहमत लगाओ।"

लेकिन जाँच-बूझ ऐसे अवसरों पर ? घर का ताला तोड़कर कुछ लोग भीतर घुसे। खून के आतंक से सभी दहशत में थे। नहीं तो पड़ोसी इसको बर्दाश्त नहीं करते! लेकिन इस समय चुप रहने में ही कल्याण था।

घर की रत्ती-रत्ती छानकर कुछ लोग पागल-से बागमती की ओर दौड़े।

समूचे गाँव में हलचल थी ! दो-दो खून ! उफ़, ऐसा तो कभी नहीं हुआ !

और, हाकिम सिंह नहीं मिल रहे हैं ! क्या कहीं भाग गए ?

खून-खून की आवाज़ सुनते ही लीची के सभी रखवाले भी अपनी लाठियाँ-बर्छियाँ सँभालकर महाजनजी के घर की ओर दौड़े थे। जब बहुत दिन चढ़े तक हाकिम सिंह का कोई

पता नहीं चला, लाशें थाने की ओर ले जाई गईं, और समूचा गाँव थर्रा उठा, रखवाले लीची के निकट आए।

उनमें से एक रखवाला मचान पर—हाकिम मामा के ही गाड़े हुए मचान पर—जाकर विश्राम के लिए जब चित्त लेटा, अपने ऊपर लीची की डाल में एक विचित्र दृश्य देख चिल्लाता हुआ भागा।

उसका भागना था कि सब उसके पीछे भागे।

"भूत ! भूत ! भूत !"—थोड़ी देर के बाद घिघियाते हुए वह बोला।

लोगों ने पेड़ के निकट जाकर देखा—अजीब दृश्य !

दोनों तरफ़ दो तलवारें लटक रही हैं। बीच में एक आदमी एक दोकनिया पर बैठा बीच के तने को पकड़े हुए-सा है। वह कौन है ? अरे हाकिम सिंह ! हाकिम सिंह!

वह आदमी, इतना शोर होने पर भी, ज़रा भी हिल-डुल नहीं रहा है। क्या बात है ? क्या हाकिम सिंह छल किए हुए बैठे हैं कि दो खून कर चुका, एकआध का और सही !

मौत की ओर कौन बढ़े ?

दुर्भाग्य से जिस दिन यह दुर्घटना हुई, मैं ननिहाल में ही था। हल्ला सुनकर मैं भी वहाँ जा पहुँचा था। मैं हाकिम मामा की रग-रग से परिचित था। किसी निरपराध पर उनका हाथ उठ नहीं सकता था। फिर मैं तो उनके प्यारे लड़कों में से था। मैंने सोचा, चलकर उनसे उतरने को कहूँ, और अब जो होना है, उसे सामना करने को उन्हें धैर्य दूँ। लेकिन यह क्या ? यह तो हाकिम मामा नहीं; यह तो उनकी लाश है !

शरीर पर कोई घाव नहीं, कोई दूसरा मारक चिह्न नहीं, फाँसी तो लगाई ही नहीं, फिर यह क्या हुआ, कैसे हुआ ?

हाकिम मामा की लाश नीचे लाई गई। उनके सिर में लहू का चंदन था। बस, एक यही विशेष चिह्न !

आज तक भी यह रहस्य ही है कि हाकिम मामा ने प्राण कैसे छोड़े।

कोई-कोई कहते हैं, उन्होंने योग सीखा था। योगी लोग, जब चाहें, प्राण को शरीर से निकाल सकते हैं।

किंतु मैं विज्ञान का उपासक, इसे क्यों मानूँ ? और, फिर इस लीची की डाल पर ही योग की यह मरण-साधना क्यों ?

तब बात क्या थी ?

उस दिन झोंपड़ी रोई

1

रमेश बाबू और राघो एक ही गाँव के थे।

राघो के पूर्वज बेवक़ूफ थे—क्योंकि न तो उन्होंने लाठी के ज़ोर पर किसी का हक़ छीना, न सूद के नाम पर किसी का गला घोंटा, न किन्हीं दो काठ के पुतलों को लड़ाकर अपना उल्लू सीधा किया, न किन्हीं भोले-भाले भावुकों को फँसाकर मीठी छुरी से ज़िबह किया। संक्षेप में, अन्याय, अत्याचार, उत्पीड़न, धोखा, जाल, मक्कारी आदि की शरण नहीं ली। अतः वह सदा ग़रीब रहे, ग़रीब मरे, और राघो को भी ग़रीब बनने को बाध्य किया।

किंतु, रमेश बाबू के पूर्वज चतुर थे—ख़ासकर उनके पिता तो चतुर-शिरोमणि थे। उन्होंने संपत्ति के त्रिदेव—लगान, सूद और मुनाफ़ा—की ही आराधना नहीं की, इनके साथ-साथ उन भूत-प्रेतों की भी पूजा की, जिनके बिना इन त्रिदेवों की महिमा अक्षुण्ण रह ही नहीं सकती। कितने घर उनके नाम पर धूल चाट रहे हैं, कितनी ही आँखें उनके काम पर आँसू का तर्पण किया करती हैं। कितनी ही बर्बादी का इतिहास उनके शुभ नाम के साथ जुड़ा हुआ है, कितनी ही दग़ाबाजी और शैतानी की कहानियाँ उनकी उज्ज्वल कीर्त्ति को बढ़ा रही हैं। आख़िर चतुराई का दूसरा अर्थ ही क्या है ?—दूसरों को लूट-खसोटकर अपना घर भरो। लोग कहेंगे, यह अँगरेज़ी राज्य है, इसमें लूट कहाँ, कैसे ? इसका जवाब हम नहीं देना चाहते। लोगों से केवल यही सुना है कि गाँव के चौकीदार से लेकर ज़िला के अफ़सर तक उनकी मुट्ठी में रहे, तभी तो कितने खून के मामलों को भी वह पचा गए थे। खै़र, जनश्रुति पर हमें जाना नहीं है, संक्षेप में केवल यही कहना है कि वह चतुर-शिरोमणि थे, फलतः धनी बने, धनी रहे, धनी मरे, और मरकर भी धनी बना गए रमेश बाबू को।

इस चतुराई को केवल हमीं नहीं स्वीकार करते, दुनिया भी स्वीकृत कर चुकी है। तभी तो वह रमेशप्रसाद सिंह को रमेश बाबू कहती और राघोप्रसाद सिंह को राघो नाम से पुकारती है। हाय री दुनिया ! आह री उसकी विवेचना-शक्ति!

रमेश और राघो दोनों स्कूल गए। रमेश फेल होते रहे, राघो वज़ीफे पाता रहा। जिस समय राघो बी.ए. ऑनर्स की तैयारी कर रहा था, रमेश का छकड़ा मैट्रिक के दरवाज़े पर ही अटका पड़ा था। इतने ही में गाँधी की आँधी उठी। राघो ने देश की पुकार पर अपने भविष्य पर लात मार दी। रमेश अपने छकड़े को घसीटते ही रहे। आख़िर, प्रोफ़ेसरों के मुँह में रसगुल्ले भरकर और परीक्षकों की अक्ल पर चाँदी का परदा डालकर एम.ए. पास कर ही गए। खरगोश पीछे पड़ गया, कछुए की विजय रही।

राघो कई बार जेल काट आए। आंदोलन धीमा पड़ने पर एक राष्ट्रीय विद्यालय में भर्ती हो गए। क्या करते ? जिसने अपनी सुंदरी लड़की निर्धन राघो को, वज़ीफा पाते देखकर भविष्य की आशा पर, पढ़ते समय ही सौंप दी थी, उसकी आशावादिता को चरितार्थ करने के लिए नहीं, तो कम-से-कम अपनी इस सुशीला पत्नी के भरण-पोषण के ख़याल से उन्हें कुछ पैसे कमाने थे ही। किंतु राष्ट्रीय विद्यालय में जितने पैसे मिलते हैं, वह सभी जानते हैं। पर-साल जब फिर सत्याग्रह-युद्ध छिड़ा और राघो ने दो वर्ष के लिए जेल-यात्रा की, तब उनकी पत्नी के पास कितने सामान थे, इसकी केवल कल्पना ही की जा सकती है, वर्णन नहीं हो सकता। पत्नी भी अकेली न थी—बाल-बच्चोंवाली थी।

इधर रमेश बाबू एम.ए. की डिग्री लेकर जब बाहर हुए, तो अपर कौंसिल और बोर्ड में जाने की धुन सवार हुई। लेकिन, उन्होंने देखा, इन स्थानों पर अब राष्ट्रीयता आ बैठी है। समय को पहचाननेवाले जीव थे। जिस पैतृक चतुराई ने विश्वविद्यालय को मात किया था, उसी ने उनके शरीर पर खादी का कुरता, सिर पर गाँधी टोपी और पैर में मदरासी चप्पल पहना दिए। राष्ट्रीयता ने उनका लोहा मान लिया। वह स्वराज्य पार्टी के प्रमुख सदस्य बने, एम.एल्.सी. हुए, लोकल बोर्ड के चेयरमैन (कुर्सी-पुरुष) भी। अब चारों ओर रमेश बाबू की धूम थी। रमेश बाबू देश-भक्त थे, नेता थे। रमेश बाबू के महल और मोटर ने वह कर दिखाया जो राघो की तपस्या और त्याग न कर सके थे।

फिर संग्राम छिड़ा। अब रमेश बाबू घबराए। इतनी जल्दी यह क्राइसिस (संकट) आ जाएगा, इसकी कल्पना तक उन्होंने नहीं की थी। बगलें झाँकने लगे। किंतु कोई चारा नहीं था—एक तरफ़ खाई, दूसरी ओर कुआँ था। इसी पशोपेश में ही थे कि ख़बर उड़ी, रमेश बाबू पर वारंट

कट चुका है—कांग्रेस ग़ैर-कानूनी घोषित कर दी गई, फिर नेता बचते कैसे ? तो परवाह क्या? जिस यतीन्द्रनाथ दास और उनके साथियों को वह जी-भर गाली देते रहे, उसके चलते ही हजारीबाग़ का स्वास्थ्य भवन उनके लिए सुरक्षित था। 'ए' डिवीज़न के क़ैदी नहीं, तो 'बी' कहाँ जानेवाला है। हलवा, दूध, अंडे, पावरोटी, गद्दा, तकिया, मसहरी—सबकुछ। जो कमी होगी, वह जेल के 'पिछले दरवाज़े' से। पैसे से क्या नहीं हो सकता ? सरकार जेल में एक ही दरवाज़ा बनवाती है, किंतु पैसे की महिमा देखिए, वह पीछे से भी एक दरवाज़ा खुलवा देता है। धन्य पैसा, धन्य पैसा-पति !

तो पहले एक प्रदर्शन हो जाए ! मोटर लेकर रमेश बाबू उड़े। अपने हलक़े-भर में घूम आए। उनके दूत आगे-आगे दौड़ रहे थे। सब जगह पहले से ही मालाएँ गुँथी थीं, चंदन घिसा था, आरती सजी थी। रमेश बाबू के जय-जयकार से हलक़ा-भर गूँज उठा।

राघो भी जेल गए थे—कई बार। किंतु, यह प्रदर्शन की बुद्धि उनमें कहाँ ? शायद वह इससे घृणा भी करते थे। किंतु, करते रहें घृणा वह। रमेश बाबू इसकी उपयोगिता जानते थे। और, इसीलिए तो वह इस क्षेत्र में आए भी थे।

ख़ैर, रमेश बाबू को सज़ा हो गई और मैजिस्ट्रेट ने दो वर्ष की कड़ी क़ैद कस दी। और, सबसे बड़ी ज़्यादती तो यह की गई कि उन्हें 'सी' क्लास में झोंक दिया गया। 'सी' क्लास सुनते ही रमेश बाबू के होश उड़ गए थे। किंतु, क्या करें ? इतनी मालाएँ, चंदन और आरती के बाद अब माफ़ी भी तो नहीं माँग सकते थे !

2

कैंप जेल के दक्षिण-पश्चिम कोने पर चार फूस की झोंपड़ियाँ बनी हैं। छूत की बीमारीवाले रोगी उन्हीं में रखे जाते हैं।

उन्हीं झोंपड़ियों में से एक में एक बीमार खाट पर पड़ा कराह रहा है। उसे वह बीमारी है, जो कैंप जेल में गलफुल्ली के नाम से प्रसिद्ध है। इसमें कनपटी से लेकर कंठ तक सूज जाता है—ऐसा कि खाना कौन कहे, कुछ पीना भी मुश्किल हो जाता है। बुख़ार तो और गज़ब ढाता है। सबसे बढ़कर है पीड़ा और टीस। बीमार छटपटाता और कराहता रहता है।

बीमार खाट पर पड़ा कराह रहा है—बहुत ही धीरे-धीरे, बहुत ही संयत भाव से। मालूम होता है, वह पीड़ा को चुपचाप पी जाना चाहता है, टीस को निगल जाना चाहता है। किंतु, बहुत कोशिश करने पर भी वह ऐसा नहीं कर पाता। एक बर्छी-सी कनपटी में घुसती और गले से आर-पार निकल जाती है—एक जलती सलाई-सी उसकी नस-नस में दौड़ने लगती है। मालूम होता है, छाती दरक गई, दिमाग़ फट पड़ा। रह-रहकर उसकी आँखें सजल हो जातीं, नाक से उसाँसें निकलने लगतीं, और मुँह से अकस्मात 'आह' निकल पड़ती। वह छटपटा रहा है, कराह रहा है।

आज सोलह महीने से वह जेल में है। जब से आया, वह कभी बीमार नहीं पड़ा। वह हँसकर कहा करता—"बीमार पड़ने की मुझे फ़ुरसत कहाँ ?" सचमुच उसे फ़ुरसत कहाँ थी ! सुबह चार बजे से रात के आठ बजे तक—उसका समय एक निश्चित कार्यक्रम में बँटा था। वार्ड-बंदी के आठ घंटे ही उसका विश्रामकाल था।

जेल की चहल-पहल का वह केंद्र था। रोगियों की देखभाल करना, सभाएँ और जलसे कराना, अनेक तरह की कसरतें सिखाना, खेल-कूद को प्रोत्साहन देना, उसका दैनिक काम था। और, सबसे मुख्य काम था लोगों को पढ़ाना-लिखाना। उसी के उद्योग से जेल में एक बाज़ाब्ता राजबंदी विद्यालय और कई अध्ययनकेंद्र चल रहे हैं।

किंतु न जाने क्यों, वह अचानक बीमार पड़ा। और, बीमार पड़ा ऐसा कि लोग भौचक्के रह गए। 'गलफुल्ली' तो हुई थी बहुत लोगों को, यह यहाँ की आम बीमारी हो गई है, किंतु इसका ऐसा भीषण रूप तो कभी नहीं देखा गया। उसकी पीड़ा देखकर किसी को धैर्य नहीं है। बहुत-से दीवाने युवक उसको घेरे हुए सब प्रकार सेवा कर रहे हैं—किंतु तो भी वह छटपटा रहा है, कराह रहा है। जो दूसरों को धैर्य देता, जिसके माथे पर कभी शिकन नहीं देखी गई, जो विनोद और हास्य की साक्षात् प्रतिमा था, वही छटपटा रहा है, कराह रहा है !

इसकी पीड़ा देखकर लोगों ने चाहा कि जेल-अधिकारी इसके लिए कोई ख़ास प्रबंध करें—अपने इस सेवक पर उन लोगों की ऐसी ही ममता थी, ऐसा ही स्नेह था ! किंतु जेल-अधिकारियों को फ़ुरसत कहाँ थी ? वे लोग तो एक दूसरे क़ैदी के लिए व्यस्त थे, जो हॉस्पिटल न. 2 में पड़ा था।

और, वह दूसरा क़ैदी सख़्त बीमार था। ज़रूर सख़्त बीमार था, नहीं तो जेल-सुपरिंटेंडेंट उसको देखने के लिए सवेरे-शाम, बिला नागा, क्यों आता ? क्यों डॉक्टर उसकी देख-रेख में इतना, इस क़दर, व्यस्त रहते ?

वह सख़्त बीमार था। वह टहलता था, फिरता था; खाता था, सोता था; खेलता और हँसता भी था—तो भी वह सख़्त बीमार था। हाँ, खेलता था शतरंज की दो-चार बाज़ियाँ, ताश के दो-चार हाथ; और, खाता था केवल अंगूर के 'कुछ' गुच्छे, नारंगी का 'थोड़ा' रस, लोफ के 'दो' स्लाइस, गरम-गरम, मक्खन से लिपटे। 'थोड़ा' दूध भी लेता था, किंतु साधारण दूध उसे रुचता न था, माल्टेड का जमा हुआ दूध। तो भी वह सख़्त बीमार था। आप कहेंगे, भला यह कैसी सख़्त बीमारी है, बाबा ! आप ही-ऐसे बहुत-से बेवकूफ़ लोग हैं, जो ऐसा ही प्रश्न किया करते हैं, किंतु इससे क्या? विलायत में डॉक्टरी पास करके आए हुए सुपरिंटेंडेंट ने भी मान लिया है कि वह सख़्त बीमार है।

वह सख़्त बीमार है, क्योंकि वह एम.एल्.सी. था, वह एक बड़े ज़मींदार का बेटा है और स्वराज्य सरकार में शायद मिनिस्टर होगा !

कैंप जेल के क़ैदियों ने भी मान लिया है कि यह सख़्त बीमार है, किंतु इस बीमारी का कारण वह कुछ अजीब बतलाते हैं। उनका कहना है कि जब से यह ज़मींदार का सपूत जेल आया, तभी से बेचारे को बेहद परेशानी उठानी पड़ी है। सुपरिंटेंडेंट के साथ इसको दौड़ना, जेलर के साथ इसे घूमना, डॉक्टरों के साथ इसको बैठना, ज़मींदार की संगत इसको निभानी। बेचारा क्या करे, परेशान रहता। ख़ासकर उस दिन तो उसकी परेशानी और जाँफिसानी की हद हो गई जिस दिन राजबंदियों ने, अपनी कई शिकायतों को दूर न होते देख, वार्ड में बंद होने से इनकार कर दिया था। अजीब समाँ था। दिन-भर कलक्टर, पुलिस सुपरिंटेंडेंट, आई.जी. आदि का आना-जाना लगा रहा। शाम को एक ओर पाँच सौ पुलिस के जवान संगीनें सीधी किए खड़े थे, दूसरी ओर कैंप जेल के दो हज़ार क़ैदी, प्रहार की प्रतीक्षा में थे। उस समय यह सपूत, न जाने किसके इशारे पर उठा, और लगा गिड़गिड़ा-गिड़गिड़ाकर, पैरों पर नमकर, लोगों से वार्ड में बंद होने को कहने। कुछ भोले-भाले, ख़ासकर उसके हलक़े के वे लोग, जिन पर उसके धन का रोब जमा था, उसके चकमे में आ गए और उन लोगों को लेकर वह अपने वार्ड में बंद हो गया ! एक ओर तो लोग प्राणों की बाज़ी लगाए बाहर खड़े थे; दूसरी ओर इसकी यह करतूत! कैंप जेल के राजबंदी कहते हैं कि चूँकि उस दिन उसने इस 'सुकर्म' में बड़ी मेहनत की थी, अतः वह सख़्त बीमार है। किंतु, मालूम होता है, क़ैदियों का यह कथन द्वेषवश है—बड़ों के विरोधी बहुत होते हैं !

जो कुछ हो, इतना निश्चित है कि इस क़ैदी को लेकर जेल-अधिकारी इतने परेशान हैं

कि किसी दूसरे की ओर ख़ास ध्यान देना मुश्किल हो रहा है। क्या करें—बेचारे लाचार हैं ! और, लाचार को विचार क्या ?

3

ख़ैर, जेल-अधिकारी अपने कर्तव्य से भले ही चूकें, भले ही द्वैध भाव रखें, किंतु प्रकृति न तो कर्तव्य से चूकेगी, न द्वैध रखेगी। आज आषाढ़ के लगते ही उसने संसार को जल-दान दिया, तो वह कैंप जेल को भी नहीं भूल सकी। चैत, बैसाख, जेठ—तीन महीने तक भट्ठी में तपने के बाद आकाश को बादलों से घिरा देख कैंप जेल के प्राणी आनंद-विह्वल हो रहे हैं। बूढ़े चहक रहे हैं, बच्चे उछल रहे हैं। और, जब रिमझिम वर्षा होने लगी, कई वार्डों से बारहमासे की तान सुन पड़ी। मनोभाव न रुक सका—गीत के रूप में फूट पड़ा !

पानी की कुछ बूँदें, फूस की उस झोंपड़ी के छप्पर को छेदकर, हमारे पहले बीमार के कपाल पर आ गिरीं। वह आँखें मूँदे अर्ध-मूर्च्छित दशा में पड़ा था। चौंका। ऊपर देखा। एक के बाद एक, ताँता बाँधे, बूँदें आ रही थीं। निकट के परिचारक से इशारा किया। वह झटपट एक हाथ में लोहे की 'बाटी' उठाकर ऊपर से आनेवाली बूँदों को रोकने लगा, और दूसरे हाथ से कपाल पर की बूँदें पोंछ दीं; और बड़बड़ा उठा—"बदमाश ने झोंपड़ी को छाया भी नहीं; दम नहीं था, तो क़ैद काहे किया।"

ये सहज भाव से निकले सीधे-सादे शब्द बीमार के कानों में पड़े। किंतु, पड़ते ही उसके मस्तिष्क में, उसके हृदय में, उसकी नस-नस में उन्होंने कैसी आँधी की सृष्टि कर दी !

बीमारी में भावुकता बढ़ जाती है, विचार-शक्ति दब जाती है। मनोवैज्ञानिक इसकी क्या व्याख्या करेंगे, हम नहीं जानते। हम तो केवल यही कहेंगे कि भावुकता हमारी जन्मगत प्रवृत्ति है, अतः अपनी चीज़ है, दुःख-सुख में यह हमें नहीं छोड़ती। विचार-शक्ति 'प्राप्त' की गई चीज़ है, अतः पराई चीज़ है। विशेष अवसर आते ही अपनी चीज़ पास रह जाती है, पराई चीज़ भाग जाती है। उसकी अवधि जितनी लंबी होती जाएगी, विचार-शक्ति उतनी ही दूर और भावना-शक्ति उतनी ही निकट आती जाएगी। यदि लोग हमारी इस व्याख्या को मान लें, तो उन बेचारों को लोग न कोसें, जो सुख की अधिकाई में ठट्ठा मारकर हँसते और दुख में फूटकर रोते हैं।

यहाँ की भावना-शक्ति ने विचार-शक्ति पर विजय पाई। विवेक भाग पड़ा, भावुकता ने रंग बाँधने शुरू किए।

बीमार की आँखों के सामने उसकी अपनी, अपने गाँव की, फूस की झोंपड़ी नाचने लगी, और नाचने लगीं उसके साथ ही उसके अंदर पलनेवाली तीन निरीह आत्माओं की असंख्य यंत्रणाएँ। उसकी झोंपड़ी भी तो परसाल से नहीं छाई गई है! वहाँ भी इस समय बूँदों की झड़ी लग गई होगी। उसमें कैसे होगी उसकी रानी, उसकी मुनिया, उसका कुमार। रानी, मुन्नी, कुमार—कैसे होंगे वे ? ...

"बदमाश ने झोंपड़ी को छवाया भी नहीं; जब दम नहीं था, तब क़ैद काहे किया।"

क्यों क़ैद किया उसने इन तीन निरीह प्राणियों को—रानी, मुन्नी, कुमार को। सरकार यदि दोषी है, तो वह क्या है ?

उसकी रानी—उसकी टूटी कुटिया की रानी—उसकी रूठी दुनिया की रानी। फटे वस्त्रों में रखकर भी जिसको उसने 'रानी' की उपाधि दी थी, अकिंचन जानते हुए भी जिसने उसे 'राजा' कहकर पुकारा था। कितने प्यार से रखता था वह अपनी रानी को, कितने दुलार से रखती थी उसकी रानी उसे ! उसके सारे अभावों को जो अपनी एक सरल मुस्कुराहट से भर देती थी, उसके

सारे अवसाद को जो अपनी बाँकी चितवन से दूर कर देती थी—कैसी होगी उसकी रानी इस समय—इस समय, जब उसकी झोंपड़ी चू रही होगी, उसका छप्पर रो रहा होगा। रानी-रानी...

"झोंपड़ी को छवाया भी नहीं; जब दम नहीं था..."

बेहोशी। फिर संज्ञा। फिर भावुकता—

उसकी मुनिया बेटी—छोटी, चंचल, फुदकती हुई—ठीक मुनिया चिड़िया की तरह। चहचहाती रहती, फुदकती फिरती। राष्ट्रीय विद्यालय के छोटे वेतन में से जो कुछ बचता, उसमें से कुछ आने निकालकर जिसके लिए वह किशमिश और मिहीदाने ख़रीदना नहीं भूलता, वही मुनिया, मुन्नी रानी, कैसे होगी ? किस तरह रहती होगी, क्या खाती होगी; क्या खा...

"जब दम नहीं था, तब..."

शून्य दृष्टि छप्पर की ओर। फिर आँखें मूँदीं—फिर चेतना, फिर भावना—

कुमार ! कुमार ! वह बच्चा, जिसका मुँह भी उसने नहीं देखा, जिसका जन्म उसके जेल आने के बाद हुआ। वह कैसा होगा ? ख़बर सुनकर जिसका नामकरण उसने मनं-ही-मन 'कुमार' कर रखा है, कैसा होगा उसका वह कुमार ? आह रे कुमार, आह री उसकी माँ—रानी—

"जब...तब..."

और देश में आज एक उसकी रानी, उसकी मुनिया, उसका कुमार ही तो ऐसी हालत में नहीं होंगे। आषाढ़ की इस पहली संध्या को, जब कि संसार में अजस्र आनंद की धारा-वृष्टि होनी चाहिए, कितनी ही रानियाँ, कितने ही कुमार, कितनी ही मुनियाँ... ! उसकी आँखों के सामने सैकड़ों, हज़ारों, लाखों, अबलाओं, बच्चों, ग़रीबों, मासूमों के अश्रुपूर्ण चेहरे नाचने लगे—

झमाझम वर्षा होने लगी थी। उसको मालूम हुआ, सारा संसार आज रो रहा है—आकाश रो रहा है, बादल हाहाकार कर रहे हैं, पवन चीख़ रहा है, दिशाएँ उसाँसें भर रही हैं, पृथ्वी आँसू से भीगी हुई है।

रुदन ! हाहाकार ! चीख़ ! उसाँस ! आँसू !

उसकी आँखों और झोंपड़ी में प्रतिद्वंद्विता मच गई है—कौन अधिक रोती है, कौन अधिक पानी बरसाती है ?

पानी—आँसू। आँसू—पानी।

और उसी समय वार्ड नं. 2 में ताश चल रहा था और चाय की जगह गरम कॉफ़ी से कलेजे को गरमी और दिमाग़ को मशर्रत पहुँचाई जा रही थी !

झोंपड़ी रो रही है—वह सदा रोती आई है !

और, महल... कब तक हँसता रहेगा ?

लाल तारा

[1938-39 ई.]

शहीद बैकुंठ शुक्ल को
जो स्वयं एक जाज्वल्यमान तारा था।

—श्रीरामवृक्ष बेनीपुरी

नए रूप में

'लाल तारा' मेरे शब्दचित्रों का पहला संग्रह है। इसका पहला रूप उस ज़माने में निकला था, जब मैं सिर से पैर तक लाल-लाल था।

दूसरे संस्करण में इसका कुछ रूप बदला और अब तीसरे संस्करण में यह बिलकुल नए रूप में पाठकों के हाथ में आ रहा है।

इसकी कुछ चीज़ें, जिनका गुलाबी रंग था, नई पुस्तकों में रख दी गई हैं, कुछ और चीज़ें इसमें जोड़ दी गई हैं, जो अन्यत्र संगृहीत थीं, किंतु जो अपने अंगारे के-से रंग के कारण, इसी के लिए उपयुक्त जँचीं !

मेरे विचार से, अपने इस नए रूप में, यह अपने नाम को और भी अधिक सार्थक करता है।

'लाल तारा' एक नए प्रभात का प्रतीक था । वह प्रभात अब अधिक सन्निकट है। शायद इसीलिए अंधकार भी अधिक सघन हो चला है।

यह अंधकार छँटे, नए प्रभात का स्वर्णोदय हो, इसी कामना के साथ ।

आश्विन की अमावस्या
1953

—श्रीरामवृक्ष बेनीपुरी

लाल तारा

निविड़ अंधकार और घने कुहासे के पर्दे को फाड़कर वह लाल तारा पूरब के क्षितिज पर जगमग-जगमग कर रहा था !

गरभू उठा। पूस का जाड़ा, पुआल की तहों को छेद, इस आख़िरी रात को गरभू के कलेजे तक पहुँच चुका था। पहले दमा उठा, फिर गरभू।

गरभू उठा, झोंपड़ी के बाहर आया।

एक बार काँपते-काँपते उसने खलिहान को, चारों ओर नज़र दौड़ाकर, देखने की चेष्टा की। खलिहान—उसकी वर्ष-भर की मेहनत, जहाँ बोझों के अंबार और अन्न की रास के रूप में पड़ी थी।

वर्ष-भर की मेहनत—धान की सुनहली बालियों के रूप में। इस सोने पर, जब कि वह सोया हुआ था, किसी चोर-छिपार की बुरी नज़र न लगी हो !

देखने ही से संतोष नहीं हुआ। एक बार खलिहान के चारों ओर वह घूम आया।

फिर बटुवे से सुर्ती निकाली, चुनौटी से चूना। दो-चार बार कसके चुटकी लगाई और एक मीठी थपकी दी। अँधेरे में ही, स्पर्श के द्वारा, कुछ महीन सुर्ती अलग कर नाक में डाली, शेष मुँह में।

नाक में छींक आई, सिर का बोझ दूर हुआ। सुर्ती की एक पीक गले के नीचे उतारी, शरीर गरमा गया।

क्या वह सोए ?

उँह, यह भभूका—लाल तारा—उग चुका ! यह तो रामनाम की बेला है।

गरभू प्रभाती टेर रहा था—

'लाज मोरी राखहु हो ब्रिजराज !'

x x x

यह लाल तारा !

गरभू के कितने सपनों का साथी है वह !

उसका वह बचपन !

लाल तारा देखते ही उसका बाप उसे उठा देता। गरभू उठता, आँखें मलता, बथान में जाता और तुरत की ब्याई उस गुजराती भैंस को खोलकर पसर चराने को निकल पड़ता।

कितनी ही चाँदनी रातों में दप-दप सुफेद साड़ी पहने चुड़ैलों ने उसे फुसलाया।

कितनी ही अँधेरी रातों को काले प्रेतों ने उसे डराया-धमकाया।

किंतु गरभू जानता था, जब तक वह भैंस की पीठ पर है, उसका कोई कुछ बिगाड़ नहीं सकती। लक्ष्मी के निकट कहीं भूत-प्रेत आते हैं।

लोही लगने पर वह लौटता। चारों ओर हरे-भरे खेत, ओस के मोतियों-से लदे। उसकी अघाई भैंस झूमती, बच्चे के लिए चुकरती, घर की ओर भागी आ रही। और गरभू उसकी पीठ पर बैठा—उसे वह अनुभव होता, जो किसी इंद्र को अपने ऐरावत की सवारी पर।

x x x

जब वह जवान हुआ—

इस लाल तारे को केंद्रित कर उसके कितने न स्वर्ण-जाल बने!

स्वर्ण-जाल ? उतना ही क़ीमती, उतना ही रंगीन, किंतु कितना क्षणिक!

सोने का जाल ? या मकड़ी का जाला !

गरभू को वे दिन—नहीं, रातें—अब भी याद हैं। अपनी नवोढ़ा पत्नी के साथ, अपनी कुटिया में लेटे-लेटे, वह सारी रात गपशप में बिता डालता है। इतने में ही उसकी पूरब की छोटी खिड़की से यह लाल तारा उसके घर में झाँकने लगता है।

'ऐं, भोर हो गई !' उसकी नवोढ़ा बोल उठती। इस आवाज़ में कितनी तड़प, कितनी चाह और कितनी आकुलता भरी होती !

वह सोचती—दिन आ रहा, उसके और उसके इस अलबेले के बीच एक कठोर अंतराल खड़ा हो जाएगा !

रूढ़ियों की दीवाल !—पत्थर की दीवाल से भी ठोस, कठोर हृदयहीन !

दोनों आँगन में आते। देखते, परखते—हाँ, यह लाल तारा ही तो है ? तब—

तब, एक बार हुलसकर लिपटते और विदा होते। एक दरवाज़े की ओर—दूसरी, अपनी उस प्रणय-पर्ण-कुटीर की ओर।

उनकी आँखों में भी तारे चमकते—उजले-उजले, काली-काली बरौनियों की सघनता को भेदते चाँदनी के स्पर्श से मोती-से दिपते।

x x x

और यह प्रभाती, यह गाना !

गाना—गरभू कितना गाता, कैसा अच्छा गाता ? आज तो दो पदों के बाद ही उसका गला बैठा जा रहा है।

गरभू गाने के लिए बदनाम !

हाँ, गरभू गाने के कारण बदनाम भी हो चुका है। न उसके पास श्याम की बाँसुरी थी, न उसमें वह भुवन-मोहन रूप था:, किंतु उसके अटपटे गाने कितनी ही राधाओं को उसके पास खींच लाते !

न यमुना, न वृंदावन, न कदंब, न कुंज-कुटीर !

किंतु तो भी इस गाँव के कितने ही स्थल हैं, जहाँ पर उसके प्रणय-चिन्ह अदृश्य कूचियों से अंकित हैं !—बाबुओं की अमराई, तालाब का कछार, सरसों के खेत, गाँव की अँधेरी गलियाँ !

वह गाते-गाते जगता, गाते-गाते सोता ! काम भी करता गाते-गाते ! कंधे पर हल लिए खेत की ओर जा रहा है, गाते-गाते। हल चला रहा है, गाना हो रहा है और ताल टूटता है—बैल के पुट्ठे पर ! चल बे पट्ठे—बैल नाचने-से लगते, वह गाने लगता—

'आम की डाल कोयलिया कुहके,
बनवा में कुहके मोर।
मोरा अँगना में कुहके सोने की चिड़इया,
सुन हुलसे जिया मोर।
हाँ जी, सुन हुलसे जिया मोर !!'

गाते-गाते कभी परिहथ छोड़कर वह नाचने भी लगता !

गाँव के लोग इस अलबेले हलवाहे पर फब्तियाँ कसते, उसके बाप से शिकायत करते। किंतु बाप—

बाप कहता—जिस दिन से गरभू ने हल पकड़ा, उसके खेत सोना उगलते हैं, घर मोती सँजोते हैं।

टट्टी की जगह मिट्टी की दीवाल। फूस की जगह खपड़ैल का छाजन। उसके बाप के बदन पर सुफेद अँगोछा—माँ की देह पर कोरदार साड़ी !

और रंग-बिरंगी चूनर पहननेवाली तो पीछे आई !

पर आज ?

कहाँ गए बाप, कहाँ गई माँ ? अच्छा हुआ, ये दुर्दिन वे न देख सके !

मिट्टी की दीवाल की जड़ नोनी लगने से खोखली हो चुकी है, आज गिरे या कल ! खपड़ैल के बीच-बीच फूस है, ठीक उसी तरह, जैसे उसकी स्त्री की पुरानी चूनर में ननगिलाट के पेबंद !

और, मानो गरभू आज उस बेचारी के ही शब्दों में गा रहा है—

'लाज मोरी राखहु हो ब्रिजराज !'

x x x

गरभू का गला भर आया। गाया न गया। इस जाड़े में भी उसका शरीर पसीने-पसीने हो गया।

झोंपड़ी से निकल वह खलिहान में घूमने लगा।

यह बोझों का अंबार—यह अन्न की रास ?

क्या ये उसके घर जा सकेंगे ?

कितने गिद्धों की नज़र न लगी होगी इन पर—मानो ये गरभू की मेहनत के नतीजा न हुए, कोई लावारिस लाश हैं।

जब तेज़ी थी, लगान बढ़ते-बढ़ते आसमान से जा लगी—अब मंदी में भी वह वहीं लटकी है। वह क्यों उतरे ?

बक़ाया ! बक़ाया ! बक़ाया—साल-साल देते जाओ, देते जाओ, तो भी बक़ाया !

परिवार बढ़ा—आमदनी घटी। कर्ज़—फिर सूद—और दरसूद। कितना दोगे? और जिनसे अन्न लेकर खेती की, उनका ड्योढ़ा तो सबसे पहले चुकाना होगा।

इस अंबार की एक-एक बाली का हिसाब लगा हुआ है; इस रास के एक-एक कण का जमा-ख़र्च बँधा हुआ है।

साल भर दिन-रात एक की। माघ का जाड़ा घुटनों में सिर छुपाकर काटा। जेठ की दुपहरिया कुदाल की छाया में गँवाई। भादों की रिमझिम कीचड़ में खड़ा-खड़ा, हँस-हँस, गुज़ार दी।

किंतु जब फल खाने का वक़्त हुआ, ये गिद्ध !

ये गिद्ध ?—हाँ, ये गिद्ध नहीं तो क्या हैं ? ये गिद्ध हैं—मांसख़ोर हैं। गिद्ध तो मुर्दामांस खाता है। ये गिद्ध के भी चचा हैं, ज़िंदा मांस खाते हैं।

उफ़, मेरा बच्चा—कितनी तपस्या के बाद मिला बच्चा ! दिन-दिन सूखता जा रहा है। वह हँसता-खेलता बच्चा, क्या-से-क्या हो गया ! दिन-रात बुख़ार, खाँसी। पहले कफ़ थूकता था, अब खून उगलता है।

और, उसकी वह बहन—गरभू की इकलौती बेटी ! बेचारी की जवानी अकारथ बीती जाती है। पैसे नहीं कि उसका गौना करा दूँ। कैसी पीली पड़ती जा रही है।

मेरी... कहाँ गई उसकी चूनर ? बेचारी की लाज तक ठीक से नहीं ढँक पाती।

आज क्या यह मुनासिब नहीं था कि अपनी मेहनत की इस कमाई से अपनी सुख-दुख की साथिन की लाज ढँकता, अपनी बेटी की जवानी को बर्बाद होने से बचाता और—और अपने प्यारे बच्चे...

वैद्यजी कहते थे—वह अब भी बच सकता है।

किंतु ये बचने देंगे ? बिना उसको खाए इनको चैन होगा ?

क्या बाबूसाहब को पैसे की कमी है ? क्या साहूजी का तोड़ा ज़रा भी खाली है ? फिर लगान-लगान, सूद-सूद की यह कैसी रट ?

नहीं, ये गिद्ध के चचा हैं—बिना ज़िंदा मांस खाए ...

गरभू काँपने लगा, गिर पड़ा।

पहले बड़बड़ाहट—फिर नाक की आवाज़—तब सन्नाटा

और उधर—

निविड़ अंधकार और घने कुहासे के पर्दे को फाड़कर वह लाल तारा पूरब के क्षितिज पर जगमग-जगमग कर रहा था।

हलवाहा

आँव-आँव—चलता चल, ओ मेरे जीवन-संगी, चलता चल !

न जाने, किस कुक्षण में मेरा-तेरा संग हुआ कि तूने मुझे आत्मसात्-सा कर लिया है।

हाँ, मैं मनुष्य होकर भी आज बैल हो रहा हूँ।

स्वयं घास-पात पर गुज़र कर दूसरों के लिए पृथ्वी का कलेजा चीरता और उसके विविध रत्नों से उनका भंडार भरता हूँ।

छड़ी-चाबुक खाते-खाते इतना अभ्यस्त हो गया हूँ कि अब सींग-पूँछ हिलाना भी छोड़ दिया है।—पूरा बछिए का ताऊ बन गया हूँ।

आँव-आँव—चलता चल, ओ मेरे जीवन-संगी, चलता चल !

x x x

जीवन-संगी !

हाँ, तू ही तो मेरे जीवन का सदा का साथी है।

भोर हुई, आकाश में लाली छाई, बाग़ में फूल चिटखे।

किंतु मेरे भाग्याकाश को तो सदा अँधियाला रहना ही बदा है—मेरे बाग़ में बसंत कहाँ?

मैं उठा, मुँह-अँधारे, अभ्यास के सहारे, अँधेरे में ही जल्दी-जल्दी कुट्टी काटी, उसमें भूसा रखा और थोड़ी खल्ली के साथ तेरे निकट उसे रख दिया।

किरन छिटकी। मेरे कंधे पर हल तेरे कंधे पर जूआ।

खेत पहुँचे। मेरे हाथ में 'परिहथ', तेरे कंधे पर 'पालों' का बोझ।

तू आगे-आगे, मैं पीछे-पीछे।

आँव-आँव—चलता चल, ओ मेरे जीवन-संगी !

x x x

मेरे शरीर से पसीना टपक रहा है—तेरे मुँह से सुफेद झाग चू रहा है। उफ़्! यह धूप है या अगिन-बान ?

वह ! वह कौन आ रही है ?

वही तो है।

मँडुए की एक रोटी, टिकोरे की थोड़ी चटनी, एक पूरा सूखा मिर्चा, थोड़ा-सा नमक, बस!

एक टुकड़ा तू भी खा ले, ओ मेरे जीवन-संगी ! अपने को तो सदा अधपेटा रहना ही है।

तिपहरिया—दोनों थके-माँदे : किंतु मुझे तो तेरी ख़बर लेनी ही है।

आह ! यदि मेरा हलवाहा भी मेरी ख़बर इसी तरह लेता।

वह तो दिन भर मुझे जोतता है और शाम को यह ख़बर भी नहीं लेता कि कभी मुझे भरपेट खाना भी मिला।

मैं तेरी चिंता करता हूँ—यह बेचारा अधपेटा रहेगा, तो फिर कल हल कैसे खींचेगा ? किसी उपाय से तेरा पेट भर ही देता हूँ।

किंतु वह ?

वह दिन-भर मुझे जोते रहता—बारह मास जोते रहता है; किंतु एक बार भी ऐसा नहीं सोचता कि आख़िर इस मनुष्य-रूपी बैल के भी पेट है या नहीं।

उलटे, जब कभी संयोग से मेरे निकट 'हरी घास' देखता है, झपटकर स्वयं हड़प जाता है।

खेत मेरा, खलिहान उसका; भूसा मेरा, अन्न उसका।

उफ़्—ओह !

x x x

चल ओ मेरे जीवन-संगी, ज़रा तेज़ी से चल !

सुना, द्वापर में भी एक हलधर था । हाँ, हलधर ही तो—मेरा सगा-सम्बन्धी !

एक बार वह बिगड़ा।

अपने हल की नोक, उसने, ज़मीन में कुछ गहरे धँसा दी; फिर, समूची पृथ्वी को, उस हल के बल से खींचकर, समुद्र में डुबोने को वह उद्यत हुआ।

हाँ, वह हलधर था और अपने हल की नोक से समूची पृथ्वी को खींचकर समुद्र में डुबोने चला।

कहा जाता है, सब व्याकुल हो उठे। उसके पैरों पर गिरे। हलधर ही तो था—पसीज पड़ा बेचारा। पृथ्वी बच गई—बच गई उस पर की सारी सृष्टि !

किंतु, मैं नहीं पसीजूँगा, ओ मेरे जीवन-संगी !

ओ मेरे जीवन-संगी ! ज़रा तेज़ी से चल !

आज इस समूची पृथ्वी को, अपने हल की नोक से खींचकर, मैं समुद्र में डुबो दूँगा।

वह पृथ्वी रहकर क्या होगी, जहाँ मनुष्य बैल बन जाता है ? जहाँ उस बैल को दिन-रात खटाया जाता है किंतु चारा भी नहीं दिया जाता ?

जहाँ वह भूखों मरता है, जो पैदा करता है। जहाँ वह मौज उड़ाता है, जो अजगर-सा बैठा रहता है।

जीवन-संगी ! तेज़ी से चल। इस पृथ्वी को समुद्र में डुबोऊँगा, चलता चल, तेज़ी से चल! आँव-आँव !

x x x

आह रे, हलवाहे का हृदय !

यदि सचमुच एक बार वह कठोर हो पाता।

जीवन-संगी, यदि सचमुच मैं कठोर हो पाता !

पसीने से पृथ्वी को मुलायम और ज़रखेज़ बनाने के बदले एक बार अपने खून की खाद से उसे सींचता और उर्वर बना पाता।

आँसू तो बहुत बरसाए—एक बार चिनगारियाँ चमका पाता।

जीवन-संगी, तेरे ये दो सींग मेरे मस्तक पर उग आते।

तेरी तरह पूँछ तो बहुत हिलाई। अब ज़रा सींग फटकारने की अक़्ल भी मुझे दे—ओ मेरे जीवन-संगी !

आँव-आँव, चलता चल, चलता चल...

यह और वह

हज़ारीबाग रोड स्टेशन ! चार बाबू—क़ैदी वेटिंग रूम से निकलकर प्लेटफ़ार्म पर हवाख़ोरी कर रहे हैं।

दिनभर की कड़ी धूप के बाद यह शाम कैसी अच्छी मालूम हो रही है ! चारों ओर धूसर पहाड़ियाँ—दूर पर एक पहाड़ी को सुशोभित करता पारसनाथ का वह मंदिर ! पश्चिम में सूर्य अपना बचा-खुचा सोना बाँटकर, हँसता हुआ, विश्रामागार को जा रहा है। पूरब में चतुर्दशी का चाँद अपना चाँदी का थैला लिए, मानो दान के उपयुक्त अवसर की प्रतीक्षा में है—भला इस गोधूलि बेला में भी कोई पुण्य कर्म किया जाता है ?

रह-रहकर हवा का एक शीतल झोंका दिनभर की गर्मी को भुलाने की चेष्टा करता हुआ सन्-सन् करके निकल जाता है।

कि इतने में ही एक बालिस-ट्रेन प्लेटफ़ार्म पर आ लगती है।

खुले डब्बों की एक लंबी कतार ! डब्बों में गिट्टियाँ भरीं। गिट्टियों पर कुछ आदमी बैठे अपने हथौड़े चलाए जा रहे हैं। कुछ लोहे के चूल्हे में कोयला रख उसे धधकाने की चेष्टा में हैं—धुआँ-धुआँ हो रहा है ! कुछ गिट्टियों पर पड़े, पत्थर का तकिया किए, सोए हुए हैं, उनकी नाक की 'सर-सों' आवाज़ साफ़ सुनाई पड़ती है। उनके सिरहाने अध-सूखे पत्तोंवाली डाल हिकमत से खड़ी की हुई है। मालूम होता है, कुछ पहले धूप से बचाव के लिए उन्होंने यह तरकीब की थी। कुछ खड़े होकर स्टेशन की ओर देख रहे हैं। उनमें से कुछ के ध्यान को तो इन बाबू क़ैदियों की ओर जाना ही था ।

यह बबुआना वेश और पुलिस की निगरानी में !

एक अपने डब्बे से कूदकर बाबू क़ैदियों के नज़दीक आता है— शायद इस अजीबोगरीब जानवर की अच्छी तरह पहचान रखने के लिए !

"तुम्हें कितनी मज़दूरी मिलती है, भाई ?"

'भाई'—वह पूछनेवाले बाबू-क़ैदी को सिर से पाँव तक देखता है ! 'भाई'—इस अपरिचित शब्द से जैसे वह घबरा जाता है। उसे जिन शब्दों से आज तक बाबुओं ने पुकारा, उनमें यह शब्द तो नहीं था !

"मैं तुम्हीं से पूछता हूँ दोस्त, बोलते क्यों नहीं ?"

पहले भाई, अब दोस्त। हिचकिचाते हुए उसने कहा—"चार आने।"

"और, काम कब से कब तक करते हो ?"

इस फ़िज़ूल सवाल का क्या अर्थ ?—उसकी घबराहट बढ़ती मालूम होती है।

"यही—भोर से शाम तक।"

"दिनभर में छुट्टी नहीं मिलती ?"

"बीच में खाने के लिए एक घंटे की।"

"अच्छा, तुम्हारे घर में कितने आदमी हैं ?"

"पाँच—माँ, मैं, मेरी स्त्री और दो बच्चे।"

"दो बच्चे ?"

"जी हाँ।"

"बाप मर चुके ?"

उसने सिर हिलाकर 'हाँ' भरी।

"चार आने में पाँच प्राणियों की गुज़र कैसे चलती है ?"

अब तो उसकी घबराहट अंतिम छोर पर पहुँच चुकी थी; लेकिन इसी समय इंजन ने सीटी दी—वह दौड़ता हुआ अपने डब्बे में चढ़ गया। ट्रेन चल दी। उस धुँधले प्रकाश में बाबू-क़ैदी ने देखा, वह दोनों हाथ मस्तक से सटाए उन्हें अभिवादन कर रहा है।

x x x

"ज़रा स्नान क्यों न कर लिया जाए"—एक बाबू-क़ैदी ने अपने दूसरे साथी से, रेल के स्टेशन पर बड़ी तेज़ी से चलते हुए पानी के नल को देखकर, कहा।

झर-झर-झर—नल का पानी उसके सिर पर गिर रहा है; लेकिन उसका दिमाग़ तो अभी तक ठंडा नहीं होता—साफ़ नहीं होता। खड़-खड़-खड़-खड़ करती हुई वह बालिस-ट्रेन उसके दिमाग़ में कुहराम मचाए हुई है। बालिस-ट्रेन पर चलता हुआ वह हथौड़ा मानो उसके मस्तक पर तड़ातड़ पड़ रहा हो और जलता हुआ वह चूल्हा उसके अंतर में भट्ठी फूँक रहा हो। गिट्टी पर पत्थर का तकिया लगाए सोए हुए उस मज़दूर की नाक से निकली आवाज़ सायँ-सायँ कर उसमें भाथी चला रही है और सबसे बढ़कर उस नौजवान की आकृति, उसकी चार आने मज़दूरी, फिर पाँच प्राणियों की गुज़र और अंत में उसका वह प्रेम-पूर्ण अभिवादन ! एक साथ ही—धू-धू हू-हू ! चिता भी जल रही है, तूफ़ान भी चल रहा है। भला ऐसे दिमाग़ को पानी की ये फुहारें क्या फ़ायदा पहुँचा सकती थीं ?

इसी समय प्लेटफ़ार्म के नीचे, शंटिंग की लाइन पर, रेल का एक डब्बा जगमगा उठा। उस जगमग में उसके भीतर के दृश्य साफ़ नज़र आ रहे हैं।

एक सज्जन—नहीं, वह 'साहब' कहलाना ज़्यादा पसंद करेंगे— तो, एक साहब कुर्सी पर बैठे हैं। तुरत-तुरत गुस्लख़ाने से निकले हैं। बिजली की रोशनी में उनके भीगे केश पर की बूँदें कैसी चमक रही हैं, जैसे हरी घास पर ओस के कण, जिन्हें सूर्य-किरणों ने रंग-बिरंगा बना दिया हो। बड़े आईने के सामने, सोफियाने ब्रश से अपने बाल को सम्हाल रहे हैं। किंतु बिजली-पंखे की हवा से उड़-उड़कर वे मुलायम बाल बार-बार उनके चेहरे पर लटक आते हैं। मालूम होता है, बालों का कौतुक उन्हें भी पसंद है—बार-बार ब्रश फेरते और बीच-बीच में ठहर-ठहरकर उनके बिखरने की प्रतीक्षा करते हैं। फिर, कुछ उजली-उजली, मक्खन-सी चीज़ निकालकर चेहरे पर मलते हैं। कमीज़ पर कालर और नेकटाई बाँधते हैं—ऊपर से कोट डालते हैं। तब एक बार गर्व से आईने में देखते हैं। उनकी असल और नकल दोनों सूरतें—यहाँ, इस नल पर से, साफ़-साफ़ दिखाई पड़ रही हैं।

इतने ही में खानसामा पहुँचता है। हाथों में ट्रे है और चेहरे पर एक दहशत। टेबल पर ट्रे रख देता है। ट्रे के ऊपर से सुफेद कपड़े को हटाकर एक बार साहब सरसरी नज़र से सब चीज़ों को देखते हैं—फिर, भौं कुछ टेढ़ी करके खानसामे की ओर ताकते हैं। पचास गज के फ़ासले से भी उस बिजली की रोशनी में, खानसामे पर जो आतंक छाया, उसका पता साफ़-साफ़ चल रहा है। एक घुड़की—उसका पीछे हटना। फिर ट्रे की कुछ चीज़ों का उठाना—दृश्यपथ से गायब

होना। कुछ देर के बाद लौटना, कुछ लिए-दिए।

काँटे-छुरे चमक रहे हैं। बीच-बीच में छोटी-छोटी प्याली में कुछ रंगीन तरल पदार्थ कंठ से नीचे उतारा जा रहा है।

नहानेवाला बाबू उद्विग्न हो उठता है, जैसे आँख मूँदकर वहाँ से चल देता है। वेटिंग रूम में आता है।

"यह कौन साहब हैं ?"

"उस सैलून में ?"

"हाँ।"

"रेलवे के कंट्रैक्टर हैं—अबरख का भी आपका बड़ा कारबार है।" इतने में—'लारी आ गई, चलिए' की पुकार।

लारी की अगली सीट पर चारों बाबू-क़ैदी बैठे हैं; दारोगाजी ड्राइवर की बगल में—चारों सिपाही पिछली बेंच पर।

आधी रात का सन्नाटा—उस पहाड़ी प्रदेश में वह लारी चली जा रही है।

सड़क के दोनों ओर हरे-हरे दरख़्त—दूर क्षितिज की गोद में सिर रखकर सोई-सी पहाड़ियाँ—चाँदनी, समूची दुनिया मानो तरल चाँदी में स्नान कर रही हो ! ठंडी पहाड़ी हवा मन-प्राण को जुड़ा रही है।

लेकिन उस समय भी एक का दिमाग़ इस तरह व्याकुल है, जैसे चिलचिलाती धूप में, जल से बाहर रख दी गई, मछली ! वहाँ द्वंद्व मचा हुआ है—

यह है कंट्रैक्टर—रेलवे कंट्रैक्टर—रेलवे की लाइनें बनाने, सुधारने का काम—पुल, स्टेशन भी बनवाते होंगे।

वह बालिस-ट्रेन; वे कुली—इन्हीं की मातहत तो वे बेचारे काम करते होंगे।

यह कंट्रैक्टर साहब ! यह कौन-सा काम करते हैं ? देखभाल ?—झूठी बात—देखभाल तो इनके दूसरे नौकर करते होंगे, जिन्हें हम ओवरसियर कहें, इंजीनियर कहें।

तब ?

तब इनके रुपए हैं, उन रुपयों से इन मज़दूरों को—नहीं, तो उनकी मज़दूरी को ही कह लीजिए—ख़रीदते हैं—उनसे मनमाने काम लेते हैं। और उनके काम पर मनमाने दाम वसूल करते हैं।

यों मेहनत किसी की, नफ़ा किसी का !

और, अबरख का कारबार होता है ?—क्या कारबार ? ऐसा ही ... या कोई ख़ान होगी हज़रत की।—कुछ कुली, कुछ कारीगर मरते होंगे और उनका यह श्राद्ध रचा रहे हैं ?

लेकिन, एक बात तो सोचनी होगी ही—आख़िर रुपए के लिए कुछ तो मिलना ही चाहिए।

लेकिन यह रुपया आया कैसे ? इसी तरह कभी-न-कभी किसी को मूड़कर आया होगा। नफ़े के रूप में नहीं सही, किराये के रूप में, सूद के रूप में, मालगुज़ारी के रूप में।

तमाशा है, जो मेहनत करे, वह उस बालिस-ट्रेन में ...

और जो...जो...

दारोगाजी अचानक बोल उठते हैं, "वाह ! हजारीबाग़ की आब-हवा भी इस गर्मी में क्या चीज़ है, न्यामत ही समझिए"—उन्होंने पीछे की ओर देखा।

वह मानो, इन बाबू-क़ैदियों पर सहानुभूति और धैर्य की एकसाथ वर्षा करना चाहते थे। इन भलेमानसों पर उन्हें थोड़ा रहम तो ज़रूर आता होगा, जो इतना पढ़-लिखकर इस तरह बार-बार जेलों में जाने के कारनामे करते रहते हैं। पागलों पर भी तो रहम होता ही है।

किंतु, अफ़सोस—उनके इस तरह सहानुभूति-प्रदर्शन, इस धैर्यदान पर दाद कौन दे ? बाबू-क़ैदियों में से तीन की आँखें बंद थीं—न जाने, वे किस स्वप्नलोक में विचर रहे थे ?

और, चौथा जगा था ज़रूर ! लेकिन उसके कान, उसकी आँखें, उसकी सभी इंद्रियाँ, जाने, कहाँ-कहाँ थीं ?

अपने विचार-सूत्र को जारी रखते हुए वह बड़बड़ा उठा—

"और इतने पर भी लोग कहते हैं, तुम क्या समाजवाद, समाजवाद चिल्ला रहे हो !"

हँसिया और हथौड़ा

सर्-सर्, झिन्-झिन्—पके धान की सुनहली बालियों के संचय में लगी है, हँसिया!

खट्-खट्, धड़ाम-धड़ाम—तपे हुए लाल लोहे पर बरस रहा है, हथौड़ा !

चमचमाती देह, पतली कमर—हँसिया नाज़नी-सी इठला रही है !

मुस्तंड बदन, घन-गर्जन—हथौड़ा तो औद्धत्य का अवतार ठहरा।

एक दिन दोनों में नोंक-झोंक हो रही थी—

"मैं संचय की रानी, विश्व की अन्नदात्री, सदा हँसती, हमेशा इठलाती—देखो मेरी इन बत्तीसियों को।"—वह ज़ोरों से हँस रही थी !

"मैं सभी उद्योगों का जनक, दुनिया को सभ्यता मैंने दी। नहीं मानोगी ? तो...।"—वह आँखें गुरेड़ रहा था !

"मेरी दुबली देह पर मत जाओ—पतलापन काट करने की ताकत का सूचक भी होता है... और दुनिया जानती है, बड़ा कौन—धार या प्रहार ?"

"मैं अबला से मुँह नहीं लगता !"—क्या हथौड़ा के पास कोई जवाब नहीं था?

x x x

हँसिया-हथौड़ा ! शक्ति और कर्तृत्व के ये दो प्रतीक हैं !

कृषि और उद्योग के !

प्रकृति और पुरुष के !

संसार-रथ इन्हीं दो पहियों पर बढ़ा जा रहा है। हाँ, दोनों पहियों पर—

एक पहिया भी गिर जाए, तो यह रथ एक पग बढ़ने का नहीं ! हँसिया-हथौड़ा संसार-रथ के ये दो पहिए हैं।

x x x

हँसिया रो रही थी !

हथौड़ा उदास बैठा था !

"क्यों बहना ?"

"यह कब तक बर्दाश्त किया जा सकेगा ?"

"मैं भी तो यही जानना चाहती हूँ।"

"उफ़् ! कहाँ है तुम्हारी वह चमक—वह हँसी ?"

"तुम्हारी मांसल भुजाएँ भी क्या भूलने की चीज़ हैं ? और, वह मस्तानापन!"

"उठो बहन !"

"बढ़ो भाई !"

दोनों बढ़ रहे थे–
"दुनिया को दिखा दूँगी, मैं संचय की ही देवी नहीं, संहार की धात्री भी हूँ।"
"निर्माण का कार्य हमसे खूब लिया गया, दुनिया अब ज़रा हमारा प्रहार भी देखे !"
"बढ़े चलो, भैया !"
"हाथ बँटाओ, बहनी !"

कुदाल

आज उसने कुदाल उठाई है।

पैर के अँगूठे ज़मीन को चापे हुए हैं। दबे उच्छ्वासों से छाती फूल रही है। हाथ की नसों में तनाव है। तमतमाए चेहरे पर कुदाल की चमचमाती धार की परछाईं कौंध रही है।

यह तेज़ धूप ! ये लू की लपटें ! गर्मी की दुपहरिया का यह सन्नाटे का आलम। दिशाएँ थर्राहट में। निरानंद-निस्पंद नीले आकाश में कभी-कभी चील की चीख़।

इस फिज़ा में उसने आज फिर अपनी कुदाल उठाई है। पृथ्वी का नरम हृदय उसके प्रहार के पहले ही सिहरकर टूक-टूक होना चाहता है।

खेत की झुलसी तृण-राजि थर-थर काँप रही है। किंतु, क्या इसके प्रहार का लक्ष्य ये तुच्छ तृण-पुंज हैं ?

x x x

आज वह रत्नगर्भा की छाती छेदकर किस रत्न को अतल से निकालना चाहता है।

समुद्र को मथा देवों और दानवों ने। तरल समुद्र; मंदर के समान मथानी, शेषनाग-से रज्जु। आज यह मनु का बेटा ठोस मिट्टी को अकेले मथने की तैयारी में है, मथने ? –नहीं भुस्स उड़ाने!

देवों-दानवों ने जल-तल के सभी रत्न प्राप्त कर लिए–उच्चैश्रवा, ऐरावत, लक्ष्मी, अमृत!

थल-तल के अछूते रत्न आज पहली बार सृष्टि का प्रकाश देखेंगे।

उसके पसीने की बूँदों की तरह ये रत्न जगमगा उठेंगे–चकमक, झलमल।

आज उसने इसलिए इस फिज़ा में कुदाल उठाई है !

x x x

क्या कहा ?–कहीं दूसरा गरल निकला तो ?

छिः–गरल क्या बिगाड़ेगा इसका ? देखते नहीं, इसके शरीर का काला रंग। कोई समुद्र का गरल पीकर नीलकंठ हुआ–यह पृथ्वी का सारा ताप-दाप पीकर नखशिख नीलवर्ण है।

विश्वास रखो, गरल के लिए भी यह किसी शंकर की शरण में नहीं गिड़गिड़ाएगा।

यह डरपोक देवता नहीं, मनु का मर्दाना बेटा है।

डुगडुगी

(एकांकी नाटक)

पात्र

1. बूढ़ा सुक्कन भगत
2. उसकी बेटी सोना रानी
3. उसकी पत्नी
4. ज़मींदार का तहसीलदार
5. तहसीलदार का नौकर जेठरैयत आदि।

पहला दृश्य

[फूस के एक मकान का बाहरी बरामदा। टूटी खाट पर नीचे पैर लटकाए, एक बूढ़ा हुक्का पी रहा है। चेहरे पर झुर्रियों का अड्डा, जिस पर गर्द की एक परत पसीने से कीचड़ बनी। खाली बदन, कमर में एक फटी धोती। ताबड़तोड़ हुक्के का कश खींचता और बीच-बीच में खाँस उठता है। ज़मीन की ओर निगाह; ध्यानमग्न!

आँगन से एक लड़की निकलती है। हाथ में पानी-भरा लोटा। चौदह-पंद्रह बरस की साँवली सुंदरी, एक फटी चूनर, फटी चूनर के भीतर मसकी चोली, जिसके अंदर से उसकी जवानी की किरणें बरबस झाँक रही हैं। वह पानी लेकर बूढ़े के पैरों से ज़रा हटाकर रख देती है और एक ओर खड़ी हो जाती है। बूढ़े ने, मानो, न लोटे को देखा, न लड़की को। वह हुक्का पिए जा रहा है। कुछ देर बाद—]

लड़की—बाबूजी ! **(बूढ़ा ध्यान नहीं देता—कुछ देर ठहरकर फिर कहती है।)** बाबूजी ! **(फिर भी बूढ़े का ध्यान नहीं टूटता—अब ज़रा आवाज़ तीखी करके)** बाबूजी, मैं क्या कह रही... !

बूढ़ा—**(नज़र उठाकर एक बार लड़की को पैर से सिर तक देखता है। फिर मुस्कुराने की चेष्टा करता हुआ)** क्या बेटी—!

लड़की—मैं कह रही हूँ, पैर धोइए, चलिए, खाइए।

बूढ़ा—पैर धो लेता हूँ—क्यों न धो लूँ ? मेरी सोना रानी कहती है और न धोऊँ ? लेकिन, बेटी, भूख तो नहीं है !

लड़की—भूख नहीं है ? तिपहरिया आई और भूख नहीं है ? बिना अन्न दाना के दिनभर कुदाल चलाते रहे और भूख नहीं है ?

बूढ़ा—कुदाल चलाता रहा ! ठीक तो, कुदाल चलाता रहा; किंतु न चलाने से कैसे बनेगा, बेटी ! मेरी ऐसी ही अच्छी तक़दीर रहती, तो तू बेटा न होती?

[लड़की उदास हो जाती है, उसकी नज़र अपने पैर के अँगूठे पर चली जाती है। बूढ़ा भी अन्यमनस्क हो फिर हुक्के का कश खींचने और खाँसने लगता है। इसी समय एक अधवयस स्त्री भीतर से आती है। मैली साड़ी, फटी। चोली नहीं—साड़ी से ही देह को लपेटे-सी, बाल अस्त-व्यस्त। आते ही कहती है।]

स्त्री—यह क्या तुम्हारी आदत है ? जब-तब मेरी सोना को उदास कर देते हो—तू बेटा न हुई, तू बेटा न हुई। क्या बेटा होना उसके हाथ की बात थी?

[बूढ़ा जैसे अपनी ग़लती महसूस करके उठता है, सोना के निकट पहुँचता है। उसकी ठुड्डी को ऊपर उठाता, गद्गद कंठ से बोलता है।]

बूढ़ा—तू सचमुच उदास हो गई मेरी रानी बेटी ! माफ़ करना सोना, बूढ़ा हुआ, ज़ुबान से अंट-शंट निकल आती है। मेरे अँधेरे जीवन की तू ही एक रोशनी है ! यदि तू ही नाराज़ हो गई तो मैं कहाँ का रहूँगा, मेरी बिटिया !

[लड़की कुछ नहीं बोलती—धीरे से मुँह, आँचल से आँखें पोंछती, घर के अंदर चली जाती है।]

स्त्री—आख़िर तुमने मेरी सोना को रुलाकर ही छोड़ा !

बूढ़ा—(**दयनीय आकृति कर गिड़गिड़ाते हुए कहता है**) हाँ, सोना रानी रो पड़ी। मैंने ही रुलाया ! लेकिन मैं कहूँ, तुम्हें विश्वास होगा—मैं तो दिन-रात रोता रहता हूँ ?

स्त्री—विश्वास की क्या बात, मैं अंधी हूँ क्या ? लेकिन, देखो, दिन-रात के इस रोने से क्या फ़ायदा ? अब जो बिधना ने दिया, उसे तो हँसी-खुशी भुगतना ही है !

बूढ़ा—रोने से क्या फ़ायदा ? मैं भी देख रहा हूँ, रोने से क्या फ़ायदा होता है ? और सब गया था, आँखों की नूर बची थी, वह भी जा रही है। अब अच्छी तरह दिखाई भी नहीं पड़ता। लेकिन करूँ क्या ? बिना रोए रहा भी तो नहीं जाता, सोना की अम्मा !

स्त्री—करना क्या है ? धीरज धरना है।

बूढ़ा—धीरज ? धीरज धरना है ? धीरज धरूँ ? देखो, इस घर को—तीन साल से छाजन में एक तिनका नहीं रखा। पहले साल पानी से बचाव नहीं हुआ; दूसरे साल जाड़े से और अब धूप से भी बचना मुश्किल ! दीवारें ढह रहीं, बाँस तक सड़ गए। देखो, इस बाहरी आँगन को। अब तक खूँटों के ये निशान मौजूद हैं। यहाँ जोड़ा बैल बँधते थे, उस जगह वह कामधेनु बँधती थी। उस नाँद के निकट वह भैंस—नब्बे रुपए में ख़रीदा था उसे, याद है ना ? (**एक लंबी उसाँस लेकर**) कहती हो, धीरज रखो और-तो-और, कहाँ से धीरज लाकर तुम्हें इस रूप में देख सकूँ—तुम्हें और अपनी सोना रानी को। बुढ़ापे में कितने देव-पित्तर पूजने के बाद एक बेटी मिली। उसके शरीर पर एक गहना दे सका ? कभी एक अच्छी साड़ी पिन्हाई? और, अब तो उसे किसी योग्य हाथों सौंपने का बंदोबस्त चाहिए? किंतु, बंदोबस्त का भी कोई सरोसंजाम है ? धीरज धरूँ—कहाँ से धीरज लाऊँ?

[बूढ़ा शोक-उत्तेजना में खाट पर ढह जाता है और कमर से धोती का फेंटा खोल उससे मुँह ढाँक लेता है। स्त्री कुछ देर चुपचाप खड़ी रहती है। फिर, खाट के निकट जा बैठती और धोती के फेंटे को उसके मुँह से हटाते हुए कहती है—]

स्त्री—तुम फिर रोने लगे ? बताओ, ऐसा करोगे, तो हमारी क्या गत होगी? एक तो बुढ़ापे का शरीर—फिर, यह रोना-धोना। कितने दिन चलेगा यह ? और, तुम न रहे, तो हम कहाँ ?—सोना को ही कौन पूछेगा ?

[इसी समय ज़मींदार का एक सिपाही दरवाज़े पर आता है और अपनी वज़नी लाठी ठाँय से पटकता है। आवाज़ सुनकर स्त्री उस ओर चौंककर देखती, अस्तव्यस्त हो उठती और ठिठककर दरवाज़े से लगकर खड़ी हो जाती है। बूढ़ा उठकर बैठता है। सिपाही

के पैर में उठी हुई नोक का भयंकर चमरौंधा जूता है। घुटने से ज़रा ही नीचे लटकती मोटी धोती। बादामी रंग का कुर्त्ता और सिर पर लाल पगड़ी। लाठी अपने कद से एक फुट ऊँची, पोर-पोर लोहे से बँधी—नीचे-ऊपर लोहे के गुल्म।]*

सिपाही—सुक्कन भगत, कचहरी में बुलाहट है।

[बूढ़ा उठता है—अपनी कमर से कुछ निकलता हुआ उसकी ओर बढ़ता है। झुककर सलाम करता है और धीरे से उसकी मुट्ठी में थमाकर हाथ जोड़कर बोलता है।]

बूढ़ा—सिपाहीजी, बस, दस दिन की और मुहलत दो, बड़ी मिहरबानी होगी, धरम होगा।

[सिपाही हाथ झाड़ देता है—एक छोटी-सी चमकीली चीज़ अलग गिर पड़ती है।]

सिपाही—भगत, यह न होगा । बहुत मिहरबानी कर चुका। अब मेरे बूते के बाहर की बात है। तुम्हारी अठन्नी पर मैं अपनी नौकरी नहीं खोऊँगा। खुद तहसीलदार साहब आए हैं, तहसीलदार साहब—

बूढ़ा—तहसीलदार साहेब, आयँ, तहसीलदार...

[सिपाही तमककर चल देता है—गुर्राती आँखों से बूढ़े को देखता हुआ; बूढ़ा कुछ देर निस्तब्ध खड़ा रहता है, फिर खाट पर ढह पड़ता है।]

दूसरा दृश्य

[ज़मींदार की कचहरी—एक अच्छा-ख़ासा बँगला। लोगों की भीड़। एक कुर्सी पर नौजवान तहसीलदार साहब साहबी ठाट में बैठे, सिगरेट का धुआँ उड़ा रहे। साहबी ठाट—जो देहात में किसी अर्द्धशिक्षित के पाले पड़कर अजीब रूप धारण कर लेता है। हैट है, कालर है, टाई है, कोट है, पैंट है, मोजे हैं: बूट हैं—किंतु सब भोंड़े ! हाँ, देहातियों पर रोब जमाने के लिए काफ़ी। सामने के टेबल पर इधर-उधर बिखरे रुपए—जो सलामी में चढ़ाए गए हैं। कुछ हटकर एक चौकी पर पटवारी बैठा—बहियों का एक दफ़्तर-सा फैलाए। बेचारा कुछ लिखता जा रहा है—बूढ़ा है वह, आँखों पर चश्मा, जो एक तरफ़ का फ्रेम टूट जाने से तागे के द्वारा कान से बँधा। गोड़ाइत, जेठरैयत, सिपाही तथा किसानों के समूह इधर-उधर बैठे-खड़े। बूढ़ा सुक्कन भगत तहसीलदार साहब के सामने हाथ जोड़कर खड़ा—]

बूढ़ा—दोहाई माँ-बाप की, मैं बहाना नहीं करता...

तहसीलदार—बहाना नहीं, तो यह क्या है ? एकाध बरस की बात हो, तो टाली भी जाए—मुंशीजी बतला रहे हैं, आज चार वर्षों से तुम मालगुज़ारी नहीं अदा कर रहे हो ?

बूढ़ा—हुजूर, हर साल देता हूँ; किंतु पूरी अदाई नहीं हो पाती है। कोशिश करके भी नहीं हो पाती है !

तहसीलदार—क्यों नहीं हो पाती है ? सबकी हो पाती है, तुम्हारी क्यों नहीं होती !

बूढ़ा—सबकी हालत कैसे बताऊँ, हुजूर ! अपनी जानता हूँ। इधर चार-पाँच वर्षों से खेत ने मानो फसल देने से इनकार कर दिया है। खेत बेचारा क्या करे? कभी मघा की बाढ़ से तबाही होती, तो कभी 'हथिया' ही नहीं बरसता। भदई-रब्बी भी खुलकर नहीं आती। कुल मिलाकर इतनी उपज भी नहीं होती कि खेती का ख़र्च ठीक से निकले। घर के ख़र्च और दूसरे ख़र्चों की तो बात अलग। कर्ज़ से डूबा हूँ, तक़ाजों के मारे नाकोदम है। इतने यहाँ पंच हैं, पटवारीजी से ही पूछिए, सुक्कन ने कभी किसी का तक़ाजा सहा ? लेकिन, तक़दीर जो न कराए, सरकार!

तहसीलदार—मैं तुम्हारी तक़दीर की कहानी सुनने नहीं आया, सुक्कन ! उपज नहीं होती तो कर्ज़ ले, बैल-गोरू बेच, गहने बेच, खेत बेच—जो भी बेच सको, बेचो ! किंतु रुपए दो। नहीं तो, नालिश होगी, नीलाम होगा। तब तुम जानो, तुम्हारा काम जाने !

बूढ़ा—हुजूर का हुकुम सिर-आँखों पर—मैं कर्ज़ लेने को तैयार हूँ कोई दे, तो। और गोरू और गहने ? उन्हें कब न बेच चुका सरकार ! रह गया है सिर्फ बाप-दादे का चार बीघा खेत। सो, सोचता हूँ, मैं कौन होता हूँ उसको बेचनेवाला!

[इसी समय एक जेठरैयत तहसीलदार के निकट पहुँचता है और उसके कान में कुछ फुसफुसाता है। तहसीलदार प्रसन्न होकर कहता है—]

तहसीलदार—ठीक तो, बाप-दादे की चीज़ क्यों बेचो, अपनी ही चीज़ जब है, तब...

बूढ़ा—(आश्चर्य मुद्रा में)—मेरे पास अब बेचने को क्या चीज़ बची है ? जेठरैयतजी, सरकार को आपने क्या कहा ? बताइए न, वह क्या चीज़ है ?

[जेठरैयत खींसें निपोड़ देता है—तहसीलदार ठहाका मारकर हँसता है।]

तहसीलदार—भगत, तब न तुम्हें बाप-दादे की चीज़ पर इतनी ममता है। ठीक भी तो, साँप भी मरे, लाठी भी बची रहे।

बूढ़ा—दुहाई सरकार, ग़रीब को भूलभुलैए में मत रखिए—आपका क्या मतलब है ?

तहसीलदार—अच्छा भगत, ज़रा नज़दीक आओ।

[बूढ़ा काँपता-काँपता तहसीलदार के नज़दीक जाता है। तहसीलदार मुस्कुराता, उसके कानों में फुसफुसाता है, सुक्कन चौंक उठता है।]

बूढ़ा—हुजूर, मुझे उमीद न थी कि कचहरी में बुलाकर मुझे इस तरह बेइज्ज़त किया जाएगा।

[उसकी आँखों में आँसू डबडबा आते हैं। तहसीलदार आग-बबूला होकर चिल्ला उठता है—]

तहसीलदार—हैं, बड़ा इज्ज़तवाला बना है ! यही इज्ज़त थी, तो इतनी बड़ी हुई, शादी क्यों न कर दी ? तुम्हारे ऐसे हज़ारों ने बेटी बेची है। फिर मेरा नौकर—अबे बुड्ढे, देख तो, ऐसा वर भी कहीं मिलेगा ? भगेलू, ओ भगेलुआ ! कहाँ गया साला ?

[एक अठारह-बीस वर्ष का नौजवान हुजूर-हुजूर कहता दौड़ा आता है। शोहदे-सा उसका चेहरा। बड़े-बड़े बाल चेहरे पर लटक रहे। गले में सोने की चार-पाँच ताबीज़ें। एक चुस्त रंगीन बनियाइन पहने। आकर तहसीलदार साहब के सामने खड़ा हो जाता है।]

तहसीलदार—देख तो, इसके पैर का रूप भी तुम्हारी बेटी में मिलेगा ? मैंने तो उपकार करना चाहा—तीन सौ रुपए कोई छोटी रक़म नहीं होती बुड्ढे—कभी एकसाथ देखा होगा इतना पैसा ?

बूढ़ा—(आकाश की ओर मुँह करता, सूरज की ओर देखकर कहता है—) हे दीनानाथ, तू ही साखी रहना। मुझे भरी सभा में बेइज्ज़त किया जा रहा है और किसी के मुँह से चूँ तक नहीं निकलती।

[इतना कह वह तेज़ी से निकल पड़ता है। जितने लोग हैं, सभी स्तब्ध उसकी ओर देखते हैं। उसके जाते ही तहसीलदार क्रोध से काँपते हुए उठता और ज़ोर से बूट रगड़ता कहता है—]

तहसीलदार—अभी ऐंठन बाकी है, देखना है कब तक...

तीसरा दृश्य

[लहराता हुआ धान का खेत। लंबी-लंबी हरी सुनहली धान की बालियाँ हवा के झोंके से झूम रही हैं। बूढ़ा सुक्कन सोना के कंधे के सहारे खड़ा उत्सुक नज़रों से उन्हें देख रहा है। चेहरा तुरत के उठे मरीज़-सा। झुर्रियाँ और घनी हो गई हैं। एक हाथ में पतली लाठी; आधी टेक उस पर रखकर—]

बूढ़ा—सोना, यह सब तुम्हारे हाथ की बरकत है। उँह—इधर पाँच-छह साल से क्या ऐसे धान आए थे ?

सोना—बाबूजी, यह आप क्या कह रहे हैं ?

बूढ़ा—क्या झूठी मुँहपुराई कर रहा हूँ, बेटी ? जब मैं बीमार पड़ा, मैंने समझा, सब गया। लेकिन, तू तो बाप की सच्ची बेटी निकली। आख़िर खेती सम्हाल ही ली। सच कहूँ—ऐसी फसल इधर कई वर्षों में नहीं देखी थी। (**बढ़कर धान की कुछ बालियों को हाथ में लेता, झुककर उन्हें चूमता फिर कहता है**—) खाट पर पड़ा-पड़ा ऊब गया था । आज सोचा, ज़रा देखूँ तो। सो, देखा क्या, निहाल हो गया (**फिर एक-एक बाली को बड़े ग़ौर से जैसे उसके एक-एक दाने को देखता हुआ**) सोना रानी देखती हो, इन बालियों में कैसे दाने भरे हैं। समूची बाली में एक भी खँखरी नहीं। बेटी, बेशक यह तेरे हाथ की बरकत है ! खाहिश होती है, इनकी आरियों पर घूमता ही रहूँ—बेटी, ज़रा मन भर घूमें तो।

[दोनों खेत की आरियों पर घूमते हैं—बूढ़ा एक हाथ से लाठी टेकता और एक हाथ से सोना के कंधे का आसरा लिए चलता है। रह-रहकर वह खड़ा हो जाता और धान की बाली को पकड़ता, ग़ौर से देखता और चूमता है। आरियों के एक मोड़ पर जाकर वह खड़ा हो जाता और चारों ओर नज़र दौड़ाकर देखता है और मुस्कुराते चेहरे से कहता है—]

बूढ़ा—बेटी, एक बात कहूँ, बुरा नहीं मानेगी ? बोल...

सोना—यह क्या बोल रहे हैं आज, बाबूजी ! मैं बुरा मानूँ ? आपकी बात से ?

बूढ़ा—ठीक-ठीक, तू बुरा क्यों मानेगी ? लेकिन तू लजाएगी तो नहीं ? (**सोना शर्माती-सी उसके चेहरे की ओर देखती है, बूढ़े की बत्तीसी चमक उठती है। वह कहता है**—) मेरी लजीली बेटी ! लेकिन आज मैं बिना कहे नहीं रहूँगा। अच्छा ज़रा बैठ जा, पैर दुख गए; तब कहूँगा। (**दोनों बैठ जाते हैं। बूढ़ा बेटी के हाथ को अपने हाथ में लेकर उसे सहलाता हुआ**) सोना, यह फसल तेरी है। मैं सोचता हूँ, यह तुझी में लगे। जिसकी चीज़, उसमें लगे और मुफ़्त में मेरा मनोरथ पूरे।

सोना—(**लजा जाती है**) आज यह क्या खुराफ़ात सूझ रही है आपको बाबूजी !

बूढ़ा—(**ज़ोर से हँसकर**) हाँ, खुराफ़ात ही तो। लेकिन ज़िंदगी में खुराफ़ात भी कर ही लेनी चाहिए और जल्दी ही। कौन जाने—पका आम हूँ, कब टपक पड़ूँ? (**कुछ देर रुककर फिर कहता है**—) हाँ, तो खुराफ़ात होगी ! एक अच्छा दूल्हा खोजूँगा—खूब खूबसूरत दामाद। वह पालकी

पर आएगा—बरात आएगी, बाजे आएँगे—दरवाज़े पर दिन-रात बाजे झहरते होंगे—पोंपों-पोंपों-पीपी-पीपी—डुगडुग, डुगडुग...

[इसी समय कहीं से डुगडुगी की आवाज़ सुनाई देती है। बूढ़ा चुप हो जाता है और उसकी बातें सुनकर जो शर्म के मारे गड़ी जा रही थी, उस सोना से पूछता है—]

बूढ़ा—सोना, यह तो डुगडुगी की आवाज़ है न ? कहाँ से आ रही है। लगन के दिन तो नहीं—अगहन में कहीं लगन होती है ? देख तो बेटी, (**सोना खड़ी हो जाती है—बूढ़ा भी लाठी के सहारे खड़ा हो जाता है; ध्यानपूर्वक सुनकर**)—तो यह आवाज़ डुगडुगी की ही तो है। कहाँ से आती है, किधर से आती है, रानी बिटिया?

सोना—अपने उस खेत के नज़दीक से—हाँ, वहीं से तो। बहुत लोग हैं। कुछ लड़के, कुछ सयाने ?

बूढ़ा—(**आतुरता से**) किसी को पहचानती हो ? क्या अनजान लोग हैं ?

सोना—लोग तो पहचान के मालूम होते हैं। वह शायद बुद्धू चमार है, वही मालूम पड़ता है। कुछ और लोग हैं। चार-पाँच मालूम होते हैं, अरे लाल पगड़ियाँ भी हैं !

बूढ़ा—(**आश्चर्य से**) लाल पगड़ियाँ हैं ?

सोना—हाँ, लाल पगड़ियाँ हैं, कुछ लोगों के हाथों में लाठियाँ भी हैं—लंबी-लंबी !

बूढ़ा—ओहो, बुद्धू है, लाल पगड़ियाँ हैं, कुछ लाठियाँ हैं ! तो क्या किसी का खेत नीलाम हुआ है ? दख़लदिहानी कराने आए हैं ! यह कौन हत्यारा है? यह किस पर वज्र गिरा है ? भला इस भरी फसल में दखलदिहानी कराई जाती है? यह हत्यारापन नहीं तो और क्या है ? जिसकी तैयार फसल लुट जाएगी, वह बेचारा कैसे रहेगा ? देख तो बेटी, वे किधर जा रहे हैं ?

सोना—कहा न, इधर ही तो आ रहे हैं। वह क्या, आ गए, नज़दीक तो आ गए।

[बूढ़ा आँखों पर हथेली की ओट किए उस ओर निर्निमेष देखता है। वे सब-के-सब उसके खेत की तरफ़ की आरी पर आकर रुक जाते हैं। बुद्धू अपनी डुगडुगी बजाता है। आवाज़ होती है। बूढ़ा घबराया-सा—]

बूढ़ा—बेटी, यह क्या हो रहा है ? क्या मेरे खेत को नीलाम कराया गया है ? दख़लदिहानी लेने आए हैं ? सोना, बोल—बोलती क्यों नहीं ?

सोना—बोलूँ क्या बाबूजी, ये तो सचमुच हमारे खेत पर बोली बोल रहे हैं।

बूढ़ा—समझा, समझा ! यह उस तहसीलदार के बेटे की शैतानी है। उसे सोना ही चाहिए न ? न आँगन का सोना, तो खेत का ही सही।

सोना—यह क्या बोल रहे हैं आप बाबूजी ? सोना चाहिए ? क्या वे मुझे चाहते हैं ? बाबूजी...

बूढ़ा—(**एकबारगी गंभीर हो जाता है**) न जीते जी खेत दूँगा, न सोना। अच्छा, वह तहसीलदार का जना भी है ? ज़रा अच्छी तरह देख तो।

सोना—हाँ, वही तो है बाबूजी, वह हम लोगों की ओर देखकर हँस रहा है !

[बूढ़े में, न जाने कहाँ से, ताक़त आ जाती है। वह सोना के कंधे को छोड़कर हिरन की तरह उस ओर दौड़ता है। सोना एक क्षण स्तब्ध रहती है—फिर बाबूजी, बाबूजी कहती उसके पीछे दौड़ती है। बूढ़ा जाकर अपनी लाठी तहसीलदार के सिर पर चला देता है। तहसीलदार पर लाठी लगते ही सिपाहियों की लाठियाँ उस पर बरसने लगती हैं। सोना चिल्लाती है—बूढ़ा गिरता है। सब भागते हैं। खून से लथपथ बूढ़े की लाश

को उठाती सोना धाड़ मारकर रोती है।]

सोना—बाबूजी, बाबूजी...

[बूढ़ा एक बार नज़र खोलता है। सोना के चेहरे को घूरता है—फिर लपककर धान की एक मुट्ठी बालियों को पकड़कर चूमने की-सी चेष्टा करता और लुढ़क पड़ता है। फिर आँखें खोलता, बड़बड़ाता है—]

बूढ़ा—सोना चाहिए, खेत चाहिए ! धन लेंगे या धरम लेंगे ! दौलत दो या इज्ज़त दो। बदमाश, शैतान ! **(हँसता हुआ)** अहा कैसी लाठी लगी—तुम्हारा एक चुल्लू खून—हमारा एक घड़ा खून ! खून—खून ! ओहो ! **(दर्द महसूस करता हुआ)** पानी, बेटी पानी ! **(दुर्बलता में खड़ा होता हुआ)** वह आया बेटी, वह आया ! लाठी-लाठी—खून-खून ! दौलत दो या इज्ज़त दो ! लाठी बेटी, लाठी ! **(गिर पड़ता है)**

सोना—**(व्याकुल होकर)** बाबूजी, बाबूजी !

बूढ़ा—बेटी सोना, पानी ! पानी ! **(सिर से निकलते खून की धारा को प्यास की अधिकता में अँगुली से पोंछकर चाटता है !)** खून, उफ़ ! **(थूकता है)** खून लो, शैतानो, खून लो ! खून पीओ ! **(उठने की चेष्टा करता हुआ)** तुम कसाई हो, राक्षस हो, जोंक हो ! राक्षस, जोंक; कसाई ! खून पीओ, खून पी... **(बूढ़ा ढह पड़ता है, उसकी साँस बंद होने लगती है।)**

शहीदों की चिताओं पर

"मातृ-मंदिर में हुई पुकार,
चढ़ा दो हमको हे भगवान !"

हाँ, माता ने पुकार की।

माता ने—वंदिनी माता ने। जिसके पैरों में बेड़ियाँ थीं, हाथों में कड़ियाँ थीं। जिसकी आँखों में आँसू थे, जिसकी पुकार में गुहार थी।

वंदिनी माँ पुकार रही थी, गुहार रही थी। किंतु किसे फ़ुर्सत थी सुनने की? सब अपने में भूले थे, सबको अपनी पड़ी थी।

बड़े-बड़े विद्वान—दिग्गज विद्वान ! बड़े-बड़े बलवान—कलियुगी भीम ! माँ वंदिनी थी, किंतु बंध्या न थी। विद्वानों, बलवानों, कवियों, कलाकारों, वैज्ञानिकों, दार्शनिकों से अब भी गोद भरी थी उसकी।

किंतु किसे फ़ुर्सत थी, उसकी पुकार सुनने की ? गुहार सुनने की ?

विद्वान अनुसंधान में लगे थे। बलवानों को आपसी ज़ोर-आज़माई से ही फ़ुर्सत नहीं थी। कवि दिवास्वप्न देख रहे थे, कलाकार रंगामेज़ी में लगे थे। वैज्ञानिकों को प्रयोगशाला ने उलझा रखा और दार्शनिकों का 'तत्वमसि' का मसला हल नहीं हो पाता था ।

आँसुओं से माँ का आँचल भीगा जा रहा था; पुकार से उसका गला रुँधा जा रहा था!

"ओ मेरे बेटो, कहाँ हो ? ओ मेरे बेटो ! किधर देख रहे हो ? क्या कर रहे हो ?"

"अरे, ये मेरी बेड़ियाँ, ये कड़ियाँ ! और यह मेरा बुढ़ापा ! तुम क्या कर रहे हो ! क्या सुन रहे हो !"

"क्या मेरा उद्धार न करोगे ? क्या मैं यों ही तड़प-तड़पकर मर जाऊँ ? क्या इसीलिए दूध पिलाया था ? क्या इन्हीं दिनों के लिए तुम्हें गोद खेलाया था?"

"तुम बेटे हो मेरे ? तो फिर क्यों नहीं सुनते ?"

किंतु कौन सुने ? फ़ुर्सत किसे थी ? विद्वानों का तत्त्वान्वेषण समाप्त नहीं हो रहा था, बलवान अखाड़े पर डंड पेल रहे थे, कवियों का दिवास्वप्न टूट नहीं रहा था, कलाकारों का कल्पना-लोक विस्तृत ही होता जाता था, वैज्ञानिकों को प्रयोगशाला छोड़ती नहीं थी और दार्शनिक इस जगत्याम् जगत के झमेले में अपने को क्यों लगाएँ ?

और, माँ पुकार रही थी, गुहार रही थी, रो रही थी, चीख़ रही थी।

कि लोगों ने देखा—वह कोई बढ़ रहा है !

कोई बढ़ रहा है ! पागल-सी सूरत, भोलेपन की मूरत। आँखों में प्रमाद की-सी छाया किंतु पैरों में, चाल में एक अजीब दृढ़ता !

वह बढ़ा-बढ़ा; बढ़ता गया—बढ़ता गया !

x x x

"सफलता पाई अथवा नहीं
उन्हें क्या ज्ञात दे चुके प्राण
विश्व को चाहिए उच्च विचार ?
नहीं; केवल अपना बलिदान।"

जब वह चला, किसी ने कहा—पागल ! किसी ने कहा—बददिमाग !

अरे गुस्ताख़ है गुस्ताख़ ! जहाँ बिजली-बत्ती भी बुझ जाए, वहाँ यह चिराग़ जलाने की जुर्रत करने चला है ?

रुको—आग में मत कूदो। तुम आदमी हो, पतंगा क्यों बनते हो ?

किंतु इन बातों पर उसने मुस्कुरा दिया ! वह बढ़ता गया !

"नाथ ! कहाँ चले तुम मुझे छोड़कर, नाथ ?"

"भैया, भैया ! कहाँ जा रहे हो, हमें छोड़कर ?"

"बेटा ! उफ़्, कितनी तपस्या के बाद तुम्हें पाया। मेरी गोदी क्यों सूनी कर रहे हो, बेटा ?"

"मित्र, ज़रा हमारी ओर भी तो ध्यान दो !"

अब हँसी की जगह उसके चेहरे पर करुणा थी ! किंतु वह बढ़ता गया।

दंभी शासन ने उसे ललचाया !

दंभी शासन ने उसे धमकाया !

दंभी शासन ने अपना खूनी पंजा बढ़ाया !

ललचाया, धमकाया, खूनी पंजा बढ़ाया ! खूनी पंजा—मृत्यु का पंजा !

दुनिया चीख़ उठी—आह, आह ! प्रकृति चीख़ उठी—आह, आह !

हवा काँपी, ज़मीन काँपी, हृदय काँपे !

किंतु, वह बढ़ता गया—दृढ़ चरण, सम गति, धमनियों में उल्लास की तरंगें; चेहरे पर आनंद की लहरियाँ।

"नाथ !..."

"भैया !..."

"बेटा !..."

"मित्र !..."

कान में यह क्या साँय-साँय आवाज़ ? क्षणभर के लिए वह चौंका, वह रुका। कान में यह वैरी साँय-साँय आवाज़ ?

किंतु, इसी समय फिर उसके कानों में भनक आई—"ओ मेरे बेटो ! अरे, ये मेरी बेड़ियाँ..."

"आया माँ, आया !" वह चिल्ला उठा, वह बढ़ा चला ! सामने सनसनाती गोलियाँ; उसने सीना खोल दिया ! आगे फाँसी का तख़्ता; वह उछलकर चढ़ गया।

खून की कुछ बूँदें ज़मीन पर गिरीं !

एक फ़ीगली जान घुटकर चल बसी !

नीचे दुनिया सो रही थी, ऊपर वह तराने लगाता जा रहा था ! नीचे स्वजनों और परिजनों की हिचकियाँ ! ऊपर किन्नरियों के नृत्य, अप्सराओं के पंखों की फटफटाहट !

बुढ़िया माँ ने देखा, उसकी ज़ंजीर की एक कड़ी कट चुकी है !

x x x

"ऐ शहीद ! उठने दे अपना फूलों-भरा जनाज़ा !"

शहीद का जनाज़ा—वह फूलों से भरा उठाना ही चाहिए !

जिसने अपने को देश पर, आदर्श पर कुर्बान कर दिया, उसके प्रति अपना अंतिम सम्मान भी तो हम प्रकट कर लें।

काश, ऐसा हो पाता ?

कितने ऐसे शहीद हुए, जिन्हें यह अंतिम सम्मान भी प्राप्त हो सका ?

जिन्होंने उन्हें शहीद बनाया, उन्होंने यह भी कोशिश की कि उनकी लाश तक किसी को नसीब न होने पाए।

उनकी जान लेकर ही उन्हें सब्र न हुआ, उनकी लाश की दुर्गत कराने से भी वे बाज नहीं आए !

फिर, शहीद न्योता देकर तो मरने जाते नहीं—प्रायः उन्होंने ऐसी जगहों पर प्राणार्पण किए, जहाँ उनका अपना कोई नहीं था !

सन् सत्तावन के शहीदों के कारुणिक निधन पर बाग़ी बादशाह 'ज़फ़र' ने आँसू बहाए थे—

न दबाया ज़ेरे चमन उन्हें,
न दिया किसी ने कफ़न उन्हें,
किया किसने यार दफ़न उन्हें,
वे ठिकाना उनका मज़ार है !

सत्तावन के शहीदों की यह परंपरा हमारे देश में हमेशा क़ायम रही !

कूका-विद्रोह के शहीदों का कहीं मज़ार है !

1905 से 1915 तक के बम-पिस्तौल-युग में जिन शहीदों ने कनाडा से अमृतसर और बंगाल से कुस्तुंतुनिया तक अलौकिक कारनामे दिखाए, क्या उनका नामोनिशान भी हम कहीं पा रहे हैं, आज !

1921 से 1942 तक के, गाँधी-युग के, अनेक शहीदों का भाग्य भी कुछ दूसरा नहीं रहा!

सरदार भगतसिंह को किस चमन में दफ़नाया गया ? सरदार नित्यानंद को क्या कफ़न भी दिया जा सका ?

आज़ाद-हिंद-फौज के जिन सैनिकों ने अपने खून से, शौनान से मणिपुर तक की भूमि को सींचा, उनकी चिताएँ कहाँ जलाई गईं ? बयालीस के बाद जिन बाग़ियों ने देश के कोने-कोने में शहादत की धूनी रमाई, उनका ठौर-ठिकाना भी क्या आज मिल सकता है ?

जब हम युद्ध में होते हैं, हमें पीछे देखने की फुरसत कहाँ रहती है ?

जब हम युद्ध के बाहर होते हैं, आगे की तैयारियाँ या निर्माण की समस्याएँ ही हमें इस तरह आ दबोचती हैं कि चाहकर भी हम पीछे देख नहीं पाते।

ज़िंदों के मसले हम पर इस तरह हावी हो जाते हैं, कि मुर्दों की ओर कौन ध्यान दे ?

आह, ओ शहीद !
हाय, ओ शहीद !

x x x

शहीदों की चिताओं पर
जुड़ेंगे हर बरस मेले,
वतन पर मरनेवालों का
यही बाकी निशाँ होगा।

तो भी यह कहा गया है। इसे गाया गया है !

क्या यह झूठ है ? क्या ऐसा इसलिए कहा गया है कि कुछ बेवकूफ़ आगे बढ़कर जान दें ? या किसी भावी शहीद ने अपने को आत्मवंचना में रखने के लिए ये पंक्तियाँ लिख दी थीं ?

आज हम आज़ाद हैं, खूब मेले लगा रहे हैं। किंतु शहीदों की चिताओं पर एक भी मेला जुटते आज तक कहीं देखा गया ?

किसी ने यह पता लगाने की कोशिश की कि वे कौन थे ? उनकी चिताएँ कहाँ-कहाँ पर जलीं ?

आत्मवंचना ! विश्वप्रपंच !

किंतु ऐसा मत कहो, ऐसा मत कहो !

सत्य का सूर्य प्रायः बादल से ढँकता है। किंतु बादल बादल है, सूर्य सूर्य!

शहादत सत्य है; फानूस में ढँपी दीपशिखा की तरह विस्मृति की धुँधलाहट से घिरी शहादत और भी सुंदर लगती है।

अलग-अलग घर से दीए आते हैं, देवस्थान पर पहुँचकर उनकी भिन्नता नष्ट हो जाती है, वे सब एक दीपावली के नाम से अभिहित होते हैं !

तुम किसी शहीद का नाम भुला दो, उसकी बलि-भूमि की भी याद तुम्हें न रहे—किंतु शहादत को तुम भूल नहीं सकते, शहीद भुलाए नहीं जा सकते !

जब-जब शहीदों की चर्चा होगी, हमारी आँखें गीली हो उठेंगी।

जब-जब शहीदों की चर्चा होगी, हमारे हृदय उच्छ्वसित हो उठेंगे !

जब-जब शहीदों की चर्चा होगी, हमारे सिर आप-ही-आप झुक जाएँगे !

रक्त के बने हम प्राणी, रक्त-दान को हम नहीं भूल सकते !

धन्य हैं, वे जो रक्त-दान देकर अमर हो गए !

उनका स्थान सदा वहीं होगा, जहाँ अमरों का अधिवास है।

जहाँ जरा नहीं है, जड़ता नहीं है, ज्वर नहीं, जाड़ा नहीं है।

जहाँ सदा बसंत है, अक्षय स्वास्थ्य है, निर्धूम चेतना है, शाश्वत यौवन है।

जहाँ क्षुद्रता नहीं है, विस्मृति नहीं है।

हमारे शहीद वहाँ पहुँच चुके हैं, जहाँ से वे हमारी स्मृति-लघुता पर मुस्कुरा रहे होंगे; हमें अनेक क्षुद्र स्वार्थों में उलझे देख सिहर-सिहर उठते होंगे !

वे पृथ्वी पर आए थे, किंतु अमरों के वंश से थे।

इसलिए पृथ्वी के पाप-ताप उन्हें न दबोच सके, और पहला मौक़ा पाते ही हमें मरने-जलने को छोड़कर वे चलते बने !

उनकी स्मृति ही उनकी चिता है। वह चिता मानव-मन में हमेशा धू-धू करके जलती रहेगी और उनके आस-पास सदा मेले जुड़ते रहेंगे।

मेले—जहाँ पत्नियों के आँसू होंगे !

मेले—जहाँ माताओं की उसाँसें होंगी !

मेले—जहाँ बहनों के सूखे चेहरे होंगे !

मेले—जहाँ मित्रों के मुरझाए मन होंगे !

मेले—जहाँ हर आदमी के हाथों में श्रद्धांजलि की मालाएँ होंगी !

हाथों में माला; आँखों में आँसू—

"वतन पर मरनेवालों का यही बाक़ी निशाँ होगा।"

आँधी में चलो

आप खिली चाँदनी में चलना चाहते हैं, मैं चिलचिलाती धूप में। आपको संध्या की सुनहली साड़ी पसंद आती है, मुझे निशीथ का कज्जल अंचल। आपके भावुक हृदय को ऊषा की मुस्कान जँचती है, मेरा ऊसर मन दुपहरिया की धू-धू खोजता है। यों ही, आप शीतल मंद सुगंध समीर में मंद-मंद विचरण करना चाहते हैं और मैं आँधी के बीच इठलाते चलना चाहता हूँ।

कितने नीरस हो तुम—कहेंगे आप ! कितने खूसट हैं आप—कहूँगा मैं !

न मालूम किसने और क्यों सौंदर्य के साथ कोमलता का गठबंधन कर दिया। सौंदर्य का नाम लेते ही हमारी आँखों के सामने किसी कामिनी का गुलाबी चेहरा, किसी पुष्प की मृदुल कलिका, किसी उपवन की झलमल रंगीनियाँ या किसी जलाशय की चंचल लहरों पर चाँदनी का नृत्य नाचने लगता है। मेरे जानते ये मानव-जाति की शिशुता की कल्पनाएँ हैं। बच्चे ही रंगीन चीज़ों को ज़्यादा पसंद करते हैं ?

शिशुता की कल्पना होने पर भी इसमें पुरातनता की सड़ी गंध है। इसी से मैं कहता हूँ, आप खूसट हैं।

ज़रा नए ढंग से सोचिए—नवीन रुचि, नवीन प्रवृत्ति, नवीन इच्छा, नवीन आकांक्षा, नई चाह, नई राह—जवानी का यही तो शृंगार है। यदि यह नहीं; तो जवानी कहाँ, यौवन कहाँ !

यदि आप ग़ौर करेंगे तो पाएँगे कि आपकी धारणाएँ आपकी अपनी नहीं हैं, या तो आपने उधार लिया है या चुपके से, चोर की तरह आपके दिमाग़ में घुसकर उन्होंने घर कर लिया। ऐसा घर कि घरवाले के लिए घर में जगह नहीं। चोर बोलता है, और हम समझते हैं हम बोल रहे हैं। आह ! मनुष्य अपने को कितना गुलाम बनाए हुए है ? हमारी आँखें अपनी होती हैं, किंतु देखते हैं दूसरे की नज़र से; हमारे कान अपने होते हैं, किंतु श्रवण-शक्ति दूसरे की; हमारा मस्तिष्क अपना होता है, किंतु चिंतन-प्रणाली अन्य की। यदि आप स्वतंत्र होना चाहते हैं तो अपनी ज्ञानेंद्रियों को गुलामी से छुड़ाइए—अपनी आँख से देखिए, अपने कान से सुनिए; अपनी नाक से सूँघिए, अपनी जीभ से चखिए। सोचिए अपने ढंग से, बोलिए अपनी बात।

आप चाँदनी का सौंदर्य देखते हैं पुरानी नज़रों से; ज़रा नई नज़र से चिलचिलाती धूप के सौंदर्य को देखिए। मंद समीरण का मज़ा, पुरानी रुचि के अनुसार बहुत लूट चुके, अब ज़रा आँधी की बहार भी लूटिए।

सौंदर्य का क्षेत्र सीमित नहीं है। जहाँ कहीं भव्यता है, प्रोज्ज्वलता, महत्ता और अलौकिकता है, वहीं सौंदर्य है। हाँ, देखनेवाली आँखें चाहिए।

पुष्पवाटिका में विचरण करनेवाली "कंकण किंकिणी नूपुर-धुनि" वाली कुमारी जानकी में सौंदर्य है, तो अशोक-वाटिका में बैठी, रुक्ष केश, शुष्क बदन, तपस्यारत अर्द्धांगिनी सीता में भी कम सौंदर्य नहीं है। जनकपुर में दूल्हे के रूप में बैठे 'कोटि मनोज लजावन हारे' राम में सौंदर्य है; तो समुद्र से राह माँगकर भी न पानेवाले क्रुद्ध मूर्त्ति, कुटिल भृकुटि, बाण चढ़ाकर धनुष की प्रत्यंचा खींचते हुए रुद्र-रूप राम में भी अपार सौंदर्य है। आप गोकुल की रास-लीला में लीन कन्हैया में सौंदर्य पाते हैं, किंतु भीष्म के बाण से व्याकुल कुरुक्षेत्र के चक्रधर में नहीं, तो मैं कहूँगा आपका दुर्भाग्य है। हरिणी की निरीह आँखें सौंदर्यमयी हैं, और क्रुद्ध सिंह की जलती आँखें भी। चाँदनी में मज़ा है, तो धूप में भी ! संध्या को आप बहुत टहलते होंगे, एक दिन आधी रात को टहलिए—चारों ओर घोर अंधकार, निस्तब्धता का साम्राज्य, कोई राही नहीं, कहीं राह नहीं और आप दनादन अकेले आगे बढ़ते जा रहे हैं, ? आह ! कितना मज़ा !

और आँधी के बीच ? मत पूछिए। दिन-रात 'इन्क़लाब ज़िंदाबाद' चिल्लाते हुए भी आपने यदि आँधी का मर्म नहीं जाना, तो मैं कहूँगा आप अभी ऊपर की सतह पर हैं, चीज़ों के मर्म में घुसकर देखने की सतत जाग्रत प्रवृत्ति आपमें है नहीं।

हड़ हड़ हड़, हा हा हा—वृक्ष उखड़ रहे हैं, पत्ते उड़ रहे हैं, धूल और तिनके का नाम-निशान मिटना चाहता है। हड़ हड़ हड़ हा हा हा—खिड़कियाँ टूट रही हैं, छतें हिल रही हैं, छप्पर उखड़ रहे हैं। हड़ हड़ हड़, हा हा हा—मनुष्य व्याकुल हो राम-गुहार कर रहे हैं; पशु व्याकुल हो इधर-उधर मारे-मारे भाग रहे हैं, और बेचारे पंछी—कितनों के डैने टूट गए, कितनों के चंगुल

में मरोड़ पड़ गया—पतली डालियों को चंगुल से जकड़कर वे बचना चाहते थे। कड़ कड़ कड़—वह डाली टूटी; हड़ हड़ हड़—वह छप्पर उड़ा; हा हा हा—वह क्रंदन सुनिए—कोई दुर्घटना हुई क्या?

और, ऐसी आँधी में चलना। आँखों में धूल, देखने की किसकी हिम्मत ? कानों में एक ही स्वर, और कुछ सुन नहीं सकते। कभी एक झोंका पूरब की ओर घसीट ले जाता है, कभी दूसरा दक्षिण की ओर। तो भी चलते रहना—अपने निश्चित लक्ष्य की ओर। कैसे ? एक दिन चलकर देखिए—बताने से ऐसी चीज़ें समझ में नहीं आतीं।

आँधी, तूफ़ान, ज्वार, बाढ़, इन्क़लाब, विप्लव, क्रांति, रेवोलूशन सब प्रकृति की एक ही उद्दाम-लीला के भिन्न-भिन्न नाम हैं। हाँ।

किसी ने कहा है, Think dangerously—ख़ौफ़नाक ढंग से सोचो। दूसरे ने कहा है—Live dangerously—ख़तरे में रहो। मैं कहता हूँ—दोनों को अपनाओ, ये एक-दूसरे के पूरक हैं।

कोमलता बचपन है, कठोरता जवानी। बुढ़ापे की बात, बूढ़े जानें।

युवको ! कठोर बनो—साहसी बनो, दुस्साहसी बनो। आँधी में चलो, तूफ़ान से दोस्ती जोड़ो। हाँ, तूफ़ान से।

कस्मै देवाय हविषा विधेम

'कस्मै देवाय हविषा विधेम ?'

किस देवता के श्रीचरणों में मैं अपनी अंजलि अर्पित करूँ—कौन है वह देवता जो मेरी इस श्रद्धांजलि के पाने का उपयुक्त पात्र है ?

वह—वह जो अभी आने को है, किंतु जिसकी झलक अभी से उस पर्वत की चूड़ा पर दीख पड़ती है। क्या वह उपयुक्त पात्र है, मेरे इस दिव्य उपहार के पाने का ?

वह प्रकाशमान है, ज्योति-दाता है। है—मैं मानता हूँ। किंतु साथ ही वह वही तो है जिसकी पहली किरण पर्वत की सबसे ऊँची चोटी पर पड़ती है, दुपहरिया में सबसे ऊँचे स्थान में रहकर जो दीनों पर अग्निबाण बरसाता है और अंत में भी जिसकी उच्चप्रियता कम नहीं होती, अपनी अंतिम उसाँसों से—अपने कलेजे के ख़ून से—आकाशचारी बादलों को रक्त-रंजित कर जाता है।

नहीं—कदापि नहीं।

वह, जो इतने विशाल रूप में हमारे सामने खड़ा है ?

उसका उज्ज्वल धवल ललाट कितना आकर्षक, कितना मोहक है—प्रातः संध्या को वह और भी कितना सुंदर रूप धारण कर लेता है। उसके वक्षस्थल का पीत रंग, उसके कटि-देश का धूसर रंग और उसके पदप्रदेश का नेत्ररंजक कलित हरित रंग—कैसा सुहावना है वह। किंतु इतने झरनों, नालियों और नदियों का जल-दाता होकर भी तो वह पत्थर-हृदय है।

नहीं, कदापि नहीं।

किसकी मधुर स्मृति में यों गुनगुनाती जाती हो—सहचरी सरिते ! कितनी ही ऊषा, संध्या और निशीथ तेरे इस अव्यक्त गान का अर्थ लगाने में मैंने व्यतीत कर दिए, कितनी ज्वालाओं को तेरी तरंगों—तेरे हृदय के फफोलों के साथ खेलने को छोड़ दिया, कितनी ही कामनाओं को तेरी अंतर्धारा में लीन कर दिया। हे जगत के पाप-ताप तिरोहित करनेवाली तरंगिनी ! इच्छा होती है, यह अर्घ्य भी तुम्हारे ही चरणों में चढ़ा दूँ। किंतु तुम नगराज कन्या जो हो। यह विद्रोही, राज-सत्ता को कैसे स्वीकृत करे।

नहीं, कदापि नहीं।

वनस्पति ?—ऊँचे-ऊँचे, आकाश-हृदय-विदारी, पादप-पुंज; उनसे लिपटी लोनी-लोनी, पुष्पों से लदी लतिकाएँ; गले-से-गले हिले-मिले रंग-बिरंगे पौधे; जगत को जीवन देनेवाली संसार-प्राण-स्वरूपा श्यामल शस्यराजि; और, पृथ्वी की सरसता को अनेक पद-प्रहारों को सहकर भी अक्षुण्ण रखनेवाली प्यारी-प्यारी दूब—मन उमगता है, हृदय उछलता है तुम्हारे ही ऊपर अपनी इस अंजलि को अर्पण करने का। किंतु विनाश की गोद में खेलनेवाला यह विद्रोही केवल शिवं-सुंदरम् की उपासना कैसे करे ?

नहीं—कभी नहीं !

तो फिर वह कौन है, वह अमंगल-मूर्त्ति, सुंदरता-सदन; प्रलयपुट, सृष्टि-कुशल;—जिसके पावन पदों में यह अर्घ्य अर्पित हो—सादर समर्पित हो ! कौन है वह देवता—कहाँ है वह देवता—हे मेरे अंतर के प्रभु, बताओ। बताओ—

'कस्मै देवाय हविषा विधेम !'

इन्क़लाब ज़िंदाबाद

[भगतसिंह की शहादत पर]

अभी उस दिन की बात है। हिंदुस्तान की नामधारी पार्लियामेंट—लेजिस्लेटिव-एसेंबली में बम का धड़ाका हुआ। उसका धुआँ विद्युत-तरंग की तरह भारत के कोने-कोने में फैल गया। बड़े-बड़े कलेजेवालों के होश ग़ायब हुए, आँखें बंद हुईं—मूर्च्छा की हालत में कितनों ही के मुँह से कितनी ही अंट-संट बातें भी निकलीं।

उस धुएँ में एक पुकार थी, जो धुएँ के विलीन हो जाने पर भी लोगों के कानों को गुंजित करती रही। वह पुकार थी—'इन्क़लाब ज़िंदाबाद।'

'लौंग लिव रेवोल्यूशन'—'इन्क़लाब जिंदाबाद'—'विप्लव अमर हो।' इस पुकार में न जाने क्या खूबी थी कि एसेंबली से निकलकर भारत की झोंपड़ी-झोंपड़ी को इसने अपना घर बना लिया। देहात के किसी तंग रास्ते में जाइए, खेलते हुए कुछ बच्चे आपको मिलेंगे। अपने धूल के महल को मिट्टी में मिलाकर उनमें से एक उछलता हुआ पुकार उठेगा—'इन्क़लाब'। एक स्वर में उसके साथी जवाब देंगे 'ज़िंदाबाद' फिर छलाँग भरते वे नौ-दो-ग्यारह हो जाएँगे !

सरकार की नज़र में यह पुकार राजद्रोह की प्रतिमा थी, हममें से कुछ के विचार में इसमें हिंसा की बू थी। इसके दबाने की चेष्टाएँ हुईं। किंतु ऐसे सारे प्रयत्न व्यर्थ हुए। लाहौर कांग्रेस के सभापति पं. जवाहरलाल नेहरू ने अपने भाषण को इसी पुकार में समाप्त कर इस पर वैधता की मुहर लगा दी। अब तो यह हमारी राष्ट्रीय पुकार हो गई है।

हम नौजवान इस पुकार पर क्यों आशिक हैं ? क्रांति को हम चिरजीवी क्यों देखना चाहते हैं ? क्या इसमें हमारी विनाशप्रियता की गंध नहीं है ?

युवक समझते हैं कि हमारी सरकार, हमारा समाज, हमारा परिवार आज जिस रूप में है, वह बर्दाश्त करने लायक, निभाने लायक, किसी तरह काम चलाने लायक भी, नहीं है। उसमें व्यक्तित्व पनप नहीं सकता, बंधुत्व और समत्व के लिए उसमें स्थान नहीं, मनुष्य के जन्मसिद्ध अधिकार स्वातंत्र्य तक का वह दुश्मन है। आज मनुष्यता इस मशीन में पिस रही है—छटपटा रही है, कराह रही है। कुछ तोड़-जोड़, कुछ काट-छाँट, कुछ इधर-उधर से अब काम चलनेवाला

नहीं। यह घर कभी अच्छा रहा हो, किंतु अब जान का ख़तरा हो चला है; अतः हम इसे ढाह देना चाहते हैं, जमींदोज़ कर देना चाहते हैं। क्योंकि इस जगह पर हम अपने लिए एक नया सुंदर हवादार मकान बनाना चाहते हैं। हम विप्लव चाहते हैं—क्या करें, सलाह-सुधार से हमारा काम चल नहीं सकता।

और, हम चाहते हैं कि विप्लव अमर हो, क्रांति चिरजीवी हो। क्यों ? क्योंकि मनुष्य में जो राक्षस है, उसकी हमें ख़बर है। और ख़बर है इस बात की, कि यह राक्षस, राक्षस की ही तरह, बढ़ता और मनुष्य को आत्मसात कर लेता—उसे राक्षस बना छोड़ता है। इसलिए कि यह राक्षस शक्तिसंचय न करने पाए, मनुष्यता को कुचलने न पाए, हम क्रांति का कुठार लिए उसके समक्ष सदा बद्धपरिकर रहना चाहते हैं। क्रांति अमर हो, जिसमें मानवता पर राक्षसता का राज्य न हो; क्रांति अमर हो, जिसमें कँटीले ठूँठ विश्व-वाटिका के कुसुम-कुंजों को कंटक-कानन न बना डालें; क्रांति अमर हो, जिसमें संसार में समता का जल निर्मल रहे, कोई सेंवार उसे गँदला और विषैला न कर दे। प्रवंचना, पाखंड, धोखा, दग़ा के स्थान में सदाशयता, सहृदयता, पवित्रता और प्रेम का बोलबाला रहे—इसलिए विप्लव अमर हो, क्रांति चिरजीवी हो।

विनाश के हम प्रेमी नहीं हैं किंतु विनाश की कल्पना-मात्र ही हममें कँपकँपी नहीं लाती; क्योंकि हम जानते हैं कि बिना विनाश के निर्माण का काम चल नहीं सकता।

इन्कलाब ज़िंदाबाद का प्रवर्तक आज हममें नहीं रहा। विप्लव के पुजारी की अंतिम शय्या सदा से फाँसी की टिकटी रही है। भगतसिंह अपने वीर साथियों—सुखदेव और राजगुरु के साथ हँसते-हँसते फाँसी पर झूल गया। झूल गया—हँसते-हँसते, गाते-गाते—'मेरा रँग दे वसंती चोला'। सुना है, उसने मैजिस्ट्रेट से कहा—"तुम धन्य हो मैजिस्ट्रेट कि यह देख सके कि विप्लव के पुजारी किस तरह हँसते-हँसते मृत्यु का आलिंगन करते हैं।" सचमुच मैजिस्ट्रेट धन्य था, क्योंकि न केवल हमें, किंतु उनके माँ-बाप, सगे-सम्बन्धी को भी उनकी लाश तक देखने को न मिली। हाँ, सुनते हैं, किरासिन के तेल में अधजले मांस के कुछ पिंड, हड्डियों के कुछ टुकड़े और इधर-उधर बिखरे खून के कुछ छींटे मिले हैं। ज़हे किस्मत!

भगतसिंह न रहा। गाँधी का आत्मबल, देश की सम्मिलित भिक्षा-वृत्ति, नौजवानों की विफल चेष्टाएँ—कुछ भी उसे नहीं बचा सका। ख़ैर भगतसिंह न रहा, उसकी कार्य-पद्धति आज देश को पसंद नहीं, किंतु उसकी पुकार तो देश की पुकार हो गई है। और, केवल इस पुकार के कारण भी वह इतिहास के लिए अजर-अमर हो गया।

सभी ऋषि मंत्र-निर्माण के अधिकारी नहीं, उनमें भी गायत्री का प्रवर्त्तक तो ब्रह्मा ही हो सकता है। इन्कलाब-ज़िंदाबाद साधारण मंत्र ही नहीं रहा, वह राष्ट्र का गायत्री-मंत्र हो चुका है। इसके ब्रह्मा ने कमंडलु के जल से नहीं; अपने खून के छींटे से इसे पूत किया है।

आज भारत का ज़र्रा-ज़र्रा पुकार रहा है—

"इन्क़लाब जिंदाबाद।"

(इस लेख पर लेखक को गोरी सरकार से डेढ़ साल की सख़्त कैद की सज़ा मिली थी।)

नई संस्कृति की ओर

हिंदोस्तान आज़ाद हो गया। आज़ाद हिंदोस्तान का ध्यान एक नए समाज के निर्माण की ओर केंद्रित हो रहा है।

यह नया समाज कैसा हो ?—उसका मूल आधार कैसा हो, उसका विकास किस प्रकार किया जाए ? हिंदुस्तान का हर देश-भक्त इन प्रश्नों पर सोच-विचार कर रहा है।

समाज को अगर एक वृक्ष मान लिया जाए, तो अर्थनीति उसकी जड़ है। राजनीति तना ! विज्ञान आदि उसकी डालियाँ हैं। और संस्कृति उसके फूल !

इसलिए नए समाज की अर्थनीति या राजनीति आदि पर ही हमें ध्यान नहीं देना है बल्कि उसकी संस्कृति की ओर भी सबसे अधिक ध्यान देना है; क्योंकि मूल और तने की सार्थकता तो उसके फूल में ही है।

फिर इन दोनों का सम्बन्ध परस्पर इतना गहरा है कि आप इन्हें अलग-अलग कर भी नहीं सकते। नई अर्थनीति और राजनीति के साथ एक नई संस्कृति का विकास हमारी आँखों के सामने हो रहा है—भले ही हम उसे देख न पाएँ या उसकी ओर से अपनी आँखें मूँद लें।

अन्य क्षेत्रों में हमारी पंच-वार्षिक, दश-वार्षिक योजनाएँ आ रही हैं, किंतु क्या यह आश्चर्य की बात नहीं है कि संस्कृति के विकास में प्रगति देने के लिए एक भी व्यापक योजना हमारे सामने नहीं आ रही है।

गत पचास वर्षों के राजनीतिक-आर्थिक संघर्षों ने हमारे दिमाग को इतना भोथरा बना दिया है कि संस्कृति की सुकुमार दुनिया हमारी पथराई आँखों के सामने आकर भी नहीं आ पाती।

गेहूँ हमारी आँखों पर इस क़दर छाया हुआ है कि गुलाब को हम देखकर भी नहीं देख पाते।

गेहूँ के सवाल को हल कीजिए, और ज़रूर हल कीजिए, किंतु किसलिए? सदा याद रखिए, आदमी सिर्फ़ चारा या दाना खानेवाला जानवर नहीं है।

समाज की सारी साधनाओं की परिणति उसकी संस्कृति में है। जड़ में खाद-पानी दीजिए, तनों की डालियों की रक्षा कीजिए; किंतु नज़र रखिए फूल पर!

फूल पर, गुलाब पर, संस्कृति पर !

नए समाज की वह हर योजना अधूरी है, जिसमें नई संस्कृति के लिए स्थान नहीं।

x x x

सूरज डूबने जा रहे थे, उन्होंने कहा—कौन मेरे पीछे इस संसार को आलोक देगा ?

चाँद थे, सितारे थे—सब चुप रहे। छोटा-सा मिट्टी का दीया। उसने बढ़कर कहा—देवता, यह भारी बोझ मेरे दुर्बल कंधों पर !

कविगुरु रवीन्द्रनाथ ठाकुर की एक कविता की यह एक कड़ी है।

जब राजनीतिज्ञ, अर्थशास्त्री दूसरी बड़ी-बड़ी योजनाओं में लगे हैं; ओ कलाकारो चलो, हम अपनी परिमित शक्ति से इस क्षेत्र में कुछ काम कर दिखाएँ।

आख़िर यह क्षेत्र भी तो हमारा ही है। गुलाब की खेती के माली तो हमीं हैं; फूलों के संसार के भौंरे तो हमीं हैं। हम न करेंगे तो यह काम करेगा कौन?

हमारी यह गुलाब की दुनिया—फूलों की दुनिया—रंगों की दुनिया—सुगंधों की दुनिया—इतनी सुकुमार, इतनी नाजुक दुनिया है कि कहीं अर्थशास्त्रियों के हथौड़े और राजनीतिज्ञों के कुल्हाड़े उसका सर्वनाश न कर दें या प्रेमचंद के शब्दों में—'रक्षा में हत्या' न हो जाए !

इसलिए, हमें ही यह करना है ! उन्हें कुछ दूर-दूर ही रखना है।

x x x

नई संस्कृति—नए समाज के लिए नई संस्कृति ! किंतु इसका मतलब यह नहीं कि हम पुरानी संस्कृति के निंदक या शत्रु हैं। पुरानी संस्कृति की सरज़मीन ही पर तो नई संस्कृति की अट्टालिका खड़ी करनी है हमें !

पुरानी संस्कृति से हम प्रेरणा लेंगे, पाठ लेंगे। वह हमारी विरासत है, हम उसे क्यों छोड़ेंगे ?

किंतु पुरानी संस्कृति नष्ट हो रही है; क्योंकि उसमें सड़न आ गई है—घुन लगा हुआ है। इसलिए नई संस्कृति की रूपरेखा नई होगी ही; नए साधनों को अपनाने से भी हम न हिचकेंगे।

हमारा उद्देश्य होगा, जीवन के हर सांस्कृतिक पहलू का इस प्रकार विकास करना कि हमारा सामाजिक जीवन स्वतंत्रता, समता और मानवता के आधार पर पुनर्संगठित हो और वह सौंदर्य एवं आनंद को पूर्ण रूप से उपलब्ध कर सके।

हाँ स्वतंत्रता, समता, मानवता ! नई संस्कृति के आधार तो यही हो सकते हैं !

किंतु इनका अर्थ हम सिर्फ़ राजनीतिक और आर्थिक अर्थों में नहीं लगाते। तीसरा शब्द मानवता हमारे उद्देश्य को स्पष्ट और पुष्ट कर देता है !

हम सारी दासताओं से—सारी विषमताओं से मानव को मुक्त कर उनके परस्पर के सम्बन्ध को विशुद्ध मानवता पर प्रतिष्ठित करना चाहते हैं। क्योंकि हम मानते हैं क्रि आदमी तभी अपने जीवन में सौंदर्य और आनंद की उपलब्धि कर पाएगा।

सौंदर्य और आनंद ! नई संस्कृति को इसी ओर चलना है, बढ़ना है !

आज के समाज में कुरूपता ही कुरूपता है, पीड़ाओं की विविधता है, बहुलता है। हम इसे सुंदर बनाएँगे—हम इसे सुखी बनाएँगे।

लेखकों को, कवियों को, पत्रकारों को हम इकट्ठा करेंगे कि वे परस्पर विचार-विनिमय करके जनता के जीवन के अभावों और अभियोगों का सही चित्रण करें और साहित्य को उस पथ से ले चलें जिसके द्वारा जनता स्वतंत्र और पूर्ण जीवन का उपभोग कर सके।

इतना ही नहीं—जो कलाकार नाटक, संगीत, नृत्य और चित्रकारी में लगे हैं, उन्हें भी एकत्र करेंगे और उन्हें प्रोत्साहित करेंगे कि वे अपनी कलाकृतियों में जनता की इच्छाओं और आकांक्षाओं को प्रतिफलित होने दें और सामाजिक जीवन को सौंदर्यमय बनाकर उसे आनंद से परिपूरित करें।

इस तरह हम उन सभी कलाकारों का आह्वान कर रहे हैं जो अपनी लेखनी या कूची, वाणी या वाद्यों द्वारा समाज को 'सत्यं' 'शिवं' 'सुंदरम्' की ओर ले जाने में लगे हैं किंतु एक व्यापक संगठन नहीं होने के कारण जिनकी साधनाएँ इच्छित फल नहीं दे पा रही हैं।

इनका संगठन करके हम शहरों और गाँवों में ऐसे सांस्कृतिक केन्द्र खोलना चाहते हैं जिनमें उनकी कलाकृतियों का प्रदर्शन हो सके और जहाँ से नई संस्कृति का संदेश भिन्न-भिन्न साधनों द्वारा हम देश के कोने-कोने में फैला सकें।

x x x

हम बार-बार जनता पर ज़ोर दे रहे हैं—क्योंकि हमने देखा है और दुख के साथ अनुभव किया है कि आज की संस्कृति कुछ आभिजात्य लोगों तक ही सीमित और परिमित है।

नया समाज जनता का समाज होगा; संस्कृति को भी जनता की संस्कृति होनी है।

नए समाज का भविष्य महान है; नई संस्कृति का भविष्य महान है।

अब तक की संस्कृति मानवता के सैकड़े एक का भी सही प्रतिनिधित्व नहीं कर पाती थी। जो सौ में सौ का प्रतिनिधित्व करेगी, वह कितनी बड़ी चीज़ होगी—कल्पना कीजिए।

कितनी बड़ी चीज़, कितनी रंग-बिरंगी चीज़ !

सौ में सौ की इच्छा-आकांक्षा, हर्ष-उल्लास, मिलन-विरह, शौर्य-बलिदान, दया-क्रोध, पीर-रुदन का वह चित्रण और उनकी ही कलम या कूची, वाणी या वाद्य द्वारा।

सदियों से अवरुद्ध निर्झरणी जब एकाएक शैल शृंग से फूट पड़ेगी। युगों से पिंजर-बद्ध विहगी जन वन-विटपी की फुनगी पर पर तोलते हुए कलरव कर उठेगी।

कल्पना कीजिए, खुश होइए और आइए हमारे इस सदुद्योग में हाथ बँटाइए।

कुछ क्रांतिकारी विचार

[बर्नार्ड शॉ के क्रांतिकारियों के जेबीकोश से]

क्रांतिकारी वह है जो तत्कालीन सामाजिक विधान को परित्याग कर नए की परीक्षा करना चाहता है।

जो ज़िंदगी में खास महत्त्व प्राप्त करते हैं, वे सबके सब क्रांतिकारी की हैसियत से ज़िंदगी शुरू करते हैं। जो जितना महान होता है, वह ज्यों-ज्यों बूढ़ा होता है, उतना ही क्रांतिकारी होता जाता है; यद्यपि लोग उसे कट्टरपंथी समझने लगते हैं, क्योंकि सुधार के प्रचलित तरीक़ों पर से उसका विश्वास उठता जाता है।

जो आदमी तत्कालीन समाज के विधान को समझते हुए भी अपनी तीस साल की उम्र के अंदर क्रांतिकारी नहीं बना तो समझो वह पूरा आदमी नहीं है।

x x x

जिसमें ताक़त है, वह करता है। जिसमें ताक़त नहीं, वह उपदेश देता है।

विद्वान आदमी उस आलसी का नाम है, जो अध्ययन के ज़रिए वक़्त बर्बाद करता है। उसके झूठे ज्ञान से बचो; उसके ज्ञान से अज्ञान अच्छा।

ज्ञान तक पहुँचने की एक सड़क है—सतत कार्य।

x x x

जो आदमी अपनी भाषा का मर्मज्ञ नहीं है; वह दूसरी भाषा सीख नहीं सकता।

x x x

जिस तरह मृत्यु की क्षतिपूर्ति नहीं की जा सकती, उसी तरह क़ैद की भी क्षतिपूर्ति नहीं हो सकती।

मुज़रिम कानून के हाथों नहीं मरता है—वह आदमी ही के हाथों मारा जाता है।

फाँसी के तख़्ते पर की गई हत्या सब हत्याओं से बुरी है; क्योंकि यह हत्या समाज की स्वीकृति से की जाती है !

ज़ुर्म वह खुदरा माल है, जिसके थोक माल का नाम है क़ानून।

जब तक जेलखाना क़ायम है, तब तक यह सवाल फिज़ूल है कि हममें से कौन उसके सेलों में है।

ज़रूरत सिर्फ़ यह नहीं है कि हम फाँसी पाए हुए मुज़रिम को हटा दें। अब ज़रूरत यह है कि इस फाँसी पाए हुए समाज को ही हम हटा दें।

x x x

प्रूधों ने कहा था—धन चोरी का माल है। इस विषय पर इससे ज़्यादा सही बात कभी नहीं कही गई।

x x x

उस आदमी से डरो जिसका भगवान आसमान पर रहता है।

x x x

पाप से बचने का नाम पुण्य नहीं है। पुण्य वह है जिसमें पाप की ओर प्रवृत्ति नहीं जाए।

x x x

ज़िंदगी का ज़्यादा से ज़्यादा उपयोग करने की कला का ही नाम क़िफ़ायतशारी है।

x x x

बेवकूफ़ राष्ट्रों में प्रतिभाशील व्यक्ति देवता बना दिया जाता है—उसकी पूजा सब करते हैं, किंतु उसके रास्ते पर कोई नहीं चलता।

x x x

आनंद और सौंदर्य सहकारी पैदावार हैं।

खुशी और खूबसूरती सीधे बेवकूफ़ों तक पहुँचाती है।

सुंदरी नारी से आजीवन आनंद पाने की कामना ठीक वैसी ही है, जैसा हमेशा मुँह में शराब भरे रखकर उसका मज़ा पाने की चेष्टा करना।

बड़ा-से-बड़ा आनंद ज़्यादा देर तक उपभोग किए जाने पर असहनीय पीड़ा पैदा करता है।

x x x

जिसके दाँत में दर्द होता है वह समझता है कि सभी अच्छे दाँतवाले सुखी हैं। ग़रीबी से परेशान आदमी धनियों के बारे में ठीक ऐसा ही सोचता है।

आदमी के पास उसकी जरूरत से ज़्यादा जितनी ही चीज़ें इकट्ठी होती हैं, उतना ही वह चिंता से चूर होता जाता है।

कुरूप और दुखी संसार में धनी आदमी सिर्फ भद्दापन और तकलीफ़ ही ख़रीद सकता है।

बदशकली और बदबख़्ती से बचने के लिए धनी उन्हें और भी बढ़ा देता है। महलों की एक-एक गज रौनक़ झोंपड़ियों की विभीषिका को बीघों में बढ़ा देती है।

x x x

आज के ज़माने में भला आदमी वह है जो बिना उगाजाए ही उपभोग करे।

आधुनिक भद्रता के मानी है परोपजीविता।

भले आदमी के लिए देश का दुश्मन होना ज़रूरी है। लड़ाई में वह अपने देश की रक्षा के लिए नहीं लड़ता; बल्कि इसलिए लड़ता है कि कहीं उसके बदले कोई विदेशी उसके देश को नहीं लूटे। इन लड़ाकू लोगों को देशभक्त कहना वैसा ही है, जैसे हड्डी के लिए लड़नेवाले कुत्ते को पशुओं का हितैषी समझना।

यदि आप शिक्षा में, क़ानून में और शिकार में विश्वास करते हैं, तो सिर्फ़ थोड़ा धन मिल जाने से ही आप भले आदमी बन जाएँगे।

x x x

आदमी अनुभव के अनुपात में नहीं, अनुभव ग्रहण करने के अनुपात में बुद्धिमान होता है।

सिर्फ़ अनुभव से ही बुद्धि आती, तो राजधानी की सड़कों के रोड़े सबसे ज़्यादा बुद्धिमान होते।

x x x

जवानी के सौ खून माफ़ हैं—लेकिन जवानी अपने को नहीं माफ़ करती। बुढ़ापा अपने को माफ़ कर देता है, लेकिन उसे माफ़ नहीं किया जाता।

जहाँ ज्ञान नहीं है, वहाँ अज्ञान विज्ञान का नाम पाता है।

स्वामित्व की उपार्जित भावना प्राकृतिक भावनाओं से ज़्यादा मज़बूत होती है।

उस आदमी से होशियार रहना, जो तुम्हारा घूँसे का जवाब नहीं देता; वह न तुम्हें क्षमा करता है और न तुम्हें यह मौक़ा देता है कि अपने को क्षमा कर लो।

दो भूखे आदमी एक भूखे आदमी से दुगुने भूखे नहीं हो सकते, लेकिन दो शैतान आदमी एक शैतान आदमी से दस गुना ज़्यादा ज़हरीले हो सकते हैं।

विनाश को तभी अपनाया जाता है, जब वह उन्नति का बुर्का पहन लेता है।

सामाजिक समस्याओं पर माथापच्ची करना फ़िज़ूल है—ग़रीबों की एक ही समस्या है, वह है ग़रीबी; धनियों की एक ही समस्या है, वह है बेकारी !

रेलगाड़ी

फर्स्ट क्लास

[बाह्य]

स्प्रिंगदार गद्दे—साफ़-सुथरे। ऊपर बिजली के पंखे सायँ-सायँ कर रहे। रोशनी चमचमा रही।

एक बर्थ पर राजा साहब। सिर पर पगड़ी—सोलहवीं सदी के कट की। जवाहरात की कलँगी, एक बड़ा हीरा झलमल कर रहा। शरीर में अँगरखा—सुफ़ेद, फेन की तरह। कंधे पर, गले में, आस्तीन पर पक्का 'काम'। चूड़ीदार पाज़ामा। कामदार मख़मली जूते।

दूसरे बर्थ पर सेक्रेटरी ! चुस्त-दुरुस्त नौजवान।

[अंतः]

लखनऊ ! साली भागी जा रही है।

वह—कैसी आग-भभूका ! कहीं ऐसी खूबसूरती होती है ? लेकिन 'वह' तो 'उससे' भी अच्छी—कितनी मासूम ! गाती भी है; गाना भी क्या बला है ! तान, ताल—जहन्नुम में जाएँ ये चोंचले। लेकिन नहीं, गाना अच्छी चीज़ है, क्योंकि जब वह गाने लगती है, उसका चेहरा सुर्ख हो जाता, गाल गुलाब हो उठते हैं, गर्दन लंबी सुराहीदार हो जाती है और सीना...

'वह'—उसमें भी मज़ा है ! धन्य रे इनसान, तूने भगवान को भी छकाया!

उँह...

यह फिज़ूल फ़िक्र। अभी मिल जाएगा। सूद ज़्यादा देने पड़ेंगे, पड़ें। लोग कहते हैं, मैंने रियासत बेच दी। साली यह होती है किस दिन के लिए, कोई बेवकूफ़ों से पूछे तो ?

लाट साहब—इंटरव्यू।

हा हा हा—अब तो सुराजियों का राज हुआ है। ये गाँधी टोपीवाले ! कल तक साले मारे-मारे फिरते थे, भीख माँगते थे, आज नवाब के नाती बने हैं ! नहीं, हम उनसे मिल नहीं सकते ? मिलना ?—उनसे ? अभी कितने दिन बीते, आए थे चन्दा माँगने ! कितनी देर धरनिया दिए रहे !

यह कौन स्टेशन है ? अरे, गाड़ी धीमी...

सेकेंड क्लास

[बाह्य]

डब्बा फ़र्स्ट क्लास की ही तरह; किंतु कुछ घटिया—सेकेंड क्लास है न।

सेठजी बैठे हैं। सिर पर मारवाड़ी पगड़ी। हाथ में एक अँगरेज़ी अख़बार, मानो उसको पढ़ने की कोशिश कर रहे।

एक कोने में उनका सामान धरा। मोटे-मोटे होलडौल। बड़ी-बड़ी पेटियाँ। बेंत के बने फलों के टोकरे। एक सुराही, चाँदी का गिलास जिसके सिर पर।

उनके सामने के बर्थ पर एक सपत्नीक सज्जन।

[अंतः]

देशी कारबारों के लिए यह अच्छा दिन है। कंपनी चलकर रहेगी। न भी चले, अपने को तो कभी घाटा नहीं। और, घाटा हुआ भी तो ? जिस तरह आया, उस तरह जाएगा।

एक लड़ाई ठन जाए ? इच्छा होती है, हिटलर के पास कोई सौग़ात भेजूँ। लेकिन वह क्या करे बेचारा—दुनिया तो हिजड़ा हो गई, वह लड़े किससे ? अपने जानते उसने लड़ाई के लिए कुछ उठा रखा है ?

वाह री जर्मनी की वह लड़ाई—एक फूँक में पँचकौड़ीमल से मैं सेठ करोड़ीमल बन गया ! हे युद्ध के देवता, कहाँ छिपे हो, इस धराधाम पर अवतार लो, अपने भक्तों की रक्षा करो !

हाँ, यह पिछला कौन शहर था ? यहाँ कोई धर्मशाला है ? लेकिन यहाँ धर्मशाला बनना किस काम का ? यहाँ अपना रोज़गार होता, तो ग्राहक जुटाने में मदद होती, जिधर निकलता, तारीफ़ें होतीं।

ये भलेमानस—क्यों बीवियों को साथ लिए फिरते हैं ? क्या यह अपने देश का धर्म है ? लेकिन, यह स्त्री है खूबसूरत ! बड़ी चोखी ! एक मेरी भी सेठानी है!

लेकिन मेरी 'वह'—अप्सराएँ तो देवताओं के घर में भी हैं ! उसके नज़दीक यह चुड़ैल है ! पर नहीं—इसमें भी कुछ है !

राम, राम। यह अधर्म हुआ ! मैंने उस दिन गीता देखी थी, गोरखपुर की टीका। भगवान ने कहा है—मानसिक पाप...

भगवान... हा हा...

गाड़ी धीमी क्यों ?—हाँ, यह कौन स्टेशन है ?

इन्टर क्लास

[बाह्य]

बेंचों पर गद्दे—लेकिन, फटे-पुराने। पंखा नहीं—रोशनी के दो धीमे बल्ब!

एक बेंच पर दो, एक पर तीन सज्जन बैठे और एक पर अकेले एक सज्जन मुँह ढाँपकर सोए।

इधर-उधर की जगहें सामानों से ठसीं !

[अंतः]

मुझे उठ बैठना चाहिए, यह कोई भलमनसाहत है कि किसी को बैठने की जगह न हो और मैं लेटा रहूँ !

किंतु, क्या बैठ सकता हूँ मैं ?

भलमनसाहत, तेरा बुरा हो।

ये साफ़-सुथरे कपड़े, ये कटे-छँटे बाल, यह घुटा-घुटाया चेहरा, यह इंटर का सफ़र ! लोग समझते होंगे, कितना सुखी हूँ मैं।

किंतु, क्या यह सच है ?

इस हरे-भरे उद्यान के भीतर जो रेगिस्तान हाहाकार कर रहा है, कौन समझे, कौन जाने ?

हम कहीं के न रहे ? ग़रीबी और अमीरी के बीच की अजीब हमारी है स्थिति। ग़रीब हमें बेगाना समझते हैं, अमीर हमसे घृणा करते हैं। हम समाज के त्रिशंकु हैं।

हम—मैं क्यों 'हम' पर आ गया। हममें भी कोई सुखी हो सकता है। मैं तो अपनी देखूँ, अपनी जानूँ।

बड़ी तपस्या के बाद तो नौकरी मिली। नौकरी मिली तो बला आई। परिवार की आँखें मुझ पर, कुटुंबियों की आँखें मुझ पर। सब मुझे चूसना चाहते हैं। उधर आफ़िस में कितनी जोड़ी आँखें दिन-रात मुझ पर गड़ी रहती हैं।

बीवी की झड़प—बच्चों की चिल्ल-पों !

फिर भी चेहरे पर हँसी आती ही है, भले आदमीपन के सभी तकाज़े पूरे करने ही हैं।

बीवी—वह बेचारी भी क्या जानती होगी, किसके पाले पड़ी ?

और, बच्चे जब बाबूजी कहकर गले से लिपट जाते हैं और पड़ोसियों के बच्चों के हाथ में देखी किसी चीज़ की माँग करते हैं, तब... उफ़...

नहीं-नहीं, अब मुँह ढँका नहीं रह सकता—मेरा दम घुटा जा रहा है।

थर्ड क्लास

[बाह्य]

चारों ओर काठ-काठ। काठ पर बैठे, काठ पर पैर लटकाए, सिर के ऊपर काठ—अगल-बगल काठ। काठ—ठेठ काठ।

भीड़-भड़क्का। कोई बैठा, कोई खड़ा। बिना टिकट का वह बेचारा बेंच के नीचे लेटा और एक 'बाबूसाहब' सामान रखने के ऊपर के लटकते छपरखट्ट पर नाक बजा रहे।

कहीं थूक, कहीं राख; कहीं पानी, कहीं जलेबी का रस, कहीं मूँगफली के छिलके !

कोलाहल !

[अंतः]

न जाने वह कैसा देश होगा ?

सुना, दाल-भात तो दोनों वक़्त मिल जाता है, मछली भी खूब मिलती है। किंतु मलेरिया तुरत हो जाता है।

मलेरिया—बाबा रे, वह तो ज़िंदा भूत है। हड्डी-हड्डी हिला देता, कलेजे के कलेजे को भी कँपा डालता है।

मैं किस फेर में पड़ गया ?

मिन्नू की शादी मैंने क्या की, आफत में फँस गया। वह बीस रुपए का कर्ज़ा—न जाने, किस-किस लोक में हमें घुमाएगा ?

सुना है, पैसे वहाँ तुरत मिलते हैं।

मैं तो मजबूत हूँ। खूब काम करूँगा। खूब पैसे मिलेंगे। उन पैसों में से कर्ज़े का रुपया अलग रख बाक़ी से अपने लिए कोट बनाऊँगा, मिन्नू के लिए एक रेशमी कमीज़, उसकी बीवी के लिए साड़ी लूँगा और मिन्नू की माँ—हाँ, उसके लिए भी कुछ लेना ही होगा।

हम सब जब ये कपड़े-लत्ते पहनेंगे, तो पड़ोसी खूब सिहाएँगे !

सिहाया करें—इसके लिए लोग अपना शौक-मौज छोड़ दें ?

उस दिन मिन्नू की माँ मुझे कितना प्यार करेगी ?

मैं उस दिन उससे एक गंडा चुम्मा वसूल करूँगा। क्यों न ?

वह—मेरे घर की लक्ष्मी !

किंतु आह ! अब कब उससे भेंट होगी ?

कब मिन्नू को गोद लूँगा ?

मेरी लक्ष्मी—मेरा मिन्नू !

जवानी

हिंदी के एक पुराने कवि ने जवानी की उपमा चढ़ती हुई नदी से दी है।

कितनी उपयुक्त है यह उपमा !

चढ़ती हुई नदी—

तीव्र प्रवाह—बड़ी-बड़ी नौकाओं को भी ख़तरे में डालनेवाला। जगह-जगह भीषण भँवर—जिनमें फँसकर बच निकलना मुश्किल ही नहीं, असंभव। कीचड़ और खर-पात से गंदा दीख पड़नेवाला पानी—किंतु उसमें कितनी जीवनी शक्ति!

कगारे टूट-टूटकर गिर रहे हैं। बड़े-बड़े वृक्ष उखड़कर अररा रहे हैं और तिनके की तरह बहे जा रहे हैं।

चढ़ती हुई नदी—मानो प्रकृति की खुली चुनौती !

लो, एक भीषण उफ़ान आया। अब कगारे, किनारे कुछ दीख नहीं पड़ते। सहस्रमुखी हो नदी मानो संसार-विजय को निकली हो—

करोड़ों कगारों को धड़धड़ गिराती,
नावों व गाँवों को सरसर बहाती,
पलक में ही नालों व खालों को भरती,
चली है नदी, नापती मानो धरती !

प्रकृति, सम्हलो !—तुम्हारी ही एक बेटी आज चंडिका बन चुकी है। मनुष्यो, बचो !—प्रकृति की एक पुत्री तुम्हें बताने आई है कि तुम कितने तुच्छ हो !

बाढ़ ! बाढ़ !

x x x

आज सुकुमारी घर से दीए लेकर निकली है। आँचल की ओट में वे कैसे झिलमिल कर रहे हैं।

सुकुमारी दीए लेकर निकली है !

आज गंगा-मैया उसकी कुटिया के निकट पहुँची है, दीपदान क्यों न दे ?

घर-घर से सहस्रों दीप आ रहे हैं !

तिनके के छोटे-छोटे बेड़े—बेड़ों पर कच्ची मिट्टी के दीए। एक के बाद एक—वे छोड़े जा रहे हैं। वे प्रकाश की एक लंबी लड़ी के ऐसे तीव्र प्रवाह में भँसे जा रहे हैं !

कगारों को ढहानेवाला, वृक्षों को आमूल गिरानेवाला, नाश और महानाश का प्रत्यक्ष रूप—यह उद्दाम प्रवाह तिनके के तुच्छ बेड़े पर कच्ची मिट्टी के इन क्षण-भंगुर दीपों को अपनी छाती पर रखे मानो दुलरा रहा है, नचा रहा है, खेला रहा है।

जहाँ तक देखो जगमग !

विनाश की मूर्त्ति का यह अर्घ्यदान धन्य ! अर्घ्यदान की ज्योति से जगमगाती यह विनाश की मूर्त्ति धन्य !

झकझक—झलमल !

x x x

यह दीपदान क्यों न हो ?

दुनिया की जितनी बड़ी-बड़ी सभ्यताएँ हैं, सब नदियों के किनारे ही तो पनपीं, बढ़ीं, फूलीं, फलीं, फैलीं !

संसार के जितने बड़े नगर हैं, सब नदियों के किनारे ही बसे हैं।

कला, कविता—सबका चरम विकास तो स्रोतस्विनी के पावन तट पर ही हुआ है ! वही स्रोतस्विनी जो अपनी 'चढ़ती' में इतना भयंकर मालूम पड़ती थी।

विध्वंस से घबड़ा उठनेवालो ! ज़रा निर्माण के इस पहलू को भी देखो !

x x x

तो, जवानी की उपमा चढ़ती हुई नदी से दी गई है।

जवानी—चढ़ती हुई नदी !

वहाँ जीवन—यहाँ जीवन ! जीवन में प्रवाह—दोनों ओर !

हहर-हहरकर बहनेवाली नदी—हाहा-हूहू में मचलनेवाली जवानी !

कितने अरमानों के भँवर हैं इसमें !

उच्छृंखलता का कैसा नग्न नृत्य है यहाँ ?

मैं सीमाओं को तोड़ूँगी; बंधनों को काटूँगी।

मैं संसार को छा लूँगी—उस पर अपना रंग चढ़ाकर छोड़ूँगी।

तुम्हारी हरी-भरी दुनिया डूबती है, डूबने दो; तुम्हारे शत-सहस्र वर्षों के परंपरा-वृक्ष उखड़ते हैं, उखड़ने दो !

अजी, संसार आपादमस्तक हरा-भरा हो, इसके लिए कुछ हरे पौधों को खाद बनाना ही होगा। यह ठूँठ रूख गिरेगा नहीं, तो नए बिरवे पनपेंगे कैसे ! फिर नए भवन के लिए लकड़ियाँ भी कहाँ से आएँगी ?

x x x

माँझी, अपनी नाव की ख़ैर चाहते हो, तो हमारे प्रवाह का रुख़ समझो, सम्हलो ! नहीं तो तुम्हारी यह नाव डूबी !

बाढ़-बाढ़ मत चिल्लाओ !

चतुर और दूरदर्शी किसान की तरह अपने खेतों की मेड़ें मजबूत करो। यदि एक फसल बर्बाद भी हुई, तो यह ऐसी खाद दे जाएगी कि दूसरी फसल में निहाल हो जाओगे !

सुंदरियों से कहा—हमें अर्घ्यदान दें !

ओ हमारे तांडव-नृत्य पर भय-चकित होनेवाले क्षुद्र हृदय मानव जीवो ! हमीं शिव हैं, इसे क्यों भूलते हो ?

व्याघ्र का चालक, शृंगी का वादक, श्मशान का निवासी, उत्तुंग शिखर का प्रवासी वही वृषभ-वाहन, गणेश-पिता, गौरी-पति अबढर दानी, शंकर शिव भी हैं !

बोलो—शिवम् ! सत्यम् ! सुंदरम् !

कलाकार

पटना जेल के सेल के निकट का वह वार्ड। आँगन में बड़ा पीपल का पेड़। पेड़ पर दो-चार कीलें ठुकी हुईं। जिन्हें सेल से भी संतोष न हो, वे ज़रा अपनी हथकड़ियों को इन कीलों में लगाकर, ऊद्र्ध्वबाहु हो, झूले का मज़ा लें !

पानी का यह नल—नल के नीचे पक्के गच का, ईंट का बना विस्तृत 'टब'!

आँगन में बेले के कुछ पेड़—सूखे ! हमने उनमें रस डालना शुरू किया। पहले पत्तियाँ निकलीं, फिर कलियाँ फूटीं। पटना का 'मोतिया' एक नामी चीज़ है न? जेल का वह हिस्सा गमगमा उठा। रात में जब हम वार्ड में बंद होते, खिड़कियों की राह चैत की चाँदनी में इन मोतियों का चिटखना स्पष्ट सुनते !

ज़रा बाहर जाकर इस चाँदनी में, इन बेलों की क्यारियों में घूम पाता ? आह रे—बेला फूले आधी रात, गजरा केकर गले डालूँ ? किंतु, यहाँ तो गजरे पाने की कौन बात, देखने की इच्छा भी नहीं पूरी होती !

भोर होते-होते फूल भी गायब ! जो अपने कर्कश बूट-रव से रात में सोना हराम करते, उनके 'सुर्ती-सनित' पाकेटों में पड़कर वे जेल के बाहर पहुँच चुके होते !

x x x

किंतु, मैं बहक गया ! जिस तरह वकील साहब बनने की आकांक्षा करता हुआ 'गान्ही बाबा का भोंटियर' बन गया था, जिस तरह सम्पादक बनने की इच्छा में हिंदी-संपादन-संसार का पीर-बावर्ची-भिस्ती-ख़र यानी प्रूफ़-रीडर, मैनेजर, कन्वासर, एडिटर आदि सब एक ही बार हो गया—उसी तरह आज भी बहक रहा हूँ।

x x x

तो उस दिन एक छोटा-सा बच्चा लाया गय। और उसे रोल में रखा गया!

बच्चा छोटा-सा—और जेल नहीं, सेल में !

एक दिन वह सेल के दरवाज़े पर पलथी मारे बैठा था—बड़ी ही विचित्र उदासीन मुद्रा में। मैंने उसे देखकर भी न देखा। अपने मोतिए में पानी डालने में लग गया कि वह दौड़कर मेरे निकट आया और खड़ा हो गया कितना चपल ! उसकी आँखों से प्रतिभा टपक रही थी। मैं उससे कुछ पूछता ही कि वार्डर गरज उठा—'इससे मत बोलिए बाबू, साला गिरहकट्ट है; कई बार आ चुका।'

बच्चा बेशर्म-सा खिलखिला पड़ा ! बोला—'नहीं सुराजी बाबू, ये तुहमत लगाते हैं। मैं कब आया था यहाँ सिपाहीजी ? वह दूसरा होगा कोई साला; मुझे बेकसूर पकड़ा गया है।' फिर कानों में कुछ सटकर फुसफुसाया—'सुराजी बाबू, ज़रा हलवा दीजिएगा ?'

मेरी उसकी दोस्ती हो गई।

वह सेल से छूटते ही मेरे पास दौड़ आता। हलवा लेकर खा लेता और गप्पें करने लगता। मैं जानना चाहता था कि वह कौन है, क्या करता था, जेल में क्यों लाया गया ? किंतु वह तो

प्रतिदिन बातें बदलता। इतना-सा छोटा बच्चा, इतनी शरारत कहाँ से आई इसमें ?

एक दिन, दुपहरिया में पीपल के पेड़ के निकट बैठा वह खेल रहा था । खेलना क्या था, कुछ बनाने में मस्त था । मैं दबे पाँव गया। अरे, यह तो विचित्र...

लाल सुर्खी, उजले चूने और हरी दूब के संयोग से, ज़मीन पर जैसे कारचोबी के काम कर दिए हों उसने ! और, उसके बीच में सुंदर नागरी हरूफ़ों में लिखा है—पिअरिया !

"अरे, तू पढ़ा-लिखा भी है ?"

मुँह बना, सिर हिला, उसने हामी भरी !

"यह पिअरिया कौन है ?"

अब उसकी आँखें सुर्ख थीं। फिर छलछला उठीं। अपने को जैसे वह रोक न सका हो, भूत-सा बकने लगा।

वह कहने को किसी भंगी का बेटा है। माँ हैजे में मर गई। बाप चोरी में पकड़ा गया, तब से न लौटा। पिअरिया उसी की बहन है—उससे बड़ी। बहन ने कोशिश की कि वह म्युनिसिपल स्कूल में पढ़े। किंतु फ़ीस और किताबों का अभाव; उस पर आए दिन उपवास का निमंत्रण !

इतने में एक 'दोस्त' मिल गए—ठीक उस दिन जब कि कई शाम का भूखा वह स्टेशन पर मारा-मारा फिर रहा था ।

'दोस्त'जी ने कई 'जेब-कतरन-कला' सिखलाई।

कैसा मज़ा—चुपके-चुपके एक बच्चा टिकट कटाते समय आपके निकट आ खड़ा हुआ या रेल के डब्बे में बग़ल में आ बैठा । आप लापरवाह हैं, बच्चा अपनी घात में। टिकट की खिड़की से आपके हटते ही वह हट गया। क्या यों ही, नहीं जनाब, आपकी जेब सहित ! आप इधर स्टेशन जाने पर जब पान-सिगरेट के लिए पैसे निकालने लगे, घबराए, चिल्लाए। और वह 'दोस्त' के निकट पहुँचा, थैली उसे दी। माल उसने रख लिया। बच्चे को मिले—पूरी-जलेबी, पान सिगरेट, सिनेमा-थेटर! कुछ पैसे बहन के लिए भी !

लड़का चालाक—मैं कहूँ प्रतिभाशील ! मेहनत करूँ मैं, पैसे पाएँ 'दोस्त', यह क्यों ? 'दोस्त' कहते—अरे, दारोगाजी को भी हिस्सा देना होता है न ? झगड़ा हुआ—बच्चे ने स्वतंत्र पेशा अख्तियार किया; किंतु उसी दिन पकड़ लिया गया। बच्चा कह रहा था मुझसे—'साले दोस्त' ने पुलिस से मिलकर पकड़वाया है बाबू! अच्छा बच्चू को मैं फँसाऊँगा।

मुश्किल से 11-12 वर्ष का बच्चा है। इतनी अक्ल ! फिर उसकी यह कारीगरी! मेरी आँखों में सुर्खी-चूने से बने कारचोबी के काम चमचमा उठे।

"अरे, तुझे तो आर्ट स्कूल में पढ़ना चाहिए !" मैंने कहा—"इन शैतानियों को छोड़ बाहर जाकर पढ़ना-लिखना शुरू करना।"

वह हँसा ! फिर बोला—"बहन भी पढ़ने को ही कहती थी, सुराजी बाबू! किंतु, क्या किया जाए, आप ही कहिए ? फ़ीस तो माफ़ है। किताबें तो चाहिए ही; फिर पेट भरने पर ही तो अक्षर सूझते हैं।" वह संजीदा-सा होकर बोला—"पढ़ना-लिखना तो बड़े लोगों का काम है, बाबू।"

"और तुम्हारा काम है जेल जाना ?"

"जेल भी कोई बुरी चीज़ नहीं—खाने को ठीक समय पर मिल जाता है। ... लेकिन बहन की याद आती है... !"

उसकी आँखें फिर उमड़ आईं !

x x x

मैं कभी सुर्खी, चूना, दूब से बनी उस चित्रकारी की ओर देखता, कभी उसके मुँह की ओर ! मेरे दिमाग़ में हाहाकार मचा था !

और उस हाहाकार को द्विगुण कर दिया एक और घटना ने।

x x x

जेल से छूटकर गंगाशरण की माँ को प्रणाम कर आना ज़रूरी ही था।

गंगा के गाँव में एक छोटा-सा जंगल है—जंगल का 'पाकेट एडीशन' कहिए।

हम लोग वहीं बैठे थे। माघ बीत रहा था । फगुनहट सबके दिमाग़ में गर्मी भर रही थी। वृक्षों पर बैठी बुलबुल इतने ज़ोर से चहक रही थी मानो भंग पी ली हो। कुछ और चिड़ियों के स्वर की सवारी पर चढ़ जब-तब कोयल की कूक भी सुनाई पड़ती थी। ईरान और हिंदुस्तान का यह सांस्कृतिक सम्मिलन था !

कि इतने ही में—

'छोटे-मोटे सैयाँ हो।'

जंगल की एक ओर से आवाज़ आई। स्वर में इतना सुरीलापन था कि समूचा जंगल गूँज-सा उठा। श्यामनंदन बाबा ने कहा—'वह आ गया ! लकड़ी तोड़ने आया होगा; मैं बुला लाता हूँ, सुनो उसका गाना !'

दौड़े गए वह और एक छोटे-से बच्चे को कंधे पर टाँगे ले आए। बाबा ठहरे—हम लोगों के सार्वजनिक बाबा। बच्चे के हाथ में अब भी एक सूखी टहनी थी।

उसे बीच में बैठाया गया। वह गाने लगा। गाने निस्सन्देह ही ग्रामीण रुचि के पोषक थे, किंतु उसका गाना !

स्वरों का चढ़ाव-उतार, आवाज़ का कंपन और दर्द, कंठ का वह सुरीलापन—एक समाँ-सा बँध गया। मालूम होता था, संगीत सपक्ष होकर वहाँ चारों ओर उड़ रहा हो। थोड़ी देर के लिए मालूम हुआ जैसे बुलबुल चुप हो गई हो, कोयल शरमा गई हो, दूसरी चिड़ियाँ आश्चर्यचकित हो रही हों।

"बाबा, यह है कौन ?"

"अरे, यह है, सो है। क्या पूछो हो, लड़के ?"

मालूम हुआ, एक अनाथ बच्चा है—हाँ, माँ बची है। किंतु, माँ के रहते भी तो अनाथ ही है। पिता इसके नामी गवैया थे। पैसे भी कमाए, किंतु ख़र्राच—कफ़न के लिए भी छोड़कर नहीं मरे। बड़ी मुश्किल से दिन कटते हैं—यह बच्चा जब-तब जलावन तोड़ने इस जंगल में आता है।

"क्यों न इसे उच्च संगीत की शिक्षा दी जाए, गंगा ?"

"क्यों न हमें स्वराज्य मिल जाए, हज़रत !"

"ज़रा ज़मीन पर पैर रखके बतिआइए, बेनीपुरीजी !"—यह रामचंद्र ने कहा!

x x x

कला और कलाकार की जब चर्चा सुनता हूँ, दोनों बच्चे आँखों के निकट घूमने लगते हैं।

एक जेल की हवा खा रहा था—दूसरा लकड़ियाँ तोड़ रहा था। हमारे रवि वर्मा, हमारे तानसेन जेलों में सड़ते हैं, ईंधन के गट्ठर ढोते हैं।

और उसी समय अपने दो मित्र-तनयों की याद आती है। एक 75 रुपये महीने ख़र्च कर शांति-निकेतन में फ़कत लकीरें खींचा करते हैं, दूसरे 50 रुपये मासिक एक संगीतज्ञ पर खर्च कर जब-तब भोर की मेरी अनमोल नींद हराम करते हैं।

दीप-दान

[एक]

"बिटिया, यह क्या कर रही है ?"

वह गीली मिट्टी और पतली अँगुलियों के संयोग से छोटे-छोटे दीपों की रचना कर रही थी। अपने काम को जारी रखती, मेरी ओर मुड़कर मुस्कुराती हुई बोली–

"दीये बना रही हूँ; आज दिवाली है न ?"

"हाँ, आज अमावस्या है। कहाँ वह घन-अंजन अंधकार और कहाँ मिट्टी के ये छोटे दीये !"

किंतु शायद दुस्साहसिकता पर ही तो संसार क़ायम है।

x x

लोग कहते हैं, यह लक्ष्मी की तिथि है। मैं कहता हूँ, यह शक्ति की तिथि है—वैसी शक्ति, जो प्रकृति पर भी विजय प्राप्त करने की हिम्मत रखती है।

प्रकृति कहती है—आज अंधकार रहेगा, मेरा यही आदेश है, मेरा यही नियम है।

मनुष्य की अंतर्हित शक्ति गरज उठती है—नहीं, आज यहाँ उजाला रहेगा, प्रकाश रहेगा, मेरा यही प्रयत्न है। तेईस अमावस्या तेरी, एक अमावस्या मेरी।

युग-युग से प्रकृति और मनुष्य का यह संग्राम जारी है। अभी तक किसी ने हार नहीं मानी।

x x x

बहनें दीप जला रही हैं—या दीपों की माला से घर-आँगन जगमगा रही हैं। जगमगा रही हैं और गुनगुनाकर कुछ गा रही हैं।

भाई खर-पात के मशाल बना, हमजोलियों की टोलियाँ बाँध, गाँव के बाहर खेत और सरेह में हाहा-हूहू मचा रहे हैं।

घर-बाहर गाँव-सरेह सबमें उजाला है।

अंधकार का राज्य तभी दूर होगा, जब घर में बहनें और बाहर भाई—दोनों तुल पड़ें। घर में बहनें दीप सजा रही हों, बाहर भाई मशालें लिए दौड़ रहे हों। बहनें गुनगुना रही हों, भाई हाहा-हूहू कर रहे हों।

x x x

ये दीपक, ये पतंगे !

एक हँस रहा है, दूसरा जल रहा है।

हम बैठे कविताएँ बनाते हैं।

शायद दुनिया इसी का नाम है।

कोई हँसे, कोई जले, कोई इन दोनों का आनंद ले !

x x x

आज लक्ष्मी आनेवाली है।

क्या लक्ष्मी का प्रवेश अंधकारमयी तिथि में ही हुआ करता है ? क्या लक्ष्मी को अंधकार से प्रेम है ?

उल्लू पर जो सवार है, उसके लिए कुहू-निशा से बढ़कर कौन तिथि हो सकती है ?

x x x

स्नेह में तूल न दो—लोगों को कहते सुना है।

'स्नेह' और 'तूल' के संयोग से ही दीपावली मचती है—अपनी आँखों देखा है।

कान का विश्वास करें या आँख का ?

शायद सत्य इन दोनों से परे है।

x x x

उनके घर में शायद आज घी के चिराग़ जल रहे हैं !

इस घी के लिए कितने मूक प्राणियों ने अपने खून को दूध के रूप में परिणत किया होगा; कितने बछवों के मुँह का आहार छिन गया होगा; कितनी कोमलांगियों के हाथ मथानी के चक्कर में घिस गए होंगे !

अफ़सोस, यदि वे इन बातों को सोच सकते—समझ सकते !

[दो]

बाहर चकमक-झकमक, भीतर अंजनोपम अंधकार ! दरवाज़े पर केले के खंभों की हरीतिमा, आँगन में सड़ी हुई मोरियों की गंध ! कहीं मिठाइयों की लूट; कहीं टुकड़ों पर क्षुधित दृष्टि ! कहीं चौसर की बाज़ी; कहीं जीवन का दिवाला! हम आज इसे ही दिवाली कहते हैं न ?

x x x

"माँ, आज अपने घर दीये नहीं जलेंगे ?"

माँ चौंकी ! चिकनी मिट्टी सानी ! दीये गढ़े। अंचल से चीथड़े फाड़कर बत्ती बनाई।

किंतु तेल ?

माँ की आँखें छलछला उठीं—बरस पड़ीं। सामने पड़े दीये उससे भर चले। फिर गीली मिट्टी के इन स्नेह-पात्रों को मिट्टी के रूप में परिणत होते कितनी देर लगती ?

बच्चा माँ का मुँह देख रहा है।

किंतु माँ ?

x x x

जिस दिन हमने दिवाली का पर्व मनाना प्रारंभ किया, उसी दिन हमारे घर में 'दिवाला' नामक शिशु का जन्म हुआ !

x x x

लक्ष्मी जब पूजन और प्रदर्शन की चीज़ बन जाए, उपभोग और उपगोग की चीज़ नहीं रहे, समझिए, उसी दिन वह 'काली' बन गई। तब वह रक्त पीती है—मानव रक्त !

x x x

बाँस की कोंपलों पर लिपटे सूखे छिलकों को कमाँची मे गाँथ-गूँथकर लुकाठी बनाए गाँव की सड़कों पर अग्नि-लीला दिखानेवाले नटराजो ! देखो, कबीर बाबा तुम्हें एक दोहा सुना रहे हैं; क्योंकि वह भी तुम्हारे-से ही खिलाड़ी हैं—भले ही वह बूढ़े हों।

वह क्या कह रहे हैं, सुनो—

'कबिरा खड़ा बजार में लिए लुकाठी हाथ,
जो घर फूँकै आपना, चलै हमारे साथ।'

जाओगे उनके साथ, प्रकाश-पुंज को खिलवाड़ समझनेवाले ओ नटराजो!

x x x

दिवाली की रात के आख़िरी प्रहर में हमारी बूढ़ी माताएँ उठीं और सूप को सनई की डंठल से पीट-पीटकर हमारे घर से दरिद्रता को भगाने का मंत्रोच्चार करने लगीं।

भला, इतने पर भी हमारे घर में दरिद्रता क्यों रह पाती ?

वह भागी, किंतु...

वह भागी, किंतु हमारे खेतों और खलिहानों में ही उसने अपने अचल आसन जमा दिए। भला उसके लिए भी तो कहीं जगह चाहिए ही ?

x x x

महलों पर शत-सहस्र दीप-मालिकाएँ देख, वह बोल उठे—वाह !

किंतु मैंने ज्यों ही उस ओर नज़र की, मेरी आँखें झिप गईं।

मेरी पगली पुतलियों ने कुछ विचित्र ही दृश्य देखा—

मनुष्य की कलेजी को काट-कूटकर दीये बनाए गए हैं; उसमें उसका हृदय-रक्त भर दिया गया है, उनके अरमानों की बत्ती बनाई गई है, जो बिना दियासलाई छुलाए ही निर्धूम जल रही है !

लोगों ने देखा—चकमक ! चकमक !

मेरी पगली पुतलियों ने मुझे दूसरा ही दृश्य दिखाया।

x x x

आज झोंपड़ी को भी दिवाली मनाने की सूझी है !

आख़िर मज़ार पर भी तो दीये जलाए जाते हैं !

x x x

अभागे, यह नन्दा दीपक सजाना तुझे क्या भाया ?

जिसके वाहनों ने तेरी यह दुर्गत की, उसी की अभ्यर्थना !

यदि प्रकाश ही चाहता है, तो इस झोंपड़ी में ही चिनगारी छुला देख।

दो घड़ी की कैसी जगमगाहट रहेगी !

और, यदि कहीं इसकी लपटें महलों की ओर भी बढ़ सकीं...

माटी की मूरतें

[1940-41 ई.]

अपने मामाजी स्वर्गीय श्री द्वारिकासिंह जी की
पावन स्मृति में

ये माटी की मूरतें

जब कभी आप गाँव की ओर निकले होंगे, आपने देखा होगा, किसी बड़ या पीपल के पेड़ के नीचे, चबूतरे पर, कुछ मूरतें रखी हैं—माटी की मूरतें !

ये मूरतें--न इनमें कोई खूबसूरती है, न रंगीनी। फलतः बौद्ध या ग्रीक-रोमन मूर्त्तियों के हम शैदाई यदि उनमें कोई दिलचस्पी न लें—उन्हें देखते ही मुँह मोड़ लें, नाक सिकोड़ लें, तो अचरज की कौन-सी बात ?

किंतु इन कुरूप, बदशकल मूरतों में भी एक चीज़ है—शायद उस ओर हमारा ध्यान नहीं गया। वह है ज़िन्दगी ! ये माटी की बनी हैं, माटी पर धरी हैं; इसीलिए, ज़िन्दगी के नज़दीक हैं, ज़िन्दगी से शराबोर हैं। ये देखती हैं, सुनती हैं; खुश होती हैं, नाराज़ होती हैं; शाप देती हैं, आशीर्वाद देती हैं।

ये मूरतें न तो किसी आसमानी देवता की होती हैं, न अवतारी देवता की। गाँव के ही किसी साधारण व्यक्ति—मिट्टी के पुतले—ने किसी असाधारण अलौकिक कर्म के कारण एक दिन देवत्व प्राप्त कर लिया, देवता में गिना जाने लगा और गाँव के व्यक्ति-व्यक्ति के सुख-दुख का द्रष्टा-स्रष्टा बन गया!

मिट्टी के उन पुतलों की ये माटी की मूरतें ! हाँ, ये देखती हैं, सुनती हैं; खुश होती हैं, नाराज़ होती हैं। खुश हुईं—संतान मिली, अच्छी फसल मिली, यात्रा में सुख मिला, मुक़दमे में जीत मिली। इनकी नाराज़गी—बीमार पड़ गए, महामारी फैली, फसल पर ओले गिरे, घर में आग लग गई !

ये ज़िन्दगी के नज़दीक ही नहीं हैं, ज़िन्दगी में समाई हुई हैं। इसलिए ज़िन्दगी के हर पुजारी का सिर इनके नज़दीक आप ही आप झुका है। बौद्ध और ग्रीक-रोमन मूर्त्तियाँ दर्शनीय हैं, वन्दनीय हैं; तो, माटी की ये मूरतें भी उपेक्षणीय नहीं, आपसे हमारा निवेदन सिर्फ़ इतना है !

x x x

आपने राजा-रानी की कहानियाँ पढ़ी हैं, ऋषि-मुनि की कथाएँ बाँची हैं, नायकों और नेताओं की जीवनियों का अध्ययन किया है ! वे कहानियाँ, वे कथाएँ, वे जीवनियाँ! कैसी मनोरंजक, कैसी प्रोज्ज्वल, कैसी उत्साहवर्द्धक ! हमें दिन-दिन उनका अध्ययन, मनन, अनुशीलन करना ही चाहिए।

किंतु, क्या आपने कभी सोचा है, आपके गाँवों में भी कुछ ऐसे लोग हैं, जिनकी कहानियाँ, कथाएँ और जीवनियाँ राजा-रानियों, ऋषि-मुनियों; नायकों-नेताओं की कहानियों, कथाओं और जीवनियों से कम मनोरंजक, प्रोज्ज्वल और उत्साहवर्द्धक नहीं। किंतु शकुन्तला, वशिष्ट, शिवाजी और नेताजी पर मरनेवाले हम अपने गाँव की बुधिया, बालगोबिन भगत, बलदेवसिंह और देव की ओर देखने की भी फ़ुर्सत कहाँ पाते हैं ?

हज़ारीबाग सेंट्रल जेल के एकान्त जीवन में अचानक मेरे गाँव और मेरे ननिहाल के कुछ ऐसे लोगों की मूरतें मेरी आँखों के सामने आकर नाचने और मेरी क़लम से चित्रण की याचना करने लगीं ! उनकी इस याचना में कुछ ऐसा ज़ोर था कि अन्ततः यह 'माटी की मूरतें' तैयार होकर रहीं। हाँ, जेल में रहने के कारण बैजू मामा भी इनकी पाँत में आ बैठे और अपनी मूरत मुझसे गढ़वा ही ली।

मैं साफ़ कह दूँ, ये कहानियाँ नहीं; जीवनियाँ हैं ! ये चलते-फिरते आदमियों के शब्दचित्र हैं। मानता हूँ, कला ने उन पर पच्चीकारी की है; किंतु मैंने ऐसा नहीं होने दिया कि रंग-रंग में मूल रेखाएँ ही गायब हो जाएँ। मैं उसे अच्छा रसोइया नहीं समझता, जो इतना मसाला रख दे कि सब्ज़ी का मूल स्वाद ही नष्ट हो जाए!

कला का काम जीवन को छिपाना नहीं, उसे उभाड़ना है ! कला वह, जिसे पाकर ज़िन्दगी निखर उठे, चमक उठे !

डरता था, सोने-चाँदी के इस युग में मेरी ये 'माटी की मूरतें' कैसी पूजा पाती हैं ? किंतु, इधर इनमें से कुछ जो प्रकाश में आईं, हिन्दी-संसार ने उन्हें सिर-आँखों पर लिया ! यह मेरी क़लम या कला की करामात नहीं, मानवता के मन में मिट्टी के प्रति जो स्वाभाविक स्नेह है, उसका परिणाम है। उस स्नेह के प्रति मैं बार-बार सिर झुकाता हूँ और कामना करता हूँ, कुछ और ऐसी 'माटी की मूरतें' हिन्दी-संसार की सेवा में उपस्थित करने का सौभाग्य प्राप्त कर सकूँ।

दीवाली, 1946

—श्रीरामवृक्ष बेनीपुरी

नवीन संस्करण

यह 'माटी की मूरतें' सोने की मूरतें सिद्ध हुईं। छः साल में इसकी साठ हज़ार प्रतियाँ बिक चुकीं। इस नवीन संस्करण में एक मूरत और जोड़ दी गई है—रज़िया। क्रम में भी कुछ परिवर्तन किया गया है और पाठ में भी। इसे आदि से अंत तक सचित्र भी कर दिया गया है। क्या मैं आशा करूँ, इस नए रूप में यह और भी पसंद की जाएगी ?

गंगादसहरा, 1953

—श्रीरामवृक्ष बेनीपुरी

रज़िया

कानों में चाँदी की बालियाँ, गले में चाँदी का हैकल, हाथों में चाँदी के कंगन और पैरों में चाँदी की गोड़ाँई—भरबाँह की बूटेदार कमीज़ पहने, काली साड़ी के छोर को गले में लपेटे, गोरे चेहरे पर लटकते हुए कुछ बालों को सम्हालने में परेशान, वह छोटी-सी लड़की, जो उस दिन मेरे सामने आकर खड़ी हो गई थी—अपने बचपन की उस रज़िया की स्मृति ताज़ा हो उठी, जब मैं अभी उस दिन अचानक उसके गाँव में जा पहुँचा!

हाँ, यह मेरे बचपन की बात है। मैं कसाईखाने से रस्सी तुड़ाकर भागे हुए बछड़े की तरह उछलता हुआ अभी-अभी स्कूल से आया था और बरामदे की चौकी पर अपना बस्ता-सिलेट पटककर मौसी से छठ में पके ठेकुए लेकर उसे कुतर-कुतरकर खाता हुआ ढेंकी पर झूला झूलने का मज़ा पूरा करना चाह रहा था कि उधर से आवाज़ आई—देखना, बबुआ का खाना मत छू देना—और, उसी आवाज़ के साथ मैंने देखा, यह अजीब रूप-रंग की लड़की मुझसे दो-तीन गज़ आगे खड़ी हो गई।

मेरे लिए यह रूप-रंग सचमुच अजीब था। ठेठ हिन्दुओं की बस्ती है मेरी और मुझे मेले-पेठिए में भी अधिक नहीं जाने दिया जाता। क्योंकि, सुना है, बचपन में मैं एक मेले में खो गया था—मुझे कोई औघड़ लिए जा रहा था कि गाँव की एक लड़की की नज़र पड़ी और मेरा उद्धार हुआ। मैं बाप-माँ का इकलौता—माँ, चल बसी थीं, इसलिए उनकी इस एकमात्र धरोहर को मौसी आँखों में जुगोकर रखतीं। मेरे गाँव में भी लड़कियों की कमी नहीं, किंतु न उनकी यह वेश-भूषा, न यह रूप-रंग ! मेरे गाँव की लड़कियाँ कानों में बालियाँ कहाँ डालतीं और भरबाँह की कमीज़ पहने भी उन्हें कभी नहीं देखा। और, गोरे चेहरे तो मिले हैं, किंतु इसकी आँखों में जो एक अजीब किस्म का नीलापन दीखता, वह कहाँ ? और, समूचे चेहरे की काट भी कुछ निराली ज़रूर—तभी तो मैं उसे एकटक घूरने लगा!

यह बोली थी रज़िया की माँ, जिसे प्रायः ही अपने गाँव में चूड़ियों की खँचिया लेकर आते देखता आया था। वह मेरे आँगन में चूड़ियों का बाज़ार पसारकर बैठी थी और कितनी बहू-बेटियाँ उसे घेरे हुई थीं। मुँह से भाव-साव करती और हाथ से ख़रीदारिनों के हाथ में चूड़ियाँ चढ़ाती वह सौदे पटाये जा रही थी। अब तक उसे अकेले ही आते-जाते देखा था; हाँ; कभी-कभी उसके पीछे कोई मर्द होता, जो चूड़ियों की खाँची ढोता। यह बच्ची आज पहली बार आई थी और न जाने किस बालसुलभ उत्सुकता ने उसे मेरी ओर खींच लिया था। शायद वह यह भी नहीं जानती थी कि किसी के हाथ का खाना किसी के निकट पहुँचने से ही छू जाता है ! माँ जब अचानक चीख़ उठी, वह ठिठकी, सहमी—उसके पैर तो वहीं बँध गए; किंतु इस ठिठक ने उसे मेरे बहुत निकट ला दिया, इसमें संदेह नहीं !

मेरी मौसी झट उठीं, घर में गईं और दो ठेकुए और एक कसार लेकर उसके हाथों में रख दिए। वह लेती नहीं थी, किंतु अपनी माँ के आग्रह पर हाथ में रख तो लिया, किंतु मुँह से नहीं लगाया ! मैंने कहा—खाओ न ? क्या तुम्हारे घरों में ये सब नहीं बनते ? छठ का व्रत नहीं होता ? कितने प्रश्न—किंतु सबका जवाब 'न' में ही और वह भी मुँह से नहीं, ज़रा-सा गर्दन हिलाकर। और, गर्दन हिलाते ही चेहरे पर गिरे बाल की जो लटें हिल-हिल उठतीं, वह उन्हें परेशानी से सम्हालने लगती !

जब उसकी माँ नई ख़रीदारिनों की तलाश में मेरे आँगन से चली, रज़िया भी उसके पीछे

हो ली। मैं खाकर, मुँह धोकर, अब उसके निकट था और जब वह चली, जैसे उसकी डोर में बँधा थोड़ी दूर तक घिसटता गया। शायद मेरी भावुकता देखकर ही चूड़ीहारिनों की मुँह पर खेलनेवाली अजस्र हँसी और चुहल में ही उसकी माँ बोली—बबुआजी, रज़िया से ब्याह कीजिएगा ? फिर बेटी की ओर मुखातिब होती, मुस्कुराहट में कहा—क्यों रे रज़िया, यह दुलहा तुम्हें पसन्द है। उसका यह कहना, कि मैं मुड़कर भागा। ब्याह ? एक मुसलमानिन से ? अब रज़िया की माँ ठठा रही थी और रज़िया सिमटकर उसके पैरों में लिपटी थी, कुछ दूर निकल जाने पर मैंने मुड़कर देखा।

x x x

रज़िया, चूड़ीहारिन ! वह इसी गाँव की रहनेवाली थी। बचपन में इसी गाँव में रही और जवानी में भी। क्योंकि मुसलमानों में गाँव में भी शादी हो जाती है न? और, यह अच्छा हुआ—क्योंकि बहुत दिनों तक प्रायः ही उससे अपने गाँव में ही भेंट हो जाया करती थी !

मैं पढ़ते-पढ़ते बढ़ता गया ! बढ़ने पर पढ़ने के लिए शहरों में जाना पड़ा। छुट्टियों में जब-तब आता। इधर रज़िया पढ़ तो नहीं सकी, हाँ बढ़ने में मुझसे पीछे नहीं रही। कुछ दिनों तक अपनी माँ के पीछे-पीछे घूमती फिरी। अभी उसके सिर पर चूड़ियों की खँचिया तो नहीं पड़ी, किंतु, ख़रीदारिनों के हाथों में चूड़ियाँ पिन्हाने की कला वह जान गई थी। उसके हाथ मुलायम थे, बहुत मुलायम, नई बहुओं की यही राय थी। वे उसी के हाथ से चूड़ियाँ पहनना पसन्द करतीं। उसकी माँ इससे प्रसन्न ही हुई—जब तक रज़िया चूड़ियाँ पिन्हाती, वह नई-नई ख़रीदारिनें फँसाती।

रज़िया बढ़ती गई। जब-जब भेंट होती, मैं पाता, उसके शरीर में नए-नए विकास हो रहे हैं। शरीर में और स्वभाव में भी। पहली भेंट के बाद पाया था, वह कुछ प्रगल्भ हो गई है—मुझे देखते ही दौड़कर निकट आ जाती, प्रश्न-पर-प्रश्न पूछती। अजीब अटपटे प्रश्न ! देखिए तो, यह नई बालियाँ, आपको पसंद हैं ? क्या शहरों में ऐसी ही बालियाँ पहनी जाती हैं ? मेरी माँ शहर से चूड़ियाँ लाती है, मैंने कहा है, वह इस बार मुझे भी ले चले। आप किस तरफ़ रहते हैं वहाँ ? क्या भेंट हो सकेगी?— वह बके जाती, मैं सुनता जाता ! शायद जवाब की ज़रूरत वह भी नहीं महसूस करती।

फिर कुछ दिनों के बाद पाया, वह अब कुछ सकुचा रही है। मेरे निकट आने के पहले वह इधर-उधर देखती और जब कुछ बातें करती, तो ऐसी चौकन्नी-सी कि कोई देख न ले, सुन न ले। एक दिन जब वह इसी तरह बातें कर रही थी कि मेरी भौजी ने कहा—देखियो री रज़िया, बबुआजी को फुसला नहीं लीजियो। वह उनकी ओर देखकर हँस तो पड़ी, किंतु मैंने पाया, उसके दोनों गाल लाल हो गए हैं और उन नीली आँखों के कोने मुझे सजल-से लगे ! मैंने तब से ध्यान दिया, जब हम लोग कहीं मिलते हैं, बहुत-सी आँखें हम पर भालों की नोक ताने रहती हैं।

रज़िया बढ़ती गई, बच्ची से किशोरी हुई और अब जवानी के फूल उसके शरीर पर खिलने लगे हैं। अब भी वह माँ के साथ ही आती है; किंतु पहले वह माँ की एक छायामात्र लगती थी, अब उसका स्वतंत्र अस्तित्व है और उसकी छाया बनने के लिए कितनों के दिलों में कसमसाहट है। जब वह बहनों को चूड़ियाँ पिन्हाती होती है, कितने भाई तमाशा देखने को वहाँ एकत्र हो जाते हैं। क्यों? बहनों के प्रति भ्रातृभाव या रज़िया के प्रति अज्ञात आकर्षण उन्हें खींच लाता है? जब वह बहुओं के हाथों में चूड़ियाँ ठेलती होती है, पतिदेव दूर खड़े कनखियों से देखते होते हैं—क्या ? अपनी नवोढ़ा की कोमल कलाइयों को—या इन कलाइयों पर क्रीड़ा करती हुई रज़िया की पतली उँगलियों को! और, जैसे रज़िया को इसमें रस मिलता है। पतियों से चुहलें करने से भी वह बाज़ नहीं आती—बाबू, बड़ी महीन चूड़ियाँ हैं ! ज़रा देखिएगा, कहीं चनक

न जाएँ ! पतिदेव भागते हैं, बहुएँ खिलखिलाती हैं? रज़िया ठट्ठा लगाती है। अब वह अपने पेशे में निपुण होती जाती है।

हाँ, रज़िया अपने पेशे में भी निपुण होती जाती थी। चूड़ीहारिन के पेशे के लिए सिर्फ़ यही नहीं चाहिए कि उसके पास रंग-बिरंग की चूड़ियाँ हों—सस्ती, टिकाऊ, टटके-से-टटके फ़ैशन की। बल्कि यह पेशा चूड़ियों के साथ चूड़ीहारिनों में बनाव-शृंगार, रूप-रंग, नाज़ोअदा भी खोजता है। जो चूड़ी पहननेवालियों को ही नहीं, उनको भी मोह सके, जिनकी जेब से चूड़ियों के लिए पैसे निकलते हैं, सफल चूड़ीहारिन वह! यह रज़िया की माँ भी किसी ज़माने में क्या कुछ कम रही होगी—खँडहर कहता है, इमारत शानदार थी !

ज्यों-ज्यों शहर में रहना बढ़ता गया, रज़िया से भेंट भी दुर्लभ होती गई ! और, एक दिन वह भी आया, जब बहुत दिनों पर उसे अपने गाँव में देखा, पाया उसके पीछे एक नौजवान चूड़ियों की खाँची सिर पर लिए है! मुझे देखते ही वह सहमी, सिकुड़ी और मैंने मान लिया, यह उसका पति है! किंतु तो भी अनजान-सा पूछ ही दिया—इस मजूरे को कहाँ से उठा लाई है रे ? इसी से पूछिए, साथ लग गया, तो क्या करूँ ! नौजवान मुस्कुराया, रज़िया बिहँसी, बोली—यह मेरा ख़ाबिन्द है मालिक!

ख़ाबिन्द ! बचपन की उस पहली मुलाकात में उसकी माँ ने दिल्लगी-दिल्लगी में जो कह दिया था, न जाने, वह बात कहाँ सोई पड़ी थी? अचानक वह जगी और मेरी पेशानी पर उस दिन शिकन ज़रूर उठ आए होंगे, मेरा विश्वास है। और, एक दिन वह भी आया, कि मैं भी ख़ाबिन्द बना ! मेरी रानी को सुहाग की चूड़ियाँ पहनाने उस दिन यही रज़िया आई और उस दिन मेरे आँगन में कितनी धूम मचाई इस नटखट ने। यह लूँगी, वह लूँगी और ये मुँहमाँगी चीज़ें नहीं मिलीं, तो वह लूँगी कि दुलहन टापती रह जाएँगी! हट-हट, तू बबुआजी को ले जाएगी, तो फिर तुम्हारा यह हसन क्या करेगा—भौजी ने कहा! यह भी टापता रहेगा बहुरिया, कहकर रज़िया ठट्ठा मारकर हँसी और दौड़कर हसन से लिपट गई—ओहो मेरे राजा, कुछ दूसरा न समझना! हसन भी हँस पड़ा, रज़िया अपनी प्रेम-कथा सुनाने लगी। किस तरह यह हसन उसके पीछे पड़ा, किस तरह झंझटें आईं, फिर किस तरह शादी हुई और वह आज भी किस तरह छाया-सा उसके पीछे घूमता है—न जाने कौन-सा डर लगा रहता है इसे? और फिर, मेरी रानी की कलाई पकड़कर बोली—मालिक भी तुम्हारे पीछे इसी तरह छाया की तरह डोलते रहें दुलहन! सारा आँगन हँसी से भर गया था! और, उस हँसी में रज़िया के कानों की बालियों ने अजीब चमक भर दी थी—मुझे ऐसा ही लगा था।

x x x

जीवन का रथ खुरदुरे पथ पर बढ़ता गया—मेरा भी, रज़िया का भी। इसका पता उस दिन चला, जब बहुत दिनों पर उससे अचानक पटना में भेंट हो गई। यह अचानक बात तो थी; किंतु क्या इसे भेंट कहा जाए ?

मैं अब ज़्यादातर घर से दूर-दूर ही रहता। कभी एकाध दिन के लिए घर गया, तो शाम को गया, सुबह भागा। तरह-तरह की जिम्मेवारियाँ, तरह-तरह के जंजाल। इन दिनों पटना में था, यों कहिए, पटना सिटी में। एक छोटे-से अख़बार में था, पीर-बावर्ची-भिस्ती की तरह। यों तो लोग समझते कि मैं संपादक ही हूँ। उन दिनों न इतने अख़बार थे, न इतने सम्पादक। इसलिए, मेरी बड़ी कदर है, यह मैं तब जानता, जब कभी दफ़्तर से निकलता, देखता, लोग मेरी ओर उँगली उठाके फुसफुसा रहे हैं। लोगों का मुझ पर यह ध्यान—मुझे हमेशा अपनी पद-प्रतिष्ठा का ख़याल रखना पड़ता !

एक दिन मैं चौक के एक प्रसिद्ध पानवाले की दुकान पर पान खा रहा था। मेरे साथ

मेरे कुछ प्रशंसक नवयुवक थे, एक-दो बुजुर्ग भी आकर खड़े हो गए। हम पान खा रहे थे और कुछ चुहलें चल रही थीं कि एक बच्चा आया और बोला—बाबू, वह औरत आपको बुला रही है !

औरत ! बुला रही है ? चौक पर ! मैं चौंक पड़ा ! युवकों में थोड़ी हलचल, बुजुर्गों के चेहरों पर की रहस्यमयी मुस्कान भी मुझसे छिपी नहीं रही। औरत ! कौन ? मेरे चेहरे पर गुस्सा था, वह लड़का सिटपिटाकर भाग गया !

पान खाकर जब लोग इधर-उधर चले, अचानक पाता हूँ, मेरे पैर उसी ओर उठ रहे हैं, जिस ओर उस बच्चे ने उँगली से इशारा किया था। थोड़ी दूर आगे बढ़ने पर पीछे देखा, परिचितों में से कोई देख तो नहीं रहा है। किंतु, इस चौक की शाम की रूमानी फिज़ा में किसी को किसी की ओर देखने की कहाँ फुर्सत! मैं आगे बढ़ता गया और वहाँ पहुँचा, जहाँ उससे पूरब वह पीपल का पेड़ है। वहाँ पहुँच ही रहा था कि देखा, पेड़ के नीचे चबूतरे की तरफ़ से एक स्त्री बढ़ी आ रही है। और निकट पहुँचकर वह कह उठी—सलाम मालिक !

धक्-सा लगा ! किंतु पहचानते देर नहीं लगी—उसने ज्यों ही सिर उठाया, चाँदी की बालियाँ जो चमक उठीं !

रज़िया ! यहाँ कैसे ?—मेरे मुँह से निकल पड़ा।

सौदा-सुलफ़ करने आई हूँ मालिक! अब तो नए क़िस्म के लोग हो गए न? अब लाह की चूड़ियाँ कहाँ किसी को भाती हैं। नए लोग नई चूड़ियाँ। साज-सिंगार की कुछ और चीज़ें भी ले जाती हूँ—पौडर, किलप, क्या-क्या चीज़ें न। नया ज़माना; दुलहनों के नए-नए मिज़ाज...

फिर ज़रा-सा रुककर बोली—सुना था, आप यहीं रहते हैं। कहाँ रहते हैं मालिक? मैं तो अक्सर आया करती हूँ—

और यह जब तक पूछूँ कि अकेली हो या—कि एक अधवयस आदमी ने आकर सलाम किया। यह हसन था। लम्बी-लम्बी दाढ़ियाँ, पाँच हाथ का लम्बा आदमी, लम्बा और मुस्तंडा भी। देखिए मालिक, यह आज भी मेरा पीछा नहीं छोड़ता ! यह कहकर रज़िया हँस पड़ी। अब रज़िया वह नहीं थी, किंतु उसकी हँसी वही थी। वही हँसी, वही चुहल। इधर-उधर की बहुत-सी बातें करती रही और न जाने कब तक जारी रखती कि मुझे याद आया, मैं कहाँ खड़ा हूँ और अब मैं कौन हूँ ? कोई देख ले तो?

किंतु, वह फुर्सत दे तब न ? जब मैंने जाने की बात की, हसन की ओर देखकर बोली—क्या देखते हो, ज़रा पान भी तो मालिक को खिलाओ, कितनी बार हुमच-हुमचकर भरपेट ठूँस चुके हो बाबू के घर !

जब हसन पान लाने चला गया, रज़िया ने बताया किस तरह दुनिया बदल गई है। अब तो ऐसे भी गाँव हैं, जहाँ के हिन्दू मुसलमानों के हाथ से सौदे भी नहीं ख़रीदते। अब हिन्दू चूड़ीहारिनें हैं, हिन्दू दरजी हैं। इसलिए रज़िया ऐसे खान्दानी पेशेवालों को बड़ी दिक्कत हो गई है। किंतु, रज़िया ने यह खुशख़बरी सुनाई, मेरे गाँव में यह पागलपन नहीं और मेरी रानी तो सिवा रज़िया के किसी दूसरे के हाथ से चूड़ियाँ लेती ही नहीं।

हसन का लाया पान खाकर जब मैं चलने को तैयार हुआ, वह पूछने लगी, मेरा डेरा कहाँ है। मैं बड़े पेशोपेश में पड़ा। डरिए मत मालिक, अकेले नहीं आऊँगी, यह भी रहेगा ! क्यों मेरे राजा—यह कहकर वह हसन से लिपट पड़ी। पगली, पगली, यह शहर है, शहर; यों—हसन ने हँसते हुए उससे बाँहें छुड़ाईं और बोला—बाबू, बालबच्चों वाली हो गई, किंतु इसका बचपना नहीं गया।

और, दूसरे दिन पाता हूँ, रज़िया मेरे डेरे पर हाजिर है ! मालिक, ये चूड़ियाँ रानी के

लिए–कहकर मेरे हाथों में चूड़ियाँ रख दीं।

मैंने कहा, तुम तो घर पर जाती ही हो, लेती जाओ, वहीं दे देना !

नहीं मालिक, एक बार अपने हाथ से भी पिन्हा देखिए ? वह खिलखिला पड़ी। और, जब मैंने कहा–अब इस उम्र में? तो वह हसन की ओर देखकर बोली, पूछिए इससे, आज तक मुझे यही चूड़ियाँ पिन्हाता है या नहीं? और, जब हसन कुछ शरमाया, वह बोली–घाघ है मालिक, घाघ; कैसा मुँह बना रहा है इस समय; लेकिन जब हाथ में हाथ लेता है... ठठाकर हँस पड़ी, इतने ज़ोर से कि मैं चौंककर चारों तरफ़ देखने लगा !

x x x

हाँ, तो अचानक उस दिन उसके गाँव में पहुँच गया ! चुनाव का चक्कर–जहाँ न ले जाए, जिस औघट-घाट पर न खड़ा कर दे। नाक में पेट्रोल के धुएँ की गन्ध, कान में सायँ-सायँ की आवाज़, चेहरे पर गर्द-गुबार का अंबार–परेशान, बदहवास; किंतु उस गाँव में ज्यों ही मेरी जीप घुसी, मैं एक ख़ास किस्म की भावना से अभिभूत हो गया !

यह रज़िया का गाँव है, यहाँ रज़िया रहती थी ! किंतु क्या आज मैं यहाँ यह भी पूछ सकता हूँ कि यहाँ कोई रज़िया नाम की चूड़ीहारिन रहती थी, या है? हसन का नाम लेने में भी शर्म लगती थी। मैं वहाँ नेता बनकर गया था! मेरा जय-जयकार हो रहा था; कुछ लोग मुझे घेरे खड़े थे। जिसके दरवाज़े पर जाकर पान खाऊँगा, वह अपने को बड़भागी समझेगा ! जिससे दो बातें कर लूँगा, वह स्वयं चर्चा का एक विषय बन जाएगा। इस समय मुझे कुछ ऊँचाई पर ही रहना चाहिए !

जीप से उतरकर लोगों से बातें कर रहा था, या यों कहिए कि कल्पना के पहाड़ पर खड़े होकर एक आनेवाले स्वर्ण-युग का संदेश लोगों को सुना रहा था, किंतु दिमाग़ में कुछ गुत्थियाँ उलझी थीं। जीभ अभ्यासवश एक काम किये जा रही थी; अन्तर्मन कुछ दूसरा ही ताना-बाना बुन रहा था। दोनों में कोई तारतम्य न था, किंतु इसमें से किसी एक की गति में भी क्या बाधा डाली जा सकती थी ?

कि अचानक, लो, यह क्या? वह रज़िया चली आ रही है। रज़िया ! वह बच्ची! अरे, रज़िया फिर बच्ची हो गई ? कानों में वे ही बालियाँ, गोरे चेहरे पर वे ही नीली आँखें; वही भरबाँह की कमीज़, वे ही कुछ लटें, जिन्हें सम्हालती बढ़ी आ रही है। बीच में चालीस-पैंतालीस साल का व्यवधान ! अरे, मैं सपना तो नहीं देख रहा ? सपना ? दिन में सपना ? वह आती है, गब्बर ऐसी भीड़ में घुराकर मेरे निकट पहुँचती है, सलाम करती है और मेरा हाथ पकड़कर कहती है–चलिए मालिक, मेरे घर !

मैं भौचक्का, कुछ सूझ नहीं रहा, कुछ समझ में नहीं आ रहा! लोग मुस्कुरा रहे हैं ! नेताजी, आज आपकी कलई खुलकर रही ! नहीं; यह सपना है। कि कानों में सुनाई पड़ा कोई कह रहा है–कैसी शोख़ लड़की ! और दूसरा बोलता है–ठीक अपनी दादी ऐसी! और तीसरे ने मेरे होश की दवा दी–यह रज़िया की पोती है बाबू ! बेचारी बीमार पड़ी है ! आपकी चर्चा अक्सर किया करती है ! बड़ी तारीफ़ करती है ! बाबू, फुर्सत हो तो ज़रा देख लीजिए, न जाने बेचारी जीती है या...

मैं रज़िया के आँगन में खड़ा हूँ। ये छोटे-छोटे साफ़-सुथरे घर; यह लिपा-पुता चिक्कन-ढुर-ढुर आँगन। भरी-पूरी गृहस्थी–मेहनत और दयानत की देन ! हसन चल बसा है, किंतु अपने पीछे तीन हसन छोड़ गया है। बड़ा बेटा कलकत्ता कमाता है, मँझला पुश्तैनी पेशे में लगा है, छोटा शहर में पढ़ रहा है। यह बच्ची, बड़े बेटे की बेटी ! दादा का सिर पोते में; दादी का चेहरा पोती में। हूबहू रज़िया–दूसरी रज़िया! यह दूसरी रज़िया मेरी उँगली पकड़े

पुकार रही है—दादी, ओ दादी, घर से निकल, मालिक दादा आ गए ! किंतु पहली 'वह' रज़िया निकल नहीं रही! कैसे निकले ? बीमारी के मैले-कुचैले कपड़े में मेरे सामने कैसे आवे ?

रज़िया ने अपनी पोती को भेज तो दिया, किंतु उसे विश्वास न हुआ कि हवागाड़ी पर आनेवाले नेता अब उसके घर तक आने की तकलीफ़ कर सकेंगे ? और, जब सुना, मैं आ रहा हूँ, तो बहुओं से कहा, ज़रा मेरे कपड़े तो बदलवा दो—मालिक से कितने दिनों पर भेंट हो रही है न ?

उसकी दोनों पतोहुएँ उसे सहारा देकर आँगन में ले आईं। रज़िया—हाँ, मेरे सामने रज़िया खड़ी थी—दुबली-पतली, रूखी-सूखी। किंतु जब नज़दीक आकर उसने 'मालिक, सलाम' कहा, उसके चेहरे से एक क्षण के लिए झुर्रियाँ कहाँ चली गईं, जिन्होंने उसके चेहरे को मकड़जाला बना रखा था। मैंने देखा, उसका चेहरा अचानक बिजली के बल्ब की तरह चमक उठा और चमक उठीं वे नीली आँखें, जो कोटरों में धँस गई थीं ! और, अरे चमक उठी हैं आज फिर वे चाँदी की बालियाँ और देखो, अपने को पवित्र कर लो, उसके चेहरे पर फिर अचानक लटककर, चमक रही हैं वे लटें, जिन्हें समय ने धो-पोंछकर शुभ्र-श्वेत बना दिया है।

बलदेव सिंह

टूटे हुए तारे की तरह एक दिन हमने अचानक अपने बीच आकर उसे धम्म से गिरता हुआ पाया—ज्योतिर्मय, प्रकाशपुंज, दीप्तिपूर्ण ! और, उसी तारे की तरह एक क्षण प्रकाश दिखला, हमें चकाचौंध में डाल, वह हमेशा के लिए चलता बना। जिस दिन वह आया, हमें आश्चर्य हुआ; जिस दिन वह गया, हम स्तंभित रह गए!

पूस की भोर थी। खलिहान में धान के बोझों का अम्बार लगा था। उनकी रखवाली के लिए जो कुटिया बनी थी, उसके आगे धूनी जल रही थी। खेत में, खलिहान पर, चारों ओर हल्का कुहासा छाया हुआ था, जिसे छेदकर आने में सूरज की बाल-किरणों को कष्ट हो रहा था। काफ़ी जाड़ा था; धीरे-धीरे ठंडी हवा सनककर कलेजे को हिला जाती। सब लोग धूनी को घेरे हुए थे, जिसकी लपट खतम हो चुकी थी; हाँ, लाल अंगारे चमक रहे थे। ज्यों-ज्यों अंगारे पर राख की पर्त पड़ती जाती, हम नज़दीक-से-नज़दीक होते जाते, मानो हम उन्हें कलेजे में रखना चाहते हों। काफ़ी निस्तब्धता थी। दौनी के लिए खलिहान के बीचोबीच, जो बाँस का खम्भा गड़ा था, उसके धान के सीसोंवाले झब्बेदार सिरे पर एक काला भुजंगा पंछी बैठा, कभी-कभी चीख़कर, उस निस्तब्धता को भंग करने की तुच्छ चेष्टा कर रहा था।

इसी समय, एक नौजवान आकर, दूर से ही मेरे मामाजी को देखकर, चिल्ला उठा—"पा-लागी, चाचाजी !" हम सबका ध्यान उसकी ओर गया। एक गभरू जवान—अभी मूँछ की मसें भीग रहीं। रंग गोरा, जिस पर बाल-किरणों ने सोना-सा पोत रखा था। दाहिने हाथ में बाँस की लम्बी लाल लाठी—बड़ी सजीली, घने पोरवाली, गाव-दुम सी उतारवाली! बायें हाथ में लोटा लिए—वह शौचादि से लौट रहा था। बादामी रंग का, मोटिये का जो लम्बा खलीता कुर्ता पहन रखा था उससे उसके भीतर से उसके शरीर का गठीलापन और सौंदर्य फूटा पड़ता था।

"ओ, बलदेव, कब तुम आए ? बहुत दिनों पर दिखाई दिए। ... पूरब कमाते हो, खुश रहो, लेकिन हम लोगों को भी तो मत भूलो, शायद दो बरस पर आए हो"—यों ही मामाजी

ने उससे पूछताछ की। बड़ी आजिज़ी से उसने क्षमा माँगी, फिर बोला—"चाचाजी, अब सोचा है, यहीं रहूँगा। बहुत दुनिया देखी, मन कहीं न लगा। ननिहाल से भी जी ऊब गया; यह पुस्तानी ज़मीन जैसे डोर लगाकर खींचती रहती है। इसलिए आया हूँ घर बसाने। घर तैयार कर मैया को भी ननिहाल से ले आऊँगा। सोचता हूँ, अब आप लोगों की सेवा में ही ज़िन्दगी गुजार दूँ।"

नवयुवकों को जब मालूम हुआ, बलदेव सिंह यहीं बसेंगे, उनके आनन्द का ठिकाना न रहा। बलदेव सिंह के पिता भरी जवानी में मरे, बलदेव तब छोटे-से बच्चे थे। उनकी माँ उन्हें लेकर मायके चली गई और तब से वह बेचारी वहीं है। जवान होने पर बलदेव पूरब जाने लगे, वहाँ बंगाल में किसी राजा के दरबार में पहलवानी करते। काफ़ी पैसे मिले। अब उन्हें अपनी पुस्तानी ज़मीन की याद आई थी।

वह घर जो खँडहर बना था, फिर एक बार आबाद हुआ !

गाँव में उनके आने से नई जान आ गई—जान आ गई, जवानी आ गई। अखाड़ा खुद गया, उसमें कुश्तियाँ होने लगीं। भोर में कुश्तियाँ; शाम को पट्टेबाजी, गदका, लाठी चलाना आदि। पेठियाँ के दिन बलदेव सिंह शिष्यमंडली के साथ सदल-बल चलते, देखते ही बनता।

आगे-आगे बलदेव सिंह जा रहे हैं। पैरों में बूट, जो बंगाल से ही लाये थे। कमर में धोती, जिसे कच्छे की तरह, अजीब ढंग से पहनते। वह घुटनों से थोड़ा ही नीचे जाती, घुटनों के नज़दीक उसमें चुन्नट होती, जिससे चलते समय लहराती रहती। लम्बा कुर्ता—गर्दन की बगल में जिसमें एक ही घुंडी। कुर्ता काफ़ी घेरदार, बाँह का घेरा इतना बड़ा कि हाथी का पैर समा जाए उसमें। गले में सोने की छोटी-छोटी ठोस ताबीजों की पंक्ति—जिनमें कुछ चौकोर और कुछ चंद्राकार। सिर पर कलँगीदार मुरेठा, जिसका एक लंबा छोर उनकी पीठ पर झूलता। हाथ में सरसों का तेल और कच्चा दूध पिला-पिलाकर पोसी-पाली गई लाल-सुर्ख लम्बी लाठी; या कभी-कभी वह मोटा डंडा, जिससे कुर्ते के नीचे कमर में लटकती हुई गँड़ासे की फली बात-की-बात में फिट करके वह साक्षात् यम बन जा सकते थे! अपनी ताकत और हिम्मत का उन्हें इतना विश्वास था कि झूमते हुए, सिर ऊँचा किये, छाती ताने, शेर की तरह चलते। आगे-आगे वह, पीछे-पीछे इसी बन-ठन और रूपरंग में उनकी शिष्य-मंडली होती। रास्ते में, पेठियाँ में, उनका सुंदर-सुडौल शरीर देखकर किसकी आँखें न निहाल हो उठतीं ?

शरीर में इतनी ताक़त, लेकिन स्वभाव कैसा—बच्चों-सा निरीह, निर्विकार! चेहरे पर हमेशा हँसी खेलती रहती, सबके साथ नम्रता से पेश आते, कभी गुस्सा उनमें देखा नहीं गया, सबकी सेवा करने को सर्वदा प्रस्तुत ! बच्चे उन्हें देखते ही लिपट जाते, बूढ़ों की आँखें हमेशा उन पर आशीर्वाद बरसातीं, जवानों के तो वह देवता बन चुके थे !

x x x

उन दिनों हिन्दू-मुसलमानों की तनातनी नहीं थी। दोनों दूध-चीनी की तरह घुले-मिले थे। हिन्दू की होली में मुसलमानों की दाढ़ी रँगी होती, मुसलमानों के ताज़िये में हिन्दू के कंधे लगे होते।

ताज़िये के दिन थे। मेरे गाँव में भी ताज़िया बना था, यद्यपि एक भी मुसलमान वहाँ नहीं। एक बूढ़े मौलवी साहब बुलाए गए थे जो उसके धार्मिक कृत्य कर लेते। हमें सरोकार था सिर्फ़ ताज़िये के निकट हो-हल्ला मचाने से। शाम हुई, जल्द-जल्द खा-पीकर सब लोग एकत्र हुए। ताशे बज रहे, लकड़ी खेली जा रही, गदके भाँजे जा रहे, पट्टेबाजी हो रही। लाठियों के खेल, तरह-तरह के शारीरिक करतब। औरतें और बच्चे मर्सिया के नाम पर शोर मचा रहे। खेलकूद में आधी-आधी रात बीत जाती।

ताज़िये के 'पहलाम' का दिन आया। गाँव से दूर राजपूतों की एक बस्ती में 'रन' सजता। वहीं जवार-भर के ताज़िये इकट्ठे किये जाते। लोगों की अपार भीड़—तरह-तरह के रंगीन कपड़ों

की चकमक; बूढ़े-जवान, बच्चे-औरतें। तरह-तरह के मारू बाजे बज रहे; मर्सिये की मीठी धुन में 'या अली' का गगन-भेदी स्वर ! दिशाएँ काँपतीं, आसमान थर्राता, कलेजे उछलते। जवार-भर के जवानों का तो यही दिन था; बन-ठनके आए हुए हैं। कहीं कुश्तियाँ हो रही हैं, कहीं मेंढ़े लड़ाए जा रहे हैं। कहीं लाठी, गदके और लकड़ी में हाथ की करामातें दिखाई जातीं। देखते-देखते दर्शकों का दल दो मतों में विभाजित हो जाता, कोई एक को शाबाशी देता, कोई दूसरे को। दोनों अपने-अपने 'हीरो' की विजय चाहते। कभी-कभी इस वीर-पूजा के चलते ललकारें लग जातीं, आँखें लाल हो उठतीं, भुजाएँ फड़कने लगतीं; मालूम होता, अब मुठभेड़ होकर ही रहेगी। किंतु प्रायः इस भावना पर बुद्धि की विजय होती; थोड़ी देर में समुद्र का ज्वार शान्त हो जाता। फिर आँखों में रस, होंठों पर हँसी।

हम लोग भी अपना ताज़िया लिए रन पर पहुँचे थे।

एक जगह मेंढ़े लड़ाए जा रहे थे, मैं उसी को देख रहा था। मेंढ़ों की लड़ाई—वाह, क्या कहना ! ये छोटे, झबरीले जानवर—जो अपने मालिकों के पीछे सुधुआ बने फिरते—एक दूसरे पर किस तरह टूट पड़ते ! इनके सींग जब टकराते, ज़ोर के शब्द के साथ जैसे धुआँ-सा उठ जाता! टक्कर-पर-टक्कर—जब तक उनमें से एक गिर न पड़े, या वे अलग-अलग पकड़ न लिए जाएँ। लड़ने के पहले लाल मिर्च उनके मुँह में रखकर जैसे उन्हें और भी उत्तेजित कर दिया जाता। मैं मस्त-मगन हो यह मेंढ़ा-लड़ान देख रहा था—कि...

कि, एकाएक बड़े ज़ोरों का हो-हल्ला हुआ। सभी लोग एक ओर दौड़े जा रहे हैं। और, वहाँ लाठियों की खटाखट जारी है। यह खटाखट खेल की नहीं है; कई सिरों से खून के फव्वारे छूट रहे हैं !

और यह, बीच में, कौन है ? बलदेव सिंह ! —पुराने, हँसमुख रसीले बलदेव सिंह नहीं। बलदेव सिंह—साक्षात् भीम बने हुए ! आँखों से अंगारे झड़ रहे। सिर पर जो एक लाठी लगी थी, उससे खून निकलकर, ललाट होते, भौं के ऊपर, जमकर वह एक लोंदा-सा बन गया था। दोनों हाथों से लाठी पकड़े वह ज़ोरों से चलाये जा रहे थे। जिस ओर इस रूप में निकल जाते, हड़कम्प मच जाता ! देखिए—यह आदमी उनकी ओर लाठी सम्हाले बढ़ा; उसे देखते ही खड़े हो गए, उसने लाठी चला ही तो दी। झट अपनी लाठी के दोनों छोर दोनों हाथों से पकड़कर अपने सिर के ऊपर ले गए। उसकी लाठी की चोट इसी पर ठाँय-सी आकर लगी—दूसरी बार, तीसरी बार। बार-बार वार व्यर्थ जाता देख, वह भागा। किंतु, अब बलदेव सिंह की बारी है—बलदेव सिंह की एक लाठी, और वह ज़मीन पर चक्कर खाता गिर पड़ा! अरे, यह क्या होने जा रहा है ? चारों ओर हाहाकार मचा था, भगदड़ फैल गई थी। अब वहाँ महाभारत मचकर रहेगा, सब अनुमान कर रहे थे। कौन, किसको, क्या कहकर समझाए ? कौन किसकी सुनने जा रहा था ? फिर बिना बलदेव सिंह को शान्त किये, शान्ति क्या आ सकती थी ?

झट हमारे बूढ़े मामाजी आगे बढ़े। चिल्लाकर कहा—"बलदेव!" बलदेव सिंह को जैसे थरथरी बँध गई। पैर जम रहे, हाथ रुक गए। किंतु तुरत सम्हलकर वह बोले—"चाचाजी, आप मत रोकिए, इन लोगों को लाठी का घमंड हो गया है। मैं ज़रा बता देना चाहता हूँ, लाठी क्या चीज है!" उनकी साँस ज़ोर-ज़ोर से चल रही थी, गुस्से में बातें टूट-टूटकर निकलतीं। सचमुच, बलदेव सिंह का इसमें कोई हाथ नहीं था, उन्हें लाचार कूदना पड़ा था। एक जोड़ी कुश्ती लड़ी जा रही थी। दोनों पहलवान बलदेव सिंह से अपरिचित थे। उनमें से एक ने 'फाउल-प्ले' करना चाहा। बलदेव ने अलग से ही रोका, मना किया—"ऐसा करना मुनासिब नहीं।" बस, इनकी बात सुनते ही उसके पक्षवाले इन पर बिगड़े, गुर्राए; क्योंकि वे लोग लाठी चलाने में इस जवार में सरगना समझे जाते थे। उन्हें घमंड था कि उनके सौ खून माफ़ हैं। किंतु बलदेव सिंङ धौंस

को कहाँ बर्दाश्त करनेवाले ? 'बातहि बात करख बढ़ि आई' और उसका नतीजा यह !

खैर, मामाजी के पड़ने से बलदेव सिंह शान्त हुए। किंतु, अब तो उनकी विजय हो भी चुकी थी। मैदान उनका था। उनकी शिष्य-मंडली के साथ हम किस तरह शान से उन्हें घर लाये ! हम आज विजयी थे, हमारा गाँव विजयी था !—मानो, राम लंका-विजय कर अयोध्या पहुँचे थे।

x x x

अगर शेरशाह या शिवाजी के दिन होते, तो बलदेव सिंह फौज में भर्ती हुए होते और सिपाही से होते-होते सूबेदार तक हो गए होते, इसमें तो कोई शक नहीं। सूरत-शकल, बल-हिम्मत, सबकुछ उनमें थे, जो सामन्तशाही के उस युग में उन्हें अच्छे-से-अच्छे फौजी पद पर पहुँचा देते। उस समय बलदेव सिंह किस शान से हमारे गाँव में आते ? घोड़े पर सवार—कलँगीदार पगड़ी, कड़ी-कड़ी मूँछें, आगे-पीछे नौकर-चाकर। किंतु अँगरेज़ी राज्य में यह कहाँ सम्भव था ? हाँ, जो सम्भव था, वही हम देखते थे। वीरता अपने लिए कोई निकास का रास्ता तो बनानेवाली ही थी।

यह अजीब है हमारी बस्ती। चारों ओर राजपूतों और अहीरों का ठट्ठ। राजपूतों को अगर राम की शान, तो ग्वालों में कृष्ण की यादवी आनबान। दोनों कौमों में जैसे खानदानी बैर चला आ रहा हो। छोटी-छोटी बात पर भी तनाव हो जाता, मूँछें कड़ी हो उठतीं, आँखें लाल हो जातीं और लाठियाँ चलकर रहतीं। दोनों कौमें दो गिरोह की हैसियत से लड़ती थीं, तो ग़िरोह के अन्दर भी युद्ध जारी ही रहता था; भाई-भाई में, पड़ोसी-पड़ोसी में। एक बित्ता ज़मीन के लिए, आम के एक फल के लिए, शीशम की एक डाल के लिए, खून के फव्वारे छूटते। ये युद्ध प्रायः आकस्मिक होते। खेत की जुताई हो रही है, पेड़ के नीचे गपशप हो रही है, रास्ता चलते-चलते भी, लोगों में गुत्थमगुत्थी हो गई। किंतु कभी-कभी जमकर भी लड़ाइयाँ होतीं। दोनों पक्ष से लोगों का 'बिटोरा' होता—भाई-बंद जुटते, कुटुम-कबीले के लोग आते, कुछ लोग पैसे पर भी बुलाए जाते। ऐसे मौके आने पर, हमारे जवार में, कहीं भी कोई जमकर लड़ाई होती हो, तो बलदेव सिंह एक-न-एक पक्ष से ज़रूर बुलाए जाते और 'यतोधर्मस्ततोजयः' की तरह ही, जिस तरफ़ बलदेव सिंह होते, उसी पक्ष की जय भी निश्चित होती।

एक बार इस तरह का एक धर्मयुद्ध देखने का मौक़ा मुझे मिला। बिसुनपुर में दो भाई क्षत्रिय थे। दोनों की दाँत-कटी रोटी थी, किंतु आख़िर दिल टूटा, तो एक-दूसरे की जान के दुश्मन बनके रहे। घर-द्वार, खेत-खलिहान, सबका बाँट-बखरा हो चुका था। दोनों एक आँगन में रहते भी दो दुनिया के जीव थे।

संयोग से, उस साल, एक आम के पेड़ के लिए दोनों भाइयों में तनातनी हो गई। वह लँगड़ा आम का पेड़ !—हमने जाकर देखा, फलों के गुच्छों से लदी उसकी डाल-डाल जैसे ज़मीन छूने को ललक रही हो। हरे-हरे पत्ते उन सुफेदी लिए हुए आमों के गुच्छों में न जाने कहाँ छिप रहे थे ? काफ़ी पुराना पेड़ था। खूब फैल गया था। और साल भी अच्छा फल देता था, किंतु इस साल तो यह द्रौपदी की चीर बनकर महाभारत मचाने आया था ! फिर, यह ललचानेवाला वेश वह क्यों न धारण कर ले ?

कहते हैं, यह पेड़ बँट चुका था। छोटे भाई की बाँट में पड़ा था, जो कई साल से उसके फल का उपभोग कर रहा था। किंतु बड़े भाई के लड़के ने हिसाब लगाकर देखा—यह आम तो मेरे हिस्से का है, धोखे से चाचाजी को मिल गया है। पेड़ों की गिनती, खतियान, सबको वह अपने पक्ष में पेश करता।

किंतु यहाँ खतियान से क्या होनेवाला है ? "अगर तुम्हारा है, तो मर्द के बेटे हो, चढ़के आओ, फल तोड़ लो, खाओ। नहीं तो लुगाई के आँचल में मुँह रखकर सोओ।" सीधा तर्क, सीधी

बात ! इसके जवाब में एक दिन तय कर दिया गया—"अगले सोमवार को डंका बजाके हम फल तोड़ेंगे।—चुप-चोरी जो काम करे, उसकी ऐसी-तैसी।" दिन तय हुआ, घड़ी तय हुई। दोनों तरफ़ से 'बिटोरा' होने लगा।

बलदेव सिंह के पास भी दोनों पक्षों से निमंत्रण आने लगे। किंतु, यहाँ तो कृष्णजी की टेक थी—जो खुद मेरे पास पहले आएगा उसका साथ दूँगा; यह चिट्ठी-पत्री क्या चीज़? बड़े भाई का बेटा एक दिन घोड़े पर पहुँचा। उससे बातचीत हो ही रही थी कि छोटे भी पहुँचे। किंतु तब तक बलदेव सिंह वचन दे चुके थे। दूसरे दिन सशिष्य-मंडली वह बिसुनपुर जा पहुँचे।

आज ही युद्ध होनेवाला है। लड़ाइयों से दूर ही रहना चाहिए; क्योंकि प्रायः निर्दोष भी उसमें फँस जाते, पिट जाते हैं—बड़े-बूढ़ों की इस आज्ञा की अवहेला करके भी, कुतूहलवश, मैं दर्शकों की उस भीड़ में शामिल हो गया, जो भिन्न-भिन्न दिशाओं से बिसुनपुर जा रहे थे।

बिसुनपुर उस दिन कुरुक्षेत्र बना हुआ था। बीच में वह आम का पेड़ निश्चल निर्द्वन्द्व खड़ा है। दो ओर दोनों प्रतिद्वंद्वियों की जमात जुड़ी है। भालों की फलियाँ धूप में चमचम कर रही हैं, गँड़ासे दिन में भी चाँद-से चमक रहे हैं; फरसे परशुराम की याद दिलाते हैं; लाठियाँ उछल रही हैं—धामिन साँप की तरह। हाँ, तलवार की बहुत ही कमी थी, क्योंकि उस पर अँगरेजी राज की शनिदृष्टि पड़ चुकी थी। पर, लठैतों का कहना था, जो मार भाले और फरसे की होती है, वह तलवार की कहाँ ? मैं उनके तर्कों पर नहीं भूला था, मेरी विस्मय-विमुग्ध आँखें तो इन तैयारियों को देख रही थीं। आमने-सामने उन लोगों के दल थे; दर्शकों की भीड़ अगल-बगल में थी। रह-रहकर जय-ध्वनियाँ होतीं, ललकारें उठतीं। जब-तब आल्हा के कुछ कड़खे भी सुनाई पड़ते।

बोलो, महावीर स्वामी की जय—कहकर दोनों पक्ष के योद्धा आम की ओर बढ़े। दर्शकों के कलेजे धकधक करने लगे। अरे, कुछ देर में ही इनमें से कुछ मर चुके होंगे, कुछ घायल पड़े होंगे ! उफ़ !—मेरे मुँह से अच्छी तरह निकल भी नहीं पाई कि देखा, बड़े भाई के पक्ष में सबसे आगे बलदेव सिंह हैं। सबसे आगे बलदेव सिंह, उनके दोनों बाजू मेरे ही गाँव के, उनके दो प्रधान शिष्य। बलदेव सिंह के सिर पर केसरिया रंग का मुरेठा है। पैर में वही बूट। वही लम्बा-चौड़ा कुर्ता देह में, किंतु, उसके घेरे को कमर के निकट एक पट्टी से कस रखा है जिसमें फुर्ती से उछलने-कूदने में दिक्कत न हो। उनकी धोती तो प्रायः ही हाफ़-पैंट का काम करती! चेहरा कैसा लाल-भभूका बन रहा था !

वह आगे बढ़े, आम के पेड़ के निकट पहुँचे। दोनों शिष्यों को इशारा किया, वे झट से पेड़ पर चढ़ गए और लगे आम की डाल को झकझोरकर निर्दयतापूर्वक फलों को गिराने। कोई माँ का लाल है, तो आवे—बलदेव सिंह गरज उठे, जिनकी ओर विपक्षी दल भौचक हो देख रहा था, जैसे वह भी दर्शकों का ही दल हो। किंतु उनकी इस चुनौती से मानो दुश्मन दल को आत्म-ज्ञान हो आया। फिर क्या था, दोनों दलों में गुत्थमगुत्थी शुरू हो चली। लाठियों की खटाखट, गँड़ासे की चुभ-चुभ और बर्छों की सनसनाहट से वायुमंडल व्याप्त था। जयध्वनियों के साथ हाहाकार भी ! किसी के सिर पर लाठी लगी—किस तरह खोपड़ी फूटकर दो-टूक हो गई ! वह गिर पड़ा और खून की धारा बह रही है ! किसी के पेट में भाला चुभा—भाले की फली के साथ ही उसकी अँतड़ी बाहर आ गई है, अँतड़ी को दोनों हाथों से पकड़े वह औंधा पड़ा है ! जो हाथ एक मिनट पहले लाठी भाँज रहा था, गँड़ासे के एक ही वार ने उसे शरीर से अलग कर दिया है—वह रक्त-सिक्त ज़मीन पर अब भी रह-रहकर उछल जाता है ! चारों ओर खून, चीख़! मेरी तो आँखें बंद हो गईं।

जब आँखें खुलीं, तो सारा किस्सा ख़त्म है। बड़े भाई का कब्ज़ा उस पेड़ पर हो चुका है।

उस कब्ज़े में बलदेव सिंह का बड़ा हाथ था। मैं अपने इस 'हीरो' को देखना चाहता था; किंतु मालूम हुआ, पुलिस सुपरिंटेंडेंट साहब अब, जब तमाशा ख़त्म हो चुका है, तशरीफ़ लाये हैं और लोगों ने बलदेव सिंह को वहाँ से हटा दिया है। "बलदेव सिंह! विजय तुम्हारी; अब तो रुपयों का खेल है, तुम हटो, अब काम मेरा है"—बड़े भाई के बड़े शाहबज़ादे ने कहा और चलते समय बलदेव सिंह के गले में एक मुहरमाला डाल दी।

x x x

और, उसी बलदेव सिंह की यह लाश हमारे सामने पड़ी है !

सिर चूर-चूर—जैसे, भुर्त्ता बना दिया गया हो ! खून और धूल से शराबोर! जिस ललाट से तेज बरसता, उसी पर मक्खियाँ भिन्ना रहीं ! एक आँख धँस गई, दूसरी बाहर निकल आई ! होंठ को छेदकर दाँत बाहर निकल रहे हैं ! नहीं, नहीं, यह हमारा बलदेव सिंह नहीं हो सकता ! बलदेव सिंह की ऐसी गत ?

एक गँड़ासा गहरा, कंधे पर लगा है; वह बाँह लटक-सी गई है! दूसरी बाँह का पूरा पंजा गायब! छाती वैसी ही तनी है—पहले से कुछ ज्यादा ही फूली हुई! किंतु पेट की जगह सारी आँत निकल आई है ! आँत का यह ढेर—कैसा भयानक, कैसा वीभत्स ! नहीं, यह हमारा बलदेव सिंह हो नहीं सकता!

पैरों को जैसे किसी ने, मकई के डंठल-सा पीट रखा है—आड़े-तिरछे बन रहे! कहीं अजीब फूला हुआ, कहीं से खून बह रहा! बह रहा कहाँ ?—बहाव तो कब न बन्द हो गया, अब तो काले बने खून के धब्बे मात्र, जिन पर, हाँ, जिन पर मक्खियाँ भिन्ना रहीं। नहीं, यह हमारा बलदेव सिंह हो नहीं सकता !

बलदेव सिंह की ऐसी गत ?

जिस शरीर को देख-देखकर आँखें नहीं अघाती थीं—माँयें जिसे देखकर कहतीं—"मेरा बेटा ऐसा ही शरीर-धन पावे।" युवतियाँ मन ही मन गुनतीं—"धन्य है वह नारी, जिसे ऐसा पति मिला; अगले जन्म में, हे भगवान, मुझे बलदेव सिंह की ही दासी बनाना।" बूढ़े देखते ही कहते—"बेटा शतंजीव !" नौजवान जिस पर पागल हो बिना मोल के गुलाम बने पीछे लगे फिरते—वही शरीर यह आज सामने पड़ा है ! खून से लथपथ, धूल से भरा, क्षत-विक्षत, कुरूप-कुडौल बना—और, ये कम्बख्त मक्खियाँ जिन पर भिन्न-भिन्न कर रहीं !!!

किसने गत की इस शेरमर्द की ऐसी? किसकी माँ ने दूसरा शेर पैदा किया?

काश, किसी शेर ने यह हालत की होती ! दो शेर लड़ते हैं; एक गिरता है। ऐसा ही होता है; इसके लिए अफ़सोस की क्या बात ? बलदेव सिंह तो ऐसी ही मृत्यु चाहते थे। उन्होंने मौत की कब परवाह की? मौत की आँखों में आँखें डालकर मुस्कुराना—यही तो बलदेव सिंह थे ! क्षत्रिय की तरह युद्ध-क्षेत्र में काम आऊँ, खेत रहूँ—यही तो उनकी कामना थी। यह कामना पूरी हुई; वह वीरगति पाकर, सूर्यमंडल को भेदकर, अमरपुरी गए, इसमें तो कोई शक नहीं। किंतु जिन हाथों ने यह काम किया, क्या वे वीर के हाथ थे? शेर के पंजे थे? नहीं, नहीं, कुछ सियारों ने—बुज़दिलों और कायरों ने—छुपकर, घात लगाकर, बड़े बुरे मौके पर, बड़े बुरे ढंग से, यह कुकर्म किया। उसकी कल्पना भी खून को खौला देती है, उत्तेजित कर देती है। उफ़् रे !

x x x

एक दिन जवार के एक गाँव की एक विधवा मेरे गाँव में बलदेव सिंह का नाम पूछती-पूछती आई ! उस बेचारी के साथ एक छोटा बच्चा था, उसी का बच्चा। उस विधवा के अबलापन से और उस क्षत्रियकुमार के बचपन से फ़ायदा उठाकर उसके पट्टीदारों ने उसका धन हड़प लिया था। विधवा के कानों में बलदेव सिंह की यशोगाथा पड़ी थी। वह तो अब हमारे जवार के घर-घर

में, ज़बान-ज़बान पर, व्याप्त थे। विधवा पहुँची, बलदेव सिंह के दरबार में अर्ज लगाने। जब पट्टीदारों को मालूम हुआ, वह बलदेव सिंह के पास जा रही है, ताने देते हुए कहा था—जा, नया शौहर बुला ला! नया शौहर? क्षत्राणी को नया शौहर! बाबू, मेरी लाज रखो—सारी कहानी कहती हुई, वह बलदेव सिंह के पैरों पर गिर पड़ी। बलदेव सिंह ने बच्चे को कंधे पर बिठाया, और चल पड़े उस गाँव को !

जब गाँव से जा रहे थे, उन्हें मैंने देखा था। प्रणाम भाईजी—मैंने कहा। चेहरे पर गुस्से की छाप स्पष्ट थी, किंतु स्वाभाविक हँसी हँसते हुए, आशीर्वाद दिया और कहा—एक अबला की रक्षा में जा रहा हूँ बबुआ; दो-चार दिनों में लौटता हूँ।

बलदेव सिंह नहीं लौटे, लौटी है उनकी यह लाश !

वहाँ जाते ही उन्होंने पट्टीदारों को चुनौती दे दी। दूसरे दिन विधवा के छीने हुए एक खेत पर हल भी चढ़ा दिए। कोई नहीं बोला। कौन बोलता? एक के बाद दूसरे खेत विधवा के कब्ज़े में आने लगे; बहुत दिनों की गई अमराई पर अब उसका कब्ज़ा था। उस बगीचे की एक लीची की डाल में झूला डालकर उस क्षत्रियकुमार को बलदेव सिंह झुलाते रहते। जो लोग विधवा के पट्टीदारों के डर से कल बोलते नहीं थे, अब वे ही बलदेव सिंह को शाबासी देते हुए, उस छोटे-से बच्चे से अपना पुराना नाता जोड़ते; क्योंकि अब वह विधवा अबला नहीं थी। पिता खोकर उस बच्चे ने एक धर्म का पिता पा लिया था।

बलदेव सिंह के साथ उनके कुछ शिष्य भी गए थे। जब मामला पूरी तरह शान्त हो चला, उस गाँव के भी काफ़ी लोग उनके पक्ष में आ गए, तब उन्होंने एक-एक करके अपने शिष्यों को वहाँ से रवाना कर दिया। बेचारी विधवा पर ज़्यादा खर्च का बोझ क्यों रहने दें? अन्ततः, एक दिन तय किया, अब मैं भी जाऊँगा।

और, वह कल नहीं देख सके !

उनकी आदत थी, बहुत सबेरे बिलकुल मुँहअँधेरे, शौच को जाते। गाँव से काफ़ी दूर निकल जाते। जब तक तनाव था, अपने साथ किसी शिष्य को भी ले लेते, हथियार तो हमेशा पास में रखते ही—कम से कम हाथ में लाठी और कमर में गँड़ासे की फली, जिसे बात की बात में लाठी में लगाकर प्रलयंकर बन जा सकते। किंतु, उस दिन, निश्चिन्त हो, वह सिर्फ़ लोटा ही लेकर निकल पड़े। सारा गाँव भोर की सुख-निंदिया ले रहा था। किंतु, उनके लिए मौत का फंदा डाला जा चुका था।

एक नीच खाई में वह शौच के लिए बैठे ही थे कि उनके सिर पर लाठी का एक वज्र प्रहार हुआ। एक क्षण के लिए वह जैसे बेहोश हो गए; फिर, तुरत खड़े हुए और सामने पड़े लोटे को हाथ में उठाकर उसी से ढाल का काम लेने लगे। दूसरी लाठी—लोटे पर टन-सी आवाज़! तीसरी लाठी—'फूल' का वह लोटा चूर-चूर हो रहा। फिर क्या था, लाठी, गँड़ासे, बर्छे—चारों ओर से बरसने लगे। बीच से उछलकर एक बार उस चक्रव्यूह से, अभिमन्यु की तरह, निकलने की कोशिश की; किंतु फिर घिर गए, घेर लिए गए, और आह! उस सन्नाटे के आलम में, जब दुनिया भोर की सुख-निंदिया ले रही थी, उन कायरों, सियारों ने इस शेरमर्द की वह दुर्गति की, जो हम यह, सामने, देख रहे हैं !

एक भोर थी, जब मैंने बलदेव सिंह का वह रूप देखा था—आभामय, जीवनमय, यौवनमय! और, आज भी एक भोर है, जब हम उन्हें इस रूप में देख रहे हैं!

उफ़्, आह !

सरजू भैया

सरजू मैया नहीं, सरजू भैया। यह हमारे गाँवों की विशेषता है कि कभी-कभी मर्द गंगा, यमुना या सरजू हो जाते हैं। इस बारे में औरतें ही सौभाग्यशालिनी हैं; प्रायः उनके नामों में ऐसे अनर्थ नहीं होते!

हाँ, तो सरजू भैया! मेरे घर से सटा हुआ जो एक घर है—एक तरफ़ दो खपड़ैल मकान, एक तरफ़ मिट्टी की दीवार पर फूस के छप्पर, एक तरफ़ टट्टी के दो झोंपड़े, एक तरफ मकान नहीं, सिर्फ़ टट्टी खड़ा कर छोटा-सा आँगन निकाला हुआ—उसी घर के सौभाग्यशाली मालिक हैं हमारे सरजू भैया ! सरजू भैया को कोई छोटा भाई नहीं रहा, और मैंने प्रथम संतान के रूप में ही अपनी माँ की गोद भरी; अतः हम दोनों ने परस्पर एक नाता जोड़ लिया है। वह मेरे बड़े भाई हैं, मैं उनका छोटा भाई।

गाँव के सबसे लम्बे और दुबले आदमियों में सरजू भैया की गिनती हो सकती है। रंग साँवला, बगुले-सी बड़ी-बड़ी टाँगें, चिंपांजी की तरह बड़ी-बड़ी बाँहें! कमर में धोती पहने, कंधे पर अँगोछी डाले, जब वह खड़े होते हैं, आप उनकी पसलियों की हड्डियाँ गिन लीजिए। नाक खड़ी, लम्बी। भवें सघन। बड़ी-बड़ी आँखें कोटरों में धँसी। गाल पिचके। अंग-अंग की शिराएँ उभड़ीं—कभी-कभी मालूम होता, मानो ये नसें नहीं, उनके शरीर को किसी ने पतली डोरों से जकड़ रखा है।

ऊपर की तस्वीर निस्संदेह किसी भुखमरे, मनहूस आदमी की मालूम होती है। किंतु, क्या बात ऐसी है? सरजू भैया मेरे गाँव के चंद ज़िंदादिल लोगों में से एक हैं। बड़े मिलनसार, मज़ाकिया और हँसोड़। वह दिल खोलकर जब हँसते हैं—शरीर-भर में जो सबसे छोटी चीज़ें उन्हें मिली हैं—वे उनके पंक्तिबद्ध छोटे-छोटे दाँत, तब बेतहासा चमक पड़ते हैं, अंग-अंग हिलने-डुलने लगते हैं—जैसे हर अंग हँस रहा हो। और, सरजू भैया के पास इतनी संपत्ति है कि वह खुद या अपने परिवार के ही पेट नहीं भर सकते, आगत-अतिथि की सेवा-पूजा भी मज़े में कर सकते हैं।

तो फिर यह हड्डियों का ढाँचा क्यों? मैं जवाब में एक पुरानी कहावत पेश करूँगा—काज़ीजी दुबले क्यों ?—शहर के अंदेशे से !

हाँ, सरजू भैया की यह जो हालत है, वह अपने कारण नहीं, दूसरों के चलते। पराए उपकार के चलते उन्होंने न सिर्फ़ अपना शरीर सुखा लिया है, बल्कि अपनी संपत्ति की भी कुछ कम हानि नहीं की है।

उनके पिता, जो गुमाश्ताजी कहलाते थे, मेरे गाँव के अच्छे किसानों में से थे। चौपार, साफ़-सुंदर उनका मकान और अच्छा-खासा बैठक-खाना था जहाँ आज सरजू भैया की यह राममँड़ैया है। खेतीबारी तो थी ही, रुपए और गल्ले का अच्छा लेन-देन था। परिवार भी बड़ा और ख़र्चीला नहीं था। लेकिन, उनके मरते ही सरजू भैया ने लेन-देन चौपट किया, बाढ़ ने खेती बर्बाद की और भूकम्प ने घर का सत्यानाश किया। उनका लेन-देन इतना अच्छा था कि वह शायद खेती को भी सम्हाल देता, घर भी खड़ा कर सकता। किन्तु, सरजू भैया और लेन-देन?

लेन-देन, जिसे नग्न शब्दों में सूदखोरी कहिए, चाहता है, आदमी आदमीपन को खो दे; वह जोंक, खटमल, नहीं चीलर बन जाए। काली जोंक और लाल खटमल का स्वतंत्र अस्तित्व है। हम उनका खून चूसना महसूस करते हैं, हम उनमें अपना खून प्रत्यक्ष पाते और देखते हैं। लेकिन, चीलर? गंदे कपड़े में, उन्हीं-सा काला-कुचैला रंग लिए, वह चुपचाप पड़ा रहता है और हमारे खून को यों धीरे-धीरे चूसता है और तुरंत उसे अपने रंग में बदल देता है कि उसका चूसना हम जल्द अनुभव नहीं कर पाते और अनुभव करते भी हैं, तो ज़रा-सी सुगबुगी या

ज़्यादा-से-ज़्यादा चुनचुनी-मात्र। और, अनुभव करके भी उसे पकड़ पाने के लिए तो कोई खुर्दबीन ही चाहिए !

सरजू भैया चीलर नहीं बन सकते थे। उनके इस लम्बे शरीर में जो हृदय मिला है, वह शरीर के ही परिमाण से। जो भी दुखिया आया, अपनी विपदा बताई, उसे देवता-सा दे दिया और वसूलने के समय जब वह आँखों में आँसू लाकर गिड़गिड़ाया, तो देवता ही की तरह पसीज गए। सूद कौन कहे, कुछ ही दिनों में मूलधन भी शून्य में परिणत हो गया! उलटे अब वह खुद हाथ-हथफेर में व्यस्त रहते हैं।

बाढ़ और भूकम्प ने उनके खेत और घर को बर्बाद किया ज़रूर; लेकिन, सरजू भैया, मेरा यकीन है, आज की फटेहाली से बहुत-कुछ बचे रहते, यदि लेन-देन के बाद भी वह इन दोनों की तरफ़ ही पूरा ध्यान दिए होते। यह नहीं कि वह जी चुरानेवाले या आलसी और बोदा गृहस्थ हैं। नहीं, ठीक इसके ख़िलाफ़—चतुर, फुर्तीला और काम-काजू आदमी हैं। लेकिन करें तो क्या? उन्हें दूसरे के काम से ही कहाँ फुर्सत मिलती है !

गंगोभाई के घर में बच्चा बीमार है, बैद को बुलाने कौन जाएगा; सरजू भैया! हिरदे को बाज़ार से कई सौदा-सुलफ लाना है, वह किसे भेजे; सरजू भैया को! ख़बर आई है, रामकुमार के मामाजी अपने गाँव में सख्त बीमार हैं, उनकी खोज-ख़बर कौन लाये, सरजू भैया से बढ़कर कौन दूसरा धावन होगा? परमेसर को एक रजिस्टरी करनी है, शिनाख्त कौन करेगा; सरजू भैया! किसी के घर में शादी-ब्याह, यज्ञ-जाप हो; और सरजू भैया अस्तव्यस्त। किसी की मौत हो जाने पर, यदि वह अँधेरी रात में हो, तो निश्चय ही उसका क़फन खरीदने का ज़िम्मा सरजू भैया पर रहेगा ! यों गाँवभर के लोगों का बोझ अपने सिर पर लेकर सरजू भैया ने न अपने खेत और घर को मटियामेट किया है, बल्कि इसी उम्र में अपनी कमर भी झुका ली है। दिन हो या रात, चिलचिलाती दुपहरिया हो या अँधेरी अधरतिया, सरजू भैया के सेवा-सदन का दरवाज़ा हमेशा खुला रहता है। विक्टर ह्यूगो ने अपनी अमर कृति 'ला मिजरेबल' में कहा है—डाक्टर का दरवाज़ा कभी बंद नहीं रहना चाहिए और पादरी का फाटक हमेशा खुला होना चाहिए—सरजू भैया को निस्संदेह इन दोनों का रुतबा अकेले हासिल है !

मेरे क्षुद्र विचार से सरजू भैया का व्यक्तित्व अनुकरणीय, अनुसरणीय ही नहीं, वंदनीय, पूजनीय, है; जब-जब उन्हें देखता हूँ, मेरा 'ज्ञानी' मस्तक आप-से-आप उनके चरणों में झुक जाता है। लेकिन, मेरे मन में सबसे बड़ी चोट लगती है तब, जब देखता हूँ, इस नर-रत्न की कद्र कहाँ तक होगी, बहुत-से लोग इन्हें सुधुआ समझकर ठगने की चेष्टा करते हैं। यदि यही बात होती, तो भी बर्दाश्त की जा सकती; लेकिन यही नहीं, इन्हें जब-तब झंझटों में डालने की कोशिशें होती हैं और यदि अकस्मात झंझट में पड़ जाते हैं तो उससे निकालने की क्या बात, इनके तड़पने का तमाशा देखने में लोग मज़ा अनुभव करते हैं।

अभी थोड़े दिनों की बात है। एक दिन सरजू भैया मेरे सामने आकर खड़े हुए। मैं कुछ पढ़ रहा था। सिर नीचा किये ही कहा, बैठिए भैया। किंतु भैया बैठेंगे क्या, उनकी तो घिग्घी बँधी है और आँखों से आँसू आ रहे हैं। दुबारा कहने पर भी जब नहीं बैठे, तो उनकी ओर नज़र उठाई। उनका चेहरा देख दंग रह गया। मैं सन्न। क्या बात है यह? बहुत आश्वासन और आग्रह पर उनकी जीभ हिली। मालूम हुआ, उनके घर में एक छोटी-सी घटना हो गई है, जैसी घटनाएँ अपने ही गाँव में मैंने कई बार होते देखी हैं। लेकिन किसी ने उस ओर ध्यान नहीं दिया; यदि ज़रूरत हुई, तो उन्हें सुलझा दिया और यदि किसी ने उसे बढ़ाना चाहा, तो लोगों ने उसको डाँट दिया। क्यों? क्योंकि वे घटनाएँ ऐसे घरों में हुई थीं, जिनके पास न सिर्फ़ लक्ष्मी, बल्कि दुर्गा भी हैं—पैसे भी और लाठी भी। लेकिन, सरजू भैया ने तो लोगों के लिए ही अपनी यह

हालत कर रखी है। न वह किसी पर धन का धौंस जमा सकते हैं, न डंडे फटकार सकते हैं! फिर, क्यों न उन्हें तड़पाया जाए, रुलाया जाए? मैंने उन्हें आश्वासन दिया, उन्हें धैर्य हुआ, वह चले गए; लेकिन रात-भर लोगों की इस कृतघ्नता ने मुझे चैन से सोने न दिया!

सुधुआपन से ठगे जाने की एक कहानी। बहुत दिन हुए, मैं किसी ज़रूरत में था और कुछ रुपए के लिए परेशान था। सरजू भैया के पास कुछ रुपए थे। मेरी बेचैनी वह कैसे देखते? वह रुपए ले आए। मैंने ख़र्च कर दिया, लेकिन, आज तक दे नहीं सका। रुपए तो आए, लेकिन एक आया, दो का ख़र्च लेकर। सरजू भैया माँगने का हाल क्या जानें? मैं भी समझता रहा, उनके रुपए कहाँ जाते हैं, ज़रूरत होगी, माँगेंगे, दे दूँगा। लेकिन, अभी उस दिन जो बात उन्होंने सुनाई, मैं हक्काबक्का रह गया।

इस बीच में उन्हें रुपए की ज़रूरत हुई, लेकिन संकोचवश मुझसे नहीं माँगा। एक सूदखोर महाजन के पास गए, जो पहले उन्हीं से क़र्ज़ खाता था; लेकिन, तरह-तरह के कारनामों से अब धन्नासेठ बन चुका है। उसने झट उन्हें रुपए दे दिए; लेकिन, जब चलने लगे, कहा—आपके पास रुपए जाएँगे कहाँ—लेकिन कोई सबूत तो चाहिए ही। क्या सबूत? मैं तैयार हूँ—सरजू भैया रुपए बाँध चुके थे, न उनसे खोलकर लौटाया जा सकता था और न वह उसकी माँग को नामंज़ूर कर सकते थे। नहीं, कुछ नहीं, कागज़ पर सिर्फ़ निशान बना दीजिए, आपसे बाज़ाब्ता हैंडनोट क्या कराया जाए? और, सरजू भैया ने बमभोला की तरह कजरोटे में अँगूठा बोरकर कागज पर चिपका दिया। मानो, किसी आधुनिक अंटोनियो ने किसी कलजुगी शाइलौक के हाथ में अपने को गिरवी कर दिया।

अब वह कहता है—जल्द रुपए दे दो, नहीं तो मैं नालिश कर दूँगा और नालिश कितने की करेगा, कौन ठिकाना—सरजू भैया बेचारगी में बोल रहे थे और मैं उनका मुँह आश्चर्य से देख रहा था। आपने ऐसी गलती क्यों कर दी?—लेकिन, इसके अलावा इसका जवाब वह क्या दे सकते थे कि क्या करूँ, रुपए बाँध चुका था !

सरजू भैया के पाँच सन्तानें हुईं; लेकिन बेटियाँ-ही-बेटियाँ। उनकी धर्मपत्नी, जो लम्बाई में ठीक उनके विपरीत, बहुत ही बौनी होने पर भी बहुत गुणों में उनकी ही तरह थीं, हाल ही में बेटा पाने का अरमान लिए मरी हैं। कह नहीं सकता, इस अरमान ने सरजू भैया को ज़्यादा चिन्तित किया है या नहीं। वे बेटियों पर बहुत ही स्नेह रखते हैं और मेरे घर में जो लड़के—मेरे बेटे-भतीजे—हैं, उनका बचपन तो ज़्यादातर उन्हीं के कंधों पर कटा है। लेकिन, बेटियाँ तो अपनी-अपनी ससुराल जा बसेंगी। क्या सरजू भैया का यह पुश्तानी घर खँडहर बनेगा? क्या सरजू भैया की कोई निशानी हमारे पड़ोस को गुलज़ार न कर सकेगी? यह कल्पना करते ही हमारे परिवार-भर में अजीब उदासी छा जाती है। उनकी पत्नी की मृत्यु के बाद मैंने अपनी मौसी को कहते सुना—सरजू बबुआ की उमिर ही कितनी है? यही, मेरे बबुआ से चार बरस बड़े हैं; फिर वह शादी क्यों न करें, क्या वंश डुबा देंगे? और, उस दिन देखा, मेरी ढीठ रानी सरजू भैया से झगड़ रही है—नहीं, आपको शादी करनी ही पड़ेगी।

मैं शादी करूँ, जिसमें शर्माजी को (मुझे) नई भौजाई से दिन-रात चुहलें करने का मज़ा मिले, क्यों न?

मुझे देखते सरजू भैया बोले और ठठाकर हँस पड़े। रानी थोड़ी सकुची, फिर हँस पड़ी। मैं दोनों को देखता, चुपचाप मुस्कुराता रहा !

मंगर

हट्टा-कट्टा शरीर। कमर में भगवा। कंधे पर हल। हाथ में पैना। आगे-आगे बैल का जोड़ा। अपनी आवाज़ के हहास से ही बैलों को भगाता, मेरे खेत की ओर सुबह-सुबह जाता—जब से मुझे होश है, मैंने मंगर को इसी रूप में देखा है, मुझे ऐसा लगता है।

हाँ, मुझे याद आता है, हल के बदले कभी-कभी मुझे भी उनके कंधे पर चढ़ने का सौभाग्य मिल चुका है। लेकिन, ऐसे मौक़े बहुत कम आए हैं। क्योंकि; न जाने क्यों, मंगर को बच्चों से वह स्वाभाविक स्नेह नहीं, जो उसके-ऐसे लोगों में प्रायः देखा जाता है। उसे देखकर बच्चे भागते ही रहे हैं और आज जब मंगर अशक्य, जर्जर हो चुका है, बच्चे, मानो इसका बदला चुकाने को, अपनी छोटी छड़ियों से उसे छेड़कर भागते हैं और जब वह झल्लाता, उन्हें मारने के लिए अपनी बुढ़ापे की लकुटिया खोजता या खीझकर गालियाँ बकने लगता है, तो वे खिलखिला पड़ते और मुँह चिढ़ाने लगते हैं।

बच्चों से उसकी वितृष्णा क्यों हुई? शायद इसलिए तो नहीं कि उसे जो एक ही बच्चा नसीब हुआ, वह कमाऊ पूत बनने के पहले ही, उसे दग़ा देकर चल बसा और जो उसकी एक बच्ची भी, सो, लूली; और जिसकी शादी में उसने इतनी दरियादिली दिखलाई, लेकिन, एक बार मुसीबत काटने उसके दरवाज़े वह पहुँचा, तो दामाद ने ऐसी बेरुखी दिखलाई कि मंगर का स्वाभिमान उसे वहाँ से ज़बरदस्ती भगा लाया।

मंगर का स्वाभिमान—गरीबों में भी स्वाभिमान? लेकिन, मंगर की खूबी यह भी रही है। मंगर ने किसी की बात कभी बर्दाश्त नहीं की, और शायद अपने से बड़ा किसी को, मन से, माना भी नहीं। मंगर मेरे बाबा का अदब करता था, शायद, उनके बुढ़ापे के कारण। सुना है, मेरे बाबूजी को वह बहुत चाहता था—शायद, उनके नेक स्वभाव के कारण। किंतु, मेरे चाचाओं को तो उसने हमेशा अपनी बराबरी का ही समझा और मुझे तो वह कल तक 'तू' ही कहकर पुकारता रहा है। किसकी मज़ाल जो मंगर को बदज़ुबान कहे—हलवाहों को मिलनेवाली नितदिन की गालियाँ तो दूर की बात!

ऐसा क्यों?—उसका खास कारण, मंगर का यह हट्टा-कट्टा शरीर और उससे भी अधिक उसका सख्त कमाऊपन—जिसमें ईमानदारी ने चार चाँद लगा दिए थे। जितनी देर में लोगों का हल दस कट्ठा खेत जोतता, मंगर पन्द्रह कट्ठा जोत लेता और वह भी ऐसा महीन जोतता कि पहली चास में ही सिराऊ मिलना मुश्किल। मंगर को यह बताने की ज़रूरत नहीं कि कल किस खेत में हल जाएगा—वह शाम को ही सारे खेतों की आर-आर घूम आता और जिसकी ताक होती, वहाँ हल लिए सुबह-सुबह पहुँच जाता। जुताई के वक़्त किसी की देखरेख की भी ज़रूरत नहीं। आम हलवाहों के पीछे किसान जो लट्ठ लेकर पड़े रहते हैं, और तो भी वे जी चुराते, ढिलाई करते, आज का काम कल के लिए छोड़ते, यह आदत मंगर में थी ही नहीं। यों ही रखवाली चाहे हरी फसल की हो, या सूखी पसही की, खलिहान में चाहे बोझों की सील हों या अनाज की रास—मंगर पर सब छोड़कर निश्चिन्त सोया जा सकता था।

दूसरा ऐसा 'जन' मिलेगा कहाँ? फिर क्यों न उसकी क़द्र की जाए? मेरे बाबा कहते थे, मंगर हलवाहा नहीं है, सवाँग है। वह अपने सवाँग की तरह ही कभी-कभी रूठ जाता था और जब-तब लोगों को झिड़क भी देता था। उसकी झिड़क सबके सिर-आँखों पर; उसका रूठना और उसकी मनौती होती!

कभी-कभी बातें कुछ बढ़ भी जातीं। एक दिन काफ़ी कहा-सुनी हो गई। दूसरी सुबह मंगर हल लेने नहीं आया—इधर से बुलाहट भी नहीं गई। रुपए हैं; तब हलवाहे न होंगे—कोई नया

हलवाहा लेकर जोता गया। उधर कोई दूसरा किसान आकर मंगर से बोला—मंगरू, देख, उन्होंने दूसरा हलवाहा कर लिया है। उन्हें रुपए हैं, हज़ार हलवाहे मिलेंगे; तो तेरे भी शरीर है, हज़ार गृहस्थ मिलेंगे। चल, हमारा हल जोत—तू जो कहेगा, मज़दूरी दूँगा। लेकिन मेरा सिर जो दर्द कर रहा है—मंगर ने इसका जवाब दिया और उसका यह सिर-दर्द तब तक बना रहा जब तक झख मारकर मेरे चाचाजी फिर उसे बुलाने नहीं गए। क्योंकि चार दिनों में ही मालूम हो गया, मंगर क्या है! बैलों के कंधे छिल गए, उनके पैर में फार लग गए। खेत में हल तो चला, लेकिन न ढेला हुआ, न मिट्टी मिली। फिर खेत की आर पर बैठे भर-दिन हलवाहे को टुकारी देते रहिए, तब कहीं दस कट्ठा ज़मीन जुते! मंगर के बिना काम चल नहीं सकता!

चाचाजी उसके दरवाज़े पर खड़े हैं। मंगर भीतर घर में बैठा है। मंगर की अर्द्धांगिनी भकोलिया ने कहा—मालिक खड़े हैं, जाओ, मान जाओ। —कह दे, मेरा सिर दर्द कर रहा है, मंगर ने चाचाजी को सुनाकर कहा। मालिक ज़रा इनके सिर पर मालकिन से तेल दिला दीजिएगा—भकोलिया हँसती हुई बोली। तू मुझसे दिल्लगी करती है—मंगर के स्वर में नाराज़ी थी। मंगर, चलो, आपस में कभी कुछ हो ही जाता है, माफ़ करो—चाचाजी के स्वर में आरजू-मिन्नत थी। जाइए, उसी से जुतवाइए, जिससे चार दिन जुतवाया है—मुझे ले जाकर क्या होगा—आधी रोटी की बचत भी तो होती होगी। यों ही नोंक-झोंक, मान-मनौवल। फिर मंगर अपना हलवाही का पैना हाथ में लिए आगे-आगे; और चाचाजी पीछे-पीछे !

यह आधी रोटी की बचत क्या?—इसे समझा आपने? इसे मंगर का ख़ास इज़ारा समझिए। जहाँ गाँव-भर में हलवाहे को एक रोटी मिलती, मंगर के लिए डेढ़ रोटी जाती। वह भी रोटी सुअन्न की हो और अच्छी पकी हो। उस पर कोई तरकारी भी ज़रूर हो—क्योंकि मंगर किसी का कच्चा नमक नहीं खाता! मंगर की सभी शर्तें पूरी होतीं !

लेकिन यह डेढ़ रोटी वह खुद खाता, ऐसा आप नहीं समझें। क्या अपनी अर्द्धांगिनी के लिए लाता?—नहीं! आधी को दो टुकड़े कर दोनों बैलों को खिला देता। यों, यह आधी रोटी फिर मेरे ही घर में लौट आती, लेकिन, इसमें कोई काट-कपच हो नहीं सकती थी। महादेव मुँह ताकें; और मैं खाऊँ—यह कैसे होगा? मंगर के लिए ये बैल, बैल नहीं, साक्षात् महादेव थे!

एकाध बार बात बहुत बढ़ गई, तो मंगर गेरा गाँव छोड़कर चला गया। लेकिन, गाँव में रहते उसने दूसरे का परिहथ नहीं पकड़ा। दूसरे गाँव में भी वह जम नहीं सका। तब तीसरा गाँव देखा, और, अंत में मारा-मारा फिर मेरे गाँव लौटा। शायद मेरे घर-ऐसा क़द्रदाँ उसे कहीं नहीं मिला!

मंगर का स्वभाव रूखा और बेलौस रहा है; किसी से लल्लो-चप्पो नहीं, लाई-लपटाई नहीं। दो-टूक बातें, चौ-टूक व्यवहार। तो भी न जाने क्यों, मंगर मुझे शुरू से ही स्नेह की नज़र से देखता रहा है। शायद इसीलिए कि मेरे बाबूजी उसे बहुत मानते थे। अब भी कहता है—मालिक, ये हमारे मँझले बाबू, वह मरे, मेरी तकदीर फूटी। और, शायद इसलिए भी कि मैं बचपन से ही टूअर हूँ। माँ मर गई, पिताजी चल बसे। तभी तो उसने अपना पवित्र कंधा मुझे दिया और जब कुछ बड़ा हुआ, मैं ननिहाल जाने-आने और रहने लगा, तो याद आता है, मंगर ही मुझे वहाँ पहुँचाता। मैं एक छँठी घोड़ी पर सवार; मंगर सिर पर सौगात की चीजें और मेरी किताबें लिए घोड़ी की लगाम पकड़े आगे-आगे। जहाँ नीच-ऊँच ज़मीन होती, कहीं मैं घोड़ी से गिर न जाऊँ, बगल में आकर एक हाथ से मुझे पकड़ भी लेता। उसके बलिष्ठ हाथों के उस कोमल स्पर्श का अनुभव आज भी कर रहा हूँ!

ज्यों-ज्यों बड़ा होता गया, घर से मेरा संबंध टूटता गया। बकौल मंगर, मैं तो अपने ही घर का मेहमान बन गया। लेकिन, जब-जब दो-चार दिनों के लिए घर जाता, मंगर को उसी

रूप और उसी पेशे में देखा किया।

कपड़ों से मंगर को वहशत रही है। हमेशा कमर में भगवा ही लपेटे रहता। उसे धोतियाँ मिली हैं। गोवर्धन-पूजा के दिन, हर साल, एक नई धोती लिए बिना वह बैल के सींगों में लटकन बाँधता क्या? यों भी बाबा और चाचा साल में जब-तब पुरानी धोतियाँ दिया करते। घर में शादी-ब्याह होने पर उसे लाल धोतियाँ भी मिली हैं। मेरी शादी में मंगर के लिए नया कुर्ता भी बना था। लेकिन धोतियाँ हमेशा उसके सिर का ही सिंगार रहीं, जिन्हें वह मुरेठे की तरह लपेटे रहता और कुर्ता, जब मेरी किसी कुटमैती में वह संदेश लेकर जाता, तभी उसकी देह ढँकता। यों, साधारणतः वह हमेशा नंग-धड़ंग रहता। और, मैं कहूँ, मुझे उसका शरीर उस रूप में, बहुत ही अच्छा लगता। आज एक कलाकार की दृष्टि से कहता हूँ, मंगर को खूबसूरत शरीर मिला था।

काला-कलूटा—फिर भी खूबसूरत ? सौंदर्य को रंगसाज़ी और नक़्क़ासी का मज़मूआ समझनेवालों की रुचि मैं समझ नहीं पाता, यह कहने की गुस्ताख़ी के लिए आज भी मैं माफ़ी माँगने को तैयार नहीं। मंगर का वह काला-कलूटा शरीर, एक संपूर्ण सुविकसित मानव-पुतले का उत्कृष्ट नमूना। लगातार की मेहनत ने उसकी मांस-पेशियों को स्वाभाविक ढंग पर उभाड़ रखा था। पहलवानों की तरह उनमें अस्वाभाविक उभाड़ नहीं आई थी। जाँघें, छाती, भुजाएँ, सबमें जहाँ जितनी जैसी गढ़न और उभाड़ चाहिए, बस उतनी ही। न कहीं मांस का लोंदा, न कहीं सूखी काठ। एक सुडौल शरीर पर स्वाभाविक ढंग से रखा एक साधारण सिर। मंगर के शरीर का ख़याल आते ही मुझे प्राकृतिक व्यायाम के हिमायती मिस्टर मूलर की आकृति का स्मरण हो आता है। सैण्डो के शैदाई उससे कुछ निराश हों तो आश्चर्य नहीं।

लेकिन, आज न वह देवी रही, न वह कड़ाह रहा। मंगर वह नहीं रहा, जो कभी था। ग़रीबी को वह अपने अक्खड़पन से हमेशा धता बताए रहा। लेकिन उम्र के प्रहारों से वह अपने को बचा नहीं सका। उसकी एक-एक चोट उसे धीरे-धीरे जर्जर बनाती रही और आज उस पर यह कहावत लागू है—"सूखी हाड़ ठाठ भई भारी—अब का लदबऽ, हे व्यापारी !"

उसके शरीर के मांस और मांस-पेशियाँ ही नहीं गल गई हैं, उसकी हड्डियाँ तक सूख गई हैं। आज का उसका यह शरीर उस पुराने शरीर का व्यंग्यचित्र-मात्र रह गया है। बुढ़ापे के प्रहारों के लिए जो ढाल का काम करती, उस चीज़ का संग्रह मंगर ने कभी किया ही नहीं। "आज खाय औ कल को झक्खे, ताको गोरख संग न रक्खे"—का उपासक यह मंगर संग्रह का तो दुश्मन रहा। कोई संतान भी नहीं रही, जो बुढ़ापे में उसकी लाठी बनती। उम्र ने इस निरस्त्र कवचहीन योद्धा पर वे सभी तीर छोड़े, जो उसके तरकस में थे ! मंगर बुढ़ापे के कारण हल चलाने के योग्य नहीं रह गया, तो कुछ दिनों तक उससे कुछ फुटकर काम लिए गए, लेकिन यह भी ज़्यादा दिनों तक नहीं चल सका। अब एक ही उपाय रह गया, उसे पेंशन मिले। लेकिन, हलवाहों—यथार्थ अन्नदाताओं—के लिए पेंशन की हमारे अभागे देश में कहाँ व्यवस्था है और व्यक्तिगत दया का दायरा तो हमेशा ही तंग रहा है! फिर मंगर में जली हुई रस्सी की वह ऐंठन और शायद गर्मी भी है, जिससे दया का बादल हमेशा ही उससे दूर-दूर भागता रहा है। दया का बादल चाहता है आशीर्वचनों की शीतल सतह और मंगर के शब्दकोश में उसका सर्वथा अभाव ही समझिए। इसके बदले आज भी वही बेलौस बातें, झड़प-झिड़कियों की आँच, जो पानी की क्या बात, खून को भी सुखा दे। इसके बावजूद उदारता की स्वाती-बूँदें कभी-कभी टपकतीं; किंतु, पपीहे की प्यास उससे भले ही बुझे, मंगर के बुढ़ापे की मरुभूमि उससे सींची नहीं जा सकती। यह दावे के साथ कहा जा सकता है कि आज हम मंगर की हड्डियों का यह झाँझर भी नहीं पाते, अगर उसकी अर्द्धांगिनी नहीं होती।

उसकी अर्द्धांगिनी—भकोलिया ! मंगर की आदर्श जोड़ी। वही जमुनिया रंग—काली कहकर मैं उसका अपमान क्यों करूँ ! दो ही बच्चे हुए, इसलिए स्त्रीत्व के उस महान क्षय से बहुत कुछ वह बची रही, जो मातृत्व का सुंदर नाम पाता है। यही कारण है, मंगर जर्जर-झर्झर हो गया, लेकिन भकोलिया अभी चलती-फिरती है, कुछ हाथ-पाँव चलाकर संग्रह कर लेती और दोनों प्राणियों का गुज़र चला पाती है। लेकिन, यह भी कब तक ? क्योंकि वह बेचारी भी दिन-दिन छीजती जाती है।

भकोलिया—मंगर की आदर्श जोड़ी। शारीरिक ढाँचे में ही नहीं, स्वभाव में भी। वे भी दिन थे, जब वह तमककर बोलती, झपटकर चलती। न किसी को जल्द मुँह लगाती और न किसी की हेठी बरदाश्त करती। जिस किसी ने छेड़ा, मानो काली साँपिन के फन पर पैर रखा। लेकिन भकोलिया में सिर्फ़ फुंकार-मात्र थी—दंशन और विष का आरोप उसके साथ महान अन्याय होगा।

पर, मर्दों की अपेक्षा औरतें अपने को परिस्थिति के साँचे में ज़्यादा और जल्द ढाल सकती हैं, इसका उदाहरण यह भकोलिया है। मंगर आज भी वही मंगर है—मुँह का बेलौस या फूहड़ कहिए; लेकिन, भकोलिया वही नहीं रही। किसी का बच्चा खेला दिया, किसी का कुटान-पिसान कर लिया, किसी का गोबर पाथ दिया, किसी का पानी भर दिया और जो कुछ मिला, उसमें पहले मंगर को खिलाकर आप पीछे खाने बैठी। किंतु इतना करने पर भी, वह हमेशा मंगर की फटकार सुना करती है। मंगर अपना सारा पित्त और पुरानी झड़प अब ज़्यादातर इसी पर झाड़ता है।

"भगवान की मर्ज़ी"—कहकर मंगर जिसके नाम पर अपनी मुसीबतों के बिसर जाने का प्रयत्न करता रहा; उस भगवान ने पारसाल उसकी और दुर्गत कर दी। उसे ज़ोरों से अधकपारी उठी। भकोलिया उसकी चिल्लाहट से पसीज, किसी दया की मूर्त्ति से दारचीनी माँग लाई और उसे बकरी के दूध में पीसकर उसका लेप उसके ललाट पर कर दिया। बाईं पुटपुरी पर और आँख पर भी लगा दे—मंगर ने लेग की पहली ठंढाई अनुभव कर कहा। भकोलिया हुक्म बजा लाई। लेकिन, यह क्या ? जहाँ-जहाँ लेप था, वहाँ अजीब जलन शुरू हुई। जलन जख्म में बदली और जख्म ने उसकी एक आँख ले ली। जब मैं घर गया—बबुआजी, मेरी एक आँख चली गई, मैं काना हो गया—कहकर मंगर रोने लगा। शायद मंगर को मैंने यही पहली बार रोते देखा। मैं उसे ढाढ़स दे रहा था, लेकिन, मेरा हृदय...

और, विपदा अकेली कब रही ?

पिछले माघ में मैं घर पहुँचा। सुबह। धूप निकल आई थी। लेकिन, अपने चिर-अभ्यास के अनुसार, मैं आँखें मूँदे, रज़ाई से लिपटा पड़ा था। थोड़ी-थोड़ी देर पर कुछ गिरने की-सी धम-धम आवाज़ होती। रज़ाई मुँह से हटाकर आँखें खोलीं। देखा, सामने पुआल के टाल के नज़दीक, एक काला-सा अस्थिपंजर बार-बार खड़ा होने की कोशिश करता और गिरता है। यह क्या ? चौंककर उठा। उस ओर बढ़ा। यह तो मंगर है ! सुना था, मंगर को अर्द्धांग मार गया है। देखा, आँखें सजल हो उठीं। निकट गया, उसे सम्हाला, फिर कहा—मंगर, पड़े क्यों नहीं रहते—यह कैसी चोट लग रही होगी?

पड़े-पड़े मन ऊब जाता है, बबुआ !—मंगर ने जवाब दिया।

उफ़्, नसें ढीली पड़ गईं, खून का सोता सूख गया। लेकिन, मानो, अब भी उसमें तरंगें उठतीं, और किसी सूखे सागर की तरह बालू के तट पर सिर धुन, पछाड़ खा, गिर-गिर पड़ती हैं। कैसा करुण दृश्य !

रूपा की आजी

कुछ दिन चढ़े, मैं स्कूल से आकर, आँगन में पलथी मारे चिउरा-दही का कौर-पर-कौर निगल रहा था कि अकस्मात मामी ने मेरी थाली उठा ली, उसे घर में ले आईं। पीछे-पीछे मैं अवाक् उनके साथ लगा था; थाली रख मुझसे बोलीं—"बस, यहीं खा, बाहर मत निकलना, रूपा की आजी आ रही हैं, नज़र लगा देंगी ! समझे न ?"

मैं समझता क्या खाक ? हाँ, रूपा की आजी से कौन नहीं डरता ? कौन बच्चा उनकी बड़ी-बड़ी आँखें देखकर न सिहर उठता ? वह डायन है—गाँव-भर में यह बात प्रसिद्ध है। वह जिसको चाहें, जादू की एक फूँक में मार सकती हैं। बच्चों पर उनकी ख़ास नज़रें-इनायत रहती हैं। कितने बच्चों को, हँसते-खेलते शिशुओं को, उनकी ये बड़ी-बड़ी आँखें निगल चुकी हैं !

बड़ी-बड़ी आँखें !

रूपा की आजी की यह है सूरत-शक्ल—लम्बी गोरी औरत; भरा-पूरा बदन। हमेशा साफ़, सुफ़ेद बगाबग कपड़ा पहने रहतीं। उस सुफेद कपड़े के घेरे से उनका चेहरा रोब बरसाता। फिर, उनकी बड़ी-बड़ी आँखें, जिन पर लाली की एक हलकी छाया ! पूरे बदन का ढाँचा मर्दों के ऐसा, मानो धोखे से औरत हो गई हों। जिस गाँव से यह आई हैं, वहाँ, लोग कहते हैं, औरतों का ही राज है। लोगों ने मना किया उनके ससुर को, वहाँ बेटे की शादी मत कीजिए। किंतु, वह भी पूरे अखाड़िया थे—ज़िद कर गए, देखें, कैसी होती है वहाँ की लड़की।

रूपा की आजी ब्याहके आईं। आने के थोड़े ही दिनों बाद ससुरजी चल बसे। कुछ दिनों के बाद रूपा के दादाजी भी। इन दोनों की मौत अजीब हुई। ससुरजी दोपहर में खेत से आए, रूपा की आजी ने थाली परोसकर उनके सामने रखी। दो कौर खा पाये थे कि पेट में खोंचा मारा, दर्द हुआ, खाना छोड़कर उठ गए। शाम होते-होते उसी दर्द से चल बसे। रूपा के दादाजी एक बरात से लौटे, थकेमाँदे; नवोढ़ा पत्नी—रूपा की आजी—ने, हँसकर, एक गिलास पानी पीने को दिया। पानी पीते ही सिर घमका, ज्वर आया, उसी ज्वर से तीन दिनों के अन्दर स्वर्ग सिधारे!

पहली घटना से ही कानाफूसी शुरू हो गई थी; दूसरी घटना ने बिलकुल सिद्ध कर दिया—रूपा की आजी डायन हैं, दोनों को जादू के ज़ोर से खा गई हैं।

रूपा के पिताजी का जन्म उसके तीन-चार महीने बाद हुआ। रूपा की आजी की गोद भरी—आख़िर इस डायन ने अपना खानदान बचा लिया, लोगों ने कहना शुरू किया। बेटे को इस डायन ने बड़े नाज़ से पाला, पोसा, बड़ा किया; उसकी शादी की—धूमधाम से। किंतु, कैसी है यह चुड़ैल ! शादी का बरस लगते-लगते बेटे को भी खा गई—मूँछउठान जवान बेटे को ! कितना सुंदर, गठीला जवान था वह ! कुश्ती खेलकर आया, इसके हाथ से दूध पीया। खून के दस्त होने लगे ! कुछ ही घंटों में चल बसा। उसके मरने के बाद इस 'रूपा' का जन्म हुआ और रूपा अभी प्रसूतिगृह में ही कें-कें कर रही थी कि उसकी माँ चल बसी ! बाप रे, रूपा की आजी कैसी बड़ी डायन हैं ! डायन पहले अपने ही घर को स्वाहा करती है !

जवान बेटे की मृत्यु के बाद, रूपा की आजी में अजीब परिवर्तन हुआ। आँखें हमेशा लाल रहतीं; छोटी-छोटी बातों से भी आँसू की धारा बह निकलती; होंठों-होंठ कुछ बुदबुदाती रहतीं; दोनों जून स्नान कर भगवती का पिंड लीपतीं, धूप देतीं; बहुत साफ़ कपड़ा पहनतीं; जिस जवान को देखतीं, देखती ही रह जातीं; जिस बच्चे पर नज़र डालतीं, मानो आँखों में पी जाएँगी ! लोगों ने शोर क़िया—अब इसका डायनपन बिलकुल प्रकट हो गया। डरो, भागो—रूपा की आजी से बचो !

रूपा की आजी से बचो—लेकिन, बचोगे कैसे ? भर-दिन रूपा को गोद लिए, कंधे चढ़ाए,

या उसकी छोटी उँगलियाँ पकड़े यह इस गली से उस गली, इस घर से उस घर आती-जाती ही रहती हैं ! न एक व्रत छोड़ती हैं, न एक तीरथ। और, हर व्रत और तीरथ के बाद गाँव-भर का चक्कर ! उत्सवों में बिना बुलाए ही हाज़िर! उफ़्, यह डायन कब मरेगी? कब गाँव को इससे नजात मिलेगी।

मन-ही-मन यह मनाया जाता, किंतु, ज्यों ही रूपा की आजी सामने आईं नहीं कि उनकी ख़ुशामदें होतीं। कहीं वह नाराज़ न हो जाएँ। अपने ससुर, पति, बेटे और पतोहू को खाते जिसे देर न लगी, वह दूसरे के बाल-बच्चों पर क्यों तरस खाएगी? स्त्रियाँ उन्हें देखते काँप उठतीं, किंतु, ज्योंही वह उनके सामने आईं कि दादीजी कहकर उनका आदर-सत्कार करना शुरू किया। इस आसन पर बैठिए, ज़रा हुक्का पी लीजिए, सुपारी खा लीजिए, यह सौगात आई है, ज़रा चख लीजिए, आदि-आदि। रूपा की आजी कुछ सत्कार स्वीकार करतीं, कुछ अस्वीकार। उनकी अस्वीकृति आग्रह नहीं मानती थी। अस्वीकृति ! और, लोगों में थरथरी लग गई। फिर, परिवार ही ठहरा; अगर बरस-छह महीने में किसी को कुछ हुआ, तो रूपा की आजी के सिर पर दोष गिरा !

कितने ओझे बुलाए गए इस डायन को सर करने के लिए। उनके बड़े-बड़े दावे थे—डायन मेरे सामने होते ही नंगी नाचने लगेगी; डायन के कोंचे से आप-ही-आप आग जल उठेगी; डायन खून उगलने लगेगी; डायन पागल होकर आप-ही-आप बकने लगेगी। ओझा आए, तांत्रिक आए। टोने हुए, तंतर हुए। तेली के मसान की लकड़ी, बेमौसम के ओड़हुल के फूल, उलटी सरसों का तेल, मेढ़क की खाल, बाघ के दाँत—क्या-क्या न इकट्ठे किये गए। ढोल बजे, झाँझ बजी, गीत हुए; देव आए, भूत आए, देवीजी आईं ! किंतु रूपा की आजी न पागल हुईं, न नंगी नाचीं, न उनकी देह पर फफोले उठे। ओझा गए, तांत्रिक गए, कहते हुए—उफ़्, यह बड़ी घाघ है। बिना कारूकमच्छा गए, इसका जादू हटाया नहीं जा सकता। कई ओझे इसके लिए रुपए भी ऐंठते गए; किंतु, रूपा की आजी जस-की-तस रहीं।

x x x

मैं बड़ा हुआ, लिखा-पढ़ा, नए ज्ञान ने भूत-प्रेत पर से विश्वास हटाया, जादू-टोने पर से आस्था हटाई। मैंने कहना शुरू किया—यह गलत बात, रूपा की आजी पर झूठी तुहमत लगाई जाती है ! बेचारी के घर में एक के बाद एक आकस्मिक मृत्युएँ हुईं, उसका दिमाग ठीक नहीं। आँखों की लाली या पानी डायनपन की नहीं, उसकी करुणाजनक स्थिति की निशानी है। बच्चों को देखकर, दुलारकर, जवानों को घूर-घूरकर वह अपने जवान बच्चे को याद करती या उसे भूलने की कोशिश करती है। पूजापाठ सब उसी की प्रतिक्रिया है। दुनिया में भूत कोई चीज़ नहीं, जादू-टोना सब ग़लत चीज़! लेकिन, मेरी बात कौन सुनता है ? एक दिन मामी मेरी इस बकझक से व्याकुल होकर बोलीं—

"हाँ, तुम्हें क्या, तुम्हारे लिए ज़रूर जादू-टोना गलत है। भगवान तुम्हें चिरंजीवी करें। किंतु, उनसे पूछो, जिनकी कोख इस डायन ने सूनी कर दी; जिनके बच्चों को यह ज़िन्दा चबा गई; जिनके हँसते-खेलते घर को इसने मसान बना दिया।"

कहते-कहते उनकी आँखें भर आईं; कुछ गरम-गरम बूँदें आँखों से निकलकर ज़मीन पर ढुलक रहीं। फिर बोलीं—

"उस पड़ोसिन की बात है। उसकी बेटी ससुराल से लौटी थी—गोद भरकर! एक दिन उसका छह वर्ष का नाती आँगन में किलक रहा था। कितना सुंदर था वह बच्चा ! जैसे विधाता ने अपने हाथों सँवारा हो। जो देखता, मोह जाता। कई दिन मेरे घर आया था—ज़बरदस्ती मेरे कंधे पर चढ़ गया, दही माँगकर खाया। तुतली-तुतली बोली, चिकने-चिकने दुध-मुँहे दाँत। हँसता

तो इँजोरिया हो जाती। किलकिलाता, तो हरसिंगार झड़ने लगते। और, वैसे बच्चे को...

"हाँ, एक दिन वह बच्चा अपने आँगन में था, कि यह भुतनी पहुँची। यह भुतनी—हाँ, इसी तरह आँसू बहाती, होंठ हिलाती, रूपा का हाथ पकड़े हुई। इसे देखते ही उसकी माँ का मुँह सूख गया; नानी डर गई; चाहा, बच्चे को छिपा दें। किंतु वह बच्चा छिपाने लायक भी तो नहीं था ! ऊधमी, नटखट! झटपट दौड़ा आया, इस चुड़ैल के कंधे पर चढ़ गया। चढ़कर इसके बालों को नोचने, गरदन को हिलाने और अपने छोटे-छोटे पैरों से इसे एँड़ियाने लगा। बच्चे की इस हरकत से भुतनी हँस पड़ी—पहली बार लोगों ने इसे हँसते देखा। फिर खुद घोड़ा बनी, बच्चे को सवार बनाया और बहुत देर तक घुड़दौड़ करती, बच्चे को हँसाती-खेलाती रही। बार-बार उसे छाती से लगाती, कहती, ऐसा बच्चा दूसरा न देखा। आह मेरा... किंतु, बात बीच ही में काटकर फूट-फूटकर रो पड़ी। उसे रोते देख, बच्चे ने ही गुदगुदी लगाकर, रिझाकर, भुलाकर उसे चुप कराया। चुड़ैल घर चली, आशीर्वाद देती हुई—जुग-जुग जीए यह बच्चा, तुम्हारी गोद हमेशा भरी रहे बेटी; भरी रहे, इसी तरह सोने की मूरत उगलती रहे। उसकी माँ भौचक, नानी के जैसे जी में जी आया।

"किंतु, जानते हो, इसके बाद क्या हुआ ?" मामी कहे जा रही थीं, "कुछ ही दिनों के बाद लड़के को सूखा रोग लग गया। कहाँ गया उसका वह रूप, वह रंग, वह चुहल, वह हँसी। सूखकर काँटा हो गया, दिन-रात चेंचें किये रहता। जो उसे देखते, आँसू बहाते और एक दिन आँसुओं की बाढ़ लाकर वह ... उफ़ !

"उस दिन उसकी माँ को तुम देखते। पागल हो गई थी बेचारी ! बच्चे की लाश को पकड़े थी, छोड़ती नहीं थी। किसकी हिम्मत जो उससे बच्चा माँगे? आँसू सूखकर ज्वाला बन गए थे—उसकी आँखों से चिनगारी निकल रही थी ! बच्चे को छाती से चिपकाए थी, जैसे वह दूध-पीता बच्चा हो। अंट-संट बोलती, बच्चे के मुँह में छाती देने की कोशिश करती ! उसे चुप देख, कभी-कभी चिल्ला उठती—जब चिल्लाती, मालूम होता, उसका कलेजा फट रहा है, सुननेवालों के भी कलेजे फटते ..."

मैं देख रहा था, मामी का कलेजा आज भी फटा जा रहा है। किस्से का अंत शब्द से नहीं, आँसुओं के ज्वार से हुआ।

और, मामी के बच्चे को भी तो इसी ने खाया—वह बोलती नहीं हैं, किंतु उनके करुण चेहरे की एक-एक भावभंगी—आँसू की एक-एक बूँद—यह कह रही है ! कम्बख्त को बच्चे खाकर भी संतोष नहीं हुआ, मामी की कोख में जैसे इसने राख भर दी। तब से एक भी बेटा न हुआ; बहुत जंत्र-तंत्र के बाद हुईं तो दो बेटियाँ!

मामी की क्या बात; एक दिन मामाजी भी मेरे उपर्युक्त तर्कों पर नाराज़ हुए और अपनी आँखों-देखी घटना सुनाई—

"वह ऊँची जगह देखते हो न ? वहाँ एक दुसाध आ बसा था। बूढ़ा था, दो नौजवान लड़के थे उसके; घर में बीवी, पतोहुएँ। दोनों बेटे बड़े ही कमाऊ पूत। गठीले जवान। बूढ़ा भी काफ़ी हुनरमंद। थोड़े ही दिनों में गाँव में उनकी पूछ हो गई। बाहु का बल था। कमाते, खाते। नेक स्वभाव के—न किसी से झगड़ा, न झमेला। सबको खुश रखने की कोशिश करते; सबके काम आते।

"एक दिन वह बुढ़िया—तुम्हारी रूपा की आजी—पहुँची और बोली, ज़रा आज मेरा काम कर दो। बूढ़े ने देखते ही सलाम किया, बैठने को कुश की चटाई रख दी। बुढ़िया नहीं बैठी—दुसाध से हड्डी छुला जाती है; फिर, मैं बाभनी। बूढ़ा न बोला, सिर्फ़ अर्ज किया—आज तो दूसरे बाबू को वचन दे चुका हूँ, कल आपका काम हो जाएगा। बुढ़िया ने ज़िद की—नहीं, आज ही मेरा काम होना चाहिए। बीच ही में बड़ा लड़का बोल उठा—दुसाध से हड्डी छुलाती है, तो क्या घर

नहीं छुलाएगा? बुढ़िया तमक उठी!— तुम मेरा अपमान करते हो ? इसलिए न कि मैं निपूती हूँ, मुझसे तुम्हें क्या डर, मेरा लड़का होता ... । बुढ़िया पहले गरजी, अब बरस रही थी ! बूढ़ा दुसाध भौचक। हाथ जोड़कर आरजू-मिन्नत करता रहा—अभी चलता हूँ, हम अभी चलते हैं, बाबू का काम कल होगा, आज आप ही का। किंतु, बुढ़िया वहाँ ज़रा भी क्यों ठहरती? घर लौटी।

"इसी रास्ते वह जा रही थी, मामाजी ने कहा, मैंने देखा, उसके होंठ जल्द-जल्द हिल रहे थे, आँखें लाल थीं, आँचल से आँसू पोंछती जाती। पीछे-पीछे बूढ़ा दौड़ा जा रहा था। बूढ़े को रोककर मैंने दरियाफ़्त किया, उसने सारी बातें बताईं। वह काँप रहा था—बाबू, बाल-बच्चेवाला हूँ, न जाने क्या हो जाए ?

"और, विश्वास करोगे, तुम्हारी रँगरेजी विद्या इसका क्या माने बताएगी, कि उस रात में बूढ़े के बड़े बेटे को साँप ने काट लिया।

"भोर में देखा, हाय, वह पट्ठा बेहोश पड़ा है। समूचा शरीर पीला पड़ गया है, मुँह से झाग निकल रहा है। गाँव-गाँव से साँप का विष उतारनेवाले पहुँचे हैं। कोई ज़ोर-ज़ोर से मंत्र पढ़ रहा है, कोई कोड़े फटकार रहा है, कोई जड़ी पीसकर पिलाने की कोशिश में है, कोई उसकी नाक में कुछ सुँघा रहा है। जब-तब वह आँखें खोलता है, रह-रहकर हाथ-पैर फटकारता है, फिर निस्तब्ध हो रहता है। निस्तब्धता निस्पंदता में और निस्पंदता निर्जीवता में बदलती जाती है। बूढ़ा बाप छाती पीट रहा है, छोटा भाई दाढ़ मारकर रो रहा है। माँ और स्त्री की गत का क्या कहना ! विष उतारनेवाले कहते हैं, हम क्या करें ? साँप का विष उतरता है न? यह तो आदमी का विष है ! सीधा जादू, ठीक आधी रात को लगाया गया है, उतर जाए, तो भाग। बूढ़े का वैसा भाग्य नहीं था। धीरे-धीरे हम लोगों के देखते-देखते, उसके जवान बेटे की अर्थी उठ रही थी! दूसरे ही दिन उसका सारा परिवार गाँव छोड़कर चला गया !

"अरे, यह बुढ़िया नहीं, काल है ! आदमी नहीं, साँपिन है। चलती-फिरती चुड़ैल! बाभनी है, नहीं तो, इसे ज़िन्दा गाड़ देने में कोई पाप नहीं लगता !"

मामा की आँखें अब अंगारे उगल रही थीं। मैं चुप था ! भावना पर दलील का क्या असर हो सकता है भला ?

x x x

शिवरात्रि का यह मेला। लोगों की अपार भीड़। बच्चे, जवान, बूढ़े, लड़कियाँ, युवतियाँ, बूढ़ियाँ। शिवजी पर पानी, अक्षत, बेलपत्र, फूल, फल। फिर, एक ही दिन के लिए लगे इस मेले में घूम-फिर; ख़रीदफ़रोख्त। धक्के-पर-धक्के। चलने की ज़रूरत नहीं, अपने को भीड़ में डाल दीजिए, आप-ही-आप किसी छोर पर लग जाइएगा। बच्चों और स्त्रियों की अधिकता ! उन्हीं के लायक ज्यादा सौदे। खँजड़ी, पिपही, झुनझुने; मिट्टी की मूरतें, रबर के खिलौने, कपड़े के गुड्डे; रंगीन मिठाइयाँ, बिस्कुट, लेमनचूस। टिकुली, सेंदुर, चूड़ियाँ; रेशम के लच्छे, नकली नोट, चकमक के पत्ते; आईना, कंघी, साबुन; सस्ते एसेंस और रंगीन पाउडर। भाव-साव की छूट, हल्ला-गुल्ला। गहनों के झमझम में चूड़ियों की झनझन। साड़ियों के सरसर में हँसी की खिलखिल।

कहीं नाच हो रहा; कहीं बहुरूपिये स्वाँग दिखा रहे; घिरनी और चरखी पर बच्चे झूले का मज़ा लूट रहे।

अकस्मात् एक ओर से शोर। "पगली-पगली-पगली।" "छोड़ो-छोड़ो-छोड़ो।" "डायन-डायन-डायन।" "मारो-मारो-मारो।"

एक औरत भागी जा रही है, अधनंगी, अधमरी। लोग उसका पीछा कर रहे हैं। बात क्या है?

मेले में आई एक युवती अपने बच्चे को एक सखी के सुपुर्द कर सौदा करने गई थी। सखी

ज़रा चंचल स्वभाव की थी। बच्चे चंचल होते ही हैं। सखी 'लाल छड़ी' की रंगीन मिठाई बेचनेवाले की बोली पर भूल गई—मेरी लाल छड़ी अलबत्ता; मैं तो बेचूँगा कलकत्ता ! इधर बच्चा उसकी अँगुली छुड़ाकर, धीरे से वहाँ से निकलकर झुनझुनेवाले के पास पहुँच गया। जब सखी का ध्यान लाल छड़ी से टूटा, तो वह व्याकुल होकर बच्चे को खोजने निकली। देखती क्या है, एक बुढ़िया उस बच्चे को गोद में लिए झुनझुने दे रही और मिठाइयाँ खिला रही ! कैसी उसकी सूरत—फटाचिटा कपड़ा, धूल से भरा शरीर, बिखरे बाल, लाल-लाल आँखें, बड़ी-बड़ी टाँग, बड़ी-बड़ी बाँह ! उसे देखते ही, वह चीख़ पड़ी—डायन! बुढ़िया चौंकी, गुर्राई—ऐं, क्या बोलती है ? किंतु वह तो चिल्लाए जा रही थी—डायन, डायन, डायन! हल्ला देख बच्चा चीख़ने लगा। बुढ़िया ने बच्चे को कंधे पर लिया! वह बुढ़िया के नज़दीक पहुँचकर बच्चे को उससे छीनने की कोशिश करने लगी। एक हल्ला, एक शोर, एक ग़ौग़ा। अब बच्चा सखी की गोद में, और बुढ़िया को लोग पीट रहे हैं। बच्चा बार-बार उसकी ओर देखकर 'बुदिया'—'बुदिया' कह उठता है, मानो उसकी मार पर तरस खाता हो, उसकी गोद को ललक रहा हो। किंतु कौन उस पर ध्यान देता है?

बुढ़िया भागी जा रही है; स्त्रियाँ, बच्चे, मर्द उसके पीछे लगे हैं। थोड़ी-थोड़ी देर पर वह रुकती है, दाँत दिखाती है, हाथ जोड़ती है: कभी-कभी गुस्सा होकर ढेले उठाती है। वह सिर्फ़ ढेले उठाती है, लोग उस पर ढेले फेंकते हैं। इसी भागाभागी में वह एक ऐसी जगह पहुँचती है, जहाँ पहले एक कुआँ था। अब उसकी गच खराब हो गई थी, वह भथ रहा था। भागने में व्याकुल, उसका ध्यान उस ओर न रहा; धड़ाम से उस कुएँ में जा रही !

भीड़ रुकती है ! कोई कहता है—मरने दो। कोई कहता है—निकालो। जब तक निर्दयता पर करुणा की विजय हो, तब तक वह जल-समाधि ले चुकती है!

यह उसकी लाश है ! किसकी लाश ? बुढ़िया की लाश—रूपा की आजी की लाश!

रूपा की आजी की लाश ? वह यहाँ कहाँ ?

रूपा की शादी बड़ी धूम से की उसने। सारी ज़ायदाद बेचकर। जिस भोर में रूपा की पालकी ससुराल चली, उसी शाम को वह घर छोड़कर चल दी। कहाँ? कौन जाने ? इतने दिनों तक वह कहाँ-कहाँ की धूल छानती, आज पहुँची थी इस मेले में! क्यों ? क्या रूपा को देखने? उसके बच्चे को देखने ! क्या वह रूपा का बच्चा था? उसने परिचय क्यों न दिया ?

छोड़िए उस चर्चा को।

x x x

बहुत दिन हुए, रविबाबू की एक कहानी पढ़ी थी। एक भद्र परिवार की महिला हैज़े से मर गई। लोग जलाने को श्मशान ले गए। चिता सजाई जा रही थी कि वर्षा होने लगी। चिता छोड़कर लोग बगल की अमराई की मँड़ैया में छिप रहे। काली रात थी। जब वर्षा ख़तम हुई, उन्होंने पाया, चिता से मुर्दा गायब ! क्या सियार खा गए? खोज-ढूँढ़ फ़िज़ूल गई। किंतु, किस तरह बाबूसाहब से कहा जाएगा कि उनकी असावधानी से मुर्दा गायब हुआ ? झूठमूठ चिता में आग लगाकर चले आए। इधर बेचारी महिला पानी की बूँद से जीवन पा चिता से उठी। दिनभर खेतों में छिपी रही; भद्रकुल की महिला थी। रात में जब घर पहुँची, दरवाज़ा खटखटाया। उसकी बोली सुन, लोग दौड़े—अरे, भूत, भूत! —नैहर पहुँची, वहाँ भी भूत-भूत; बहन के घर पहुँची, वहाँ भी भूत-भूत। जहाँ जाए, वहीं भूत, भूत, भूत ! आख़िर उसने अपने को गंगाजी की गोद में सिपुर्द कर दिया।

क्या 'रूपा की आजी' भी कुछ इसी तरह लोकापवाद की शिकार नहीं हुई? घटनाओं ने उसके साथ साज़िशें कीं; लोगों ने जल्लाद का काम किया !

देव

तपेसर भाई के बगीचे में विलायती अमरूद का एक पेड़ था। मैं कह नहीं सकता, उसकी पहली क़लम विलायत से आई थी, या कहाँ से। नई क़िस्म की चीज़ों का—ख़ासकर वह छोटी नस्ल की हो—तो विलायती का नाम पड़ते मैंने दिहातों में प्रायः देखा है। छोटे कुत्ते विलायती कुत्ते हो गए हैं ! टमाटर विलायती बैंगन बन गया है।

यह विलायती अमरूद का पेड़ साधारण अमरूद के पेड़ों से छोटा। इसकी डालियाँ तुनक, लचीली। पत्ते गहरे हरे, ज़्यादा चिकने और छोटे-छोटे। फल बड़ी सुपारी से बड़े नहीं, पकने पर उन पर दूधिया रंग चढ़ जाता। लेकिन, गूदा लाल टेस।

हम बच्चे इस पर किस तरह टूटते और हमसे रखवाली करने में तपेसर भाई कैसी चौकसी रखते !

"देखा है देव तुमने ?—विलायती अमरूद कैसे पक गए हैं ?"

"कहो, तोड़ लाऊँ ?"

"अरे, तपेसर भाई टाँग तोड़ देंगे।"

"हट, बड़े तोड़नेवाले बने हैं वह।"

वह तीर-सा सन से निकला। पेड़ों और झाड़ियों की आड़ लेता, लुकता-छिपता, कहीं झुकता, कहीं पेट के बल रेंगता, धीरे-धीरे विलायती अमरूद के पेड़ के नीचे पहुँचा और फिर बन्दर-सा, नहीं गिलहरी-सा, वह सर्र-से पेड़ पर चढ़ गया। हमने दूर से देखा, उसके छोटे-छोटे हाथ ताबड़तोड़ पके अमरूद तोड़ रहे हैं। इधर मेरी जीभ पानी-पानी हो रही थी।

लाभ से लोभ। देव धीरे-धीरे पतली-से-पतली डाली पर खिसकता गया और मैं देख ही रहा था, वह लपककर एक पका अमरूद पकड़ रहा था कि उसके पैर के नीचे की डाली अरराकर टूट गई। बायें हाथ से ऊपर की जिस पतली डाल को वह पकड़े था, वह भी उसके पूरे बोझ को बर्दाश्त न कर सकी। उसे लिए-दिए वह ज़मीन पर, धम्म से, आ रहा।

और, यह खरखराहट सुन तपेसर भाई अपनी मँड़ैया से सोंटा लिए निकले। देव एक मिनट भी बैठा नहीं रहा। फुर्ती से खड़ा हुआ और सिर पर पैर रख भागा। बूढ़े तपेसर भाई कहाँ तक दौड़ते ! गाली-गुफ्ता देकर बगीचे में लौट आए।

मैं दूसरी राह से जाकर उससे मिला। उसके कोट की दोनों जेबों से पके अमरूद, पत्तियों सहित, झाँक रहे थे। लो खाओ—उसने अपना हाथ कोट के पाकेट में डालना चाहा!

अरे, यह क्या ?

देखा, उसकी बाईं बाँह, निर्जीव-सी झूल रही है। कुहनी की हड्डी उतर गई है—मालूम होता है हाथ के दो टुकड़े हो गए हैं, जो चमड़े से जुड़े-मात्र हैं। देव ने उस ओर, भागने के ज़ोर में ध्यान भी नहीं दिया था। मैंने समझा, अब इस ओर ध्यान जाते ही, देव पीड़ा से चिल्ला उठेगा, लेकिन, वह—

वह ज़रा-सा चौंका-भर। बिना आह-उफ़ किये, अमरूद की ओर इशारा करते, मुझसे बोला—जेब से निकाल लो। मैं क्या निकालता, काँपता हुआ बोला—उफ़्, देव, तुम्हारी बाँह टूट गई!

जुड़ जाएगी—वह लापरवाही से बोला और मेरे अँगोछे की ओर इशारा करते कहा—ज़रा इससे समेटकर इसे मेरे गले से बाँध तो दो।

उस टूटी हुई बाँह को अँगोछे से सँभालकर, झोले की तरह, उसकी गर्दन में लटकाते हुए, मैंने कितनी पीड़ा का अनुभव किया ! लेकिन, उसने ज़रा उँह भी की? हाँ, उसकी आँखें कुछ

लाल ज़रूर हो आईं। मैंने कहा—कैसे हो तुम, क्या दर्द नहीं मालूम होता ?

होता क्यों नहीं, वाह ! लेकिन, चिल्लाने से क्या ? क्या उससे दर्द कम हो जाएगा?—उसके होंठ हिल रहे थे।

x x x

चारों ओर हरियाली-ही-हरियाली। खेतों में मकई, सावाँ, धान, भदई, लहरा रही। रास्तों और सड़कों पर तरह-तरह की घासें उग आईं। पेड़ों की धुली-पुँछी पत्तियाँ मन को मोह लेतीं। घरों पर कद्दू-झिंगुनी आदि की लताएँ फैल रहीं।

इसी हरियाली में जन्माष्टमी पहुँच आई। आम के बगीचों में मिठुआ, बम्बई, मालदह की फसल ख़तम हो चली थी ज़रूर; लेकिन अभी फजली, भदैया, राढ़ी के गुच्छे लटक ही रहे थे। खेतों में मकई की बालों में दूध भर आया था। बारियों में अमरूद की डालियाँ और खीरे की लत्तियाँ फलों से लदी थीं। एक तो 'फलाहार' की ऐसी सुविधा, फिर दिनभर का ही तो व्रत—हम बच्चों के लिए जन्माष्टमी से बढ़कर कौन व्रत हो सकता था ? हममें से अधिकांश व्रती थे।

बगीचे के बीच में जो ठाकुरबारी है, उसमें व्रत की तैयारियाँ हो रही थीं। लोगों की आवाजाही लगी थी। तरह-तरह के 'प्रसाद' तैयार किये जा रहे थे। धनिया भूनकर 'पंजनी' बनाने की जो तैयारियाँ हो रही थीं, उसकी सोंधी सुगन्ध हम बच्चों को पागल बना रही थी, ठाकुरबारी से कुछ दूर हट, एक पेड़ पर झूला डाले, पेंग-पर-पेंग ले रहे थे। कब सूरज डूबे, आधी रात बीते, चाँद उगे, कृष्ण भगवान जन्में और हम फंके-पर-फंके पंजनी फाँकें—हमारी अधीरता का क्या कहना?

हम सात-आठ बच्चे थे। एक-दो लड़कियाँ भी थीं। देव भी था। बिना उसके कौन पेड़ पर चढ़कर रस्सी लटकाता और उतने ज़ोर से पेंग भी कौन देता?

पेंग-पर-पेंग। कभी गाना। कभी हाहा-हीही।

साँप ! साँप ! !—एक लड़की चिल्ला उठी। बगीचे से सटी जो बँसवारी थी, उसमें एक जोड़ा गेहुँअन रहता है, यह तो प्रायः सुन रखा था हमने; लेकिन, इस मध्य दुपहरी में, जब हम इतने लोग इकट्ठा होकर कोलाहल कर रहे थे, साँप निकलेगा, इसकी तो कल्पना ही नहीं थी। लड़की की आवाज़ के साथ ही हमारी नज़रें उस ओर दौड़ गईं, जिधर उसकी काँपती तर्जनी इशारा कर रही थी। बाप रे—सबके मुँह से निकला, और कई तो बेतहाशा भागे। घबरा तो हम सभी गए थे। शायद भादों की इस बिना बादल की सूर्य-किरणों की असीम गर्मी से व्याकुल हो, साँप अपनी बाँबी से निकला था और कहीं निश्चित ठंडी जगह की तलाश में चला था। जब कुछ बच्चे चीख़कर भागे, उनकी चीख़ सुनकर, वह जहाँ-का-तहाँ अड़ गया, और सिर उठाकर अच्छी तरह हमें देखना चाहा। उफ़, उसकी सूरत! ढाई हाथ से लंबाई कम नहीं। पत्तों से छनकर जो सूर्य-किरणें उस पर पड़ रही थीं, उससे उसका गेहुँआ शरीर दमक रहा था। फन काढ़े वह खड़ा था। फन चार इंच से कम चौड़ा क्या होगा? दो खूबसूरत, मादक आँखें चमक रही थीं। जीभें लप-लप करतीं।

क्या किया जाए, यह सवाल उठने भी न पाया कि देखा, देव एक डंडा लिए उस ओर बढ़ रहा है। मैंने उसे रोकना चाहा। हमने सुन रखा था, दुनिया में साढ़े तीन ही वीर हैं। पहला भैंसा, दूसरा सूअर, तीसरा गेहुँअन और आधा राजा रामचंद्र। भैंसे, सूअर और गेहुँअन सीधा वार करते, कभी पीठ नहीं दिखाते। रामचन्द्र वीर थे, लेकिन बाली को मारने के लिए उन्होंने पेड़ की ओट ली थी ! यों, जो राजा रामचन्द्र से भी ज़्यादा वीर—उनमें से एक हमारे सामने खड़ा है, और उसे छेड़ने को यह हमारा छोटा साथी देव, एक छोटा-सा डंडा लिए, बढ़ रहा है। छोड़ो उसे, भागो—हम यह चिल्ला ही रहे थे कि देव साँप से एक लग्गी पर पहुँच चुका था।

उसे अपनी ओर आते देख एक बार तो साँप ने फन समेटकर सिर नीचा कर लिया; हमने समझा अब वह भागेगा। लेकिन, नहीं, ज्योंही देव उससे एक लग्गी पर गया, एकबारगी लगभग एक हाथ सिर उठा, फन को ज़्यादा-से-ज़्यादा चौड़ा कर, उसने वह फुफकार छोड़ी, जिसने कालीनाग की कृष्ण पर की गई फुफकार की याद दिला दी। फुफकारें छोड़ता, वह सिर को लगातार हिला रहा था, जैसे वह गुस्से में काँप रहा हो। देव, भागो—हमने चिल्लाकर कहा। लेकिन, वह उसका फन देखता, अपना डंडा सँभाले खड़ा था। न साँप एक इंच आगे बढ़ता, देव के ही पैर आगे या पीछे उठते। इधर हमारा शरीर पसीने-पसीने हो रहा। देव की आँखें गेहुँअन की आँखों पर गड़ी थीं।

भागो—हम फिर चिल्लाए। उसी समय देखा, देव अपने डंडे को सँभाल रहा है और पलक मारते ही उसने छोटे डंडे को इस तरह तौलकर फेंका कि वह ज़ोरों से साँप के फन के ठीक नीचे, ज़मीन से लगभग एक बालिश्त ऊपर, उसकी गर्दन पर कहिए, तड़-से लगा। डंडा इस ज़ोर से लगा कि साँप फन-सहित एकबारगी उलट गया। किंतु, दूसरे ही छन वह सँभलकर फिर डटा था। और, इस बार मालूम होता, सिर्फ़ उसकी पूँछ का कुछ इंच हिस्सा ज़मीन पर है; नहीं तो वह पूरा-का-पूरा खड़ा है—फन फुलाए, झूमता, फुफकारता। मालूम होता, साक्षात् यमराज तांडव नृत्य कर रहा है! देव का हाथ खाली है; साँप कहीं उस पर टूटा, तो आज वहीं-का-वहीं रह जाएगा—मैंने सोचा! लेकिन, किसकी हिम्मत जो देव की मदद में यमराज के मुँह की ओर बढ़े ! देव खड़ा। कहीं उसे भय से थरथरी तो नहीं मार गई ? भागो, भागो !

लेकिन, यह क्या? फिर तुरत ही साँप आप-ही-आप इस तरह ज़मीन पर गिरा कि हमने उसके गिरने की पट्ट-सी आवाज़ भी सुनी। गिरकर वह लगातार पूँछ पटकने और ज़मीन से थोड़ा ऊपर सिर उठा-उठाकर फुफकार छोड़ने लगा। उसके गिरते ही हममें से कुछ की हिम्मत हुई। गुल्ली-डंडा खेलने के लिए जो डंडे थे, उन्हें लेकर हम आगे बढ़े। मालूम होता, पहला डंडा ऐसा लगा था कि उसकी गर्दन की हड्डी टूट गई थी, लेकिन 'बाई के झोंके में' वह उठ खड़ा हुआ था। लेकिन, बाई के बल पर टूटी हड्डी कब तक तनी रहती? वह गिरा और अब अपनी बेचारगी पर सिर धुन रहा था। हमें बढ़ते देख, देव ने हमें रोका और हमारे डंडे लेकर उसने खुद किस तरह उसे खेला-खेलाकर मारा ! पहले दो-तीन डंडे अलग से ही फेंककर मारे, फिर नज़दीक जाकर उसके धड़ पर कई डंडे लगाए। तब डंडे का एक हिस्सा उसके मुँह के नज़दीक ले जाता, गाँग किचकिचाकर पकड़ता, देव खिलखिलाकर हँसता। यों ही बहुत देर तक उस साँप से वह मृत्यु-क्रीड़ा करता रहा। उसी समय देव के बाबा एक ओर से आते दीखे। उनकी खाँस सुन देव चौंका और झटपट बार-बार डंडे बरसाकर साँप का सिर भुर्त्ता बना, किलकारियाँ मारता भागा। हम भी उसके साथ भागे।

x x x

देव के बाबा चाहते थे, देव पढ़े। गाँव की पढ़ाई जस-तस समाप्त कर वह शहर के स्कूल में भी गया। लेकिन, वहाँ ज़्यादा दिनों तक टिक न सका।

गाँव लौटकर वह अपनी घर-गिरस्ती में लग गया। अजीब ढंग का विकास हुआ उसका। जिसने ज़रा छेड़खानी की, उससे उलझ गया। बात का जवाब हाथ से, ठेंगे का जवाब लाठी से। चाहे चौपाया भैंसा हो या दो-पाया, जिससे भिड़ गया, बिना नाथे नहीं छोड़ा। गाँव के सबसे ऊँचे बाँस की फुनगी के पत्ते वह तोड़ता, सबसे ऊँची डाल का फल वह चखता। उसकी भैंस हमेशा हरियरी पाती, उसके बैल बिना जाव के बिचरते। किसी का खेत उजड़ता हो, तो उजड़े—देव को क्या परवाह? और, कौन उसके मुँह लगने की गुस्ताखी करे?

उसके चरित्र पर काला धब्बा लगानेवाली कहानियाँ भी थीं। लेकिन न जाने क्यों, मैं हमेशा

ही उससे अनुरक्त रहा। कई दिन मामाजी ने डाँटा-डपटा—"क्यों उससे बातें करते हो—मिलते हो, वह बदमाश है, बदचलन है; तुम पढ़-लिख रहे हो, ऐसे लोगों की संगत और चाहत अच्छी नहीं।" जब वह नाराज़ी में बकते, मैं चुपचाप सुनता। उनकी बात के औचित्य और सत्यता पर संदेह करने की कोई बात ही नहीं थी। लेकिन, सब जान-सुनकर भी मैं अपने को उससे अलग नहीं रख सकता था। क्यों? मैं तब इस तरह के तर्क का आदी भी नहीं था।

एक दिन शाम का वक़्त। मैं छुट्टी में घर आया था। प्रकृति-प्रेमी स्वभाव मुझे गाँव से खींच सरेह की ओर ले चला। रास्ते में देव मिल गया। हम दोनों चले। एक खेत में शकरकंद की लत्तियाँ इतनी घनी हो गई थीं कि उन पर पैर रखने में मखमल का मज़ा आता था। लत्तियों में जहाँ-तहाँ लाल-लाल फूल भी आ गए थे—मानो हरे मखमली फ़र्श पर गुलाब की कलियाँ खिली हों। मैं उस पर बैठ गया।—"देव, कुछ गाओ।"

"खूब! कभी मुझे गाने सुना है?"

"अच्छा, एक कहानी!"

"कैसी? आपबीती!"—वह मुस्कुरा पड़ा। देव में हमने हमेशा यह गुण पाया कि वह झूठ कभी नहीं बोलता। वह अपनी प्रेम-कथाएँ कहने लगा—देहात के वे 'रोमांस' और उन रोमांस के वे अनोखे 'ऐडवेंचर'। कब सूरज डूबा, किस तरह किरणें सिमटीं, मालूम नहीं। एकाएक अंधकार देख, अब चलें, कहकर हम चल पड़े।

थोड़ी दूर साथ आए। एकाएक देव चुप हो गया। फिर बोला—"अच्छा, आप मेरा साथ क्यों करते हैं, आपकी शिकायत होती है न?"

"पागल, शिकायत की तुम्हें क्या परवाह, ऐसी बातें न किया करो।" वह फिर चुप हो रहा और बड़ी संजीदगी से बोला—"अच्छा, कोई एक काम आप मुझसे कहिए, जो मैं करूँ। कोई अच्छा काम, जो देश के लिए भी फ़ायदे का हो।"

मुझे याद आया, मैं कभी-कभी देव से देश-दशा पर कुछ बातें कर लिया करता था। मालूम होता, वे बातें उसके हृदय में गड़-सी गई थीं। किंतु, आज उसके इस सवाल पर मैं असमंजस में पड़ गया। देव और देश! ख़ैर, कुछ कहना चाहिए, कह दिया—ज़्यादा क्या करोगे, खादी पहनो।

लेकिन, खादी तो शहर में ही मिलती है ! और, कोई शहर यहाँ से 20-22 मील से कम दूर नहीं। पर, देव को मानो अपनी इस कैफ़ियत पर कुछ झेंप हुई। बोला—अच्छा, मैं किसी तरह मँगा लूँगा।

देव ने जिस दिन खादी पहनी, गाँव में एक अजीब दिल्लगी रही। लोग आपस में कहते—"सौ-सौ चूहे खाय के बिलाई चली हज को!" किंतु, देव के मुँह पर कोई क्या बोलता ?

x x x

सन् तीस का तूफ़ान ख़त्म ही हुआ था कि बत्तीस की आँधी ज़ोरों पर चल निकली। साढ़े चार हज़ार बददिमागों के साथ मैं भी पटना कैम्प जेल के मज़े ले रहा था।

रोज़ नए लोगों के झुंड आते, पुरानों के जाते। यह आने-जाने की क्रिया इस धड़ल्ले से जारी थी कि अब उसमें कोई हर्ष-विषाद नहीं रह गया था। महासागर में कितनी नदियाँ गिरतीं, कितना जल भाप बनकर उड़ता—वह अपनी ही तरंगों में मस्त; घट-बढ़ का वहाँ सवाल कहाँ?

लेकिन, एक दिन जब फाटक से एक परिचित सूरत को भीतर आते देखा और जब पता चला, वह देव है, तब आश्चर्य और आनन्द का ठिकाना न रहा। इधर कुछ दिनों से देव से कम सम्बन्ध रह गया था। मैं लेखक था, सम्पादक था, देशभक्त था, नेता था। अब फुर्सत कहाँ थी कि देव की कोई खोज-ख़बर भी रखता?

और, देव जेल में? यह तो कल्पना भी नहीं हो सकती थी। किंतु, आनन्द के उद्रेक में

कुछ पूछने की फुर्सत भी कहाँ थी? उसे अपने ही वार्ड में ले आया। शाम का ही वक़्त था। खाने-पीने के बाद तुरत ही वार्ड-बन्दी हुई। भीतर गाँव-घर का हाल-चाल पूछते, बतियाते हम दोनों को नींद आ गई। हम पास-पास सोए थे। सोए ही थे कि बीच में मेरी नींद टूटी और पाया, देव कुछ कराह रहा है—जैसे मर्मान्तक पीड़ा होने पर धीरे-धीरे, लेकिन बड़े दर्द से, लोग कराहते हैं। देव कोई सपना तो नहीं देखता, बुरा सपना—मैंने झकझोरकर उसे उठा दिया। वह जगा। लेकिन, पूछने पर कुछ बोला नहीं। फिर उसे नींद आई, तो वही बात। एक बार और उठाया। लेकिन, कितनी बार उठाता उसे?

कल कुनकुन ने, जो उसके साथ आया था, इसका रहस्य बताया।

अब यह देव वह पुराना नहीं है।

देव अपने थाने का एकछत्र नेता होकर इस बार यहाँ आया है। नेता? हाँ। हाँ। हाँ।

लेकिन इस नेतृत्व की कैसी क़ीमत अदा करनी पड़ी है उसे?

देव का थाना, ज़िला-भर में क्या, अपने काम से सारे प्रांत में, प्रसिद्धि प्राप्त कर गया। कांग्रेस-बुलेटिनों में उसकी चर्चा। सत्याग्रहियों की टोलियाँ, लगातार सरकार को परेशान और सब-डिवीजन की छोटी-सी सब-जेल को आबाद किये रहतीं। ज़िले के अधिकारी बड़े घपले में। पुलिस के धावे, जब्तियाँ जेल, जुर्माने, कुछ भी कारगर साबित न हुए। जब तक खुराफात की जड़ देव नहीं पकड़ा जाता, तब तक सब धर-पकड़ फिजूल थी, और देव को पकड़ने की उनकी सारी चेष्टाएँ बार-बार बेकार जा चुकी थीं।

किंतु, पुलिस जो काम हज़ार सरगर्मी दिखाकर और लाख सिर पटककर न कर सकी, एक दिन देव ने खुद कर लिया। अब थोड़ा जेल का मज़ा लिया जाए, उसने तय किया। ख़बर कर दी गई, अमुक दिन थाने पर जुलूस जाएगा और नेतृत्व करेगा देव। दारोग़ाजी को अपनी ताक़त पर विश्वास न हुआ। कुछ सशस्त्र पुलिस लेकर इन्स्पेक्टर साहब आए—पाँच हाथ का वह भीमकाय इन्स्पेक्टर! जुलूस के नेता की हैसियत से देव पकड़ा गया, कुनकुन वगैरह कई और। थाने की छोटी-सी हवालात में सब ठूँस दिए गए! शाम बीती, रात आई, आधी रात। सारा आलम सन्नाटे में। उसी समय हवालात खुली। देव उठाया गया। वह बग़ल के कमरे में ले जाया गया।

उसके बाद? उसके बाद... कुनकुन के चेहरे पर गुस्सा था, आँखें सुर्ख हो गईं। वह बोला—पूछिए नहीं, उसके बाद क्या हुआ? उफ़... इन्स्पेक्टर ने ...उफ़...

हम उसका गर्जन-तर्जन सुन रहे थे। लगातार तड़ाक-फड़ाक सुन रहे थे। किसी के गिरने और उठने की आवाज़ सुन रहे थे। क्या देवजी पर मार पड़ रही है?—लेकिन वह चिल्लाते तो नहीं हैं?

और, यही न चिल्लाना तो उनके लिए आफ़त हो गई। इन्स्पेक्टर अपने चमड़े-मढ़े डंडे से, थप्पड़ से, घूँसे से, गिर पड़ने पर भारी बूटों से, लगातार प्रहार-पर-प्रहार करता रहा, लेकिन, देवजी चिल्लाते कहाँ तक, उनकी आँखों में आँसू तक न आए। आज तुम्हें रुलाऊँगा या जान से मार डालूँगा—यह थी उसकी आन, और देवजी अपनी शान पर जान दे रहे थे।

हाँ, जान दे रहे थे ! मार खाते-खाते वह बेहोश हो गए। पानी पिलाकर होश में लाये गए। रोते हो या मरते हो—उस इन्स्पेक्टर के बच्चे ने पूछा। देवजी मुस्कुरा पड़े। हाँ, दारोग़ाजी ने खुद हमसे कहा था, देवजी मुस्कुरा पड़े। फिर क्या था, उसने फिर डंडे, लात-घूँसे और बूट के प्रहार शुरू किये। देव फिर बेहोश। बेहोश होकर जब देवजी गिरे, उनकी छाती पर वह बूट-सहित चढ़ गया और हुमचने लगा। दो-तीन हुमच—देवजी के मुँह से खून निकल आया—

खून, हुजूर खून—दारोगा चिल्ला पड़ा।

मरने दो साले को—क्रोध से आग-बबूला वह इन्स्पेक्टर बोला—इसने हमें तंग कर रखा था।

लेकिन, कहना जितना आसान था, खून करना अगर उतना ही आसान होता! उसने भी परिस्थिति की गम्भीरता का अनुभव किया। इधर खटपट सुन हमने भी हवालात से होहल्ला किया। सुना, वह हमारी ख़बर लेने को भी हुमका। लेकिन दारोगा ने हस्तक्षेप किया—हुज़ूर, अगर यह बात लोगों को मालूम हुई, हममें से एक भी इस रात को ज़िन्दा न बचेगा—आप इस जवार को नहीं जानते, हुजूर!

इन्स्पेक्टर उसी समय वहाँ से चल पड़ा। थोड़ी देर के बाद दारोगाजी देवजी को लिए हमारे पास आए।

उफ़—उनकी हालत! सारा शरीर क्षत-विक्षत!

लेकिन देवजी ने ज़रा उफ़ भी न की—न ये बातें कहीं! उस रात को ही मोटर से हम लोग सब-डिविजनल जेल में भेज दिए गए। कल होते-होते देवजी का समूचा शरीर फूल उठा। दवादारू हुई। ऊपर से अच्छे भी हुए। लेकिन, पीड़ा को ऊपर न आने देने की उन्होंने जो मर्मान्तिक चेष्टा की, उसने, मालूम होता है, पीड़ा को उनके मर्म तक पहुँचा दिया—तब से ही रात में, जब वह सोते हैं, यों ही कँहरते रहते हैं—कुनकुन ने कहा और एक लम्बी साँस ली।

दिन की रोशनी में मैंने देव को अच्छी तरह देखा। देह पर अब भी काले निशानों का दौरदौरा था। किंतु, उस काले निशानोंवाली देह के अंदर जो आत्मा थी?—उज्ज्वल, ज्वलन्त, दिव्य, ऊर्जस्वल !

बालगोबिन भगत

न जाने वह कौन-सी प्रेरणा थी, जिसने मेरे ब्राह्मण का गर्वोन्नत सिर उस तेली के निकट झुका दिया था। जब-जब वह सामने आता, मैं झुककर उससे राम-राम किये बिना नहीं रहता। माना, वे मेरे बचपन के दिन थे, किंतु ब्राह्मणता उस समय सोलहो कला से मुझ पर सवार थी। दोनों शाम संध्या की जाती, गायत्री का जप होता, धूप-हवन जलाये जाते, चंदन-तिलक किया जाता और इन सारी चेष्टाओं से 'ब्रह्म' को जानकर पक्का 'ब्राह्मण' बनने की कोशिशें होतीं—ब्रह्म जानाति ब्राह्मणः ! इस ब्राह्मणत्व के जोश में मैंने ऐसे कई ब्राह्मणेतर लोगों का पालागन करना छोड़ दिया था, जिन्हें गाँव के नाते से बचपन से ही करता आया था। कहाँ मैं, और, कहाँ हमारे समाज के सबसे नीचे स्तर का यह तेली—यह क्यों बरबस मेरे सिर को झुका डालता? तेली— जिसका मुँह देखने के बाद यात्रा सफल नहीं होती—ऐसी व्यवस्था दे रखी थी हमारे समाज ने। तेलिया-मसान, यह घृणास्पद आस्पद जुड़ा था, जिस जाति के साथ ! और, तब तक मुझमें वह ज्ञान भी नहीं था कि समझूँ कि ये सारी बातें हमारे सड़े समाज की घृणिततम मनोवृत्ति का सूचक हैं !

हाँ, बालगोबिन भगत तेली थे। किंतु तेलियों में साधारणतः पाये जानेवाला काला रंग नहीं था उनका। मँझोले क़द के गोरे-चिट्टे आदमी थे। साठ से ऊपर के ही होंगे। बाल पक गए थे। लंबी दाढ़ी या जटाजूट तो नहीं रखते थे, किंतु, हमेशा उनका चेहरा सुफ़ेद बालों से ही जगमग किये रहता। कपड़े बिलकुल कम पहनते। कमर में एक लंगोटी-मात्र और सिर में कबीरपंथियों की-सी कनफटी टोपी। जब जाड़ा आता, एक काली कमली ऊपर से ओढ़े रहते। मस्तक पर हमेशा चमकता हुआ रामानंदी चंदन, जो नाक के एक छोर से ही, औरतों के टीका की तरह, शुरू होता। गले में तुलसी की जड़ों की एक बेडौल माला बाँधे रहते।

ऊपर की तस्वीर से यह नहीं माना जाए कि बालगोबिन भगत साधु थे। नहीं, बिलकुल

गृहस्थ। उनकी गृहिणी की तो मुझे याद नहीं, उनके बेटे और पतोहू को तो मैंने देखा था। थोड़ी खेतीबारी भी थी, एक अच्छा साफ़-सुथरा मकान भी था।

किंतु, खेतीबारी करते, परिवार रखते भी, बालगोबिन भगत साधु थे—साधु की सब परिभाषाओं में खरे उतरनेवाले। कबीर को 'साहब' मानते थे, उन्हीं के गीतों को गाते, उन्हीं के आदेशों पर चलते। कभी झूठ नहीं बोलते, खरा व्यवहार रखते। किसी से भी दो-टूक बात करने में संकोच नहीं करते, न किसी से ख़ामख़ाह झगड़ा मोल लेते। किसी की चीज़ नहीं छूते, न बिना पूछे व्यवहार में लाते। इस नियम को कभी-कभी इतनी बारीकी तक ले जाते कि लोगों को कुतूहल होता !— कभी वह दूसरे के खेत में शौच के लिए भी नहीं बैठते ! वह गृहस्थ थे; लेकिन, उनकी सब चीज़ 'साहब' की थी। जो कुछ खेत में पैदा होता, सिर पर लादकर पहले उसे साहब के दरबार में ले जाते—जो उनके घर से चार कोस दूर पर था—एक कबीरपंथी मठ से मतलब! वह दरबार में 'भेंट' रूप रख लिया जाकर 'प्रसाद' रूप में जो उन्हें मिलता, उसे घर लाते और उसी से गुज़र चलाते !

इन सबके ऊपर, मैं तो मुग्ध था उनके मधुर गान पर—जो सदा-सर्वदा ही सुनने को मिलते। कबीर के वे सीधे-सादे पद, जो उनके कंठ से निकलकर सजीव हो उठते।

आसाढ़ की रिमझिम है। समूचा गाँव खेतों में उतर पड़ा है। कहीं हल चल रहे हैं; कहीं रोपनी हो रही है। धान के पानी-भरे खेतों में बच्चे उछल रहे हैं। औरतें कलेवा लेकर मेंड़ पर बैठी हैं। आसमान बादल से घिरा; धूप का नाम नहीं। ठंडी पुरवाई चल रही। ऐसे ही समय आपके कानों में एक स्वर-तरंग झंकार-सी कर उठी। यह क्या है—यह कौन है ! यह पूछना न पड़ेगा। बालगोबिन भगत समूचा शरीर कीचड़ में लिथड़े, अपने खेत में रोपनी कर रहे हैं। उनकी अँगुली एक-एक धान के पौधे को, पंक्तिबद्ध, खेत में बिठा रही है। उनका कंठ एक-एक शब्द को संगीत के ज़ीने पर चढ़ाकर कुछ को ऊपर, स्वर्ग की ओर भेज रहा है और कुछ को इस पृथ्वी की मिट्टी पर खड़े लोगों के कानों की ओर ! बच्चे खेलते हुए झूम उठते हैं; मेंड़ पर खड़ी औरतों के होंठ काँप उठते हैं, वे गुनगुनाने लगती हैं; हलवाहों के पैर ताल से उठने लगते हैं; रोपनी करनेवालों की अँगुलियाँ एक अजीब क्रम से चलने लगती हैं ! बालगोबिन भगत का यह संगीत है या जादू !

भादों की वह अँधेरी अधरतिया। अभी, थोड़ी ही देर पहले मूसलाधार वर्षा ख़त्म हुई है। बादलों की गरज, बिजली की तड़प में आपने कुछ नहीं सुना हो, किंतु अब झिल्ली की झंकार या दादुरों की टर्र-टर्र बालगोबिन भगत के संगीत को अपने कोलाहल में डुबो नहीं सकतीं। उनकी खँजड़ी डिमक-डिमक बज रही है और वे गा रहे हैं—"गोदी में पियवा, चमक उठे सखिया, चिहुँक उठे ना !" हाँ, पिया तो गोद में ही है, किंतु वह समझती है, वह अकेली है, चमक उठती है, चिहुँक उठती है। उस भरे-बादलोंवाले भादों की आधी रात में उनका यह गाना अँधेरे में अकस्मात कौंध उठनेवाली बिजली की तरह किसे न चौंका देता ? अरे, जब सारा संसार निस्तब्धता में सोया है, बालगोबिन भगत का संगीत जाग रहा है, जगा रहा है !—तेरी गठरी में लागा चोर, मुसाफ़िर जाग ज़रा !

कातिक आया नहीं कि बालगोबिन भगत की प्रभातियाँ शुरू हुईं, जो फागुन तक चला करतीं। इन दिनों वह सबेरे ही उठते। न जाने किस वक़्त जगकर वह नदी-स्नान को जाते—गाँव से दो मील दूर ! वहाँ से नहा-धोकर लौटते और गाँव के बाहर ही, पोखरे के ऊँचे भिंडे पर, अपनी खँजड़ी लेकर जा बैठते और अपने गाने टेरने लगते। मैं शुरू से ही देर तक सोनेवाला हूँ; किंतु, एक दिन, माघ की उस दाँता-किट-किटवाली भोर में भी, उनका संगीत मुझे पोखरे पर ले गया था। अभी आसमान के तारों के दीपक बुझे नहीं थे। हाँ, पूरब में लोही लग गई

थी, जिसकी लालिमा को शुक्र तारा और बढ़ा रहा था। खेत, बगीचा, घर—सब पर कुहासा छा रहा था। सारा वातावरण अजीब रहस्य से आवृत मालूम पड़ता था। उस रहस्यमय वातावरण में एक कुश की चटाई पर पूरब मुँह, काली कमली ओढ़े, बालगोबिन भगत अपनी खँजड़ी लिए बैठे थे। उनके मुँह से शब्दों का ताँता लगा था, उनकी अँगुलियाँ खँजड़ी पर लगातार चल रही थीं। गाते-गाते इतने मस्त हो जाते, इतने सुरूर में आ जाते, उत्तेजित हो उठते कि मालूम होता, अब खड़े हो जाएँगे। कमली तो बार-बार सिर से नीचे सरक जाती। मैं जाड़े से कँपकँपा रहा था, किंतु, तारे की छाँव में भी उनके मस्तक के श्रमबिंदु, जब-तब, चमक ही पड़ते।

गर्मियों में उनकी 'संझा' कितनी ही उमसभरी शाम को न शीतल करती! अपने घर के आँगन में आसन जमा बैठते। गाँव के उनके कुछ प्रेमी भी जुट जाते। खँजड़ियों और करतालों की भरमार हो जाती। एक पद बालगोबिन भगत कह जाते, उनकी प्रेमी-मंडली उसे दुहराती, तिहराती। धीरे-धीरे स्वर ऊँचा होने लगता—एक निश्चित ताल, एक निश्चित गति से। उस ताल-स्वर के चढ़ाव के साथ श्रोताओं के मन भी ऊपर उठने लगते। धीरे-धीरे मन तन पर हावी हो जाता। होते-होते, एक क्षण ऐसा आता कि बीच में खँजड़ी लिए बालगोबिन भगत नाच रहे हैं और उनके साथ ही सबके तन और मन नृत्यशील हो उठे हैं। सारा आँगन नृत्य और संगीत से ओतप्रोत है !

बालगोबिन भगत की संगीत-साधना का चरम उत्कर्ष उस दिन दखा गया, जिस दिन उनका बेटा मरा। इकलौता बेटा था वह ! कुछ सुस्त और बोदा-सा था, किंतु इसी कारण बालगोबिन भगत उसे और भी मानते। उनकी समझ में ऐसे आदमियों पर ही ज़्यादा नज़र रखनी चाहिए या प्यार करना चाहिए, क्योंकि ये निगरानी और मुहब्बत के ज़्यादा हक़दार होते हैं। बड़ी साध से उसकी शादी कराई थी, पतोहू बड़ी ही सुभग और सुशील मिली थी। घर की पूरी प्रबंधिका बनकर भगत को बहुत कुछ दुनियादारी से निवृत्त कर दिया था उसने। उनका बेटा बीमार है, इसकी ख़बर रखने की लोगों को कहाँ फुर्सत ! किंतु मौत तो अपनी ओर सबका ध्यान खींचकर ही रहती है। हमने सुना, बालगोबिन भगत का बेटा मर गया। कुतूहलवश उनके घर गया। देखकर दंग रह गया। बेटे को आँगन में एक चटाई पर लिटाकर एक सुफेद कपड़े से ढाँक रखा है। वह कुछ फूल तो हमेशा ही रोपे रहते, उन फूलों में से कुछ तोड़कर उस पर बिखरा दिए हैं; फूल और तुलसीदल भी। सिरहाने एक चिराग़ जला रखा है। और, उसके सामने ज़मीन पर ही आसन जमाये गीत गाये चले जा रहे हैं! वही पुराना स्वर, वही पुरानी तल्लीनता। घर में पतोहू रो रही है, जिसे गाँव की स्त्रियाँ चुप कराने की कोशिश कर रही हैं। किंतु, बालगोबिन भगत गाये जा रहे हैं ! हाँ, गाते-गाते कभी-कभी पतोहू के नज़दीक भी जाते और उसे रोने के बदले उत्सव मनाने को कहते। आत्मा परमात्मा के पास चली गई, विरहिनी अपने प्रेमी से जा मिली, भला इससे बढ़कर आनंद की कौन बात ? मैं कभी-कभी सोचता, यह पागल तो नहीं हो गए। किंतु, नहीं, वह जो कुछ कह रहे थे, उसमें उनका विश्वास बोल रहा था—वह चरम विश्वास, जो हमेशा ही मृत्यु पर विजयी होता आया है।

बेटे के क्रिया-कर्म में तूल नहीं किया; पतोहू से ही आग दिलाई उसकी। किंतु ज्योंही श्राद्ध की अवधि पूरी हो गई, पतोहू के भाई को बुलाकर उसके साथ कर दिया, यह आदेश देते हुए कि इसकी दूसरी शादी कर देना। उनकी जाति में पुनर्विवाह कोई नई बात नहीं, किंतु, पतोहू का आग्रह था कि वह यहीं रहकर भगतजी की सेवा-बंदगी में अपने वैधव्य के दिन गुज़ार देगी। लेकिन, भगतजी का कहना था—नहीं, यह अभी जवान है, वासनाओं पर बरबस काबू रखने की उम्र नहीं है इसकी। मन मतंग है, कहीं इसने गलती से नीच-ऊँच में पैर रख दिए तो। नहीं-नहीं, तू जा। इधर पतोहू रो-रोकर कहती—मैं चली जाऊँगी तो बुढ़ापे में कौन आपके लिए

भोजन बनाएगा, बीमार पड़े, तो कौन एक चुल्लू पानी भी देगा ? मैं पैर पड़ती हूँ, मुझे अपने चरणों से अलग नहीं कीजिए ! लेकिन भगत का निर्णय अटल था। तू जा, नहीं तो, मैं ही इस घर को छोड़कर चल दूँगा—यह थी उनकी आख़िरी दलील और इस दलील के आगे बेचारी की क्या चलती ?

बालगोबिन भगत की मौत उन्हीं के अनुरूप हुई। वह हर वर्ष गंगा-स्नान करने जाते। स्नान पर उतनी आस्था नहीं रखते, जितना संत-समागम और लोक-दर्शन पर। पैदल ही जाते। करीब तीस कोस पर गंगा थी। साधु को सम्बल लेने का क्या हक? और, गृहस्थ किसी से भिक्षा क्यों माँगे ? अतः, घर से खाकर चलते, तो फिर घर पर ही लौटकर खाते। रास्ते भर खँजड़ी बजाते, गाते जाते; जहाँ प्यास लगती, पानी पी लेते। चार-पाँच दिन आने-जाने में लगते; किंतु, इस लम्बे उपवास में भी वही मस्ती! अब बुढ़ापा आ गया था, किंतु टेक वही जवानीवाली। इस बार लौटे, तो तबीयत कुछ सुस्त थी। खाने-पीने के बाद भी तबीयत नहीं सुधरी, थोड़ा बुख़ार आने लगा। किंतु नेम-व्रत तो छोड़नेवाले नहीं थे। वही दोनों जून गीत, स्नानध्यान, खेतीबारी देखना। दिन-दिन छीजने लगे। लोगों ने नहाने-धोने से मना किया, आराम करने को कहा। किंतु, हँसकर टाल देते रहे। उस दिन भी संध्या में गीत गाये, किंतु, मालूम होता, जैसे तागा टूट गया हो, माला का एक-एक दाना बिखरा हुआ। भोर में लोगों ने गीत नहीं सुना, जाकर देखा, तो बालगोबिन भगत नहीं रहे, सिर्फ़ उनका पंजर पड़ा है !

भौजी

मैं ज़िन्दगी में पहले-पहल उस दिन पालकी पर बैठा था। भैया की शादी होने जा रही थी। मैं शहबाला था। पालकी पर भैया थे, मैं था। चार मुस्तंडे कहार हमें ढोये जाते। पालकी के भीतर चमकीले गुच्छे लटक रहे, ऊपर कारचोबी का काम चमचम कर रहा। आगे-पीछे बाजे बज रहे—ढोल, शहनाई, बाँसुरी, ताशे, सिंघे। सबको मिलाकर एक अजीब ढंग का शब्द हो रहा। बग़ल में बल्लम लिए और पताके फहराते पायक चल रहे। हमारे बोदल ठाकुर हजाम हम पर चँवर डुला रहे। घोड़े तो सवारों को लेकर सर-से आगे निकल गए थे, हाथी के घंटे हम सुन रहे थे।

भैया सजे-सजाए थे। रंगीन, चकमक कपड़े पहने, सिर पर ज़री की टोपी दिए। उनके मस्तक पर चंदन की अजीब छाप थी, आँखों में काजल था, एक रूमाल से वह, मसें भीगी हुई हैं जिन पर, अपने उन अधरों को ढाँपे हुए थे। न जाने भैया के मन में क्या-क्या भाव उठ रहे थे ? किंतु मैं तो मस्त था अपनी इस पहली बरात-यात्रा पर, बाजे-गाजों पर। हाँ, कभी-कभी सोचता, भौजी को भैया से पहले तो मैं देखूँगा न !

शाम को बरात दरवाज़े लगी। अच्छी बरात थी, अच्छा परिछावन हुआ। चूने से पुता हुआ भैया की ससुराल का वह खपरैल मकान कोलाहल से फटा जा रहा था। दरवाज़े के भीतरी हिस्सों में स्त्रियों का एक अच्छा-ख़ासा झुंड भैया का चुमावन कर रहा था। भैया के हाथों में पान-सुपारी रखे गए, रुपए रखे गए, दही की छोटी मटकी रखी गई। भैया की इस आवभगत पर मेरे मन में कुछ ईर्ष्या जगी ही थी कि एक युवती मेरे गाल पर दही लगाकर ठठा पड़ी—हँसी की एक तरंग-सी उठ गई ! सभी स्त्रियाँ—नहीं युवतियाँ—ठहाके मारकर ज़ोर-ज़ोर से हँस रही थीं।

इस हँसी के साथ हमारे कानों में अट्टहासों का एक हुजूम आकर टकराया। दरवाज़े के बाहरी हिस्से में सरातियों और बरातियों में दिल्लगियाँ चल रही थीं। दोनों पक्ष जबानदराज़ी से नहीं, अट्टहासों के ज़ोर से एक-दूसरे को पराजित करने की कोशिश कर रहे थे। बहुत देर तक हँसी होती रही, किंतु अन्त में हँसी-हँसी में तनातनी हो गई—मक्खन में मानो रेत मिल गई। बरात में मेरे फूफाजी भी आए हुए थे। मेरे फूफाजी गोरे ख़ूबसूरत नौजवान थे। चम्पारण में उनका घर था। उस ज़माने में, उनके यहाँ सिर पर ज़ुल्फ रखाने का रिवाज़ था। शौकीन नौजवान सिर पर लम्बे घुँघराले बाल रखते, जिन्हें कंघी से दो हिस्सों में बड़ी सुघराई से बाँटे रहते। भैया की ससुराल का गाँव, संस्कृति के लिहाज़ से, बहुत पिछड़ा था, इसमें तो शक ही नहीं। फूफाजी के इस बाल पर किसी ने भद्दा मज़ाक कर दिया। फूफाजी शरीफ़ थे, चुप रहे। किंतु, हमारे पक्षवालों ने इसे बुरा मान लिया—उनके अपमान को अपने सर्वश्रेष्ठ आदरणीय अतिथि का अपमान समझा ! बात-बात में बात बढ़ गई—किसी ने गुस्से में कह दिया, बरात लौटा ले चलो। फिर क्या था, एक अजीब हुड़दंग मच रहा !

'चलो-चलो' और 'घेरो-घेरो' का दौरदौरा हुआ। घोड़ेवाले तो घोड़े दौड़ाकर निकल गए, हाथी को लोगों ने लट्ठ से घेर लिया। बराती-सराती इस तरह से मिल गए कि समझ में नहीं आता था, कौन क्या है। हमारी पालकी एक अजीब ढंग से चक्कर काट रही थी। कभी एक पक्ष उसे दस गज आगे घसीट ले जाता, तो कभी दूसरा पक्ष दस गज पीछे। बिचारे कहार हक्के-बक्के बने हुए थे। कभी-कभी मैं पालकी में ही लाठियों की खटखट सुनता। यह अजीब बरात ! पहली ही बरात का यह अजीब अनुभव! ख़ैर, थोड़ी देर में फिर शांति हुई। मेरे बाबा बड़े ही शांतचित्त व्यक्ति थे। उन्हीं के प्रयत्न से शांति हुई। बरात जनवासे में आई। जब सब लोग निश्चिन्त हुए, बाबा को कहते सुना—"बुरी जगह पोते की शादी की ! भगवान इनकी छाप से इनके बाल-बच्चों को बचाए।"

x x x

भारतीय परिवार में भौजी का वही स्थान है, जो मरुभूमि में 'ओयसिस' का। धधकती हुई बालू की लू-लपट में दिन-दिन, रात-रात, चलते-चलते जब मुसाफ़िर दूर से खजूरों की हरी-हरी फुनगी देखता है, उसकी आँखें ही नहीं तृप्त हो जातीं, उसके शरीर का रोम-रोम पुलकित और उसकी शिराओं का एक-एक रक्त-बिन्दु नृत्यशील हो उठता है। कुछ क्षणों के लिए उसका सारा जीवन हरीतिमामय हो जाता है; खजूरों की उस झुरमुट में वह मीठे फल और मीठा पानी पाता है। एकाध दिन वहीं रहकर वह आनंद मनाता है, रक्त संचय करता है, फिर ताज़गी और नई उमंग लेकर आगे बढ़ता है, आगे—जहाँ, फिर वही अनन्त बालुका-राशि है।

भारतीय जीवन में यह जो रूखा-सूखापन सर्वत्र दीख पड़ता है, उसका कारण ढूँढ़ने में अपना वक़्त बर्बाद नहीं करूँगा। लेकिन, आप जिधर जाइए, इधर-उधर जिधर नज़र दौड़ाइए, उसका राज्य-साम्राज्य पाएँगे। खिंचा-खिंचा चेहरा, रसहीन नयन, दुबला-पतला शरीर, मुर्झाया मुर्दा-सा मन—यही है भारतीय मानवता का साधारण ढाँचा। जो कम बोले, हँसे नहीं, मुश्किल से मुस्कुराए, हमेशा अपने इर्द-गिर्द मुहर्रम का वातावरण बनाये रहे, उसकी सज्जनता और शिष्टता की प्रशंसा होती है। जिसका खेलकूद में मन लगा, गाने-बजाने का शौक हुआ या नाट्य-प्रहसन की ओर जिसकी प्रवृत्ति हुई, बस, वह लोगों की नज़रों से गिरा। मानता हूँ, हम होली खेलते हैं, विजया मनाते हैं और दीवाली सजाते हैं, किंतु वे हमारी ज़िन्दगी के 'पासिंग फेज़' हैं। हमारी ज़िन्दगी के साथ नत्थी हैं बारहमासा, मुहर्रम—मनहूसियत, मुर्दनी !

परिवार को ही लीजिए। पति अपनी पत्नी से बचे-बचे फिरने की कोशिश करता है—पत्नी की शर्म या संकोच का क्या कहना ? चुपचोरी से मिलो, होंठ-होंठ से बातें करो और देखो, हँसी

घूँघट या रूमाल से बाहर न निकले ! बेटी-बेटे अपने पिता-माता के सामने हँसना-इठलाना बुरा समझते हैं। किसी के घर में अगर कोई वृद्ध पितामह बचे हैं, तब तो मानो सबके मुँह पर ताला लग गया ! जवान बहनें भाई के सामने आने-जाने में संकोच करती हैं, तो भाई भी उनसे अलग-अलग रहने की कोशिश करता है। छोटे भाई की पत्नी की छाया भी बड़े भाई पर नहीं पड़नी चाहिए। बहुएँ सास को देखते ही सहम उठती हैं—जेठानी सास नम्बर दो का काम करती हैं। जो लड़की हँसती-खेलती, चुहलें करती या तेज़ी से चलती है, उसकी ज़िन्दगी मुहाल—"तिरिया चंचल अति बुरी !" क्या कवि गिरधरदास नहीं कह गए हैं ?

इस तरह के निरानन्द और निस्पन्द जीवन में भौजी की स्थिति—सचमुच अरब में हरा-भरा नखलिस्तान ! घर-भर में और कहीं जो कुछ हो, जहाँ भौजी, वहाँ विनोद और व्यंग्य हमेशा मँडराया करते हैं, रंग जहाँ तरंग पैदा करता है। किशोरी ननदें और नौजवान देवरों का जमघट—हाहा-हाहा, हीही-हीही—लपट-झपट, उठा-पटक ! छोटे-छोटे बच्चे-बच्चियाँ भी जहाँ अपने को रस में शराबोर करने से बाज नहीं आते !

भौजी आईं, मेरा घर भी आनन्दकुंज बन गया। भौजी अभी बिलकुल किशोरी थीं। उनके अधरों पर पूरा रस नहीं आया था, उनके अंग अभी पूरे भरे नहीं थे। लम्बी-पतली छड़ी-सी ! लेकिन सोने की छड़ी नहीं—इसे कहने में मैं संकोच नहीं करूँगा। उनका वर्ण द्रविड़-आर्य-रक्त के सुंदर सम्मिश्रण का नमूना था। वर्ण ही नहीं, गठन भी। उन्नत ललाट; भवें उठी हुईं पतली-पतली। काले बालों में घुँघरालापन—जब उन्हें खोलतीं, तब अजीब लहरदार मालूम होते वे—गिर्दाबों से भरी यमुना की धारा ! नाक ललाट के नजदीक जाकर ज़रा चिपक-सी गई, किंतु उसका अग्रभाग काफ़ी सुंदर, मोहक ! होंठ कुछ मोटे, किंतु चिबुक का रसीलापन उनके इस किंचित् ऐब को ढँक देता। और, उन होंठों के भीतर जो पंक्तिबद्ध सुंदर, चमकीले दाँत थे ! —जब भौजी हँसतीं, सचमुच मोती झड़ने लगते ! मुझे अपने बचपन में तो ऐसा ही मालूम होता था।

थोड़े ही दिनों में भौजी ने सबको अपने स्नेह-सूत्र में बाँध लिया; घर की बड़ी-बूढ़ियों की भी वह प्रशंसापात्र बन गईं। भौजी उनका सेवा-सत्कार करतीं, उनके आदेशों को सिर-आँखों पर लेतीं। भौजी में हुनर भी अच्छे थे। वह बढ़िया सिलाई करतीं, कसीदा काढ़तीं। जब खाना बनाने लगीं, उनकी तारीफ़ और बढ़ गई। अच्छा खाना ही नही बनातीं, बहुत ही बढ़िया ढंग से परोसतीं। परोसने की भी एक कला होती है, यह भौजी ने सिद्ध कर दिया। भौजी की तारीफ़ें होतीं, भैया की माँ, मेरी चाची, फूली नहीं समातीं। ऐसी सुंदर सुघड़ पतोहू पाकर भला कौन सास अपने को कृतकृत्य नहीं समझेगी ?

भौजी का घर हम देवरों का केलि-भवन था। ज्योंही गाँव की पाठशाला से छुट्टी मिली, हम दौड़े-दौड़े भौजी के घर में घुसे। भौजी हँसकर हमारा स्वागत करतीं, जलपान करातीं, सुपारी-लौंग देतीं, जिनमें मुनक्के भी मिले होते। भौजी से गप्पें लड़तीं, खेल होते। दिल्लगियाँ होतीं, गालियाँ होतीं; हाथापाई और धमाचौकड़ी भी। भौजी अभी किशोरी ही थीं, हम कई देवर मिलकर उन्हें पराजित भी कर देते। कभी-कभी हम मौज में आते, तो उस छोटे-से घर में ही आँख-मिचौनी भी खेल लेते। गृहस्थ का घर था, लम्बा-चौड़ा—अगल-बगल, जगह-जगह, अन्न रखने की मिट्टी की कोठियाँ पड़ी थीं। एक कोने में एक बड़ा-सा काठ का संदूक था। हम उन्हीं की आड़ में छिपते-छिपाते। एक दिन मुझे एक नई बात सूझी। मैं एक कोठी पर चढ़कर घर की मोटी धरन पर जा छिपा। भौजी घर के कोने-कोने में खोजकर हार गईं। कोठियों की ओट में, सन्दूक के पीछे और नीचे मैं नहीं मिला, तो उन्होंने कोठियों के पेट में भी झाँकना शुरू किया। इसी समय मैं धरन पर से अट्टहास कर उठा। वह चौंकीं, चकित हुईं, तब तक मैं कोठी पर होते उनकी गर्दन पर था, वह मुझे लिए-दिए खाट पर आ रहीं। हँसते-हँसते हम दोनों के पेट

में गुदगुदी लग रही थी !

उस साल जो पहली होली आई, उसकी बात मत पूछिए ! वसन्तपंचमी से होलिका-दहन तक, एक महीना दस दिनों तक, हम रंग में शराबोर थे। कहीं से खेलते-कूदते आए, या तो भौजी ने ही हमारे गालों में हुदक्का दे दिया या हमने ही उनके गालों पर अबीर मल दी। ख़ास होली के दिन, पहले तो हमने उन्हें ख़ूब मिट्टी-पानी से चहबोच दिया और दोपहर के बाद तो बिलकुल रंग में ही जैसे डुबो दिया हो। गाँव-भर की ननदें और देवर आए थे, सबने अपने मन के अरमान निकाले। सबकी ख़ातिर-बात भौजी ने उसी प्रेमभाव से की। सबकी ज़बान पर भौजी की तारीफ़ थी। लोग यह भूल ही गए कि भौजी उस गाँव से आई हैं, जिसकी निन्दा करते ही सभी बराती लौटे थे।

x x x

इसके दस बरस बाद की बात है !

मैं अब शहर में पढ़ता हूँ। कभी-कभी ही घर पर जाना होता है। घर भी वह पुराना घर नहीं रह गया। समूचा शीराज़ा बिखर चुका है। एक ही घर में कई चूल्हे जल रहे हैं, आपस में बाँट-बखरा हो चुका है। चाचा और भैया भी जुदा हो चुके हैं; भौजी भी हमसे अलग हैं। उनकी सास, मेरी चाची मर चुकी हैं, अब भौजी ही अपने घर की मालकिन हैं। उनकी गोद में एक बच्चा है—मेरा प्यारा भतीजा।

लोगों के चूल्हे ही नहीं अलग हुए हैं, दिल भी जुदा हो चुके हैं। न वह प्रेमभाव है, न वह शील-स्वभाव। सारा घर कलह में फँसा हुआ है। मर्द तो भर-दिन काम-धंधे में फँसे रहते हैं, अलग-अलग खेत-खलिहानों में लगे रहते; किंतु औरतें तो एक ही आँगन में, रूटीन के दो-चार काम—खाना बनाना आदि—करतीं और बाक़ी समय में हुक्का पी-पीकर झगड़तीं। खाना बनाते समय भी उनके मुँह बंद रखने की तो ज़रूरत नहीं होती ! कलह-कलह-कलह ! सारा घर जैसे नरक बन गया। घर के कुछ बुजुर्ग—जैसे बाबा या बड़े चाचा—खाने आते, तो कुछ देर के लिए जैसे विरामसंधि हो जाती, नहीं तो कलह का चर्खा दिन-रात चला करता, हाँ, निद्रा-माई भले ही उसमें कुछ घंटों का व्यवधान कर दें !

और, इस कलह में भौजी का स्थान—कुछ पूछिए मत ? ख़ानदान और प्रारम्भिक वातावरण का क्या असर होता है, स्पष्ट देखिए। दस वर्षों तक जो बारूद राख के नीचे ढँपी थी, वह अचानक विस्फोट कर उठी है ! जिस मुँह से कभी फूल झड़ते, अब उससे विष-बुझे तीर निकलते। भौजी की गालियाँ—अरे, कलेजे को भी जैसे आरपार कर जाएँ। स्त्रियों का सम्मान होना चाहिए, भाभी का दर्जा माता का है—नई रोशनी की पुस्तकों में मैंने पढ़ रखा था। वह मैं, एक दिन धीरज खो बैठा। मैं घर के इस कलह से दूर रहने की कोशिश करता, फिर मैं भौजी के बच्चे को दिन-भर कंधे पर लिए चलता। मैंने कल्पना भी नहीं की थी कि भौजी के वाणों का निशाना मुझे भी होना पड़ेगा। किंतु, यह क्या ? उस दिन मैं खाने गया। देखा, आँगन में कुहराम मचा है। मैंने धीमे से भौजी से कहा—थोड़ी देर मेहरबानी कीजिए, फिर इस घर को नरक तो रहना ही है। बस क्या था, भौजी बरस पड़ीं और एक-पर-एक ऐसे तीर ताक-ताक कर कलेजे में मारे कि मैं आपे में नहीं रहा। क्रोध में पागल हो, बेहोशी में क्या करने जा रहा था, यह तब पता चला, जब देखा, भैया मुझे पकड़े हुए हैं और भौजी घर के किवाड़ बंद कर चीत्कार कर रही हैं।

यह नहीं कि भैया मुझसे झगड़ रहे थे या भौजी पर मैंने हाथ छोड़ा था। मुझे अपनी ओर बढ़ते देखकर पहले तो उन्होंने ताने-पर-ताने दिए, जैसे मैं उनसे रुक जाऊँगा; फिर भागकर घर में बंद हो गईं और ज़ोर से चिल्ला पड़ीं, जैसे मैंने उन्हें पीटा ही हो। हल्ला सुनकर भैया दौड़े हुए आए थे और अब मुझे आँगन से बाहर ले जाने की कोशिश में थे। निस्संदेह, मैं अपने इस

गुस्से पर शर्मिन्दा था। यदि भौजी ने अपना बचाव न किया होता, वक़्त पर भैया नहीं आ गए होते, मुझसे कुछ अक्षम्य अपराध हो गया होता और इसका प्रभाव घर पर क्या पड़ता, कह नहीं सकता !

किंतु, इस घटना से मैंने एक सबक़ लिया । ज्योंही घर का सूत्र मेरे हाथों में आया, मैंने अपने परिवार को उस घर से अलग करने का निश्चय कर लिया। अलग मकान बनाया और उसी में चला आया। लेकिन, थोड़े ही दिनों में मैंने देखा, भौजी साधारण स्त्री नहीं हैं। जब-तब वह वहाँ आकर भी अपने दिल का बुख़ार उतार जाती हैं। गाँव ही छोड़ देना पड़ेगा, कभी-कभी मैं सोचता। और, शायद वही करता, अगर एक और बात नहीं होती ! और, ख़ास उसी बात के लिए आज ये पंक्तियाँ लिख रहा हूँ। नहीं तो, अपनी स्वर्गीया भौजी की जगहँसाई के लिए अपनी क़लम उठाने से पहले उसे तोड़ देना मैं पसंद करता !

वह क़लम टूट जाए, जो निन्दा के लिए ही उठती है !

हमारे एक दोस्त हैं—एक सम्पादक दोस्त। कट्टर राष्ट्रीयतावादी और हम हैं समाजवादी। अतः ऐसे मौके आते ही रहते हैं कि हमसे नाराज़ होकर अपने पत्र के कालमों को हमें खरी-खोटी सुनाने में सर्फ करते हैं। उनकी निर्मम आलोचनाएँ—उफ़, हम तिलमिला उठते हैं !

किंतु, यह देखा है; ज्योंही सरकार ने हम पर प्रहार किया, या किसी दक़ियानूसी अख़बार ने हमारी निन्दा की, बस, उनकी आलोचनाओं की बैटरी उस ओर मुड़ी। मानो, उनकी दलील हो—ये हमारे हैं, हम इन्हें गाली दें या पुचकारें; भला तुम कौन होते हो इनकी ओर आँख उठानेवाले ? आँख उठाओगे, तो उसे फोड़ दूँगा। हाँ, कुछ इसी जोश-ख़रोश से वह टूटते हैं उनकी ओर ! और, यह कहना तो फ़िज़ूल ही है कि व्यक्तिगत सुख-दुख में वे इस तरह हमारे शरीक होते हैं कि यह कल्पना भी नहीं की जा सकती है कि वह हमारे तीव्र आलोचक भी रह चुके हैं।

मेरी भौजी की भी यही हालत थी।

वह हमें गालियाँ देतीं, हमसे झगड़े करतीं, हमारी ज़िन्दगी हराम किये रहतीं। किंतु, मान लीजिए, वह बक-झक कर रही हों कि उन्हें खुश करने या उत्साहित करने को कोई स्त्री बीच में टपक पड़ी और हमें खरी-खोटी सुनाने लगी। फिर क्या, भौजी झट उस पर उलट पड़ीं—"किसने तुम्हें कहा, मेरे बीच में पड़ने को ? वे बुरे हैं और तुम—हट मेरे सामने से। सूप हँसे छलनी को, जिसमें सहस्सर छेद ! मैं तुम्हें नहीं जानती, डायन कहीं की। किंतु, मुझ पर तुम्हारा डायनपन नहीं चलेगा, मैं निकाल लूँगी आँख, खींच लूँगी जीभ ! ओझा बुलाके नंगी नचवा दूँगी—मेरे नैहर में हैं एक ओझा कि देखते ही डायनें कपड़े खोल देती हैं। हाँ ! —वे बुरे हैं, तो तुम्हारा क्या बिगाड़ा? मैं समझ लूँगी उनसे। मैं दबैल हूँ, जो किसी की मदद खोजूँ? निकल, यहाँ से ..." यों ही क्या-क्या न बकने लगीं। वह बेचारी भौचक, चुप; रफूचक्कर हुई, नहीं तो, हमसे झगड़ा छूटकर उसी से जा जुटा। और इन ज़बान के झगड़ों में कौन उनसे पार पाए ?

फिर, ज्योंही कोई व्रत-त्योहार आया कि पूरी विरामसंधि हो गई। यों तो भौजी का बदन इस तरह का कसा हुआ था कि वह हमेशा ही अपनी उम्र से छोटी दीख पड़तीं, चालीसवें वर्ष में भी चेहरे पर आब, दाँतों में चमक, छाती पर उभाड़, चाल में मस्तानापन। किंतु, व्रत-त्योहारों में अपने को सजधजकर रखने से कभी न चूकतीं। होली में तो जैसे पागल हो उठतीं। अपने अधवयस—चिन्ता से जर्जर देवरों को खोज-खोजके बुलातीं, हाथापाई करतीं, कीचड़ में उन्हें नहलातीं और स्नानादि के बाद उन पर अबीर और अबरख डालतीं। ऐसी एक भी होली की मुझे याद नहीं, जब भौजी के हाथ से मिट्टी-पानी अबीर-अबरख पाने और मालपुए-गुलगुले खाने का मौक़ा नहीं मिला हो। भौजी का बेटा सयाना हो चला था, लड़की भी काफ़ी बड़ी हो चली

थी। मैंने एक बार कहा—भौजी, अब इन बच्चों को होली खेलने दीजिए, हम-आप देखा करें। भौजी बोलीं—वाह बबुआ, जवानी ढल गई, तो क्या मन भी ढल गया ? बच्चे अपनी होली खेलें, हम अपनी खेलते हैं—उनके अपने दिल, हमारे अपने दिल ! भौजी का रोआँ-रोआँ हँस रहा था !

और, बच्चों से उनका कितना स्नेह रहता था ?

उन झगड़े-झमेलों के बीच भी, मेरे घर आतीं और मेरे बच्चों को उबटन और तेल लगा जातीं, काजल लगा जातीं, उन्हें गोद में लेकर खेलाती-हँसातीं। एक बार देखा, मेरे बच्चे को गोद में लिए उसकी माँ से झगड़ रही हैं, और ज्योंही बच्चा रो उठता है, झट अपना स्तन उसके मुँह में रख देती हैं !

एक दिन इसी तरह का उनका कलह मेरी रानी से चल रहा था कि मेरे बड़े बच्चे के रोने की आवाज़ आई। झगड़ा छोड़, यह कहती हुई दौड़ीं—किसने मेरे बच्चे को मारा? बाज-सी झपटती उसी ओर गईं और मैंने देखा, बच्चे को लिए दौड़ी आ रही हैं, बच्चा ज़ोर-ज़ोर से रो रहा था, उसे बिढ़नी ने डंक मारा था। बच्चे को मेरी रानी की गोद में रख, दौड़ी-दौड़ी गईं, किरासन तेल ले आईं, गेंदे की पत्तियाँ ले आईं और जहाँ डंक था, वहाँ लगा दिया—यही देहाती दवा थी। बच्चा थर-थर काँप रहा था। डंक ज्यादा ज़हरीला था। उसे बुख़ार हो आया।

जब तक बुख़ार रहा, भौजी अपना और मेरा घर-आँगन एक किये रहीं । एक जून तो उनके घर में चूल्हा तक नहीं जल सका। भैया हँसते हुए आए और मेरी रानी की ओर लक्ष्य कर कहा—"झगड़ा हो तो ऐसा, मेरा खाना बंद हो गया।" भैया का भोजन मेरे ही घर पर हुआ।

तब तो, आज जब भौजी नहीं हैं, मेरी रानी अपने को उनके दोनों बच्चों की 'धर्म की माँ' समझती है और उन दोनों की शादियों में उसने क्या-क्या न किया? भौजी थीं, तो कलह था, उनकी स्मृति ने उस कलह को स्नेह में बदल दिया है।

मैं जब-जब उस संपादक दोस्त के निकट जाता हूँ, इच्छा होती है, उनके चरण छू लूँ, उम्र में मुझसे बुजुर्ग भी हैं। और, जब-जब भौजी की याद आती है, दोनों हाथ मिलकर मेरे सिर से जा लगते हैं—प्रणाम भौजी !

परमेसर

उस दिन अपने दफ़्तर में कागज़ के ढेर और काम की भीड़ में बैठा था कि श्रीराम गाँव से आया और कुशलक्षेम पूछने पर बोला—परमेसर बहुत बीमार है, लबेजान, जाने, बेचारा बचता है कि नहीं !

परमेसर मेरी पट्टीदारी का ही एक व्यक्ति है, लेकिन न तो इतनी निकटता उससे है; दूसरे उसमें ऐब भी ऐसे हैं, जिनको देखते हुए, उसके लिए कामधाम छोड़कर दौड़ा-दौड़ा बेनीपुर जाने की कल्पना भी नहीं की जा सकती थी। परमेसर फिज़ूल-ख़र्च है, आवारा है। सारे घर को उसने बरबाद कर दिया। क़र्ज़ पर क़र्ज़ किया, पुश्तानी ज़मीन बेच ली और अंत में, उस साल, उसने अपनी बीवी के गहने तक बेचकर गाँजा में फूँक दिए। उसने मेरे परिवार की इज्ज़त में बट्टा लगाया है, अपने घरवालों को संकट और कष्ट में डाला है, खुद भी अब फटेहाली में मारा-मारा फिरता है। कम्बख्त मरे, ऐसे आदमी का मरना ही ठीक—मैंने इस तरह के तर्क से अपने मन को सन्तोष दिया और फिर काम में लग गया। किंतु, ज्योंही शाम हुई, काम की भीड़ छँटी, थोड़ा

निश्चिन्त हुआ, परमेसर का ध्यान फिर और रात को ही स्टीमर से घर के लिए रवाना हो गया।

यही है परमेसर का घर। पुराने चौपार मकान के बदले यह राममँड़ैया। एक ही राममँड़ैया—वही चौकाघर, भंडारघर, शयनघर। उसी में उसकी माँ रहती और उसकी पत्नी भी; भाई भी, बालबच्चे भी, बूढ़े पिताजी उसी के ओसारे के एक कोने में; और, दूसरे कोने में यह परमेसर, पुआल पर पड़ा है। एक पुराने फटे-चिटे दोहर से हवा के लिए आड़ कर दी गई है। उसे भीषण रोग ने पकड़ा है—अतिसार ! 104 डिग्री का बुख़ार और दस्त-पर-दस्त हुए चले जा रहे हैं। सारा वातावरण गंदगी और बदबू से ओत-प्रोत। तो भी बेचारी माँ सेवा में लगी, बूढ़ा बाप हाय-तोबा मचाए हुए और बेचारी पत्नी एक कोने में सिमटी, सिकुड़ी, सहमी, सिसकती!

अतिसार क्यों हुआ ?—इधर खाने-पीने में दिक़्क़त थी। कई जून का भूखा था। एक सज्जन शकरक़ंद खोद रहे थे। उनके पास हँसते हुए गया और हँसी-हँसी में कच्चे शकरक़ंद पेट भर ठूँस लिया ! शकरक़ंद पचे नहीं, दस्त खुल गए, बुख़ार दौड़ आया। वह अर्द्धचेतन पड़ा है, कभी-कभी मुश्किल से आँखें खुलती हैं। आँखें—जो बिलकुल धँसकर कोटर नहीं, गह्वर में चली गई हैं।

तम्बीह का वक़्त नहीं था। निकट के आयुर्वेदीय अस्पताल के वैद्यजी को बुलवाया, उन्होंने देखा, दवा दी; किंतु धीरे से मुझे कहते गए, लक्षण अच्छे नहीं हैं, रात निभ जाए, तो कोई आशा की जाए। वह रात नहीं निभी—परमेसर चलता बना—घरवालों को रुलाकर, गाँववालों को अफ़सोस में डालकर !

x x x

गाँववालों को सिर्फ़ उसी दिन अफ़सोस नहीं हुआ। जब-जब होली, दशहरा, दीवाली, छठ या कार्तिक पूर्णिमा आती है, परमेसर के लिए उसाँसें ली जाती हैं।

निस्संदेह परमेसर आवारा था, किंतु, उसकी आवारागर्दी एक ऐसी आग थी, जो खुद को ही जलाती है—खुद को जलाती है, लेकिन, दूसरे को रोशनी और गर्मी ही देती है। बचपन में हम सबके साथ पढ़ने बैठा, तेज़ था, किंतु, पढ़ा नहीं। बड़ा हुआ, गोरा, छरहरा नौजवान। एक अच्छे घर में शादी हुई उसकी। कालक्रम से बच्चे भी हुए। उसके पिता बिलकुल सुधुआ थे, अतः सयाना होते ही घर का मालिक बन बैठा। घर की बागडोर हाथ में आते ही मन की बागडोर ढीली कर दी—मन की, हाथ की। रोज़ पेठियाँ जाता, जब-तब शहर जाता, हर मेले में ज़रूर ही जाता, मौक़ा मिले तो तीरथ की दौड़ भी लगा आता। उसके ही लायक़ कुछ दोस्त भी मिले उसे। गाँजे के दम लगने लगे। पैतृक संपत्ति स्वाहा होती गई। एक दिन ऐसा भी आया कि परमेसर बिलकुल अकिंचन हो बैठा।

किंतु, यह अकिंचनता उसके स्वभाव में परिवर्तन नहीं ला सकती। गाँजा छूटा, भाँग की चिलम जलने लगी। मेरी ओर भाँग को कोई पूछता नहीं, इधर-उधर सब जगह उसका जंगल-सा लगा रहता है। परमेसर जंगल से खूब दलदार पत्तियाँ चुनकर लाता, सुखाता, सँजोकर रखता, खुद पीता, यारों को पिलाता। उसके दरवाज़े पर हमेशा एक ढोलक और कई जोड़े झाल बने रहते। शाम हुई नहीं कि परमेसर की राममँड़ैया गुलजार हुई। बारह मास, चौबीस पख, उसके दरवाज़े पर मंगल मचता। भले ही कई-कई दिन तक भरपेट भोजन नहीं नसीब हुआ हो, किंतु, इससे गाने-बजाने में कोई अंतर नहीं आता। रसिक स्वभाव ! दरवाज़े पर कुछ फूल के पेड़ ज़रूर लगे होते और एक बड़ा, गाँव-भर से ऊँचा, महावीरी झंडा हमेशा लहराता रहता वहाँ। गाँव के बड़े-बूढ़े उसकी निन्दा करते, भर्त्सना करते, गालियाँ तक देते, किंतु, बच्चों और नौजवानों का झुंड हमेशा उसके आगे-पीछे दौड़ा फिरता।

खेत में 'तोरी' फूली कि परमेसर की 'होरी' पहुँच गई ! सरसों का पीला फूल देखते ही

परमेसर ने होली गाना शुरू कर दिया। और, जिस दिन बसंतपंचमी हुई, उस दिन से तो मानो उसे बदमस्तियों की लाइसेंस मिल गई। पेट काट-काटकर पैसे बचाकर रखता इन दिनों के लिए ! डफ पर नया चमड़ा चढ़वाया गया, झाल में नई डोरियाँ लगाई गईं, ढोलक पर नया गद दिलाया गया। शाम से ही जो होली शुरू होती, आधी रात के बाद भी हाहा-हूहू से गाँव में कोलाहल मचा रहता।

और, ऐन होली के दिन ?

भोर से ही परमेसर के दरवाज़े पर तैयारियाँ देखिए। भैंस का दूध कहीं से किसी तरह ऊपर करता, चीनी न हो, तो गुड़ ही सही ! बड़ी सिल पर भाँग की पत्तियाँ लोने-के-लोने पीसता, पिसवाता। उन्हें पानी, दूध और गुड़ में मिलाता, खुद छक-छककर पीता, यारों को पिलाता ! फिर उन्हें लेकर गाँव में निकलना—चाहे गुरुजन हों या छोटे बच्चे—जो उसके सामने आए, उन पर कीचड़ पड़ी। कोई नाराज़ हो या गालियाँ दे, परमेसर को क्या परवाह ? होली के दिन की गालियाँ तो आशीर्वाद होती हैं न ? गाँव-भर को भथ-भूथकर वह सरेह में निकलता। जो पथिक उस दिन मेरे गाँव की सीमा से निकले, उनकी तो दुर्गत ही समझिए। कीचड़, गोबर, पानी—बस, सिर से पैर तक उन्हें नहलाया गया। इस कीचड़-उछाल में अजब धमाचौकड़ी मचती। कोई इधर भागा जा रहा, कोई उधर दौड़ रहा—ललकारें दी जा रहीं, हँसी के फव्वारे छूट रहे। इस तरह दुपहरिया आई। तब सब पोखरे में पहुँचे। वहाँ खूब उभक-चुभक हुई। तब घर !

भोजन करके परमेसर की होली-मंडली तैयार हो गई। परमेसर अपने हाथ में डफ लेता। नशे के मारे आँखें लाल बनी हुईं और अबीर से उसके चेहरे और शरीर ही की क्या बात, सिर के बाल तक लाल बन रहे। बीच में परमेसर का डफ—चारों ओर झाल, करताल, झाँझ लिए गाने-बजानेवाले, जिन्हें अपार दर्शक घेरे रहते। परमेसर क्या सिर्फ़ डफ ही बजाता ? निस्सन्देह उसके हाथ ताल पर डफ पीटे जाते, किंतु, उसके तो अंग-अंग मानो गा-बजा रहे ! उछलता, कूदता, नाचता, हाहा करता—परमेसर केंद्र में ही नहीं था, वह इस साजसज्जा का पूरा केंद्र-बिंदु था। गाँव के धनी, गरीब एक-एक के दरवाज़े पर गाता, बजाता, स्वाँग भरता, अन्त में वह शिवमन्दिर जाता और वहाँ से बड़ी रात बीते चैत गाते लौटता!

परमेसर के बाद भी गाँव में होली होती; किंतु वैसा रंग कहाँ जम पाता ?

यों ही दसहरे की दसों रात में वह गाँव में कोलाहल मचाए रहता। मेरे गाँव में इन दसों रात में ओझा लोगों द्वारा भूत खेलाने का रिवाज़ था। अब करीब-करीब ख़तम हो रहा है। किंतु, इस मृतप्राय चलन में परमेसर ने मानो जान डाल दी थी। अपने दरवाज़े पर गाँव-भर के ओझों को नेवता देकर बुला लेता। बीच में धूप जल रही है। धूप के सामने सातों बहन दुर्गा के नाम पर सात जगह चावल, सेंदुर और ओड़हुल के फूल एक पंक्ति में रख दिए हैं। उस पंक्ति के आगे एक बेंत की लाल छड़ी है। ओझा लोग गीत गा रहे हैं, झाँझ बजा रहे हैं। गीत का स्वर उठान की आख़िरी चोटी पर पहुँचा नहीं कि उनमें से किसी-न-किसी के शरीर पर कोई भूत—ब्रह्म, चुड़ैल, देवी आदि कई कोटि हैं उनके—आया। भूत आते ही ओझा शरीर हिलाने लगे, पहले धीरे-धीरे, फिर ज़ोर-ज़ोर से। शरीर हिलाते-हिलाते बेंत उठाई और उस बेंत से अपने शरीर पर तड़-तड़ लगे मारने। ओझा बेंत से शरीर को पीटे जा रहे हैं और लोग कह रहे हैं—देखो महाराज, घोड़ा कमज़ोर है, ज़्यादा पिटाई मत करो। बड़ी आरज़ू-मिन्नत के बाद भूत महाराज को दया आई, तो छड़ी फेंक ओझा कुहनी ज़मीन पर पटकने लगे—यहाँ तक कि ज़मीन खोद दी। बत्ती जलाके मुँह में चबा जाना, हाथ पर धधकती आगवाली ढकनी रख लेना आदि करतब भी दिखाए जाते, और अंत में 'भेंटी' ठीकी जाती—मन की बात कहकर, उसकी पूर्त्ति के उपाय बताकर भूत चला जाता ! भूत आते ही दर्शक-मंडली में खलबली मच जाती—अजब-अजब प्रश्न

किये जाते, चीज़ें माँगी जातीं। परमेसर के हाथ में मानो भूतों का सूत्र हो—जिस ओझा पर जिस भूत को चाहे वह मँगा सकता था।

कभी-कभी वह खुद अपने पर भी भूत बुलाता। उसके भूत अजब क़िस्म के होते, नए हावभाव करते, नई बोलियाँ बोलते और उनके आशीर्वाद ऐसे होते कि सुनते ही लोग लोटपोट हो जाते। प्रायः परमेसर के भूत से ही मजलिस ख़त्म होती—क्योंकि वह खाँव-खाँव कर लोगों पर—खासकर बच्चों पर टूटता ! भगदड़ मच जाती—हँसते-हँसते, परमेसर की यशोगाथा गाते, लोग घर आते।

दीवाली कोई सजावे, लुकाठी भाँजने का इन्तज़ाम वह करता। बाँस की कोंपलों के सूखे बोकले इकट्ठे कर बाँस की ही कमाचियों में उन्हें गूँथ लेता और शाम होते ही उनमें आग लगाकर अपनी मंडली के साथ समूचे सरेह को जगमग कर डालता। यों ही होली के होलिका-दहन का प्रबंध भी वही करता। गाँव-भर के पुआल, डंठल आदि इकट्ठा कर एक महान टीला बना देता। जो लोग सीधे नहीं देते, उनकी चीज़ें चोरी भी करा लेता और उसी पर डाल देता। प्रायः वह खुद ही उसमें आग लगाता और तरह-तरह के कुतूहल से उसे जलाता, बुझाता !

कार्तिक-पूर्णिमा—बस, परमेसर अपनी मंडली के साथ गंगास्नान को चला। स्टेशन पर आया, टिकट कौन कटाता है ! जब पैसे रहे, तो भी टिकट कटाना उसकी शान के ख़िलाफ़ था; अब तो पैसे प्रायः रहते ही नहीं। रास्तेभर टिकट चेक करनेवालों से आँखमिचौनी हुई जा रही। स्टेशन पर पहुँचने के पहले ज्योंही गाड़ी धीमी हुई कि रफूचक्कर। कदाचित स्टेशन पर पहुँच गया, तो तार के घेरे फाँद-फूँदकर निकल चला। कभी धक्कमधुक्की भी हो गई, तो कभी मारपीट भी कर ली। परमेसर के ख़याल से म्लेच्छ को पैसे दे देने के बाद गंगास्नान का कोई महत्त्व नहीं रहता !

पलेजाघाट से लेकर सोनपुर के मेले तक परमेसर क्या-क्या न तमाशे करता? कभी सिर पर त्रिपुंड चन्दन किये, गंगा किनारे, यह स्नानार्थियों को सुफल पढ़ा रहा है। कभी मंडली के बीच में परमहंस साधु बना बैठा, लोगों की मनोकामना सिद्धि के लिए, भभूत बाँट रहा है ! कभी वह ओझा बना कितनी ही कुल-कामिनियों की गोद भर रहा है ! इन तमाशों से जो पैसे मिल गए, मंडली-भर में मिठाइयाँ बँटीं, गाँजे उड़े। इन तमाशों में प्रवंचना का भाव कभी नहीं था, था तो सिर्फ मनोरंजन का, आमोद-प्रमोद का। प्रवंचना तो उसमें थी ही नहीं—अगर यह होती, तो बेचारे की यह दुर्गत क्यों होती ? वह उन लोगों में था, जो दुनिया में हँसने-हँसाने के लिए ही आते हैं और हँसते-हँसाते ही चल देते हैं।

x x x

इधर, आख़िर में, जब उसकी हालत बड़ी ख़राब हो गई थी, एक दिन—मैंने उसे बुलाकर बहुत समझाया था—क्यों जी, यह क्या कर रहे हो ? अरे, अपनी ओर नहीं देखो, अपने माता-पिता की ओर तो ध्यान दो, यह भी नहीं तो, अपने बाल-बच्चों की ही ज़िम्मेवारी समझो। तुम कोई कुंदज़हन आदमी नहीं, तुममें काफ़ी अक्ल है, बुद्धि है—उससे काम लो। खेती-बारी में मन नहीं लगता, तो कोई दूसरा रोज़गार देखो, शहर में कोई छोटा भोजनालय ही खोल लो, खा-पीके कुछ पैसे बच ही जाएँगे। मैंने कई ऐसे आदमियों के उदाहरण भी दिए, जो ऐसे छोटे-छोटे रोज़गारों से अपनी और अपने परिवार की परवरिश चला रहे थे। उस समय तो कुछ नहीं बोला—कुछ दिनों बाद सुना, परमेसर ने अखाड़ाघाट पर एक भोजनालय खोला है और इस भोजनालय के लिए, उसके पास—नहीं-नहीं, उसकी पत्नी के पास—जो आख़िरी धन—सोने का कंठा था, उसे बेच लिया है !

कंठा बेचने की बात सुनकर मैं चौंका, किंतु, फिर सोचा, शायद यही प्रेरणा-रूप में उसे

उन्नति की ओर ले जाए। ऐसे उदाहरण भी मिलते हैं। किंतु, मेरी यह धारणा ग़लत निकली। थोड़े दिनों तक तो उसका कारबार अच्छा चला, किंतु, हाथ में पैसे आते ही फिर भाँग की जगह गाँजे ने ले ली और एक कारण तो उसने अजीब ही बतलाया—

"चाचा साहब, खिलाना तो बड़ा अच्छा लगता है, किंतु, खिलाने-पिलाने के बाद, कंटाह की तरह, पैसे के लिए पीछे पड़ जाना, यह तो बड़ा कठिन काम है। इसमें शक नहीं कि कुछ पैसे मैंने गाँजे में फूँके, किंतु मेरे ज़्यादा पैसे तो खानेवालों के ज़िम्मे रह गए ! अच्छा, क्या हुआ— उस जन्म में वे ताड़ के पेड़ होंगे और मैं पीपल बनकर उनकी छाती पर पैदा होऊँगा ! ख़ूब वसूल करूँगा, उनसे। कैसा—चाचाजी ?" वह हँस रहा था, खिलखिल, खलखल।

चाचाजी गुस्से में ! बोले—"और, उस बेचारी का कंठा भी तुमने बरबाद कर दिया !"

"कंठा—कंठा क्या होगा ? अब तो आप ही कहते हैं, सब लोग बराबर होंगे न? सबके कंठे होंगे, तो क्या आप लोग उसके लिए नहीं बनवा देंगे ? और, आप लोगों का राज न भी हो, तो यह करिया मुसहर की जोरू कौन कंठा पहनती है? चाचाजी, सुख मिलता है या तो तक़दीर से, या मेहनत से । मेहनत मुझसे बनती नहीं, तक़दीर अच्छी नहीं है—फिर, भाँग पीकर हाहा-हीही करना और इसी हँसी-खुशी में ज़िन्दगी गुजार देना—बस, यही मुझसे होगा, मेरे लिए चिन्ता मत कीजिए ... "

मैं गुस्से में चूर उसे कुछ कहने ही जा रहा था कि वह धीरे से उठा और हँसता हुआ—मालिक हैं सियाराम, सोच मन काहे करे—गाता चलता बना ! मानो मेरी बुद्धिमानी पर व्यंग्य कसता !

बैजू मामा

आज भी, मेरा ख़याल है, अगर आप पटना जेल में जाइए और किसी पुराने क़ैदी, वार्डर या जमादार से बैजू मामा के बारे में पूछिए तो वह एक अजीब ढंग की हँसी हँसकर आपको उनकी एक-दो कहानी ज़रूर सुनाएगा। बैजू मामा पटना जेल की एक ख़ास चीज़ हैं। लगभग तीस वर्षों से वह जेल को आबाद किये हुए हैं। 1930, 32, 37, 38, 40, जब-जब मैं पटना जेल पहुँचा हूँ, तब-तब उनके शुभ दर्शन हुए हैं, उनसे बातें की हैं, खूब हँसा हूँ और हर बार की हँसी के बाद एक अजीब करुणा का अनुभव मैंने किया है।

जब मैंने कहा कि वह तीस साल से इस जेल को आबाद किये हैं, तब आपने यही सोचा होगा, या तो वह कोई 'दामुली' क़ैदी हैं—खून करके आए हैं या डाका डालके आए हैं। या कोई शोहदा जनाकार हैं ! या कम-से-कम आदतन अपराधी तो ज़रूर हैं ! लेकिन मैं दावे के साथ इन सभी आरोपों का खंडन कर सकता हूँ। उनके चेहरे या चाल-ढाल से, कहीं से भी उनमें आप ख़ूँखार या मुज़रिम होने का कोई चिह्न पा नहीं सकते। तो भी वे जेल में हैं और तीस वर्षों से हैं। कैसा आश्चर्य?

वह हर बार एक ही अपराध में आते हैं, जिसमें आज तक एक बार में दो साल की क़ैद से ज़्यादा की सज़ा उन्हें नहीं मिली है। ज्योंही छूटकर जाते हैं, उसी अपराध को दुहराते हैं और फिर एक-दो साल की सज़ा लेकर पहुँच जाते हैं। वह अपराध क्या है ?—चोरी ! आप सोचते होंगे, ज़रूर वह पक्के चोर हो गए होंगे, उन्होंने गैंग बना लिया होगा, बड़े-बड़े हाथ साफ़ करते होंगे, जैसाकि जेल में एक-दो बार आकर साधारण चोर भी उस्ताद बन जाता है। लेकिन, अगर

वह इस कोटि के चोर होते, तो मुझे उन पर लिखने की ज़रूरत नहीं होती ! मुझे अपराध-शास्त्र से कोई दिलचस्पी नहीं कि उन पर अनुसंधान करता !

बैजू मामा एक अजीब चोर हैं। चोरी में तीस साल की सज़ा वह भुगत चुके, लेकिन अभी तक तीस रुपए वह एक बार कभी नहीं पा सके; नहीं, तो, उनके ही कथनानुसार, आप उन्हें जेल में नहीं पाते। और 'कबीर' के इस दोहे के अनुसार—

सिंहन के लेंहड़े नहीं, हंसन की नहिं पाँत,
लालन की नहिं बोरियाँ, साधु न चले जमात—

उन्होंने आज तक कोई जमात भी नहीं बनाई ! तो वह क्या सचमुच साधु हैं? छीः-छीः, मैं एक पुराने चोर को साधु कहूँगा ? ऐसी, इतनी बड़ी, गुस्ताखी करके मैं साधु-समाज में कौन-सा मुँह दिखला सकूँगा !

x x x

मैं ऊँची श्रेणी का क़ैदी था; इस जेल में ऐसे लोगों की सुख-सुविधा की कोई खास जगह नहीं होने के कारण, मुझे अस्पताल में ही रखा गया था। एक दिन मैं अस्पताल की ही छोटी-सी बगीची के बीच, छोटे-से आम के पेड़ की छाया में बैठा क़लम घिस-घिस कर रहा था, कि एक बूढ़ा मरीज़ कम्बल ओढ़े उस ओर आ रहा है। वह धीरे-धीरे आया, कमज़ोरी के कारण डगमगाता हुआ ! फूल की क्यारी में बैठ गया—फिर एक बार हसरत की निगाह से चारों ओर उसने देखा और कम्बल के नीचे से एक खुरपी निकाल वह धीरे-धीरे इधर-उधर उग आई घासों की निकौनी करने लगा ! थोड़ी देर ही वह निकौनी कर पाया होगा कि अस्पताल का मेट हाथ में दवा की प्याली लिए उसे ढूँढ़ता हुआ वहाँ पहुँचा और उसे निकौनी करते देख बौखला उठा—"मामू, तुम इस बार मरके रहोगे।"

बूढ़ा क़ैदी सिटपिटा गया। खुरपी छोड़ दी, कम्बल सम्हाला, दवा के लिए हाथ बढ़ाया। हाथ काँप रहा था, लड़खड़ाई ज़बान से उसने मिन्नत के शब्दों में मेट से कहा—"माफ करना भैया; दवा दो !"

"दवा दूँ; खाक ? दवा खाकर क्या होगा ? तुम्हें क्या पड़ी है भला, जो खुरपी लेकर आ बैठे यहाँ ? जाए भाड़ में यह बगीचा।"

"हें; हें; यह क्या कहते हो ? देखते नहीं, चार दिन मैं बीमार रहा कि इतनी घासफूस उग आई !"

"मामू, तू क़ैदी है, या सरकार का बैल ? पुराने क़ैदी की शान तूने धूल में मिला दी ? क्या हम जेल में काम करने आते हैं ?"

"मेट भैया, तुम ठीक कहते हो। बिलकुल ठीक। जेल का सत्यानाश हो, हाकिमों का सत्यानाश हो। लेकिन, प्यारे, मैं क्या करूँ ? न मुझसे बैठा जाता है, न इन फूलों की दुर्गत देखी जाती है। माफ़ करो; दवा दो—उफ़, जाड़ा लग रहा है !"

बीमार क़ैदी की आँखों में अब आँसू थे—ऐसे आँसू, जो ज़बर्दस्ती आँसू वसूल करते हैं ! मेट की आँखें भी डबडबा आईं। "तुम इस बार मरोगे, मामू !"—कहकर उसने दवा की प्याली उसके हाथ में दी। हाथ के कम्पन से कुछ दवा उसकी ठुड्ढी पर गिर गई, कुछ गले के नीचे गई। दवा पीकर उसने एक बार थूक फेंकी और फिर बैठा नहीं रह सका, कम्बल ओढ़े, वहीं लुढ़क गया। थोड़ी देर के बाद वह फिर उठ बैठा। एक बार फिर उसने सभी पेड़-पौधों पर हसरतभरी निगाह डाली और खुरपी हाथ में ले अस्पताल की ओर चलता बना। इस बार जाते समय मैंने ग़ौर से उसकी ओर देखा—साठ साल की उम्र, ताँबे का रंग, चेहरे पर झुर्रियाँ, बाल एक-एक

सुफ़ेद, लेकिन इस बीमारी में भी, जब पैर डगमगा रहे थे, वह तनकर जा रहा था, जैसे वह एक नौजवान हो !

x x x

स्वभावतः मैं उस क़ैदी की ओर आकृष्ट हुआ। वह बैजू मामा थे। इस जेल के क़ैदियों के मामा, वार्डरों के मामा, जमादारों के मामा—यों कहिए, तमाम पटना जेल के मामा !

अब मैं बैजू मामा के साथ घुलमिल गया। उनकी बीमारी अच्छी हो गई। वह अपनी खुरपी-कुदाल से दिन-भर झगड़ते रहते और मैं उन्हीं की बसाई बगीची में एक आम के पेड़ के नीचे बैठकर उनकी मेहनत-मशक्कत देखता रहता। जब वह थक जाते, मेरे पास आ जाते। न वह बीड़ी पीते, न खैनी खाते। मैं उनका क्या स्वागत करता भला? जेल का सबसे बड़ा स्वागत-सत्कार इन्हीं दो नायाब चीज़ों से है। ख़ैर, वह मेरे नज़दीक पहुँचकर मुझसे 'सुराज' और 'गान्हींबाबा' के हाल पूछते और मैं धीरे-धीरे उनकी रामकहानी जानने की कोशिश करता। धीरे-धीरे—क्योंकि देखा, बैजू मामा अपनी ज़िन्दगी को बन्द किताब बनाकर ही रखना चाहते। साधारण मुज़रिमों की तरह अपनी कहानी बढ़ा-चढ़ाकर कहने की बात तो दूर रही, जब बड़ी खोद-खाद के बाद कुछ कहते भी तो कहते-कहते शर्मीली लड़की की तरह बीच में ही रुक जाते और उनके झुर्रीदार गालों के रंग में कुछ तब्दीली आ जाती ! कभी-कभी झुँझलाकर कहते—"बाबू, यह पाप की कहानी क्या सुनते हैं आप ? चोर-बदमास की बातें कहीं सुनी जाती हैं?"

लेकिन, उनकी ज़िन्दगी की एक-एक कड़ी आख़िर मैंने जोड़ी ही।

बैजू मामा इसी पटना ज़िले के बाढ़ सब-डिवीजन के हैं। एक साधारण किसान थे। एक बार हालत ऐसी हो गई कि बैल के अभाव में उनकी खेती रुक गई। कहीं से तीस रुपए क़र्ज लिया और गंगा के उस पार बैल ख़रीदने चले—सुन रखा था, उस तरफ़ अच्छे बैल मिलते हैं और सस्ते। गंगा पार कर बैल की कई पेठियों में गए, क्योंकि कम-से-कम पैसों में अच्छी-से-अच्छी चीज़ चाहते थे। इसी दौड़धूप में उनके दिमाग़ पर शैतान का कब्ज़ा हुआ। उन्होंने पाया कि उस तरफ़ लोग गर्मियों में बैलों को घर के बाहर ही बाँध देते हैं और उनकी कोई ख़ास रखवाली नहीं करते। पटना ज़िले में ऐसा नहीं होता है। शैतान ने उनके कानों में धीरे से कहा—'बैजू, क्यों न इनमें से एक बैल रात में खोल लो और गंगा पार कर जाओ ?' यह बात उन्हें भा गई—बैल भी हो जाएगा, पैसे भी बच जाएँगे। खेती भी निभ जाएगी, क़र्ज भी नहीं रहेगा। लोग पूछेंगे, तो कह दिया जाएगा, बैल मोल लिया है ! बस, हल्दी लगी न फिटकिरी, रंग चोखा—बैजू मामा तैयार हो गए !

एक रात एक गाँव से एक अच्छा-सा बैल खोलकर वह चल पड़े—गंगाजी की ओर। जिस समय बैल खोलने गए थे, उस समय तो हाथ ही काँपे थे। अब, जब दिन उठ आया, उनका समूचा शरीर काँप रहा था—जैसे कँपकँपी लग गई हो। ठीक से पैर नहीं उठते। जितने लोगों को देखते, मालूम होता, सब उन्हीं की तलाश में हैं। हर आँख मानो उन्हीं को घूर रही, हर उँगली मानो उन्हीं की ओर उठ रही, हर कानाफूसी में उन्हीं की बात हो रही। दिन ढलने पर वह एक देहाती सराय के निकट पहुँचे। उनकी नस-नस ढीली पड़ गई थी। भूख और थकावट से परेशान थे। बैल को एक पेड़ से बाँध, दुकानदार से लोटा-डोरी ले, कुएँ पर गए। हाथ-मुँह धोया। हाथ-मुँह धो ही रहे थे कि देखा, एक दफादार उसी दुकान पर आकर बैठ गया है ! — ऐं, क्या मेरी ही तलाश में है ? क्यों न बैल को छोड़कर भाग चलूँ ? तब तो और भी पकड़ जाऊँगा ! क्या मुझसे भागा जाएगा ? ... फिर, ऐसा बैल इस ज़िन्दगी में क्या फिर नसीब हो सकता है ? नहीं-नहीं, वह मेरी तलाश में नहीं है।

इस तरह सोच-विचारकर वह दुकान पर आए। दुकानदार से दो पैसे के चने लिए—मुँह

में रखते थे चना और पेट में फूट रहा था लावा। चने माँगने के समय इनकी मगही बोली सुनी थी, इसलिए जब चने खा रहे थे, दुकानदार ने इनके घर वग़ैरह के बारे में स्वभावतः ही पूछना शुरू किया और घर के बाद बैल की चर्चा आई। बीच में ही दफादार पूछ बैठा—यह बैल तुम्हारा है ? अच्छा बैल है ! कितने में ख़रीदा ? यह सवाल; और बैजू मामा कह रहे थे, सुनते ही उनके होश ग़ायब हो गए। दो-तीन सवाल और, और वह दफ़ादार कूदकर इन्हें पकड़ चुका था—चोट्टा कहीं का ! यह बैल चालीस रुपए का है और बाजितपुर की पेठियाँ कहीं बुध को लगती है ?

बैल भी गया, उनके पैसे भी छिन गए और पिटाई भी कम नहीं लगी। समस्तीपुर के मैजिस्ट्रेट ने एक साल की सज़ा दी। सज़ा काटकर निकले, तो फिर कौन-सा मुँह दिखाने घर जाते !—"बंस में कलंक लगाया—"

बंस में कलंक लगाया ?—बैजू मामा आप कौन जात हैं, मैंने अचरज में आकर उनसे पूछा। क्योंकि उनका चेहरा बताता था, किसी अच्छे घर के वह हैं। इस सवाल से वह घबरा गए। फिर कहा—"जेल-टिकट में देखिए न ? दुसाध लिखा है !"

"जेल-टिकट में जो कुछ लिखा हो, आख़िर आप हैं कौन जात ? दुसाध तो आप हो नहीं सकते ?"

मेरे बार-बार पूछने पर बैजू मामा कुछ उद्विग्न-से हो उठे। उनके चेहरे पर झुर्रियाँ और सघन हो गईं। "चोर का क्या नाम-धाम या जात-पाँत ? चोर, बस चोर है बाबू ! लेकिन हाकिम के सामने तो कुछ बताना ही पड़ता है, बस कुछ लिखा दिया!" उनकी आवाज़ में एक हार्दिक पीड़ा थी।

"तो क्या आपका यह नाम भी नहीं है ?"

अचरज से उनकी आँखें जैसे चमक गई हों; झट बोले—"यह आपने कैसे जाना कि मेरा नाम बैजू नहीं है ? बाबू, आप ज़रूर कोई मंतर जानते हैं।"

आख़िर बैजू मामा ने अपना नाम भी बताया और गाँव भी; जात भी बताई, घर का पूरा हाल भी बतलाया। मैंने तब पूछा—"ख़ैर, यह जो कुछ हुआ, लेकिन आप जनेऊ क्यों नहीं पहनते? बाभन-क्षत्री का यह चिह्न तो नहीं छोड़ना चाहिए।" मेरे इस प्रश्न से जैसे उन्हें दूसरी ठेस लगी हो, कातर स्वर में बोले—"अब तो मैं भ्रष्ट हो ही गया; जनेऊ को क्यों भ्रष्ट करूँ, बाबू ? एक यही अपराध क्या कम है, जो दूसरा भी करूँ ?" उनके इस जवाब पर मैंने बताना चाहा कि "जेल में जो छुआछूत होती है, उससे जात नहीं जाती, जनेऊ आपको ज़रूर पहने रहना चाहिए।" इस पर उन्होंने कहा—"मैं जेल की बात नहीं करता। बाहर तो नसापानी करना पड़ता है।"

"तो क्या आप बाहर ताड़ी-दारू पीते हैं ?"

अब तो जैसे उनका धीरज टूट गया हो। भर्राई आवाज़ में बोले—"हाय, बाबू, आप कितने भोले हैं ! क्या बिना नसा खाए चोरी हो सकती है ? निसाचरी काम के लिए पहले निसाचर बन जाना पड़ता है, बाबू !" उद्विग्नता में ही वह चुपचाप वहाँ से चल दिए।

x x x

मुझे पता चला था कि उनके घर पर अब भी गिरस्ती होती है—अच्छी गिरस्ती होती है ! भाई मर चुके, दो भतीजे हैं, उनके बाल-बच्चे हैं ! मैंने बैजू मामा को समझाया कि पुरानी बातें भूल जाइए। इस बार छूटिए, तो गंगा-स्नान करके अपने घर पर चले जाइए। भतीजों से सारी बातें कहिए, उनके साथ रहिए। अब बुढ़ापे का शरीर है, कब जाने क्या हो जाए ? जेल में मरिएगा, मिट्टी की दुर्गत होगी। इस आख़िरी बात ने उन पर काफ़ी असर किया ! एक दिन हृदय खोलकर कहने लगे—

"क्या कहूँ, बाबू; कई बार यही सोचा। जेल से छूटने पर कई बार घर की ओर चला। लेकिन बख्तियारपुर जाते-जाते पैर बँध जाते हैं ! सोचता हूँ, खाली हाथ घर कैसे जाऊँ ? भतीजे तो मानने भी लगेंगे, पर उनकी बहुएँ तो पराये घर की बेटियाँ ठहरीं—कहेंगी, यह बूढ़ा कहाँ से टपक पड़ा ? कुछ लेकर जाऊँ, तो वह भी समझें, कि आख़िर कुछ लाया तो है ! कम-से-कम एक गाय ख़रीद करके ही ले चलूँ। एक गाय—तीस में तो अच्छी गाय मिल जाती है। लेकिन ये रुपए कहाँ से आवें ? चोर हूँ ही, क्यों न एकाध हाथ और मार लूँ ? किंतु, जब-जब ऐसा किया, तब-तब, जब तक रुपए पूरे हों, पकड़ लिया गया और फिर यहीं-का-यहीं।"

उफ़, तीस रुपए—तीस रुपए ! तीस रुपए में बैल और तीस रुपए में गाय! और इसी तीस रुपए में एक की ज़िन्दगी के तीस साल बर्बाद हो गए ! बेचारा तीस के अजीब गोरखधंधे में फँस गया है—मैं इस तरह सोच ही रहा था कि बैजू मामा फिर बोल उठे—

"एक बात और है, बाबू ! जब-जब बाहर जाता हूँ, दिन तो इधर-उधर देखने-सुनने में कट जाते हैं, लेकिन ज्योंही रात में सोने की कोशिश करता हूँ, मालूम होता है, इस जेल के ये सारे पेड़-पौधे मुझे बुला रहे हैं ! यह आम का पेड़, ये अमरूद, वह नीम, यह जामुन—सब-के-सब मेरे ही लगाए हुए हैं बाबू ! मैंने ही इनके पौधे रोपे, इनकी थालों में पानी दिया, निकौनी की। होते-होते आज ये कितने छितनार हो चले हैं ! और इन बेलों, गुलाबों, गेंदों का खानदान किसने लगाया, बढ़ाया ? इसी बैजू ने बाबू ! जब बाहर होता हूँ, रात में ये सब-के-सब मुझे पुकारते-से हैं ! हाँ, बाबू, सच कहता हूँ, नींद नहीं आती। सोचता हूँ, हाय उस आम की टहनी को न कोई मरोड़ दे, उस नीम को लोग दातुन कर-करके न सुखा डालें, ये बेलें और गुलाब के पौधे बिना सिंचाई-निकाई के न कहीं बर्बाद हो जाएँ। बस, इधर-उधर करके दौड़ा-दौड़ा पहुँच जाता हूँ।"

जब बैजू मामा कह रहे थे, मुझे लग रहा था, मैं कहीं कोई सपना तो नहीं देख रहा हूँ? क्या मैं सचमुच जेल में हूँ ? मेरी बग़ल में बैठा जो यह सब कह रहा है, क्या यह सचमुच चोर है ? क्या चोर का ऐसा ही भोलाभाला चेहरा होता है ? क्या उसकी ऐसी ही भोलीभाली बातें हुआ करती हैं ? और, क्या उसके ऐसे ही काम होते हैं? जिसने पेड़-पौधे से इतनी तदात्मता प्राप्त कर ली है; जिसे पौधे पुकारते, पेड़ बुलाते हैं—क्या वह निम्न कोटि का अधम अपराधी हो सकता है ? अगर यह अपराधी है, तो निस्सन्देह अपराध शब्द का अर्थ हमें बदल देना होगा!

"और बैजू मामा, अपनी होलीवाली कहानी भी बाबू को ज़रूर सुनाना"—जब एक दिन मेट ने यह कहा, तो देखा, बैजू मामा के चेहरे पर हँसी की एक हल्की झलक दौड़ गई और उनके दाँत—जो तीस वर्षों से जेल की रोटियाँ चबाते-चबाते आधे-आधे घिस गए थे, लेकिन जिनमें टूटे एक भी नहीं थे—चमक पड़े ! "अरे, मेट भाई, बाबू के सामने बेइज्जत मत करो।" उससे कहकर उन्होंने इधर-उधर की बातों में मुझे बहला देना चाहा। लेकिन, फिर भी मैंने उनसे वह कहानी निकाल ही ली !

एक बार संयोग ऐसा हुआ कि बैजू मामा की रिहाई की तारीख़ ठीक होली के ही दिन पड़ गई। ठीक होली के ही दिन—जिस दिन, साल-भर में सिर्फ़ एक ही दिन, जेल में पकवान बनते हैं ! जेल में पकवान ! लेकिन आप ताज्जुब न करें, जहाँ भात में भुस्सी मिली होती है और रोटी में कंकड़; दाल में छिलके-ही-छिलके रहते हैं और तरकारी के नाम पर घास के डंठलों को उसन दिया जाता है, वहाँ के पकवान भी कैसे होंगे—समझ जाइए ! लेकिन, पकवान फिर भी पकवान हैं ! सरसों के तेल में, गुड़ देकर घुने गेहूँ के आटे के पके पूए और थोड़े दूध में पूरा पानी डालकर उबाली गई खीर—ये पकवान भी क़ैदियों की जीभ पर कम पानी नहीं ला देते ! महीनों से इसकी प्रतीक्षा की जाती है ! बैजू मामा की जीभ भी इसकी कल्पना में कम लार नहीं टपका चुकी थी कि ख़बर मिली, उसी होली के दिन उनकी रिहाई होनेवाली है ! आह

रे, यह क्या गजब हुआ?

बैजू मामा ने जमादार साहब से बहुत ही गिड़गिड़ाकर आरज़ू-मिन्नत की कि किसी तरह जेलर बाबू से कह-सुनकर उनकी रिहाई की तारीख़ एक दिन और बढ़ा दें, लेकिन जमादार साहब ने पहले समझाकर, फिर डाँटकर कह दिया कि ऐसा हो नहीं सकता। ख़ैर, रिहाई का दिन पहुँचा। वह गेट पर लाये गए, तो उन्होंने देखा, पूए बनाने के लिए तेल और कड़ाह भीतर भेजे जा रहे हैं। पकवान के इन सामानों को देखकर उनकी आँखें छलछला आईं। जेलर साहब का ध्यान बैजू मामा की ओर आकृष्ट हुआ—भला, उनको कौन नहीं पहचानता ? जेलर साहब ने समझा, शायद ये आँसू आनन्द के या पश्चात्ताप के हैं। कह बैठे—"क्यों बैजू, अब तो फिर नहीं आओगे न ? हाँ-हाँ, मत आना, अब तुम बूढ़े भी हुए।" उनका यह कहना था कि बैजू मामा की आँखों में सावन-भादों उमड़ आए और रुँधे हुए गले से बोले—

"बाबू; मेरी तक़दीर फूट गई, बाबू ?"

जेलर साहब, शरीफ़ मुसलमान जेलर साहब, यह सुनकर घबड़ा गए। यह क्या बात हुई ? पूछा—"क्या हुआ है, बताओ बैजू !" कोई ग़मी की ख़बर आई है क्या—वह मन-ही-मन सोचने लगे। बैजू मामा बोले—"हुजूर, आपका इसमें क्या हाथ; मेरी ही तकदीर फूट गई, बाबू !"

"अरे, क्या हुआ बैजू ?"—जेलर साहब की उत्सुकता में अब करुणा की मंदाकिनी मिल रही थी। इधर, बैजू मामा की आँखों के बादल में झड़ी लग गई और हिचकियाँ लेते हुए बोले—

"हाय सरकार, जब तेल और कड़ाह भीतर जा रहे हैं, तो मैं बाहर भेजा जा रहा हूँ। भरे बरत के दिन मैं निकाला जा रहा ... " वह आगे बोल न सके। इधर जेलर साहब ठठाकर हँस पड़े और अपनी जेब से एक रुपया निकालकर, बैजू मामा को देते हुए बोले कि जाओ, बाज़ार में इसी के पूए ख़रीदकर खा लेना। लेकिन, इन चाँदी के चमचम टुकड़े का ज़रा भी मोह उनके मन में क्यों होने लगा? रुपया जेलर बाबू के पैर पर रख दिया और एक दिन के लिए और भी जेल में रखे जाने की विनती की। जेलर साहब ने इस बारे में अपनी असमर्थता दिखाई। रुपया बार-बार के आग्रह पर भी नहीं लेकर, धोती की खूँट से आँसू पोंछते, बैजू मामा बाहर चले आए।

बाहर चारों ओर होली का हुरदंग मचा था। रंग-अबीर उड़ रही थी, गाने-बजाने हो रहे थे। जेल से जो तीन आने पैसे मिले थे, उनका सत्तू ख़रीदकर बैजू मामा ने खाया और दिन-भर इधर-उधर, अन्यमनस्क, तमाशे देखते रहे। शाम को स्टेशन के माल-गोदाम के सामने जाकर लेट रहे और कुछ अँधेरा होने पर एक बैलगाड़ी के निकट बँधे जोड़े बैल को खोलकर ले चले। गाड़ीवान दिन-भर के धूमधड़क्के से कुछ ऐसा मस्त होकर सोया या कि उसे कुछ सुध नहीं रह गई थी ! अब बैजू मामा क्या करें ? वह खुद चिल्लाकर कहने लगे—"ओ गाड़ीवान, ओ गाड़ीवान, कैसा बेवकूफ़-सा सोया है; और चोर तेरे बैल लिए जा रहे हैं।" 'बैल' यह शब्द कान में पड़ते ही गाड़ीवान चौंक उठा और जिस ओर से आवाज़ आई थी, दौड़ा। उसे दौड़ते देख बैजू मामा ने भागने का बहाना किया। वह पकड़ लिए गए, कुछ घुस्से खाए, रातभर हाज़त में रहे और भोर में फिर जेल में हाज़िर !

जेल भर में हल्ला हो गया—बैजू मामा आ गए, आ गए ! किंतु बैजू मामा तो जल्द-जल्द आकर मेट से मिले और कहा—"कहाँ पूए रखे हैं, लाना तो मेट भाई !" मेट हँस रहा था। बैजू मामा उससे कह गए थे कि दो-एक पूए मेरे लिए ज़रूर चुराकर रख देना—कल मैं ज़रूर आ जाऊँगा ! बैजू मामा अपने 'ज़रूर' को ज़रूर ही सार्थक करेंगे, इसकी उम्मीद मेट ने नहीं की थी। ज्योंही मेट ने कहा—"पूए कहाँ रखे हैं ?" बैजू मामा की आँखों से झरझर आँसू झड़ने लगे !—"उफ़, इसी पूए के चलते रात उस गाड़ीवान के कितने घुस्से मैंने बर्दास्त कर लिए ! रातभर हाज़त में

पूए का ही सपना देखता रहा हूँ, मेट भाई ! मुदा, हाय री तकदीर !" अब मेट की आँखें भी छलछला आई थीं। उसने जो पूए अपने लिए बचाकर, चुराकर रखे थे, उन्हें लाकर बैजू मामा के सामने रख दिया—बैजू मामा उस बासी, काठ-से कड़े बन गए तेल के पूए को कुतुर-कुतुरकर खा रहे थे, जो उनकी आँखों के पानी से नरम और नमकीन होते जाते थे।

x x x

इस बार वह किस तरह जेल आए हैं, वह भी कम दिलचस्प और दयनीय नहीं है।

इस बार बैजू मामा यह निश्चय कर जेल से निकले थे कि तीस रुपए किसी-न-किसी तरह ज़रूर जमा करेंगे और उन्हीं रुपयों से एक गाय ख़रीदकर अपने भतीजे के पास जाएँगे। गाय की डोर पकड़े जब वह, लगभग तीस वर्षों के बाद, अपने गाँव में घुसेंगे, तो गाँव कैसा दीख पड़ेगा, लोग उन्हें पहचानेंगे या नहीं, वह किस तरह अपना परिचय देंगे—आदि की कल्पना में विभोर होते हुए ही उन्होंने जेल से बाहर क़दम रखा था।

शुरू में मालूम हुआ, इस बार तकदीर पक्ष में है। बड़ी चोरी में बड़ा ख़तरा है ! और, ख़तरा लेने का इस बार मौक़ा नहीं था। इसलिए छोटी-छोटी चोरियाँ तीस रुपए के लिए शुरू कीं। एक होटल से दो लोटे उड़ाए, दो रुपयों में बेच लिए। एक मंदिर के अहाते से दो कम्बल मार लिए, तीन रुपए उनसे आए। एक वकील साहब के बरामदे से एक शाल उचक लाए, चार रुपए आए। सबसे बड़ा शिकार एक गोदाम से एक बोरे लाल मिर्चे का किया, जिससे उन्हें नकद बारह रुपए मिले। अब बैजू मामा के पास इक्कीस रुपए थे; सिर्फ़ नौ रुपए की कमी थी। मिर्चे की चोरी सबसे अच्छी। एक दिन जब वह शहर के बाहर शौच को जा रहे थे, उन्होंने खेतों में लाल मिर्चे लगे देखे। कौन जाने, शहर की चोरी में किसी दिन पकड़ा जाऊँ। क्यों न रात में मिर्चे के खेत में पहुँचूँ और थोड़ा-थोड़ा मिर्चा तोड़कर बेचता जाऊँ? यही दस-पन्द्रह दिन लगेंगे, लेकिन ख़तरे से तो महफ़ूज़ रहूँगा न ?—ऐसा सोचकर वह अब प्रति रात मिर्चे के खेत में जाते और एक झोला मिर्चा ले आते और बाज़ार में किसान की तरह बेच लेते ! धीरे-धीरे उनके पास छब्बीस रुपए हो गए—सिर्फ़ चार रुपए की कमी ! हाँ, सिर्फ़ चार रुपए की।

मंज़िल के अंत में पथिक के पैर तेज़ी से उठने लगते हैं—उसकी रफ़्तार में तेज़ी आ जाती है ! एक दिन बैजू मामा इतने मिर्चे तोड़ लाये कि सवा रुपए मिल गए। अब पौने तीन रुपए की कमी रह गई थी।

तीन—हाय ! तीन कितनी बुरी संख्या है ! उस रात मामा जब खेत में पहुँचे, इन्हें घेर लिया गया ! बेचारे किसान कुछ दिनों से परेशान थे कि क्या हो रहा है ? उनकी खेती उजड़ रही थी। कई दिनों से वह घुक्की लगाए हुए थे कि आज चोर को उन्होंने देख लिया और दौड़ पड़े। मामा भागें भी तो किस ओर ? उन्हें एक अक्ल सूझ गई । जितने मिर्चे तोड़े थे, सब झटपट अगल-बगल में फेंक दिए और इस तरह बैठ गए कि जैसे वह शौच से निवृत्त हो रहे हैं। चारों ओर से लोग घेरे हुए हैं, बोलते नहीं। एक ने कहा—"उठते हो या लाठी लगाऊँ ?"

मामा खड़े हो गए—धोती इस तरह किये कि जैसे शौच से उठे हैं ! वह मन-ही-मन सोच रहे थे कि शायद मैं बच गया कि उसी समय खेत की बगल से जानेवाली सड़क से एक मोटर गुज़री और उसकी दपादप रोशनी में उनकी बगल में बिखरे मिर्चे दिखाई पड़े। और बाबू, डर के मारे पेशाब भी तो नहीं हो पाया था, न?— मुझसे मामा ने हँसते हुए कहा ! अब क्या, चोरी साफ़-साफ़ पकड़ ली गई। मामा फिर थाने में हाज़िर किये गए। फिर वही हवालात—फिर वही बाढ़ का छोटा जेल, फिर वही मैजिस्ट्रेट की अदालत—

लेकिन इस बार विशेषता यह हुई कि किसी तरह पुलिस ने पता लगा लिया कि मामा पुराने मुज़रिम हैं—फलतः उन पर सेशन चलाने की तैयारियाँ कीं। नौजवान मैजिस्ट्रेट ने पुलिस

की बात मान ली ! दारोग़ा ने गालियाँ देते हुए कहा—"बूढ़े, इस बार तुम्हें पाँच साल के लिए चक्की पीसनी होगी।"

सेशन-जज एक बूढ़ा आदमी था। जब उसने मामा से कसूर के बारे में पूछा, तो मामा नाहीं नहीं कर सके। झूठ कैसे बोलते भला ? हाँ, एक अर्ज़ की—

"हुजूर, सुनते हैं, सरकार पच्चीस साल काम करने पर अपने नौकरों को पिनसिन देती है। हुजूर भी बूढ़े हुए, अब पिनसिन पायँगे। मैंने तीस साल तक जेल में रहकर सरकार का काम कर दिया है ! दुहाई सरकार, धरम साछी है, काम करने में कभी कोताही नहीं की। जेलर साहब को बुलाकर पूछिए, जमादार साहब को बुलाकर पूछिए। बैजू बिना काम किये रोटी नहीं खा सकता, सरकार ! अब तीस साल की इस गाढ़ी मिहनत के बाद हुजूर, क्या, इस बूढ़े को भी पिनसिन का हक नहीं है ? दुहाई हुजूर की, दुहाई माँ-बाप की, आप निसाफ कीजिए। हुजूर से निसाफ न मिला, तो यह बूढ़ा और कहाँ जाएगा !"

यह अजीब दलील थी ! किंतु दिल पर इसका असर भले ही हो, दिमाग़ पर यह क्या असर ला सकता था भला ? और, जज तो बँधा है क़ानून की किताब से। उस क़ानून की किताब के अनुसार सज़ा के लिए जो ज़रूरी बातें चाहिए, सब हाज़िर! चश्मदीद गवाहियाँ—अपराध की स्वीकृति ! वह किताब जज को यह हक़ कहाँ देती कि वह देखे कि अपराध क्यों किया गया; उसमें समाज कहाँ तक अपराधी है और आदमी कहाँ तक; आदमी के कृत्य में परिस्थितियों का कहाँ तक हाथ है, आदि-आदि! फिर आदमी के भीतर जो इनसानियत है, उसे उभड़ने देने और अपराधी को सही रास्ते पर चलने में मदद करने की ओर ध्यान देना तो उस किताब में जैसे हराम हो। जज बेचारे बूढ़े थे, सहृदय थे; लेकिन जो किताब उन्हें रोटी दे रही थी, इस बुढ़ापे को आराम से बिताने में मदद पहुँचा रही थी, उसकी उपेक्षा वह कैसे करते बेचारे? हाँ, उन्होंने शायद कभी शेक्सपीयर की 'मर्चेंट आफ वेनिस' पढ़ ली थी, इसलिए अपने 'इन्साफ़' पर इस बार 'रहम' का मुलम्मा चढ़ाने से वह नहीं रुक सके ! इस बार बैजू मामा को सिर्फ़ एक साल की ही सज़ा हुई।

सुभान खाँ

"क्या आपका अल्लाह पच्छिम में रहता है ? वह पूरब क्यों नहीं रहता ?"

सुभानदादा की लंबी, सुफ़ेद, चमकती, रोब बरसाती दाढ़ी में अपनी नन्हीं उँगलियों को घुसाते हुए मैंने पूछा। उनकी चौड़ी, उभड़ी पेशानी पर एक उल्लास की झलक और दाढ़ी-मूँछ की सघनता में दबे पतले अधरों पर एक मुस्कान की रेखा दौड़ गई। अपनी लम्बी बाँहों की दाहिनी हथेली मेरे सिर पर सुहलाते हुए उन्होंने कहा—

"नहीं बबुआ, अल्लाह तो पूरब-पच्छिम, उत्तर-दक्खिन सब ओर है !"

"तो फिर आप पच्छिम मुँह खड़े होकर ही नमाज़ क्यों पढ़ते हैं ?"

"पच्छिम ओर के मुल्क में अल्लाह के रसूल आए थे। जहाँ रसूल आए थे, वहाँ हमारे तीरथ हैं। हम उन्हीं तीरथों की ओर मुँह करके अल्लाह को याद करते हैं।"

"वे तीरथ यहाँ से कितनी दूर होंगे ?"

"बहुत दूर !"

"जहाँ सूरज देवता डूबते हैं ?"

"नहीं, उससे कुछ इधर ही !"

"आप उन तीरथों में गए हैं सुभानदादा ?"

देखा, सुभानदादा की बड़ी-बड़ी आँखों में आँसू डबडबा आए; उनका समूचा चेहरा लाल हो उठा। भाव-विभोर हो गद्‌गद कंठ से बोले–

"वहाँ जाने में बहुत ख़र्च पड़ते हैं, बबुआ ! मैं ग़रीब आदमी ठहरा ! इस बुढ़ापे में भी इतनी मेहनत-मसक्कत कर रहा हूँ कि कहीं कुछ पैसे बचा पाऊँ और उस पाक जगह की ज़ियारत कर आऊँ !"

उनकी आँखों को देखकर मेरा बचपन का दिल भी भावना से ओतप्रोत हो गया। मैंने उनसे कहा–

"मेरे मामाजी से कुछ क़र्ज़ क्यों नहीं ले लेते, दादा ?"

"क़र्ज़ के पैसे से तीरथ करने में सवाब नहीं मिलता, बबुआ। अल्लाह ने चाहा, तो एक-दो साल में इतने जमा हो जाएँगे कि किसी तरह वहाँ जा सकूँ।"

"वहाँ से मेरे लिए भी कुछ सौगात लाइएगा न? क्या लाइएगा ?"

"वहाँ से लोग खजूर और छुहारे लाते हैं।"

"हाँ–, हाँ, मेरे लिए छुहारे ही लाइएगा–लेकिन एक दर्जन से कम नहीं लूँगा, हूँ।"

सुभानदादा की सुफ़ेद दाढ़ी-मूँछ के बीच उनके सुफेद दाँत चमक रहे थे। कुछ देर तक मुझे दुलारते रहे। फिर कुछ रुककर बोले–"अच्छा जाइए, खेलिए, मैं ज़रा काम पूरा कर लूँ। मज़दूरीभर काम नहीं करने से अल्लाह नाराज़ हो जाएँगे।"

"क्या आपके अल्लाह बहुत गुस्सावर हैं ?"–मैं तुनककर बोला।

आज सुभानदादा बड़े ज़ोरों से हँस पड़े; फिर एक बार मेरे सिर पर हथेली फेरी और–"बच्चों से वह बहुत खुश रहते हैं, बबुआ ! वह तुम्हारी उम्र-दराज़ करें।"–कहकर मुझे अपने कंधे पर ले लिया। मुझे लेते हुए दीवार के नज़दीक आए, वहाँ उतार दिया और झट अपनी कढ़नी और बसूली से दीवार पर काम करने लगे।

x x x

सुभान खाँ एक अच्छे राज़ समझे जाते हैं। जब-जब घर की दीवारों पर कुछ मरम्मत की ज़रूरत होती है, उन्हें बुला लिया जाता है। आते हैं, पाँच-सात रोज़ यहीं रहते हैं, काम ख़त्म कर चले जाते हैं।

लंबा, चौड़ा, तगड़ा है बदन इनका। पेशानी चौड़ी, भवें बड़ी सघन और उभड़ी। आँखों के कोनों में कुछ लाली और पुतलियों में कुछ नीलेपन की झलक। नाक असाधारण ढंग से नुकीली। दाढ़ी सघन; इतनी लंबी कि छाती तक पहुँच जाए–वह छाती, जो बुढ़ापे में भी फैली, फूली हुई। सिर पर हमेशा ही एक दुपलिया टोपी पहने होते और बदन में नीमस्तीन। कमर में कच्छेवाली धोती, पैर में चमरौंधा जूता। चेहरे से नूर टपकता, मुँह से शहद झरता। भलेमानसों के बोलने-चालने, बैठने-उठने के क़ायदे की पूरी पाबंदी करते वह।

किंतु, बचपन में मुझे सबसे अधिक भाती उनकी वह सुफ़ेद चमकती हुई दाढ़ी। नमाज़ के वक़्त कमर में धारीदार लुंगी और शरीर में सादा कुरता पहन, घुटने टेक, दोनों हाथ छाती से ज़रा ऊपर उठा, आधी आँखें मूँदकर जब वह कुछ मंत्र-सा पढ़ने लगते, मैं विस्मय-विमुग्ध होकर उन्हें देखता रह जाता ! मुझे ऐसा मालूम होता, सचमुच उनके अल्लाह वहाँ आ गए हैं, दादा की झपकती आँखें उन्हें देख रही हैं, और ये होंठों-होंठों की बातें उन्हीं से हो रही हैं।

एक दिन बचपन के आवेश में मैंने उनसे पूछ भी लिया–"सुभानदादा, आपने कभी अल्लाह को देखा है ?"

"यह क्या कह रहे हो, बबुआ ? इनसान इन आँखों से अल्लाह को देख नहीं सकता !"

"मुझे धोखा मत दीजिए, दादा ! मैं सब देखता हूँ। आप रोज़ आधी आँखों से उन्हें देखते हैं, उनसे बुदबुदाकर बातें करते हैं। हाँ, हाँ, मुझे चकमा दे रहे हैं आप !"

"मैं उनसे बातें करूँगा ! मेरी ऐसी तकदीर कहाँ ? सिर्फ़ रसूल की उनसे बातें होती थीं, बबुआ ! ये बातें कुरान में लिखी हैं।"

"अच्छा दादा, क्या आपके रसूल साहब को भी दाढ़ी थी ?"

"हाँ, —हाँ, थी। बड़ी खूबसूरत, लंबी, सुनहली—अब भी उनकी दाढ़ी के कुछ बाल मक्का में रखे हैं। हम अपने तीरथ में उन बालों के भी दर्शन करते हैं।"

"बड़ा होने पर जब मुझे दाढ़ी होगी, मैं भी दाढ़ी रखाऊँगा दादा ! खूब लंबी दाढ़ी।"

सुभानदादा ने मुझे उठाकर गोद में ले लिया; फिर कंधे पर चढ़ाकर इधर-उधर घुमाया। तरह-तरह की बातें सुनाईं; कहानियाँ कहीं। मेरा मन बहलाकर वह फिर अपने काम में लग गए। मुझे मालूम होता था, काम और अल्लाह—ये ही दो चीज़ें संसार में उनके लिए सबसे प्यारी हैं। काम करते हुए अल्लाह को नहीं भूलते थे और अल्लाह से फुर्सत पाकर फिर झट काम में जुट या जुत जाना अपना पवित्र कर्त्तव्य समझते थे। और, काम और अल्लाह का यह सामंजस्य उनके दिल में प्रेम की वह मंदाकिनी बहाता रहता था, जिसमें मेरे ऐसे बच्चे भी बड़े मज़े में डुबकियाँ लगा सकते थे, चुभकियाँ ले सकते थे।

x x x

नानी ने कहा—"सबेरे नहा-खा लो; आज तुम्हें हुसैन साहब के पैक में जाना होगा! सुभान खाँ आते ही होंगे !"

जिन कितने देवताओं की मनौती के बाद माँ ने मुझे प्राप्त किया था, उनमें एक हुसैन साहब भी थे। नौ साल की उम्र तक, जब तक जनेऊ नहीं हो गई थी, मुहर्रम के दिन मुसलमान बच्चों की तरह मुझे भी ताज़िये के चारों ओर रंगीन छड़ी लेकर कूदना पड़ा है और गले में गंडे पहनने पड़े हैं। मुहर्रम उन दिनों मेरे लिए कितनी खुशी का दिन था। नए कपड़े पहनता, उछलता-कूदता, नए-नए चेहरे और तरह-तरह के खेल देखता—धूम-धक्कड़ में किस तरह चार पहर गुज़र जाते! इस मुहर्रम के पीछे जो रोमांचकारी, हृदय को पिघलानेवाली, करुण रस से भरी दर्द-अंगेज़ घटना छिपी है, उन दिनों उसकी ख़बर भी कहाँ थी !

खैर, मैं नहा-धोकर, पहन-ओढ़कर इतज़ार ही कर रहा था कि सुभानदादा पहुँच गए, मुझे कंधे पर ले लिया और अपने गाँव में ले गए।

उनका घर क्या था—बच्चों का अखाड़ा बना हुआ था। पोते-पोतियों, नाती-नतिनों की भरमार थी उनके घर में। मेरी ही उम्र के बहुत बच्चे ! रंगीन कपड़ों से सज़े-धजे—सब मानो मेरे ही इंतज़ार में ! जब पहुँचा, सुभानदादा की बूढ़ी बीवी ने मेरे गले में एक बद्धी डाल दी, कमर में घंटी बाँध दी, हाथ में दो लाल छड़ियाँ दे दीं और उन बच्चों के साथ मुझे लिए-दिए करबला की ओर चलीं। दिन भर, उछला, कूदा, तमाशे देखे, मिठाइयाँ उड़ाईं और शाम को फिर सुभानदादा के कंधे पर घर पहुँच गया।

ईद-बकरीद को न सुभानदादा हमें भूल सकते थे, न होली-दीवाली को हम उन्हें! होली के दिन नानी अपने हाथों में पूए, खीर और गोश्त परोसकर सुभानदादा को खिलातीं। और, तब मैं ही अपने हाथों से अबीर लेकर उनकी दाढ़ी में मलता। एक बार जब उनकी दाढ़ी रंगीन बन गई थी, मुझे पुरानी बात याद आ गई। मैंने कहा—

"सुभानदादा, रसूल की दाढ़ी भी तो ऐसी ही रंगीन रही होगी ?"

"उस पर अल्लाह ने ही रंग दे रखा था बबुआ; अल्लाह की उन पर ख़ास मेहरबानी थी।

उनके-सा नसीबाँ हम मामूली इनसानों को कहाँ ?"

ऐसा कहकर, झट आँखें मूँदकर कुछ बुदबुदाने लगे—जैसे वह ध्यान में उन्हें देख रहे हों।

मैं भी कुछ बड़ा हुआ; उधर दादा भी आख़िर हज कर ही आए। अब मैं बड़ा हो गया था, लेकिन उन्हें छुहारे की बात भूली नहीं थी। जब मैं छुट्टी में शहर के स्कूल से लौटा, दादा यह अनुपम सौग़ात लेकर पहुँचे। इधर उनके घर की हालत भी अच्छी हो चली थी। दादा के पुण्य और लायक बेटों की मेहनत ने काफ़ी पैसे इकट्ठे कर लिए थे। लेकिन उनमें वही विनम्रता और सज्जनता थी। आए, पहले की ही तरह शिष्टाचार निबाहा। फिर छुहारे निकाल मेरे हाथ में रख दिए—"बबुआ, यह आपके लिए खास अरब से लाया हूँ। याद है न, आपने इसकी फ़रमायश की थी।" उनके नथुने आनंदातिरेक से हिल रहे थे।

छुहारे लिए, सिर चढ़ाया—खाहिश हुई, आज फिर मैं बच्चा हो पाता और उनके कंधे से लिपटकर उनकी सुफ़ेद दाढ़ी में, जो अब सचमुच नूरानी हो चली थी, उँगलियाँ घुसाकर उन्हें 'दादा, दादा' कहकर पुकार उठता ! लेकिन, न मैं अब बच्चा हो सकता था, न ज़बान में वह मासूमियत और पवित्रता रह गई थी ! अँगरेज़ी स्कूल के वातावरण ने अजीब अस्वाभाविकता हर बात में ला दी थी। पर, हाँ, शायद एक ही चीज़ अब भी पवित्र रह गई थी। आँखों ने आँसू की छलकन से अपने को पवित्र कर चुपचाप ही उनके चरणों में श्रद्धांजलि चढ़ा दी !

x x x

हज से लौटने के बाद सुभानदादा का ज़्यादा वक़्त नमाज़बंदगी में ही बीतता। दिन भर उनके हाथों में तसबीह के दाने घूमते और उनकी ज़बान अल्लाह की रट लगाए रहती। अपने जवार-भर में उनकी बुज़ुर्गी की धाक थी। बड़े-बड़े झगड़ों की पंचायतों में दूर-दूर के हिंदू-मुसलमान उन्हें पंच मुक़र्रर करते। उनकी ईमानदारी और दयानतदारी की कुछ ऐसी ही धूम थी।

सुभानदादा का एक अरमान था, मस्जिद बनाने का। मेरे मामा का मंदिर उन्होंने ही बनाया था। उन दिनों वह साधारण राज़ थे। लेकिन, तो भी कहा करते—अल्लाह ने चाहा, तो मैं एक मस्जिद ज़रूर बनवाऊँगा।

अल्लाह ने चाहा और वैसा दिन आया। उनकी मस्जिद भी तैयार हुई। गाँव के ही लायक एक छोटी-सी मस्जिद—लेकिन बड़ी ही खूबसूरत। दादा ने अपनी ज़िन्दगी-भर की अर्जित कला इसमें ख़र्च कर दी थी। हाथ में इतनी ताक़त नहीं रह गई थी कि अब खुद कढ़नी या बसूली पकड़ें, लेकिन दिनभर बैठे-बैठे एक-एक ईंट की जुड़ाई पर ध्यान रखते और उसके भीतर-भीतर जो बेल-बूटे काढ़े गए थे, उनके सारे नक्शे उन्होंने ही खींचे थे और उनमें से एक-एक का काढ़ा जाना उनकी ही बारीक निगरानी में हुआ था !

मेरे मामाजी के बगीचे में शीशम, सखुए, कटहल आदि इमारतों में काम आनेवाले पेड़ों की भरमार थी। मस्जिद की सारी लकड़ी हमारे ही बगीचे से गई थी।

जिस दिन मस्जिद तैयार हुई थी, सुभानदादा ने जवारभर के प्रतिष्ठित लोगों को न्योता दिया था। जुमा का दिन था। जितने मुसलमान थे, सबने उसमें नमाज़ पढ़ी थी। जितने हिंदू आए थे, उनके सत्कार के लिए दादा ने हिंदू हलवाई रखकर तरह-तरह की मिठाइयाँ बनवाई थीं, पान-इलायची का प्रबंध किया था। अब तक भी लोग उस मस्जिद के उद्घाटन के दिन की दादा की मेहमानदारी भूले नहीं हैं।

x x x

ज़माना बदला। मैं अब शहरों में ही ज़्यादातर रहता। और, शहर आए-दिन हिंदू-मुस्लिम दंगों के अखाड़े बन जाते थे। हाँ, आए-दिन ! देखिएगा, एक ही सड़क पर हिंदू-मुसलमान चल रहे हैं, एक ही दुकान पर सौदे ख़रीद रहे हैं, एक ही सवारियों पर जानू-ब-जानू आ-जा रहे हैं, एक

ही स्कूल में पढ़ रहे हैं, एक ही दफ़्तर में काम कर रहे हैं, कि अचानक सबके सिर पर शैतान सवार हो गया। हल्ला, भगदड़, मारपीट, ख़ूनख़राबी, आग-लगी—सारी ख़ुराफातों की छूट ! न घर महफ़ूज़, न शरीर, न इज्ज़त! प्रेम, भाई-चारे और सहृदयता के स्थान पर घृणा, विरोध और नृशंस हत्या का उल्लंग नृत्य !

शहरों की यह बीमारी धीरे-धीरे देहात में घुसने लगी। गाय और बाजे के नाम पर तक़रारें होने लगीं। जो ज़िंदगी-भर कसाईखानों के लिए अपनी गायें बेचते रहे, वे ही एक दिन किसी एक गाय के कटने का नाम सुनकर ही कितने इनसानों के गले काटने को तैयार होने लगे ! जिनके शादी-ब्याह, परब-त्योहार बिना बाजे के नहीं होते, जो मुहर्रम की ग़मी के दिन भी बाजे-गाजों की धूम किये रहते, अब वे ही अपनी मस्जिद के सामने से गुज़रते हुए एक मिनट के बाजे पर ख़ून की नदियाँ बहाने को उतारू हो जाते !

कुछ पंडितों की बन आई, कुछ मुल्लाओं की चलती बनी। संगठन और तंज़ीम के नाम पर, फूट और कलह के बीज बोये जाने लगे। लाठियाँ उछलीं, छुरे निकले। खोपड़ियाँ फूटीं, अँतड़ियाँ बाहर आईं। कितने नौजवान मरे—घर फुँके। बाकी बच गए खेत-खलिहान, सो अँगरेज़ी अदालत के ख़र्चे में पीछे कुर्क हुए!

ख़बर फैली, इस साल सुभानदादा के गाँव के मुसलमान भी क़ुर्बानी करेंगे। जवार में मुसलमान कम थे, लेकिन उनके जोश का क्या कहना ? इधर हिंदुओं की जितनी गाय पर ममता न थी, उससे ज़्यादा अपनी तायदाद पर घमंड था। तनातनी का बाज़ार गर्म ! ख़बर यह भी फैली कि सुभान खाँ की मस्जिद में ही कुर्बानी होगी।

"ऐं, सुभान खाँ की मस्जिद में कुर्बानी ? नहीं, ऐसा नहीं हो सकता !"

"अगर हुई, तो क्या होगा ? हमारी नाक कट जाएगी ! लोग क्या कहेंगे—इतने हिंदू के रहते गो-माता के गले पर छुरी चली !"

"छुरी से गो-माता को बचाना है, तो गौरागौरी के कसाईख़ाने पर हम धावा करें ? और, अगर, सचमुच जोश है, तो चलिए मुजफ़्फ़रपुर, अँगरेज़ी फौज़ की छावनी पर ही धावा बोलें। कसाईख़ाने में तो बूढ़ी गायें कटती हैं, छावनी में तो मोटी-ताज़ी बछियाँ ही काटी जाती हैं।"

"लेकिन वे तो हमारी आँखों से दूर हैं। देखते हुए मक्खी कैसे निगली जाएगी?"

"माफ़ कीजिए, दूर-नज़दीक की बात नहीं है। बात है हिम्मत की, ताक़त की। छावनी में आप नहीं जाते हैं, इसलिए कि वहाँ सीधे तोप के मुँह में पड़ना होगा। यहाँ मुसलमान एक मुट्ठी हैं, इसलिए आप टूटने को उतावले हैं।"

"आप सुभान खाँ का पक्ष ले रहे हैं; दोस्ती निभाते हैं ! धर्म से बढ़कर दोस्ती नहीं !"

कुछ नौजवानों को मेरे मामाजी की बातें ऐसी बुरी लगीं कि सख़्त-सुस्त कहते वहाँ से उठकर चल दिए। लेकिन कितना भी गुस्सा किया जाए, चीख़ा-चिल्लाया जाए—यह साफ़ बात है कि मामा की बिना रज़ामंदी के किसी बड़ी घटना के लिए किसी को पैर उठाने की हिम्मत नहीं हो सकती थी। उधर सुभानदादा के दरवाज़े पर भी मुसलमानों की भीड़ है। न जाने दादा में कहाँ का जोश आ गया है, वह कड़ककर कह रहे हैं—

"गाय की क़ुर्बानी नहीं होगी ! ये फ़ालतू बातें सुनने को मैं तैयार नहीं हूँ। तुम लोग हमारी आँखों के सामने से हट जाओ।"

"क्यों नहीं होगी ? क्या हम अपना मज़हब डर के मारे छोड़ देंगे ?"

"मैं कहता हूँ, यह मज़हब नहीं है। मैं हज से हो आया हूँ, क़ुरान मैंने पढ़ी है। गाय की क़ुर्बानी लाजिमी नहीं है। अरब में लोग दुम्मे और ऊँट की क़ुर्बानी अमूमन करते हैं।"

"लेकिन हम गाय की ही क़ुर्बानी करें, तो वे रोकनेवाले कौन होते हैं ? हमारे मज़हब

में वे दस्तंदाज़ी क्यों करेंगे ?"

"उनकी बात उनसे पूछो—मैं मुसलमान हूँ, कभी अल्लाह को नहीं भूला हूँ। मैं मुसलमान की हैसियत से कहता हूँ, मैं गाय की क़ुर्बानी न होने दूँगा, न होने दूँगा।"

दादा की समूची दाढ़ी हिल रही थी, गुस्से से चेहरा लाल था, होंठ फड़क रहे थे, शरीर तक हिल रहा था। उनकी यह हालत देख, सभी चुप रहे। लेकिन एक नौजवान बोल उठा—

"आप बूढ़े हैं, आप अब अलग बैठिए, हम काफ़िरों से समझ लेंगे।"

दादा चीख़ उठे—

"कल्लू का बेटा, ज़बान सम्हालकर बोल। तू किन्हें काफ़िर कह रहा है ? और, मेरे बुढ़ापे पर मत जा—मैं मस्जिद में चल रहा हूँ। पहले मेरी क़ुर्बानी हो लेगी, तब गाय की क़ुर्बानी हो सकेगी।"

सुभानदादा वहाँ से उसी तनतने की हालत में मस्जिद में आए। नमाज़ पढ़ी। फिर तसबीह लेकर मस्जिद के दरवाज़े की चौखट पर "मेरी लाश पर ही कोई भीतर घुस सकता है।"—कहकर बैठ गए। उनकी आँखें मुँदी हैं, किंतु आँसुओं की झड़ी उनके गाल से होती, उनकी दाढ़ी को भिगोती, अजस्र रूप में गिरती जा रही है। हाथ में तसबीह के दाने हिल रहे हैं, और होंठों पर ज़रा-ज़रा जुंबिश है—नहीं तो उनका समूचा शरीर संगमरमर की मूर्त्ति-सा लग रहा है—निश्चल, निस्पंद। धीरे-धीरे मस्जिद के नज़दीक लोग इकट्ठे होने लगे। पहले मुसलमान; फिर हिंदू भी। अब गाय की क़ुर्बानी का सवाल दादा की आँसुओं की धारा में भँसकर न जाने कहाँ चला गया था ! वह साक्षात् देवदूत-से दीख पड़ते थे। देवदूत—जिसके रोम-रोम से प्रेम और भाई-चारे का संदेश निकलकर वायुमंडल को व्याप्त कर रहा था।

x x x

अभी, उस दिन, मेरी रानी, मेरे दो वर्ष जेल में रह जाने के बाद, इतने लंबे अर्से तक राह देखती-देखती, आख़िर मुझसे मिलने गया सेंट्रल जेल में आई थी।

इतने दिनों की बिछुड़न के बाद, मिलने पर, जो सबसे पहली चीज़ उसने मेरे हाथों पर रखी, वे थे रेशम और कुछ सूत के अजीबोग़रीब ढंग से लिपटे-लिपटाए डोरे, बद्धियाँ, गंडे आदि। यह सूरज देवता के हैं, यह अनंत देवता के, यह ग्राम-देवता के, यों ही गिनती-गिनती, आख़िर में बोली—"ये हुसैन साहब के गंडे हैं—आपको मेरी ही क़सम, इन्हें ज़रूर ही पहन लीजिएगा।"

ये सब मेरी माँ की मन्नतों के अवशेष चिह्न हैं। माँ चली गईं, पिताजी चले गए; रानी चार बच्चों की माँ बन चुकी है, मैं पिता बन चुका हूँ; लेकिन, तो भी ये मन्नतें अब भी निभाई जा रही हैं। रानी जानती है, मैं नास्तिक हूँ। इसलिए जब-जब इनके मौक़े आते हैं, खुद इन्हें मेरे गले में डाल देती है। आज इस जेल में जेल कर्मचारियों और खुफ़िया पुलिस के सामने उसने ऐसा नहीं किया—लेकिन, क़सम देने से नहीं चूकी। मैंने भी हँसकर, मानो उसकी दिलजमई कर दी।

रानी चली गई, लेकिन वे गंडे अब भी मेरे सूटकेस में सँजोकर रखे हैं।

जब-जब सूटकेस खोलता हूँ और हुसैन साहब के उन गंडों पर नज़र पड़ती है, तब-तब दो अपूर्व तस्वीरें आँखों के सामने नाच जाती हैं—

पहली करबला की—

एक ओर सिर्फ़ बहत्तर आदमी हैं, जिनमें बच्चे और औरतें भी हैं। इस छोटी-सी जमात के सरदार हैं हजरत हुसैन साहब। इन्हें बार-बार आग्रह करके बुलाया गया था, कूफ़ा की गद्दी पर बिठलाने के लिए ! लेकिन गद्दी पर बिठाने के बदले, आज उनके लिए एक चुल्लू पानी का मिलना भी मुहाल कर दिया गया है। सामने फुरात नदी बह रही है, लेकिन उसके घाट-घाट

पर पहरे हैं, उन्हें पानी लेने नहीं दिया जा रहा है। कहा जाता है—दुराचारी, दुराग्रही यज़ीद की सत्ता क़बूल करो, नहीं तो प्यासे तड़पकर मरो।

बच्चे प्यास के मारे बिलला रहे हैं; उनकी माँ और बहनें तड़प रही हैं। हाय रे, एक चुल्लू पानी !—मेरे लल्ला के कंठ सूखे जा रहे हैं, उसकी साँस रुकी जा रही है ! पानी, पानी—एक चुल्लू पानी !

पानी की तो नदी बह रही है और तुम्हें इज़्ज़त और दौलत भी कम नहीं बख़्शी जाएगी—क्योंकि तुम खूद रसूल के नाती जो हो। लेकिन; शर्त यह है—यज़ीद के हाथ पर बैत करो।

यज़ीद के हाथ पर बैत ? दुराचारी, दुराग्रही यज़ीद की सत्ता क़बूल कर ले और रसूल का नवाशा ? हो नहीं सकता। हम एक चुल्लू पानी में डूब मरना पसंद करेंगे, लेकिन यह नीच काम रसूल के नाती से नहीं होगा !

लेकिन, बच्चों के लिए तो पानी लाना ही है ! उन्हें यों जीते-जी तड़पकर मरने नहीं दिया जा सकता !

एक ओर बहत्तर आदमी, जिनमें बच्चे और स्त्रियाँ भी। दूसरी ओर दुराचारी यज़ीद की अपार सजी-सजाई फौज़ ! लड़ाई होती है, हज़रत हुसैन और उनका पूरा काफ़िला उस करबला के मैदान में शहादत पाता है ! शहीदों के रक्त से उस सहरा के रजकण लाल हो उठते हैं, बच्चों की तड़प और अबलाओं की चीख़ से वातावरण थर्रा उठता है। इतनी बड़ी दर्दनाक घटना संसार के इतिहास में मिलना मुश्किल है। मुहर्रम उसी दिन का करुण स्मारक है। संसार के कोने-कोने में यह स्मारक हर मुसलमान मनाता है। भाईचारा बढ़ने पर हिन्दुओं ने भी इसे अपना त्योहार बना लिया था, जो सब तरह ही योग्य था।

और, दूसरी तस्वीर सुभानदादा की—

जिनके कंधे पर चढ़कर मैं मुहर्रम देखने जाया करता था।

वह चौड़ी पेशानी, वह सुफ़ेद दाढ़ी, वे ममताभरी आँखें, वे शहद टपकानेवाले होंठ, उनका वह नूरानी चेहरा ! जिनकी जवानी अल्लाह और काम के बीच बराबर हिस्से में बँटी थी, जिनका बुढ़ापा अल्लाह से ओत-प्रोत था। जिनके दिमाग़ में आला ख़याल थे और हृदय में प्रेम की धारा लहराती थी, वह प्रेम की धारा—जो अपने-पराये सबको समान रूप से शीतल करती और सींचती है !

मेरा सिर सिज़्दे में झुका है—करबला के शहीद के सामने ! मैं सप्रेम नमस्कार करता हूँ—अपने प्यारे सुभानदादा को !

बुधिया

एक छोटी-सी पठिया फुदकती हुई आकर चमेली की ताज़ा, नरम-नरम पत्तियों को ताबड़तोड़ नोचने और चबाने लगी। उस दिन तक मुझमें वह कलात्मक प्रवृत्ति नहीं जगी थी कि उस नन्हें खूबसूरत जानवर का वह फुदकना, अपने लंबे कानों को फटफटाते हुए पत्तियों का वह नोचना, फिर चौकन्नी आँखों से इधर-उधर देखते हुए लगातार मुँह चलाना और जब-तब, शायद माँ की याद में, में-में चिल्ला उठना—मैं विस्मय-विमुग्ध होकर देखता-सुनता रहता। उस दिन तो सबसे बड़ी ममता थी उस चमेली पर जिसकी क़लम मैं दूर के गाँव से लाया था, जिसे मैंने

अपने हाथों रोपा और सींचा था और जिसकी एक-एक पत्ती निकलते देखकर मैं फूला नहीं समाता था। इस छोटी-सी दुष्ट पठिया ने सब सत्यानाश में मिला दिया—मैं गुस्से में चूर उसे मारने दौड़ा। वह हिरन के बच्चे-सी छलाँग लेती भागी! मैं पीछे लगा—

मत मारिए बाबू !—यह बुधिया थी। बुधिया, एक छोटी-सी बच्ची। सात-आठ साल से ज़्यादा की क्या होगी ! कमर में एकरंगे की खँडुकी लपेटे, जिसमें कितने पैबंद लगे थे और जो मुश्किल से उसके घुटने के नीचे पहुँचती थी। समूचा शरीर नंग-धड़ंग, गर्द-गुवार से भरा। साँवले चेहरे पर काले बालों की लटें बिखरी, जिनमें धूल तो साफ़ थी और जूँए भी ज़रूर रही होंगी। एक नाक से पीला नेटा निकल रहा, जिसे वह बार-बार सुड़कने की कोशिश करती। उसकी बोली सुन, और शायद यह सूरत देखकर भी, इच्छा हुई, एक थप्पड़ अभी उसके गाल पर जड़ दूँ, कि उसके पैर के नीचे जो नज़र पड़ी तो ध्यान उस ओर बँट गया और मेरा लड़कपन का मन वहीं जा उलझा।

अरे, तूने यह क्या बना रखा है—मैं नज़दीक बढ़कर देखने लगा। देखा निकट के पोखरे से गीली-चिकनी मिट्टी लाकर वह तरह-तरह के खिलौने बनाये हुए है। खेत में सरसों, चना-मटर वगैरह के फूल लाकर उन खिलौनों को खूब सजा रखा है उसने। खिलौनों की ख़ास शक्लें तो थीं नहीं; हाँ, आदमी के-से आकार, जो रंग-बिरंगे फूलों से सजे होने के कारण ज़रूर ही भले दिखते थे। मैंने पूछा—यह क्या है ? वह कुछ शरमाई।

आप मारिएगा नहीं न, तो बताऊँ !

आज पीटता ज़रूर लेकिन माफ कर दिया। वह मुस्कुरा रही। बैठ गई। बैठिए न ! उस गंदगी में मैं क्यों बैठने लगा, झुककर देखने लगा; उसने कहना शुरू किया—

यह है दुलहा—सिर पर मोर। सरसों के फूल की ओर इशारा करती—बसंती मोर। यह है दुलहन—कैसी भली चूँदरी, मटर-चने के फूलों की। इनकी होगी शादी। खूब बजेंगे बाजे। दो-तीन बार उसने पेट पीटा, फिर मुँह से सीटी दी—ढोल भी, शहनाई भी! यह है कोहबर-घर—धूल से चौकोर घेरकर बनाया। यह है फूलसेज—आम के हरे पत्तों पर कुछ फूल बिखरे। इस पर सोएँगे दोनों। और मैं गाऊँगी गीत—

वह कुछ गुनगुनाने लगी। गाती, झूमती। कुछ देर तल्लीन मैं देखा-सुना किया। फिर मेरा ध्यान अपनी चमेली की ओर गया। दौड़ा। एक-एक पत्ती गिनता। अफ़सोस करता। पठिया को ज़िन्दा चबाने की क़समें खाता। बुधिया को गालियाँ देता ...

मालिक, ज़रा घास में हाथ लगा दीजिए न !

x x x

सिर नीचा किए, किसी बात पर तर्क-वितर्क करता मैं गाँव से उत्तर की उस सड़क पर शाम को हवाखोरी कर रहा था कि यह आवाज़ सुन, सिर उठाकर देखा।

झुटपुटा हो चला था। सड़क के नीचे, खेत में, एक युवती-सी खड़ी मालूम हुई। घास का गट्ठर उसके पैर के नीचे, बग़ल में, पड़ा था।

मैं झल्ला उठा। उसकी शोख़ी पर क्रोध आया। मैं अब शहरी आदमी हूँ। साफ़ कपड़े पहनता। गँवई के लोगों की गंदगी से दूर रहने की कोशिश करता। फिर, मैं घसहारा, चरवाहा थोड़े हूँ, जो घास के गट्ठर उठाता फिरूँ ? गाँव में ऐसा कौन है, जो मुझसे ऐसा कहने की जुर्रत करे ? लेकिन, देखिए इसे, जिसने...

उठा दीजिए न ?

मैंने घूरकर उसके चेहरे को देखा। आकृति और आवाज़ में तारतम्य बिठलाया। अरे, यह तो बुधिया है ! जवान हो गई ? इतनी जवान; इतनी जल्दी?

इधर-उधर देखा, कोई नहीं। शाम हो रही है, बेचारी को कौन उठा देगा? द्रवीभूत हो मैंने घास के गट्ठर में हाथ लगा दिए। वह गट्ठर लिए झूमती चली गई।

उसी समय एक ठहाका सुनाई पड़ा और थोड़ी देर में जगदीश मेरे नज़दीक पहुँच चुका था। आख़िर आपको भी इसने फँसाया !—जगदीश की आँखों में शरारत थी, आवाज़ में व्यंग्य। फिर उसने मानो, बुधिया-पुराण कहना शुरू किया—

अब बुधिया पैबंदवाली बुधिया नहीं है। अब उसकी चूनर का रंग कभी मलिन नहीं होता। उसकी चोली सिवाईपट्टी का दरजी सीता है। माना, वह रोज़ घास को आती-जाती है, लेकिन उसके हाथ में ठेले की क्या बात, आप घिस्से भी नहीं पाएँगे। रंग वही साँवला है; लेकिन उसमें गड़हे के सड़े पानी की मुर्दनी नहीं है, कालिंदी का कलकल-छलछल है, जिसके कूल पर कितने ही गोपाल बंशी टेरते, कितने ही नंदलाल रासलीला का स्वप्न देखते। बुधिया जिस सरेह में निकल जाती, ज़िंदगी तरंगें लेती। उसके बालों में चमेली का तेल चपचप करता है, उसकी माँग में टकही टिकुली चमचम करती है। किसी वृन्दावन में एक थे गोपाल, हज़ार थीं गोपियाँ। यहाँ एक है गोपी और हज़ार गोपाल। इन गोपालों को एक ही नाथ में नाथकर नचाने में बुधिया को जो मज़ा आता, वह उस गोपाल को सहस्रफण काली के नाथने और उसके फण पर नाचने में भी कहाँ मिला होगा ? मालूम होता, द्वापर का बदला राधारानी इस कलियुग में बुधिया की मारफ़त पुरुष-जाति से चुका रही—वह तड़पती रही और यह तड़पाती है।

उफ़, अनर्थ ! —मेरा सदाचार-प्रवण हृदय चिल्ला रहा था और मैं सिर नीचा किये उस अँधेरे में घर की ओर लौट रहा था; जगदीश ने दूसरी राह पकड़ी थी। थोड़ी दूर जाने पर, गाँव के नज़दीक पहुँचते-पहुँचते, मुझे ऐसा लगा कि मेरी बग़ल से जैसे शरीर छूता हुआ, कोई सन्न-से निकल गया। मेरी गर्दन आप-से-आप पीछे मुड़ी।

माफ़ कीजिए, यह दूसरा कसूर हुआ—वह ठिठककर खड़ी हुई, बोली। वह बुधिया थी। मैं जल उठा—बदमाश, बदचलन ! सुनकर, सहमने-सकुचाने के बदले, वह ठठाकर हँस पड़ी और निधड़क, नज़दीक आकर, कहने लगी—

बाबू, याद है; मेरी पठिया आपकी चमेली चर गई थी ?

अँधेरे में भी बत्तीसी चमक उठी।

बदमाश, भाग चल !

निस्संदेह उस समय मेरा चेहरा लाल अंगार बन रहा होगा।

और, वह दुलहा, वह दुलहन, वह कोहबर, वह फूल-सेल और, वह गीत ! गीत सुनिएगा बाबू—

सजनी चललिंहु पिउ-घर ना,
जाइतहिं लागु परम डर ना,

वह गाते-गाते भागी—हँसती-इठलाती। उफ़, कैसी बेशर्म, बेहया ... मैं क्या-क्या न बड़बड़ाया किया; और दूर-दूर से उसके ठहाके की आवाज़ आ रही थी !

x x x

गेहूँ की कटनी हो रही थी। मेरे भाई ने कहा—भैया, आज मज़दूर ज़्यादा होंगे, लूट लेंगे। ज़रा खेत चलिएगा ? बस, आपको सिर्फ़ खड़ा-भर रहना है, काम तो आप-आप होगा।

खून में जो कहीं बची-बचाई किसानी वृत्ति है उसने नए काम के नए अनुभव के कौतूहल से मिलकर, मुझे खेत में ला खड़ा किया।

एक पहर रात से ही, जिसमें गेहूँ की पकी बालियाँ-डंठल से ही झड़ न जाएँ, चाँदनी-चाँदनी

में जो कटनी हो रही थी, वह ख़तम हो चली थी। बोझे बाँधे जा रहे थे। मज़दूर बोझे बाँधते, उनकी स्त्रियाँ और बच्चे गिरी हुई बालियों को अपने लिए चुनते। गिरी हुई बालियों के बहाने कहीं पसही को ही न चुन लें, इसीलिए मेरी यह तैनाती हुई थी।

मैं एक जगह खड़ा, चौकसी से, अपनी ड्यूटी दे रहा था; लेकिन खेत के एक कोने पर, मुझसे दूर एक मज़दूर के पीछे एक अधेड़ स्त्री और उसके कई बच्चे ताबड़तोड़ बाल चुन रहे और, मैं कहूँ, कुछ फाउल-प्ले कर रहे थे।

ऐं, कौन औरत है ? —तू क्या कर रही है ?

मेरी ऊँची आवाज़ को औरत ने, जैसे सुनकर भी, नहीं सुना। हाँ, उसका मर्द शायद उसे डाँट रहा था, ऐसा लगा।

एक बार—दो बार—तीन बार ! अपनी अवज्ञा देख, गुसे में चूर, मैं उस ओर बढ़ा। मुझे उस ओर बढ़ते देख उसके चारों बच्चे, जो छः वर्ष की उम्र के अन्दर के ही होंगे, उस स्त्री के समीप आ गए। छोटे ने, जो डेढ़ वर्ष का होगा, गुडुककर उसके पैर पकड़ लिए। कुछ अलग ही से मैंने डाँटा—

तू क्या कर रही है, रे ?

हाथ से चुनने का काम जारी रखते हुए ही, झुके-झुके, उसने मुँह फेरकर मेरी ओर देखा, और बोली—सलाम बाबू !

ऐं, यह कौन ? अरे बुधिया ? यह वही बुधिया है, जो कभी खँडुकी पहने थी? कभी जिसकी चूनर नहीं मलिन होती थी ? उफ़, यह क्या हुआ ? उसका वह बचपन; उसकी वह जवानी! और यह ... हाँ, बुढ़ापा ही तो। फटा कपड़ा। चोली का नाम नहीं। बाल बिखरे, चेहरा सूखा। गालों के गड्ढे, आँखों के कोटर। और-तो-और—जो कभी अपनी गोलाई, गठन और उठान से नौजवानों को पागल बनाते, उसके वे दोनों ज़वानी के फूल, अब वह झुकी बाल चुन रही है, बकरी के थन-से लटक रहे—निर्जीव, निस्पंद !

बुधिया !

हाँ, बाबू !

मुँह फेरकर उसने मेरी ओर सूखी मुस्कुराहट से देखा और अपने काम में लगी रही।

तब तक उसका आदमी बोझे बाँध चुका था। उसने पुकारा—ज़रा इधर आ, हाथ लगा दे।

बुधिया बाल चुनना छोड़-छाड़कर खड़ी हुई और मेरी ओर देख, फिर एक हल्की मुस्कुराहट ले, उस ओर बढ़ी।

मैंने उसके तन कर खड़ा होते ही, देखा, उसका पेट बाहर निकला है, पैर उठ नहीं रहे हैं, ओह—यह गर्भवती है ! तू ठहर, मैं बोझा उठाए देता हूँ ! —मैंने कहा?

ना बाबू, आपसे बोझ उठाने को नहीं कहूँगी। आप नाराज़ हो जाते हैं !

उसके आगे के दो दाँत अजीब करुणा बरसाते, चमक पड़े।

मुझे धक्-सा लगा। पुरानी बात याद आ गई। वह संध्या, वह घास का गट्ठर, बुधिया का निवेदन, जगदीश का व्यंग्य, मेरी बौखलाहट, उसका पागलपन ! उसी समय उसका छोटा बच्चा रो उठा। वह उसकी ओर लपकी और मैं सीधे उसके 'आदमी' के पास पहुँचा। बोझा उठा दिया। वह हट्टा-कट्टा जवान, बोझा लेता, झूमता चलता बना। इधर बच्चे के मुँह में सूखा स्तन देती, पुचकारती, दुलराती, हलराती, बुधिया बोली—

बाबू, आपके कै बच्चे हैं ? ये बड़े दुष्ट होते हैं बाबू ! देह बरबाद करके भी इन्हें चैन नहीं, ये तंग कर मारते हैं।

बाकी तीन बच्चे भी उससे सटे खड़े थे। एक की देह पर हाथ फेरती, एक की पीठ ठोकती, एक पर आँखों से ही प्यार उँड़ेलती, गोद के बच्चे को थपथपाती, इस स्थिति में ही मस्त, वह क्या-क्या न मुझसे बकती रही। मैं एकटक उसकी ओर देखता रहा। आँखें उसकी ओर देखतीं, दिमाग अपना काम किये जाता—

हाँ, बरसात बीत गई। बाढ़ ख़तम हो गई। अब नदी अपनी धारा में है; शांत गति से बहती। न बाढ़ है, न हाहाकार। कीचड़ और खर-पात का नाम-निशान नहीं। शांत, निस्तब्ध, गंगा !

मेरे सामने महान् मातृत्व है—वंदनीय, अर्चनीय !

गेहूँ और गुलाब

[1948-50 ई.]

उन हाथों में जिनकी हथेलियों में दिमाग़ और अंगुलियों में आँखें हों और जिनकी कलाइयों में किसी प्रकार की जंजीर न हो।

—श्रीरामवृक्ष बेनीपुरी

पुस्तक-आन्दोलन

यह पुस्तक है और आन्दोलन भी।

पुस्तक, जिसमें मेरी कुछ नई कृतियाँ संगृहीत हैं। मुख्यतः शब्दचित्र : जिनके लिए मुझे अनायास प्रसिद्धि प्राप्त हो गई है।

ये शब्दचित्र, पिछले शब्दचित्रों से भिन्न हैं—छोटे, चलते, जीवंत! मैंने कहा—हैंड कैमरा के स्नैपशॉट; आलोचक ने उस दिन डाँटा—हाथीदाँत पर की तस्वीरें !

इतनी हिम्मत नहीं कि आमीन कहूँ। आप ही देखें, दोनों में कौन हैं ये?

और, कुछ अन्य फुटकर चीज़ें, जिनका वर्गीकरण मैं स्वयं नहीं कर पाता। रचनाकार का यह काम भी नहीं, आलोचक इसे लेकर मगजपच्ची करें।

यह हुई पुस्तक।

और आन्दोलन—जो हमें भौतिकता की अंधगुफा से उठाकर सांस्कृतिक धरातल की ओर ले जाए।

जो संघर्ष के बीच भी हमें सौन्दर्य देखने की दृष्टि दे।

पैर कीचड़ को ठेलते बढ़ रहे हों, किंतु आँखें इन्द्रधनुष पर जमी हों।

क्या कहा—पलायनवाद !

अरे, कहीं भागनेवाला भी इतनी दूर देख सकता है, इस तरह देख सकता है?

अपने पैर मैं देख रहा हूँ—ज़रा तुम अपने भी देखो ?

कहीं वे ही तो पीछे नहीं भाग रहे हैं !

मेरे नन्हे साथियो, कला के क्षेत्र को वाद-विवादों का अखाड़ा न बनाओ, अपने भीतर की गन्दगी से उसे गन्दा न करो !

सत्य ढूँढ़ो, शिव ढूँढ़ो, सुन्दर ढूँढ़ो।

सुन्दर—यहीं कला अन्य क्षेत्रों से पृथक् होती है !

जो सौन्दर्य देख सके, परख सके, तुम्हें ऐसे नेत्र मिलें, शीघ्र मिलें।

इसी कामना में—

—श्रीरामवृक्ष बेनीपुरी

श्रावण, 1950

पुनश्च—

इस नये संस्करण में पाँच चीज़ें और जोड़ दी गई हैं, जो सर्वथा इसी के योग्य थीं। यह संस्करण अब पहले से अधिक, अपने नाम को सार्थक करता है।

—श्री रा. बे.

श्रावण, 1953

गेहूँ बनाम गुलाब

गेहूँ हम खाते हैं, गुलाब सूँघते हैं। एक से शरीर की पुष्टि होती है, दूसरे से हमारा मानस तृप्त होता है।

गेहूँ बड़ा या गुलाब ? हम क्या चाहते हैं–पुष्ट शरीर या तृप्त मानस ? या पुष्ट शरीर पर तृप्त मानस !

जब मानव पृथ्वी पर आया, भूख लेकर। क्षुधा, क्षुधा; पिपासा, पिपासा। क्या खाये, क्या पीये ? माँ के स्तनों को निचोड़ा; वृक्षों को झकझोरा; कीट-पतंग, पशु-पक्षी–कुछ न छूट पाए उससे !

गेहूँ–उसकी भूख का काफला आज गेहूँ पर टूट पड़ा है। गेहूँ उपजाओ, गेहूँ उपजाओ, गेहूँ उपजाओ !

मैदान जोते जा रहे हैं, बाग़ उजाड़े जा रहे हैं–गेहूँ के लिए !

बेचारा गुलाब–भरी जवानी में कहीं सिसकियाँ ले रहा है ! शरीर की आवश्यकता ने मानसिक वृत्तियों को कहीं कोने में डाल रखा है, दबा रखा है।

x x x

किंतु; चाहे कच्चा चरे, या पकाकर खाए–गेहूँ तक पशु और मानव में क्या अन्तर? मानव को मानव बनाया गुलाब ने ! मानव, मानव तब बना, जब उसने शरीर की आवश्यकताओं पर मानसिक वृत्तियों को तरजीह दी !

यही नहीं; जब उसके पेट में भूख खाँव-खाँव कर रही थी, तब भी उसकी आँखें गुलाब पर टँगी थीं, टँकी थीं।

उसका प्रथम संगीत निकला, जब उसकी कामिनियाँ गेहूँ को ऊखल और चक्की में कूट-पीस रही थीं। पशुओं को मारकर, खाकर ही वह तृप्त नहीं हुआ; उसकी खाल का बनाया ढोल और उनकी सींग की बनाई तुरही। मछली मारने के लिए जब वह अपनी नाव में पतवार का पंख लगाकर जल पर उड़ा जा रहा था, तब उसके छप-छप में उसने ताल पाए, तराने छोड़े ! बाँस से उसने लाठी ही नहीं बनाई, बंशी भी बजाई !

रात का काला-घुप्प पर्दा दूर हुआ, तब वह उच्छ्वसित हुआ सिर्फ़ इसलिए नहीं कि अब पेट-पूजा की समिधा जुटाने में उसे सहूलियत मिलेगी; बल्कि वह आनन्द-विभोर हुआ ऊषा की लालिमा से, उगते सूरज की शनैः-शनैः प्रस्फुटित होनेवाली सुनहली किरणों से, पृथ्वी पर चमचम करते लक्ष-लक्ष ओस-कणों से! आसमान में जब, बादल उमड़े, तब उनमें अपनी कृषि का आरोप करके ही वह प्रसन्न नहीं हुआ; उनके सौन्दर्य-बोध ने उसके मन-मोर को नाच उठने के लिए लाचार किया–इन्द्रधनुष ने उसके हृदय को भी इन्द्रधनुषी रंगों में रँग दिया !

मानव शरीर में पेट का स्थान नीचे है; हृदय का ऊपर और मस्तिष्क का सबसे ऊपर ! पशुओं की तरह उसका पेट और मानस समानान्तर रेखा में नहीं हैं ! जिस दिन वह सीधे तनकर खड़ा हुआ, मानस ने उसके पेट पर विजय की घोषणा की!

गेहूँ की आवश्यकता उसे है; किंतु, उसकी चेष्टा रही है गेहूँ पर विजय प्राप्त करने की! प्राचीन काल के उपवास, व्रत, तपस्या, आदि उसी चेष्टा के भिन्न-भिन्न रूप रहे हैं !

x x x

जब तक मानव के जीवन में गेहूँ और गुलाब का संतुलन रहा, वह सुखी रहा, सानन्द रहा !

वह कमाता हुआ गाता था और गाता हुआ कमाता था। उसके श्रम के साथ संगीत बँधा हुआ था और संगीत के साथ श्रम।

उसका साँवला दिन में गायें चराता था, रात में रास रचाता था।

पृथ्वी पर चलता हुआ, वह आकाश को नहीं भूला था और जब आकाश पर उसकी नज़रें गड़ी थीं, उसे याद था कि उसके पैर मिट्टी पर हैं !

किंतु, धीरे-धीरे यह संतुलन टूटा !

अब गेहूँ प्रतीक बन गया हड्डी तोड़नेवाले, थकानेवाले, उबानेवाले, नारकीय यंत्रणाएँ देनेवाले श्रम का—उस श्रम का, जो पेट की क्षुधा भी अच्छी तरह शान्त न कर सके।

और, गुलाब बन गया प्रतीक विलासिता का—भ्रष्टाचार का, गन्दगी और गलीज़ का ! वह विलासिता—जो शरीर को नष्ट करती है और मानस को भी !

अब उसके साँवले ने हाथ में शंख और चक्र लिये। नतीजा—महाभारत और यदुवंशियों का सर्वनाश !

वह परम्परा चली आ रही है ! आज चारों ओर महाभारत है, गृहयुद्ध, है—सर्वनाश है, महानाश है !

गेहूँ सिर धुन रहा है खेतों में; गुलाब रो रहा है बगीचों में—दोनों अपने-अपने पालन-कर्त्ताओं के भाग्य पर, दुर्भाग्य पर— !

x x x

चलो, पीछे मुड़ो। गेहूँ और गुलाब में हम फिर एक बार संतुलन स्थापित करें !

किंतु मानव क्या पीछे मुड़ा है; मुड़ सकता है ?

यह महायात्री आगे बढ़ता रहा है, आगे बढ़ता रहेगा !

और क्या नवीन संतुलन चिर-स्थायी हो सकेगा ? क्या इतिहास फिर दुहरकर नहीं रहेगा?

नहीं; मानव को पीछे मोड़ने की चेष्टा न करो।

अब गुलाब और गेहूँ में फिर संतुलन लाने की चेष्टा में सिर खपाने की आवश्यकता नहीं!

अब गुलाब गेहूँ पर विजय प्राप्त करे। गेहूँ पर गुलाब की विजय—चिर-विजय! अब नये मानव की यह नई आकांक्षा हो !

क्या यह सम्भव है?

बिलकुल, सोलह आने सम्भव है !

विज्ञान ने बता दिया है—यह गेहूँ क्या है? और उसने यह भी जता दिया है कि मानव में यह चिर-बुभुक्षा क्यों है।

गेहूँ का गेहूँत्व क्या है, हम जान गए हैं। यह गेहूँत्व उसमें आता कहाँ से है, हमसे यह भी छिपा नहीं है !

पृथ्वी और आकाश के कुछ तत्त्व एक विशेष प्रक्रिया से पौधों की बालियों में संगृहीत होकर गेहूँ बन जाते हैं ! उन्हीं तत्त्वों की कमी, हमारे शरीर में, भूख नाम पाती है !

क्यों पृथ्वी की जुताई, कुड़ाई, गुड़ाई ! क्यों आकाश की दुहाई ! हम पृथ्वी और आकाश से उन तत्त्वों को सीधे क्यों नहीं ग्रहण करें?

यह तो अनहोनी बात—उटोपिया, उटोपिया !

हाँ, यह अनहोनी बात, उटोपिया तब तक बनी रहेगी, जब तक विज्ञान संहार-कांड के लिए ही आकाश-पाताल एक करता रहेगा। ज्योंही उसने जीवन की समस्याओं पर ध्यान दिया, यह हस्तामलकवत् सिद्ध होकर रहेगी !

और; विज्ञान को इस ओर आना है; नहीं तो मानव का क्या, सारे ब्रह्माण्ड का संहार निश्चित है !

विज्ञान धीरे-धीरे इस ओर कदम बढ़ा भी रहा है !

कम से कम इतना तो वह तुरत कर ही देगा कि गेहूँ इतना पैदा हो कि जीवन की अन्य परमावश्यक वस्तुएँ—हवा, पानी की तरह—इफरात हो जाएँ ! बीज, खाद, सिंचाई, जुताई के ऐसे तरीके निकलते ही जा रहे हैं जो गेहूँ की समस्या को हल कर दें !

प्रचुरता—शारीरिक आवश्यकताओं की पूर्त्ति करनेवाले साधनों की प्रचुरता—की ओर आज का मानव प्रधावित हो रहा है !

x x x

प्रचुरता ?—एक प्रश्नचिह्न !

क्या प्रचुरता मानव को सुख और शान्ति दे सकती है?

'हमारा सोने का हिन्दोस्तान'—यह गीत गाइए; किंतु यह न भूलिए कि यहाँ एक सोने की नगरी थी, जिसमें राक्षसता वास करती थी !

राक्षसता—जो रक्त पीती थी, अभक्ष्य खाती थी; जिसके अकाय शरीर थे, दस सिर थे, जो छः महीने सोती थी; जिसे दूसरे की बहू-बेटियों को उड़ा ले जाने में तनिक भी झिझक नहीं थी।

गेहूँ बड़ा प्रबल है—वह बहुत दिनों तक हमें शरीर का गुलाम बनाकर रखना चाहेगा ! पेट की क्षुधा शान्त कीजिए, तो वह वासनाओं की क्षुधा जाग्रत कर आपको बहुत दिनों तक तबाह करना चाहेगा।

तो, प्रचुरता में भी राक्षसता न आवे, इसके लिए क्या उपाय ?

अपनी वृत्तियों को वश में करने के लिए आज का मनोविज्ञान दो उपाय बताता है—इन्द्रियों के संयमन का और वृत्तियों के उन्नयन का !

संयमन का उपदेश हमारे ऋषि-मुनि देते आये हैं। किंतु, इसके बुरे नतीजे भी हमारे सामने हैं—बड़े-बड़े तपस्वियों की लम्बी-लम्बी तपस्याएँ एक रम्भा, एक मेनका, एक उर्वशी की मुस्कान पर स्खलित हो गईं !

आज भी देखिए। गाँधीजी के तीस वर्ष के उपदेशों और आदेशों पर चलनेवाले हम तपस्वी किस तरह दिन-दिन नीचे गिरते जा रहे हैं !

इसलिए उपाय एकमात्र है—वृत्तियों के उन्नयन का !

कामनाओं को स्थूल वासनाओं के क्षेत्र से ऊपर उठाकर सूक्ष्म भावनाओं की ओर प्रवृत्त कीजिए !

शरीर पर मानस की पूर्ण प्रभुता स्थापित हो—गेहूँ पर गुलाब की !

गेहूँ के बाद गुलाब—बीच में कोई दूसरा टिकाव नहीं, ठहराव नहीं !

x x x

गेहूँ की दुनिया ख़त्म होने जा रही है—वह स्थूल दुनिया, जो आर्थिक और राजनीतिक रूप में हम सब पर छाई हुई है !

जो आर्थिक रूप में रक्त पीती रही है; राजनीतिक रूप में रक्त की धारा बहाती रही है !

अब वह दुनिया आनेवाली है जिसे हम गुलाब की दुनिया कहेंगे !

गुलाब की दुनिया—मानस का संसार—सांस्कृतिक जगत्।

अहा, कैसा वह शुभ दिन होगा जब हम स्थूल शारीरिक आवश्यकताओं की ज़ंजीर तोड़कर

सूक्ष्म मानस-जगत् का नया लोक बसायेंगे !

जब गेहूँ से हमारा पिंड छूट जाएगा और हम गुलाब की दुनिया में स्वच्छन्द विहार करेंगे!

गुलाब की दुनिया—रंगों की दुनिया, सुगंधों की दुनिया !

भौंरे नाच रहे, गूँज रहे; फुलसुँघनी फुदक रही, चहक रही !

नृत्य, गीत—आनन्द, उछाह !

कहीं गन्दगी नहीं; कहीं कुरूपता नहीं ! आँगन में गुलाब; खेतों में गुलाब! गालों पर गुलाब खिल रहे; आँखों से गुलाब झाँक रहा !

जब सारा मानव-जीवन रंगमय, सुगन्धमय, नृत्यमय, गीतमय बन जाएगा !

वह दिन कब आयगा ?

वह आ रहा है—क्या आप देख नहीं रहे ? कैसी आँखें हैं आपकी ! शायद उन पर गेहूँ का मोटा पर्दा पड़ा हुआ है। पर्दे को हटाइए और देखिए वह अलौकिक, स्वर्गिक दृश्य इसी लोक में, अपनी इस मिट्टी की पृथ्वी पर ही !

"शौके दीदार अगर है, तो नज़र पैदा कर !"

जहाज़ जा रहा है

खड़खड़-खड़खड़, धमधम-धमधम—गंगा में यह जहाज़ चला जा रहा है।

सामने कुछ बच्चे, किनारे पर खड़े, उत्सुकता से एक-एक यात्री को पहचानने की कोशिश में हैं। उस बँगले में, कुछ बाबू इज़ीचेयर पर बैठे, सिगार का धुआँ उड़ा रहे हैं। घाट पर स्नानार्थियों की भीड़ है और गंगा में यह जहाज़ चला जा रहा है।

कब से यह पीपल का पेड़ किनारे पर खड़ा है ? उसकी जड़ों को गंगा माई कब से धोती आई हैं? उसके पत्तों को मेघ ने अभी-अभी धो डाला है और अब हवा उन्हें दुलरा रही है। उसके नीचे मिट्टी के देवता हैं जिन पर पड़े फूल, अच्छत और सिन्दूर यहाँ से ही दिखाई पड़ते हैं। हनुमानजी की लम्बी ध्वजा, सघन पत्तों में, न जाने कहाँ छिप गई है। एक बूढ़ा ब्राह्मण थरथर काँपता, होंठ बुदबुदाता, पीपल की जड़ पर पानी दे रहा है और यह जहाज़ गंगा में चला जा रहा है।

पानी में हिलकोरे हैं, गिर्दाब है, फेन है, तिनके हैं और यह जहाज़ मस्ती में चला जा रहा है।

वह दो मछुए नाव पर मछली मार रहे हैं—एक की कमर में लाल लँगोट और सिर में उजला अँगोछा लिपटा; दूसरे की कमर में उजला लँगोट, लेकिन सिर पर लाल अँगोछा। जाल को पानी से बाहर कर झाड़ रहे हैं दोनों। छोटी-बड़ी मछलियाँ जाल के बीच में सिमटती जा रही हैं। किंतु, यह क्या ? एक बड़ी मछली जाल से उछली, हवा में तैरती-सी पानी में छप-सी जा गिरी और यह जहाज़ अपनी ही गति में हड़हड़ करता बढ़ता जा रहा है।

x x x

सामने वह ऊँचा गोलघर का मुँडेरा है और दूसरी ओर बनवार चक्र के लम्बे-लम्बे ताड़ हैं। एक ओर अट्टालिकाओं की चमकती पाँतें, दूसरी ओर ऊँघते-से झोंपड़े ! एक ओर पुख्ता ईंटों की बनी शानदार सीढ़ियाँ, दूसरी ओर कटे खेत, उजड़े गाँव, गिरे-अधगिरे घर ! ऊपर धुआँ बादल बनाता

चल रहा है और नीचे यह जहाज़ जा रहा है।

जहाज़ के पेट में कोलाहल है, पीठ पर कोलाहल है। निचले हिस्से में थर्ड क्लास के यात्री खचाखच भरे हैं, ऊपर डेक पर कुछ सुफ़ेदपोश बाबू चहलकदमी कर रहे हैं। यह जहाज़ नहीं जानता कि वह हमारे समाज का कितना सही प्रतिनिधित्व करता है,—वह तो बढ़ा चला जा रहा है।

यह क्या जल रही है ? चिता, चिता, चिता ? हाँ, तीन चिताएँ एक पंक्ति में! लोग इतना मरते हैं ? किंतु शायद आप जीवितों की गिनती भूल गए हैं ! तो भी मरण कितना निठुर, जीवन कितना मधुर! और, जीवन-मरण दोनों से उदासीन वीतराग-सा यह जहाज़ चला जा रहा है !

उफ़, यह लाश भँसी जा रही है। स्त्री की है। बड़े-बड़े बाल पानी पर लहरा रहे हैं। पेट के बल पड़ी है; पीठ और कमर के नीचे के कुछ भाग रह-रहकर ऊपर हो रहे हैं। सुफ़ेद-सुफ़ेद चमड़ी ! एक कौआ उस पर बैठने के लिए हवा में पर तोल रहा है। वह लपका, वह बैठा, वह चोंच चलाई—वीभत्स ! ! और वह देखिए, पानी भरने को काँख में कलसी लिये, तुरत आई वह युवती किस भय-त्रस्त दृष्टि से यह देख रही है ! अच्छा है, जहाज़ तेज़ी से आगे बढ़ा जा रहा है।

पुरवा हवा उठी—नज़दीक के पड़ाव से नावों की एक लम्बी पाँत पाल उड़ाती रवाना हुई। माँझी डोर पकड़े, पाल की दिशा स्थिर कर रहे हैं; तरंगों को कुचलती, चीरती ये नावें जैसे फुर्र-फुर्र उड़ी जा रही हैं, और उनकी क्षिप्र गति से हतप्रभ हमारा यह विशाल जहाज़ मन्थर गति से भँसा जा रहा है।

यह जहाज़ कहाँ जा रहा है? हम कहाँ जा रहे हैं ? यह गंगा कहाँ जा रही है ? ये नावें कहाँ जा रही हैं ? वह लाश कहाँ गई ? जगत्याम् जगत् है यह; सबमें गति है, सबको चलना है, बढ़ना है, जाना है। हमारा जहाज़ भी जा रहा है, जा रहा है।

चरवाहा

और, वह कंडे की आगी में कोई चीज़ भून रहा है !

सामने तीन बकरियाँ, जिनमें से एक के मोटे थन से एक पठेरू लटक रही; थोड़ी दूर पर एक गाय चर रही और एक बछवा गर्दन को पेट में घुसेड़े सो रहा; दाहिनी ओर एक बुढ़िया घास छील रही; और, वह कंडे की आगी में कोई चीज़ भून रहा है !

पुरवा हवा आग की धधक को रह-रहकर बढ़ा देती है; वह लकड़ी से कंडे पर रखी चीज़ को उलट-पुलट देता है; आग की दहक से चेहरा झुलस रहा है उसका; लेकिन उस पर उल्लास-ही-उल्लास नाच उठता है रह-रह ! वह बड़े प्रेम से कंडे की आगी में कोई चीज़ भून रहा है जो !

दूर पर कई खेतों में हल चलाए जा रहे हैं और ढोरों का एक बड़ा झुंड, उपरली परती में चर रहा है; नदी कछार के झौए के बन में, हिलोर है, हहास है। अभी एक बटेर फुर से उड़ गई है हवा को तेज़ पंखों की आरी से चीरती-सी; गाँव की धुँधली छाया की पृष्ठभूमि में दो ताड़ के पेड़ गर्वोन्नत मस्तक उठाए झूम रहे हैं; और वह बड़े जतन से कंडे की आगी में कोई चीज़ भून रहा है।

सूखे हुए नाले में एकाकी बगुला उदास खड़ा है। कटे हुए गेहूँ के खेत में शून्यता ही शून्यता

है; और, वह बड़े आनन्द से कंडे की आगी में कोई चीज़ भून रहा है !

यही दस साल का होगा वह। प्रकृति ने कैसा क्रूर मज़ाक किया है उसके चेहरे से—न रंग न रूप; काला भूत ! निकला हुआ पेट मानो उसकी शाश्वत बुभुक्षा का डंका पीट रहा है! सूखी टाँगों को फैलाए, मोटे होंठों से लार टपकाता, भद्दी उँगलियों से वह कंडे की आगी पर कोई चीज़ भून रहा है।

अभी सड़क से बस गुज़री है—खचाखच भरी हुई ! एक भारी-भरकम सेठ-दम्पत्ति, कम उम्र रिक्शेवाले का कचूमर निकालते, वह चले जा रहे हैं। बैलगाड़ी पर ऊँघते गाड़ीवान के मुँह से बिरहा की कड़ी टूट-टूटकर रह जाती है। सड़क पर इतने लोग क्यों चलते हैं और सबके पैर इतनी तेज़ी से क्यों उठा करते हैं ? क्या शहर में लड्डू बँटते हैं ? बँटा करें—वह तो कंडे की आगी पर कोई चीज़ भूनने में ही मगन है ?

चीज़ शायद भुन गई। लार पतली होकर चू-चू पड़ती है। कंडे से निकली चीज़ को वह तलहथी पर लेता है—तलहथी जल रही है; किंतु, इस नायाब चीज़ को फेंके कैसे ? चट मुँह में रख लेता है किंतु इतनी गर्मी जीभ को भी बर्दाश्त नहीं! दो-एक बार मुँह खोलकर, हवा लेने की कोशिश करता है; किंतु कंडे की आगी में भुनी हुई चीज़ की आग कम नहीं हो रही ! क्या थूक दे ? नहीं, नहीं—यह भूल उससे नहीं होगी! वह निगलने की कोशिश कर रहा है !

काली पेशानी पर पसीना-पसीना है; साँस फूल रही है, कंठ झुलस रहा है; नाक में सोंधी गन्ध है, कान में साँय-साँय आवाज़ ! जीभ का पानी कहाँ सूख गया कमबख़्त? वह निगले तो कैसे—उगले तो कैसे ? आँखों में अब पानी-पानी है—यह पानी जीभ पर क्यों नहीं आता ?

अभी-अभी एक चील सिर के ऊपर मँडराकर चली गई है और दो कौवे उसके सामने काँव-काँव करते, अपनी हिस्सेदारी की याद उसे दिला रहे हैं; और वह कंडे की आगी में भुनी हुई उस नायाब चीज़ को जैसे-तैसे निगलकर कैसी तृप्ति की साँस ले रहा है !

फुलसुँघनी

अरे-रे, यह कौन गेंदे का बाग़ उजाड़ रही है !

गेंदा—क्या इसमें सिर्फ़ गोलाई है जो इसका नाम 'गेंद' के वज़न पर 'गेंदा' रख दिया गया? इससे तो इसका अँगरेज़ी नाम अच्छा—'मेरी गोल्ड' ! आनन्द भी, सोना भी।

किंतु, कौन है यह—जो मेरे सोने को धूल में मिलाए जा रही है ?

गेंदे का यह छोटा-सा झाड़ बिलकुल फूलों से लदा। कहीं पत्तियाँ भी आप नहीं पावेंगे। सोने की शतशः गेंदें आपसे आप उछल रही हैं, लुढ़क रही हैं, नाच रही हैं—हवा के एक छोटे-से झोंके के इशारे पर !

अरे, यह कौन उसका सर्वनाश कर रही है?

कहीं से फुलसुँघनी का एक जोड़ा आ पहुँचा। फुलसुँघनी के जोड़े को कभी देखा है आपने?

एक इंच से भी छोटी, वज़न में शायद एक बड़े पतंगे के बराबर—यह छोटी-सी काली-काली चिड़िया अपने में कितनी उमंग रखती है! पन्न-पन्न करती, हर सेकेंड पर अपनी गति बदलती, छोटी चोंच से सुरीली चें-चें करती, ज्योंही फूल देखा कि टूट पड़ी उस पर ! अपनी चोंच से पंखुड़ियों की जड़ पकड़कर एक झटका देती है, उनका रस पी लेती है, फिर गिरा देती है। देखिए न, आपके देखते-देखते एक पूरे फूल की पंखुड़ियाँ नोच डालीं इस जोड़े ने।

गेंदे के झाड़ के नीचे पीली-पीली, सुनहली-सुनहली पंखुड़ियों का अम्बार-सा लगता जाता है।

x x x

अब शायद दोनों के पेट भर गए। दोनों उड़ीं—एक हल्की-सी फुर्र ! विलायती मटर को सहारा देने के लिए खड़ी की गई कमाची पर जा बैठीं दोनों। सट-सटकर! दो-एक बार चोंच से पाँखें खुजलाईं। भोर के सूरज की किरणों में इनकी गहरी काली पाँखें किस तरह चमक रही हैं—इन्द्रधनुषी हो रही हैं!

एक उड़ी—एक हल्की-सी चें-चें के साथ ! दूसरे ने अनुमान किया—सुबुक फुर्र के स्वर में।

चें-चें! फुलसुँघनी के जोड़े हवा को तरंगित करते उड़े जा रहे हैं—फुर्र-फुर्र !

मेरे गेंदे के बाग़ को सर्वनाश में मिलाकर, फुलसुँघनी के जोड़े, वह देखिए उड़े जा रहे हैं !

तितलियाँ

समूचा पार्क मुखरित हो गया !

दो तितलियाँ आईं और सारा पार्क रंगीन, रसमय, उच्छ्वसित और मुखरित हो गया।

तितलियाँ दूब पर दौड़ीं, फूलों को चूमा, बेंच पर बैठीं, कुछ गुनगुनाईं, फुसफुसाईं इधर-उधर नज़रें दौड़ाईं—

सारी आँखें उनकी तरफ़ !

छाती फूल उठी, साँस ज़ोर से आने लगी; ओ हो, सारी आँखें मेरी ओर! दोनों ने अलग-अलग यही सोचा !

लीली, ज़रा यह तो देखो !

शबनम ! ज़रा सुनो तो !

एक के अधर दूसरे के गाल के नज़दीक ! कान-कान में कुछ कहा गया—

क्या कहा गया ?

धत्त...

एक तितली भागी जा रही, दूसरी तितली पीछा कर रही।

दूब कुचल गई, फूल शरमा गए, बेंच खाली पड़ी है—

किंतु; पार्क अब भी उच्छ्वसित है, मुखरित है !

नथुनिया

'यह क्या खा रहा है रे ?'

सिर के मुँड़े हुए छोटे-छोटे बालों के रंग से चेहरे का रंग प्रतियोगिता करता हुआ। बालों ने चारों ओर से जिस पर मुदाख़लतबेजा कर रखी है, वह छोटा-सा ललाट, चिपटा-सा। ललाट की कालिमा में पतली भौंओं की रेखा खोई-खोई-सी। छोटी-छोटी आँखें—जिनका पीला रंग राजेन्द्र बाबू की आँखों की याद दिलाता है। आँखों के चारों कोरकों पर पीली-पीली घिनौनी

कीचड़। गाल की हड्डियाँ उभरीं। नाक का नुकीला अग्रभाग पतले अधरों को ढँकता-सा। इस नाक में प्रसूतिगृह में ही, बूढ़ी दादी ने पीतल की एक नथुनी डाल दी थी—कहीं उसके इस पितृहीन इकलौते पोते को डायन-जोगन की नज़र न लग जाए।

'यह क्या खा रहा है रे ?'

सुनकर मेरी ओर ताका—दस गर्मी, जाड़ा, बरसात की झुलस, हड़कम्प और झकोरे का मारा उसका चेहरा खिलता-सा नज़र आया ! बड़े फ़ख्र से हाथ के टुकड़े को मुँह में डालता हुआ वह भारी आवाज़ में बोला—

'मक्के की रोटी है, बाबू !'

नींव की ईंट

वह जो चमकीली, सुन्दर, सुघड़ इमारत है; पर किस पर टिकी है ? इसके कंगूरों को आप देखा करते हैं, क्या कभी आपने इसकी नींव की ओर भी ध्यान दिया है?

दुनिया चकमक देखती है, ऊपर का आवरण देखती है; आवरण के नीचे जो ठोस सत्य है, उस पर कितने लोगों का ध्यान जाता है?

ठोस 'सत्य' सदा 'शिवम्' होता ही है; किंतु वह हमेशा ही 'सुन्दरम्' भी हो, यह आवश्यक नहीं।

सत्य कठोर होता है; कठोरता और भद्दापन साथ-साथ जन्मा करते हैं, जीआ करते हैं।

नहीं तो, हम इमारत के गीत, नींव के गीत से प्रारम्भ करते।

वह ईंट धन्य है, जो कट-छँटकर कंगूरे पर चढ़ती है और बरबस लोक-लोचनों को अपनी ओर आकृष्ट करती है।

किंतु, धन्य है वह ईंट जो ज़मीन के सात हाथ नीचे जाकर गड़ गई और इमारत की पतली ईंट बनी !

क्योंकि इसी पहली ईंट पर उसकी मज़बूती और पुख्तेपन पर सारी इमारत की अस्ति-नास्ति निर्भर करती है।

उस ईंट को हिला दीजिए, कंगूरा बेतहाशा ज़मीन पर आ रहेगा।

x x x

कँगूरे के गीत गानेवाले हम; आइए, अब नींव के गीत गायें !

वह ईंट जो ज़मीन में इसलिए गड़ गई कि दुनिया को इमारत मिले, कंगूरा मिले!

वह ईंट, जो सब ईंटों से ज़्यादा पक्की थी, जो ऊपर लगी होती, तो कंगूरे की शोभा सौगुनी कर देती !

किंतु, जिसने देखा, इमारत की पायदारी उसकी नींव पर मुनहसिर होती है; इसलिए उसने अपने को नींव में अर्पित किया।

वह ईंट, जिसने अपने को सात हाथ ज़मीन के अंदर इसलिए गाड़ दिया कि इमारत ज़मीन के सौ हाथ ऊपर तक जा सके।

वह ईंट, जिसने अपने लिए अन्धकूप इसलिए कबूल किया कि ऊपर के उसके साथियों को स्वच्छ हवा मिलती रहे, सुनहली रोशनी मिलती रहे।

वह ईंट, जिसने अपना अस्तित्व इसलिए विलीन कर दिया कि संसार एक सुन्दर सृष्टि देखे।

x x x

सुन्दर सृष्टि ! सुन्दर सृष्टि, हमेशा ही बलिदान खोजती है, बलिदान ईंट का हो या व्यक्ति का !

सुन्दर इमारत बने, इसलिए कुछ पक्की-पक्की लाल ईंटों को चुपचाप नींव में जाना है।

सुन्दर समाज बने, इसलिए कुछ तपे-तपाये लोगों को मौन मूक शहादत का लाल सेहरा पहनना है।

शहादत और मौन मूक ! जिस शहादत को शुहरत मिली, जिस बलिदान को प्रसिद्धि प्राप्त हुई, वह इमारत का कंगूरा है—मन्दिर का कलश है !

हाँ, शहादत और मौन मूक ! समाज की आधारशिला यही होती है।

ईसा की शहादत ने ईसाई धर्म को अमर बना दिया, आप कह लीजिए ! किंतु, मेरी समझ से, ईसाई धर्म को अमर बनाया उन लोगों ने, जिन्होंने उस धर्म के प्रचार में अपने को अनाम उत्सर्ग कर दिया !

उनमें से कितने ज़िन्दा जलाए गए, कितने शूली पर चढ़ाए गए; कितने रनबन की खाक छानते जंगली जानवरों के शिकार हुए, कितने उससे भी भयानक जन्तु भूख-प्यास के शिकार हुए।

उनके नाम शायद ही कहीं लिखे गए हों—उनकी चर्चा शायद ही कहीं होती हो।

किंतु, ईसाई धर्म उन्हीं के पुण्य-प्रताप से फल-फूल रहा है !

वे नींव की ईंट थे, गिरिजाघर के कलश उन्हीं की शहादत से चमकते हैं !

आज हमारा देश आज़ाद हुआ सिर्फ़ उनके बलिदानों के कारण नहीं, जिन्होंने इतिहास में स्थान पा लिया है !

देश का शायद ही कोई ऐसा कोना हो, जहाँ कुछ ऐसे दधीचि नहीं हुए हों, जिनकी हड्डियों के दान ने ही विदेशी वृत्रासुर का नाश किया।

हम जिसे देख नहीं सकें, वह सत्य नहीं है, यह है मूढ़ धारणा ! ढूँढ़ने से ही सत्य मिलता है! हमारा काम है, धर्म है, ऐसी नींव की ईंटों की ओर ध्यान देना !

x x x

सदियों के बाद नये समाज की सृष्टि की ओर हमने पहला कदम बढ़ाया है !

इस नये समाज के निर्माण के लिए भी हमें नींव की ईंट चाहिए।

अफ़सोस, कंगूरा बनने के लिए चारों ओर होड़ाहोड़ी मची है, नींव की ईंट बनने की कामना लुप्त हो रही है !

सात लाख गाँवों का नवनिर्माण ! हज़ारों शहरों और कारखानों का नव-निर्माण ! कोई शासक इसे सम्भव कर नहीं सकता ! ज़रूरत है ऐसे नौजवानों की, जो इस काम में अपने को चुपचाप खपा दें !

जो एक नई प्रेरणा से अनुप्राणित हों, एक नई चेतना से अभिभूत; जो शाबासियों से दूर हों, दलबन्दियों से अलग।

जिनमें कंगूरा बनने की कामना न हो, कलश कहलाने की जिनमें वासना न हो। सभी कामनाओं से दूर—सभी वासनाओं से दूर।

उदय के लिए आतुर हमारा समाज चिल्ला रहा है—हमारी नींव की ईंटें किधर हैं?

देश के नौजवानों को यह चुनौती है !

गेंदा

उस दिन फूलों की मजलिस जुटी थी। नाना रंग, नाना ढंग के सुवासित वस्त्राभूषणों से सजे पुष्पकुमार और कुसुम-कुमारियाँ एकत्र हुई थीं।

एक गम्भीर सवाल आ गया था।

हेमन्त आ रहा था—वही हेमन्त, जब हिमालय अपनी हिम-सेना को हर शाम कुबेर के कदली बन पर चढ़ाई करने को रवाना करेगा। किंतु इस सेना को इन्द्र ने शाप दे रखा है—रात-भर ये जहाँ तक बढ़ें, किंतु भोर होते ही इनका ख़ात्मा हो जाएगा। अतः एक-पर-एक सेना रवाना तो होगी, किंतु सुदूर केदली-बन तक पहुँच नहीं पाएगी। रास्ते में ही सूर्य के आगमन की धमक से ही वह तितर-बितर हो जाएगी, धराशायी हो जाएगी और जहाँ-जहाँ गिरेगी, वहाँ-वहाँ क़यामत बरपा करेगी।

और, इसके बाद ही शिशिर का प्रारम्भ होगा—वही शिशिर, जिसमें पछवा हवा इस ज़ोर से बहेगी कि वनदेवी की श्यामल साड़ी के तार-तार उड़ जाएँगे, फिर रंगीनियों की क्या चर्चा ? जगत निरानन्द, निस्पन्द और नीरस हो जाएगा।

सवाल था, इस निष्ठुर हेमन्त में, इस दारुण शिशिर में क्या पृथ्वी पुष्प-शून्य रहेगी? क्या ऐसा होना पुष्प-कुल के लिए शोभनीय होगा ? पुष्प-कुल—जिसकी रचना करके विधाता ने भी अपने को धन्य माना था। इस कुल को उसने क्या-क्या न दिये—यह रूप, यह रंग, यह गंध ! सृष्टि में बहार उसी दिन आई, जीवन में यौवन उसी दिन आया।

पुष्पराज ने कहा—"कुमारियो, कुमारो, आप लोग किसलिए एकत्र हुए हैं, आपको ज्ञात तो हो चुका होगा। अब मैं जानना चाहता हूँ, हममें से कौन वह बड़भागी है, जो इस गाढ़े अवसर पर पुष्पकुल की मर्यादा रखेगा ?"

सन्नाटा—तनिक कुलबुलाहट नहीं, ज़रा हिल-डुल तक नहीं।

जो पुष्प-कुल के रत्न-रूप थे, उनकी ओर लोग एकटक देखने लगे।

यह हैं कमल—पुष्प-कुल के सर्वश्रेष्ठ पुत्र, जिनकी कीर्त्ति-कथा गाते-गाते कवि-कुल की वाणी नहीं थकती ! यह हैं गुलाब—कमल के छोटे भाई, किंतु उनसे भी ज़्यादा जन-प्रिय, बहु-प्रशंसित! यह हैं चम्पा रानी, जिनका रंग देख-देख संसार की कामिनियाँ अपनी हीनता अनुभव करती हैं।

यह हैं जूही देवी—जिनकी सादगी पर दुनिया मरती है ! बेला, चमेली, गुलदाउदी, गुलसब्बो—कौन-कौन न हैं ? लोगों की आँखें हिम्मत से इनकी ओर लगी थीं। उम्मीद थी, ये लोग आगे बढ़कर अपने साहस से, सबको चकित कर देंगे।

किंतु, यह क्या? कमलदेव एक चुल्लू पानी की तलाश में हैं, गुलाबजी अपने को काँटों में छिपाने की कोशिश कर रहे हैं, चम्पारानी के मुँह का रंग उड़ता जा रहा है, जूही देवी शरम से सिहर-सी उठी हैं। जब बड़ों की यह हालत, तो छोटों की कौन बात ?

सन्नाटा—अब यह श्मशान का सन्नाटा था ?

पुष्पराज ने कहा—"शर्म की बात है। डूब मरने की बात है। उस कुल को पृथ्वी में रहने का कोई हक नहीं, जो इस प्रकार नपुंसकता दिखलाए। जिस वंश के लोग केवल बगीचे खोजें, रंगमहल खोजें या हरे जंगल के नग्न श्रृंगार खोजें, यह वंश दुनिया में टिक नहीं सकता। पुष्प-कुमारो, कुसुम-कुमारियो, आज आपने वह काम किया है, जिसके लिए आपका नाम इतिहास में सदा कोयले के हरूफ़ों में लिखा जाएगा।"...

सब सुनकर गड़े जा रहे थे—शर्म से, आत्मग्लानि से। उसी समय एक तरफ़ से आवाज़

आई—"इस तरह मत बोलिए पुष्पराज, पुष्प-कुल में केवल नाज़नीन छोकरियाँ और नाजुक बदन अलबेले ही नहीं रहते।"

सब लोगों ने उत्सुकता से उसकी ओर देखा—एक दुबला-पतला नौजवान, जिसके चेहरे पर पीलापन छाया हुआ है, उठकर खड़ा है—गर्व से उसकी छाती उभर आई है।

उसने कहना जारी रखा—

"मैं तैयार हूँ, हेमन्त से मुक़ाबला करने को, शिशिर की चुनौती स्वीकार करने को।"

"मैं जानता हूँ, कमलदेव ऐसी न तो मुझे देवोपम पवित्रता मिली है और न गुलाबजी ऐसी सर्वप्रियता; चम्पारानी का रंग और जूही देवी की मुग्धकर सादगी भी मुझे प्राप्त नहीं; न और भाई-बहनों की तरह मुझमें मनोमुग्धकर रंगरूप या मादक-मोहक गन्ध है—किंतु एक बात का दावा मैं कर सकता हूँ, वह है बलिदान करने की भावना। और, यदि उसकी क़ीमत है, तो भले ही इस मुक़ाबले में मैं शहीद भी हो जाऊँ, मेरा नाम अमर रहेगा। और कुछ नहीं, तो कम-से-कम कोई यह तो नहीं कहेगा कि पुष्प-कुल में एक भी ऐसा नहीं निकला, जो अपने को बलि चढ़ा देने की जुर्रत भी करता।"

उसके ज़र्द चेहरे पर अभिमान की लाली थी।

समूची मजलिस में जय-ध्वनि होने लगी।

पुष्पराज ने कहा—"बेटा आओ, मैं तुम्हें गले से लगा लूँ। तुम हमारे कुल का अभिमान हो। और यह क्या कहते हो कि तुम्हारा नाश होगा ? अरे, कहीं बलिदानी आत्मा का नाश होता है ? निश्चय जानो, जब तक यह पृथ्वी है, तुम अजर-अमर रहोगे, कोई तुम्हारा बालबाँका नहीं कर सकता !"

यह कौन था ?

आपने हेमन्त और शिशिर में अपने आसपास देखा है ?—आपके बगीचे में ही नहीं, बारी में, आरी पर; दरवाज़े पर, पिछवाड़े में; आँगन में, सहन में, जहाँ-जहाँ भी जड़ जमाने के लिए थोड़ी मिट्टी मिल गई है, कुछ फूल खिल रहे हैं ! चाहे बरफ़ गिरे या पाला, चाहे पछवा हवा बहे या उत्तरा—वे चटक रहे हैं, चमक रहे हैं। हम उन्हें गेंदा कहते हैं, वह अमर फूल है।

वह अमरता, जो कष्ट-सहन, त्याग और बलिदान से ही मिलती है !

हरसिंगार

मेरे आँगन के एक कोने में एक छोटी-सी विटपी है—ऊँचाई में मुझसे कुछ ही बड़ी।

शरद आते ही वह कलियों से लद जाती है। सन्ध्या हुई कि एक उन्मादिनी सुरभि से मेरा आँगन गमगमा उठता है।

जब निशीथ में अपनी पिछली खिड़कियाँ खोलकर मैं शरच्चन्द्र की छटा, विछावन पर लेटे ही लेटे देखा करता—

[चाँदनी रात में टहलना कितना अमधुर विचार! चाँदनी का संदेश जागरण नहीं, स्वप्न है; चेतना नहीं, तन्द्रा है। लेट जाओ, सो जाओ, चन्द्रमा को देखते-देखते। फिर चन्द्रपुरी का वह स्वप्न देखो—चन्द्र धनुष पर वाण चढ़ाए मृग का पीछा कर रहा है; रोहणी मंत्रमुग्ध-सी उसके पीछे-पीछे चली जा रही है और दोनों के पीछे किसी अशरीरी का कुसुम-धनुष है !]

—तब, आँगन में जब-तब, आनेवाले हौले टप-टप शब्द से मेरे रोंये खड़े हो जाते हैं।

फिर जागते हुए, सोते-से और सोते हुए जागते-से—निद्रा और जागृति की आँख-मिचौनी

में—जब मुझे पिछले पहर की शीतल शरद-समीर गुदगुदाकर जगा देती है और मैं चाँदनी की रजतिमा में स्वर्णिमा का सम्मिश्रण पाता हूँ, तब मेरे कानों से अनवरत वर्षा के-से रिमझिम शब्द सुनाई पड़ने लगते हैं।

मैं जानता हूँ, वह क्या बरस रहा है ?

अपने सौरभ में आप ही व्याकुल, मेरे आँगन की यह छोटी विटपी, अपने हृदय के सारे बोझीले भार को, सूर्योदय के पहले ही हल्का कर देना चाहती है, जिसमें लोक-लोचन उसके इस अछूते संसार को नज़र न लगा दें।

x x x

समूचे थाल में उजली-उजली खीलें बिखरी हैं, जिसकी जड़ों में लालिमा चमक रही है।

(काली जिसकी जड़ में हो, वह उजलापन ! रक्तदान से ओत-प्रोत उज्ज्वल बलिदान)

जब दुनिया अपनी सारी लाली बाज़ार में बेचने को उतावली है, यह उसे छिपा रखने की चेष्टा करती है !

x x x

गाँव-भर की बच्चियों की भीड़ आज मेरे आँगन में लगी हुई है। आज मेरे आँगन में फूलों की हाट सज रही है।

अजीब ख़रीदफ़रोख़्त! सौदागरन आज लुटाने पर तुली है, भोली ख़रीदारन आँचल भरने पर। भाव-साव का नाम नहीं।

जब-तब पत्तों और टहनियों पर रही-सही उलझी बची-खुची अपनी दो-चार पंखुड़ियों को इन पर गिराकर यह विटपी जैसे सिहर-सी उठती है।

(क्या इन बच्चियों के भावी जीवन की याद कर, जब कि यह भी रात-भर के आदर और उपहार की चीज़ समझी जाएँगी और दिन-भर उपेक्षा और अवहेला की शिकार ! जिनकी बलिदान की उज्ज्वलता, हृदय-दान की लालिमा के साथ रहने पर भी निष्ठुर पुरुष-समाज से स्वीकृति या उपहार न पा सकेगी !)

जिस समय कि दूसरे पुष्प अपने हृदय खोलने की तैयारी में होते हैं, उससे पहले ही जो अपने को लुटा देती है; जब तक कि किसी लोलुप भौंरे का चपल स्पर्श इसे चंचल न करे, तभी जो अपने को बलिवेदी पर चढ़ा देती है; अपने क्षणभंगुर जीवन को माली की डाली की चीज़ न बनाकर जो शिशुओं के अंचल की निधि बना देती है—ऐसी इस विटपी को देखकर मैं सिहर उठता हूँ।

मेरी आँखों से भी हरसिंगार के फूल, जब-तब, झड़ पड़ते हैं। कौन बतावे, इनकी जड़ में लाली है कि नहीं ? ये सूखी सहानुभूति से निकलते हैं या हार्दिक समवेदना से?

गुलाब

फूलों का राजा ?—गुलाब ! अब तो यह बात दुनिया-भर ने मंज़ूर कर ली है।

राजा—रंग से, रूप से, गंध से।

हल्का-हल्का नेत्ररंजक रंग—गोल-गोल, उभरा-भरा आकार,—मीठी-मीठी, एक ही झोंके में दिमाग़ को मुअत्तर करनेवाली गंध। गुलाब की छाया भी छू सके—ऐसा कौन है फूल ?

किंतु, क्या गुलाब केवल अपने इन्हीं गुणों से राजा है। रूप-रंग, गुण-गंध क्या ये ही वे

चीज़ें हैं जो आदमी को राजा बना देती हैं?

मैं एक दिन भोर-भोर उठा। चला पार्क की ओर। सोचा, मैं आज गुलाब ही से पूछूँगा; किंतु यह तो कलजुग है—फूल तो सतजुग में बातें करते थे—मस्तिष्क ने यह तर्क दिया। किंतु हृदय ने पैरों को घसीटे पार्क में पहुँचाया।

अभी पार्क में कोई आया न था। बाग़बाँ अपनी झोंपड़ी में खुर्राटे ले रहा था—भोर की मादक वासंती हवा मानो उसे थपकियाँ दे रही थी। शहर के अल्हड़ टहलनेवाले—और टहलनेवालियाँ भी—अपने-अपने आरामगाहों में शायद अब तक इसी बागबाँ के अध्याय को दुहरा रहे थे।

ओस-बिन्दु जिसके हर दल पर क्रीड़ा कर रहे थे, ऐसे एक ताज़े खिले गुलाब के फूल के निकट मैं जा बैठा। बैठने से पहले श्रद्धा-भक्तियुक्त तीन बार उसकी प्रदक्षिणा कर ली। प्रणाम किया—उसके चरणों की रज उठाकर मस्तक पर चढ़ाई, ओस का एक कण आँखों में लगाया। अकस्मात् पाता हूँ, गुलाब बोल रहा है—

"मैं समझ गया। तुम्हारा सवाल सही है, दुरुस्त है।

"अगर रूप की बात लो, तो दुनिया में कमल से बढ़कर कौन खूबसूरत है। अगर रंग देखना चाहो, गुलदाउदी को लो। रजनीगंधा की कौन बात—भोली जूही अपनी गंध से मुझे बार-बार पराजित कर सकती है।

"किंतु, तो भी राजा मैं हूँ। फूलों का राजा गुलाब है। क्यों ?

"मेरे फूल को ही मत देखो—जैसा कि तुम्हारी मानव-जाति देखा करती है। देखो उसके नीचे। अनगिनत नुकीले, चुभीले काँटों को।

"बहुत दिन गुज़रे, तुम्हारे एक आदमी के सिर पर किसी ने काँटों का ताज रख दिया—आज तक तुम उसकी गाथा कथा कहते-सुनते चले आते हो। वह तुम्हारा शहीद-शिरोमणि हो गया।

"किंतु, मेरी ओर देखो, मैं तो खुद काँटों का ताज हूँ—अनगिनत काँटों के ऊपर खिला, हँसता, विहँसता।

"उनके सिर पर काँटे थे—मैं काँटों के सिर पर हूँ। सिर पर काँटा रखना बड़ा करतब है या। काँटों के सिर पर रहना? तुम्हीं सोचो। और, रहना ऐसा कि न होंठों की हँसी में कमी आये, न मुँह की लाली में। उस हालत में भी अपने गुण-गंध का उन्मुक्त हाथों वितरण करना।

"और, ज़रा उससे भी नीचे उतरो—देखो, मेरी जन्म-कहानी !

"मरुभूमि के हाहाकार में, पशु-पक्षी, वृक्ष-तृण जहाँ होश-हवास खो देते हैं, वहाँ भी अपना अस्तित्व ही नहीं, अपनी जन्मजात कोमलता, अपनी नेत्ररंजकता और उन्मुक्त दानपरता को बचाए रख सके, वह राजा के पद पर क्यों न बैठे ?

"जो मरुभूमि में जन्मे, काँटों में पले—तो भी अपने स्वाभाविक गुणों को न छोड़े, वह राजा होगा ही।

"चाहे वह फूल हो या मानव !

"समझे—चाहे वह मानव हो या फूल !"

इसी समय पैर की आहट हुई—देखा, एक मिस साहिबा ज़ोरों से ज़मीन को दबाती, मानो उसे पीसने की कोशिश करती, हाथ में एक गुलाब का फूल उछालती चली आ रही हैं। एक ताज़ा गुलाब का फूल उन्होंने अपने ओवरकोट के उस बटन में लगा रखा है, जो उनकी प्रशस्त छाती के ठीक ऊपर है। उनकी आहट सुनकर ही गुलाब चुप हो गया था। मैं भी उठा—

और कभी 'इस' गुलाब, कभी 'उस' गुलाब को देखता घर लौटा !

पुरुष और परमेश्वर

पुरुष और परमेश्वर में महत्ता किसकी—यह विवाद आज का नहीं, आदि युग से चला आ रहा है ! एक पक्ष ने कहा—मैं ही सबकुछ हूँ, और संसार मेरा है। दूसरे ने कहा—यदि वह कहीं हो भी, तो वह मैं ही हूँ, और तीसरे ने आत्मार्पण किया—जो कुछ हो, तुम्हीं हो ! तुम्हारी शरण हूँ, चाहे जो उपयोग करो।

भक्त ने कहा—भगवान ने अपने रूप में मनुष्य का निर्माण किया।

दर्शन ने कहा—मनुष्य ने अपने रूप में भगवान की रचना की।

जब मनुष्य ने सपनाना सीखा, ईश्वर का प्रारंभ तभी से हुआ।

ज्यों-ज्यों सपनों में वृद्धि हुई, भगवान की महत्ता में भी वृद्धि होती गई।

सपने धुँधले पड़ रहे हैं; भगवान भी धुँधला पड़ता जा रहा है।

सपनों में परिवर्त्तन;—भगवान में परिवर्त्तन !

अतीतकाल के मानव को एक भगवान से सन्तोष नहीं था—जो भगवान को खोजता रहा।

उसने अनेक भगवान खोजे—उसे अनेक भगवान मिले।

पृथ्वी की नन्हीं दूब से लेकर आकाश के इन्द्रधनुष तक में भगवान-भगवान ही दिखे।

भगवान के पीछे वह इतना पागल हुआ कि अर्द्धचेतन अवस्था में उसने अपने को भी भगवान ही मान लिया।

उसके भगवान बने उसके वे विश्वास, जिनके बिना वह जी नहीं सकता था।

उसके भगवान बने उसके वे भय, जिनसे बढ़कर स्थूल सत्य उसे और कुछ नहीं मालूम होता था।

भगवान को आदमी ने बनाया, यह कहना उतना ही ग़लत है, जितना यह सुनना कि भगवान ने आदमी को बनाया।

आदमी हमेशा भगवान की खोज में रहा है, और हमेशा उसकी खोज में रहेगा।

भगवान, एक सपना है।

भगवान एक आकांक्षा है, जिससे मानव जीवन ओतप्रोत बना है।

जीवन एक सपना है, जिससे हम-तुम ओतप्रोत हैं।

अपने सपने का ही नाम हमने आत्मा दे रखा है।

इसीलिए आत्मा हमेशा भगवान का सपना देखती रहती है।

जैसा आत्मा का सपना, उसी रूप का उसका भगवान।

x x x

ध्यानावस्थित होकर, एकान्त में; मानव खड़ा था अपने संसार को भूला हुआ। अपना संसार—वह आज भी उसे समझ नहीं सकता था। विस्मय में, भय में वह चिल्ला उठा—

"भगवान ! मेरी सहायता करो। तुम्हारे बिना मेरा सहायक कौन है ? मुझे ज्ञान दो—क्योंकि तुम्हीं ज्ञान के आगार हो ! प्रकाश दो—क्योंकि तुम्हीं तो प्रकाश-पुंज हो।"

मानव चिल्लाता रहा; भगवान चुप रहा।

मानव ने खेती प्रारम्भ की। बड़े जतन से, श्रम से उसने खेत जोते; किंतु वर्षा हो नहीं रही थी, वह चिल्ला उठा—

"भगवान, मेरी सहायता करो। अपने बादलों को मेरे खेत में बरसने की आज्ञा दो।"

उत्तर में सूखी झंझा बहती रही।

मानव ने युद्ध-भूमि के चक्र-व्यूह में अपने को प्रतिद्वन्द्वी मानव के सामने पाया। भय से

वह चिल्ला उठा—

"भगवान, भगवान, मेरी सहायता करो। इस नर-पिशाच के सम्मुख मेरी रक्षा करो, मुझे विजयी बनाओ। रघुवर, तुमको मेरी लाज !"

युद्ध-भूमि में रुंड-मुंड बिखरे थे—वीरों की लोथ पर चील-कौवे भोज मना रहे थे !

आत्मा के स्वप्न देखनेवालों को परमात्मा इन्हीं रूपों में प्राप्त होते रहे हैं।

यदि कभी वर्षा हो गई; विजय मिली—तो फिर स्वप्न को सत्य क्यों नहीं मान लिया जाए? "भगवान, तुम महान हो !" "भगवान मेरे रक्षक हैं, फिर डर किससे?" "राखनहार भये भुज चार तो का होई हैं दो भुजा के बिगारे ?"

प्रार्थना ! यज्ञ ! यज्ञ ! प्रार्थना !

भगवान में मानव इतना भूला कि वह मानव को ही भूल गया। पुराने पैग़म्बर ने चिल्लाकर कहा—

"खुदा ने कहा—उस आदमी पर अभिशाप, जो आदमी पर विश्वास करता है और जिसका हृदय भगवान से अलग रहता है।"

आदमी पर अविश्वास, भगवान में विश्वास। किंतु, जब आदमी पर विश्वास नहीं, तो भगवान पर कैसे विश्वास हो? क्योंकि भगवान और आदमी आख़िर एक ही सिक्के के दो रूप हैं न !

मानव-कल्पना का ही रहस्यवादी प्रतीक है भगवान की कल्पना।

विशुद्ध भगवान का अर्थ है, विशुद्ध मानव।

स्वप्न-भगवान का अर्थ है, स्वप्न-मानव।

सर्वसत्ताधारी भगवान वह निरंकुश राजा है, जो प्रजा का उत्पीड़न या शोषण करता है।

सर्वज्ञ भगवान वह पुरोहित है, जो जनता के अज्ञान पर अपना व्यापार चलाता है।

राजनीति में भगवान का काम षड्यन्त्र करना है; सम्पत्ति में भगवान का काम अधिकाधिक को दरिद्र बनाना है।

मानव ने भगवान को अपने से महान कभी नहीं बनाया।

x x x

मानव नें महान और सुन्दर भगवान बनाए हैं—इससे मानव की महान और सुन्दर शक्तियों का पता चलता है।

जब मानव आँधी, अन्धकार या प्रकाश की अभ्यर्थना या उपासना करता था, वह अपने प्रति ज़्यादा ईमानदार था, वह अधिक सरल था, उसके ज्ञान पर पर्त नहीं पड़ी थी।

जब उराने इनगें देवत्व या ईश्वरत्व की कलाना की, तह भूलभुलैया में फँसा।

जब तक मानव-मस्तिष्क कल्पना के फेर में है, हर पदार्थ उसके सामने काल्पनिक रूप पकड़कर आया करता है। मानव-चक्षु से पर्दा हटने दीजिए; वह सबकुछ स्पष्ट देखने लगेगा। मानव-जन जब स्वाभाविकता को स्वभावतः ग्रहण करने में सक्षम हो जाएगा, सभी काल्पनिक देव आप-से-आप काफ़ूर हो जाएँगे।

मानव-विचार में असीम बल है। आदमी जैसा सोचता है, संसार को उसी के अनुरूप ढलना होता है। वह संसार को अपने निकट बुलाता है, उस पर अपना मंत्र पढ़ता है, संसार उसके सामने करबद्ध प्रार्थी होता है। अपने विचार-बल से मानव संसार की सृष्टि करता है।

जब तक मानव स्वयं मानव के संहार में लीन है, वह ऐसे भगवान की सृष्टि करेगा ही, जो संसार का संहारकर्त्ता है। कर्त्ता और भर्त्ता के रूप में भी वह भगवान बनाता है; कर्त्ता, वह जो नब्बे अभागे और दस भाग्यवान की सृष्टि करे; भर्त्ता, जो ग़रीबों का पालन करे, जिसमें वे धनियों के पैर दबावें।

समाज के विचार ही भगवान के विचार हैं। समाज की आत्मा ही भगवान की आत्मा है—जनता का दृष्टिकोण ही भगवान का दृष्टिकोण हुआ करता है।

भगवान-निर्माता के रूप में मानव ने अपनी अपरम्पार प्राकृतिक शक्ति का परिचय दिया है।

अब वह मानव-निर्माता के रूप में अपने कौशल का परिचय दे।

अब मानव, मानव की उपासना करे, मानव की वन्दना करे। भगवान की स्तुतियाँ बहुत हुईं; हमारी कविता और गीत अब मानव की अलिखित यशोगाथा को छन्दोबद्ध करें। मानव की ही खोज में मानव की साधना दौड़े—उच्छ्वसित, चंचल, क्रियाशील मानव मस्तिष्क अपने ही लिए अपने को पुष्पित और फलित करे।

शोधक, अन्वेषक, कवि और दार्शनिक मानव ने राह चलते कितने देव और ईश्वर बनाए। अब वह अपने लक्ष्य के निकट आ पहुँचा है, वह मानव का निर्माण करे !

मानव, जिसकी शक्तियों के समक्ष छप्पन कोटिदेव और देवादिदेव भगवान भी नतमस्तक हों !

x x x

हम फिर सपने देखें। सपना देखना कोई लज्जा की बात नहीं।

आज की दुनिया में बहुत से सपने देखने को हैं—नये सुनहले सपने !

हमें एक नवीन सौन्दर्य का सपना देखना है—नये दिन और उसके नूतन कर्त्तव्यों के, उसके नये प्रयत्नों और नये साहसों के सौन्दर्य का सपना देखना है।

हमें लज्जित नहीं होना है। लज्जित नहीं होना ही, नये मानव के लिए, एक नई कला है। लज्जित नहीं होना ही, उस नये संगीत का शिलान्यास देना है, जो मानव-हृदय के स्वाभाविक उच्छ्वासों का प्रतीक होगा।

मानव की शक्ति के तीन सपने हैं—

काम करने का सपना;

रात का सपना;

छलना का सपना;

इन सपनों में एक ही अमर सपना है—काम करने का सपना। सृजनात्मक शक्ति का यही सच्चा सपना है। इस सपने का ही नाम जीवन है।

चाहिए ऐसा सरल स्वभाव मानव,
जिसमें सरल साहस हो;
मानव, जिसमें सरल धुन हो;
मानव, जिसमें मानवोचित अनुभूति हो;
मानव, जो सीधा देखे;
मानव, जो सीधा सोचे;
सरल मानव, जो सीधा काम करे !

चाहिए जीवित मानव—जो हमें मृत्यु से बचावे ! परमात्मा की ओर हमने बहुत देखा; अब अपने पुरुषार्थ की ओर देखें।

ये मनोरम दृश्य

मनुष्य प्रकृति की गोद में जन्म लेता, पलता, बढ़ता और अन्त में उसी के शान्त अंचल के नीचे, शाश्वत निन्द्रा में सदा के लिए सो जाता है। प्रकृति के साथ उसका इतना निकटतम सम्बन्ध होता है कि वह उसकी करोड़ों ख़ूबियों को महसूस भी नहीं कर पाता। नहीं तो, उसके पैर के नीचे उगनेवाली दूब की हरी फुनगियों से लेकर उसके सिर के ऊपर लटकनेवाले नीले अम्बर के चकमक रत्नों तक में ऐसी सौन्दर्य-राशि भरी पड़ी है कि वह सारी ज़िन्दगी उन्हें देखने में ही गुज़ार दे और तब भी बोले—"आह! इतना देखना रह ही गया !"

लेकिन, इस निकटता से पैदा होनेवाली अवमानना के बावजूद सहस्त्र-सहस्त्र कर्मकोलाहलों में रहते हुए भी, मनुष्य का कभी-कभी ऐसे मनोरम प्राकृतिक दृश्यों से सामना हो जाता है, जो उसके दिमाग में स्थायी छाप छोड़ जाते हैं, जो न भुलाए भूलें, न बिसराये बिसरें। साधारण समयों में वे भूल भी जाएँ, लेकिन जब कभी वह एकान्त में होता है, ऐसी दृश्यावली उसकी आँखों में झलमल कर उठती है और वह वाह्य जगत् को सर्वदा विस्मृत कर समझने लगता है, आज भी जैसे उन्हीं दृश्यों को देख रहा हो और देख-देखकर मुग्ध होता हो। कुछ ऐसे ही दृश्यों को, आज मैं, यहाँ जेल के इस एकान्त कोने में, क़लमबन्द करने की कोशिश कर रहा हूँ।

1. चपला की चमक

ऐसे दृश्यों में, जो सबसे ताज़ा है, फलतः जिसका प्रभाव सबसे अधिक है, पहले उसी का उल्लेख। चपला की चमक, बिजली की कौंध पर बहुत-सी कविताएँ पढ़ी थीं, बहुत-से प्रेमगीत सुने थे—उधर बिजली चमकी, इधर प्रेयसी का दिल तड़पा! महाकवि कालिदास की यक्षप्रिया भी उसकी तड़प से मूर्च्छित हो चुकी है, तो साधारण नायिकाओं का क्या कहना ! घने-काले बादलों में बिजली की क्षण-क्षण छुपने और प्रकट होनेवाली उजली-पतली रेखा की छटा ने कुछ भावुक सिनेमावालों को भी काफ़ी आकृष्ट किया है; मैंने प्रायः भारतीय रजत-पटों में उसके सौन्दर्यानुकरण की चेष्टा देखी है। कितनी ही बार मैं भी बिजली की कौंध देखता, कितनी देर तक, मंत्र-मुग्ध-सा रह गया हूँ। किंतु, अभी हाल ही में मैंने जो बिजली का सौन्दर्य देखा, वह उन सभी दृश्यों से अपूर्व था, अद्भुत था और था अनुपम।

लहेरियासराय की बात है। शाम हो चली थी! मैं कलाकार उपेन्द्र महारथी के निवास-स्थान की ओर जा रहा था। ज्योंही पुस्तक भंडार से आगे, उत्तर की ओर जानेवाली सड़क पर मुड़ा, सामने के आसमान ने हमारी आँखों को बरबस अपनी ओर खींच लिया। पैर सड़क पर, भीड़-भाड़ और कोलाहल से भरी सड़क पर पड़ रहे थे और आँखें ऊपर आसमान पर अड़ी थीं। उफ़, कैसी दृश्यावली ! उत्तर दिशा के समूचे आकाश पर, पश्चिम कोने से पूरब कोने तक, गहरे-बने बादल छाये हुए हैं। उन बादलों की काली पृष्ठभूमि पर बिजली, मानो एक परी की चपल गति से नृत्य कर रही हो। अभी यहाँ, पश्चिम कोने पर उसके घाँघरे की ज़रदार किनारी चमकी, पलक गिरते वह ठीक-ठीक मेरी नाक की सीध में आकर, विभ्रमकारी गति से नाच उठी; फिर एक छलाँग लेती वह पूरब कोने पर पहुँच गई, जहाँ उसकी एक मुस्कान से नीला आसमान उजला-उजला हो रहा। वहाँ से फिर मुड़ पड़ी—नाचती, हँसती। कभी ऊपर उछल गई, कभी नीचे सिमट गई। कभी ठिठक गई, कभी ठठा पड़ी। यहाँ-वहाँ, इधर-उधर इसका पीछा करने में आँखें भी समर्थ नहीं।

बादलों के बीच यह बिजली की चमक है, या स्वर्ग से सहस्त्र परियों का नृत्य एक साथ

ही हो रहा है। क्योंकि अब तो पल-पल उसकी गति इतनी चपल होती जाती है कि एक परी की कल्पना की नहीं जा सकती ! पूरब कोने से पश्चिम कोने तक की इस शत सहस्त्र मील की लम्बी रंग-भूमि के कोने-कोने को जो विहँसित चमत्कृत कर रही है, वह एक परी हो नहीं सकती। विहँसित, चमत्कृत और मुखरित भी! हाँ, सुन रहा हूँ, रह-रहकर मंजीर का शिंजन और किसी चतुर वादक के मृदंग का गम्भीर रव भी ! किंतु स्वर्ग कहाँ है ? परियाँ झूठ हैं या सच—कौन बतावे ? क्या बूढ़े हिमालय को ही आज युगों के बाद कुछ रास-रंग का शौक चर्राया है और उसने ही अपने स्वर्ण-मृगों को इन बादलों के वन में कुलाँचें लेने को छोड़ दिया है ? वह उनकी पूँछें चमकीं, उनके पैर चमके, उनके सींग चमके, उनके नथुने चमके! बादलों के वन में, इन स्वर्ण-मृगों की कुलाँचों के कारण ही तो, ये शब्द हो रहे हैं। कभी अकेली मृगी दौड़ी—मधुर-मधुर शब्द हुआ। कभी पूरा मृग-झुंड दौड़ा—अजीब गड़गड़ाहट हुई।

आँखों में अपूर्व दृश्यावली, कानों में अभूतपूर्व ध्वनि-प्रतिध्वनि, मस्तिष्क में चित्र-विचित्र कल्पना की लहरी। मेरे पैर थम चले। मैं कुछ आगे, उस नालेवाले पुल के निकट खड़ा था। क्या होश में था? क्या बेहोश था ?

एक परिचित आये; बोले, "क्या देख रहे हैं ?"

जवाब क्या देता, ऊपर की ओर इशारा किया।

उन्होंने भी कहा—"अहा, कैसा अच्छा दृश्य !" और आगे बढ़े।

होश ने कहा—सार्वजनिक स्थान पर यों खड़ा रहना ठीक नहीं। किंतु, पैर में तो पत्थर बँधे थे। आँखें ऊपर उलझी थीं। क्या करता ? शिष्टता ने डाँटा—यह भलेमानसपन नहीं। बढ़ना पड़ा। मन में हज़ारों चपला की चमक लिये, महारथी की कला-कुंज में आया। फिर जो आँखें ऊपर कीं, वैसे ही दृश्य ! किंतु, उनका दायरा कुछ और बढ़ गया है। पूरा आधा आसमान बादलों से ढँका है। घने काले बादलों का रंग फैल जाने से कुछ धूमिल हो चला है। उनमें बिजली चमक रही है; किंतु अब वह परियों का नृत्य नहीं मालूम होती। मालूम होता है, शिव के गणों ने परियों को खदेड़ दिया है और वे हाथ में मशाल लेकर तांडव का अभ्यास कर रहे हैं। या स्वर्ण-मृग भाग चले, भूरे ऐरावतों को पहाड़ी दस्यु खदेड़े जा रहे हैं। कहाँ का मृदंग-रव, परी-पद-शिंजन; या मृगी-पद-ध्वनि। अब अजीब धमाचौकड़ी है, उठा-पटक है, चीख़ है, चिल्लाहट है ! हड़-हड़-हड़-धड़-धड़-धड़ ! अरे अब तो आँधी आई ! मैं बरामदे से भीतर गया। बेंत की कुर्सी पर धम से जा गिरा। आँखें मुँदी थीं और कल्पना में वही—चपला की चमक, परियों का नृत्य, स्वर्ण-मृगों की उछल ...।

2. बादलों से ऊपर

बिजली की चर्चा ने बादल की याद दिला दी, फलतः ऊपर का यह शीर्षक। किंतु, इस शीर्षक से आप इस भ्रम में न पड़ें कि कदाचित् मैं वायुयान पर चढ़कर बादलों के ऊपर उड़ा था ! नहीं, जब यह घटना हुई, मैं पंखों की दुनिया में नहीं था, ठोस पृथ्वी पर मेरे पैर थे—हाँ, कुछ ऐसी ऊँचाई पर था, जब बादल मेरे नीचे थे।

मैं उन दिनों, 'कर्मवीर' के सम्पादन-विभाग में, खंडवा था। खंडवा से शायद 40-50 मील की दूरी पर (माफ़ कीजिए, दूरी मुझे ठीक-ठीक याद नहीं रहती) असीरगढ़ का क़िला है। मुग़ल इतिहास में इस क़िले की काफ़ी चर्चा है। इसे कुछ अँगरेज़ इतिहास-लेखकों ने दक्षिण-पथ की कुंजी (Key of Deccan) भी कहा है। जनश्रुति है, यहीं औरंगज़ेब ने शाहजहाँ को क़ैद किया था, इसी से इसका नाम असीरगढ़—क़ैदी का क़िला—पड़ा। दादा (पं. माखनलाल चतुर्वेदी) की

राय हुई, मैं असीरगढ़ ज़रूर देख लूँ। एक दिन, टैक्सी से, हम लोग असीरगढ़ के लिए रवाना हुए। अलमस्तों की एक पूरी टोली हमारे साथ थी !

सतपुड़ा की वह तलेटी—नीची-ऊँची ज़मीन—कहीं एक एकड़ की अच्छी चौरस—सपाट—ज़मीन दिखला दीजिए, तो आपकी बाज़ी। मोटर चढ़ती-उतरती, मुड़ती-झुकती शरीर को मीठी-मीठी हिलडुल और दिल को मधुर-मधुर धड़कन देती बढ़ी चली जा रही। छोटी-छोटी पहाड़ी नालियाँ, छोटे-छोटे पहाड़ी टीले, जहाँ-तहाँ छोटी-छोटी दिहाती बस्तियाँ—लम्बे-बेढंगे सींगोंवाली भैंसें, आधे कसे हुए सीनेवाली दिहाती ग्रामबधूटियाँ, मैं उत्सुकता से देखता, बढ़ रहा। मेरी आँखें ये देख रहीं और कान सुन रहे—वीरभैया के चुटकुले, कुमारजी के गाने, प्रभाग की कविताएँ। और, कल्पना रह-रहकर पटक देती बिहार के हरे-भरे चौरस खेतों में, जहाँ पहाड़ कहानियों में हैं, जहाँ दस-बीस हज़ार की आबादीवाली दिहाती बस्तियाँ हैं, जहाँ की भैंस के सुन्दर, छोटे सींग मेढ़ों के सींगों का मुक़ाबला करते हैं, जहाँ की ग्राम-बधूटियाँ ...

'यह असीरगढ़ !' वीरभैया ने कहा। मोटर एक पड़ाव पर रुकी। गढ़ के 'क़िलेदार' के रूप में जो एक माली काम करता है, उसे बुलाया गया। उसे पथ-प्रदर्शक बनाकर हम लोग 'गढ़' को 'फतह' करने चले !

जो कभी दक्षिणापथ की कुंजी कहलाता था, उसी गढ़ के फाटक के ताले को माली के हाथ की छोटी-सी कुंजी ने किस आसानी से खोल दिया ! गढ़ की बाहरी दीवारें तक ढह रही हैं, तो भीतर के महलों की क्या बात! कहाँ मुग़लों का वह ऐश्वर्य! सामने अँगरेजों का जो क़ब्रिस्तान है, उसकी क़ब्रों पर के लेख मुग़लों के पतन के दिनों की याद दिलाते हैं और बग़ल में जो यह जुमा मस्जिद की सिर्फ़ एक मीनार बच रही है, वह मानो उनके नाम का फ़ातिहा पढ़ रही है !

"मीनार पर चढ़कर देखो, तो यह गढ़ क्या है, कुछ समझ में आवे।"—माली ने कहा। और यही मीनार का चढ़ना था, जिसने आज इस लेख में असीरगढ़ की स्मृति को ताज़ा बनाया है।

जिस समय हम मीनार पर चढ़ने का उपक्रम कर रहे थे, क्षितिज पर, जो बादल का एक बड़ा टुकड़ा ऊपर उठ रहा था, इसकी ओर हममें से कम लोगों ने ध्यान दिया था। किंतु; ज्योंही मीनार के अन्दर बनी सीढ़ियों को पारकर आख़िरी खिड़की पर पहुँचे, मेरे कौतूहल की सीमा नहीं रह गई। खिड़की से जहाँ तक नज़र जाती थी, बादल ही बादल उमड़ रहे थे। वीरभैया ने कहा—वर्षा आकर रहेगी। निर्णय हुआ, इसी खिड़की पर बादल काट लिया जाए, नीचे जाकर भीगने से क्या फ़ायदा ?

माली के कहे मुताबिक खिड़की से असीरगढ़ का गौरव हम कहाँ तक देखते, बादलों के गौरव ने हमारी आँखों को यों ढँक लिया कि सिवा उसके कुछ सूझता तक नहीं। जहाँ देखो, बादल और वे बादल समूचे पहाड़ को ढँके जा रहे—व्यूहबद्ध होकर ! बादल का एक दल इस तरफ़ से बढ़ रहा, दूसरा उस तरफ़ से, तीसरा तीसरी ओर से, चौथा चौथी तरफ़ से—उजले-उजले बादलों के दल के दल। और, यह सब हमारे नीचे ? हाँ, हम बादल के ऊपर हैं और नीचे बादलों के दल के दल पुराने असीरगढ़ पर छापा मार रहे हैं।

हम बादल के ऊपर हैं—मेरे ऐसे चौरस मैदान के रहनेवाले आदमी के लिए कितनी विस्मयकारी यह बात थी, कल्पना कीजिए। मैं विस्मय-बोध कर रहा था; उस विस्मय में रोमांच था, आनन्द था ! मैं बादल के ऊपर, और नीचे बादलों के दल-के-दल उजले, सुफ़ेद गोले की तरह, जिस तरह हमारे यहाँ माघ की भोर में कभी-कभी धुंध लगती है, उसी की तरह बढ़ता, फैलता सब चीज़ों को ढाँप रहा है।

थोड़ी देर में असीरगढ़ का पता नहीं था। बादल, बादल, बादल—चारों ओर धुंध का समुद्र। हाँ समुद्र, जिसमें लहरें भी थीं। लहरें—इधर से उधर आतीं, टकरातीं। टकराईं और बरस पड़ीं! अब असीरगढ़ पर वर्षा हो रही थी—झमाझम वर्षा !

और, ओ मानव-सन्तानो, तुम इस मीनार पर चढ़े क्या अछूते बच जाओगे, जबकि असीरगढ़ पानी-पानी हो रहा है? मालूम हुआ, धुंध का एक टुकड़ा उठा और हँसता-इठलाता हमारी खिड़की से निकल गया ! खिड़की से निकला, एक छन को हमारी आँखें मुँद-सी गईं। जब हमने आँखें खोलीं, जादू-सा मालूम पड़ा ! हमारे बालों, भौंहों, और मूँछों पर पानी की बूँदें चमक रही हैं, हमारे कपड़े गीले हो चले हैं और नीचे, सद्यस्नाता सुन्दरी की तरह, बूढ़े असीरगढ़ की सोई हुई सुन्दरता जाग पड़ी है, हँस रही है, मुस्कुरा रही है। अरे यह कैसा जादू—यह कौन जादूगर !

कुछ देर तक, अपलक इस सौन्दर्य-राशि को देखते रहे, फिर मीनार से उतरे। घास, पेड़, लताएँ सब धुल-पुँछ गई थीं। गर्द नहीं, गुबार नहीं। गढ़ की टूटी-फूटी दीवारों पर उगी हुई काई भी मखमल-सी चमक रही थी। पहाड़ी के चारों ओर छोटे-छोटे नाले—झरने की तरह—झर-झर-झर रहे थे। छोटे-छोटे पतले नाले—कोई मृगछौने-से उछलते, कोई साँप की तरह सरकते, पत्थर के ढोंकों से टकराते, शब्द करते, कलकल करते नीचे की ओर भागे जा रहे थे—ऊधमी बच्चों की तरह। प्रभाग से रहा नहीं गया, कुछ पंक्तियाँ उनके मुख से निकल ही पड़ीं। कुमारजी का कंठ भी फूट चला। वीरभैया ने कहा—कहिए बेनीपुरीजी, कैसी रही? मेरे मुँह से सिर्फ़ यही निकला—अद्‌भुत, अपूर्व !

3. अष्टमी का चन्द्रमा

चन्द्रमा की शोभा दो ही दिन—या तो द्वितीया को, जब 'ईद का चाँद' बनकर वह करोड़ों मुसलमानों से इबादत और बन्दगी पाता और उनकी टोपियों में चमकता है। या पूर्णिमा को, जब शरद पूनो कहलाकर वह भारत के करोड़ों हिन्दुओं की श्रद्धांजलि के उजले फूल पाता है। भद्र कृष्ण अष्टमी, जन्माष्टमी का चन्द्रमा देखने को नहीं, सिर्फ़ समय बताने की चीज़ है। बचपन से ही देखता हूँ, जब व्रत के कारण पेट में हरिन उछलता, बार-बार उचक-उचककर आसमान देखता और ज्योंही उसका आभास मिला, ठाकुरबाड़ी का घंटा गनगना उठा और हम प्रसाद पर टूट पड़े। कौन देखने जाए, उस चाँद के सौन्दर्य को !

किंतु, उस दिन उसी अष्टमी के चाँद में जो सौन्दर्य देखा, क्या वह भूलने का है ?

1930 की घटना है। हम राजबन्दी की तरह, हज़ारीबाग़ सेंट्रल जेल में, सरकार के मेहमान थे। दिन भर काफ़ी स्वतन्त्रता; किंतु ज्योंही शाम हुई, अपने-अपने सेलों में बन्द कर दिये जाते। जब जन्माष्टमी आई, बड़ी मुश्किल से जेल के अधिकारियों ने व्रत के लिहाज़ से, आधी रात तक खुले रहने की इजाज़त दी।

उस दिन व्रत का पूरा आयोजन था। हिन्दू-धर्म-ध्वजी बाबू जगतनारायण लाल थे ही और थे कृष्ण के अनन्य भक्त श्रीमान हीराजी। कृष्ण की मूर्त्ति रखी हुई, उसे झुलाया गया, उसके सामने नाचा और गाया गया। मैंने उसी दिन इन दो महानुभावों का नाच देखा। आँखें मूँदे, हाथ फैलाए, गद्‌गद कंठ से कुछ गाये जा रहे, मानो किसी दूसरी दुनिया में पहुँचे हैं, और उसी गान के ताल पर अजीब ढंग से कमर हिलाते और पैर पटकते नाच रहे थे। मेरे जैसे नास्तिक हँस रहे थे।

जब इनके नाच-गान से मन ऊबा, सोचा, चलो, जेल की सैर हो। इस वार्ड से उस वार्ड। क्यों न अपने बीमार दोस्त से भी अस्पताल में जाकर इस व्रत के दिन मिल लिया जाए? हमारी

टोली वहाँ पहुँची। वहाँ गपशप हो रही थी कि कृष्ण-जन्म-सूचक घंटे गनगना उठे और स्तुति के स्तोत्र हमारे कानों में झंकार कर उठे।

बड़े हुए तो क्या? बचपन के संस्कार तो मिटे नहीं। प्रसाद के लोभ से हम लोग वहाँ से भागे !

किंतु अस्पताल से निकलते ही जो दृश्य देखा, उसने पैर में मानो भारी ज़ंजीर डाल दी।

हज़ारीबाग जेल एक पहाड़ी टेकड़ी पर बनाया गया है; यों तो यह समूचा ज़िला ही पहाड़ी है। इस टेकड़ी पर से अनेकानेक दीवारों के बावजूद, आप कितनी ही पहाड़ियों की झाँकी निश्चय पा सकते हैं। अस्पताल से बाहर हम जहाँ खड़े थे, वहाँ से सामने पूरब एक पहाड़ी का धूसर सिर हम देख सकते हैं। जब हम उसके उस सिर को देखेंगे, तो उसके नीचे जेल के वार्डों की जो लगातार दीवारें हैं, वे मालूम पड़ती हैं, मानो वहाँ तक पहुँचने के लिए सीढ़ियाँ लगी हुई हों। कहाँ ये दीवारें, कहाँ वह पहाड़ी। लेकिन, वे सब मानो सिमटकर एकत्र हो जाती हैं। रात में तो और भी।

अस्पताल से निकलकर जब हम उस निश्चित स्थान पर पहुँचे, पूरब की ओर देखते ही स्तब्ध रह गए। देखा, अष्टमी का चन्द्रमा निकलकर उस पहाड़ी के सिर पर यों दीख रहा है, जैसे किसी ने उसे आसमान से उतारकर, बहुत ही सलीके से वहाँ अभी-अभी रख दिया हो। हाँ, हूबहू ऐसा ही लगता था। मैं चिल्ला उठा, देखो, देखो। दोस्तों का भी ध्यान गया। उस धूसर पहाड़ी पर, इस नीरव निशीथ में, वह अष्टमी का चन्द्रमा कैसा था ? शिव के सिर पर चन्द्रमा की बात हमने किताबों में पढ़ी थी, यहाँ हम प्रत्यक्ष देख रहे थे। वह धूसर पहाड़ी सचमुच चन्द्रशेखर शंकर-सी प्रतीत होती थी।

किंतु, यह दृश्य कितना क्षणिक था। थोड़ी ही देर में पहाड़ी और चन्द्रमा के बीच थोड़ी-सी फाँक हो गई। वह फाँक बढ़ती गई। मालूम होता, रूठकर चन्द्रमा भागा जा रहा है और उसे पाने को पहाड़ी स्वयं ऊपर उठ रही है; किंतु, अपनी स्थूलता से वह लाचार हो रही है। यह चार अंगुल ऊपर, यह एक बित्ता ऊपर, यह एक हाथ ऊपर। इच्छा हुई, यह जो दीवारों की सीढ़ियाँ लगी हैं, उन पर चढ़कर दौड़ूँ और यों हाथ में आया हुआ चाँद, जो बेहाथ हुआ जा रहा है, उसे हस्तगत कर लूँ ! किंतु सामने ही जो सिर से ऊपर को पहली दीवार है, क्या उसका लाँघना भी सम्भव है?

चन्द्रमा ऊपर बढ़ता गया। उसी समय सामने का जो पीपल का पेड़ है, उस पर की एक अभूतपूर्व चमक ने अपनी ओर ध्यान खींचा। ज्यों-ज्यों चन्द्रमा ऊपर उठ रहा था, उसकी ज्योत्स्ना पीपल के चिकने ढुरढुर पत्तों पर पड़कर मानो फिसली पड़ती थी। बार-बार वह उस पर पैर रखती, फिसलती, खिलखिला उठती; हाँ, पत्तों की मधुर मर्मर ध्वनि उसकी खिलखिलाहट ही तो थी ! पीपल के पेड़ का जो हिस्सा चन्द्रमा की ओर था, वहाँ तो यह क्रीड़ा-कुतूहल हो रहा था, बाकी हिस्सा वैसा ही स्तब्ध, अन्यमनस्क, उदास। उस उदासी की पृष्ठभूमि में यह चकमक, झलमल, मर्मर और भी प्राणोन्मादक लग रहा था। आँखों को इस तरह खींच लिया था इस दृश्य ने कि चाँद की सुध भी भूल गई होती; किंतु, एक-ब-एक अँधेरा होता देख, आसमान की ओर नज़र दौड़ाई। अब वहाँ एक अजीब समाँ था। हंस-कुमार शैवाल-जाल में फँसा है! बादल का न जाने कहाँ से एक टुकड़ा आकर उसे ढाँपने पर तुला है। हंस के बच्चे की वह बार-बार उस शैवाल-जाल को छिन्नभिन्न करने की चेष्टा कर रहा है। कभी बादल उसे ढँक लेता है, कभी वह उसे चरका देकर निकल भागता है। फिर बादल दौड़ता है, उसे ढँक लेता है। तब वह आकाश-सागर में गोते लेकर फिर उससे अलग, दूर जा निकलता है—सद्यस्नात सुन्दर, ताज़ा चेहरे को चमकाते हुए। बहुत देर तक यह बादल और चन्द्रमा की आँखमिचौनी होती रही।

आख़िर वायु के एक ज़बर्दस्त झोंके ने चन्द्रमा की मदद की। वह बादल का टुकड़ा न जाने कहाँ भगा दिया गया! चाँद ठहाका मार-मारकर हँसता रहा !

अब चन्द्रमा पहाड़ी से ऊँचे, काफ़ी ऊँचे पर चढ़ चुका है। उसे हमारी कल्पना के हाथ छू नहीं सकते। उसकी रोशनी में यह जेल अपनी सम्पूर्ण जड़ता के साथ खड़ी है। मेरे सभी साथी मुझ पागल को छोड़कर प्रसाद पाने को जा चुके हैं। कानों में अब भी घंटे का रव और स्तोत्र की ध्वनि आ रही है। किंतु, देवता का यह अर्चन-पूजन भी इस स्थान की दानवता और पैशाचिकता को कम नहीं कर सकता। कहाँ यह स्वच्छन्द चन्द्रमा, वह निर्बन्ध आकाश और कहाँ यहाँ की ये काली-काली दीवारें, उनके अन्दर तड़पती, कराहती हुई मानव-आत्माएँ !!

किंतु, इस सुन्दर दृश्य के समय, यह असुन्दर भावना क्यों ? मन तू चाँद की तरह ही स्वच्छन्द, निर्बन्ध विचर; तुझे कोई बाँध नहीं सकता।

नमस्ते अष्टमी का चन्द्रमा !

4. शरद की पूर्णिमा

शरद पूनो !—और रासलीला की याद आई ! हमारे ग्रन्थों में कृष्ण की कल्पना भी कैसी दिलचस्प है। कभी उसे माखन चुराते पाइए, कभी दानव-संहार करते, कभी वृन्दावन में रासलीला रचाते, कभी कुरुक्षेत्र में गीता सुनाते !

शरद पूनो और रासलीला दोनों में अटूट सम्बन्ध है। जब बरसात ख़त्म हो चली हो, आकाश-मंडल में न बादल का कोई टुकड़ा हो, न वायुमंडल में धूल का एक भी कण; जब पत्ते धुलेपुछे हों, धरती धोई-बुहारी; जब खेत की आरियों पर काँस फूले हों और सरोवरों में कुमुद; जब फुलवारियों में रजनीगन्धा फूली हो और आँगन में हरसिंगार की कलियाँ हँस रही हों—ऐसी मनभावनी ऋतु की सुन्दर, शीतल, सुखप्रद रात में जब पूर्णिमा का चन्द्रमा आधी रात को सिर पर चढ़कर अट्टहास कर उठे तब ऐसा कौन हृदय होगा, जो गा नहीं उठे, नाच न उठे। पुरुष का हर स्वर तब वंशी की ध्वनि होगा, नारी का हर पद-चालन नृत्य का एक-एक ताल होगा! और कहीं पृष्ठभूमि में यमुना जैसी श्यामली नदी हो, कदम्ब की हरी छाया हो, वृन्दावन का शान्त वातावरण हो! फिर क्या कहना ?

अपनी कल्पना की दुनिया में, कितनी ही शरद पूनो को मैं वृन्दावन पहुँचा हूँ, कृष्ण से बातें की हैं, गोपियों से चुहलें हुई हैं और उनकी रासलीला का सुख लूटा है। किंतु, प्रत्यक्षतः जिस शरद की पूर्णिमा ने मेरे जीवन में सबसे अधिक गहरी छाप डाल रखी है, आज उसी की तस्वीर उतारने की चेष्टा कर रहा हूँ।

1934 की बात है। बम्बई कांग्रेस हो रही थी। श्रद्धेय राजेन्द्र बाबू राष्ट्रपति चुने गए थे। हमारे लिए गौरव की बात थी। मैं बहुत ही कम कांग्रेस में शामिल हुआ हूँ, किंतु इस बार लोभ संवरण नहीं कर सका।

बम्बई पहुँचकर अतिथि-निवास में डेरा डाला। स्वागत-समिति के भोजनालय में एक दिन भोजन कर रहा था कि राष्ट्रपति निरीक्षण को पहुँचे। मैं उन्हें देखते ही खड़ा हुआ। वह वहाँ तक आये। सबने विस्मय के साथ देखा, राष्ट्रपति किससे घुल-घुलकर बातें कर रहे हैं। भोजन के बाद मुझे आज्ञा की, देखो, मेरे भाषण का हिन्दी अनुवाद देख जाओ, कहीं 'बिहारी हिन्दी' की शिकायत न हो जाए ! यह अन्तिम फिकरा उन्होंने हँसते-हँसते कहा।

अनुवाद बुरा था। मुझे शुरू से नया अनुवाद करना पड़ा। जल्दी का काम था, मैंने अपना सहायक श्री प्रभाकर माचवे को चुना, जो उन दिनों एक विद्यार्थी थे, एक सुशील, परिश्रमी और

प्रतिभाशील विद्यार्थी। वह अँगरेज़ी की कापी पढ़ते जाते, मैं अनुवाद करता जाता। कल कांग्रेस है। आज ही रात में इसे पूरा कर लेना है। बड़ी रात तक, दीन-दुनिया भूले, क़लम घिसघिस करता रहा। लेकिन जब जम्हाई पर जम्हाई आने लगी और शरीर ऐंठने लगा, सोचा, ज़रा टहल लिया जाए।

हम दोनों राजेन्द्र बाबू के शाही कैम्प से बाहर निकले। बिजली की चकाचौंध से अलग हुए, तो मालूम हुआ, ओहो, आज तो शरद पूनो है। पूरा चाँद सिर पर चला आया था। उसी समय समुद्र का मधुर-मधुर गर्जन सुनाई पड़ा। माचवे ने कहा, समुद्र-किनारे चलिए।

समुद्र-किनारे पहुँचा और देखकर निहाल हो गया। समुद्र-किनारे जो बाँध बँधा है, उस पर हम बैठे थे। सामने जहाँ तक नज़र जाती, समुद्र ही समुद्र। उसमें ज्वार आया है। बड़ी-बड़ी तरंगें उठतीं, एक-दूसरे से टकरातीं, फेन उड़ातीं, गर्जन करतीं, आगे बढ़तीं, और बाँध पर सिर पटककर फिर लौट जातीं। ऊपर जो पूर्ण चन्द्र आधी रात तय करके सिर पर खड़ा मुस्कुरा रहा है, उसकी मुस्कुराहट उन तरंगों पर अठखेलियाँ कर रही है। कभी-कभी मालूम होता, किसी अदृश्य छोर को पकड़कर शत-सहस्र ज्योत्स्ना-कुमारियाँ चन्द्रमंडल से एक-एक कर उतर रही हैं और आकुल-व्याकुल समुद्र की इन तरंग मालाओं के कम्पित अधरों को चूम-चूमकर अट्टहास कर उठती हैं। इन चुम्बनों की मादकता से मतवाली बनी तरंगें आप अपने में नहीं हैं, समुद्र को नीचे छोड़कर ऊपर उड़ना चाहती हैं; किंतु उड़ नहीं पातीं, फलतः बार-बार मूर्च्छित होकर, हाहा खाकर गिर-गिर पड़तीं और फिर ज्योंही होश में आतीं, वे ही निष्फल चेष्टाएँ ! स्वभावतः ही ज्योत्स्ना-कुमारियों को इसमें मज़ा मिल रहा है, वे भी इस तड़पने का तमाशा देखने को बार-बार चुम्बनों की वर्षा-सी किये जा रही हैं !

समुद्र ! अगाध समुद्र, अथाह समुद्र—यह कैसा छिछलापन तुममें आज देख रहा हूँ। कहाँ है वह तुम्हारी मर्यादा, जिसके लिए तुम मशहूर हो? तुम्हारी यह व्याकुलता, यह आस्फालन, यह हाहाकार, यह सिर पीटना—तुम्हें बेपर्द किये दे रहा है ! अरे, सोचो, अरे सम्हलो! और ओ पूर्णचन्द्र ! ज़रा तुम्हीं अपनी लाज समेटो। किसी भलेमानस को यों बेपानी करने से क्या फ़ायदा? वह प्रेम प्रेम नहीं, जिसमें प्रियतम या प्रियतमा की मर्यादा की रक्षा ही भुला दी जाए ! बेइज़्ज़ती, बेपर्दगी का नाम प्रेम नहीं। किंतु, नहीं, तुम नहीं मानोगे। आज तो तुम हँसने में मस्त हो। इस हँसी की मस्ती में होश की बात कौन सुने? अच्छा तो हँसो, हँसो—खूब हँसो, इतना हँसो कि तुम खुद बेहोश हो जाओ।

और, क्या यह सच नहीं है कि आज संसार में हँसी की अजस्र वर्षा हो रही है। कहाँ की चीख, कहाँ की तड़प ! यह सामने जो समुद्र है, वह भी हँस रहा है, अट्टहास कर रहा है। समुद्र के उस पार—क्षितिज के उस छोर पर—एक छोटा-सा झिलमिल तारा है, उसकी हँसी देखिए, अपनी हँसी में घुला-मिला जा रहा है। इस तरफ़ स्वागत-समिति ने जो अतिथियों का आवास—एक नया नगर बसा रखा है, उस पर भी हँसी का ही राज्य है। दूर-दूर से आये—थके प्रतिनिधि सो चुके हैं, दिन भर का कोलाहल-कलरव शान्त हो चुका है। इस नई नगरी की निस्तब्धता पर चाँद की हँसी एक नीहारिका-सी, कुहेलिका-सी, प्रहेलिका-सी छा रही है। नीचे खारे पानी का समुद्र लहरा रहा है, ऊपर तरल चाँदी का समुद्र लहर-पर-लहर ले रहा है। और उस लहर पर वह झंडा-चौक का तिरंगा फर-फर कर रहा है।

पढ़ा है, पागल चाँद को देखा करते हैं। तो क्या चाँद का ज्यादा देखना पागलपन की निशानी नहीं ? आज भी याद आता है, मैं उस पूर्णचन्द्र को इस तरह एकटक देख रहा था—मानो मेरी दो आँखें चक्रवाक के जोड़े हों ! कब तक इस पागलपन की स्थिति में रहा, कह नहीं सकता। अकस्मात पाया, बाँध पर से अपने दोनों पैर जो मैंने नीचे, समुद्र की ओर लटका रखे थे, उन

पर ठंडी-ठंडी थपकियाँ पड़ रही हैं। ऐं, यह क्या? यह समुद्र का पानी इतना ऊँचा चढ़ आया है ! और समुद्र—समुद्र तो अब फेन की राशि बना हुआ है। तरंग-तरंग, फेन-फेन ! और फेन के हर बुल्ले में चाँद का एक-एक टुकड़ा-सा चम-चम कर रहा है। अजीब कोलाहल, अजीब हलचल ! पानी के छींटे उड़-उड़कर मेरे चेहरे पर, सिर पर पड़ रहे। ढलती रात की ठंडी हवा चलने लगी थी, जिसमें समुद्र के नमकीनपन की एक अजीब सुगंध थी। वह सुगंध मन-प्राण को पागल बनाए डालती थी। जो तरंगें वहाँ समुद्र में थीं, अब उनसे भी ऊँची हृदय में उठ रही थीं—हृदय में, नस-नस में, शिरा-शिरा में। वहाँ भी तरंगें थीं, फेन थे और उन फेनों के बुल्ले में चाँद के एक-एक टुकड़े-से चमचम कर रहे थे। मैं भावावेश में एक बार फिर निमग्न हो रहा!

"बेनीपुरीजी, वह दो बज रहे ! अभी बहुत काम बाकी है।"—प्रभाकर ने कहा। "हाँ, ठीक तो।"—कहकर मैं उठ खड़ा हुआ और चल पड़ा। चलते-चलते मुड़कर एक बार फेनिल समुद्र की ओर नज़र की, फिर पश्चिमी क्षितिज की तरफ़ बढ़ते हुए पूर्णचन्द्र की ओर।

5. अमा-निशीथ

क्या अमावस्या की अर्द्धरात्रि में भी सौन्दर्य है?

शरद पूनो की याद ने भादों के जिस अमा-निशीथ की याद हरी कर दी है, उसका उत्तर है—हाँ ! लेकिन, मैं यह मानता हूँ, उस सौन्दर्य के अनुभव के लिए एक ख़ास ढंग की मानसिक स्थिति ही नहीं, दृष्टि-बिन्दु भी चाहिए। यों तो कोई भी यह दावे के साथ नहीं कह सकता कि सौन्दर्य सिर्फ़ चन्दन की धवलता में है, आबनूस की कालिमा में नहीं। कृष्ण और कालिन्दी तो सौन्दर्य के दो महान उदाहरण हैं ही।

मैं उन दिनों 'युवक' निकाल रहा था। पटना कॉलेज के सामने, मुख्य सड़क पर, एक खपरैल मकान ले रखा था, जो 'युवक-आश्रम' के नाम से मशहूर था। बरसात की उमस मशहूर है। उस खपरैल के नीचे, बहुत रात बीतने पर भी, हम करवट-पर-करवट बदल रहे थे। पटना के मच्छरों का धावा अलग था। नींद बेचारी हमें छोड़, कहीं कोने में ऊँघ रही थी।

जब किसी तरह वह बार-बार बुलाने पर भी नज़दीक नहीं फटकी, मैंने तय किया, गंगा के किनारे जाकर टहल आया जाए ! इस आधी रात को अँधेरे में गंगा के किनारे ! किंतु, जिन्होंने अपनी नाव आप ही जला दी हो, उन्हें तरंगों से क्या भय?

जब मैं धीरे से, जिसमें साथियों की निद्रा भंग न हो, उठने का उपक्रम कर रहा था, महापंडित राहुल सांकृत्यायन भी, जो प्रायः ही मेरी कुटिया को सुशोभित किया करते थे, और मेरी बग़ल में सोये थे, उठ बैठे; और हम दोनों गंगा के किनारे जा पहुँचे !

चारों ओर अन्धकार ही अन्धकार ! आसमान में घनघोर बादल छाये हुए। एक तिनका भी कहीं नहीं हिल रहा। आसमान में एक तारा भी नहीं दिखायी देता। हाँ, किनारे पर जो पुराना पीपल का पेड़ है, उसकी फुनगियों पर जुगनू भुक-भुक कर रहे। उनका वह भुक-भुक प्रकाश अन्धकार को और भी भीषण बनाता।

सामने गंगा है—भादों की गंगा। पटना से लेकर, उधर सब्बलपुर की बस्ती तक, लगभग दो मील फैली हुई गंगा। गंगा पर भी अन्धकार की ऐसी चादर बिछी हुई थी कि अगर उसका कलकल शब्द नहीं होता, हम कल्पना भी नहीं कर पाते कि सामने नदी है।

उस पीपल के पेड़ के नीचे, एक किनारे बैठकर, हम अमा-निशीथ का सम्पूर्ण सौन्दर्य देख रहे हैं।

हाँ, सम्पूर्ण सौन्दर्य। अंजन-वर्ण कालिमा। आसमान से जैसे कालिमा बरस रही है।

कभी-कभी मुश्किल से जो साँय-साँय कर निकल भागती है, वह हवा भी मानो कालिमा बो जाती है। कालिमा के वे बीज गंगा की आर्द्रता पाकर अंकुर लेते, पौधे बनते, फिर अपनी डाल-पात आसमान में फैलाकर अखंड कालिमा में लीन हो जाते हैं।

और वह देखिए, गंगा की उन अदृश्य लहरियों पर कौन नाच रही है? ऊपर अंधकार का चँदोवा तना है, नीचे अंधकार का फ़र्श बिछा है। अगल-बगल अन्धकार के राजकुमार बैठे तमाशा देख रहे हैं। और, वह नाच रही है, आप नहीं देखते? यह अमा-सुन्दरी नाच रही है! उसके हाव-भाव देखिए, तोड़-मरोड़ देखिए, लटक-चटक देखिए—वह उसने गर्दन तिरछी की, यह उसकी कमर लचकी। ओहो, दर्शकों की यह व्याकुलता ! कैसी अपार हर्ष-ध्वनि!

यह हर्ष-ध्वनि है?—नहीं, आवर्त्त का गर्जन है। गंगा में कहीं भँवर पड़ रहा है, कहीं लहरें टकराकर यह शोर कर रही हैं।

इस पार यह किनारा, यह पीपल का पेड़, जिसके सिर पर जुगनुओं का भुक-भुक। उस पार वह सब्बलपुर गाँव, जहाँ एक दीपक का टिमटिम तक नहीं। हाँ, उसके पीछे सोनपुर स्टेशन में जलनेवाली बिजली बत्तियों की, ऊपर उठाकर फैली हुई प्रकाश-रेखा क्षीण, अस्पष्ट। बीच में गंगा मैया का विस्तार, जिस पर अमा ने अपनी काली मखमली चादर बिछा रखी है।

ऐं, यह शब्द कैसा? कोई माँझी गा रहा है क्या? उसी समय जैसे सोये से उठकर, झींगुरों के एक दल ने पीछे से शहनाई टेरी। फिर मेढ़की को ही क्यों ज़ुकाम हो ! उसका टर्र-टर्र भी शुरू हो गया।

इधर किनारे पर ये तरह-तरह के बाजे और गाने और बीच में वह अनवरत नृत्य, मैं निर्निमेष जिसे देख रहा! निर्निमेष—या बिलकुल आँखें बन्द किये।

उसी समय राहुल बाबा ने कहा—देखो, वह जहाज़ आ रहा है; कैसा सुन्दर !

दीघाघाट से एक व्यापारी जहाज़ कलकत्ता की ओर जा रहा था। उस पर जलनेवाली बत्तियों की रोशनी उसकी गति से उत्पन्न शत-सहस्र तरंगों पर खेल रही थी ! उसके सामने का ज़ोरदार सर्चलाइट, अन्धकार के हृदय को दो टुकड़ों में बाँटता, बढ़ता आ रहा था ! बेचारा अन्धकार चीख़ रहा था। अमा-सुन्दरी के फ़र्श के तार-तार उड़ चले थे। कहाँ गया वह नृत्य, कहाँ गए वे अपरूप दर्शक? उस चतुर्दिक-व्यापी अन्धकार में जहाज़ का झलमल, निस्सन्देह ही, मुग्धकर था! लेकिन मेरा हृदय, न जाने क्यों, उस अन्धकार और रोशनी के क्रीड़ा-कौतुक को पसन्द नहीं कर सका। मुझे ऐसा लगा, मानो यह रंग में भंग हुआ, तमाल के वन में किसी अरसिक ने अचानक आग लगा दी !

राहुलजी कोई ऐतिहासिक कहानी कह रहे थे, जब पटना से इसी तरह जहाज़ चलते होंगे और लंका पहुँचकर धर्म का सन्देश देते होंगे ... ! किंतु, मेरे कान कह रहे थे, कृपा कर चुप रहिए, एक बार फिर उस मल्लाह को गाने दीजिए, झींगुर की झंकार सुनाने दीजिए ... ; और, मेरी आँखें कहती थीं, दूर हो यह दानव-काय जहाज़! एक बार फिर कालिमा फैले, अंजन बरसे और अमा-सुन्दरी नृत्य करे !

6. सरसों के समुद्र में

बस, एक दृश्य और। बात को अधिक बढ़ाना ठीक नहीं, और मधुरेण समापयेत्।

बसन्त कश्मीर का। मेरी बदनसीबी समझिए, मैंने वहाँ का बसन्त-वैभव नहीं देखा। हाँ, किताबों में पढ़ा है, मित्रों से सुना है, बहुत-सी तस्वीरें देखी हैं। डल झील में कमलों का वह वन, जिन पर शिकारे तैर रहे। बर्फ से लदी चोटियों पर प्रातः सूर्य की दे स्वर्ण-रश्मियाँ। लेकिन,

मुझे सबसे विशेष रुचिकर लगता है, घरों के ऊपर आप-से-आप उग आये पौधों का वह रंग-बिरंगा संसार, जिसे मानव-हाथ छू नहीं पाते, मानव-पद अपवित्र नहीं कर सकते।

ख़ैर, जाने दीजिए उन बातों को। मैं इस भरे बसन्त में आपको एक छोटी-सी गँवई में ले जाना चाहता हूँ।

जन्मभूमि प्यारी होती है—बेनीपुर भी मुझे प्यारा है। वहाँ क्या है—कह नहीं सकता; किंतु, उसकी मिट्टी में कोई आकर्षण ज़रूर है, जो मेरे ऐसे वहशी को बार-बार अपनी ओर खींचता है, खींच लेता है। लेकिन, मेरा दावा है, बेनीपुर में और कुछ न हो, चन्द दिन ऐसे हैं कि जिनके बल पर वह आपको भी बरबस अपनी ओर आकृष्ट कर सकता है।

वे दिन हैं—जब सरसों फूली हुई होती है। एक-दो खेतों में छिटपुट सरसों को फूला हुआ देखकर ही हम फूले नहीं समाते; किंतु, वहाँ तो सरसों का समुद्र लहराया करता है।

बागमती की कृपा से इधर नाले, पोखर, चौर भरकर जो पूरी-की-पूरी सपाट-चौरस बन गई है; उस ज़मीन पर आप माघ में पहुँचिए। ज्योंही बेदौल से आप बाहर होंगे, आप समझिए, सरसों के समुद्र के कूल पर पहुँच गए। ज़रा, पूरब की ओर नज़र कीजिए, पीला, पीला, पीला—जहाँ तक आपकी नज़र पहुँच सकती है, पीला ही पीला! क्या पीत समुद्र का एक टुकड़ा, किसी जादूगर ने यहाँ ला पटका है? किंतु, कहाँ पीत सागर, जहाँ का पानी खारा, मुर्दा; यहाँ तो जीवन तरंगें ले रहा है, सुगन्ध सपक्ष उड़ रही है। ऊपर, ऊँचे, वह सूपाबेनी अपने हरे परों को आसमान की नीलिमा में खोने की चेष्टा करती हुई, सीटी-पर-सीटी बजा रही है। नीचे फुदगुद्दियाँ फुदक रहीं, बगेरियाँ चहक रहीं और बीच में तितलियों की चमचम और भौंरों की भनभन आपके प्राण-मन को व्याकुल बना रहीं। कहाँ वह पीत सागर—कहाँ यह सरसों का समुद्र—कोई तुलना नहीं, कोई उपमा नहीं।

आइए, इस समुद्र में धँसिए। डूबने का डर नहीं, जान को ख़तरा नहीं। इसमें गोते लगाइए, प्राण को जुड़ाइए। बीच की पगडंडी से आप बढ़े चलिए ! सरसों की पंखुड़ियाँ कभी आपके विशाल वक्ष पर गिर-गिर पड़ती हैं, कभी उचक-उचककर आपके रसीले अधरों को चूमने की कोशिशें करती हैं। आप कितने अरसिक हैं! प्रेम का प्रतिदान देना आपने जाना नहीं? लीजिए, जिसका आपने अपमान किया, वही अब आपके सिर पर है। आपके पास आईना होता, तो आप देखते, आपके सिर के मुलायम बाल इस समय सरसों की पतली-पतली पंखुड़ियों का घोंसला बन चुके हैं !

कहीं इस पीली-पीली दुनिया से आपका मन ऊब न जाए, इसलिए बीच-बीच में, भोजन में चटनी की तरह, यह देखिए, यह क्या है? यह, यह मटर का बाज़ार है—हरी चादर पर कारचोबी का काम ! यह केराव का खेत—वही शोभा, लेकिन बैंगनी की बहार ! यह गेहूँ-गेहूँ—शुभ्र हरीतिमा; लम्बी बालियों में किसका मन न उलझे ! ज़मीन से सटी, सिमटी ताक रही हैं चने की क्यारियाँ—सौन्दर्य है; सलोनापन भी, आप आकृष्ट क्यों न होंगे? लेकिन, वे कौन आँख तरेड़ रही हैं—गुस्से में काँप रही हैं ? उनकी नीली-नीली आँखें मानो फटी पड़ती हैं। छोटी, पतली तीसी-कुमारिकाएँ—इतना नाज़-नखरा ठीक नहीं। ज़रा लोक-लाज भी देखो। तुम्हारी इस शोख़ी पर वह एकाकी अरहर शरमायी जा रही है—पीली-पीली हुई जा रही है।

सौन्दर्य और संगीत का अन्योन्याश्रय सम्बन्ध है ही। पूर्वा हवा की सनन्न्, पक्षियों का कलरव, भौंरों की भनभन तो थी ही, मानव-मन भी अपने को ज़ब्त न कर सका। उसके कंठ फूट चले। किसी एक ने होली की एक कड़ी गा दी, बस, समूचे उस सरेह में संगीत की ध्वनि-प्रतिध्वनि जग उठी। संगीत भी संक्रामक है—वह बूढ़े बाबा का पोपला मुँह भी ताना-रीरी का शौक़ पूरा करने लगा।

बीच में यह किसकी चूड़ियाँ खनक उठीं? किसका झुमका झमझमा उठा? किसके कड़े-छड़े

एक अजीब स्वर-लहरी की सृष्टि कर उठे? वह कौन है? आपने उसे कभी शहरों में देखा है? अपने काले बालों में अपने गोरे चेहरे को छिपाती, अपने वासन्ती वस्त्रों में अपने चम्पई अंगों को चुराती वह आपको देखते ही जंगली हिरन की तरह चौंकी, भागी और इस सरसों के समुद्र में गोते लेकर छिप गई? छिप गई—अब सिर्फ़ ऊपर की तरंगों को गिनते रहिए?

विद्यापति का—'दक्षिन पवन बहु धीरे'—उनकी पुस्तक या उनके प्रशंसकों के कंठों तक ही रह गया; लेकिन, 'री पुरवैया धीरे बहो'—लोकगीत बनकर जो करोड़ों कंठों को आप्यायित किया करता है, क्यों? इस सरसों के समुद्र में ही इसका उत्तर पाइएगा? पुरवैया बही नहीं कि इस शान्त-पीत समुद्र में तरंग-पर-तरंग उठने लगी। पहले एक सिहरन-सी, फिर, होते-होते, ढेहू तक। बड़े-बड़े ढेहू—एक-पर-एक। सरसों की पतली सुकुमार पंखुड़ियाँ पुरवैया के झोंके पर उड़ रहीं। हवा में पराग के कण। इस पराग और पंखुड़ियों के चलते हवा भी एक अजीब पीलेपन में डूबी। इनके स्पर्श से, लहर से, झकोर से मन भी क्यों न पीले रंग में, वासन्ती मादकता में, रँग जाए ?

मीरा नाची रे

मीरा नाची रे, पग घुँघरू बाँध !

अट्टालिका का घेरा, वंश-मर्यादा का घेरा, लौकिक पतिव्रत का घेरा, पारलौकिक स्वर्ग-नरक का घेरा ! किंतु, सबको तोड़कर, लाँघकर मीरा नाची रे, पग घुंघरू बाँध!

चारों ओर से छिः छिः की बौछार, चारों ओर से धिक्कार और फटकार! बाहरवाले कहते हैं निर्लज्जे ! घरवाले कहते हैं—कुलटे ! तो भी मीरा नाची रे, पग घुँघरू बाँध !

पग घुंघरू बाँध मीरा नाची रे, पग घुंघरू बाँध !

यह है मणिधर सर्प की माला; यह है हलाहल विष का प्याला। किंतु, मीरा नाची रे ...

घर छोड़ा, द्वार छोड़ा, कुटुम्ब छोड़ा, परिवार छोड़ा, जीवन-धन पति छोड़ा; किंतु, पग घुंघरू बाँध मीरा नाची रे !

सदियों के थपेड़ों ने उस अट्टालिका को धुस्स में मिला दिया; उस वंश की मर्यादा भी अछूती नहीं रही; उस राणा का नाम भी लोगों को याद नहीं; किंतु, आज भी मीरा नाची रे !

मीरा नाची रे ! घर-घर में, दर-दर में, शरीर-शरीर में, हृदय-हृदय में—मीरा नाची रे, पग घुंघरू बाँध !

रंग-बिरंगे चलचित्रों में, इथरिक ध्वनियों में—जहाँ मनुष्य के कान और आँख की गति है, सब जगह—मीरा नाची रे?

कंठ मीरा के गीत गाते हैं, कान मीरा के गीत सुनते हैं, आँखें मीरा के चित्र देखती हैं। यत्र, तत्र, सर्वत्र—मीरा नाची रे, पग घुंघरू बाँध?

मीरा की जय, नृत्य की जय !

पग की जय, घुंघरू की जय !!

उस विद्रोहिणी मीरा की जय, जिसने अपने हृदय की पुकार पर बौछारों और धिक्कारों की उपेक्षा की।

उस नृत्य की जय, उस पग की उस घुँघरू की जय, जिसका ताल, जिसकी झंकार सदियों के बाद भी हमारी अनुभूतियों में जीवित और जागृत है?

गाइए—

पग घुँघरू बाँध मीरा नाची रे? मीरा नाची रे, पग घुँघरू बाँध !

x x x

हमारे कॉलेज की लड़की; पार्ट तो बहुत अच्छा करती है; किंतु स्टेज पर...?

उस लड़की का नृत्य, क्या कहना? किंतु, उसके माँ-बाप...

आपका नाम?

रेडियो स्टेशन में मेरा नाम तो है रेखा; लेकिन घर में...

यह छिपाव? यह दुराव?

गाने का शौक है; किंतु, कहीं पतिदेव?...

माँ-बाप, पतिदेव !

और हममें ऐसे माँ-बाप भी हैं, जिन्हें आप सुशिक्षित-शिरोमणि भी कह सकते हैं! ऐसे पतिदेव हैं, जो अपने क्षेत्र में क्रान्तिकारी के नाम से भी प्रसिद्ध हैं !

किंतु वे अपनी पुत्री को स्टेज पर उतरने नहीं देंगे; वे अपनी पत्नी को नाचते देखकर शायद विष खा लेंगे !

गाती हो तो ठीक ! पिताजी हाईकोर्ट से लौटें तो उन्हें एक भजन सुना देना! पतिदेव कॉलेज से आयें, तो एक प्रेम-गीत गा देना !

डार्लिंग ! —'हे री, मैं तो प्रेम-दीवानी; मेरा दरद न जाने कोय !'

बेटी—'मेरे तो गिरधर, गोपाल, दूसरो न कोई !'

हाँ, इस पिताजी को 'मीरा' का शौक़ है, इस पतिदेव को 'मीरा' का शौक़ है।

क्यों न हो, मीरा सब पर छा रही है, सब जगह छा रही है न?

किंतु, मीरा के ये प्रेमी अपने घर की मीरा के साथ क्या कर रहे हैं, क्या वे कभी सोचते हैं ?

किंतु, मीरा के अभिभावक यही करते आये हैं, यही करते रहेंगे। युग बदलते हैं, पिता और पति नहीं बदलते !

किंतु सवाल है, मीरा क्या कर रही है?

x x x

बोलो, ओ देश की असंख्य मीराओ ! तुम क्या कर रही हो?

देश में सांस्कृतिक नवजीवन लाना है। देश का नवपुनरुत्थान करना है।

राजनीति बिना नारी के सध भी जाए; किंतु, संस्कृति में नारी का सहयोग आवश्यक ही नहीं, अनिवार्य है।

सृष्टि-साधना का फूल है नारी; मानव-साधना का फूल है संस्कृति।

फूल से फूल की शोभा है !

अपने गाँवों में, नगरों में हमें संस्कृति का जो समावेश करना है; क्या वह बिना नारी के सहयोग के सम्भव है?

अपने उजड़े गाँवों, नीरस नगरों को हमें सौन्दर्य और संगीत से ओत-प्रोत कर देना है, नृत्य और वाद्य से मुखरित और गुंजरित कर देना है।

हमें ऊसर में फूल खिलाना है; ध्वंस पर कंचन-मन्दिर स्थापित करना है।

अँधेरे घर में अखंड ज्योति जलानी है।

क्या, यह सब बिना नारी के सम्भव है?

किंतु नारियों को तो अट्टालिकाओं ने घेर रखा है। अभिभावकों ने दबोच रखा है। फिर क्या हमारे ये स्वप्न स्वप्न ही रह जाएँगे?

हाँ, स्वप्न, स्वप्न रहेंगे, यदि हमारी मीराओं ने मीरा का अनुकरण नहीं किया।

वंश-मर्यादा, पतिव्रतधर्म—सबकी क़ीमत है, बड़ी क़ीमत है! इनकी रक्षा होनी चाहिए। किंतु समाज की पुकार, कला की पुकार, मीरा की पुकार, उससे भी अधिक क़ीमत रखती है!

सिसोदिया के सूर्य को आँखें तड़ेरने दो, राणा के क्रोध को आग बरसाने दो।

तुम अपने संगीत और नृत्य से राजभवन को भर दो, राजधानी को भर दो! फिर चित्तौड़ से वृन्दावन और वृन्दावन से द्वारका तक के डगर-डगर को भर दो।

तुम्हारे घुँघरू की झंकार इनके धिक्कार और प्रहार को प्रशंसा और प्रणति में परिणत करके रहेगी !

कल की मीरा अमर हुई, आज की मीराएँ भी अमर रहेंगी !

कल की मीरा की जय ! आज की मीराओं की जय !

गाओ, नाचो—पग घुँघरू बाँध, मीरा नाची रे, मीरा नाची रे !

डोमखाना

बाप रे, मरे रे !

एक हल्ला। सारा मुहल्ला सड़क पर निकल आया। सामने हरखुआ पड़ा है। सिर से ख़ून की धारा चल रही है। चेहरा, बदन, कपड़े—सब ख़ून से तर हैं !

बाप रे, मरे रे !

यह क्या हुआ? यह किसने किया ? जमादार ने मारा होगा ! जमादार है या कसाई? और, उसने समझ क्या रखा है? पुराना ज़माना लद गया। रिक्सा लाओ, थाने ले चलें, बदमाश को सबक़ सिखायेंगे?

हाँ; हाँ, आप बहुत ठीक कह रहे हैं ! ओ रिक्सा ! रिक्सा ! कई लोग पड़ाव की ओर दौड़े जा रहे हैं।

बाप रे, मरे रे !

इसकी डोमिन कहाँ है—सुहगिया ? ओ सुहगिया ! सुहगिया को बुलाओ भाई। कहो, कहो—थोड़ा पानी लेती लावे। जमादार ! साला कसाई ! बच्चू को जेल न भिजवाया, तो मेरा नाम नत्थू नहीं ! सुहगिया, ओ सुहगिया !

पानी ?—इसे पानी नहीं, ज़हर दूँगी। आँधी-सी सुहगिया आई ! हाथ में 'दाव', जिससे ख़ून चू रहा—दर्शकों को चीरती हरखुआ के नज़दीक पहुँची।

बाप रे, मरे रे !

तूने इसे मारा है?—एक सज्जन उसके दाव की ओर देखते हुए बोलते हैं !

अभी तो सिर पर मारा है—अबकी इसकी गर्दन काट लूँगी। निगोड़ा दिन भर बैठा रहता है और मेरे बटुए से पैसा चुराकर ताड़ी पीता है; उल्टे मुझी पर दाव चलाने आया था ! उठ रे, उठ!

सुहगिया ने हरखुआ का हाथ पकड़ा। खींचा। वह लड़खड़ाता उठा। उसे घसीटती हुई वह डोमखाने की ओर चली। दर्शक एक-दूसरे का मुँह देख रहे थे !

तब तक एक नौजवान देशभक्त रिक्सा लेकर पहुँच चुके थे। जैसे एक बहुत महत्त्वपूर्ण काम कर रहे हों, वह तमककर बोले—कहाँ गया वह ?

'वहाँ, उस तरफ़ !' डोमखाने की ओर उँगली उठी—और, सब ठट्ठा मार कर हँस पड़े।

कंजड़ों की दुनिया

एक तरफ़ सड़ी हुई नाली, दो तरफ़ ऐसा मैदान, जिसे शहर में आनेवाले गँवारों ने गन्दा-गन्दा कर रखा है, एक ओर ऊबड़-खाबड़ सड़क जो दिनभर धूल उगलती है।

और, बीच में कंजड़ों की एक दुनिया—तीन परिवारों के तीन छोटे-छोटे 'घर' नाम की चीज़ें; जिनमें दीवाल की जगह हवा और छज्जे की जगह टाट के फटे-चिटे सौ-सौ टुकड़े।

माँ भी हैं—प्रेयसी भी। बहन है और सरहज भी। गोदी के बच्चे हैं, बूढ़े बाबा भी और तीन घरों में चार नौजवान भी। लड़कियाँ तन्दुरुस्त शरीर की; हँसें, तो गालों में गड्ढे पड़ जाएँ। युवतियाँ—कसे हुए अंग, आँखों में सुरमा और रंगीनी भी। बच्चों की किलकारियाँ, नौजवानों की तान और बूढ़ों की तानारीरी। स्त्रियों के कोमल कंठ की काकली और जब-तब गाली-गलौज के कर्कश स्वर भी।

टाटों के उस छज्जे के बाहर एक छोटा-सा आँगन बना लिया गया है। वह कभी गोबर से लिप-पुत भी जाता है। आप भोर में वहाँ पहुँचें, तो देखेंगे मर्द अलसाये पड़े हैं, स्त्रियाँ एक अजीब किस्म के औज़ार पर लगातार रस्सी बँट रही हैं। दोपहर के बाद—यानी तीसरे पहर, चूल्हे जल रहे हैं, आटा गूँथा जाता, रोटियाँ सिंक रहीं और गरमागरम बँट रहीं। और, शाम के बाद यहाँ रोशनी नहीं कि आप कुछ देख सकें। हाँ, एक अजीब कलरव—नहीं, कोलाहल। इन्होंने बेतरह ढाला है—कोई एक अनाड़ी आदमी भी कह देगा।

ये कंजड़—यह खानाबदोश जाति ! न जाने कब इसे बस्तियों से वहशत हुई—घर से घृणा। आज यहाँ, कल वहाँ। और, ज़माने के थपेड़ों ने इसकी सारी वहशत भुला डाली, मजबूर किया बसने को—किंतु कहाँ, किस जगह... ?

एक तरफ़ सड़ी हुई नाली, दो तरफ़ ऐसा मैदान, जिसे शहर में आनेवाले गँवारों ने गन्दा-गन्दा कर रखा है; एक ओर ऊबड़-खाबड़ सड़क जो दिन-भर धूल उगलती रहती है।

किंतु इनके बीच भी बस्तियों से दूर की साफ़ हवा युगों से पिए हुए उनके शरीरों ने अपने सौष्ठव को कायम रखा है, उनका वह जंगली मस्तानापन, फक्कड़पन क़ायम है। गर्मी—पटना की गर्मी में जब भूमि तवा-सी जलती है; जाड़े में जब पछवा हवा उनके इन स्वच्छन्द घरों में चारों ओर से धावा बोलती है; बरसात में जब उनके घरों में पानी बहता, कीचड़ होता; तब भी, वे इस जंगल में मंगल मनाते होते हैं।

इस छोटी-सी दुनिया में मातृत्व पलता है, वात्सल्य उमड़ता है, आँखमिचौनी होती है, रास रचता है, प्रेम-कलह मचता है और प्रायः ही कोई कन्हैया—

"बैठ्यो पलोटत राधिका पायन।"

चक्के पर

हड़हड़ करती मोटर गंडक के किश्तीनुमा पुल को पार कर रही थी। एक बच्चा, गंडक के किनारे बैठा, आम चूस रहा था। हड़हड़ सुनकर उसका ध्यान पुल पर गया और उसने देखा उसके ड्राइवर काका मोटर लिए आ रहे हैं।

ड्राइवर काका—एक सेकेंड में ही ड्राइवर काका के अनेक स्नेह-चित्र उसकी आँखों के सामने

नाच उठे—चुमकार रहे हैं, लेमनचूस दे रहे हैं, कन्धे पर ले रहे हैं...

एक हाथ में गुठली और एक हाथ में छिलका लिए, मुँह के आम के रस को कंठ के नीचे उतारते और होंठ और गाल पर पीला रस चहबोचे वह ऊपर दौड़ा और चिल्लाया—का-का...

ड्राइवर काका की गाड़ी पुल पार कर अब ऊपर चढ़ने पर थी। काका के पैर एक्सलेटर पर जमे थे और हाथ स्टीयरिंग ह्वील पर नाच रहे थे। मोटर ज़ोर से आवाज़ करती हुई सर-से ऊपर दौड़ी।

बच्चा अब पुल पर था, वह चिल्ला उठा—का-का... का-का।

किंतु, वह बेचारा क्या जानता था कि जब आदमी चक्के पर होता है, गति में होता है, ऊपर चढ़ने और आगे बढ़ने की होड़ाहोड़ी में होता है, तब इधर-उधर मुड़कर देखना भी अपराध हो जाता है !

ड्राइवर काका के कान ने कुछ क्षण पहले एक क्षीण स्वर का अनुभव किया था; किंतु, वह स्वर मूर्त्त नहीं हो पाया था कि अब तो वह मोटर की अति क्षिप्र गति में लीन हो चुका था।

मोटर सर-सर, सर-सर भागी जा रही थी—अगल-बगल के अनेक स्वरों को योंही कुचलती, दबाती, दबोचती।

गोशाला

उस दिन रिमझिम-रिमझिम वर्षा हो रही थी।

आज स्कूल नहीं जाना होगा; गुरुजी की उस हरी-हरी खजूर की छड़ी से ही छुट्टी नहीं मिली, कभी आँगन में जाकर नाचूँगा, नहाऊँगा; कभी पानी के बुल्लों से खेलूँगा, खुश होऊँगा; और उसके बाद, गरमागरम खिचड़ी खाकर काकी की गोद में सोऊँगा !

किंतु उस वर्षा में भी देखा, मेरे गाँव के रामफल काका कीचड़ ठेलते, सिर पर छाता ओढ़े, लेकिन ज़्यादातर भीगते, बढ़े जा रहे हैं—मेरे पड़ोसी अक्कल के दरवाज़े की ओर !

रामफल काका—मेरे गाँव के सबसे धनी, किंतु कंजूस !

अक्कल—एक गरीब मज़दूर, किंतु हरफ़नमौला !

"अक्कल, ज़रा चलो, भानस घर के खपड़े उघड़ जाने रो समूचा घर पानी-पानी हो रहा है, खाना-पीना बन्द है; चलो, ज़रा खपड़ों को दुरुस्त कर दो—बाल-बच्चे भूखों छटपट कर रहे हैं।"

"मेरी तबीयत ठीक नहीं—माफ़ कीजिए; तबीयत अच्छी होती, तो हुकुम सिर-आँखों पर।"

अक्कल रामफल काका का काम प्रायः ही करता, किंतु उसे सबसे ज़्यादा तो इस बात की चिढ़ थी कि कंजूसी के मारे अच्छे दिनों में तो ये घर दुरुस्त नहीं कराते और इस आफ़त में जान लेने आये हैं, जैसे ग़रीब की देह देह ही नहीं ! और उसे सर्दी लग गई थी, वह रह-रहकर ढाँसता था, वह बात तो हम पड़ोसी जानते ही थे।

किंतु रामफल काका के शाम-दाम, दंड-भेद के सामने उसे झुकना ही पड़ा। फटी काली कमली ओढ़े अक्कल को मैंने रामफल काका के पीछे-पीछे जाते देखा !

x x x

अक्कल । पाँच हाथ का लम्बा जवान। रंग—वही भारत के आदिनिवासियों का। विदेशी आर्यों के रक्त मिश्रण का प्रभाव रंग पर न पड़कर आकार पर ही पड़ा था। हट्टा-कट्टा !

जिस खेत की कोड़नी में अक्कल पहुँचा, उसके खर-पात अक्कल के नाम पर रोयें। उसकी कुदाल क्या थी—परशुराम और बलराम के कुठार और हल की खिचड़ी थी ! ऐसा 'महीन' जोतनेवाला हलवाहा कहाँ मिलेगा ? घर बनाने-छाने में तो उस्ताद। गाँव में जितने अच्छे मकान हैं, चाहे उनकी दीवाल बनाने में या छप्पर छाने में अक्कल का कुशल हाथ ज़रूर है। रामफल काका का वह शानदार बँगला अक्कल की वास्तुविद्या के अपार ज्ञान का एक उत्कृष्ट नमूना है। अपने इन गुणों के चलते अक्कल मज़दूर होकर भी काफ़ी खुशामदें पाता रहा—पैसे भी।

उसके दो बेटे और एक बेटी थी। बेटों का लालन-पालन उसने औक़ात से ज़्यादा अच्छे ढंग पर किया और बेटी को तो वह इस शान से रखता कि गाँव की 'बबुइयाँ' भी मन-ही-मन चिढ़तीं।

अक्कल की उदारता की चर्चा भी होती। गाँव में कभी साधु-संत आते, तो उनकी सेवा अक्कल ज़रूर करता ! वह काम करने में राक्षस था। उसकी आमदनी साधारण मज़ूदरों से ज़्यादा तो थी ही; एक गाय भी पाल रखी थी और दो-तीन बकरियाँ भी। इनसे भी काफ़ी पैसे आते !

x x x

मैं अब शहरी जीव हूँ। कभी-कभी मन बहलाने को अपने गाँव में चला जाता हूँ।

एक दिन, अपने दरवाज़े पर बैठा, मैं एक विलायती मैगज़ीन पढ़ रहा था। एक छोटी-सी रूप-कथा थी। मैं सोचता, उफ़, ये विदेशी कलाकार कैसी जीवन्त तस्वीरें खींचते हैं ! कलम है या रंगीन कूची !

"सलाम बबुआ।"

आँखें न उठीं—मैं कुछ पढ़ने में ग़र्क था, कुछ ग़र्क होने का स्वाँग भर रहा था—कुछ उपेक्षा भी थी। दिन-भर इन देहातियों के मारे परेशान जो रहता हूँ।

फिर वही आवाज़—मैंने आँखें उठाईं। एक लकुटिया और दो सूखे पैरों के सहारे, तीन टाँग के जानवर-सा झुका एक आदमी दीख पड़ा। चेहरे पर ग़ौर किया—काले चेहरे को सुफेद-सुफेद बालों के ठूँठ और भयानक बना रहे। गरदन लगातार हिल रही !

"मैं हूँ बबुआ, अक्कल !"

मैं चौंक पड़ा ! क्या वही अक्कल आज ऐसा हो गया ?

बेचारा अक्कल अब भीख माँगता है। जिसने गाँव-भर को घर दिया, वही बे-घर-बार का है। एक बच्चा जाता रहा, दूसरा, शादी होते ही अपनी ससुराल चल दिया। बेटी तो पराये की होती ही है ! उसकी प्यारी पत्नी बुधनी भी चल बसी है! कोई काम-धाम उससे बन पड़ता नहीं। इतनी कमाई तो कभी हुई नहीं कि इतना संग्रह कर पाता कि इन बुरे दिनों को सुख-चैन से काटता। सिवा भीख के दूसरा चारा क्या?

और, भीख भी क्या सदा मिलती ही है ? भूख-प्यास का मारा अक्कल यह हड्डी का ढाँचा बन रहा है !

"बबुआ, मैं आपसे भीख माँगने नहीं आया, एक नालिश करने आया हूँ—बबुआ, तुम्हीं निसाफ करो, तो हो; नहीं तो रामफल बाबू के खिलाफ कौन जीभ खोले ?"

अक्कल ने कथा सुनाई। किस तरह ज़िंदगी के उठान के समय उसने अपनी पूरी शक्ति रामफल बाबू को मज़दूरी में दी, किस तरह कितनी ही परती ज़मीन को उसने उनके लिए हरा-भरा खेत बना डाला; किस तरह उसने उनके पशुधन की वृद्धि की; किस तरह उसने उनके ये मकान बनाए, जिन पर पड़ोस के बड़े-बड़े बाबुओं को ईर्ष्या होती है, लेकिन—

लेकिन, और बातें जाएँ जहन्नुम में; अक्कल के साथ आज एक महान् अन्याय किया गया था। जाड़े का दिन—दिन नहीं, रात। न घर, न कपड़ा। रामफल काका के दरवाज़े पर एक बड़ा

'घूर' लगता है। बेचारा अक्कल दिन-भर भीख माँगता, रात में उनके पुआल के टाल में घुसकर सो जाता और जब कभी जाड़ा लगता, उनके घूर में जाकर आग तापता। किंतु आज रामफल काका ने उसे वहाँ से निकाल दिया है। क्यों ? क्योंकि वह रातभर ताप-तापकर आग ख़त्म कर देता है और खाँस-खाँसकर चारों ओर थूक-थूक कर डालता है !

"बाबू, ज़िंदगी-भर उनकी सेवा की। इस बुढ़ापे में खाना-पीना, कपड़ा-लत्ता, घर-दुआर देने से रहे, क्या घूर की आग से भी मुझे महरूम किया जाना चाहिए?" यह थी उसकी दलील। मैं क्या जवाब देता ? मेरी आँखों में बचपन का बरसात वाला वह दृश्य नाच उठा ! आँखों की बरसात ने शायद उत्तर देना चाहा !

x x x

शहर में गोशाला का उत्सव था। मैं उसमें शामिल होकर, अपने गाँव की ओर जा रहा था।

मुझे खुशी हो रही थी, गोशाला के संबंध में मेरे गाँव की भी चर्चा हुई थी। रामफल काका ने दो गाड़ी पुआल गोशाला के लिए दिया था। गोशाला के मंत्री ने इसका उल्लेख किया था।

गोशाला—बूढ़ी अपाहिज गौओं, बैलों की रक्षा के लिए कितना सुन्दर प्रबन्ध! चाहिए भी; भला जिन गौओं ने हमें ज़िंदगी-भर दूध और बछवे दिये, जिन बैलों ने अपनी हड्डियाँ घुलाकर ज़मीन को ज़र-खेज़, अन्न की राशियाँ दीं, उनके बुढ़ापे का तो कोई प्रबन्ध होना चाहिए ! गोशाला, मनुष्य की मनुष्यता का एक सुन्दर प्रतीक !

यों ही साइकिल सरसराता, सोचता चला जा रहा था कि रास्ते में एक झुकी हुई आदमी की सूरत-सी दीख पड़ी। यह अक्कल ! कहाँ चले अक्कल ?

"गाँव में अब गुज़र नहीं होती, बबुआ ! जा रहा हूँ, कहीं माँग-मूँगकर खाऊँगा और राम-नाम लेते..."

अक्कल की आँखों से बड़े-बड़े बिल्लौरी दाने गिर रहे थे ! वे धँसी आँखें मानो चिर-संचित मुक्ताओं को उगल रही थीं !

अक्कल अपने गाँव को सदा के लिए छोड़कर जा रहा है। कहाँ ? जहाँ कहीं भी उसे पेट के खड्ड भरने के लिए एक मुट्ठी अन्न और इस शरीर के पसारने के लिए तीन हाथ ज़मीन मिल जाए।

मनुष्य ने बूढ़े पशुओं के लिए गोशालाएँ बनवाईं; किंतु बूढ़े मनुष्यों के लिए? रामफल चाचा को बूढ़ी गायों से इतनी मुहब्बत और उस बूढ़े आदमी के लिए, जिनके...?

रोपनी

हमारा देश कृषि-प्रधान है। खेती पर ही यहाँ की श्री-सम्पन्नता निर्भर करती है। खेती में अच्छी फसल आई, हमारे देश में सुख आया, आनन्द-उत्साह आया। खेती मारी गई, चारों ओर मुर्दनी ही मुर्दनी—सूखे चेहरे, झिपकती आँखें, डगमगाते क़दम। कृषि में वृद्धि, देश में उन्नति। हमारे राष्ट्र-रथ की धुरी है कृषि, कृषि।

कृषि की प्रत्येक क्रिया हमारे यहाँ त्योहार है... जुताई, कोड़ाई, पटाई, रोपनी, निकौनी, कटनी... सबके साथ हमारे हृदय की भावनाएँ गुथी हैं। हाथ-पैर काम करते हैं ज़रूर, लेकिन इन क्रियाओं के अवसरों पर सिर्फ़ हाथ-पैर चलाकर ही हमें सन्तोष नहीं। ऐसे मौक़ों पर हम गाये बिना रह नहीं सकते... खेतों में, खलिहानों में, आरों पर, डँरेड़ों पर हम अपना हृदय निकालकर रख देते हैं !

इन क्रियाओं में रोपनी का महत्त्व बिहार में सबसे अधिक है। धान की खेती हमारे यहाँ सबसे बड़ी खेती है। और धान की खेती की सबसे बड़ी महत्त्वपूर्ण क्रिया है रोपनी !

और, रोपनी के लिए समय भी कितना सुहावन ! आषाढ़-सावन के दिन। आसमान में काले-काले बादल उमड़ रहे हैं। चारों ओर हरियाली ही हरियाली है। तालाबों में मेढक बोल रहे हैं। काली फिज़ा में उजले-उजले बगुले उड़ रहे हैं। जब-तब रिमझिम वर्षा हो जाती है। पृथ्वी से सुगन्ध-सी निकल रही है। मालूम होता है सारे संसार पर इन्द्रजाल छाया हुआ है !

आइए, सिंहेसर चाचा के दरवाज़े पर का ज़रा दृश्य देखें...

सिंहेसर—ओ, कुनकुन, कुनकुन ! कहाँ गया कुनकुनमा ! बैल को दाना दिया कि नहीं ! मंगर ! मंगर—अब तक मंगर कहाँ सोया है ? सरजू, तुम देखते क्यों नहीं सरजू, आज नासी में रोपनी है, और तुम लोग निश्चिन्त पड़े हो !

सरजू—नहीं चाचाजी ! मैं तो अभी खेतों को देखकर आ रहा हूँ ! नासी में काफ़ी पानी नहीं रह गया है ! किंतु आज गोबराहा में अच्छी रोपनी होगी, चाचाजी! कुनकुनमा—ओ कुनकुनमा...।

कुनकुन—जी, मालिक ! बैलों को दाना खिला रहा हूँ, मालिक ! एक घड़ी रात थी, तब से ही बैलों को खिलाने में लगा हूँ, मालिक ! कुट्टी काटी, नाँद भरे—देखिए बैल तो अब अफर रहे हैं ! लेकिन मंगर का कहीं पता नहीं है—छोटे मालिक !

मंगर—(ढाँसता हुआ) मंगर का पता नहीं है—चार दिन का छोकरा और तू चुगली करने चला है। दरवाज़े पर रहता है, तो मालिक का मुँहलगा बना है! बड़े मालिक, मैं खेतों को देखने गया था। मालिक, आज न नासी में रोपनी हो, न गोबराहा में... आज नन्हकार में खूब पानी है बड़े मालिक।

और बात रह गई मंगर की ही। क्योंकि मंगर सिर्फ़ हलवाहा ही तो नहीं है। वह तीन पुश्तों से इस घर का अन्नदाता है। ज्योंही जवान हुआ, उसने हल पकड़ा और आज लगातार चालीस वर्षों से वह जोतता आ रहा है। वह सारे खेतों के रग-रेशे से परिचित है।

मंगर हल लिये जा रहा है नन्हकार में, आगे-आगे बैलों के जोड़े को कुनकुनमा हहकारे जा रहा है। सरजू भैया भी साथ हैं—बिना गृहस्थ की कहीं खेती होती है ? उधर सिंहेसर चाचा औरतों के एक झुंड को लेकर बीया उपारने को वीहन के खेत की ओर चले। सुनिए, जाती हुई वे गा रही हैं—

कहँमा लगइहौं मैं जूही-चमेली,
कहँमा लगइहौं अनार हे...
नारियर के गछिया।।

दुअरे लगइहौं मैं जूही-चमेली,
अँगने लगइहौं अनार है
नारियर के गछिया।।

कै फूल फले जूही-चमेली,
कै फूल फूले अनार हे,
नारियर के गछिया।।

दस फूल फूले जूही-चमेली,
दुई फूल फूले अनार हे,
नारियर के गछिया।।

केहि सखि चिखलन जूही-चमेली,
केहि सखि चिखलन अनार हे,
नारियर के गछिया।

देवरा छयला चीखे जूही-चमेली,
सइयाँ रंगीला अनार रे,
नारियर के गछिया।।

उधर बीहन के खेत में झूमर हो रहा है, तो इधर हलवाहों ने रोपनी के खेत में बिरहा ही टेर लगाई...

एक ने कहा—

आम के गाछ कोइलिया कुहके,
बनमा में कुकए मोर।
मोरा अँगना में कुहकए सोना के चिड़इया,
सुन हुलसे जिया मोर !

दूसरे ने कहा—

तलवा झुरइले कमल कुम्हलइले,
हंस रोबे बिरह वियोग !
रोबत बाड़ी सरवन केरी माता,
के काँवर ढोइहें मोर।

तीसरे ने कहा—

बने-बने गइया चरौले कन्हैया,
घरे-घरे जोड़ले पिरीत।
वनका मोरिया के मान गारि अएले,
आखिरो त जात अहीर।

सिंहेसर चाचाजी के आँगन में भी आज कम कोलाहल नहीं है। इतने जन-मजदूरे, इतनी जनी-मजदूरिन—इन सबके लिए कलेवा का प्रबन्ध करना ही है। आज पहली रोपनी है। आज कुछ अच्छी चीज़ें खिलानी चाहिए... लोगों के मुँह मीठे करने पड़ेंगे, तभी भगवान हमारा मुँह मीठा करेंगे। दलही पूरी बने और खड़े दूध की तस्मई। जाँत चलने लगी। आसमान में बादल का स्वर, आँगन में जाँत के स्वर में कोकिल-कंठी का स्वर—

बेरि-बेरि तोहें बरजू हे बाबा,
आरे पच्छिम धिया जनि लाऊ।
पच्छिम के लोग निरमोहिया ए बाबा,
ऊलटि पलटि दुःख देई।
रतिया पिसावे जौ-गेहुआँ ए बाबा,
दिनमा कतावे झीना सूत।
सुतले सेजियवा उठावे ए बाबा,
अरे अँगना घरे सब छूँछ।

जेठ-बइसाख केरि तलफी भुभुरिया,
धनिया जइहें कुम्हलाई।
अँगने में कुइयाँ खना द ए बाबू,
रेसम के डोरिया लगाई !

इधर आँगन में पूरी-तस्मई बन गई। बीहन के खेत में काफ़ी बीए उखाड़ लिये गए। रोपनी के खेत की जुताई पूरी हो गई। गृहस्थ-मज़दूर सब-के-सब घर लौटे। मालिक के घर में ही खाना-पीना हुआ। खाना-पीना क्या कहिए, पूरी कचरकूट !

कुनकुन—मंगर काका, कहिए, कितनी पूरियाँ उड़ीं !

मंगर—अरे, क्या बकबक करता है, अभी-अभी तो सोरही पूरी हुई है ! बस, आधी सोरही और !

कुनकुन—और खीर की तो कठौत ही खाली कर दी आपने काकाजी ! उफ़, बूढ़े हुए लेकिन गौंत कम नहीं हुई !

मंगर—अरे, तुम्हारी तरह कलजुगहा जवान हैं... देख, यह हाथ की फट्टी—हाँ, हाँ।

सिंहेसर—मंगर, कुनकुनमा को बोलने दो, तुम खाये चलो। तुम्हारा पेट भरेगा तभी हमारा खेत भरेगा मंगर !

सरजू—और इस बाटी में सुहगिया के लिए भी पूरी-खीर लेते जाना मंगर।

खाने-पीने के बाद थोड़ी देर तक सुस्ता लिया गया। फिर रोपनी के खेत में यह पूरा मजमा पहुँचा। स्त्रियों की उमंग का क्या कहना ? पाँत बनाकर वे खेत में रोपनी कर रही हैं। रोपते-रोपते बीच में एक-दूसरे की देह पर कीचड़ के छींटे डाल देती हैं, पानी उलीच देती हैं। बूढ़े मंगर की तो सबने मिलकर बड़ी दुर्गत बना दी है। कीचड़ से वह बेचारा भूत बना हुआ है और रह- रहकर गालियाँ बोलने से भी बाज नहीं आता। किंतु इन रोपनी करनेवाली औरतों को इन गालियों की क्या परवाह ? वे खिलखिलाकर हँसती हैं और मानो मंगर को चिढ़ाने के लिए ही गाती हैं—

नइहरवा में ठंढी बयार,
ससुरवा मैं ना जइहों।
ससुरा में मिले ला जउआ की रोटी
मडुआ की रोटी,
नइहरा में पूरी हजार।
ससुरवा मैं ना जइहों। नइहरवा

ससुरा में मिले ला साग सतुइया,
नइहरा में धाने के भात,
ससुरवा ना जइहों। नइहरवा०

ससुरा में मिले ला फटही लुगरिया,
काली कमरिया,
नइहरा में सोलहों सिंगार
ससुरवा ना जइहों। नइहरवा०

ससुरा में मिले ला लात औरु मूका,
नइहरा में मीठी-मीठी बात
ससुरवा मैं ना जइहों। नइहरवा०

बीच-बीच में पुरुषों का समूह चाँवर और बारहमासा गाता रहा। सन्ध्या हुई, रोपनी करके सब-के-सब हँसते-गाते घर पहुँचे !

रोपनी में किसानों के सामूहिक जीवन का बहुत अच्छा दिग्दर्शन होता है! प्रायः कई किसान मिल-जुलकर रोपनी करते हैं। जिसकी ताक रही, सबने उसकी मदद की। नहीं तो फिर सबकी ताक बिगड़ जाए।

हमारे देश की पढ़ी-लिखी स्त्रियाँ मिट्टी से घृणा करने लगी हैं। रोपनी तो कीचड़ और मिट्टी से सनी हुई क्रिया है न ! किंतु, एक ज़माना आयेगा, जब हमें मिट्टी से घृणा करने की यह आदत छुड़ानी पड़ेगी ! उस दिन रोपनी और रंगीन बन जाएगी। नये गीत होंगे, नये कंठ होंगे, नये स्वर होंगे ! हर खेत की मेंड़ पर तब गाता हुआ इन्द्रधनुष हम पावेंगे, वह दिन निकट आवे !

घासवाली

दिन-भर घास छीलती और शाम को निकट के शहर में ले जाकर बेचती—यही उसका पेशा था।

पेशा में आनन्द क्या, उल्लास क्या ? वह तो नित्य करने की चीज़ ठहरा।

किंतु उस दिन उसने उसमें आनन्द भी पाया, उल्लास भी अनुभव किया।

बहुत देर तक घास न बिकने के कारण चौराहे पर खड़ी थी वह। बिपता यह थी कि कल ही होली है। त्योहार कैसे मनाया जाएगा ?

झुटपुटे का वक़्त आया—यह अकेली घर कैसे, कब तक पहुँचेगी ? उदासी का यह दूसरा कारण हुआ।

इतने में ही एक इक्केवान पहुँचा। हँसमुख, नौजवान। मुस्कुराते हुए बोला—“कितना लेगी रे ?”

“दो आने।”

‘सिर्फ दो आने !’—मुस्कुराता हुआ बोला और मुँहमाँगा दाम दे, घास ले, वह चलता बना।

चौराहे की बिजली के प्रकाश में दो जोड़ी आँखें चमक उठीं।

लौटते समय, जीवन में पहली बार, उसने काठ की धेलेवाली कंघी खरीदी और खरीदा एक पैसे का नारियल का तेल।

होली के सौदे भी हुए।

x x x

वह नित्य आती, घास लिये प्रतीक्षा करती और मुँहअँधेरा होने पर जब वह नौजवान इक्केवान पहुँचता, घास दे, जो पैसे वह देता, लेकर चल देती।

भाव-साव कुछ नहीं—फाव में दो-एक चुहल हो जाती।

अब उसके सिर के नारियल के तेल से तीखी गंध निकलती, क्योंकि उसमें कपूर भी डलता था। बालों में एक सुलझाव दीखता ! और, आँखों में ?

x x x

उस दिन वह हरी चूनर पहनकर आई थी।

सन्ध्या को इक्केवान आया—उसने घास ली, पैसे दिये। पैसे देते समय ढिठाई से उसके गाल में एक हुदक्का मार दिया।

समूचा शरीर झनझना उठा उसका।

और, बेहोशी में ही उसने अपने को इक्के पर चढ़ा पाया। इक्का भागा जा रहा था—उस पर वह बैठी उड़ती-सी अनुभव कर रही थी !

वह कहाँ जा रही है ?

x x x

वह प्रतिदिन आती।

अब घास कम आती—पैसे अधिक मिलते।

उसके सिर से चमेली की सुवास निकलती।

x x x

दस वर्ष बाद !

शाम का वक़्त ! चौराहे पर एक अधेड़ स्त्री बैठी है। वह हरे चने के दाने बेचती है। दिन-भर चने के छिलके छीलती और बेचती रहती है।

उसके निकट एक बच्चा है, पाँच वर्ष के लगभग का।

जब वह ज़िद करता है, चने के पैसे से एकाध धेले की गुलाबछड़ी ख़रीद देती है।

उस दिन एक अपूर्व ख़रीदार आया।

कोट-पैंट पहने; एक पैसे का चना माँग रहा था। जब तौलकर देने को उसने सिर ऊपर किया, तो बिजली के प्रकाश में उसका चेहरा देखकर वह चिल्ला पड़ा? —"सुकिया!"

"मोहन !"—वह बोली।—"कहाँ रहते हो मोहन ?"

"कलकत्ते में मिस्त्री हूँ।"

"और इक्का..."

शायद और कुछ बात होती; किंतु इतने ही में एक पूर्णवयस्क हट्टा-कट्टा पुरुष आ पहुँचा। "क्यों, चने अब तक नहीं बिके ?" उसने पूछा।

"यह रामू के बाबूजी हैं, मोहन।" उस स्त्री ने इस लहज़े में कहा जिसका अर्थ था, यही मेरे पतिदेव हैं।

"राम, राम भाई साहब !" मोहन बोला, चने लिये, पैसे फेंके और चल पड़ा।

उधर मोहन, इधर सुकिया मन-ही-मन उस सन्ध्या की याद कर रहे थे जब दोनों इसी जगह से इक्के पर चले थे उड़ते, फुर्र-फुर्र ! और शुक्रतारा को देखकर रात कितनी बीती, इसका अनुमान किया था उन्होंने।

ग़रीबों का प्रेम ऐसा ही होता है—तालाब में एक ढेला गिरा, कुछ तरंगें उठीं फिर पानी शान्त !

समुद्र के ज्वार-भाटे तो महलों में उठते हैं !

पनिहारिन

दुनिया को पानी पिलाती हूँ, किंतु, स्वयं प्यास से मरती हूँ।

जब मैं सिर पर गागर लेकर चलती हूँ, लोग कहते हैं—रस छलकने लगता है। किंतु, मेरा रिक्त हृदय जो हाहाकार मचाए रहता है, यदि कोई उसे देख पाता; यदि कोई उसे सुन पाता !

न जाने, पहले-पहल, कब यह घड़ा सिर पर पड़ा—न जाने कब उतरेगा !

हाँ, धुँधली-सी याद तो है।

माँ का आँचल पकड़, पहली बार, कुएँ की ओर चली और ज़िद-पर-ज़िद की, तो उसने छोटी-सी ठिलिया मेरे लिए भी मोल ले दी।

सचमुच, उस दिन मेरे उस छोटे-से घड़े से रस छलका था।

मेरी लाल चूनर भीग गई थी !

किंतु, आज ?

और, आगामी कल तो अभी आने को है, जब कि बुढ़ापा मेरी कमर तोड़ देगा; किंतु, मुझे सिर पर घड़ा ढोना ही पड़ेगा।

क्योंकि इस घड़े ने मेरे सिर से ही नहीं, मेरे पेट से अटूट नाता जोड़ रखा है। सिर पर जिस दिन गागर न हो, उस दिन इस पापी खड्ड में ईंट-पत्थर कहाँ से पड़ेंगे?

x x x

मेरे सिर पर पानी का घड़ा है, मेरी छाती पर अमृत के कलश हैं।

मेरा थका-माँदा 'मालिक' तालाब या नदी का गँदला जल कहीं चुल्लू से भरकर पीता होगा—मैं दिन-रात सिर पर पानी से भरा पीतल का सुन्दर घड़ा ढोती हूँ।

इन अमृत-कलशों पर किसकी आँखें गड़ी हैं ? वह उस दिन क्यों घूर-घूरकर देख रहा था इस ओर ?

मेरा प्यासा मालिक, किसी पासिन के मटके पर दीवाना होगा; मेरे अमृत-कलश को ये क्यों लूटना चाहते हैं ?

आह ! सचमुच ये अमृत-कलश हैं। जिनसे मेरे जीवन-भर की संचित जीवन-सुधा, उजला रस बनकर—सुफ़ेद-सुफ़ेद, प्राणदा जीवनमयी रसधार बनकर निकल पड़ी।

उस दिन मेरी सूनी गोद में 'गोपाल' किलके थे।

किंतु, यह 'गो' तो इस गोपाल के लिए नहीं है !

जो मेरा पानी पीता रहा है, उसका बच्चा ही मेरे अमृत-कलश का सुधा-रस पीएगा !

मेरे गोपाल तड़पते हैं; किंतु, मैं क्या करूँ ? इस अमृत-कलश का संबंध भी तो मेरी उदर-दरी से है, जिसे भरने के लिए रोज़ एक मुट्ठी अन्न चाहिए !

x x x

मेरे सिर पर गागर है, आँखों में काजल है; पीले वस्त्र पहनकर उस दिन घर से निकली।

वह छैला गुनगुना पड़ा—"सिर पर घड़ा लिये पनिहारिन !"

न जाने, क्यों मेरे घड़े से रस छलकने लगा। मेरी उदासीन आँखों में न जाने कहाँ से तिरछी चितवन आ गई ?

इस पीली साड़ी के रंग ने मेरे हृदय को गुलाबी बना दिया।

काजल तेरा बुरा हो ! मेरा समूचा जीवन काजलमय हो गया।

जिनके पेट के लिए एक मुट्ठी अन्न की व्यवस्था नहीं, उनके हृदय में प्रेम का यह पारावार क्यों लहराया गया ?

बूढ़े विधाता ! तेरा सर्वनाश हो !

x x x

युग-युग से मैं गागर ढो रही हूँ; युग-युग तक मैं गागर ढोने के लिए बाध्य की जाऊँगी !

दुनिया में कुछ लोग बिना हाथ-पैर हिलाए, बैठे-बिठाए पानी पीते रहें, इसके लिए आवश्यक यह है कि कुछ लोग सदा गागर ढोते रहें !

माघ की भोर है—पछवा हवा पुरानी कुर्ती को छेदकर छाती की हड्डी तक हिला रही है, अंग-अंग सिकुड़े जा रहे हैं, किंतु मुझे गागर ढोनी पड़ेगी, क्योंकि किसी को सुबह-सुबह कुएँ का गरमागरम पानी चाहिए।

जेठ की दुपहरिया—ऊपर से आग की वर्षा, तवे-सी जलती भूमि ! किंतु, मुझे गाँव से दूर की उस अमराई के कुएँ का ठंडा जल ढोकर उसे पिलाना ही पड़ेगा।

बरसात का अंजन-वर्ण निशीथ हो या शरद् की रजत राका—मेरे सिर पर गागर होगी, गागर, गागर ! कहीं गीत हों या रुदन, कहीं ब्याह हो या श्राद्ध, कहीं ईद हो या मुहर्रम—मेरे सिर पर गागर होगी, गागर।

x x x

भगवान, मुझसे अब यह गागर ढोई नहीं जाती—मेरी रक्षा करो।

या तो मेरे सिर से यह गागर उतारो—
या तो मेरे सिर से यह गागर उतारो—

हाँ, या तो मेरे सिर से यह गागर उतारो, या अपनी इस विराट गागर—विश्व को फोड़ दो !

अन्तसार-शून्य तुम्हारी इस गागर को बहुत देखा, बहुत परखा !
यह रहने लायक़, रखने लायक़ नहीं है—नहीं है।
इसे फोड़ दो।
हाँ, या तो मेरे सिर से यह गागर उतारो या अपनी इस विराट गागर को फोड़ दो।
नहीं फोड़ोगे ?—तो यह एक दिन फूटेगी ही !
याद रखो—छोटी कंकड़ी की चोट से बड़ी-बड़ी गागरें फूट चुकी हैं।

बचपन

बा-बा...बा-बा... बा-आ-आ...

यह ललनजी बोल रहे हैं ! सिर पर घुँघराले बालों के लट लटक रहे हैं। दोनों हाथ ऊपर उठा रहे हैं, जैसे इशारे से बुला रहे हों। उठ सकते नहीं, बढ़ने को हुमच रहे हैं।

बा-आ... बा-बा-बा...बा-आ...बा-बा...

ललनजी की बोली सुनकर महेन्द्रजी उनकी ओर बढ़े। दो बार चूमने की कोशिश की—किंतु, मुँह से चुमकारी के शब्द तक निकाल नहीं पाते। फिर उनसे लिपट गए, गोद में लेने की कोशिश की। महेन्द्रजी के छोटे-छोटे हाथों में हमारा गुल्ला-थुल्ला ललन अँट नहीं पाता। किंतु, महेन्द्रजी गोद में लेंगे ही। छाती से चिपकाया—इतने ज़ोर से कि ललनजी रोने लगे !

आँ-आँ... बा-बा-बा... मा...मा...

प्रभा रानी दौड़ीं—ओहो, मेरे बबुआ को मार दिया महेन्द्र ने! महेन्द्र ने—लाल चाचा ने! महेन्द्रजी से छीनकर प्रभा ने ललनजी को गोद में ले लिया—ओहो, लाल चाचा ने मारा है। मारा है मेरे बबुआ को! चुप, चुप रहिए—मैं महेन्द्रजी को मारती हूँ। प्रभा ने महेन्द्रजी को मारने का स्वाँग किया। ललन चुप—किंतु, महेन्द्रजी ने अपने को अपमानित बोध किया—वह फूटकर रो उठे !

और, यह जित्तिनजी दौड़े—अपनी साहबी पोशाक में! अभी-अभी कन्वेंट से पढ़कर आये हैं। टाई तक नहीं खोली है। प्रभा से छीनकर ललन को अपनी गोद में लिया। उनकी रंगीन रेशमी टाई को पकड़कर ललनजी खेलने लगे।—"किसने मारा था तुम्हें—इस प्रभा ने? पीटें प्रभा को?"

अपने भतीजे को यों अचानक गोद से छीने जाने के कारण प्रभा रानी गुस्से में थीं। अब यह तुहमत! उनकी आँखों से झर-झर आँसू झरने लगे !

इधर ललनजी मँझले चाचा की टाई पकड़े हुए कह रहे हैं—

बा-बा...बा-आ-बा...बा-बा-आ...

बाबा खाट पर सिर झुकाए स्केच लिख रहे हैं ! बच्चों के कोलाहल में क्या कुछ लिखा जा सकता है? हाँ, शब्द-चित्रकार हैं न ? इन चार अनमोल चित्रों को गौर से देख रहे हैं।

अब प्रभा की आँखें सूख चुकी हैं, महेन्द्रजी चहक रहे हैं, ललनजी किलकारियाँ दे रहे हैं और जित्तिनजी अपने थैले से कन्वेंट में बनाये अपने हाथ के करतबों को दिखला रहे हैं—

"बोलो प्रभा, यह क्या है?"

"यह है गधा !"

"पगली, गधा नहीं, यह काबुली घोड़ा है !"

"भैयाजी, मुझे इस घोड़े पर चढ़ा दो।"—महेन्द्रजी बोल रहे हैं और जैसे घोड़े पर छलाँग मारने को अपने बदन को तोल रहे हैं।

"यह देखो, यह क्या है ?"

प्रभा की ज़बान तेज़ है; फिर वह बोल उठी, "खरहा !"

"खरहा ? महेन्द्र, तुम बताओ, यह क्या है?"

अपने आगे के दूध-धोये दाँतों को चमकाते महेन्द्रजी कहते हैं—"चूहा !"

"हाँ, विलायती चूहा ?"

जित्तिनजी को अपने ज्ञान का गर्व था, महेन्द्रजी को अपनी जानकारी पर नाज़ हो आया! प्रभा बेचारी जैसे अकेली पड़ गई ! उसने अनुभव किया, उसके भाई उसकी अवमानना करने पर तुले हैं ! इतने में ललन ने विलायती चूहे का एक कान पकड़कर खींच लिया !

जित्तिनजी का साहब गुस्से में आ गया ! उन्होंने ललन के हाथ से अपना विलायती चूहा छीनना चाहा। छीना-झपटी में चूहे का कान ललन के हाथों में रह गया। आग में घी पड़ गया! जित्तिन अब अपना गुस्सा उतार रहे हैं।

आँगन में कोलाहल है ! 'बाबा', 'मैया', 'दैया', 'मैया' हो रहा है ? चेहरों के तरह-तरह के भाव हैं।

और, कुछ देर के बाद फिर चारों बच्चे एक साथ खेल रहे हैं—नौ महीने, चार वर्ष, सात वर्ष—सब मिलकर एक हो रहे हैं ! कुछ वर्ष, कुछ महीने।

बाबा का स्केच पूरा हो रहा है; वह अन्तिम पंक्ति लिख रहे हैं—

"चंचलता चितवन वही, गति मति वही सुभाव,
अरी लरिकई बावरी, एक बार फिरि आव !"

किसको लिख रहे हैं

"यह किसको लिख रहे हैं आप?"

छोटी लूची ने अपरिचित कहानी-लेखक से पूछा जो उसके बाप के बरामदे में बैठे, असह्य प्रतीक्षा से ऊबकर, तुरत दिमाग़ में आये हुए कहानी के प्लाट को अपने लेटर पेपर पर ही क़लमबन्द कर रहे थे !

कहानी-लेखक की पेशानी पर शिकनें उठ आईं। वह मन-ही-मन झल्लाया—कहाँ से यह बच्ची आकर मेरे कल्पना-चित्र पर स्याही पोत रही है !

किंतु, लूची माननेवाली नहीं। उसने कागज़ पर हाथ रख दिए और अधिकार के स्वर में बोली—"आप यह लिख रहे हैं किसको !"

कहानी-लेखक ने लूची के चेहरे को देखा—कैसी मासूम ? क्या कला-देवी का चेहरा भी कुछ ऐसा ही होगा ?

मज़ाक में उसने कह दिया—"तुम्हारी चाची को !"

उसके छोटे चाचाजी ने तुरत शादी की थी—लूची ने सोचा, उससे बढ़कर लिखने की बात और कौन हो सकती है ?

"नई चाची को ?"

"उहूँ, पुरानी चाची को ?"

"लाल चाची को ? बिमला भैया की चाची को ? सुन्दरपुरवाली को ?"

लूची ने प्रश्नों की झड़ी लगा दी। पुरानी चाचियाँ तो कई हैं न ?

कहानी-लेखक को लुत्फ आ रहा था। लूची की आँखों की उत्सुकता और उत्कंठा के अध्ययन में लीन वह उहूँ, उहूँ करता जाता था। लाल फ्राक और काले बालों के बीच गेहुँए चेहरे पर चमकती दो मासूम आँखों में, वह कला-देवी को, अब प्रत्यक्ष देख रहा था।

तब तक लूची के बाबूजी आ पहुँचे। "ओहो आप ? कब से इन्तज़ार कर रहे हैं आप ? देर के लिए माफ़ी... और लूची तू..."

"लूची मुझसे कुछ पूछ... ?"

कहानी-लेखक आगे कुछ नहीं कह पाया; क्योंकि लूची के हाथ उसका मुँह बन्द कर चुके थे !

"क्या पूछ रही थी ?"

फिर मुँह बन्द किया गया—लूची के छोटे हाथों में कितना आग्रह था, कितनी गर्मी थी?

"अरे, चाचाजी को यों तंग किया जाता है !"

"चाचाजी ? क्या ये भी चाचाजी ही होते हैं ?" —लूची की आँखें बल-सी उठीं! क्योंकि उसने रहस्य का पता जो पा लिया था ! "समझी, समझी !"—कहती हुई वह खड़ी हुई और नाच उठी ! उसके बाबूजी भौचक थे—"क्यों नाच रही है पगली ?"

"चाची को दिखला दोगे चाचाजी !"—पगली लूची के दोनों हाथ कहानी-लेखक की गरदन में थे ! और कहानी-लेखक की आँखों के सामने आज सचमुच एक चाची खड़ी हो गई ! अब तक वह अविवाहित था। उसने समझ रखा था उसकी भारती ही उसकी सहचरी है। किंतु आज लूची के प्रश्न ने उसे बताया, लिखने के लिए भी किसी की आवश्यकता है—किसको लिख रहे हैं आप ?

एक महीने के अन्दर-अन्दर लूची अपने इस नये चाचा की नई चाची के नज़दीक बैठी मिठाई खा रही थी।

छब्बीस साल बाद

छब्बीस साल बाद उस दिन उसे फिर देखा था।

पहले देखा था, जब वह जवानी की देहली पर खड़ी थी। उस दिन देखा, वह बुढ़ापे के दरवाज़े को पार कर चुकी है।

छोटा-सा ललाट, चाँद के टुकड़े-सा ! ऊपर सजल श्यामल मेघ-से बालों के लट; नीचे काम के कमान-सी पतली, लचीली, नुकीली भौंहें। आँखों में ख़ुमार; गालों पर गुलाब। सुन्दर पतली नाक—जब वह पतले अधरों को खोल, दानेदार दाँतों को ज़रा-सा चमकाकर बोलती, मालूम होता, नाक उसमें सुरीलापन भर रही ! स्वस्थ अर्द्ध-स्फुटित यौवन ! कैसी मोहक थी वह, उसकी काया, उसकी बातें, उसकी चाल !

शरीर में जवानी; हृदय में बचपन। भोलेपन में वह कुछ कह जाती, जिसका मानी भी नहीं समझती। "मुझे भी अपने साथ ले चलिए न ?" "क्या मैं बहुत ख़ूबसूरत हूँ?" "देखिए तो इस पत्र में उसने क्या लिखा है ?"

पत्र पढ़कर मैंने कहा—"इसका अर्थ समझा ? तुम्हें कैसे मिला यह पत्र ?" और मैं गुस्से में था।

"मैं उस दिन फुलवारी से लौट रही थी, रास्ते में पड़ा पाया ! मैं अब रोज़ उस रास्ते जाऊँगी, बेचारा तड़पता जो है ?" सचमुच उसके चेहरे पर दया के भाव थे !

उसकी भी शादी हुई; मेरी भी। उसने एक दिन पूछा—"आपकी पत्नी कैसी है?" "तुम्हारी-सी तो नहीं; उस लड़की ऐसी वह !" "नहीं नहीं, आप झूठ कह रहे हैं—भगवान जोड़ा मिलाना नहीं जानता !"

इस अन्तिम वाक्य का अर्थ समझ दुखित हुआ! उसके पति उसके योग्य नहीं मिले थे। सिर्फ़ धन देखकर शादी कर दी गई थी उसकी ! लेकिन, उसे क्या हक था, कि मेरी पत्नी के बारे में भी वह कुछ वैसी ही भावना रखे !

किंतु क्या सचमुच उसे कोई हक़ नहीं था ?

नहीं, नहीं, उसकी चर्चा फ़िज़ूल ! हमारे समाज में ऐसा ही होता आया है। मन लगा 'क' से, शादी हुई 'ख' से। किसी तरह समन्वय हुआ, तो ख़ैर; नहीं तो ट्रेजडी !

और छब्बीस वर्ष के बाद वह साकार ट्रेजडी-सी मेरे सामने खड़ी थी !

ललाट पर शिकन; गाल पर सिकुड़न। बालों में वृद्धता ठठा-ठठाकर हँस रही। कमान टूट चुका था; ख़ुमार उतर गया था। शरीर एक गुमसुम रूई के गट्ठर-सा! नाक कह रही थी, बड़ी मुश्किल से मैंने नाक रखी है इसकी। अधरों पर न लाली; दाँतों में न चमक ! अल्हड़पन की चिता पर संजीदगी खड़ी थी !

पति को शरीर दिया; दिल न दे सकी। कैसे देती—वह पहले ही किसी को दिल दे चुका था, जो उसके सामने बन्दरी थी। किंतु, बन्दर को तो बन्दरी ही भावे? तो भी किसी संयम से उसने जवानी काट दी है, यह उसके चेहरे की सौम्यता कह रही थी !

बहुत दिनों तक हिस्टीरिया से परेशान रही ! एक सन्तान हुई, वह भी न रही। तब से गोद न भरी। अब उसी पति की दूसरी शादी कराकर उसके बच्चे को गोदी में खिलाती माँ का ममत्व निछावर कर रही है।

"यही मेरा बेटा है, उस घर से" उस घर से—मेरा बेटा। किंतु उसकी आवाज़ में कोई अस्वाभाविकता नहीं थी। एक जगह पहुँचकर अस्वाभाविकता भी स्वाभाविकता-सी बन जाती है न ?

और दूसरे ही क्षण प्रश्न—"आपके तीन बेटे हैं न ? और एक बेटी। बेटी कितनी बड़ी है ?" और जब तक मैं जवाब में कुछ कहूँ, बोली—"अपनी 'रानी' से मुलाकात नहीं करा दीजिएगा ?"

और फिर उलाहना—

"मर्द भी क्या होते हैं ? कभी चिट्ठी भी नहीं भेजते—अपना फोटो भी तो भेज दिये होते? और पढ़ना-लिखना तो छूट ही गया है, अपनी कुछ किताबें ज़रूर भेज दीजिएगा। याद है ! आपने कहा था—पढ़ना-लिखना नहीं छोड़ना।"

मुझे उस समय क्या-क्या नहीं याद आ रहा था। हम दोनों का साथ-साथ उठना-बैठना; जब मैं सख्त बीमार पड़ा, उसका रात-रात-भर जागना; जब मैं घर जाने को तैयार होता, उसका उदास विषण्ण चेहरा लेकर खड़ा हो जाना, उसकी माँ का कहना—लेते जाओ इसे भी ! मैं तिलक-दहेज से भी बच जाऊँगी। फिर उसका विषादमय विवाह—जब दूल्हे को देखा, माँ रो उठी; माँ की गर्दन पकड़ यह चिल्ला उठी। किंतु, पिताजी की इज्ज़त का प्रश्न ! शादी होकर रही !

शादी के कुछ दिनों के बाद जब उसे देखा, वह बिलकुल बदल चुकी थी। मैं उसकी मर्मव्यथा समझता था। उसे समझाया-बुझाया। नारी-धर्म बतलाया। वह कुछ आश्वस्त हुई।

किंतु, क्या ट्रेजडी को सुखान्त में परिणत किया जा सकता है ? छब्बीस साल बाद वह साकार खड़ी थी !

बस, पाँच-छः मिनट की यह मुलाकात। मैं कार्यों में व्यस्त; वह प्रतिष्ठा की ज़ंजीर में बँधी। मैं तब से फिर एक पत्र नहीं भेज सका हूँ, न फ़ोटो, न पुस्तक। सोचता हूँ; भूलता हूँ; एक बार पुस्तक लेकर उसके घर के निकट से लौट आया। सोचा, जो घाव भर चुका, उसे कहीं फिर मैं कुरेद न दूँ ?

यह मानव क्या है ? उसके हृदय में क्या-क्या छिपे हैं ? जो-जो भावनाएँ, कामनाएँ, वेदनाएँ हमारे हृदयों में गड़ी पड़ी हैं, यदि वे कभी बोल उठतीं ! उफ़, सारा संसार रुदन से ओतप्रोत हो जाता, आँसुओं की बाढ़ में बह जाता, विलीन हो जाता !

पहली वर्षा

दुपहरिया में मैं सोया था—पटना की गर्म हवा के झोंकों से बचने के लिए घर के सारे किवाड़ बन्द करके ! अचानक नींद टूटी—देखता हूँ, घर का बिजली-पंखा बन्द है और बाहर शोर मच रहा है—जैसे आँधी हो। दरवाज़ा खोला—ओहो, वर्षा हो रही है !— यों कहिए कि आँधी और वर्षा दोनों।

बड़ी-बड़ी बूँदें। पेड़ों की डालें पेंगें ले रही हैं। कच्चे आम टूट-टूटकर गिर रहे हैं।

इस साल की यह पहली वर्षा है ! पहली वर्षा के साथ क्या आँधी का होना अनिवार्य है ? और जिनकी डंठलें पुष्ट हैं, वे वर्षा से रसीले बन जाएँ, उसके पहले क्या कुछ कमज़ोर डंठलवाले आमों का गिर पड़ना लाजिमी है ?

वर्षा समाप्त हुई—झोंकों के साथ जो आई थी, वह झोंकों में ही गई। आसमान में छिटपुट बादल के भूरे टुकड़े उड़ रहे हैं। ज़मीन से सोंधी गन्ध निकल रही है। और ये आम के पेड़—तुरत-तुरत नहाकर खड़ी दुल्हन की तरह लग रहे हैं ! शाम की सुनहली किरणें इनके पत्तों

पर कैसी चमचम कर रही हैं।

वर्षा के बाद पेड़ों की शोभा देखते मैं कभी नहीं अघाता। पढ़ा था, कवि सत्यनारायण को बी.ए. की परीक्षा देनी थी। परीक्षा के समय के कुछ पहले वर्षा हो गई। बेचारे के मन में, पेड़ों की धुली-धुलाई पत्तियों को देखते ही, कविता उमड़ आई। उधर परीक्षा के पर्चे बँट रहे थे, इधर आप कविता की पंक्तियों-पर-पंक्तियाँ लिखते चले जा रहे थे !

सचमुच वर्षा के बाद पेड़ों की शोभा अनुपम हो उठती है। धूल के कण-कण धुल जाते हैं। गर्मी के बाद शीतलता पाते ही उनका हरा रंग निखर पड़ता है। पत्तियाँ हँसती-सी मालूम पड़ती हैं। यदि उन पर सूर्य की किरणें तब पड़ने लगें, जब तक कुछ बूँदें उन पर इधर-उधर लिपटी हैं, तो फिर क्या कहना ? और यदि वे किरणें सन्ध्या की हुईं ? अहा ! गिरा अनयन नयन बिनु बानी ?

पटना का मेरा यह घर भी क्या अनोखा है। सामने आम के कितने घने पेड़ हैं। केले भी हैं। कुछ और पेड़ भी हैं। शहर में रहकर भी शहर से दूर ! नगर में रहकर भी प्रकृति की गोद में। इन आमों को देखकर ही एक मित्र ने कहा था—अम्बपाली के लेखक के उपयुक्त ही यह स्थान है।

आज प्रथम वर्षा की इस पहली सन्ध्या को आम की हर डाली अम्बपाली बन गई है ! वह गुनगुना रही है, मुस्कुरा रही है, अँगड़ाइयाँ ले रही है, उँगलियों से इशारे कर रही है और लगता है, कहीं वह एकाएक नाच न उठे—छमछम !

लागल करेजवा में चोट

"लागल करेजवा में चोट !"

रेडियो में यह गीत हो रहा है ! बचपन से ही यह गीत सुन रहा हूँ—गाँव के छोकरों के मुँह से, शहर के छैलों के मुँह से; गवैयों से, उस्तादों से; ग्रामोफ़ोन पर, रेडियो से! कर्कश स्वर में, कोकिल कंठ से। लेकिन हमेशा यह अच्छा ही लगा।

नूत्नं नूत्नं पदे पदे—काव्य की यह परिभाषा है ! क्या इस छोटे-से गीत में काव्यत्व भरा है ?

यह किस कवि की अमर रचना है ? पहले-पहले यह किस सौभाग्यशाली के कंठ से निस्सृत हुआ ?

ग्रामीण बोली के ये सीधे-सादे साढ़े तीन शब्द-विभक्ति को आधा शब्द मान लिया जाए तो ! किंतु, किस तरह इनका संगठन हुआ कि ये संगीत बन गए और ज्योंही, जितनी बार उच्चरित होते हैं, कलेजे में घर कर लेते हैं !

लागल करेजवा में चोट !—किसके कलेजे में कोई चोट कभी नहीं लगी। ये साढ़े तीन शब्द जीवन के परम सत्य को सीधे-सादे ढंग से कह गए हैं, इसीलिए इनमें यह मोहकता है, मनोरंजकता है, हृदय को आकृष्ट करने की ऐसी क्षमता है !

जीवन के परम सत्य को सीधे-सादे ढंग से कह जाना—क्या यही कला की सबसे बड़ी सार्थकता नहीं है ?

उपन्यास

पतितों के देश में

[1930-32 ई.]

पुनश्च

'पतितों के देश में'—यह मेरी पुरानी रचना है। अधूरे रूप में यह प्रकाशित हुई थी और तो भी पसंद की गई थी।

किंतु दूसरी बार के प्रकाशन के समय इसे पूरा कर देना मैंने अपना कर्तव्य समझा। इसका लगभग आधा हिस्सा नया लिखा गया है।

मेरी यह पुस्तक एक नए विषय पर, नई पृष्ठभूमि में, नए ढंग से लिखी गई है और मेरी शैली की नवीनता तो स्वीकृति पा ही चुकी है।

पहली बार मैंने इसमें एक लंबी भूमिका रखी थी और अंत में एक लंबा परिशिष्ट दिया था। शायद उस ज़माने में उसकी ज़रूरत रही हो—किंतु अब 'सियनि सुहाय न टाट पटोरे' की हिमायत में उसे हटा देना ही उचित समझा।

शॉ का उपासक हूँ, किंतु कलाकार कला के बाहर उपदेशक न बने, यह मान्यता है मेरी। टाट में पटोर की, या पटोर में टाट की—सियनि (पैबंद) हमेशा बुरी है।

संक्षेप में, यह एक क़ैदी की कहानी उसी की ज़बानी है। इसका आधार एक सत्य घटना है और इसका मुख्य भाग मैंने जेल में ही लिखा था, 1930 में, हज़ारीबाग जेल में।

अपनी भूलों के लिए क्षमा और अपनी कला के लिए आशीर्वाद का आकांक्षी—

—रामवृक्ष बेनीपुरी

1
जवानी के दिन

जवानी के दिन थे, बाबू !

वही जवानी—जब आदमी अकड़कर चलता, ऐंठकर बोलता, अफरकर खाता और पसरकर सोता है।

वही जवानी—जब नाक सुगंध, कान संगीत और नेत्र सौंदर्य खोजते हैं।

जब पैर कहते हैं, बढ़े चलो; हाथ कहते हैं, बिना पकड़े छोड़ो मत।

जब नसों में सनसनी दौड़ती है, छाती में गुदगुदी लगती रहती है।

बाबू, उसी जवानी के दिन थे।

मैं कितना हँसता था, बाबू ! क्यों हँसता था, कौन हँसाता था ? आज कोशिश करके भी मैं हँस नहीं सकता—वह हँसी तो दूर रही। क्यों ? कुछ वजह बताइएगा?

लेकिन, हाँ, आप तो मेरी व्यभिचार-कहानी सुनना चाहते हैं। वजह बताने की फुरसत कहाँ !

तो, मैं व्यभिचारी हूँ। जरूर हूँ। 'रेप-केस' में सात वर्ष की सजा पाकर आज कितने वर्षों से लगातार चक्की चला रहा हूँ। फिर, मैं न व्यभिचारी होऊँगा तो होगा कौन? मुद्दई का ऐसा ही बयान था, गवाहों ने उसे तसदीक किया था, न्याय के स्वर्ण-सिंहासन पर बैठकर न्यायपति का फैसला भी ऐसा ही था। मैं व्यभिचारी हूँ—जरूर हूँ !

लेकिन, बाबू, आप लोग तो देशभक्त ठहरे, समाज-सुधारक कहलाते हैं। आपमें से कुछ लोग अपने को क्रांतिवादी भी कहते हैं। क्या आप व्यभिचार की परिभाषा बताइएगा ? सदाचार ही क्या चीज है, समझाइएगा ? दुहाई बाबू की, यदि परिभाषा हो जाती, तो बहुत-से कसूरमंदों की कड़ियाँ कट जातीं; बहुत-से लोग जो दूध के धुले बने राजपथ पर विचर रहे हैं, उनके हाथों में जंजीरें झूलतीं। ऐसा मेरा विश्वास है, बाबू !

खैर, छोड़िए इस मीमांसा को ! आप तो कहानी सुनना चाहते हैं ! 'पतितों' की कहानी जरा मजेदार भी तो होती है। रेप और तलाक के मुकद्दमों के दिन कितनी खासी भीड़ रहती है कचहरी में। हा-हा-हा ! वाह रे समाज ! तुम्हारी यह प्रवृत्ति ही सूचित करती है कि तुम्हारे चंदन-चर्चित शुभ्र कलेवर के भीतर किस पनाले की काली धारा बह रही है ! बाबू, हम-आप उसी समाज का एक छोटा-सा अंश हैं न ! लाख बाँध बाँधने पर भी मन-सरिता अपने लिए राह बना ही लेती है।

x x x

आप स्वयं भी अनुमान कर सकते हैं, मेरा जन्म एक गरीब के घर हुआ था। उस पर भी अभागा ऐसा कि बचपन में ही पिता को खो बैठा। एक छोटे-से आँगन का पूरा राजा मैं ही था। माँ थीं; किंतु हिंदू-कानून के अनुसार उस आँगन पर उनका क्या अधिकार हो सकता था ! निस्संदेह, मैं ही उसका एकच्छत्र अधिराजा था !

यह छोटा-सा आँगन तीन घरों से घिरा था। एक में गाय-बछवा बाँधे जाते। एक में

जलावन और पशुधन के लिए चारा रखा जाता। ये दोनों छोटे-छोटे घर थे। तीसरा घर कुछ बड़ा था—माँ उसे काफी स्वच्छ-सुंदर बनाए रखतीं। यही हम लोगों का भंडार-घर, पाकशाला और विश्रामागार था। कभी-कभी माँ की अनुपस्थिति में, अपने बाल-सहचरों को जुटाकर, मैं उसे नाट्यशाला में भी परिणत कर देता था।

इस घर के एक कोने में रसोई पकती, एक कोने में अनाज की तीन-चार छोटी-छोटी डेहरियाँ थीं, बाकी जगह में हम भोजन करते और फिर लीप-पोतकर, चटाई डाल, सो जाते—जाड़े में घर में, गर्मी में आँगन में, तुलसी-चौरे के निकट। मैं धीरे-धीरे अठारह वर्ष का हो चला था, तो भी, माँ मुझे गोद में ही लेकर सोतीं। आप आश्चर्य करेंगे, किंतु मैं उस रात को भी उस गोद में ही सोया था, जिसकी भोर में मुझे गिरफ्तार किया गया था।

हाय री वह गोद ! आह री वह रात !

x x x

मेरे घर की, चल या अचल, जो कुछ संपत्ति थी, वह एक गाय थी—ब्याई हुई। माँ गाँव के बाबू के यहाँ दासी का काम करतीं, मैं गाय-बछवे को देखता।

शादी मेरी हो गई थी, किंतु बहू नहीं आई थी। अतः माँ के पूरे प्रेम का अधिकारी मैं ही था। खूब खिलातीं, खूब दुलारतीं।

मैं तड़के उठता। शौचादि से निबटकर बागमती में दो गोते लगा आता। फिर लँगोट कसकर अखाड़े में जा जुटता—आठ-दस पक्कड़ साथियों से और दो-चार उस्तादजी से लड़कर, अपने धूल-धूसरित शरीर को गर्व से देखता, झूमता, घर पहुँचता। घर पर बछवा आँव-आँव से छप्पर उठाए रहता। उसे पुचकारकर खोलता। गैया के पुट्ठे पर मीठी-मीठी दो थपकियाँ देकर दुहने बैठ जाता। लोटा भर लेता और बछवा को पीते ही छोड़कर आँगन में चला आता।

माँ पाँच-सात गोल मिर्च और तीन-चार छुहारे लिये खड़ी होतीं। उनके हाथों से झपटकर उन्हें मुँह में रखता, दो-चार बार कसके चबाता, फिर गट-गट कर लोटा साफ करने लगता। जब आधा सेर करीब दूध रह जाता, लोटा रख देता। माँ कहती रहतीं, यह भी पी जा; किंतु कौन सुनता है ! कुल्ली कर, मुँह पोंछ, खुरपी को छींटी में रख, उसे बगल में दबा, बाएँ हाथ में सुर्ती रख, दाहिने के अँगूठे से उसे मलता, गुनगुनाता, मैं सरेह की ओर चल देता।

मेरी माँ ! मैया, मैया ! बाबूजी, कभी भी उन्हें निरूठा भोजन करते नहीं देखा—मेरा ही जूठा उनका आहार था। कई बार कहा—जूठा मत खा, इससे धर्म नष्ट होता है। बोलतीं—आग लगे तेरे ऐसे धरम में। कई बार कहा—जूठा खाने से बीमारी होती है। कहतीं—भगवान् करें, तेरी बीमारी मैं खाती रहूँ। बड़ी विचित्र थीं मेरी माँ। यदि मैं जूठा नहीं छोड़ता, तो क्या उनके कंठ में एक बूँद दूध भी जाता !

मेरी मैया, कहाँ चली गईं मेरी मैया !

x x x

तो, हाँ, गुनगुनाते हुए घर से निकलता और गाते हुए सरेह में पहुँचता। साथियों का जमघट जुटता। इस आरी से उस आरी, इस खेत से उस खेत। घास कटती, गाने होते, दिल्लगियाँ उड़तीं, हँसी के फव्वारे छूटते। छीना-झपटी और उठा-पटक का मजा भी हो जाता। इसी धमाचौकड़ी में छींटियाँ भी घास से भर जातीं। फिर सभी हँसते-गाते घर लौटते।

दोपहर का भोजन कर साथियों की मंडली पोखरे के निकट उस सघन अमराई में इकट्ठी होती। गुल्ली-डंडा, कबड्डी, ओल्ह-ओल्ह, आदि खेल होते। बेला ढलने पर फिर वही खुरपी-छींटी, वही इस खेत से उस खेत, वही हाहा-हीही, वही घास, वही घर लौटना।

शाम को मेरे ही आँगन में जमावड़ा जुटता। क्योंकि मेरे घर में न कोई कान पकड़नेवाला

बूढ़ा था, न नाक सिकोड़नेवाली परदानशीन। सो, सबको खुलकर हँसने-बोलने की यहाँ स्वाधीनता रहती। खँजड़ी और करताल पर दो-चार संझा गाई जातीं, फिर लोरकांइन, दयालसिंघी, सोंठी, बिहुला वगैरह गीतों में से किसी का सिर कुचला जाता। चाँदनी रात में गिद्धागुड़कान का खेल भी कभी-कभी हो जाता।

ऐसी ही मेरी दिनचर्या थी। बारह महीने, तीन सौ साठ दिन में शायद ही कभी, किसी विशेष कार्यवश, इस दिनचर्या में कोई व्यतिक्रम होता।

बाबू, मेरा जीवन कितना सुखमय, कितना आनंदपूर्ण, कितना हँसी से भरा, कितना उल्लास से ओतप्रोत था। वाह रे 'वह' जीवन ! आह रे 'यह' जीवन !

मेरा अठारहवाँ वर्ष था, लेकिन मुझे देखकर कौन कहता कि यह अठारह वर्ष का है। मैं हट्टा-कट्टा एक भरा-पूरा जवान दीख पड़ता। अंग-अंग गठे हुए—कुश्ती ने उन पर एक अजीब मस्ती लाद दी थी।

किंतु, आपको सुनकर शायद आश्चर्य होगा कि तब तक मैं यह नहीं जानता था कि प्रेम किसे कहते हैं, मुहब्बत क्या बला होती है, आँखें कैसे लड़ती हैं, दिल कैसे उलझता है ! शुरू से ही मैं अपने को लड़कियों से दूर रखने की कोशिश करता। जब से अखाड़े में उतरा, कुश्ती शुरू की, तब से तो उनकी परछाईं से भी अपने को बचाता। किंतु कौन जानता था कि मेरे इन सारे संयमों, मेरी इन सारी चेष्टाओं का यही फल होगा—मैं 'रेप-केस' का कैदी होकर इस जेल से उस जेल में चक्कियाँ पीसता फिरूँगा!

यह कैसे हुआ ?

2
फागुन का महीना

फागुन का महीना शुरू हो गया था।

वही फागुन जो हरे खेतों को लाल-पीली, बूटेदार चादर ओढ़ाता है; घने पेड़ों को सौरभमयी स्वर्णकणिकाओं के गुच्छों से लाद देता है।

जो तितलियों को पंख देता है, भौंरों को कंठ देता है।

जो कोयल से गवाता है, बुलबुल को रुलाता है।

जो जवानों को मस्ती देता है, बूढ़ों को चुस्ती देता है।

जो बच्चों को नचाता है, मुरदे को हँसाता है।

वही फागुन का महीना था, बाबू !

कुश्ती लड़, दूध पी, खुरपी-छींटी लिये मैं सरेह की ओर जा रहा था। दो घंटे दिन आया होगा—किंतु सूर्य की किरणों में अभी सोना बचा था। दूब पर की ओस की बूँदें सूखी नहीं थीं। वे सूर्य की ओर देख-देखकर हँस रही थीं, खिलखिला रही थीं। उनकी हँसी में अगनित इंद्रधनुषों की सृष्टि हो रही थी। किंतु इस हँसी में कितनी करुणा छिपी थी ! जिसकी ओर देख-देखकर, जिस पर मुग्ध होकर वे हँस रही थीं, जिसकी रश्मियों को छाती में छिपाकर वे कृतकृत्य हो रही थीं, वही—उनका अंतक है। ओस की नन्ही बूँदो, हँस लो, हँस लो ! बस, एक-आध घंटे की देर है; जिनको लेकर तुम अपार आनंद मना रही हो, वह चुपचाप तुम्हारी गरदन मरोड़ने की ताक में है। एक-आध घंटा ! फिर तुम्हारा निशान भी मिलना मुश्किल हो जाएगा ! समझीं ?

गाँव से एक पतली सड़क पश्चिम रुख होकर, पोखरे के पूरब किनारे से उत्तर की ओर, बागमती तक जाती है। मैं उसी सड़क से जा रहा था। पोखरे को पार कर चुका था। अब सड़क के पश्चिम खेत-ही-खेत हैं। खेतों में सरसों, मटर, चना, खेसारी, तीसी आदि अनाज के पौधे फूल रहे थे—पीले, बैंगनी, लाल, नीले आदि अनेक रंगों का मेला लगा था। तितलियाँ अपने रंग-बिरंगे पंखों को पसारे, मानो रंग-बिरंगी साड़ियों से सज-धजकर, इस मेले की सैर-सी कर रही थीं। जब धीरे से हवा का एक झोंका बह जाता, मालूम होता, रंगों के इस समुद्र में तूफान आ गया। इन फूलों पर के ओस-बिंदु भी अभी नहीं सूखे थे—किरणों के साथ की इनकी आँखमिचौनी भी खतम नहीं हुई थी। इन सबके संयोग से रंगों की एक अजीब सृष्टि हो रही थी—एक अजीब चकमक, एक अजीब झलमल आँखों को पागल बना रही थी ! मन कहता—इस शोभा के समुद्र में तितली बनकर आजन्म तैरता फिरूँ; आँखें चाहतीं—एक बार इन्हें अच्छी तरह निरखकर सदा के लिए मुँद जाएँ, इनके बाद फिर क्या देखा जाएगा भला !

सड़क की दूसरी ओर, पूरब ओर, बाबुओं की अमराई थी। उस साल आम फूट-फूटकर मँजरा था ! डालियाँ झुक गई थीं। मालूम होता था, अब टूटीं, तब टूटीं। तने छेद-छेदकर मंजरियाँ निकली थीं। लीची यों ही खूब मँजरती है। उस साल उसकी मंजरी देखने लायक थी। जब हवा बहती, उसकी डालियाँ बड़ी कठिनाई से नीचे-ऊपर होतीं; जवानी की मस्ती में वह स्वयं व्याकुल दीखती ! और, इन मंजरियों पर मधुमक्खियाँ भनभना रही थीं—भौंरे नाच रहे थे, गा रहे थे। एक अजीब स्वर की सृष्टि हो रही थी—जिसके सुनते ही रोंगटे खड़े हो जाते; मानो, हमारे हर रोम-कूप से मंजरियाँ निकलना चाहती हों !

इस प्रातःकाल की पुण्य बेला में मैं पुलकित होते चला जा रहा था। दोनों ओर सौंदर्य और सौरभ की बाढ़ आई थी। मैं उसमें गोते लगाता, डूबता-उतराता चला जा रहा था। चला जा रहा था—

चला जा रहा था कि पीछे से आवाज आई—मनोहर भैया !

मनोहर भैया ने देखा, उसके पड़ोस के चाचा की बिटिया पिअरिया मंद-मंद मुस्कुराती उसकी ओर जल्दी-जल्दी आ रही है। उसकी बगल में भी खुरपी-छींटी है। तेजी से चलने के कारण उसके बालों की लटें उसके चेहरे के इधर-उधर उलझती हैं। कभी वह उन्हें सुलझाती; कभी सिर से खिसकते हुए कपड़े को सँभालती; कभी अस्त-व्यस्त आँचल को उचित स्थान पर रखने की चेष्टा करती; और इन सारी क्रियाओं में बहुत अंशों में असफल होती—तेजी से आ रही है। कई बार, इस खींचातानी के कारण, उसकी साड़ी उसके पैरों में इस तरह लिपट-सिपट गई कि वह गिरते-गिरते बची; तो भी वह चली आ रही है।

मैं ठहर गया। बाबू ! वह हँसती हुई निकट आई। मैं ठिठका खड़ा था। उसने अपनी खुरपी-छींटी जमीन पर रख दी। दो-तीन बार सिर को हिलाकर बालों को इकट्ठा किया और उन्हें सिर के पीछे ले जाकर छोड़ दिया। फिर सिर के कपड़े को सँभाला। आँचल ठीक किया। साड़ी के निचले हिस्से में तेजी से आने के कारण, ओस की तरी पाकर, कुछ तिनके आ टिके थे; उन्हें झाड़ दिया। फिर सुस्थता की लंबी साँस ले, खुरपी-छींटी उठाकर हँसती हुई बोली—'अच्छा, चलो'—और तीन-चार कदम चलकर जब मेरे शरीर से सटने पर हुई कि मैं भी मुड़कर चल पड़ा। मैं उसकी इन क्रियाओं को देखकर हक्का-बक्का हो गया था। यंत्र की तरह, मानो, उसके इशारे से चला। मैं आगे-आगे, वह पीछे-पीछे।

यह मेरे पड़ोस की लड़की थी। यह दूसरी जाति की थी, मैं दूसरी जाति का। कोई नाता-वाता नहीं। किंतु देहात में सबका सबसे नाता रहता है न ! वहाँ तो बाबू के साले से चमार भी दिल्लगी करता है। इसी नियम से वह मुझे भैया कहती। अभी मुश्किल से तेरह-चौदह वर्ष

की होगी। साँवली—छरछरा बदन। आँखें एक खास किस्म की—बरौनियाँ सघन, लंबी-लंबी; लंबे, नुकीले, दूध-से उजले कोयों में काली-काली पुतलियाँ जैसे नाचती होतीं; चितवन में एक अजीब बाँकपन ! उन पर पतली लकीर-सी भवें, जो अनायास ही कभी कटार, तो कभी कमान बन जातीं! मुस्कुराती चलती, हँसकर बतियाती। कई बार इसी सदाबहार हँसी के कारण वह अपनी माँ से डाँट-फटकार सुन चुकी थी; किंतु जब वह डाँटतीं, यह और भी ठठाकर हँस देती। माँ भी बक-झककर चुप हो जातीं, कभी-कभी इसके भोलेपन पर वह भी हँस पड़तीं। क्या करतीं!

नाम था इसका पिअरिया। जिसको आप लोग सभ्य भाषा में 'प्यारी' कहेंगे, हमारी देहाती भाषा में, मूर्खता के कारण वही 'पियारी' और प्यार पाकर 'पिअरिया' हो जाती है। कोई भी उसकी सूरत, खासकर उसकी आँखें और हँसी देखकर कह सकता था, इस नाम में पूरी सार्थकता है। एक बार देखने पर ही उसको प्यार करने की इच्छा जाग उठती।

किंतु मुझे प्यार से क्या वास्ता ? मैं तो अपने को संयम का अवतार माने हुए था। इसके पहले भी यह कई बार इसी प्रकार पुकार चुकी है—मैं खड़ा हुआ हूँ, बातें की हैं; फिर यह अपने रस्ते, मैं अपने रस्ते।

पर, आज की पुकार में न जाने क्या था कि मेरा सारा शरीर झनझना उठा। जिस समय इसने मुझे पुकारा था, ठीक उसी समय आम की डाली से 'कुहू' की सुमधुर काकली सुनाई पड़ी थी। किंतु इन दोनों में मुझे कौन अधिक आकर्षक मालूम हुई थी, कैसे बताऊँ ?

फिर पुकार के बाद की उसकी वे हरकतें। उसकी वह उतावली, वह मुस्कुराहट, वह चपलता। जब चलकर वह मेरे निकट आ पहुँची थी, उसकी तेज साँस मेरे दाहिने कंधे से आ टकराई थी। इस साँस में कितनी गरमी थी कि मेरे मस्तक पर पसीने की बूँदें निकल आई थीं।

x x x

मैं आगे-आगे जा रहा था, वह पीछे-पीछे चल रही थी।

बाईं ओर खेतों में फूलों का समुद्र उमड़ रहा था, जिसमें तितलियाँ तैर रही थीं। दाहिनी ओर अमराई में मंजरियाँ बौराई थीं, जिनसे भौंरे ठिठोली कर रहे थे। दूर से आनेवाली कोयल की दुहरी आवाज इस दृश्य में प्राण-संचार कर रही थी। आकाश साफ था—शांत, सुंदर। फागुन की मतवाली हवा दिगंत को सुरभित और व्याकुल कर रही थी। और, मैं आगे-आगे जा रहा था, वह पीछे-पीछे।

फूल हँस रहे थे। मंजरियाँ खिलखिला रही थीं। तितलियाँ त्यौरियाँ बदल रही थीं। भौंरे अनमने-से दीखते थे। और, मैं आगे-आगे था, वह पीछे-पीछे थी।

ओस-कण ठठा रहे थे, किरणें हक्का-बक्का थीं; और, मैं आगे-आगे, वह पीछे-पीछे।

मैं आगे, वह पीछे।

न वह बोलती, न मैं बोलता।

कितनी दूर यों ही चलता गया।

'अच्छा, अब मैं इधर जाता हूँ; उस खेत में अच्छी घास है, तुरंत पुर जाएगी।'—मैंने कहा।

'मैं भी चलती हूँ, जो कमी रहेगी, तुम पूरी कर दोगे—अकेली कहाँ जाऊँ?'—वह बोली और मुस्कुरा पड़ी।

'नहीं, मैं तुम्हारे साथ न जाऊँगा।'

'क्यों ?'

'यों ही।'

'यों क्यों ?'

'यों ही।'

'वाह रे यों ही ! मैं चलूँगी। देखती हूँ, कैसे मुझे नहीं जाने देते हो ? जबरदस्ती है !' इस जबरदस्ती के साथ वह खिलखिलाकर हँस पड़ी।

उसकी वह हँसी जैसे मेरे दिल में चुभ गई। तो भी मैं सूखा-सा होकर बोला—'जिद न कर। समझी ?'

'जिद न करो; समझे ?'

फिर वही हँसी—

'तो मैं भाग जाऊँगा।'

'तो मैं दौड़ पड़ूँगी—तुम आगे-आगे, मैं पीछे-पीछे। कैसा अच्छा लगेगा, मनोहर भैया ?'

अबकी बार वह ठठाकर हँसी। उसकी शोखी पर मुझे भी हँसी आ गई। किंतु तुरत ही संजीदा-सा रूप बनाकर मैंने कहा—

'यदि कोई यों दौड़ते देख ले तो ?'

'तो, क्या होगा ?'

'पगली !'

मेरे मुँह से पगली शब्द पूरे-का-पूरा निकला भी नहीं होगा कि वह फिर ठठा पड़ी—इतने जोर से कि मुझे भय हुआ और मैं इधर-उधर देखने लगा कि कोई आसपास में है तो नहीं।

बाबू, आपने भी बहुत शोख लड़कियाँ देखी होंगी। किंतु वैसी नहीं देखी होगी, मैं कसम खाकर कह सकता हूँ। इतनी लापरवाह, इतनी बेफिक्र। इसके निकट दुनिया कोई चीज ही नहीं, समाज की कोई गिनती ही नहीं। ओफ् ! मैं बुरा फँसा।

ऐसा सोचते मैंने इसी में खैर देखी कि इसको साथ चलने दूँ। और, आपसे ईमान की बात कहूँ, दिल उससे दूर नहीं होना चाहता था ! मैं मुड़कर उस घासवाले खेत की ओर पतली पगडंडी से चला। मैं आगे-आगे, वह पीछे-पीछे।

मेरे पैर आगे की ओर बढ़ रहे थे; किंतु मेरे ज्ञान और भावना में, मस्तक और हृदय में, द्वंद्व चल रहा था !

एक पक्ष ने कहा—'तू यह क्या करने जा रहा है, बेवकूफ ! अरे, इस पंथ पर पैर न दे। इसका फल बुरा होगा। आग से खेल न कर, हाथ जल जाएगा और यदि कहीं इच्छित ईंधन पाकर यह लहक उठी, तब इसी से तुझे भस्मीभूत होना पड़ेगा। भस्मीभूत—कहीं राख की ढेर भी देखने को न मिलेगी। अरे, तू अपने संयम के लिए गाँव में प्रसिद्ध है। तुझे लोग सदाचार की मूर्ति, सच्चरित्रता का अवतार समझते हैं। जब वे तुझे इसके साथ यों एकांत में देखेंगे तो क्या समझेंगे ? क्या कहेंगे ? छोड़ इस प्रपंच को; अब भी चेत; इसे डाँटकर कह दे—चल, जा मेरे पीछे से।'

इतना सोचते ही दिल को कड़ा कर मैंने पीछे देखा, इसलिए कि उसको डाँटूँ। किंतु उसे देखते ही यह सब ज्ञान-गुदड़ी मानो कुहासे-सी फट गई। हमारे दोनों तरफ सरसों सघन रूप से फूली हुई थी। उसके कुछ फूलदार डंठलों को तोड़-तोड़कर वह हाथ में लिये हुए थी। उसके हाथ में वे फूलों के गुच्छे कितना खिल रहे थे ! सरसों के फूलों की कुछ कोमल पंखुड़ियाँ, उसकी हरकतों के कारण, उसके कपड़े पर जा गिरी थीं और ओस के गीलेपन के कारण उसमें चिपक गई थीं—मालूम होता था, उसकी साड़ी में सोने के बूटे टँके हों। इस फूलों के वन में, फूलों के गुच्छे लिये, फूलों की पंखुड़ियों से लदी, वह साक्षात् वन-देवी मालूम पड़ती थी। मैं ठिठक गया। वह नीचे देखती, तल्लीन-सी आ रही थी। इस ठिठकने की आहट से उसने सिर उठाया, मेरी आँखों में आँखें गड़ाकर देखा और हँस पड़ी। बोली—'काहे ठहर गए; क्या देखते हो ?' मैं कुछ बोल न सका। मुड़कर फिर चल पड़ा।

अब दूसरे पक्ष की बारी आई। वह बोला—'हिस्, इसमें क्या धरा है, जो उधेड़-बुन कर रहे हो ? इसमें संयम-कुसंयम का सवाल कहाँ से आता है ? पाप-पुण्य की कल्पना तो तुम्हारी अपनी है। यहाँ तो स्पष्ट बात इतनी है—इस सुंदर समय में एक सुंदरी तुमसे एक तुच्छ बात की याचना कर रही है। कुछ नहीं, थोड़ी देर की संगत। क्या उसे अस्वीकार कर दोगे ? और, इस संगत में पाप-पुण्य की कल्पना करके तुम तो अपने मन के दोष को प्रकट कर रहे हो। कोई देखेगा ? —तुम्हारे पीछे कोई क्यों पड़ा है, जो पल-पल तुम्हारी देखभाल करता रहे। ऐसी आशंका बेबुनियाद है। यदि मान लो कि कोई देख ले, तो क्या हुआ ? क्या एक लड़की के साथ घास गढ़ना पाप है ? नहीं; छोड़ो इन बेवकूफी की बातों को। यह बेचारी सरल हृदय से एक सीधी इच्छा रखती है। दिन कुछ चढ़ गया है, अकेले इससे घास भी नहीं पुरेगी। उँह—इसको तकलीफ में मत रखो। यदि ऐसा ही चाहते हो, तो आज चलते समय कह देना कि अब से तुम्हारे साथ वह न आवे-जावे। बस।'

बाबूजी, उस समय इस तर्क से अपने मन को मैंने उसी तरह शांत किया, जिस तरह कोई बेवकूफ बारूद के ढेर को गरम राख से ढाँपे। हाँ, वह थोड़ी देर के लिए ढँकेगा जरूर, किंतु जोर से विस्फोट करने के लिए। मैंने उसके साथ घास गढ़ी, बातें कीं, चुहुल और विनोद, मुस्कुराहट और हँसी की बहार लूटी और घर चला। गाँव के निकट पहुँचकर जब उसने कहा—'अब से तुम्हारे ही साथ घास गढ़ूँगी, मनोहर भैया'—तब मुझसे यह कहते पार न लगा कि मत आना। मेरे सारे तर्क और ज्ञान का यही परिणाम था !

घर आया, खाया। दोपहर को कहीं बाहर न गया। मन में विचित्र द्वंद्व था, शरीर में अजीब अवसाद। मोथी की चटाई बिछाकर घर में ही सो गया। सो क्या गया—आँखें मूँदे पड़ा था। कभी-कभी झपकी आती थी, तो वही फूलों से भरे खेत, वही मंजरी से लदे पेड़, वही पिअरिया और वही मैं। मैं आगे-आगे, वह पीछे-पीछे। उसकी वह जिद, सरसों के वन में उसका वह प्रस्फुटित सौंदर्य, वह साथ-साथ घास गढ़ना, बतियाना। वह चुहुल, वह विनोद, वह मुस्कुराहट, वह हँसी। पिअरिया! प्यारी—पियारी—पिअरिया। पिअरिया—पियारी—प्यारी। मैं व्याकुल हो उठा। यह एक पैर आगे बढ़ाते ही मैं किस अगाध सागर में जा पड़ा ! पंख फैलाते ही मैं किस व्योम-मंडल में फेंक दिया गया !! उफ्—फ् !

x x x

भोर से ही साथियों से भेंट न हुई थी। वे लोग आखिर ढूँढ़ते-ढूँढ़ते घर में आ पहुँचे। क्यों पड़े हो, कहाँ रहे, उठो, चलो, आदि का शोर था। मैं क्या जवाब देता? केवल इतना ही कहा—तबीयत सुस्त है, जरा सोने दो भैया ! उनमें से एक, जो हम सबमें सबसे बड़ा काइयाँ और जबाँ-दराज था, बोल उठा—'मनोहर भैया को आज दूनी घास—ड्योढ़ी तो जरूर—गढ़नी पड़ी है, थके हैं, सोने दो, तंग न करो।' इतना कहकर वह मेरी ओर देखकर यों मुस्कुराया, जैसे छिपे-छिपे उसने हम लोगों की सारी कार्रवाइयाँ देखी हों। फिर अन्य साथियों को ढकेलकर उसने घर से बाहर कर दिया, खुद भी चला गया और बाहर से दरवाजे की कुंडी लगा दी। हँसी-हँसी में ही उसने मुझे यों साथियों के ऊधम से बचा लिया—मैं उसकी इस कार्रवाई पर जरूर फिदा हो गया होता, किंतु मुझे तो दूसरी ही चिंता ने आ घेरा—तो, क्या इसे आज की घटना मालूम हो गई ? कुछ सांत्वना इसी बात की थी कि मेरे अन्य साथियों को इन सबका कुछ पता नहीं; नहीं तो उसके कहने पर कुछ फब्तियाँ जरूर कसी जातीं।

मुझे खिला-पिलाकर माँ बाबू के घर चली गई थीं। थोड़ा दिन था, तो आईं। कुंडी लगी देखकर समझीं कि मैं बाहर चला गया हूँ, किंतु ज्योंही वह घर के भीतर आईं, मुझे सोते देख अचरज में पड़ गईं। मैं दिन में कहाँ सोता था ! उन्होंने मुझे उठाया। सचमुच मैं सो गया था—इन

तर्क-वितर्कों के कारण दिमाग थककर शायद विश्राम लेने लगा था !

उठकर झटपट घर से बाहर आया। पानी लेकर मुँह धोया। फिर, खुरपी-छींटी ले सरेह की ओर चला।

शाम होने में देर थी—लेकिन सूरज की रोशनी की रजतिमा धीरे-धीरे स्वर्णिमा में परिणत हो रही थी। सारी प्रकृति फिर एक बार मुग्धकर रूप धारण कर रही थी।

वह तालाब, वही रास्ता, वही रास्ते के एक ओर के खेत, वही दूसरी ओर की अमराई!

वही रंगों का मेला—वही सुगंध का भंडार।

और, इसी समय, पिअरिया की वह मादक-स्मृति ! पगली-सी उसका आना, मनोहर भैया कहकर पुकारना, साथ लगना, जिद करना, घास गढ़ना, हँसना, मुस्कुराना, चुहलें करना !

मालूम हुआ, जैसे, पीछे से वह फिर पुकार रही है—मनोहर भैया, और, मैंने झट गरदन मोड़ी ! कोई नहीं !

अब तो चारों ओर से मालूम पड़ता, जैसे वह कभी पुकारती है, कभी ठठाकर हँसती है। मैं भौचक बना, कभी इधर देखता, कभी उधर ! एक बार तो मालूम हुआ, जैसे वह मेरे पीछे खड़ी है और उसकी गरम साँस मेरे कंधे को स्पर्श कर रही है !

यह क्या है ?

अपने पर बड़ी खीज हुई। उफ्, मैं इतना डूब गया। पिअरिया मेरी कौन होती है ? मैं क्यों उसकी संगत खोजूँ ? मैं क्यों उसके लिए व्याकुल बनूँ ? यह तो शैतानियत है, बदमाशी है—सीधी-सादी बदमाशी। तभी तो मन को बेलगाम घोड़ा कहा है। तो, मैं भी एक मनुष्य हूँ। लगाम कसना जानता हूँ। चाबुक भी लगाना जानता हूँ। और, तड़ातड़। हाँ। कोई ठिकाना है। हो गया—आई, घास छीली, चली गई, मामला खतम। फिर यह उधेड़-बुन, यह ताना-बाना कैसा? यह दुनिया है। रंग-बिरंगी चीजें यहाँ भरी पड़ी हैं। यदि नजर में आनेवाली हर सुंदर चीज को लेकर दुनिया बसाने की कोशिश की जाए तो दुनिया में अपने रहने की जगह भी नहीं बचे। इन बेवकूफियों को छोड़ो। बस। शांत।

मन को दूसरी ओर लगाने की चेष्टा की। सामने एक साँड़ जाँघ तक उपजे हुए गभराए गेहूँ को निर्दयतापूर्वक चर रहा था। सड़क पर से ही दो-तीन बार उसे ललकारा। किंतु कौन सुनता है ? हाँ, सुना क्यों नहीं, सिर उठाकर इस दृष्टि से मेरी ओर ताका कि मानो कह रहा हो—'ताकत हो तो आओ, दूर से चिल्ला क्या रहे हो ?' और, फिर चरने लगा। मुझसे नहीं रहा गया। इधर-उधर देखा, बाँस का एक छोटा-सा टुकड़ा पड़ा था। उठा लिया और जाते ही उसके मांसल चूतड़ पर दो-चार दे जमाया। वह भागा। भागते को कौन खदेड़े ? मैं फिर सड़क पर आ रहा और रास्ता पकड़ा। अकस्मात् एक नया विषय आ गया, सोचने लगा—

साँड़ दागना कितनी बड़ी बेवकूफी है; और, यह बेवकूफी बाप-दादे के नाम पर की जाती है। परलोक में उन्हें बैल की सवारी मिलेगी कि नहीं और वह उसकी सुविधा की होगी कि नहीं, यह विवादास्पद है; किंतु इस लोक में उनके नाम पर जो हजार गालियाँ होती हैं, वह तो प्रत्यक्ष है। इस प्रथा ने गाय-बैल की नस्ल भी खराब कर दी है। सस्ते-से-सस्ते बछड़े को खरीदकर दागा और छोड़ दिया। यह काश्तकारों की फसल को ही खराब नहीं करता, उनके गोधन को भी। आज देहात में जो अच्छी गाय मिलना मुश्किल हो रहा है, उसका कारण मुख्यतः यह साँड़-प्रथा भी है। किंतु कौन सोचे, कौन समझे ! हम लोग तो छाया के लिए वस्तु को छोड़ते हैं, कल्पना पर तथ्य को कुरबान करते हैं। काल्पनिक परलोक के नाम पर इस लोक की वास्तविकता को क्षण-क्षण बलिदान करना ही तो हमारे देश की आध्यात्मिकता है।

3
वाह मनोहर भैया !

'वाह मनोहर भैया, खूब कतरियाए चलते हो !'

देखा, वही लौंडा, जो घर से सबको निकालकर कुंडी लगा चलता बना था, हँसता हुआ मेरी ओर बढ़ता आ रहा है। निकट आते ही पूछ बैठा—'क्यों, तबीयत अच्छी हुई ?'

'हाँ, यही जरा मन भारी मालूम पड़ता है।'

'दो मन जो हो गए हो !'

मैंने धीरे से एक चपत उसके गाल पर जड़ दी। वह 'ओह रे', 'मरे रे' कहता, हँसता हुआ भागा। किंतु कुछ दूर जाकर वह फिर लौटा और बड़ी संजीदगी के साथ मेरे निकट आकर बोला—'मनोहर भैया, जरा इस गाल पर भी एक चपत जमा दो; तुम्हारी चपत में बड़ी मिठास आ गई है, भैया; तुम्हें मेरी कसम, बेचारे इस गाल को निराश न करो, यह रोएगा।'

अबकी बार एक पूरा धौल जमाया। किंतु वह शोख कब माननेवाला ! यों ही अंटसंट बकता रहा। खैर, किसी तरह मैं चिंता के उत्थान-पतन से बचा। वह कई तरह की दिल्लगियों में लगाए रहा। खूब हँसता, खूब ही हँसाता। हँसने से तबीयत कुछ हलकी हुई। उसके साथ ही थोड़ी-बहुत घास गढ़कर लौटा। घर के निकट पहुँचकर मैंने कहा—'बहुत अच्छे मिले आज, मोहन; जी में थोड़ी चुस्ती आई। ओह, आज तो मैं बीमार ही पड़ा था।'

'अगर यह एहसान सदा याद रख सको, मनोहर भैया,' इतना कह मर्म के साथ उसने जरा आँखें नचाईं और खिलखिलाता हुआ अपने घर की ओर दौड़ गया।

रात में मित्रों की मंडली जमी। मुझे सांत्वना मिली कि किसी ने इसकी चर्चा तक नहीं की। हाँ, वह लौंडा जब-तब नमक-मिर्च की एक-आध पुड़िया छोड़ देता! उसमें कड़वापन नहीं, चटपटापन होता; नमक का अंश मिर्च से शायद ज्यादा था। मजा मिलता ! उसकी शब्दावली ऐसी होती कि कोई दूसरा भाँप भी न सके। इसकी गंभीरता शायद वह भी समझता था।

हँसी-खुशी के बाद यह मस्तों की मजलिस खतम हुई। मैं सोने चला। किंतु नींद आवे कहाँ से ? करवटें बदलता रहा। माँ बगल में ही सोई थीं ! इस बेकली को वह क्या समझें ? पूछा—'बेटा, नींद नहीं आती है क्या ?' मैंने कहा—'दिन में थोड़ा सो जो लिया था, मैया !' 'आँख मूँदकर सो जा बेटा'—कहकर वह सो गईं। मैंने भी दम साधकर माँ को यह जतलाने की कोशिश की कि मैं सो गया। इसी प्रयत्न में थोड़ी तंद्रा आ गई। न सोया था, न जगा ! मस्तक की आँखों से नाना तरह के दृश्य देख रहा था—भले और बुरे भी। रह-रहकर चिहुँक पड़ता। फिर आँखें झिप जातीं। न जाने यों ही कितना समय बीता। इतने में शरीर पर किसी के हाथ का स्पर्श मालूम हुआ। चौंक पड़ा। देखा, चिराग हाथ में लिये माँ हैं। एक हाथ में चिराग है, दूसरे हाथ से मेरा शरीर छू रही हैं। मैंने पूछा—'चिराग क्यों मैया?' उन्होंने पहले मेरे मस्तक पर हाथ रखा, फिर छाती पर, तब तलवे पर हाथ फेरते हुए चिंतित होकर बोलीं—'मुन्नू, तुम्हें ज्वर मालूम पड़ता है ! दिन में काहे सो गए बेटा ?'

कल होकर मैं बीमार था।

x x x

बाबूजी, इस बीमारी पर मुझे कितनी खुशी हुई थी, क्या बताऊँ ! सोचा, चलो, फुरसत हुई। यह नाव न जाने कहाँ जाकर लगती; अच्छा हुआ, शुरू में ही भद्रा आ पड़ी। किंतु मनुष्य सोचता कुछ और है, होता कुछ और है। जिस वृक्ष की जड़ से उखड़ने की कल्पना मैं करता था, वही इस बीमारी के चलते इतने गहरे जड़ पकड़ लेगी, इसका स्वप्न भी कैसे देखा जा सकता था !

उसी दुपहरिया को न जाने कहाँ से बवंडर-सी घूमती, जोर से काकी-काकी पुकारती, पिअरिया मेरे आँगन में आ पहुँची और बिना उत्तर की प्रतीक्षा किए, मेरे घर में घुस पड़ी। माँ तुरंत ही घर से निकलकर कहीं गई थीं। इधर-उधर झाँककर माँ को देखने लगी। मुझे पड़ा देख, जैसे चौंककर, 'क्या हुआ' कहती मेरे सिरहाने आई, फिर सिर पर हाथ रख चिंतित-सी होकर बोली—'ओह, बड़ा ज्वर है', और, अपना हाथ धीरे-धीरे मेरे बदन पर सहलाने लगी। मेरे मुँह से एक शब्द नहीं निकला। मैं उसकी चपलता और शोखी पर दंग था। तुरंत ही माँ आ पहुँचीं, तो उसने जरा तीखे स्वर में कहा—'काकी, कहीं बीमार को छोड़कर कोई यों बाहर जाता है !' 'कौन ? पिआरी ?' कहकर माँ मेरे पैताने आकर बैठ गईं और बोलीं—'क्या कहती है बेटी, अकेली ठहरी; काम-धंधा छोड़ दूँ, तो भी बाहर-भीतर तो लगा ही रहता है...' माँ शायद कुछ और कहना चाहती थीं कि बीच में ही बात काटकर पिअरिया ने कहा—'अच्छा, चिंता न करो, काकी; जब तक मनोहर भैया अच्छे नहीं होते, मैं यहीं रहा करूँगी। सचमुच अकेली...'

'तू कैसे रहेगी बेटी, क्या तेरे घरवाले रहने देंगे ?'

'क्यों न रहने देंगे ? मैं उनसे हुकुम ले लूँगी !' फिर कुछ ठहरकर बोली—'काकी, तुम जरा मेरी ईया से क्यों नहीं कह देतीं ? तुम कहो, तो यह 'ना' कह सकेगी ?'

'हाँ, उनका स्वभाव तो जानती हूँ। किंतु जवान बे...टी...'

'चुप, तुम भी पगली हो गईं, काकी ! तो क्या जवान बेटी छींटी से तोपकर रखी जाती है ? क्या मैं बकरी का बच्चा हूँ कि सिआर न उठा ले जाए ?'

इतना कहकर वह खिलखिला पड़ी। इस दुख में भी माँ के होंठों पर मुस्कुराहट की रेखा खेल गई। मैं भी हँस पड़ा। फिर वह जैसे उस बात को जारी रखते हुए बोली—'और काकी, यदि सिआर आवे भी, तो मनोहर भैया की लाठी उसका सिर भुरता नहीं बना देगी।' इस बार वह ठठा पड़ी। हम लोग भी खिलखिला पड़े। मैं सोचने लगा—'कितनी बेफ़िक्र लड़की है।' फिर उसके आखिरी कथन के रहस्य को ज्यों-ज्यों गौर करता, त्यों-त्यों उलझन में फँसता जाता। यह पिअरिया मुझे कहाँ ले जाएगी, कौन कहे !

x x x

मेरा ज्वर बढ़ता गया, और, लगातार कई दिनों तक। जब-जब आँखें खुलतीं, पिअरिया को अपने निकट पाता। उसकी वह चपलता कहाँ चली गई थी ? एकदम बूढ़ी-सी गंभीर बनी रहती और मेरी हर एक हलचल को गौर से देखने और समझने की चेष्टा करती ! मैं थोड़ी गरमी महसूस करता और उसके हाथ में मोर के पंखों का पंखा; मुझे प्यास का आभास मालूम पड़ता कि उसके हाथ में गिलास। जरा पैर सुगबुगाया कि उसके हाथ मेरे तलवे पर; जरा सिर हिलाया कि मेरे बालों में उसकी कोमल उँगलियाँ। मैं उसके इस सेवा-भाव पर चकित रहता। रात-रात-भर जगती, किंतु कभी झिपते नहीं देखा—मानो नींद को जीत लिया हो। देखता, बैठे-बैठे माँ की आँखें झिपने लगतीं और वह लुढ़क जातीं। वह उनके कपड़े को ठीक-ठाक कर उन्हें चुपचाप सोने को छोड़ देती और आप बैठी मेरी शुश्रूषा में लीन रहती। खाने-पीने की तो परवाह ही नहीं, कई बार माँ को इसके लिए उससे उलझते देखा। 'जा बेटी, जरा करवट बदल ले। एक दिन की बात नहीं, न जाने कब भगवान् इसे अच्छा करें। यदि तुम्हें भी कुछ हो गया, तो मेरे मुन्नू को कौन देखेगा ? जा—जा।' पिअरिया इधर बोलती बहुत कम थी, किंतु बार-बार माँ के कहने पर वह अनठाकर बोल उठती—'तुम हरदम क्या बड़बड़ाती रहती हो, काकी ! भैया को देखो। अपनी सेहत का खयाल मुझे खुद है, मेरी चिंता न करो—लड़कियों को काल भी नहीं छूता !' मुझे देखने के लिए मेरे साथी आते ही जाते रहते। गाँव के दो-चार बड़े-बूढ़े भी देख जाया करते। बूढ़ियों की जमात भी जुटती। मेरे साथी पिअरिया की इस सेवा को कुतूहल की दृष्टि से देखते। बड़े-बूढ़ों

को इधर-उधर देखने की फुरसत कहाँ; हाँ, बूढ़ियों ने तो पिअरिया को आसमान पर चढ़ा दिया—'आह ! पियारी—कैसी लड़की है, देवी है, कोई अपने भाई की सेवा भी ऐसी कर सकेगा—' आदि-आदि।

एक दिन जब मैं धीरे-धीरे अच्छा हो रहा था, औरतों की एक बड़ी मंडली आ इकट्ठी हुई। मैं अच्छा हो रहा था, अतः सभी में थोड़ा उत्साह था। खुलकर बातें हो रही थीं। बीच-बीच में थोड़ी हँसी भी बिखर ही पड़ती थी। पिअरिया भी आज उत्साह में थी। बात का सिलसिला बढ़ते-बढ़ते पिअरिया की चर्चा आ निकली। एक बूढ़ी दादी ने, पिअरिया की भूरि-भूरि प्रशंसा करती हुई, उसकी माँ से कहा—'पियारी की माँ, सच कहती हूँ, ऐसी लड़की इस गाँव-भर में नहीं है। यह छोटी-सी उम्र, और यह अगाध सेवा-भाव। तूने देवी जनी है, पियारी की माँ !' मेरी माँ को अपनी कृतज्ञता पिअरिया की माँ के सामने प्रकट करने का मानो मौका-सा मिल गया। वह बोलीं—'ठीक कहती है दैया, पिअरिया देवी है। बहिनी, मेरा मुन्नू जिएगा, तो पियारी की ही सेवा से। अगर यह नहीं होती, तो...' बीच ही में पिअरिया तिनुक उठी—'देख काकी, सातवें आसमान से नीचे मुझे नहीं रखना—हाँ, ऊपर ही उठाया, तो कसर क्यों रखी जाय ? लेकिन काकी,' मुँह बनाते हुए बोली, 'कहीं मैं वहाँ से लुढ़की, मेरे पैर उखड़े, तो देखना, अपना सिर बचाने की कोशिश न करना। याद रखो, गिरूँगी तो तुम्हारे ही सिर पर—ऐसी कि तुम्हें भुरता बना डालूँगी—हाँ !' हाँ कहकर वह, विचित्र ढंग से आँखों को नचाकर, हाथ चमकाकर, मुस्कुरा पड़ी। उसकी माँ हँस पड़ी, मेरी माँ भी हँसीं, सारी मंडली खिलखिला उठी। बूढ़ी दादी ने कहा—'बात गढ़ना कोई इससे सीखे, जैसे पंडिताइन हो।' पिअरिया की माँ बोली—'क्या कहूँ दैया, इससे मैं तंग रहती हूँ। दिन-रात यों ही बकती और ठठाती रहती है; जवान हुई, न मालूम अकिल कब होगी।'

इसी प्रकार की पिअरिया की शतशः प्रशंसाओं के बीच मैं अच्छा हुआ। किंतु इसमें कम देर न लगी। जब से होश हुआ, सिरदर्द भी नहीं हुआ था। सो, मानो, पूरी कसर निकाल ली गई। दो महीने बिछावन से सटा रहा, एक महीना घर-आँगन हुआ, चौथे महीने जब बाहर निकला तो देखा, न वह खेतों की बहार है, न अमराई की गुंजार। हाँ, आम खूब फला है, अब तक रहा है और वहाँ बच्चों का जमघट लगा रहता है। खेतों में मकई, साँवाँ, कौनी आदि बोए गए हैं—उनके पीले-हरे अंकुर निकल रहे हैं। कितना परिवर्तन !

माँ ने मेरे इस आरोग्य को अपना सौभाग्य माना। किंतु मैं इसको क्या मानूँ?

अहा ! यदि उस बीमारी में ही मैं गुजर जाता। कितने सुंदर स्वप्नों को लेकर मैं जाता। सुनते हैं, मरने के समय जिस चीज पर ध्यान रहता है, उस योनि में जन्म मिलता है। कह नहीं सकता कि वह सब गप्प ही गप्प है कि इसमें कुछ तथ्य भी है। किंतु यदि इसमें तथ्य है तो मैं या तो तितली होता या भौंरा या कोयल या ... मैं होता उस पुनर्जन्म के लोक में पिअरिया का... और पिअरिया होती मनोहर की...। सुख में दोनों एक स्वर में हँसते, दुख में दोनों एक आँसू रोते। उस रोने में भी आनंद होता; आज नहीं रोते हुए भी दिन-रात रोया करता हूँ। यह लांछन—यह वृश्चिकदंशन ! उफ् !—आह...।

4
बरसात आई

बरसात शुरू हो गई थी।

वसंत और वर्षा—ये दोनों ऋतुएँ कितनी मादक होती हैं, बाबू ! किंतु इन दोनों की मादकता में कितना अंतर है ! जिन्होंने प्रकृति में अपने को तन्मय कर लिया है, जिनकी आँखों में कृत्रिमता का चश्मा नहीं चढ़ा है, वे ही इस अंतर को देख सकते हैं। नहीं तो बेवकूफों के लिए तो सब धान बाइस पंसेरी हैं ही।

वसंत की मादकता में कोमलता होती है, स्निग्धता होती है। वह हमें तितली-सा उड़ते चलने के लिए, भौंरे-सा गुनगुनाते फिरने के लिए प्रेरित करती है। वह हृदय में सनसनी पैदा करती है, सुगबुगाहट पैदा करती है। वह हमें गुदगुदाती है, हँसाती है। वह हमारे मन में नाना प्रकार के रंगों को पैदा करती है, ठीक उन खेतों के फूलों की तरह—चकमक, झलमल, झकझक।

किंतु वर्षा की मादकता ! आह, बाबू, आप शहर के रहनेवाले इन बारीकियों को क्या समझेंगे ! हर ऋतु के अलग रूप हैं, हमारे लिए उनके अलग-अलग संदेश हैं। किंतु हम अपने जीवन को इतना अप्राकृतिक, इतना अस्वाभाविक बना लेते हैं कि उन्हें देख नहीं सकते; अगर उनके बाह्य रूप को देख भी लें तो उनका संदेश सुन नहीं सकते, समझ नहीं सकते।

वर्षा की मादकता में कोमलता नहीं, प्रबलता होती है; स्निग्धता नहीं, तरलता होती है; तरलता ही क्यों, प्रवाह होता है। वह हमें बाँधों को तोड़ने के लिए, सीमाओं का उल्लंघन करने के लिए प्रेरित करती है। उसमें झंझा की झकझोर, झड़ की झरझराहट, ठनके की ठनक और बिजली की तड़प रहती है। उसमें इंद्रधनुष की रंगीनियाँ भी हैं, किंतु क्षणिक, अस्थायी। स्थायी है उन्मादमय अंधकार, दृष्टिविक्षेपकारी अंजन। कभी पुरवा, कभी पछवा; कभी शांत, कभी तूफान; कभी उमस, कभी कँपकँपी। वह हृदय में सनसनी नहीं, उच्छृंखलता पैदा करती है; सुगबुगाहट नहीं, खलबलाहट पैदा करती है। वर्षा की बड़ी बेटी है बाढ़—सूखी नदियों को भर दो, किनारे के विशाल वृक्षों को उखाड़ दो, गिरा दो; बाँधों को मटियामेट कर दो, सीमाओं का नाम-निशान भी न हो—समूचे संसार को एक सतह में कर दो—जलमय, रसमय !

बाबूजी, वसंत की दूती है कोयल, और उसका संदेश है, कु-हू। वर्षा की दूती है पपीहा, और उसका संदेश है, पी-कहाँ। कु-हू और पी-कहाँ में जो अंतर है, वही अंतर है वसंत और वर्षा में।

कु-हू और पी-कहाँ—दोनों में प्रियतम की प्राप्ति की लालसा है। किंतु कु-हू में लोकमर्यादा है, आत्मगोपन की चेष्टा है—कुहरती है, रोती है, किंतु अपना अभिप्राय जबान पर ला नहीं सकती। कितना संयम, कितना आत्म-दमन। और, पी-कहाँ—उफ्, कितनी व्याकुलता भरी है, इस पुकार में ! यह पुकार है या हाहाकार ! व्याकुलता निर्लज्जता में परिणत हो गई है। पी-कहाँ—पी-कहाँ—कहाँ है पिया, पिया, पिया...

x x x

हाँ, तो यही—ऐसी ही—वर्षा ऋतु थी।

मकई बढ़कर हम लोगों से भी ऊँची हो गई थी। उसके सिर पर चमर डुलने लगे थे और गोद में कोमल 'बाल' सुनहले लटों को लटकाए किलकने-से लगे थे। किसी की गोद में एक, किसी की दो। कौनी, साँवाँ का यौवन भी फूट चला था। यौवन-भार से उनका सिर झुक-सा गया था। जब झींसी-फूही पड़ने लगती और हवा में झोंके उठते, तब इन खेतों का दृश्य देखने लायक होता। मालूम होता, मानो प्रकृति इस सावन के सुघर महीने में हरी-हरी साड़ी पहने झूला झूल रही

है। लाल-लाल चोंचवाले हरे-हरे सुग्गों के झुंड-के-झुंड सिर पर उड़ते और कभी इस खेत, कभी उस खेत में बैठते दीखते। मानो लाल तागे में गूँथे प्रकृति के गले के ये हरे-हरे हार थे, जो झूले के पेंग पर ऊपर-नीचे होते रहते थे।

इधर, कहना फिजूल है, कि मैं और पिअरिया दोनों दो शरीर एक प्राण हो चले थे। पिअरिया के पिता के कुछ खेतीबारी भी होती है। इस साल उनके खेत में मकई बोई गई थी! पिअरिया उसकी रखवाली करती। गरीबों के घर में ऐसा ही होता है, बाबू ! बड़े-बूढ़े तो बाबू के खेत पर जुते हैं, बाल-बच्चे उनके अपने खेत की देख-रेख करते हैं। पिअरिया अपने खेत के मचान पर बैठ दिन-भर सुग्गों को उड़ाती रहती। यदि ऐसा न किया जाए, तो ये सुंदर पंछी अपनी सुंदर चोंचों से बालों को कुतरकर तार-तार न उड़ा दें ! उस हरीतिमा के सागर में उस मचान-द्वीप पर खड़ी होकर जिस समय वह 'हाहा-हाहा' करके सुग्गों को उड़ाती, तो ऐसा मालूम होता, जैसे वनदेवी अपने राज्य पर इन हरे डाकुओं को चढ़ाई करते देख, उन्हें भाग जाने को, स्वयं ललकार रही हों। किंतु वे ढीठ डाकू इसकी शक्ति अच्छी तरह पहचानते थे ! इधर से उड़ते, उधर बैठते। परेशान होकर वह अपना कमठा उठाती और उस पर मिट्टी की गोलियाँ रख दनादन चलाती। धनुष लिये, कामदेव की तो सबने कल्पना की है, यहाँ रतिरानी प्रत्यक्ष धनुष तान रही थीं ! कमठे के साथ उसकी भवें तनतीं, गाल पर लाली दौड़ जाती, आँखों में सुर्खी छा जाती, किंतु इन सबका कोई प्रभाव उन सुग्गों पर क्यों होने लगा ! गोलियाँ भी इधर-उधर निशाने से दूर जा पड़तीं। हारकर वह नीचे उतरती और इस कोने से उस कोने 'हा-हा' करती दौड़ती-फिरती। अंत में, शायद उसकी परेशानी का मजा उठाकर, वे सुग्गे उड़ जाते।

वह मचान पर आ बैठती। कभी गीली मिट्टी लेकर कमठे के लिए गोलियाँ बनाती, कभी मकई के सूखे पत्तों से गदरा बुनने की कोशिश करती। कभी मस्ती में गीत टेरती। मेरा खेत उसके खेत के निकट ही था। उसमें कौनी थी। कौनी की देखभाल और घास छीलना—दोनों काम साथ ही करने के खयाल से मैं वहाँ प्रायः होता ! शायद पिअरिया का आकर्षण भी आस-पास ही रहने को बाध्य करता। अतः इन तमाशों को हजार आँखों से देखता, इन गीतों को लाख कानों से सुनता। बदनामी के डर से इधर मैं उससे कुछ दूर ही रहने की कोशिश करता; उसे भी यह बात अच्छी तरह समझा दी थी; किंतु जब कभी झीसी-फुही होने लगती या धूप कड़ी हो जाती, मैं उसके मचान पर पहुँच जाता। मुस्कुराहटों का आदान-प्रदान होता, व्यंग्य विनोदों का लेन-देन होता। फिर जिस प्रकार मुँह ऊपर किए, हँसते हुए, उसके मचान पर चढ़ता; ठीक उसके विपरीत सिर नीचा किए, हृदय पर बोझ लिये, नीचे उतरता।

किंतु अब कुछ दिनों से मन में एक दूसरी ही तरह के विचारों का उत्थान-पतन होने लगा था। जो चीज हमारे हृदय के इतना निकट थी, उसको शरीर से इतनी दूरी पर रखने के औचित्य पर शंका होने लगी। हम एक-दूसरे को चाहते हैं, एक-दूसरे को प्यार करते हैं। स्पष्ट तो यह है कि हमने एक-दूसरे को अपना हृदय दे रखा है। फिर मैं उससे दूर क्यों रहूँ, उससे अलग-अलग रहने की कोशिश में तबाह क्यों बनूँ! समझ में नहीं आता। प्रेम आध्यात्मिक चीज है, उसे वासना से कलुषित न करो, इत्यादि कल्पनाएँ मुझे अमानुषिक जँचने लगीं—दैवी हों या दानवी; मानवी हो नहीं सकतीं।

और, बाबू, अपने इस विचार में परिवर्तन करने का कारण मुझे नहीं दीख पड़ता। माना, मैंने कष्ट सहे हैं, लांछनाएँ उठाई हैं; किंतु केवल इसीलिए जो सत्य है, उसे असत्य नहीं समझा जा सकता ? मैं जितना सोचता हूँ—और, इधर जेल के इस एकांत जीवन में सोचने का मौका-ही-मौका है—मुझे अपने विचार प्रमादहीन मालूम हुए हैं। मान लेता हूँ कि शरीर और आत्मा दो चीजें हैं, दोनों के अलग अस्तित्व हैं, अलग कार्य हैं—यद्यपि यह मानने के लिए कोई प्रत्यक्ष प्रमाण

नहीं है—किंतु आप-हम ऐसे साधारण जीव उन्हें विलग नहीं कर सकते। आत्मा को मिलने दो, किंतु शरीर को अलग रखो, यह कथन आप अपना खंडन करता है। 'प्राणेर परश चाहे गायेर परश'—प्राण का स्पर्श शरीर का स्पर्श चाहता है—उस बंगाली कैदी ने उस दिन यह पद गाया था। मानव स्वभाव का यही स्वाभाविक चित्रण है। आत्मा को मिलने दो, लेकिन शरीर को अलग रखो—इस भूलभुलैया-भरे कथन की सृष्टि किसी ऐसे विचारक के द्वारा हुई है, जिसमें या तो तह तक देखने की शक्ति नहीं थी या जो दुनिया की लांछनाओं से ऊब गया था, या जिसको प्रेम के बदले पत्थर मिला हो। यह कथन अनुभव से परे का है। यह बिलकुल अप्राकृतिक है। प्रकृति को आँख खोलकर देखिए, तो इस कथन की सारहीनता और छिछलापन जान पड़े। सुंदर फूलों को तितलियाँ चाहती हैं। वे चाहती हैं, तो उसके आस-पास मँडराती हैं। किंतु वे मँडराती ही नहीं रह जातीं। हृदय का प्रेम शरीर को बरबस खींचकर फूलों से एक कर देता है। आपने कभी फूलों के साथ की तितलियों की क्रीड़ा देखी है ? पहले वे खूब उसके आसपास चक्कर लगाती हैं, दो-चार बार बैठती और उड़ती हैं, जैसे मान-लीला हो रही हो। फिर पंखुड़ियों पर दोनों पंखों को पसारकर, किंजल्क पर अपने मुँह को सटाकर, यों निस्तब्धता से बैठ जाती हैं कि मालूम होता है, तन-मन की सुध भूल, मिलन का स्वर्गिक आनंद लूट रही हों ! इस छोटे-से—एक इंच से भी कम चौड़े और एक तिनके से भी कम बोझ के—जीव में कहाँ से यह अपार तल्लीनता आ जाती है ! यही प्रेम है, बाबू; यही प्रेम का स्वाभाविक परिणाम है। हर्ष की बात है कि तितलियों के देश में तत्त्वदर्शी नामक कोई जीव नहीं है, जो उससे कहे कि जिससे प्रेम करो उससे दूर ही रहो; उस स्वर्गिक वस्तु को अपनी वासना से अपवित्र न करो। यों ही मंजरी और भौंरे को देखिए, चिराग और पतंगे को देखिए। कहाँ तक गिनाया जाए ! प्रकृति का सूक्ष्म निरीक्षण आपको पग-पग पर बताएगा कि प्रेम का अर्थ ही है, दो का मिलकर एक हो जाना, आत्म-समर्पण, एकीकरण। इस आत्म-समर्पण, इस एकीकरण की क्रिया को आत्मा और शरीर के भेदभाव के चक्कर में डालकर असफल करने की चेष्टा, मेरी समझ में, अगर अपराध नहीं, तो अपराध नाम की कोई चीज ही नहीं है।

मेरा तो खयाल है, बाबू, कि आदमी जो आज इतना दुखी है, वह इसीलिए कि वह अपनी बुद्धि के घमंड में प्राकृतिक खिंचावों पर—स्वाभाविक प्रवृत्तियों पर—ध्यान ही नहीं देता। वह इन खिंचावों को नियम का बाँध बाँधकर रोकना चाहता है। फल क्या होता है ? यह बाँध तो टूटता ही है, प्रवाह में ऐसी बहुत सुंदर वस्तुएँ भी बह जाती हैं, जिनसे न जाने संसार के कितने उपकार सधते। आज मनुष्य ने अपने को हजारों व्यवस्थाओं और नियमों के बंधन में बाँध रखा है, जन्म से लेकर मृत्यु तक वह पग-पग पर बँधा हुआ है ! फलतः आज की यह अव्यवस्था, यह अत्याचार, यह उत्पीड़न !

5
स्वप्नलोक

और, मैंने देखा, यह मिलन की स्वाभाविक इच्छा मुझी में नहीं है, पिअरिया भी व्याकुल है। उसके प्राण भी तड़प रहे हैं। उसकी आजकल की हरकतें ऐसी थीं, जिनका सूक्ष्म निरीक्षण इस बात की घोषणा जोरों से करता था। जब मैं उससे दूर होता, किसी-न-किसी बहाने वह निकट आने की कोशिश करती; जब मैं उसके निकट होता, ऐसी सहूलियतें खोजती, जिनके कारण मेरे शरीर का वह किसी-न-किसी प्रकार स्पर्श करे। और, एक आकस्मिक घटना ने इसके लिए राह भी खोल दी।

एक दिन की बात है। दोपहर का समय था। पिअरिया खाने के लिए घर गई थी। मैं खाकर आ चुका था—गेहूँ की चपातियाँ और आम के कतरे। ठूँस-ठूँस के खाया था। अन-रस (अन्न-रस) के साथ-साथ अम-रस (आम-रस) का तकाजा यही था कि कहीं लेटूँ। पिअरिया के मचान पर चला गया। मकई की सूखी पत्तियों से एक मोटा गद्दा-सा गदरा पिअरिया ने अपने हाथों तैयार किया था। उसी को बिछा, उस पर अपना अँगोछा डाल, लेट गया। लेटते ही आँखें झिप गईं!

आँखें झिपते ही एक विचित्र स्वप्न-लोक झलमला उठा।

मैं सबुज-परी के देश में हूँ। जिधर देखिए, हरा-ही-हरा। पशु-पक्षी भी हरे-हरे हैं—गायें हरी, बैल हरे; सरगट हरे, मैना हरी। सूर्य की किरण भी हरी है; हाँ, उसमें सुनहलेपन की एक विचित्र पुट-सी पड़ी है; आकाश हरा है, जमीन हरी है। एक और विचित्र बात। जितने प्राणी हैं, सबके पंख हैं—हरे-हरे। गाय-बैल के अगले पुट्ठे के निकट इस पंख की जोड़ है। वे हरी-हरी घासों को चरते-चरते पंखों को फड़फड़ाते हुए, उड़कर इस खेत से उस खेत में पहुँच जाते हैं।

इन दृश्यों को विस्मय-विमुग्ध नेत्रों से देखता मैं खड़ा था कि एक मोटा-ताजा बछेड़ा हिनहिनाता हुआ मेरे नजदीक आकर खड़ा हो गया। वह मेरे हाथों को सूँघने लगा और अगले पैर से जमीन को खूँदता जाता-सा मालूम होता था, वह मुझसे कह रहा था कि तुम मुझ पर सवार होओ। ऐसा बछेड़ा—मैं भी सवार होने के लोभ को न रोक सका !

किंतु उसकी पीठ पर जाते ही वह पंखों को फड़फड़ाकर आकाश में उड़ गया। साँय-साँय—वह बढ़ता जाता था। मैं तो हक्का-बक्का था। उसके अयाल को जोरों से पकड़े था, डर था, कहीं गिर न पड़ूँ।

वह लगातार उड़ता गया। उड़ते-उड़ते अब एक ऐसा लोक दीख पड़ने लगा, जहाँ सबकुछ सुनहला था। बात की बात में मेरे बछेड़े ने उस लोक में भी प्रवेश किया। अब आकाश सुनहला था, नीचे की जमीन सुनहली थी। सुनहली चिड़ियाँ उड़ रही थीं, सुनहले पशु चर रहे थे। वृक्षों की सुनहली पत्तियाँ चमचमा रही थीं, सुनहले फूलों पर सुनहले भौंरे सुनहले गान गा रहे थे। सबुज-लोक से यहाँ एक विशेषता यह थी कि यहाँ का वायुमंडल संगीत से भरा था। एक अनहद गान प्राणों को विभोर बना रहा था।

मेरा बछेड़ा खड़ा हो गया। शायद वह थक गया था। मैं भी उस पर से उतर गया !

उतरते ही कानों में रोने की आवाज आई। अरे इस संगीत-पुरी में यह रुदन कैसा ! मैंने उस ओर ताका। ऐं, यह कौन ? यह—यह तो पिअरिया है ! पिअरिया—पियारी—प्यारी ! एक राक्षस—भयानक राक्षस—उसे पकड़कर अपने घोड़े पर चढ़ाना चाहता है, और वह उसके पंजे से निकलना चाहती है। इतने में ही उसकी नजर मेरी ओर पड़ी—'मनोहर भैया, मनोहर भैया' कहकर वह चीख पड़ी ! मैं उस ओर दौड़ा। मुझे दौड़ते देख, वह राक्षस मेरी ओर घूरकर ठठा पड़ा—उसकी हँसी आकाश से टकरा-टकराकर बार-बार गुंजित होने लगी। मेरी गति सहसा रुक गई; मालूम हुआ, जैसे मेरे पैर में सौ मन का पत्थर बँधा हो। मैं परवश होकर छटपटाने लगा। मुझे छटपटाते देख वह मुस्कुराने लगा और पिअरिया को जबरदस्ती अपनी ओर खींचकर उस—उस—उस दुष्ट राक्षस ने—चू... चू... चूम लिया ! आवेश से मेरी आँखें लाल हो गईं। जोर से मैंने पैरों में झटका दिया—जैसे बंधन खुल गए। मैं दौड़ा। मुझे दौड़ते देख पिअरिया को पकड़कर उसने घोड़े पर बिठा लिया और जोर से घोड़े को चाबुक लगाई। घोड़ा उड़ा—साँय-साँय। पिअरिया हाहाकार करने लगी—मेरी ओर देख-देखकर, मेरा नाम पुकार-पुकारकर हाहाकार करने लगी ! मैं तो सन्न रह गया। अपने बछेड़े की ओर दौड़ा। किंतु वहाँ बछेड़ा था कहाँ—न जाने कहाँ चल दिया था ! पागल-सा राक्षस के घोड़े की परछाहीं के साथ मैं दौड़ने लगा। दौड़ता जाता था और चिल्लाता जाता था—पिअरिया, पिअरिया..., पियारी... प्यारी...

'मनोहर भैया, मनोहर भैया'—कहती पिअरिया मुझे झकझोरकर जगा रही है, जागकर मैंने देखा। 'क्या सपना देख रहे थे, भैया ?' उसने हँसते हुए पूछा। 'क्या बरबरा रहे थे, बताओ न !' फिर मुस्कुराते हुए उसने सवाल किया ! मैं क्या जवाब देता ? हक्का-बक्का उसकी ओर देख रहा था ! मैं कहाँ हूँ, वह राक्षस क्या हुआ, पिअरिया यहाँ कहाँ—आदि प्रश्न मेरे सिर में चक्कर काट रहे थे। इतने ही में, भावावेश में आकर, पिअरिया-पिअरिया चिल्लाते मैंने उसको खींचकर छाती से लगा लिया! उसकी छाती मेरी छाती से सटी थी, उसकी धड़कन मेरी धड़कन से मिल रही थी। उसके अधर मेरे अधरों से सटे थे—उसकी साँस मेरी साँस में समा रही थी। कहाँ है वह राक्षस; आवे, अब उसको देखूँ...

x x x

इस स्वप्न को लेकर पीछे हम दोनों में खूब दिल्लगियाँ होतीं। पिअरिया ने बतलाया कि किस प्रकार भोजन के बाद जब आई, तो उसने मुझे अपने मचान पर सोया देखा। वह चुपचाप मेरे पैताने बैठ गई। सोते-सोते मैं दो-एक बार चौंका और उसके बाद बड़बड़ाने लगा। मेरा समूचा शरीर पसीने-पसीने हो गया था, साँस अस्वाभाविक रूप से चलने लगी थी। इस बड़बड़ाहट में भी स्पष्ट मालूम होता था कि मैं पिअरिया का ही नाम ले रहा हूँ। पहले तो वह इस बड़बड़ाहट का आनंद लेती रही; किंतु पीछे जब मैं जोरों से काँपने लगा, तो उसने झकझोरकर उठा दिया।

खैर, जो कुछ हो, इस स्वप्न के चलते हम लोगों का शरीर भी एक हो चला। भावावेश के उस मिलन ने स्थायी मिलन का द्वार खोल दिया। अब उसके निकट बैठने में मुझे झिझक नहीं होती, औचक आकर मेरी आँखें मूँदने में उसे संकोच नहीं होता। उधर खेतों में रिमझिम बूँदें गिरतीं, इधर हमारे हृदय में प्रेम के निर्झर झरते। आकाश में इन्द्रधनुष उगते। एक क्षण के लिए— हमारा हृदयाकाश इंद्रधनुष का स्थायी आवास हो गया था। बादल और बिजली की लुका-छिपी कभी-कभी दीख पड़ती, यहाँ दिन-रात इसी की पुनरावृत्तियाँ होतीं।

किंतु...

किंतु अपने आनंदातिरेक में हम संसार को भले ही भूल जाएँ, संसार हमें क्यों भूलने लगा ! उसे न हमारा दुख पसंद है, न सुख। दुख में कोसेगा, सुख में झुँझलाएगा। दुख में सांत्वना देने के बदले कहेगा—बदमाश कहीं के, अब किए का फल भोग; बहुत इठलाए फिरता था। सुख में ईर्ष्या से जलकर चिल्ला उठेगा—साले, मौज कर लो, जब समय पड़ेगा तो रोओगे—वह दिन नजदीक ही है। और, केवल कहकर ही संतुष्ट नहीं होगा, उस दिन को नजदीक लाने में कुछ उठा भी नहीं रखेगा। यही संसार है।

6
संसार की नजर

इस संसार की नजर हम पर पड़ी। या शायद संसार की नजरों को हमने ही अपनी ओर खींचा।

पहले कुछ दिनों तक कानाफूसी रही; फिर जहाँ-तहाँ आवाजें कसी जाने लगीं। हम भी अब इन हलचलों से नावाकिफ नहीं रहे। हमने देखा कि कुछ लोग दिन-रात हमारी हर हरकत को गौर से देखने में ही अपने अमूल्य समय का सदुपयोग कर रहे हैं। औरतों में एक खास हलचल थी। हमारे देश की स्त्रियाँ ! इनका काम ही क्या है! दिन-भर घर में बैठे-बैठे आटा गीला करना या हर लड़की या लड़के के चरित्र की नुक्ताचीनी करना ! जरा कहीं किसी बात की चर्चा हुई कि भनक मिलते ही ये ले उड़ीं—कुछ ही क्षण में घर-घर की नई वधुएँ तक उस समाचार से पूर्ण अवगत हो गईं। बूढ़ी स्त्रियाँ ग्राम-गजट का काम करती हैं—लड़कियाँ उनके लिए 'खास

संवाददाता' होती हैं। इस न्यूज-एजेंसी से किसी समाचार का छिपा रहना असंभव है।

मैंने पिअरिया से इसकी चर्चा की। मेरी बातें सुनकर गंभीर या चिंतित होने के स्थान पर वह हँस पड़ी। बोली—'तो आप क्या चाहते हैं ? हम लोग उनकी आँखों में उँगली घुसेड़कर यह सब किया करें, और वे बेचारे कहने-सुनने से भी गए !' मैंने कहा—'हँसी में मत उड़ाओ—कहीं यह उग्र रूप न धारण करे, बड़ी मुश्किल होगी!' और, सच बात तो यह है कि मुझे कुछ डर-सा लगने लगा था—अपने लिए नहीं, पिअरिया के लिए। हमारा-आपका समाज पुरुषों के लिए काफी उदार है। आप सात घाट नापें, माफ किया जा सकता है; किंतु औरतों का पैर जहाँ जरा-सा नीचा हुआ कि उनकी जिंदगी खराब। प्रेमोन्माद में—पहले झोंके में—मैंने इस पर इतना खयाल नहीं किया था; किंतु इधर अब गौर करने से अपने को बचा नहीं सकता था। किंतु मेरा गौर करना सब व्यर्थ था। मैं जिसके लिए चिंतित था, डरता था, वह तो निश्चिंतता और निडरता की मूर्ति बनी बैठी थी। हाँ, ठीक मूर्ति की तरह—सब तरह की मानसिक झंझटों से परे ! मेरी उपर्युक्त बातें सुनकर वह कह उठती—'मुश्किल होगी; क्या मुश्किल होगी, मनोहर भैया ? तुम भी बात को बतंगड़ बनाते हो।' और, इतना कह, वह दूसरा प्रसंग छेड़कर मुझे बहलाने लगती!

एक दिन शाम को मैं, कुछ मुँह-अँधारी हो जाने पर, घर की ओर जा रहा था। बगल में डंडा था, हाथ में सुर्ती। मौज में एक बिरहा टेरे हुए था। उसी तालाबवाली सड़क से जा रहा था। सड़क के पश्चिम खेतों में मकई आदि फसल उपजी हुई थी, पूरब के बगीचों में आम का पहला ज्वार खतम हो चला था, दूसरा दौर था—यानी बंबई, किसुनभोग, दलिमा आदि झड़-से रहे थे; किंतु मालदह, सिपिया, हैदरबखश आदि का जमाना तुरंत शुरू हुआ था। अतः वहाँ की चहल-पहल में कमी नहीं थी।

मैं, यों, गाते हुए जा रहा था कि पश्चिम ओर के मचान से 'मनोहर भैया', यह आवाज आई। मैं पहचान गया कि किसकी बोली है। वह मोहन था। 'ठहरिए, मैं आता हूँ, एक काम है'—उसने फिर कहा। 'ठहरा हूँ'—कहकर मैं वहीं खड़ा हो गया। दो-तीन मिनट में ही वह मेरे निकट था।

निकट आकर पहले उसने इधर-उधर देखा। फिर संजीदा-सा होकर बोला—'भैया, आपसे बहुत बातें करनी हैं। मैं मौका ही ढूँढ़ रहा था, अच्छे आए।' उसकी आज की बात में वह चुलबुलाहट नहीं थी, जिसके लिए वह प्रसिद्ध था। मैंने भाँप लिया कि निश्चय ही वह कोई गंभीर बात सुनाएगा।

एकांत में मुझे घसीटकर ले गया और अपना पोथा सुनाना प्रारंभ किया। किस प्रकार पिअरिया को लेकर गाँव में एक हलचल फैली है, किस तरह गाँव का हर बच्चा हमें संदेह की दृष्टि से देखता है; आदि-आदि बातों का वर्णन कर इस प्रसंग की खास बात पर उतरा। किस प्रकार अमुक इस बात की चर्चा कर रहा था; किस तरह अमुक ने उस दिन पिअरिया के बाप से इसकी चर्चा की थी, किस तरह पिअरिया का वह चचेरा भाई, जो खुद ही पिअरिया पर मरता है, अब उसके बाप को उभाड़कर कोई कांड करने पर तुला है, आदि बातें उसने ब्योरेवार सुनाईं। यही नहीं, किस प्रकार पिअरिया से उसकी माँ द्वारा कहलवाया गया है कि मुझसे बातचीत न करे; यही नहीं, संभवतः वह कल से अब खेतों पर भी नहीं आ सकेगी। यह सब कहकर अंत में कहा—'मनोहर भैया, आप इस प्रपंच से अपने को हटाइए। एक तो आपकी शिकायत होती है, जो मुझसे सुनी नहीं जाती; दूसरे, कुछ आपके दोस्त हैं, जो इस मौके से लाभ उठाकर आपको नेस्त-नाबूद करने पर तुले हैं। आपके कुछ ऐसे दोस्त हैं, जो अखाड़े में आपसे पटकाते हैं, किंतु इस हार को वे अपने हृदय में पोसे हुए हैं और उसका बदला इस कांड के द्वारा चुकाना चाहते हैं। यों ही बहुत-से लोग हैं, जिनसे गाँव में रहने के कारण कभी-न-कभी सख्त-सुस्त हो ही जाती

हैं, वे लोग भी मौका ढूँढ़ रहे हैं। यही नहीं, पिअरिया पर भी बहुत-से लोग नजर लगाए हुए हैं, और इनमें अधिकांश आपके दोस्त हैं; वे लोग यह देखकर कि वह आप पर मरती और उन्हें अँगूठा दिखाती है, जल-भुन रहे हैं और अपनी जलन निकालने के लिए, जो कुछ भी संभव हो, करने को तैयार हैं। आप सीधे हैं—जिस प्रकार आपका शरीर सुडौल है, उसी प्रकार आपका हृदय भी; दुनिया के हृदय की पेचीदगी का—कुटिलता का—आप अनुमान भी नहीं कर सकते।' कहते-कहते आखिर मोहन ने मेरे पैर पकड़ लिये और गिड़गिड़ाकर बोला—'मनोहर भैया, मनोहर भैया, मैं आपके पैर पड़ता हूँ; भैया, इस प्रपंच से आप अपने को हटाइए। पिअरिया आपको चाहती है, मानता हूँ; पिअरिया आप पर मरती है, जानता हूँ; किंतु, पिअरिया का प्रेम यदि सच्चा है तो उसके लिए भी यह वांछनीय है कि आप सकुशल रहें, आपको बाल भी बाँका न हो। किंतु मैं सच कहता हूँ, यदि आपने मेरी विनती पर विचार नहीं किया, तो दो-चार दिन में ही कोई कांड होनेवाला है। कुछ लोग इस कांड के करने पर तुले हुए हैं, अब इसको रोक सकते हैं तो आप ही। भैया, आपको मेरी कसम, आपकी पिअरिया की कसम, कम-से-कम दस दिनों के लिए आप उसके साथ का बोलना-चालना बंद कर दीजिए। आँधी टल जाने दीजिए, फिर देखा जाएगा। भैया-भैया... !' मैंने शाम के उस झुटपुटे में भी अनुभव किया कि उसकी आँखों में आँसू छलछला आए हैं, गला तो रुँध रहा था ही। मैं बड़े पशोपेश में पड़ा। वह जोर से मेरे पैरों को पकड़े था। उसके शुद्ध अंतःकरण के इन मार्मिक उद्‌गारों का मैं तिरस्कार नहीं कर सकता था। अपने बचाव की ओर मेरा ध्यान नहीं था; बचपन से ही मैं अपनी ओर से उदासीन रहता आया हूँ, अपने जीने-मरने के प्रश्न पर गौर करने का अभ्यास ही मुझमें नहीं है; किंतु एक विशुद्ध हृदय से निकली, विशुद्ध भावना से ओत-प्रोत इस कातर प्रार्थना को मैं नहीं ठुकरा सका। दिल को बड़े जोर से दाबकर मैंने कहा—जरा इस बात को हलकी बनाने के लिए, मैंने हँसते हुए कहा—'अच्छा, मैं सोचूँगा। मोहन, इतना खिन्न क्यों होते हो; मैं तुमसे अलग थोड़े हूँ; जो कहोगे, करूँगा'—और उसके हाथों को अपने पैरों से छुड़ाकर, उसको पकड़े हुए खड़ा हो गया और उसे छाती से लगा दिया। फिर उसी के साथ इधर-उधर की गप्प उड़ाता पोखरे पर आया। वहाँ हाथ-मुँह धो, जरा स्वस्थता अनुभव करते हुए, घर पहुँचा।

रात में खा-पीकर जब सोने गया, तब माँ ने भी, बड़ी ही दबी जबान से, इसकी चर्चा छेड़ दी। इधर माँ मुझसे बहुत कम बोलतीं। मैं इस चुप्पी का कारण जानता था ! यथार्थ बात तो यह है कि वह बहुत दिनों से कहना चाहती थीं, किंतु संकोच उनकी जबान पकड़े था। अतः साधारण बातचीत भी बंद थी। आज जैसे बाँध टूट गया।

वह बोलीं—

'यह क्या सुनती हूँ, मुन्नू !'

'क्या सुनती हो ?'

'सुना है, पिअरिया के बाबूजी आज किसी से कह रहे थे कि मैं बिना जेल खटवाए नहीं छोड़ूँगा। मेरा मुन्नू, तू तो ऐसा नहीं था ! यह कैसी फसाद खड़ी कर ली तूने ?'

मैंने हँसकर कहा—

'फसाद कैसी, मैया ? जेल चोर जाते हैं, डाकू जाते हैं। मैं क्यों जेल खटूँगा, मैया !'

'हँसी में मत उड़ा, मुन्नू ! दैया कह रही थीं, तू सचमुच फँस गया है। बेटा, मुझ अनाथिनी को अनाथ मत बना। तेरा ही मुँह देखकर मैंने अपनी भरी जवानी काट डाली; अब बुढ़ापे में तू मुझे रुला-रुलाकर मारना चाहता है ?'

घर में अंडी के तेल का दीया जल रहा था। उसके स्वच्छ प्रकाश में मैंने देखा, उनकी आँखें मोती उगल रही हैं। मैं सन्न हो गया। मैं क्या बोलता, वह बोलती रहीं—

'पिअरिया !—पिअरिया !—मैं तो उसे देवी समझती थी। वह डायन है, यह मैं क्या जानती थी ! क्या मेरे बेटे की सेवा उसने इसीलिए की थी ? मैं अकेली अपने मुन्नू को अच्छा कर लेती। यदि उसका यह डायनपन जानती, तो उस कलमुँही को अपने आँगन में घुसने भी न देती ! बाप रे !'

अब मुझसे नहीं रहा गया। मैं बीच ही में बोल उठा—

'मैया, तू क्या फिजूल बक रही है ? लोगों ने अंट-संट कह डाला है तुझसे! चुप रह—लोगों को बकने दे—'

'यह अंट-संट है ? तो, दैया झूठी हैं ? उसका चचेरा भाई जो आज मुझे सुनाकर कह रहा था 'साले का सिर तोड़ दूँगा' यह भी झूठा है ? तू मुझे ठगना चाहता है ? मुन्नू, मैंने तुझसे ऐसी उम्मीद नहीं की थी—तू मुझे ठगना चाहता है...'

माँ कुछ उत्तेजित हो चली थीं। इसी उत्तेजना में उनकी आँखों की मोती-माला भी सघन हो रही थी ! उनके गाल भीग गए थे, अंचल तर हो रहा था। मेरी 'काटो तो खून नहीं' वाली हालत थी। मैं क्या कहूँ ? कैसे उन्हें समझाऊँ ? कुछ समझ में नहीं आता। सिर भारी हो रहा था। तब, जैसे कि मेरा बोझ हल्का करने के लिए ही, वह स्वयं बोल उठीं—

'अच्छा, जो हुआ, सो हुआ। आज तुझे मेरी देह छूकर शपथ खानी पड़ेगी। शपथ खानी होगी कि तू अब पिअरिया से न बोलेगा, न उसकी परछाहीं छूएगा? ले मेरा हाथ, शपथ खाता है या नहीं... ?'

मैं तो विचित्र पशोपेश में पड़ गया। हाँ-ना के द्वंद्व के लिए भी गुंजाइश नहीं छोड़ी गई थी। माँ रो रही थीं—उनकी आँखों से अजस्र अश्रुधारा जारी थी। इन आँसुओं की बाढ़ में मुझे दुनिया भूल गई। आगा-पीछा बिना सोचे ही मैंने उनके अनुरोध को मान लिया—'अब से मैं पिअरिया से नहीं बोलूँगा, उसकी छाया भी नहीं छूऊँगा !'

मेरा यह आश्वासन पा माँ सो गईं ! किंतु मैं ?

7
आँखों में नींद कहाँ !

मेरी आँखों में नींद कहाँ ! विचारों की बाढ़-सी आ गई थी—न कोई श्रृंखला थी, न सीमा। हाँ, एक केंद्र अवश्य ही था। वह केंद्र थी पिअरिया। आज मालूम हुआ कि पिअरिया मेरे लिए क्या है ! उसका छोड़ना मेरे लिए कितना दुष्कर है ? उसकी मूर्ति हजारों रूप धरके मेरी आँखों के सामने नाच रही थी। उसका हर अंग, अंगों की एक-एक हलचल, अपनी मोहकता का जादू मुझ पर फेंक रही थी। कितनी सुंदर है पिअरिया; क्या ऐसा सौंदर्य प्राप्त कर छोड़ने के लिए होता है ?

और, क्या चाहकर भी मैं उसे छोड़ सकता था ? माना, मैंने माँ के निकट आज प्रतिज्ञा की है, शपथ खाई है; किंतु यह प्रतिज्ञा, यह शपथ कब तक के लिए? ज्यादा-से-ज्यादा यही हो सकता है न, कि मैं उससे न बोलूँ; किंतु जब वह हँसती-हँसती आएगी और भौंहों को जरा कुंचित कर कुछ पूछ बैठेगी, तब ? तब क्या मुझसे चुप रहा जाएगा ? और, मुझे चुप रहने के लिए वह छोड़ेगी भी ? अभी उस दिन मैं, यों ही, जरा रूठ गया था; बोलना बंद कर दिया था। क्या हुआ ? दो-एक बार कुछ पूछा, उत्तर न पाकर पहले जरा, कुछ क्षणों के लिए, चिंतित-सी हो गई। किंतु वह हार माननेवाली थी ? दौड़कर मेरे निकट आई और गुदगुदी लगाकर मुझे हँसा ही दिया; बोला ही दिया। मैं उसकी छाया भी न छूना चाहूँ, किंतु जो स्वयं छाया बन गई है,

उससे अपने को अलग कैसे रखा जाएगा ? जिस समय पीछे से, औचक आकर, मेरी आँखें मूँद लेगी, तब ? तब मैं क्या करूँगा?

लेकिन, माँ ! माँ ने मुझसे प्रतिज्ञा जो करा ली है ! क्या मैं माँ के साथ विश्वासघात करूँगा? माँ के साथ ! और, माँ भी कैसी ? मेरी जाति में पुनः विवाह की प्रथा प्रचलित है। मेरे पिताजी जिस समय मरे थे, माँ भरी-जवानी में थीं। कोई दूसरी स्त्री होती तो किसी युवक का पुनः पाणिग्रहण कर अपना शेष जीवन आनंद और उल्लास में बिताती। माँ मेरी काफी रूपवती थीं। कोई भी युवक उनका हाथ धरने में अपने को सौभाग्यशाली समझता। किंतु माँ ने अपने जीवन की सारी साधों और इच्छाओं को एक बार ही समाधिस्थ कर दिया ! क्यों, किसके चलते? मेरे ही लिए तो ! मुझी को देखकर तो ! गाँव के लोग कहते—'सती निकली है ! देखते हैं, यह सतीपन कब तक निभता है ? सर-सोलकन होकर बाबू-भैया की स्त्रियों की नकल ? अच्छा, जब पाँव भारी होंगे, तब हाय-तोबा मचेगा !' किंतु यह हाय-तोबा नहीं मचा। मेरी माँ ने शत-शत प्रलोभनों और प्रताड़नाओं के बीच रहकर भी अपनी टेक निभाई। टेक निभाई किसको देखकर, किसके चलते ? क्या मैं अपनी उस माँ के साथ विश्वासघात करूँगा? माँ के साथ ... ?

किंतु एक बात तो है। क्या माँ के लिए यह उचित था ? जब तक मैं अबोध था, तभी तक माँ के पथ-प्रदर्शन की आवश्यकता थी। अब तो मैं सयाना हो चला हूँ, अपने भविष्य, अपनी दीन-दुनिया, के बारे में सोचने-विचारने की अकल मुझमें आ गई है। फिर माँ मेरे रास्ते में क्यों पड़ती हैं ? उन्हें उचित है कि मुझे छोड़ दें। उनका कर्तव्य वहीं पूरा हो गया, जब कि मैं जवान हो गया। अब तो वह अपने दायरे से बाहर पैर रखती हैं—अपने कर्तव्य-क्षेत्र का अतिक्रमण करती हैं। वह बूढ़ी हुईं—पका आम। कब टपक पड़ें, कौन जाने। समूचा जीवन तो मुझे अकेले ही ढोना पड़ेगा। इस दृष्टि से भी उचित है कि वह मुझे अपने निर्णय के बारे में स्वतंत्र छोड़ दें। नहीं, वह अब मुझ पर अत्याचार कर रही हैं—निस्संदेह यह अत्याचार है। अपने अधिकार का यह दुरुपयोग है। यदि वह अपने अधिकार का दुरुपयोग कर रही हैं, तो मेरा भी कर्तव्य है कि अपने अधिकार की रक्षा करूँ। चाहे माँ हो या बाप—किसी का भी अत्याचार सहना अत्याचार को प्रोत्साहन देना है। यह समाज के लिए भी खतरनाक है। नहीं, मैं इस शपथ से बाध्य नहीं हूँ ! हो गया; उनकी दिल-जमई हो गई। किंतु फिर भी तो यह विश्वासघात होगा! तो क्यों न जगाकर कह दूँ कि मैया, इस बारे में मैं तुम्हारी सलाह मान नहीं सकता ! ठीक तो, जरूरत के वक्त में ढीले-ढाले ढंग से सोचना खतरनाक है। हमारा काम साफ होना चाहिए; नैतिक साहस का भी यही तकाजा है ! अच्छा, तो उठाऊँ ? किंतु...

मेरे इस कथन का मैया पर क्या प्रभाव पड़ेगा, यह सोचते ही मैं थर्रा उठा। क्या वह जीवित भी रहेंगी ? इतना बड़ा सदमा किसी को भी मारने के लिए काफी है। और, आखिर उनका उद्देश्य भी तो बुरा नहीं है। वह चिंतित हैं, तो मेरे लिए। मेरी ही मंगल-कामना की भावना ने उन्हें यह अत्याचार—यदि यह अत्याचार भी हो—करने के लिए बाध्य किया है। वह समाज से डर रही हैं...

समाज ? ठीक; सारी फसाद की जड़ तो यह समाज ही है। और, समाज भी कैसा ? यह समाज बुजदिल है; प्रभुता-परस्त है। यह गरीबों को, कमजोरों को सताता है; धनिकों का, बलवानों का तलुवा सहलाता है। वह—वह मेरे गाँव का मालिक सबकी आँखों में अँगूठा घुसेड़कर, उस चमाइन से 'नेह का नाता' जोड़े हुए है। सब लोग जानते हैं, गाँव का बच्चा-बच्चा इसको जानता है; खुलेआम वह उससे हँस-हँसकर बतियाता है, दिन-दहाड़े उसके घर में घुसता है। यही नहीं, उसका बंगला उस चमाइन का केलि-भवन बना हुआ है। किंतु कोई माँ का लाल नहीं है जो उसकी ओर उँगली उठाए, उसकी चर्चा भी करे। कहाँ है समाज ? देखे न उसकी

इस व्यभिचार-लीला को ! वह क्यों देखने चले ! वह तो धनियों का गुलाम है, लक्ष्मी का पूजक है। यों ही, उस जमींदार की विधवा पतोहू की बात लीजिए। वह अपने नौकर से उलझी हुई है। इस बात को उसका ससुर जानता है, भैंसुर जानता है; सास जानती है, ननद जानती है। किंतु कोई भी चूँ नहीं करता। समूचे समाज के सिर पर पैर रखकर वह तांडव-नृत्य कर रही है; किंतु किसी की जबान से 'उहूँ' भी नहीं निकलता। क्यों निकले ? यह तो प्रभुता-परस्त है, शक्ति की पूजा करना इसका काम है। कहाँ तक गिनाया जाए, समूचे गाँव में दुराचार और अनाचार का बोलबाला है। ये धनियों के लौंडे गाँव के किसी गरीब की लड़की के सतीत्व को अछूता नहीं छोड़ते—बुलकी और झूमक गढ़ा-गढ़ाकर, रुपए और नोट थमा-थमाकर, उनकी गरीबी से फायदा उठाकर, उन्हें बरबाद करते हैं। ये बेचारी हाड़-मांस की जीव ठहरीं—इच्छा और साध इनमें भी है, अपने शरीर को जरा सजाकर रखने का, जवानी का तकाजा, इनमें भी होता है। किंतु इनके गरीब माँ-बाप, पति और ससुर इनकी इन इच्छाओं और साधों को पूरी नहीं कर सकते; फलतः ये इन लोगों के, इन बदमाश छोकड़ों के, पंजे में फँस जाती हैं ! इनके फँसाने में ये छोकड़े बंशी का काम करते हैं और इनके घर की स्त्रियाँ चारे का। इन स्त्रियों को नाना तरह के आभूषणों से, कपड़ों से सुसज्जित देखकर इनके मन में वासना का उदय होता है। जब ये देखती हैं, इनसे रूप-गुण में जो हीन हैं, जो इनके निकट बंदरी-सी हैं, वे भी झमककर चलती हैं; तो ये भी अपनी एकमात्र बेचने लायक चीज—वह चीज जिसकी कीमत तुरंत और ज्यादा मिल सकती है—को बेच डालती हैं। बेच डालती हैं अपने सतीत्व को, स्वर्गीय सौंदर्य को—इसलिए कि जरा ये भी झमककर चलें, ठुमककर बोलें। गाँव-भर में इस प्रकार की खरीद-बिक्री का बाजार गरम है; किंतु समाज नहीं बोलता, जबान नहीं हिलाता। पर, जब किसी गरीब के लड़के का दिल किसी गरीब लड़की से लगता है, तो हाय-तोबा मच जाता है। किसलिए? इसलिए न कि धनियों के लाड़ले इन लड़कियों पर अपना एकाधिपत्य समझते हैं, फलतः एकाधिपत्य में जरा भी विघ्न पड़ता देख प्राणपण से उसे बचाने की कोशिश करते हैं। किंतु, इस एकाधिपत्य के दिन लद गए; मैं बतला दूँगा ! ... मैं पिअरिया को चाहता हूँ, पिअरिया मुझे चाहती है। हमारी इस चाह में सोने-चाँदी की महिमा नहीं है, किसी प्रकार की लालच या धोखेबाजी नहीं है। यह तो शुद्ध हृदय की पुकार है—स्पष्ट पुकार है। फिर समाज हमारे बीच में क्यों टाँग अड़ाने आता है ? अड़ाएगा तो मैं उसकी टाँग तोड़ दूँगा—हाँ !

यों ही न जाने क्या-क्या सोचता रहा। सोचते-सोचते चित्त उद्विग्न हो उठा। अब बिछावन पर लेटना मुश्किल हो रहा था। माँ खर्राटे ले रही थीं। मैं चुपके से उठा—लोटा ले लिया, जिससे कोई पूछे तो दिशा-जंगल का बहाना कर दूँ। आँगन में आया। अष्टमी का चाँद अपना आधा रास्ता तय कर चुका था। बादल और उसमें आँख-मिचौनी हो रही थी। इसी तरह पिअरिया और मुझमें कितनी दफा आँख-मिचौनी हो चुकी है ! पिअरिया ! फिर पिअरिया की याद; क्या पिअरिया मुझे पागल बनाकर छोड़ेगी ?

रास्ता पकड़े पोखरे पर आया। सारा संसार निस्तब्ध था। चारों ओर चाँदनी का धवल प्रकाश फैल रहा था। मालूम होता था, मानो दूध के समुद्र में दुनिया स्नान कर रही हो। पोखरे के पश्चिम किनारे के ऊँचे टीले पर मैं बैठ गया। पास के पीपल के पेड़ पर कचबचिया बोल उठी—जिससे मालूम हुआ, रात अब एक पहर से ज्यादा नहीं है। अष्टमी के चाँद का उठान भी यही पता दे रहा था। रह-रहकर शरीर को स्पर्श करनेवाले पूरबी हवा के ठंडे झोंके भी यही आभास दे रहे थे।

मैं पूरब रुख बैठा था। पूरब क्षितिज की आधी मंजिल तय किए हुए आधा चाँद मंद-मंद मुस्कुराता-सा मालूम पड़ता था। उसकी ज्योत्स्ना सीधे मेरे मस्तक पर टकराती थी। एक चाँद

तो आकाश में बादलों से आँख-मिचौनी कर रहा था, दूसरा पोखरे के जल में, उसकी तरंगों से, लुका-छिपी खेल रहा था। हवा शांत होते ही वह जल-तल में अचल समाधि लगाए योगी का स्वाँग बनाना ही चाहता था कि जरा-सा खटका पाते ही तरंगें उसे झकझोर डालती थीं। वह खिलखिला पड़ता था—इतना कि थर-थर काँपने लगता था; काँपता और हँसता भी ! उसकी हँसी से टकराकर जल की एक-एक बूँद चमचमा उठती थी। समूचा तालाब चमचम करने लगता था।

इस दृश्य ने मेरे मस्तक को कुछ एकाग्र किया। हवा के ठंडे झोंके मानो दवा का काम कर गए—अँगड़ाई और जम्हाई साथ-साथ आई। आँखें झिपने के लिए अनुरोध करने लगीं। मैं वहीं लुढ़क गया, मालूम नहीं ! जब जगा, तो कान में 'राम-राम, राधाकृष्ण-राधाकृष्ण' के उच्च शब्द सुन पड़े। शायद इन्हीं शब्दों के चलते मेरी नींद भी उचट गई थी। मुझे मालूम हो गया, मेरे गाँव का वह अध-पगला प्रातः स्नान करने आया है। मैं झटपट उठा, लोटा उठाया और तेज कदम से घर चला। रास्ते-भर सोचता जाता था कि कहीं माँ की नींद टूट गई हो; तब बड़ा अनर्थ हो गया होगा ! मुझे न पाकर न मालूम क्या-क्या कल्पना उन्होंने कर ली हो और न जाने किस हालत में हों। किंतु यहाँ माँ को सोया पाया। माँ यों तो बहुत सवेरे उठ जाती थीं, पर, न जाने किस सबब से, वह आज अभी तक सोई हुई थीं। हो सकता है, इधर कुछ दिनों से, इन हलचलों के कारण, उन्हें रात में अच्छी नींद नहीं आई हो और आज मेरी प्रतिज्ञा पर विश्वास कर वह निश्चिंतता की नींद ले रही हों।

8
ठनकर रही

आज मैं अपने उस खेत की ओर नहीं गया। मातृ-प्रेम की आप इसे विजय कह सकते हैं। मित्र के अनुरोध की रक्षा भी हो गई—शाम को मैं उस लौंडे से भी प्रतिज्ञा कर चुका था न ! किंतु, जब मैं यह कहूँ कि पिअरिया के प्रेम के कारण ही मैं उस ओर नहीं गया और इसमें यथार्थ विजय पिअरिया की थी, तो शायद इस बात को मान लेने में आप हिचकिचाएँगे। अपने ऊपर आई मुसीबत को तो मैं जैसे-तैसे झेल लूँगा, मैं मर्द ठहरा; किंतु यदि कोई घटना घटी तो पिअरिया की क्या दशा होगी, इसकी कल्पना ने मुझे विचलित कर दिया था ! अच्छी बात हो कि आँधी को टल जाने दिया जाए।

उसी शाम को मोहन से मालूम हुआ कि आज पिअरिया भी खेत पर नहीं गई थी। किंतु उसके नहीं जाने का कारण कुछ दूसरा ही था। यथार्थतः उसे जाने से मना कर दिया गया था। पिता ने कहा था—'अगर खेत की ओर गई तो पैर तोड़ डालूँगा।' और, उसके उस चचेरे भाई ने उसके सुर-में-सुर मिलाते हुए उसमें इतना और जोड़ दिया था—'और, उस साले का भी सिर तोड़ दिया जाएगा !'

मुझे इस व्यक्ति के ऊपर बड़ी हँसी आती थी। यह खुद परले सिरे का कामुक था—व्यभिचार-परायण। यह पिअरिया पर भी बुरी निगाह रखता था। एक दिन तो इसने घृणित प्रस्ताव तक उससे किया था, जैसा कि मुझसे पिअरिया ने ही दबी जबान इशारतन कहा था। फिर भी यह पिअरिया के पिता के नजदीक सुर्खरू बना हुआ था और अपने को पिअरिया के धर्मरक्षक के रूप में साबित करता था। ओह! कैसे-कैसे मक्कार हमारे समाज में पड़े हुए हैं !

खैर, यह जानकर मुझे प्रसन्नता ही हुई कि पिअरिया ने खेत पर जाना बंद कर दिया है। मैंने निश्चिंतता का अनुभव किया और दूसरे दिन उस ओर, अपने खेत में, गया। दूसरे दिन, तीसरे दिन और चौथे दिन भी। इन चार दिनों में पिअरिया के दर्शन भी नहीं हुए। यह कहने

में तो बड़ा सरल है कि पिअरिया के दर्शन भी नहीं हुए; किंतु इस अदर्शन का क्या अर्थ था, मैं ही जानता हूँ। संसार मेरे लिए सूना था—निरानंद, निर्जीव, निस्पंद। वे ही चारों ओर हरे-भरे खेत थे, जिनमें तोते-तूतियाँ किलोल कर रही थीं; हवा के झोंके से उस हरे समुद्र में वैसी ही नेत्ररंजक तरंग-राशियाँ पैदा होती थीं; आकाश में वैसे ही बादल घिरते, झींसी-फुही होती, इंद्रधनुष उगता; आम की डालियों पर बैठकर पपीहा वैसे ही पुकारता; किंतु इनमें वह आकर्षण नहीं था, आनंद नहीं था—मालूम होता, इनके प्राण उड़ गए हैं, खाली ठठरी पड़ी हुई है! हाँ, इनके प्राण उड़ गए हैं—इनके प्राण किसमें निहित थे ? जैसे चारों ओर से ध्वनि होने लगती—पिअरिया, पियारी, प्यारी !

मैं एक निष्काम योगी-सा घर का काम-धाम किया करता। अब मुझे निष्काम कर्म का रहस्य मालूम पड़ा। निष्काम होने की तह में छिपा है घोर निराशावाद! अपनी सारी आशाओं को ध्वस्तप्राय होते देख दो ही उपाय रह जाते हैं; या तो डोरी पर झूल जाइए, आत्महत्या कर लीजिए; या संसार को क्षणभंगुर समझकर उससे उदासीन हो जाइए और 'निष्काम' कर्म करते जाइए। कोई भी तत्त्वदर्शी कह सकेगा कि पहले का ही दूसरा नाम है वीरता और दूसरे का ही कायरता ! किंतु हमारे देश में तो कायरता ही वीरता के नाम से बिकती है।

खैर, यों ही, जैसे-तैसे, ये तीन-चार दिन काट डाले। कभी-कभी आत्महत्या के लिए भी प्रेरणा मिलती; किंतु माँ की असहायावस्था और पिअरिया की प्रेमपरता की याद आते ही उसे बरबस टाल देना पड़ता। अब भी आशा की एक झलक बाकी थी। यह आँधी शीघ्र ही टल जाएगी और हम दोनों पुनः पहले की स्वच्छंदता प्राप्त कर सकेंगे, इसकी एक क्षीण आशा अब भी जीवित थी। मैं उसे पोसे जा रहा था।

एक दिन एक विचार और आया। क्यों न मैं पिअरिया को लेकर यहाँ से चल दूँ ? मेरे पास यहाँ संपत्ति ही क्या धरी है—जो इस गाँव के छोड़ने में दिक्कत हो ? माँ की बात रही। सो, यदि मैं जोर डालूँ, तो शायद माँ भी पीछे से मेरा साथ देने को तैयार हो जाएँ। किंतु इसमें तो मुझे और भी कायरता दीख पड़ी। कल से गाँव के लोग क्या-क्या कहकर मेरा मखौल उड़ाएँगे, मुझे गालियाँ देंगे। इसकी कल्पना-मात्र से ही मैं काँप उठा। सबसे बढ़कर पिअरिया के उस पाजी चचेरे भाई की याद ने मुझे विचलित कर दिया। वह कल से किस तरह मूँछ पर ताव देकर चलेगा। वह पापियों का सरताज कल से विजय-छत्र सिर पर दिए चलेगा ! यह मैं होने नहीं दूँगा। जो होना होगा, होगा; मैं यहीं रहूँगा। रह-रहकर मन में एक उमंग और उठती। कोई ऐसा मौका मिल जाए, जिसमें उससे मेरी गुत्थमगुत्थी हो, तो छठी के दूध की याद उसे करा दूँ। देह में दम नहीं, मुट्ठी में दाब दूँ तो भुरता हो जाए; किंतु, शेखी बघारता फिरता है।

दूसरे ही दिन ऐसा मौका मिल गया। और, इसी मौके के चलते, आज आपसे यह कहानी सुनाने का मौका भी मिला है।

मैं अपने खेत की आरी पर हँसुए से घास काट रहा था—बड़ी अच्छी घास उग आई थी! घास काटने में मैं तल्लीन-सा था कि पीछे से किसी ने चुपके-चुपके आकर मेरी आँखें मूँद लीं। यह कर-स्पर्श परिचित था ! मैं सिहर उठा—शरीर के रोम-रोम जैसे फूल उठे हों ! जिसकी आशंका थी, वही हुआ। कहीं बिजली बाँधकर रखी जा सकती है ? पिअरिया और बंधन—दोनों दो ध्रुव की चीजें ! वह न जाने किस तरह कतरियाकर मेरे निकट पहुँच ही गई।

एक क्षण तक मैं स्तंभित-सा रहा। फिर मनोभावों के तूफान में उड़ चला। शायद जबरदस्ती, खींचकर, मैं उसके कपोलों को चूम रहा था कि कानों में एक कर्कश शब्द सुन पड़ा—'मारो साले को !'

'मारो साले को'—यह कह रहा था पिअरिया का वही पाजी पापी भाई। पिअरिया के पिता

भी थे। दो-एक आदमी और भी थे। सबके हाथ में लाठियाँ थीं! मैं स्थिति की भयंकरता ताड़ गया। इधर मैं भी कुछ सावधान-सा रहता था। मेरी लाठी निकट ही थी—वह तेल से पोसी गई, लाल-ठोस, बाँस-कुमारी ! झट हाथ में ले ली और कूदकर चार-पाँच डेग पीछे आकर खड़ा हो गया ! मेरे हाथ में लाल लाठी थी, आँखों की अनुरागलालिमा क्रोध की लाली में परिणत हो गई थी। मैंने कहा—'अब चले, पहले तुम्हीं लोग चलाओ।' किंतु मेरी इस रुद्र मूर्ति को देखकर शायद वे लोग स्तंभित रह गए। बीच में पिअरिया सिर गाड़े हुए बैठी थी। देखता क्या हूँ—वह पाजी झपटता हुआ पिअरिया की ओर आ रहा है। लजानी बिल्ली खंभा नोचती है। शायद वह अपनी वीरता अब पिअरिया पर निकालना चाहता था। बात भी यही थी। मैंने ललकारकर कहा—'खबरदार, इसकी देह छूना मत।' वह बोला—'मैं इसे पीटूँगा, तुम्हारा इसमें क्या लगता है ? मेरी बहन है, मैं इसे तदारुक दूँगा !' मैंने कहा—'तदारुक का भाई बना है; पाजी, हरामी कहीं का; अलग रह, नहीं तो देख इस दुख-भंजन को; सिर तोड़ दूँगा !' वह लाल-पीला हो गया। एक बार पिअरिया के पिता और अपने साथियों की ओर देखा, फिर, जैसे उन्हें आगे बढ़ने का निमंत्रण देते हुए लपका और पिअरिया के बाल पकड़कर इस जोर से अपनी ओर खींचा कि वह जमीन पर पट हो रही। किंतु, उसके मुँह से एक चीख भी नहीं निकली ! शायद वह लाज से गड़ी जा रही थी ! किंतु वह चीखे या नहीं, यह मेरे लिए देखना असंभव था कि मेरे ही सामने, मेरे जीतेजी, मेरी ही आँखों के आगे, कोई पिअरिया का ऐसा अपमान करे। मैं बिजली-सा टूटा और उसकी गरदन पकड़कर इस जोर का झटका दिया कि वह मुँह के बल जा गिरा और शायद कुछ देर के लिए बेहोश भी हो गया। उसके साथी अब कैसे चुपके रह सकते थे ? उन लोगों ने मुझ पर तड़ातड़ लाठियाँ बरसानी शुरू कर दीं। मैंने भी जवाब देना शुरू किया। किंतु एक विचित्र बात थी कि पिअरिया के पिता अपनी जगह जैसे-के-तैसे खड़े थे। वह इस तरह हक्का-बक्का थे, जैसे पागल हो गए हों। मैं भी उनकी ओर नहीं झुका।

दो-चार हाथ चलने के बाद ही खून की धाराएँ चलने लगीं। मेरे सिर से भी खून टपक रहा था, उन लोगों के भी। पिअरिया पुक्की फाड़कर रोने लगी और दौड़कर पिता के चरणों में लिपट गई। इतने ही में तो कुहराम मच गया। चारों ओर से लोग दौड़ आए। कुछ लोग तो लड़ाई में शामिल हो गए—कुछ लोग मेरी ओर, कुछ प्रतिपक्षियों की ओर। किंतु बहुत-से लोग इस मारपीट को शांत करने की चेष्टा में लगे। उन्हीं लोगों के चलते कुछ देर में शांति हुई। मैं तो अब तक बेहोश-सा लाठियाँ भाँज रहा था। जब सुस्त हुआ, तो मालूम हुआ कि एक लाठी की मार से मेरा मस्तक थोड़ा फट-सा गया है, जिससे खून लगातार आ रहा है। उधर भी कई लोग घायल हुए थे—किंतु वह पाजी, पिअरिया का भाई, तो बेहोश था। एक ऐसी लाठी, संभवतः मेरे ही हाथों से, उसे लगी थी कि उसकी खोपड़ी चूर हो गई थी।

इस हो-हल्ला में मोहन भी आ पहुँचा था और इस मारपीट की शांति में बड़ी चेष्टा की थी। वही मुझे लिये-दिए घर आया। मारपीट की चर्चा सुन माँ भी मालिक के घर से दौड़ी-दौड़ी आ गई थीं। वह मेरे शरीर को खून से लथपथ देखकर फफक-फफककर रोने लगीं। रोती थीं और पिअरिया का नाम ले-लेकर गालियाँ भी बकती जाती थीं। मुझे बहुत बुरा मालूम हो रहा था, किंतु उन्हें मना भी क्या कहकर किया जा सकता था ? एक तो मस्तक की पीड़ा, दूसरी यह कलेजे की पीड़ा! खून पीकर दोनों को सह रहा था। मेरे चुलबुले दोस्त ने खून धो दिया; माँ बक-झककर दवा-दारू पर उतारू हुईं। जिसने जो बताया, लेपने लगीं। शरीर पर भी कई लाठियाँ लगी थीं। अतः पीड़ा अत्यधिक थी। पीड़ा कम हो जाए और नींद आ जाए, इसके लिए मुझे खूब भंग पिला दी गई। भंग छान, थोड़ा गरम दूध पी, मैं सो गया।

उस दिन माँ ने कितना प्रेम प्रदर्शित किया था। पहले तो बहुत बकी-झकी थीं, किंतु पीछे

कितनी गंभीर बन गई थीं ! सब प्रकार की दवा-दारू कर, बहुत ही आग्रह और प्रेम से गरम-गरम थोड़ा दूध पिलाकर, मुझे गोद में सटाकर सो गईं। जरा भी बोलती नहीं थीं, हाँ, वह खूब रो रही थीं, इसका ज्ञान उस भंग के नशे में भी मुझे था।

और, वह सोना उस गोद में, उस कुटिया में, उस गाँव में, नहीं, उस दुनिया में मेरा अंतिम सोना था ! आह रे वह सोना ! आह री वह रात !!

क्योंकि, मेरी नींद तब टूटी जब दरवाजे पर किसी ने बड़े जोर से धक्का दिया और जब तक माँ घर का द्वार खोले-खोले, तब तक बाहर से फाटक तोड़कर पुलिस के कई लट्ठधारी जवान मेरे घर में घुस आए और मुझे गिरफ्तार कर लिया! माँ कुछ समझ न सकीं। वह चीख पड़ीं! दौड़कर मुझे पकड़ने को बढ़ी ही थीं कि एक पुलिस के धक्के से वह दूर जा गिरीं। मेरी आँखों में खून उतर आया ! किंतु इतने ही में मेरी गरदन पर भी एक जबरदस्त धौल इन शुभ शब्दों के साथ पड़ी—'चल, साले, गुर्राता क्या है रे ?' देखते-देखते मेरे हाथों में कड़ियाँ थीं, कमर में मोटा रस्सा और चारों ओर से लाल पगड़ीवालों से घिरा मैं थाने की ओर ले जाया जा रहा था। माँ शायद उस झटके पर ही बेहोश हो गई थीं, क्योंकि फिर उनकी हलचल नहीं मालूम हुई। अच्छा ही हुआ !

9
पिअरिया ! पिअरिया !

मैं जेल पहुँचा। उसी जेल में, जिसको आप लोग, बाबूजी, तपोभूमि कहते हैं। हाँ, आप लोग इसे तपोभूमि कह सकते हैं; किंतु मेरे जैसा आदमी, जिसने यहाँ के नारकीय दृश्य देखे हैं, तप जैसे पवित्र शब्द का संबंध इस नरक-भूमि से जोड़ नहीं सकता।

मुकदमा चला। मालूम हुआ, मुझ पर 'रेप केस' चलाया जा रहा है। जमानत भी मंजूर नहीं हुई। मुझ पर अभियोग था कि पिअरिया नामक एक कमसिन लड़की से मैं जबरदस्ती दुराचार कर रहा था; वह चिल्लाई, उसका चिल्लाना सुन लोग दौड़े, तब मैंने लाठियाँ चलाकर कितनों को ही घायल कर दिया, जिनमें से एक की मार बड़ी ही संगीन है, वह शायद ही बचे। संगीन चोट है, यह सुनकर मुझे खूब खुशी हुई ! शायद ही बचे ! वह मर जाए, तो मैं फाँसी पर भी खुशी-खुशी झूल जाऊँ। और, हाँ, पिअरिया नामक एक कमसिन लड़की से जबरदस्ती दुराचार ! वह चिल्लाई !! खूब ! यही देखना है कि पिअरिया अपनी गवाही में क्या कहती है? क्योंकि इस मुकदमे में पिअरिया की गवाही जरूर होगी, एक गँवार आदमी होते हुए भी मैं इतना भलीभाँति समझ सकता था।

हाँ, मैं यह सुनने को उत्सुक था कि पिअरिया की क्या गवाही होती है। क्या पिअरिया मेरे खिलाफ गवाही देने आएगी ? क्या वह कहेगी कि मैंने उससे जबरदस्ती की ?—यही कौतूहल था। जेल के भीतर आने पर कितनी ही बातें याद आतीं, माँ की याद तो रुला-रुला मारती; किंतु इस कौतूहल के कारण ये सब बातें तले पड़ जातीं। जेल का वह अभक्ष्य भोजन, वार्डरों का वह यमदूती व्यवहार, रास्ते में सिपाहियों का वह हुँरपेटा—किंतु इन सब पर भी वह कौतूहल बढ़कर था। जिस दिन यह मालूम हुआ कि पिअरिया की गवाही होगी, उस रात में नींद नहीं आई। रात-भर पिअरिया आँखों के सामने नाचती रही।

जब तक प्रेम-पात्र सामने रहता है, उसकी खूबी और खराबी हमारी आँखों में उतनी नहीं चढ़ती। हम पर एक प्रकार की मुग्धता, मुग्धता सवार रहती है, जिसका केवल एक ही तकाजा होता है—मैं उसे देखा करूँ और वह मुझे देखा करे। किंतु जब किसी कारणवश बीच

में अंतराल आ जाता है, जब कोई घटना दोनों को दो विपरीत दिशाओं में फेंक देती है, तब सिंहावलोकन करने की प्रवृत्ति जाग उठती है—हम अपने प्रेम-पात्र की एक-एक बात, उसके संबंध की एक-एक घटना, उसके अंगों की एक-एक हलचल का विश्लेषण करने लगते हैं। किंतु एक विचित्र बात है ! वह विश्लेषण संहारात्मक न होकर रचनात्मक होता है—यानी इस विश्लेषण के द्वारा हम अपने प्रेम-पात्र की खराबियों का उतना पता नहीं पाते, जितना उसकी खूबियों का। यहाँ तक कि ज्यों-ज्यों दिन बीतते जाते हैं, केवल खूबियाँ-ही-खूबियाँ निखरने लगती हैं। समय की आग खोटेपन को भस्मीभूत कर हमारे प्रेम-पात्र को खरा सोना-सा हमारी आँखों के सामने चमका देती है।

ठीक यही बात थी। इधर मेरे चिंतन का एक ही विषय था—वह थी पिअरिया। पिअरिया ही नहीं, उसकी खूबियाँ ! उसकी बचपन से लेकर आज तक के जीवनी पर दृष्टि डाली; उसके जीवन की जितनी घटनाएँ याद थीं, सबका विश्लेषण किया। कहीं भी, थोड़ी-सी भी, बुराई नजर नहीं आई। उसकी खूबियाँ-ही-खूबियाँ नजर आईं। फिर, वही पिअरिया कल मेरे खिलाफ गवाही देगी—भरी अदालत में, इतने लोगों के सामने ! क्या यह संभव है ? किंतु संसार में कितनी ही असंभव बातें संभव हो जाती हैं। हुआ करें। पिअरिया ऐसा नहीं करेगी, हरगिज नहीं। तो, फिर, उसका नाम गवाह में क्यों दिया गया है ? क्या कोई दूसरी दफा मुझ पर नहीं लगाई जा सकती थी ? मारपीट भी तो हुई थी। क्या यही कई वर्षों के लिए मुझे जेल में डाल रखने के लिए काफी नहीं थी ? 'रेप केस' चलाया है, तो निस्संदेह पिअरिया की सहमति से ही। पिअरिया... पिअरिया...तू क्या हो गई है ? पिअरिया... पिअरिया...

इन्हीं बातों को सोचते हुए, आँखें मूँद, मैं वार्ड में अपने कंबल पर लेटा पड़ा था कि जमादार साहब का बूट गरज उठा, फाटक पर ताली झनझना उठी ! भोर हो गई थी। मेरे लिए यही अच्छा था।

निश्चित समय पर मैं अदालत में लाया गया और कठघरे में खड़ा कर दिया गया। मेरी उत्सुक आँखें पिअरिया को ढूँढ़ने लगीं। पिअरिया के बाबूजी सिर नीचा किए एक ओर खड़े थे। वह पिअरिया का भाई बननेवाला हरामी भी था—उसके सिर में अभी तक पट्टी बँधी थी। मैं खूब खुश हुआ। मेरी ओर देखते ही वह मूँछों पर ताव देने लगा—मैं इससे जला नहीं, मुझे हँसी आ गई। इसमें कितनी कायरता भरी थी। छिः ! शत्रु को बेबस फँसा जानकर इठलाना—इससे बढ़कर कायरता तो शायद ही दुनिया में कोई हो ! मैंने उसकी ओर तब से आँख भी नहीं उठाई—जब कभी अकस्मात नजर जाती, मैं हँस देता, वह कट मरता।

इतने ही में पिअरिया की पुकार हुई। 'रेप केस' का मुकदमा बड़ा ही दिलचस्प समझा जाता है। उस दिन अदालत के कमरे ठसाठस भरे होते हैं। हम कितने कामी हैं, यह इसका सूचक है। हम अपनी कामवासना को अस्वाभाविक रूप में दबाए रहते हैं, फलतः वह जहाँ कहीं भी थोड़ी-सी सुराख पाती है, निकल भागकर हमारा भंडाफोड़ कर देती है। रंडियों के नाच में इतनी भीड़ क्यों होती है ? आशिक-माशूक की गजलें हम क्यों गुनगुनाते रहते हैं ? रेप केस की कहानी हमें क्यों प्रिय लगती है ? सबका एक ही उत्तर है—क्योंकि हम काम के गुलाम हैं। ऊपर से अपने शरीर में चंदन या लवेंडर लगाए रहते हैं, भीतर उसमें कामवासना की गंदी नाली बहती रहती है, जो अस्वाभाविक अवरोध पाकर इस तरह सड़ जाती है कि दुर्गंध से नाक फट जाए। रेप केस के मुकद्दमे की भीड़ एक और घृणित मनोवृत्ति का सूचक है। हममें इतना पतितपना अभी बना हुआ है कि दूसरे की इज्जत से अपना मनोरंजन करने में हमें शर्म नहीं आती। ऐसे ही पतितों और बेशर्म लोगों से अदालत का कमरा भरा हुआ था। पिअरिया की पुकार होते ही, सबकी आँखें चमक उठीं—उत्सुकता से और आनंद से भी ! शिकार को देखकर शिकारी को

आनंद-विह्वल होना ही चाहिए। किंतु मेरी हालत विचित्र थी। मैं उस मनोभाव का वर्णन कर नहीं सकता। मालूम होता था, शरीर की सभी क्रियाओं—रक्त-संचालन, हृदय की धड़कन, श्वास-प्रश्वास—में एक प्रकार की उथल-पुथल मच गई है ! मैं खड़ा था, देख रहा था, तो भी संज्ञाशून्य था।

एक लड़की ने कमरे में प्रवेश किया। दर्शकों के हृदय खिल उठे। मैं आश्चर्यचकित रह गया ! यह तो पिअरिया की चचेरी बहन थी। क्या यह भी गवाही देगी ? इसका क्या प्रयोजन यहाँ ? गवाही शुरू हुई। पूछा गया—तुम्हारा नाम ?

'मेरा नाम पिअरिया।'

'पिअरिया !' मैं चिल्ला उठा। सब लोग मेरे मुँह की ओर देखने लगे। मैं समझ गया—पिअरिया के राजी नहीं होने पर इन लोगों ने दूसरी लड़की को उसके नाम पर अदालत में घसीटा है ! पिअरिया ! वाह पिअरिया ! ! तुमने मेरे मुँह की लाली रख ली। मैंने मुस्कुराते हुए पूछा—

'ओहो, तुम्हीं मेरी पिअरिया हो ?' और खूब जोर से ठठा उठा।

मजिस्ट्रेट ने क्रोध-भरी मुद्रा में मेरी ओर देखा—शायद इस गुस्ताखी पर ! मुद्दई के वकील धड़ल्ले से अंग्रेजी में दाँत-किट-किट करने लगे। पेशकार को कुछ हुक्म हुआ। उसने मुझसे कहा—'खबरदार, अब बीच में कुछ बोलोगे या हँसोगे तो सजा होगी। तुम्हारी ख्वाहिश हो, तो, आखिर में जिरह करना।'

जिरह करे मेरी बला। मैं तो जीत गया था। पिअरिया ने मेरे मुँह की लाली रख ली—अब दो न जितनी सजा चाहो !

तब से मैं मस्त रहता। बहुत दिनों तक जेल से अदालत, अदालत से जेल होता रहा। मैं आता-जाता। एक-एक करके गवाहियाँ गुजरतीं। वे क्या-क्या कहते? न मुझे सफाई पेश करनी थी, न वकील किया था। मस्त था—क्योंकि मेरी पिअरिया ने मेरे मुँह की लाली रख ली थी। वाह री मेरी पिअरिया !

अब, जज के निकट, सेशन में मुकद्दमा चल रहा था। एक दिन जेल में खबर हुई, एक मुलाकाती आए हैं। मैं चकित हुआ। भला कौन मुझ व्यभिचारी से मिलने आएगा ! देखा, वही, मोहन है—जिसने पहले दिन मुझसे दिल्लगी की थी; बीच में एक दिन समझाया था; अंतिम दिन टाँग-टूँगकर घर पर पहुँचाया था ! आते ही वह रोने लगा—किंतु मैं तो हँस रहा था। वह चकित हुआ। मैंने ही उसे ढाढ़स दिया। खैर, रोते-ही-रोते उसने यह बतलाया कि मेरी माँ मर गईं—जिस दिन मैं आया, उसी दिन से बीमार हुईं और मेरा नाम लेते-लेते चल बसीं ! इस समाचार से मुझे और भी खुशी हुई—एक यही चिंता थी, वह भी दूर हुई। मैं ठहाका मारकर हँसने लगा। वह मेरी ओर चकित होकर देखता था। अंत में उसने कहा—

'मरते समय, भैया, आपकी माँ ने मुझे बुलाकर एक जगह बतलाई, जहाँ से खोदने पर काँसे के एक लोटे में 500 रुपए निकले। इन रुपयों को उन्होंने आपकी पत्नी के लिए बचाकर रखा था। उन्होंने मुझे आदेश दिया है कि इन रुपयों से मैं आपके लिए एक अच्छा वकील करके मुकद्दमा लड़ूँ। खैर, वह तो चली गईं। अब हम लोगों की राय है कि मुकद्दमा जरूर लड़ा जाए—क्योंकि यह शुरू से आखिर तक झूठा मुकद्दमा है। गाँव के कुछ लोग कहने को तैयार हैं कि यह पिअरिया नकली है।'

मुझे जैसे याद हो आई; मैंने पूछा—'अच्छा, पिअरिया कहाँ है ?'

उसकी आँखें एक बार और सजल हो गईं। उसने कहा—'पता नहीं, कहाँ है? उसी दिन वह घर से निकल गई, न जाने कहाँ गई ? हाँ, अपने गाँव के कुछ लोग जब जनकपुर मेला

जा रहे थे, तो उन्होंने एक वैसी ही लड़की देखी थी—वह चिथड़ा लपेटे, पगली-सी...'

इतना कहते-कहते वह रुक गया—जैसे उसका गला घुट रहा हो। फिर वह बोला—'वह जब-तब मनोहर भैया—मनोहर भैया कहकर चिल्लाती थी !'

मैं तो सन्न हो गया। दूसरे ही क्षण मेरी आँखों से अविरल अश्रुधारा चल रही थी। रोते-रोते मेरी हिचकी बँध गई। तब तक मुलाकात का समय भी पूरा हो गया था। जमादार साहब ने कहा—अब रोना-धोना खतम करो, समय हो गया। मैं कुछ चैतन्य हुआ। मैंने उस छोकरे से कहा—'हाँ, हाँ, तुम जाओ। मेरे लिए चिंता मत करो। मेरे लिए वकील या पैरवी की जरूरत नहीं। यदि मैं बाहर जाऊँगा, मैं भी पागल हो जाऊँगा। मैं पागलपन का सुख भोगना नहीं चाहता। पिअरिया-पिअरिया ! मैं उसके नाम पर कुछ दिन एकांत में धूनी रमाना चाहता हूँ। जेल से बढ़कर एकांत स्थान कहाँ ? हाँ, ये रुपए—सो इन्हें तुम हिफाजत से रखना। जब मैं छूटकर आऊँगा—इसी से एक मंदिर बनवा दूँगा...'

वह रोता-धोता चला गया। मैं हँसता-रोता अपने वार्ड में आया ! हँस रहा था, अपने भाग्य पर; रो रहा था—पिअरिया के लिए ! मैया !—उनके नाम पर भी आँसू की कुछ कम बूँदें नहीं गिर रही थीं ! आह ! बेचारी को कितना कष्ट हुआ। मेरे ही लिए उन्होंने अपनी भरी जवानी खराब की; फिर भी मैंने उन्हें धोखा दिया! बेचारी मर न जाय, तो क्या करे ? ऐसा बड़ा सदमा किसी भी आदमी को मारने के लिए काफी है !

1
यह पाषाण-पुरी

यह पाषाण-पुरी !

पत्थर के बड़े-बड़े ढोंकों से बनी ये ऊँची दीवारें—बेडौल, बदशकल; कुरूप, घिनौनी।

जोड़ों पर सीमेंट की टेढ़ी-मेढ़ी लकीरें, जो जमाने की रगड़ से काली-काली बन गई हैं—ये काली नागिनें !

पत्थर की दीवारों पर काली नागिनें ससर रही हों, मानो।

पत्थर के ढोंके आत्माओं को कुचल रहे हैं; ये नागिनें कुचली आत्माओं को डँस रही हैं।

जहाँ देखिए, पत्थर-पत्थर—नागिनें, नागिनें !

इन पत्थरों ने यहाँ की हर चीज को पत्थर बना डाला है; इन नागिनों ने हर चीज को मूर्च्छित और बेदम बना रखा है !

यहाँ न आप कोमलता पा सकते हैं, न प्राण पा सकते हैं, बाबू !

पत्थर की दीवारों में एक ही दरवाजा—इस्पात का !

इस्पात ने आपको भीतर किया; पत्थर ने चारों ओर से घेर लिया !

जब पहले-पहल आया और एक भीषण चीत्कार के साथ यह दरवाजा खुला, मालूम हुआ, मानो नरक ने अपना मुँह खोला हो।

जहाँ नरक, वहाँ यमदूत भी !

कौन कहता है, ये आदमी हैं !

ये पत्थर की दीवारें कैदियों को ही आदमी नहीं रहने देतीं, ऐसी बात नहीं है। कैदियों से पहले तो वार्डरों, जमादारों, जेलरों की इनसानियत खत्म करती हैं ये।

शिकारी पहले मरता है, शिकार तो बाद में !

एक का शरीर मरता है; दूसरे की आत्मा मर चुकी होती है !

अभी वह पहला दिन नहीं भूला जब मैं इस पाषाण-पुरी में लाया गया था !

हाथ में लोहे की कड़ियाँ थीं; कमर में सूते का मोटा रस्सा था। उस रस्से को एक सिपाही पकड़े था—दूसरा उसकी बगल में चल रहा था।

थानेदार ने कह दिया था, मैं बड़ा ही दबंग आसामी हूँ।

तेजी से चलता था तो थप्पड़ लगते थे—साले, भागना चाहते हो ! धीरे चलता था तो कुंदे का हुँरपेटा लगता था—साले, पैर नहीं उठ रहे हैं !

'कैसा मजा किया होगा, उस छोकरी के साथ !'

क्या इसके बाद भी मैं होश में रह सकता था ? मैंने घूमकर सिपाही की ओर देखा—घूमकर, घूरकर। क्या मेरी आँखों में कुछ था ? उसने कहा—'तुम्हारी आँखों में कुछ देख रहा हूँ—भले आदमी की तरह सीधे चल, नहीं तो देख यह संगीन !'

संगीन—सिपाही के कंधे पर संगीन चम-चम कर रही थी !

मोहन ने कहा था—'भैया, तुम्हें पिअरिया की कसम, थाने या जेल में कोई ऊधम नहीं करना।'

संगीन की नोक में मैंने पिअरिया की कसम पढ़ी !

फिर चलने लगा ! जेल आया, फाटक खुला।

'ओ चौड़ी छातीवाला, सिर नीचा करके चल, नीचा करके। यह ससुराल नहीं है !'

वह जमादार बोल रहा था—वही जमादार, जो आप लोगों के आगे दुम हिलाता फिरता है ! और, मुझे आप लोगों के साथ देखकर आज भी दाँत पीसता है !

यह ससुराल नहीं है; क्या यह कहने की बात थी ? और, यह ससुराल होती तो जमादार साहब से मेरा क्या रिश्ता होता, बाबू ? किंतु अगर शादी में मेरी जरा भी सुनी जाती, तो क्या मैं कोई भी संबंध इनसे जोड़ सकता था ?

मैंने घूमकर उसे एक बार अच्छी तरह देख लेना चाहा !

आज भी याद है सूरत ! सिर पर लाल पगड़ी—मालूम होता था, तुरत-तुरत खून से रँगी गई है। चेहरे पर सबसे नुमायाँ सघन काली मूँछें, जिनकी नोकें बरछी-सी तनी—कितने खून कर चुकी हैं ये नुकीली बरछियाँ ! ललाट पर, ऐसा लगता था, सिर्फ भौंहें ही भौंहें हैं, जिनके नीचे, खड्ड में छोटी-छोटी जलती आँखें—मानो, किसी दरार में दो अंगारे धधक रहे हों ! चिपटी नाक—भद्दी; उभरे होंठ, जिन्हें देखकर ही उकबाई आए। बाबू, मैं सात जनम में भी इसे अपना ससुर नहीं बना सकता था !

मैंने सिर मोड़ा ही था कि पीछे के कैदी ने कहा—'क्या देखते हो, आगे बढ़ो।' वह अनुभवी था, उसने पीछे चलकर मेरी बड़ी मदद की।

और, ये पाषाण-पुरी के सुंदर प्रकोष्ठ !

ईंट के बने, चूने के पुते। ऐसा मकान साधारण आदमियों को जिंदगी में कहाँ नसीब होता है, बाबू !

भीतर कतार में ऊँचे चबूतरे बने। एक चबूतरा मेरे हिस्से का हुआ। एक टाट, तीन कंबल। टाट को मुलायम बनाने के लिए एक कंबल उस पर डाल दीजिए; एक कंबल का तकिया बना लीजिए, और एक, जाड़ा लगने पर, ओढ़ लीजिएगा! ओहो, है तो ससुराली ठाठ ! पलँग की जगह चबूतरा; तोशक की जगह टाट, रजाई की जगह कंबल ! एक कसर—सो कभी जमादार साहब पूरी कर ही देंगे; मैं मन-ही-मन मुस्कुराया !

शाम होने को थी। घंटी बजी। खाना आ रहा है।

लोहे के दो तसले मेरे सामने रख दिए गए। एक बड़ा, दूसरा छोटा। बड़े में खाइए, छोटे में पीजिए ! खाइए—बिहारी डैट ! दिन में भात, रात में रोटी ! ये रोटियाँ—काली-काली। क्या मँडुवे की हैं ? गेहूँ की हैं, गेहूँ की ! गेहूँ की रोटी, और ऐसी काली ? किंतु, यह घर नहीं है कि माँ से सवाल-जवाब कीजिएगा। खाइए। खाइए और समझिए।

मुँह में रखी। घुन की गंध, मिट्टी का स्वाद, कंकड़ की किचकिच। इसे निगला जाए तो कैसे ? जरा तरकारी मुँह में डाल लीजिए। तरकारी—सामने के सेंमल के पेड़ में फूल लगे थे। फूल की तरकारी, सेंमल के फूल की। सेंमल के फूल—डालों से तोड़े, गँड़ासे से काटे, बड़े कड़ाह में विशुद्ध पानी में उबाले गए। और, ऊपर से नमक छोड़ दिया। सेंमल के फूल—कलेजे की तरह लाल-लाल ! गुस्से में किसी का कलेजा आप खा जा सकते हैं; किंतु क्या मजाल कि पहली बार सेंमल के फूल की इस तरकारी को जबान पर ले जाकर आप न थूक दें !

'खाओ भैया, खाओ ! एक दिन की नहीं है; न जाने कब तक...'

यह नन्हकू था ! वही, जो मेरे पीछे आ रहा था। अनुभवी—चतुर ! किंतु क्या मैं खा सकता था?

रात में पेट में हाहाकार था—गिनती का हाहाकार समूची पाषाण-पुरी को तरंगित कर गया !

एक-दो-तीन-चार; पाँच-छः-सात-आठ...

साठ आसामी ठीक हैं—जंगला-बत्ती ठीक है—गिनती करो पाँच नंबर !!

एक-दो-तीन-चार; पाँच-छः-सात-आठ...

चौवन आसामी ठीक हैं—जंगला-बत्ती ठीक है—गिनती करो बारह नंबर र र्...

ओहो, क्या ये रात-भर सोने नहीं देंगे ? और, यह गर-गर-गर-गर क्या हो रहा हे ? हर दो-तीन मिनट पर—हर दो-तीन मिनट पर। गर-गर—गर-गर— गर-गर—गर-गर !

ऊपर से मच्छर का धावा, नीचे से खटमल की चढ़ाई—ऊपर से जर्मन-वायुयानों के गोले बरस रहे हैं; नीचे से अँगरेजों की सबमैरिन के हुदक्के लग रहे हैं। एक-दो-तीन का लगातार हाहाकार—फिर रह-रहकर गर-गर-गर-गर !

पेशाब—एक बड़ा-सा टब रखा है; उसी में खड़े-खड़े यह गर-गर-गर-गर ! बदबू, उकबाई। उकबाई, बदबू।

भोर हुई—बदन ऐंठ रहा था; आँखें झिप रही थीं ! घंटी बजी, शौच को चलो !

खुले पाखाने, कैदी को शरम क्या ? 'एक'—बैठ जाओ; 'दो'—उस नल पर नंगे आकर पानी छुओ; 'तीन'—हौज में हाथ-मुँह धोओ !

हुक्म पर उठना, हुक्म पर बैठना, हुक्म पर सोना, हुक्म पर जागना, हुक्म पर शौच जाना, हुक्म पर पानी छूना, हुक्म पर मुँह धोना—और ये पिछले तीनों काम पंद्रह मिनट में। जल्दी करो, नहीं तो डंडे खाओ ! उफ्—

और, लो यह खिचड़ी ! खिचड़ी—चावल-देवता, इसमें आप कहाँ हैं ? दाल देवी, आप कहाँ हैं ? हलदी—तुम्हारी जय ! बस, एक जिंदा हो तो तुम्हीं, यद्यपि तुम पर भी लोहे के बरतनों ने काला नकाब डाल दिया है ! कुछ पतली-पतली, पीली-मटमैली चीज गट-गटकर कंठ से नीचे उतारिए—बस, खिचड़ी का कैसा शानदार जलपान !

फिर, दिन के भात-दाल का क्या पूछना ? भात में चावल अधिक थे या कंकड़? चावल में कंकड़ थे या कंकड़ में चावल ? दाल में डुबकी लगाकर भी अगर खेसारी या मसूर का एक दाना ढूँढ़ लें, तो समझिए क्षीर-समुद्र मथकर आपने अनंत-देवता पा लिया ! अरहर-चने का सपना भूलिए।

शाम को आया था, अब दिन के प्रकाश में लोगों के चेहरे देखे—सबके चेहरे खिंचे; सबकी आँखें सुर्ख ! काली धारी के बिना बाँहों के कुरते और मुश्किल से जाँघ तक ढँकनेवाले अधपाजामों की किट ने लोगों की सूरत को और भी भयानक बना रखा था। बालों ने, दाढ़ी-मूँछों ने उस्तुरों की याद भी भुला रखी थी ! उफ्, ये आदमी नहीं; दिन में ही चलते-फिरते भूत मालूम होते हैं ये।

और, उन भूतों को हाँक रहे थे वार्डर-रूपी भूतनाथ !

ये भूत, ये भूतनाथ ! ये पत्थर, यह इस्पात। यह हाहाकार, यह गर-गर-गर-गर !

पाषाण-पुरी, पाषाण पुरी ! उफ्, तुम्हीं में सात साल गुजारने हैं ! लगभग ढाई हजार दिन—जिनका एक-एक दिन न जाने कितने दिनों का होगा; जिनकी एक-एक रात न जाने कितनी लंबी-चौड़ी होगी !

आह, उफ् !

बाबू, उस पहले दिन की बिपता की कल्पना भी आप नहीं कर सकते—खुद मैं भी आज उसकी कल्पना नहीं कर पाता !

2
कोल्हू का बैल

पहले के तीन दिन कोरंटीन में बीते। इन तीन दिनों के अंदर डॉक्टरी हुई, शरीर की नाप-तौल हुई। नन्हकू ने कहा—जेल में आना था, तो यह साँड़ का-सा शरीर लेकर क्यों आए ? भगवान् ही तुम्हारी रक्षा करें !

और, भगवान् भी मेरी रक्षा नहीं कर सके !

चौथे दिन मुझे भी वह किट पिन्हा दी गई और हुक्म हुआ, चलो कोल्हू में।

कोल्हू में ? हाँ, साँड़ की-सी देह लेकर जो आया था मैं यहाँ ? इस देह पर सबकी नजरें गड़ीं—जमादार की खूनी नजरें सबसे भीतर तक घुसीं !

यह कोल्हू है, यह दस सेर सरसों है; पूरे ढाई सेर तेल निकालना है तुम्हें ! साँड़ हो, तो कोल्हू में बहो।

आदमी—साँड़ ! कोल्हू—तेल ! दस सेर सरसों, ढाई सेर तेल ! कोल्हू में सरसों रखकर जोरों से पेरे जाओ—सुस्ती की तो फिर तेल सूख गया। और तेल सूख गया—तो...

पेरे जाओ, पेरे जाओ। घर पर इतना दूध पीया, इतना घी खाया; इतनी कसरत की, इतनी कुश्ती लड़ी। पेरे जाओ, दस सेर सरसों, ढाई सेर तेल ! देख नहीं रहे हो, वे लोग पेर रहे हैं; पेरे जाओ, सुस्ती की तो तेल सूख जाएगा। और, तेल सूख गया—तो...

छाती पर दस मन के महन का बोझ—ठेले जाओ, पेरे जाओ। साँड़ हो, चले चलो। धीरे-धीरे ! धीरे-धीरे क्यों ? तेजी से। तेजी से—

चर-चों—चर-चों ! वह तेल चू रहा है, पीली-पीली धारा। ले लिया है, बढ़े चलो। तेजी से बढ़े चलो। ललाट पर पसीना, बदन में पसीना; सिर का पसीना पैर से चू रहा है। चूने दो, बढ़े चलो !

कोल्हू से तेल चू रहा है, बदन से पसीना चू रहा है। तेल से बरतन भर रहा है, पसीने से रास्ता गीला हो रहा है ! हाँ, हाँ रास्ता गीला। किंतु बढ़े चलो—

महन घूम रहा है, सिर घूम रहा है। कोल्हू से पीला तेल गिर रहा है; आँखों के सामने का संसार अब पीला ही पीला है।

कोल्हू नाच रहा है, तुम नाच रहे हो, संसार नाच रहा है ! नाचने दो, बढ़े चलो, तेजी से। सुस्ती की तो तेल सूख जाएगा। तेल सूख गया—तो...

तो... तो... तो...

पैर थरथरा रहे हैं, शरीर भहरा रहा है, आँखों के आगे अँधेरा ! अँधेरा...अँधेरा...

और, जब आँखें खुलीं, तो देखा, कुछ लोग मुझे घेरे हुए हैं ! मुझे पानी पिलाया जा रहा है, एक आदमी फटे गमछे से हवा कर रहा है ! और, सामने, वह जमादार...

'ओ चौड़ी छातीवाले, कहा था न कि सिर झुकाकर चलो...'

उसने मूँछों को उमेठा ! मूँछ, बरछी ! आँख—अंगारा ! पगड़ी से खून चू रहा है और उसके पीले भद्दे दाँतों से... उफ्, मेरी आँखें खुली न रह सकीं, बाबू !

रात में नन्हकू ने कहा—कहा था न, यह साँड़ का-सा शरीर लेकर क्यों जेल में आए ? यह साला जमादार तुम्हारी जान लेकर रहेगा !

'नन्हकुआ, तू क्या जाने ! चुप रह। जेल है, तो हम भी हैं। जेल हमें पहचानता है, हम जेल को। यह बेचारा नया फँसा है, यह भी सीख जाएगा। हाँ, पहले ही दिन बुरा फँसा; किंतु कोई बात नहीं—सब ठीक हो जाएगा...'

'सब ठीक हो जाएगा !'

यह दूसरा कैदी था। उसने बड़े प्रेम से पूछना शुरू किया—'तुम कौन हो ? तुम्हारे घर की हालत क्या है ? घर पर कौन हैं ?' एक तो मेरे अंग-अंग टूट रहे थे, सिर घूम रहा था, समूचा शरीर घूम रहा था, मालूम होता था, अब भी कोल्हू से बँधा हूँ। फिर, क्या बताता ? घर की बात बताने के लायक ही क्या थी ? थोड़ा जो कहा, मालूम हुआ, उससे वह संतुष्ट नहीं हुआ—'राम ही मालिक' कहकर अपने चबूतरे पर चला गया।

'बच गए दोस्त, बच गए !'—नन्हकू बोला, 'तुम जानते नहीं, यह साला जमादार का दलाल है। जमादार दिन में लोगों से कोल्हू चलवाता है, रात में इसे भेजकर रुपए ऐंठता है।'

'रुपए ?—जेल में रुपए कहाँ से आएँगे ?'

'जेल में रुपए आते हैं, यहाँ रुपयों की कमी नहीं है।'

'आते हैं, कमी नहीं है ?'

'जान जाओगे, जान जाओगे ! लेकिन तुम बच गए। अगर मालूम होता कि तुम मालदार हो, तो फिर तुम्हारी खैर नहीं थी। तुम्हारी नस-नस दूह लेता यह साला !'

बाबू, आप जान नहीं सकते, यहाँ क्या-क्या होता था, क्या-क्या होता है! ज्योंही कोई मालदार आया, उसे कोल्हू में जोता गया ! फिर सौदा होना शुरू हुआ। दस हजार, पाँच हजार—पाँच सौ से कम का सौदा तो होता ही नहीं ! सौदे में वार्डर, जमादार, जेलर सब शामिल। बड़े सौदे में सुपरिंटेंडेंट भी। सौदा तय हो जाने पर एक जमादार छुट्टी लेता है, कैदी का खत लेकर उसके घर पर जाता है, वहाँ से रुपए लाता है और फिर सब बाँट-बूट लेते हैं।

किंतु, यदि खत के बावजूद रुपए नहीं मिले तो ?

3
गीदड़-कुटान

अभी-अभी उस दिन आया था वह, बाबू !

सुंदर, गभरू जवान—जैसे घी के कुप्पे में से निकाला गया हो। माँ के लाड़, पिता के प्यार का एक ही प्रतीक। लक्ष्मी मैया का यह वरद् पुत्र, कार्त्तिकेय का अवतार ही मालूम होता था।

धनी आदमी, खून के केस में फँस गया था। फाँसी से बच गया था, कालापानी ले आया था।

कालापानी—लेकिन कितना निर्द्वंद्व लगता था वह ! जो होना था, हुआ; रोने-धोने से क्या फायदा !

वह भी कोल्हू में जोता गया।

तब तक मैं अभ्यासी हो गया था। पहले दिन मूर्च्छा आई थी; दूसरे, तीसरे दिन तक मतली आई थी; हफ्ते-भर देह में ऐंठन रही, एक महीने तक सोए रहने पर भी मालूम होता था जैसे चाक पर रखकर मुझे घुमाया जा रहा है; किंतु उसके बाद, सब ठीक।

मैं नियत समय पर दस सेर सरसों लाता; नियत समय पर ढाई सेर तेल जमा कर आता।

यारों ने तेल निकालने की कला बता दी थी ! पहले धीरे-धीरे, जब तक सरसों कुचल न जाए। फिर तेजी से, जब देह गरमा जाए, सरसों गरमा जाए। तेल चूने लगे; फिर सम !

किंतु, वह बेचारा यह कला क्या जाने; और, सामने जमादार ! उसे सिखाए कौन, बताए कौन !

नया शिकार फँसा था ! जमादार रह-रहकर मूँछों पर ताव दे रहा था !

ठीक मेरी जैसी हालत हुई, मुझसे भी बदतर ! बेहोश होकर गिरा तो एक घंटा के बाद होश हुआ उसको !

रात में सौदा तय हुआ; दिन में वह अस्पताल भेज दिया गया।

एक हफ्ते के बाद देखा, वह फिर कोल्हू में लाया गया। उसकी शामत, घरवालों ने रुपए नहीं दिए। क्यों नहीं दिए—वह बेचारा भी समझ न सका। इस बार जमादार साहब की त्योरी कुछ और भी चढ़ी हुई थी।

और, मालूम होता है, उसने भी तय कर लिया था, सबकुछ का सामना करेगा वह।

चार-पाँच दिनों तक वह जोर-शोर से कोल्हू चलाता रहा। किंतु जो शरीर फूलों से बना था वह कोल्हू में डट सके ! वह रोज-रोज छीजने लगा। देहात में कहावत है, साग की तरह गल जाना—बाबू, वह उसी तरह गल रहा था ! एक हफ्ते में ही उसके गाल की हड्डी उभड़ आईं !

फिर दलाल जुटे, फिर खत लिखा गया, इस बार खुद जमादार गया—किंतु, फिर वह खाली हाथ लौटा !

उसने रोकर मुझसे कहा—शायद अब मुझे जीने नहीं देंगे ये लोग !

मैंने उसे ढाढ़स बँधाया; नन्हकू ने समझाया। किंतु, जैसे वह धीरज खो बैठा था।

और, जमादार साहब भी धीरज खो बैठे थे—साले के दरवाजे पर हाथी बँधा है और रुपया निकालते नानी मरती है। या, इसके खत ही में कोई इशारा रहता है न देने का ? बच्चू सीखेंगे...

गीदड़-कुटान !

जमादार का ब्रह्मास्त्र है गीदड़-कुटान।

देहात में ज्योंही बैसाख आया, गीदड़ों का शिकार शुरू हुआ। गेहूँ कटा, अरहड़ कटी। समूचा सरेह वीरान हो गया। अब गीदड़ छिपे तो कहाँ ? अपनी माँद में भी वह चैन से कहाँ रह पाता है ? माँद का पता लगा और लड़के अपने कुत्तों को साथ लिये पहुँच गए। हाथ में डंडे, लाठियाँ, भाले भी। भूसे में मिर्चा मिलाकर माँद के छेदों में उसका धुक्कन दिया गया। धुएँ से व्याकुल होकर गीदड़ माँद से निकला। निकला, भागा। कुत्ते पीछे पड़े, बच्चे पीछे पड़े। दौड़-धूप हुई, गीदड़ थका, कुत्ते टूटे, डंडे बरसे, भाले चमके। उफ् री बुरी मौत ! गीदड़ की मौत!

घायल गीदड़ पड़ा है और कोई कुत्ता टाँग पकड़कर खींच रहा है, कोई उसकी अंतड़ी पर दाँत गड़ाए है। डंडों से उसके सिर को भुरता बनाया जा रहा है, भालों से उसकी अंतड़ियाँ निकाली जा रही हैं—उफ् !

गीदड़-कुटान ! जेल में इस नाम से ही कैदी काँप उठते !

वह बेचारा गीदड़-कुटान की जद में आ रहा !

चलो सेंटर में, जमादार साहब बुला रहे हैं।—कल्लू ने उससे कहा। सेंटर; जमादार साहब; कल्लू ! चलते समय उसने कैसी करुण दृष्टि हम पर डाली और ज्योंही वह चला, नन्हकू की आँखों में पानी छलछला उठा—सेंटर में... जमादार साहब... कल्लू...

'क्यों बे, ठीक से काम क्यों नहीं करता ?'

'करने की कोशिश करता हूँ, जमादार साहब ! जितना कर सकता हूँ, करता हूँ !'

'सकता हूँ ?—सकता हूँ का साला। काम करना पड़ेगा—'

'करूँगा, जमादार साहब !'

'तो करता क्यों नहीं है बे ? उलटे हमीं लोगों को धोखा देता है ! कल्लू, इस साले को सेंटर के भीतर ले जाओ !'

सेंटर के भीतर क्या हुआ, कल्लू से पूछिए ! किंतु सेंटर के भीतर क्या होता है, कौन नहीं

जानता ? कल्लू का एक रद्दा—पहलवान भी थौंस जाए। ज्योंही गिरा, ऊपर से कंबल—जिससे चिल्लाहट बाहर सुनाई न पड़े, शरीर पर कोई दाग नुमायाँ न हो। कोई कंबल के नीचे पड़ा है, ऊपर से बूटों की ठोकरें और बटन के हुँरपेटे लग रहे हैं। चिल्लाहट तो नहीं, कराह सुनाई पड़ती है, जो सेंटर में ही गूँजकर रह जाती है !

आह, आह ! बाबू, आज भी उसकी सूरत याद आ रही है। गीदड़-कुटान तो हुआ; किंतु वह गीदड़ नहीं था, जिसके प्राण कलेजे की सातवीं तह के नीचे होते हैं। यह तो मृगछौना था। बूटों और बटन ने उसकी क्या दुर्गति कर दी...

कल्लू उसके शरीर को उठाकर हौज की तरफ दौड़ा। वहाँ हौज में पटक दिया। जमादार ने सीटी बजाई। कई वार्डर दौड़े।—जाओ, डॉक्टर को खबर दो, इसे मिरगी आ गई है।

मिरगी आ गई है ?—हाँ, मिरगी आ गई है !

हौज में उसका शरीर पड़ा है। मिरगी आ गई है, पानी में गिर गया है। मिरगी पानी खोजती है न ? किंतु उसकी नाक से, उसके मुँह से जो खून निकल रहा है? मुँह के बल गिर गया है ? शायद इसी से नाक चिपक गई है, गाल पर कट गया है। क्या एक बूट यहाँ भी पड़ गया था ? किंतु, क्या कह रहे हो ? इसे तो मिरगी आ गई है! मिरगी ? मिरगी में लोग हाथ-पैर फटकारते हैं—यह तो सुन्न पड़ा है, मुरदे-सा ? मुरदे-सा। तो मिरगी में लोग मर भी जाते हैं! बदन में वही बिना बाँह का कुरता है, किंतु हाथ-पैर में काले निशान उगते आ रहे हैं। मिरगी में काले निशान ! किंतु, तुम लोग यहाँ खड़े क्यों हो—भागो यहाँ से !

डॉक्टर आए, डॉक्टर आए। लाश को, हाँ, अब लाश ही कहिए, हौज से निकलवाया। नब्ज देखी, कलेजे पर आला लगाया। जमादार की ओर रहस्य की आँखों से देखा। जमादार ने खीसें निपोड़ दीं। लाश अस्पताल गई। दूसरे दिन डोमों ने उसे दफना दिया! जेल में मर गया, तो मच्छर; भाग गया, तो शेर !

जिस समय उसे उठाकर ले जा रहे थे, नन्हकू तो धाड़ मारकर रो पड़ा। मेरा तो होश फाख्ता था। जिसे कुछ घंटे पहले हँसते-बोलते देखा था, उसी की कुछ देर में यह हालत; कोई प्लेग नहीं, कोई हैजा नहीं—और, आदमी अचानक चल बे ! और, यह भी इस बुरी तरह। जैसे फूल को मसल दीजिए, आप पहचान नहीं सकेंगे, यह बेला है या गुलाब; ठीक वही हाल उस बेचारे की लाश की थी। कुछ ही देर में आदमी कितना बदल जाता है ? शरीर तो निर्जीव था, हाँ, आँखें खुली थीं। शरीर निर्जीव होने पर भी, मालूम होता था, आँखें संसार को कह रही हों—यही संसार है, जिस पर लोगों को इतना गर्व है; संसार, हमने तुम्हें कितना चाहा; लेकिन तुमने मेरे साथ क्या किया ?

उसकी वे आँखें बहुत दिनों तक मुझे परेशान करती रहीं, बाबू; कई रात सोने नहीं दिया उन्होंने। जिधर देखता, मालूम होता, वे आँखें पूछ रही हैं—यह मेरे साथ क्या हुआ ? जमादार की ओर तो मैं अब देख नहीं सकता था। हाँ, कल्लू पर बहुत गुस्सा आ रहा था। आखिर कल्लू भी तो कैदी है ! उस अभागे ने यह क्या किया ? किंतु हाथी को तो हाथी ही फँसाता है, बाबू!

4

जेल कल्लुओं का है !

किंतु जेल चले नहीं, अगर उसके अंदर कल्लू जैसे कैदी नहीं हों।

कौन कहता है, जेल को जेलर, जमादार या वार्डर चलाते हैं ? बिलकुल गलत बात। जेल को चलाते हैं कल्लू जैसे कैदी—जो खुद जेल में मौज उड़ाया करते हैं और कैदियों को मोटी

रस्सी में नाथकर मनमानी चलाया करते हैं।

'पहरा' से उनका दरजा शुरू होता है, 'मेठ' तक जाता है।

जेल के इतने काम के होते हैं ये कि इनका मुशाहरा भी बँधा हुआ होता है। मुशाहरा? हाँ, हाँ—महीने में चार ही आने सही, लेकिन ये पैसे इन्हें मिला करते हैं सरकारी खजाने से।

जमादार की पारखी आँखें तुरत चुन लेती हैं कि सारे कैदियों में से उनके काम के कौन हो सकते हैं ? कुछ ही दिनों में उनके सिर पर काली टोपियाँ पड़ जाती हैं और होते-होते कनविक्ट-वार्डर के बिल्ले भी उनकी कमर में चमकने लगते हैं।

ये लोग ज्यादातर लंबी मुद्दत के कैदी होते हैं। प्रायः ये दबंग होते हैं। जेल में आए नहीं कि इनकी मुठभेड़ शुरू हो जाती है। पहले इन्हें तोड़ने की कोशिश होती है, बाद में इन्हें मिला लिया जाता है !

फिर तो ये वैसे कुकर्म करने लगते हैं जिनकी कल्पना भी नहीं की जा सकती। इनके सौ खून माफ होते हैं !

कल्लू, दशरथ, हबीब—हमारे जेल के इस त्रिरत्न को देखिए। तीनों ने खून किया था—कल्लू ने अपने भाई का; हबीब ने अपनी लुगाई का; दशरथ तो नामी डकैत ठहरा। उसके द्वारा की गई हत्याओं की क्या गिनती !

उससे पूछिए, किस फख्र से उन हत्याओं का वर्णन करता है—किसी की गरदन काट दो, उसकी लाश तड़प रही हो, खून के फव्वारे छूट रहे हों—क्या इससे भी बढ़कर कोई सुंदर दृश्य हो सकता है ? और, आदमी की गरदन कितनी मुलायम! भुँजाली का एक झटका दीजिए, सिर अलग, धड़ अलग ! सिर को उठाकर लेते जाइए और किसी खड्ड में गाड़ दीजिए—फिर कौन खून का पता लगा सकता है? वह बड़े मजे ले-लेकर ऐसी बातें किया करता है।

एक बार उसने एक डकैती के सिलसिले में सारे परिवार का नाश कर दिया। बाप को मारा, बेटे को मारा, दो छोटे-छोटे पोतों को मारा और अंत में पुतोहू के पेट में भुँजाली घोंपकर चलता बना ! वह कहता है—औरत का मरना बड़ा कारुणिक होता है। उसका देखना बड़ा मुश्किल है ! तब से वह औरत पर हाथ नहीं उठाता।

हबीब को शक था, उसकी बीवी पड़ोस के एक नौजवान को प्यार करती है। वह खुद कलकत्ते रहता था। एक बार कलकत्ता से लौटा तो उस नौजवान को अपने घर से निकलते देखा। पास में छुरा लाया ही था। नौजवान तो निकल चुका था, बीवी पर टूटा। और, बाबू, जानते हैं, अपनी स्त्री का उसने खून कैसे किया? उसके गाल पर छुरे मारे, उसके स्तन पर छुरे मारे और आखिर में समूचा छुरा उसकी जाँघों के बीच में घुसेड़कर चलता बना। बारह साल तक फरार रहा; सबूत तो मिट चुके थे—कालापानी लेकर आया है !

और, यह कल्लू ? यह नराधम ! एक बित्ता जमीन के लिए अपने ही भाई को गँड़ासे से बोटी-बोटी काट डालने में हिचक नहीं हुई इसे; जेल में आने पर तो कुछ दिनों तक यह पागल-सा बना रहता था। रह-रहकर मल्लू, मल्लू चिल्ला उठता, रोता। फिर जब शांत हुआ है तो यह जेल के लिए कहर हो गया है। जमादार को बुरे से बुरा काम कराना होता है, कल्लू को एक दम गाँजा पिला दिया—फिर, जो चाहा, करा लिया ! इस जेल में कितनों की जानें ली हैं इसने, कितनों को जिंदगी-भर के लिए बेकाम बना दिया है इसने।

दशरथ, हबीब, कल्लू—इस जेल के राजा ये ही तीन हैं। जेल में रोगियों के लिए जो दूध आता है, उसकी सारी मलाई ये तीन खाते हैं। गोश्त की सिर्फ हड्डी ही अस्पताल में जा पाती है। शाम-सवेरे देह में तेल की मालिश—फिर दंड, बैठक! सुपरिंटेंडेंट चाहता है कि इनसे सामना भी न हो !

कल्लू जल्लाद है, दशरथ हत्यारा; किंतु , इस हबीब की मत पूछिए; इसकी औरत इसके शरीर पर जैसे हमेशा सवार रहती है! और, जेल में औरत कहाँ से आए ? नतीजा यह है कि यह हमेशा अपनी ड्यूटी छोकरा-किता में लेता है ! बच्चे इसकी सूरत देखते ही काँप जाते हैं! किंतु, वे करें क्या? जाल की मछली, भाग कहाँ जाएगी ? अभी कुछ दिन पहले एक लड़के ने आत्महत्या कर ली ! गमछे को फाड़कर महीन रस्सी बँटी और जंगले से लगाकर लुढ़क पड़ा! गरदन लंबी हो गई थी, आँखें निकल आई थीं ! और, हबीब ने दूसरे लड़कों से कहा—देखा, जो मेरी बात नहीं मानेगा, उसकी यही गति होगी !

बाबू, बाबू, यह सचमुच पतितों का देश है !

यह कल्लू, यह दशरथ, यह हबीब—सिर्फ इनसे ही जेल नहीं चल सकता, बाबू ! ये तो पुराने पापी हैं; पाप न करें, यही अचरज की बात हो। किन्तु, मैंने देखा है, कितने शरीफ आए, कुछ दिनों तक शराफत दिखाते रहे। इस शराफत के चलते कुटे-पिटे। किंतु, पीछे अपनी गलती महसूस की। शरीफों की अक्ल उनमें थी ही। अक्ल से काम लेना शुरू किया—जमादार कौन कहे, जेलर और सुपरिंटेंडेंट तक की नाक के बाल बन गए वे! सारे जेल पर उनका दबदबा; सारे जेल को वे जिस तरह उठाएँ, बिठाएँ !

एक ऐसे ही आदमी थे सुंदर सिंह। नाम सुंदर सिंह, किंतु कुरूपता की मूर्ति! न जाने किसने उनके साथ बचपन में ही यह नाम रखकर दिल्लगी की ! सारे चेहरे पर चेचक के दाग; काला रंग। किंतु, एक बड़े जमींदार के घर से थे। आपसी पट्टीदारी के झगड़े के सिलसिले में खून-खराबा हुआ, दस साल की सजा लेकर आए। कोल्हू में जुते; जमादार और जेलर को सलामी पहुँचाई, पहरा हुए, मेठ बने। जेलर को एक हजार की सलामी दी थी और यहाँ से लौटे पाँच सौ अशर्फियाँ लेकर !

पाँच सौ अशर्फियाँ ?—हाँ, पाँच सौ अशर्फियाँ ! जेल का सिक्का रुपया नहीं है, नोट नहीं है। जेल के सिक्के दो हैं—अशर्फियाँ या चवन्नी ! चाँदीवाली छोटी चवन्नी। जेल में जो सिक्के पहुँचते हैं या तो गला होकर या गुदा होकर।

'गुदा होकर ?'

जी, गला होकर या गुदा होकर। जेल में घुसते समय इतनी कड़ी तलाशी होती है, और बाद में जेल में जो बार-बार तलाशियाँ हुआ करती हैं, उनके चलते कैदियों ने—कैदियों में से पुराने पापियों ने—यह तरकीब निकाली है। शीशे की गोली में चूना लगाकर उसे कंठ में रखते जाते हैं। जबड़े के निचले हिस्से में छेद बनता जाता है। होते-होते इतनी जगह बन जाती है कि दस-दस अशर्फियाँ या चवन्नियाँ उसमें रख ली जाएँ। उन सिक्कों का पता पाने पर भी उन्हें जेलवाले निकलवा नहीं सकते। यों ही, आठ-आठ, दस-दस अशर्फियाँ या चवन्नियाँ गुदा-मार्ग में रखकर आते हैं और जब जरूरत पड़ती है, निकाल लेते हैं !

रुपए बड़े पड़ेंगे न ? और, नोट तो गल जाएँगे ! इसलिए जेल के सिक्के अशर्फियाँ और चवन्नियाँ ही हैं !

इन सिक्कों के बल पर जेल में क्या-क्या नहीं होता है ! जेल तो जुए का अखाड़ा है ही; शराब की चुस्की या गाँजे की दम न हो तो जुए में क्या मजा ? और, जब शराब आई, गाँजा आया तो कौन कुकर्म बाकी रहा ? औरतों और बच्चों पर मरनेवाले हबीब कम हैं, यहाँ मरदों पर मर्द मरा करते हैं, बाबू!

सुंदर सिंह इन्हीं जुआबाज, शराबी और दुराचारी लोगों के सरगना बन गए। उनकी अशर्फियों को भुनाने का काम उनका; जुए का अड्डा ठीक करने का काम उनका; शराब और गाँजा मँगा देने का काम उनका; लौंडा जुटा देने का काम उनका! लौंडों पर माहवार बँधा हुआ

है, सौदा कीजिए, माल लीजिए। उन्हें लेकर हाथ-हथफेर और उधारखाता भी चलता है यहाँ !

यह काम अकेले नहीं चला करता और बिना जमादार-जेलर की मरजी के यह चल नहीं सकता। सुंदर सिंह का एक बड़ा गिरोह है; जिसमें उन्हीं की तरह के कितने रईसजादा शामिल हैं ! उन्हें आप जेल का तहसीलदार और खजांची भी कह सकते हैं। जमादार या जेलर को जब रुपए की जरूरत हुई, सुंदर सिंह को हुक्म हुआ—रुपए हाजिर।

जेल चलता है कल्लुओं से; जेल चलता है सुंदर सिंहों से—जेल के छकड़े के ये दो पहिए हैं—निर्मम, निष्ठुर !

5
कामदेव कहाँ नहीं हैं ?

कामदेव ने किसको न नचाया ?

शिवजी महाराज सती की सड़ी लाश लेकर वर्षों क्यों पागल-सा दौड़ा किए!

शिवजी महाराज !—सड़ी लाश !

सड़ी लाश—बाबू, क्या हम-आप सभी सड़ी लाशें नहीं ढो रहे हैं !

कहाँ है जिंदगी ? चारों ओर सड़न !

जिंदगी !—'जिंदगी जिंदादिली का नाम है।'

जिसमें उमंग हो न तरंग, उछाह हो न उत्साह, लास हो न उल्लास, उबाल हो न उछाल—वह जिंदगी कैसी, बाबू ?

जो गेंद-सी उछली नहीं, गरम जल के कुंड-सी उबली नहीं; हर्ष में जिसने उल्लास न दिखाया, प्रेम में जिसने लास न पाया; कठिनाइयाँ जिसमें उत्साह न पैदा कर सकीं, बाधाएँ जिसमें उछाल न भर सकीं; जिसमें नदी-सी तरंग न हो, समुद्र-सी उमंग न हो—भला वह भी कोई जिंदगी है, बाबू !

जिसमें दुर्गंध हो, पीव हो, कीड़े हों—उफ् री जिंदगी, आह री जिंदगी !

जिस जिंदगी में बाहर भी सड़न हो, वह इस पाषाण-पुरी में कैसी बन जा सकती है, कल्पना कीजिए !

जेल दुराचारों का अड्डा है और इसका सबसे बड़ा अड्डेदार है यह जमादार।

सेंटर पर बैठा, हर शाम को नए आनेवाले कैदियों के चेहरे घूरा करता है यह; और उसकी बगल में वह पापी-शिरोमणि हबीब !

जिस चेहरे पर थोड़ी लाली हो, जिस गाल पर थोड़ी चिकनाहट हो, जिस आँख में थोड़ा रसीलापन हो—बस, टूट पड़े दोनों।

दोनों में आँखों-आँखों बातें हुईं। खास खटालों में उसे रखा गया। खास आदमी उसके अगल-बगल सोए। खास गुर्गे उसके आस-पास डोलने लगे। किन्तु, 'भय बिन होहिं कि प्रीत !' जिन गालों को चूमना जरूरी है, उन पर थप्पड़ रसीद करने से स्वाद बढ़ जाता है। आँखों का रसीलापन तब निखरता है जब उससे कुछ आँसू पहले बहा लिये जाएँ ! चेहरे का गुलाब शाम को खिलेगा, दोपहर को उसे सख्तियों की धूप में तपा लिया जाए !

भय—प्रलोभन; प्रलोभन-भय-आग—पानी; पानी—आग; लोहे पर पानी तब चढ़ता है; काम का देवता तब प्रसन्न होता है !

अच्छे-अच्छे लोगों को यहाँ टूटते देखा है, बाबू !

किंतु, हम लोग क्या जानते थे कि कामदेवता का ताल एक दिन हमारे भोले-भाले नन्हकू

पर टूटेगा !

और किसके साथ ?—उस चुड़ैल जमादारिन के साथ !

जेल की जमादारिन ! अच्छा है कि जमादारिनों के चुनाव में कुरूपता सर्वप्रधान सिफत मानी जाती है !

वे काली-काली, ढली-गली औरतें—उन्हें पोशाक देकर चुड़ैल नहीं, चुड़ैल की चाची बना दिया जाता है।

दिन में भी चुड़ैल-सी लगें और शाम को? खैरियत है कि रात में उन्हें जेल में आने भी नहीं दिया जाता !

इसी चुड़ैल जमादारिन से बेचारे नन्हकू की लड़ गई ! और, ठीक शाम के वक्त !

इधर नन्हकू रसोई में काम कर रहा था। 'ये कबहूँ नहिं दूबरो होत, रसोई के विप्र कसाई के कूकर।' इस कथन की सचाई आपको जेल में ही सोलह आने दिखाई पड़ेगी !

अस्थि-कंकालों के बीच में मुस्तंडे लोग—नमक के समुद्र में हरे-भरे द्वीप !

किंतु नन्हकू तो रसोई में गया मेरे चलते ! वहाँ रहूँगा तो तुम्हारे लिए दो-चार अच्छी रोटियाँ बना लाऊँगा ! और, वह लाता था, मैं खाता था। मेरा रोआँ-रोआँ उसे आशीर्वाद देता था। किन्तु, कोई आशीर्वाद उसके काम नहीं आया।

रंडी-किता में वह कुछ दिनों से खाना देने जाता था।

रंडी-किता ! हाँ, जेल के नामकरण भी कुछ अजीब होते हैं, बाबू ! चाहे जो औरत जिस जुर्म में आवे—यहाँ वे सब-की-सब रंडी हैं ! रंडी-किता, छोकड़ा-किता, फाँसी-किता—और आप लोग जहाँ ठहरे हैं, वह बाबू-किता ! और हम लोगों का खटाल-ही-खटाल ! खटाल नं 1, नं 2, नं 3 आदि !

तो, नन्हकू रंडी-किता में जाया करता था।

वह ज्योंही भीतर घुसना चाहता; देखता, फाटक के सूराख से एक जोड़ा आँखें चमक रही हैं !

एक जोड़ा आँखें चमक रही हैं ! चमक रही हैं ? क्या इनमें सिर्फ चमक है? चमक-चमक! नहीं, भूख-भूख !

भूखी आँखें, इन्हें भोजन चाहिए !

भोजन—मिट्टी के तसले में एक के बदले डेढ़ करछुल खिचड़ी पड़ने लगी। डेढ़ करछुल खिचड़ी; डेढ़ नप्पा भात, दो की जगह तीन रोटियाँ ! किंतु भूख मिटती नहीं, बढ़ती जा रही है।

छेद से दीख पड़नेवाली आँखों में चमक बढ़ती जाती है—भूख बढ़ती जाती है !

अब कितना दूँ ?

मैं सब समझ रही हूँ निगोड़े—जमादारिन बीच में कूद पड़ी। कितना दूँ ? क्या दूँ—यह पूछ उस हरामजादी से। बेवा है बेवा। जिंदगी-भर की भूखी ! पहले शौहर को खाया, अब तुझे खाएगी। निगोड़ी के चूतड़ की खाल खींचकर नमक न छिड़का जाए, तब तक इसकी...

और, तेरे पुट्ठे पर अब मांस चढ़ गए हैं नन्हकुआ !

जमादारिन की पीली धँसी आँखों में भी चमक महसूस की नन्हकू ने। वह उसके पुट्ठे की ओर क्यों घूर-घूरकर देखा करती है ?

चमक, भूख !

और, क्या नन्हकू की भूख भी जगी ? क्या भूख भी संक्रामक होती है ?

भगवान् जाने, क्या बात हुई !

एक दिन नन्हकू तेजी से जा रहा था रंडी-किता की ओर। कुछ देर हो गई थी जो ! सैकड़ों भूखियों के पेट भरकर वह लौटा, तो मुँहअँधेरा हो चला था। रंडी-किता और रसोईघर के बीच में गोशाला पड़ती थी।

एक हल्ला, जमादार की सीटी !

यह नन्हकू को सेंटर की ओर लाया जा रहा है। उसके दोनों हाथों को जमादार ने पीछे की ओर मोड़कर पकड़ रखा है और उस पर धौल-धप्पड़ों की वर्षा हो रही है। वह सिर नीचा किए है; आँखें उठाए तो कैसे ?

और, यह पीछे कौन है ?

जमादारिन रोती आ रही है ! मुए ने मेरी इज्जत लूट ली ! जबरदस्ती पटक दिया...

हाँ, जबरदस्ती पटक दिया—किंतु, किसने ?

नन्हकू को जाननेवाले कहते थे—बदमाशी इस चुड़ैल की चाची की होगी। वह सीधा-सूधा जानवर ! कभी खूँटा छोड़ते, रस्सा तोड़ते देखा गया था उसे ? बेचारे को बरगलाया, फँसाया और अब रोदन पसार रही है, हरामजादी ! रंडी-किता से क्यों गोशाला तक आई ? क्या यही घसीट लाया था ? तो घसीटने के समय क्यों नहीं चिल्लाई? पीठ में जो यह गोबर-गोबर लगा रखा है—पीठ में गोबर ! भठियारिन!

किंतु, पाषाण-पुरी में दलील और तर्क की जगह नहीं। रोती-धोती जमादारिन जेल के फाटक की ओर गई, नन्हकू सेल में भेज दिया गया ! कल बेंत लगेंगे—रात में ही जेल में यह चर्चा फैल गई !

इस जेल में कौन कुकर्म नहीं होता—किंतु नन्हकू को बेंत लगेंगे। हबीब को क्यों नहीं बेंत लगते ? जमादार को क्यों नहीं बेंत लगते—जिसने इस सेंटर को ही भठियारखाना बना रखा है ? दुपहरिया में जब सब 'सुस्ती' में सोते होते हैं, इस सेंटर में वह रास-लीला रचा करता है ! रास-लीला? नहीं, रास-लीला में औरतों का रहना लाजिमी होता है। जमादार की पाप-लीला के लिए कोई दूसरा नाम खोजना पड़ेगा। किंतु जब तक कोई नाम नहीं मिलता, तब तक वह अपराध कहाँ ? नन्हकू एक स्त्री के साथ...

हाँ, जेल में स्त्री सबसे अधिक वर्ज्य प्राणी है ! रंडी-किता में जमादार भी अकेले नहीं घुस सकता। सुपरिंटेंडेंट का सबसे कड़ा ध्यान इस पर रहता है कि किस स्त्री का मासिक धर्म कब हुआ ? बाजाप्ता चार्ट रखे जाते हैं। ज्योंही चार्ट में जरा गड़बड़ी हुई, हलचल मच जाती है ! पूछताछ, दौड़धूप ! जेलर, डॉक्टर...

जेल में सबसे अधिक वर्ज्य प्राणी है तो स्त्री ! और नन्हकू ने यही किया। आज जमादारिन, कल कोई रंडी !

नहीं, नहीं—नन्हकू को बेंत लगना ही चाहिए, कल लगकर रहेंगे !

6
तिकठी और बेंत

भोर से ही जेल-भर में तहलका—आज बेंत लगेंगे, नन्हकू को बेंत लगेंगे।

नन्हकू, जमादारिन ! तरह-तरह के किस्से गढ़ लिये गए ! थोड़ा-सा दिन चढ़ते-चढ़ते उस किस्से में जमादार भी शामिल था।

जमादार, जमादारिन में गड़बड़ चल रही थी। बीच में पड़ गया यह गरीब नन्हकुआ और—। 'दो पाटन के बीच में साबित बचा न कोय ?'

नौ बजे सुपरिंटेंडेंट पहुँचा। वह सीधे उस सेल में गया जहाँ नन्हकू था और दस बजते-बजते सेंटर पर तिकठी खड़ी कर दी गई !

तीन पैरवाली, तीन काठ की, यह तिकठी !

देहात में कहावत है—तीन तेकट, महा बेकट। हाँ, तीन का समागम हमेशा विकट होता है।

तीन लोक, तीन काल, तीन देव, तीन वेद, तीन गुण—इन अनेक त्रिकोणों के चलते ही दुनिया में इतनी परेशानी है, बाबू !

मैं तीन देखते ही घबरा जाता हूँ, बाबू ! त्रिगुट दुनिया की सबसे बुरी गुट होती है।

इस जेल में सुपरिंटेंडेंट, जेलर और जमादार—दशरथ, हबीब और कल्लू—त्रिकोण, त्रिगुट, तिकठी।

तिकठी—सेंटर में खड़ी हुई कि सारा जेल थर्रा उठा !

तिकठी के सामने एक तिपाई पर बेंत रखे गए !

लाल-लाल बेंत ! कब से तेल पिला-पिलाकर पोसे जाते रहे हैं ये ? छोटे, बड़े, मँझोले! मोटे, पतले ! बहुत दिनों के बाद उन्हें पोंछा जा रहा है—तेल लगा-लगाकर कपड़े से पोंछा जा रहा है।

सुक्खू डोम का चेहरा यों भी खूँखार लगता था—आज उसकी आँखें शिकारी जानवर की तरह लहक रही हैं।

सुक्खू—पुराना चोर, मगहिया चोर। साल में चार महीने बाहर रहता है, आठ महीने यहाँ!

चोरी करता है, तब आता है; जेल में सफैय्या की जरूरत हुई, तब भी आता है।

क्या नौकरी पर ?

नहीं, हर थाने में मगहिया डोमों की सूची रहती है। इस पूरी कौम को ही जरायमपेशा कौम मान लिया गया है। ज्योंही जेल में सफैय्या की कमी हुई, थाने में खबर की गई, उनमें से दो, चार, दस को पकड़कर 101, 110 दफा में चालान कर दिया गया !

सुक्खू सफैय्या का भी काम करता है और जल्लाद का भी। फाँसी के रस्से पर मोम वह लगाता है, बेंत को वह पोसता और पोंछता है।

हर फाँसी पर उसे चार रुपए इनाम मिलता है, हर बेंत के दिन उसे एक बोतल ठर्रा मिलता है !

तिकठी खड़ी है, बेंत पड़े हैं। सेंटर पर बेंत लगते हैं, जिससे सभी कैदी समझ जाएँ, जेल क्या चीज है !

फाँसी सुपरिंटेंडेंट के सामने होती है, बेंत सुपरिंटेंडेंट के सामने लगते हैं ! तिकठी की बगल में एक टेबुल और एक कुरसी रख दी गई है।

फिर स्ट्रेचर आता है; बैंडेज के लिए कपड़ा, रूई और टिंचर रख दिए जाते हैं।

और, वह नन्हकू को लाया जा रहा है। नन्हकू—रात-भर में ही कैसा काला पड़ गया है! किंतु जरा भी बोलता नहीं—सिर झुकाए आ रहा है। क्या शर्म लग रही है? क्या पश्चात्ताप हो रहा है ?

दूसरी ओर से सुपरिंटेंडेंट आते हैं, जेलर और डॉक्टर आते हैं।

डॉक्टर साहब नन्हकू के स्वास्थ्य की जाँच कर रहे हैं। सभ्यता का युग है न? मारने के पहले देख लेना पड़ता है कि कितनी मार लगने तक इसकी जान नहीं जा सकती है !

तीस बेंत !

हजूर—नन्हकू ने मुँह खेला। शायद कुछ कहना चाहता था, किंतु जमादार ने डाँट दिया—चो... प् !

पैंट और कुरता हटा दिए गए। नंगा करके तिकठी पर चढ़ा दिया गया। नंगा करके—कहीं कपड़े में बेंत न उलझ जाएँ !

दोनों हाथ और दोनों पैर तिकठी के दो पायों में अलग-अलग बाँध दिए गए। तिरछी खड़ी है यह तिकठी। उस पर तिरछा लेटा हुआ है नन्हकू।

तिकठी पर नंगी मानवता लेटी है !

चूतड़ पर टिंचर लगाया जा रहा है ! बेंत की सजा चूतड़ पर होती है !

फिर टिंचर में भिगोकर कपड़े की एक पट्टी साट दी जाती है। इधर सुक्खू बेंत सँभाल रहा है—उन बेंतों में से एक लंबा मजबूत बेंत उसके लिए चुन लिया गया है !

जमादार गिनती कर रहा है; एक-दो—तीन...

सुक्खू बेंत मार रहा है—तड़ाक्, तड़ाक्, तड़ाक्...

पहले बेंत से ही सारा जेल काँप उठा ! नन्हकू काँप रहा है, तिकठी काँप रही है, सेंटर का टावर काँप-सा रहा है !

चार-पाँच—छः-सात...

चूतड़ की ऊपर की खाल कट गई, पट्टी गिर गई, खून चू रहा है—किंतु नन्हकू बोलता तक नहीं; क्या वह बेहोश हो गया है ? चूतड़ पर टिंचर से भिगोई दूसरी पट्टी रख दी गई। जमादार की गिनती फिर शुरू हुई—

आठ-नौ—दस—

और, अब यह चीख ! हृदय-विदारक ! बाबू, आप लोग भी इस शब्द का प्रयोग करते हैं, किंतु हृदय-विदारक क्या चीज है, आप तब तक नहीं जानेंगे जब तक बेंत की सजावाले की चीख न सुनेंगे ! चीखनेवाले का हृदय विदीर्ण होता है, तभी हृदय-विदारक चीख निकलती है। नन्हकू का चूतड़ पहले फट चुका था; अब उसका हृदय फट रहा था। अब बेंत चूतड़ पर नहीं पड़ रहे थे, उसके हृदय पर पड़ रहे थे !

आठ... नौ... दस...

तड़ाक्... तड़ाक्... तड़ाक् ...

हा... हा... हा...

हाँ, वह आह नहीं कर रहा था, ऊह नहीं कर रहा था।

हा—हा—हा—मालूम होता था, उसके फेफड़े की आखिरी साँस उसके मुँह से निकल रही है। समूचे वातावरण में उसकी हा-हा छा रही थी।

ग्यारह... बारह... तेरह...

तड़ाक्... तड़ाक्... तड़ाक्...

हा... हा... हा...

चौदह-पंद्रह—सोलह; तड़ाक्-तड़ाक्-तड़ाक्; हा-हा-हा। बाद में सिर्फ हा-हा-हा! सिवा हा-हा-हा के कुछ नहीं सुनाई पड़ता। चूतड़ पुर्जा-पुर्जा कट चुका है; उस पर पट्टी पर पट्टी रखी जा रही है; मांस के लोथड़े गिर रहे हैं; खून की धारा गिर रही है—और, वह आगे ?

क्या कमबख्त ने पेशाब कर दिया ! नहीं, नहीं—यह उजला-उजला—तार-सा बँधा ! बाबू-बाबू, निर्लज्जता का, अश्लीलता का दोष मत दीजिए ! छिपाऊँ कैसे, बताऊँ कैसे ? उसके चूतड़ से खून चू रहा था; जननेंद्रिय से धातु का तार लगा था !

आदमी, आदमी ! तू आदमी की क्या दुर्गति कर देता है आदमी ?

आदमी की यह गति ? इस युग में ?

किंतु, आदमी जितना सभ्य होता जा रहा है, उतना ही क्रूर भी, निर्मम और निर्लज्ज

भी। चूतड़ पर मारना, नंगा करके मारना, इस तरह मारना, इतना मारना कि एक ओर से रक्त, दूसरी ओर से धातु !

थोड़ी देर के बाद उसका हा-हा भी बंद !

जमादार ने तीस की गिनती पूरी की, सुक्खू ने बेंत रखकर सुपरिंटेंडेंट को सलाम किया। डॉक्टर साहब स्ट्रेचर लेकर दौड़े और नन्हकू को—बेहोश नन्हकू को—तिकठी से उतारकर स्ट्रेचर पर लिटाकर, एक कंबल ओढ़ाकर अस्पताल ले गए !

कुछ देर तक ऐसा सन्नाटा छाया हुआ था, जिसे मौत का सन्नाटा कह सकते हैं। सुपरिंटेंडेंट और जेलर फाटक की ओर जब चले, तो उनके जूतों के शब्द आप गिन सकते थे !

7
पगली घंटी !

टन् टन् टन्, टन् टन् टन्, टन् टन् टन्...

पहले दिन जब ये शब्द गूँज उठे थे, कौतूहल हुआ था।

शब्द सुनते ही सारे कैदी भागे, खटालों के भीतर आ रहे। खटालों के दरवाजे पर वार्डर खड़े हो गए। गिनती शुरू हुई। एक-दो-तीन-चार...

उधर जेल के कोने-कोने में बाहर से आए वार्डर दौड़ने लगे। कुछ इसी ओर जा रहे हैं, कुछ उस ओर। कोई खाली पैर, कोई खाली सिर। किसी की कमर में धोती लिपटी, तो कोई सिर्फ लँगोटी लगाए। किसी के हाथ में डंडा, किसी के हाथ में जलावन की लकड़ी। यह तो अजीब हालत है ? यों क्यों दौड़ पड़े ये लोग ?

यह पगली घंटी बजी है। नियम है कि ज्योंही जेल का कोई कर्मचारी यह घंटी सुने, जहाँ जैसे हो, दौड़ पड़े फाटक की ओर और सामने जो कुछ पाए, हाथ में लेकर भीतर घुस जाए।

वार्डर चारों ओर दौड़ लगा रहे थे कि हथियारबंद सिपाहियों का एक दस्ता भीतर घुसा—लेफ्ट, राइट, लेफ्ट...

सेंटर टावर से अब लाल झंडा दिखाया जा रहा था। जिस ओर उससे इशारा किया गया, दस्ता उस ओर चला। दस्ता गोशाला की ओर जा रहा था।

फिर फायरिंग की आवाज हुई। क्या गोलियाँ चलाई जा रही हैं ? किन पर गोलियाँ चलीं, कौन उसके शिकार हुए ? आह रे, पत्थर की इन दीवारों के अंदर जान इतनी सस्ती है ?

लेकिन यह सबकुछ खिलवाड़-खिलवाड़ था। पगली घंटी का यह रिहर्सल हो रहा था। जेल में कोई ऊधम हो जाए, या जेल से कोई भाग जाए, तब यह खतरे की घंटी बजती है।

जेल से कोई भाग जाए ? दिन में छः बार गिनती—रात में गिनती-ही-गिनती। इतनी ऊँची दीवारें—दीवारों पर पहरे पड़ रहे। कोई भागेगा कैसे ?

लेकिन पगली घंटी बजती है तो कोई भागता जरूर होगा।

और, किसी ने भागकर दिखा ही दिया कि यों भागा जाता है।

रात का वक्त था, एकाएक पगली घंटी घनघना उठी। अभी-अभी हम लोग सोए थे। घंटी सुनकर अचानक जगे और अवाक् रह गए। इस पाषाण-पुरी में जैसे प्रेत लुकाठी लेकर दौड़ रहे हों।

जेल के फाटक पर हमने प्रायः ढेर-की-ढेर मशालें रखी देखी थीं। उन मशालों का क्या उपयोग—यह आज देख रहे हैं।

इधर हा-हा, उधर हू-हू। जेल की दीवारों के निकट मशालों की कतारें खड़ी हो गईं। फिर

कई दल मशाल लेकर खटालों की ओर दौड़े। पहरों से पूछे जा रहे हैं, मेठों से पूछे जा रहे हैं। पाखानों में देख रहे हैं, छतों पर देख रहे हैं। फिर पेड़ की डाली-डाली पर मशालों से रोशनी की जाती है।

'उतर साला, उतरता है या गोली मार दी जाएगी !'

कई वार्डर एक साथ ही पेड़ पर चढ़ जाते हैं और उसे उतार लाते हैं।

'बोल, तुम्हारे और साथी कहाँ हैं ?'

वह क्या बताता ? उस बेचारे को तो धोखा दिया गया, अब वह उन्हें किस तरह अपना साथी कहे।

एक पुराना डकैत आया था, अभी वह हाजत में ही रखा गया था। हाजत में थोड़ी ढिलाई रहती है। अभी वे पूरे कैदी तो समझे नहीं जाते—इसलिए उन पर उतना ध्यान नहीं दिया जाता। कौन जाने, छूट ही जाएँ ! जमानत पर तो अधिकांश लोग चले ही जाते हैं।

किंतु वह डकैत जानता था, वह न तो छूट सकता है, न जमानत पर जा सकता है। कई खून उसके सिर पर नाच रहे थे !

हाल में जब कचहरी गया था, शीशे की थोड़ी बुकनी लेता आया था। इस बुकनी को डोर में लगाकर वह रात-भर खिड़की के छड़ को काटता रहता। लेटा हुआ है, डोर को दोनों हाथों से खींच रहा है, धीरे-धीरे, जिससे शब्द न हो। लोहे की दो मोटी छड़ों को सूत की डोर ने, शीशे की मदद से, काट डाला !

फिर तीन पुराने पापियों का गिरोह बनाया उसने। गिरोह बनाने की कला में डाकू प्रवीण होते ही हैं।

आज पहरा को उसने बड़े प्रेम से गाँजा पिलाया था ! गाँजा पीकर वह लुढ़क गया और गिनता रहा—एक... दो... तीन... चा...

तब तक चार कैदी नौ-दो-ग्यारह हो चुके थे !

दोमंजिले पर ये लोग थे। छड़ को तिरछा कर खटाल से बाहर निकले और पानी गिरने के लिए लगाए गए बंबे को पकड़ते हुए नीचे उतर आए !

हौले पैर दीवार के नजदीक पहुँचे ! एक के कंधे पर एक, यों चौथा आदमी—वह मशहूर डाकू—दीवार के ऊपर था ! पहले से ही धोतियों की सीढ़ी बना ली गई थी। वह दीवार से सरककर नीचे आया, दूसरा भी सीढ़ी का आसरा लेकर दीवार पार कर गया; किंतु यह तीसरा; दीवार के उस पार कूद गया। धम्म—

पहरे का सिपाही जागा। तीनों कैदी धम्म-धम्म करते भागे। पगली घंटी बजी—जो बेचारा भीतर रह गया, वह क्या करे ? कुछ सूझ नहीं पड़ा तो पेड़ पर जा चढ़ा !

पेड़ पर से वह नीचे उतारा गया और कुटाई-पिसाई के बीच उसे सेल पहुँचाया गया। किंतु जेल में से जो भाग गया वह शेर, जो मर गया वह मच्छर!

अब इस मच्छर को मारने से ही क्या होता है ? शेर तो निकल चुके थे, तीन-तीन। भोर से ही सारे जेल में मातम छाया हुआ था। यहाँ हत्याएँ देखी हैं, बेंत लगते देखे हैं, फाँसियाँ देखी हैं—किंतु क्या कभी ऐसा मातम देखा गया था? दो दिनों के अंदर ही अंदर आई. जी. आ गए और हफ्ता भी नहीं लगा कि जेलर और जमादार की बदली हो गई। उनके ओहदे तोड़ दिए गए और उनके मुशाहरे में भी कमी कर दी गई।

वह डाकू क्या गया, जेल के कैदियों को निहाल कर गया। जो नए जमादार और जेलर आए, उन्होंने सख्तियों में कमी नहीं की, किंतु उनकी धाक जमने में भी देर लगी और उनके प्रपंच शुरू होने में तो देर हुई ही। कल्लू-हबीब की चलती में भी कमी हुई। कैदियों के रोम-रोम

का आशीर्वाद उस डाकू को मिला करता!

किंतु, यह क्या बात है, बाबू, कि जेल का भागा हुआ छः महीने के अंदर ही जरूर गिरफ्तार होता है ! ज्यादातर तो ऐसा होता है कि भागा और तीन दिनों के अंदर ही फिर आ पहुँचा। जेल की पोशाक खासकर धोखा देती है। बाहर की उजली, काली या रंगीन पोशाक में जेल की धारीदार किट खप नहीं पाती। किंतु, ये लोग भागे थे हाजत से—इसलिए इनके अपने कपड़े थे। लेकिन कपड़े ने तो बचाया, पाप जो बचने दे। भागे हुए कैदी की मनोवृत्ति ही कुछ अजीब किस्म की हो जाती है—हर आवाज पर चौंक उठेगा, हर अपरिचित सूरत पर काँप उठेगा। छोटे से घेरे से वह निकल भागता है, किंतु सारे संसार को अपने लिए घेरा बना लेता है। उसका जेल फैल जाता है, उसके वार्डरों और जमादारों की संख्या अनगिनत हो जाती है। आखिर, किन्हीं काँइयों की नजर पड़ी और वह फिर जेल में !

फिर जेल में—और, तब की दुर्गति की मत पूछिए। उसके सिर पर की लाल टोपी हमेशा खतरे की सूचना देती है—सब उससे चौकस, सब होशियार। हर ओर घँसा, हर ओर हुँरपेटा! जेल का अछूत—कोई उससे बोलना नहीं चाहता; जो बोला, वह भी गया ! अलग खाना, अलग सोना! किंतु रौरव की कल्पना रखते हुए भी संसार में पापियों की तादाद तो घटी नहीं !

8
फाँसियाँ भी देखीं !

हाँ, मैंने फाँसियाँ भी देखी हैं, बाबू ! दर्जनों फाँसियाँ देखी हैं, किंतु तीन कैदियों की फाँसियों को मैं भूल नहीं सकता। उनमें एक सिआर की मौत मरा, दूसरा साँड़ की मौत और तीसरा शेर की मौत !

हाँ, एक सिआर की, दूसरा साँड़ की और तीसरा शेर की मौत मरा। जिस तरह कैदी-कैदी में अंतर है, उसी तरह फाँसी-फाँसी में भी अंतर होता है, बाबू !

वह, जो सिआर की मौत मरा।

वह जंगली था। अपनी सास की, डाइन होने के संदेह पर, गरदन काटकर आया था। अपनी सास की—क्योंकि उसको शक था कि उसके जो बच्चे होते हैं, उन्हें वह डाइन खा जाती है। डाइन सबसे अधिक अपने ही लोगों पर चोट करती है न ? वह खब्बीस बुढ़िया एक के बाद एक करके लगातार अपने तीन नातियों को खा चुकी थी !

एक के मरने पर संदेह हुआ, दूसरे पर निश्चय किया; और, तीसरे पर प्रतिहिंसा जाग उठी। वह जंगल में लकड़ी काटने गया था। लौटा तो मालूम हुआ, तीसरा बच्चा भी मर चुका! कई दिनों से बीमार था वह बच्चा। उसने सास को चेता दिया था—खबरदार, मेरे बच्चे को इस बार खाया तो समझ लेना। किंतु, बुढ़िया ने खाकर ही दम लिया। और, खाकर अब रो-धो रही थी मक्कार ! कुल्हाड़ी उसके हाथ में थी। उसी कुल्हाड़ी की धार से उसकी गरदन काटकर उसके 'पास' से सिर को थुकचा-थुकचा कर दिया और खुद थाने में हाजिर हो गया ! खुद थाने में हाजिर हुआ और अपराध स्वीकार कर लिया—जैसे उसने एक सुकर्म किया हो !

किंतु, यह जोश, या खब्त कहिए, कायम नहीं रह सका। जब फाँसी की सजा हुई और उसका दिन भी तय हो गया तो दूसरा दौर शुरू हुआ—दिन-रात रोता रहता, चिल्लाता रहता। जब फाँसी के सेल से कोई आवाज नहीं होती, तो हम समझ लेते, वह सो गया है।

फाँसी के दिन तो उसने कमाल किया, बाबू ! अमूमन फाँसी भोर को होती है। जब भोर में वार्डर उसके सेल के निकट गए, तो उसने घिनौनेपन की हद कर दी। पाखाना करके रखे

हुए था। उसे पेशाब में घोल लिया था। और अब उसके छींटे वार्डरों पर दे रहा था !

वार्डर छीः-छीः करते, नाक-भौं सिकोड़ते भागे। किंतु, क्या घिनौनेपन से फाँसी टल सकती है ? पहले समझाने-बुझाने की कोशिश की गई। तब दरवाजा खोला गया—वह गंदगी उड़ेलता जाता था। झपटकर उसे बेकाबू किया गया। फिर टाँग-टूँगकर पीटते-पीटते फाँसी के तख्ते पर ले आए उसे। हाथ पीछे बाँध दिए गए, सिर पर फाँसी की टोपी रख दी गई। तख्ते पर खड़ा कराकर गरदन में फंदा डाल दिया गया। सुपरिंटेंडेंट के हाथ से रूमाल गिरा और वह फाँसी के अंधकूप में चला गया।

किंतु, यह क्या ? जहाँ दो-तीन मिनट में ही रस्सी का हिलना बंद हो जाता है, वहाँ दस मिनट के बाद भी रस्सी हिल रही है ! क्या बात हुई ? देखा जाए?

अरे, यह तो खून-खून हो रहा है। रस्सी ठीक से गरदन में बैठी नहीं, जीभ निकल आई, जिस पर दाँत गड़ गए। गरदन फाँसी में लंबी हो ही जाती है; किंतु, यह तो अजीब लंबी हो गई है। तो भी जान निकली नहीं—न यह जी रहा है, न मर रहा है! सारा शरीर बेतहाशा काँप रहा है। सास का भूत भगाना चाहा था; अब जैसे आप ही भूत के पंजे में हो। क्या किया जाए? कुछ देर और देखा जाए। उफ् री छटपटाहट ! कितनी देर देखा जाए यह मर्मांतक दृश्य ! तो फिर नए सिरे से फाँसी दी जाए ?

फाँसी के अंधकूप से वह ऊपर लाया गया। गरदन की रस्सी फिर से बाँधी गई। फिर अंधकूप में झुलाया गया। तब कहीं उसकी जान निकली !

कहिए, यह सिआर की मौत नहीं है तो क्या है ? यह जंगली सिआर-सिआर की तरह ही मरा; या मारा गया ?

किंतु दूसरी मौत थी साँड़ की।

वह गाँव से आया था, किसान था। बपौती जमीन के लिए मारपीट हुई ! खून हो गया। खून इसने नहीं किया था; इसके आदमियों ने किया था। किंतु उसकी जिम्मेदारी से यह अपने को बरी नहीं करता था। इसको अफसोस था कि खून हुआ और खून हुआ उसका, जिसे वह जिंदगी-भर चाचा कहकर पुकारता था। उस भोर में भी वह चाचा से मिला था और आरजू की थी कि पंचायत से नहीं तो मुकद्दमे से मामला तय करा लिया जाए। चाचा भी राजी हो गए थे—किंतु चाचा के बेटों ने नहीं माना। खेत में हल चढ़ा दिया। वह दौड़ा, उसके आदमी दौड़े। ठन गई। अब लाठी की मार तो होती नहीं कि खोपड़ी फूटकर, हड्डी टूटकर, रह जाए। गँड़ासे की मार, बरछे की मार। खैरियत समझिए कि एक ही खून हुआ। चाचा का खून हुआ, मेरा भी खून हो सकता था—वह वीतराग-सा सारी कहानी सुनाता और खून के बदले खून के न्याय को मानकर अपने को पहले से ही मरने को तैयार कर लिया था उसने।

थोड़ा पढ़ा-लिखा था; रामायण पढ़ता, हनुमान-चालीसा का पाठ करता। क्या गरुड़ पुराण सुनवा दीजिएगा जेलर बाबू ! इसकी शांति और निश्चिंतता से सब हैरान थे। इसकी यह इच्छा पूरी कर दी गई—फाँसी के मौके पर राक्षसता में भी मानवता उमड़ आती है, बाबू ! भोर में फाँसी होने को थी, उसके पहले दिन गोदान भी करा लिया इसने।

गोदान के दिन इसकी माँ आई थी, स्त्री आई थी। बूढ़ी माँ, जवान स्त्री। वे चिल्ला-चिल्लाकर रो रही थीं—किंतु, इसने तो जीवित रहते ही निर्वाण प्राप्त कर लिया था जैसे। न कहीं हर्ष था, न कहीं विषाद। खून का बदला खून! अपने दुधमुँहे बच्चे को चूमकर माँ को दिया और कहा—अब तेरा बेटा यही है माँ ! पृथ्वी का बदला पृथ्वी पर ही चुकाकर जा रहा हूँ—नहीं तो हत्या का फल कुंभीपाक में भुगतना पड़ता !

घर के लोग चले गए तो जेलर से कहा—जेलर साहब, सुनते हैं, स्वर्ग में भी पान, केला

और दही नहीं मिलते। क्या इनका इंतजाम कर दीजिएगा ? जेलर ने इन्हें मँगा दिया, रात में इन्हीं का फलाहार किया इसने !

फाँसी का दिन—बहुत तड़के उठा ! शौचादि से निवृत्त हुआ, पानी मँगाकर स्नान किया, रामायण का थोड़ा पाठ किया और हनुमान-चालीसा पढ़ते हुए फाँसी के चबूतरे की ओर चला!

हम लोग जाग गए थे। अपने-अपने खटालों से इसके पैर की बेड़ी के झनझन में इसके मुँह से निकलते हुए पाठ को स्पष्ट सुन रहे थे।

जयराम—जयराम—जयराम !

सबका अभिवादन किया—जेलर का, सुपरिंटेंडेंट का, जमादार का, जज का भी—जो फैसला सुनाने की विधि पूरी करने आए थे। फिर फाँसी के तख्ते पर चढ़ गया; चढ़ गया, झूल गया, जय... रा... म...

चलते-चलते एक निवेदन कर गया था—ब्राह्मण का बेटा हूँ, मेरी लाश चांडाल को नहीं छूने दीजिएगा! जब खटाल खुला, देखा, चार ब्राह्मण वार्डर उसकी लाश को स्ट्रेचर पर लादे गेट की ओर ले जा रहे हैं। भोर-भोर, सूरज की सुनहरी किरणों में उन चारों की आँखों के कोर चमक रहे थे। पत्थर पसीज गया था, बाबू !

कहते हैं, उस दिन जेलर के घर में खाना नहीं बना—और दो दिनों तक सुपरिंटेंडेंट जेल के भीतर नहीं आया, यह तो हमने पाया ही !

सब समझ रहे थे, जैसे एक साँड़ की बलि चढ़ा दी गई ! कितना सूधा था यह साँड़। कितना निर्दोष, कितना शांत ! उसका शरीर भी साँड़ की ही तरह था, बाबू ! स्ट्रेचर पर जब उसकी लाश ले जा रहे थे, मालूम होता था, एक साँड़ को ही ढोकर ले जा रहे हैं वे ! सारा स्ट्रेचर मसर-मसर कर रहा था।

और, तीसरा तो शेर था; शेर की ही तरह फाँसी पर चढ़ गया वह।

कुछ दिनों से कानों-कान एक कानाफूसी चल रही थी, कोई बड़ा भयानक कैदी जेल में आनेवाला है। जेलर ने कई बार फ़ाँसी-सेल का मुआइना किया। एक बार खुद सुपरिंटेंडेंट उस ओर देखा गया और जब उस दिन जेल के चारों ओर सशस्त्र पुलिस का पहरा पड़ने लगा, तब हमने समझा—वह आ रहा है !

एक आधी रात को वह आया और उसी समय समूचे जेल को गुंजित कर दिया उसने। जहाँ सिर्फ हाहाकार और चीत्कार था, वहाँ गगनभेदी नारे और उच्चकंठ से गाए जानेवाले संगीत की ध्वनि-प्रतिध्वनि सुनाई पड़ने लगी ! सख्त मनाही थी कि फाँसी-सेल की ओर कोई न जाए। किंतु यह बात भोर में ही फैल गई कि वह एक नौजवान है, बिलकुल अठारह-उन्नीस साल का। गोरा रंग है उसका और घुँघराले बाल। वह कोई मोटा तो नहीं है, किंतु सारी मांसपेशियाँ कसी हुई हैं। जब खुले बदन खड़ा था तो मालूम होता था, सोने की मूर्ति किसी ने खड़ी कर दी है!

उसे फाँसी होनेवाली है और अभी परसों। जल्दी-जल्दी की जा रही है, जिससे बाहर किसी को खबर न हो। चुप-चोरी रात में उसे लाया गया है यहाँ और चुप-चोरी फाँसी दी जाएगी! चुप-चोरी—हाँ, हाँ; वह बम-पार्टी का आदमी है। एक सरकारी गवाह का खून करके आया है। सरेबाजार, भरी शाम को, उसने उसे जहन्नुम पहुँचा दिया और किसी की हिम्मत न हुई कि उसे पकड़े। आखिर उसके एक साथी ने ही धोखा दिया और अब वह फाँसी पर झुलाया जाएगा !

दो दिन और दो रात में ही उसने इस जेल का कायाकल्प कर दिया। जेलर उससे डरता है, सुपरिंटेंडेंट ने कुछ शान दिखाई तो इस तरह घुड़का कि उसकी सारी शेखी हवा हो गई। जमादार की बुरी गत है; वह उसके सामने होने से भय खाता है। किंतु जो कैदी उसे खिलाने जाता है उससे वह बड़े प्रेम से मिलता है—हँसकर बातें करता है और कहता है, डरते क्यों

हो ? ये सारे-के-सारे भूत हैं। भूत कुछ नहीं है, अपने मन का डर है। डर दूर करो, भूत अपने-आप भाग जाएगा !

जेल के अफसरों की यह दुर्गति हो सकती है, इसकी कल्पना भी किसी ने नहीं की थी। एक अकेला आदमी सिर तानकर खड़ा है और सब विरोधी, अत्याचारी शक्तियाँ थरथर काँप रही हैं। यह क्या बात है भाई ? यह कौन-सा जादू है ? हर कैदी यह सोचने लगा और ज्योंही सोचना शुरू कीजिए, आदमी का बदलना शुरू हो जाता है। कायरता ही संक्रामक नहीं है, वीरता भी !

जिस दिन फाँसी होने को थी, रात-भर हमने नारे सुने, गाने सुने। जेल में शायद ही कोई सोया हो। और, भोर में सारा जेल फौजी पड़ाव बन गया था। जहाँ देखिए, हथियारबंद पुलिस किरचें ताने खड़ी है। सुनते हैं, बाहर भी पहरे बिठा दिए गए थे !

बेड़ियों की झनझन में अपने कंठ का मादक स्वर भरते हुए वह फाँसी के चबूतरे की ओर बढ़ा। बीच-बीच में नारे लगाता जाता था !

'लाइए, यह फंदा खुद गले में डाल लूँ; जरा चूमने तो दीजिए ही—गुलाम देश की नौजवानी के लिए यह जयमाल है न ?'

सब दंग, सब भयभीत। कोई आवाज नहीं; उसने अपने को सौंप दिया—लीजिए, जैसी आपकी मरजी, वही कीजिए।

फाँसी की टोपी—हाथ पीछे करके हथकड़ी—पैर तख्ते पर—फंदा गले में।

'अँगरेजी राज का नाश हो—इनकलाब जिंदाबाद !'

वह चल बसा ! वीरों की मृत्यु ! चारों ओर बंदूकें, किरचें। दुश्मन से घिरा। मृत्यु सामने खड़ी। किंतु जरा भी भय नहीं, झिझक नहीं। मरण का वरण—हँसते-हँसते! देखनेवालों ने बताया, फाँसी के अंधकूप से जब उसका निष्प्राण शरीर निकाला गया तब भी उसके चेहरे पर वही हँसी थी—यद्यपि उसकी गरदन लंबी हो गई थी !

वह चल बसा—किंतु, बहुत दिनों तक इस जेल में रह-रहकर नारे का स्वर सुनाई पड़ता था। कोई-कोई कहता—उसकी आत्मा यह नारे लगा जाती है। क्या यह सच हो सकता है ?

चाहे जो हो, चलते-चलते वह जेल का कायाकल्प तो कर ही गया। उस दिन से जेल की सूरत बदलने लगी, बाबू ! वह फाँसी पर नहीं चढ़ा, सुपरिंटेंडेंट, जेलर, जमादार, वार्डर सबकी शान एकबारगी ही फाँसी पर चढ़ गई। उस शान को जिलाने के लिए कोशिशें की गईं; किंतु फाँसी पर चढ़े हुए शव में कहीं जान आती है !

एक शेर गया, कितने शेरों के लिए उसने पिंजड़ा खोल दिया—पाषाण-पुरी कुछ ही दिनों में 'सिंहों की माँद' बन गई।

लेकिन एक बात बाबू—चाहे सिआर की मौत हो, साँड़ की मौत हो या शेर की मौत हो—फाँसी फिर भी फाँसी है !

क्या हत्या की सजा हत्या ही हो सकती है ? हमने हत्या की, तब तो हमारी हत्या की जा रही है। किंतु, हमारी हत्या जो कर रहे हैं, क्या उन पर यह नियम लागू नहीं?

हत्या की सजा हत्या—तो यह श्रृंखला रुकेगी कहाँ ?

सरकार के द्वारा की गई हत्या हत्या नहीं है, यदि यह मानते हैं तो यह भी मानिए कि 'वैदिकी हिंसा हिंसा न भवति !'

फिर क्या हत्या के लिए कोई मानवोचित उपाय काम में नहीं लाया जा सकता, जो बर्बर युग की इस प्रणाली को जीवित रखा जा रहा है ?

दस दिन, बीस दिन पहले से ही खबर कर देना कि अमुक दिन तुम्हारी हत्या की

जाएगी—हर दिन यह पूछना कि क्या खाना चाहते हो, किससे मिलना चाहते हो—हर आदमी उसके नजदीक पहुँचकर कह जाया करे कि हाय, बेचारा जा रहा है—फिर दस दिन पहले से ही उस हत्या की तैयारी—

रस्से पर मोम लगाया जा रहा है—उसी की वजन का एक बुत बनाकर उसके गले में फाँसी लटकाए जाने का अभ्यास किया जा रहा है—फाँसी के फ्रेम को खड़ा करके अच्छी तरह मुआइना किया जा रहा है कि ठीक से काम करता है या नहीं—और, इस एक-एक की खबर उस बेचारे के पास पहुँच रही है—वह जिंदा ही तिल-तिल कर छीजता जाता है ! कहिए, यह कोई मानवोचित प्रक्रिया है ?

और, यह गले की फाँसी ! फाँसी द्वारा तीन ढंग से मौत होती है, बाबू, यह डॉक्टर लोग बताते हैं। सबसे अच्छी मौत है झटके की। ज्योंही तख्ता हटता और कैदी अंधकूप में लटकता है, इस तरह का झटका लगता है कि उसकी गरदन की हड्डी टूट जाती है और तुरंत मृत्यु हो जाती है। इसमें शायद ही एक मिनट लगे। दूसरी मौत, छाती की धड़कन एकाएक बंद होने से होती है—अंधकूप में पहुँचते ही आदमी की साँस अचानक रुक जाती और छाती की धड़कन एकाएक बंद हो जाती है। इस मृत्यु में भी ज्यादा कष्ट नहीं होता। किंतु तीसरी मौत ? गले में रस्सी कसती जा रही है, धीरे-धीरे साँस बंद हो रही है, आदमी छटपटा रहा है—उफ्, अजीब छटपटाहट! समूचा शरीर कभी सिकुड़ रहा है, कभी तन रहा है, कभी धनुषाकार हो जाता है, कभी कुंडलाकार—आह, यह मौत है या...

हत्या की सजा यदि हत्या है, तो हत्या का कोई दूसरा उपाय निकलवाइए बाबू! गोली से मार दीजिए, बिजली से मार दीजिए—किंतु आदमी का दम घोंट-घोंटकर मारने की इस पाशविकता को तो दूर ही कराइए !

फाँसी में अधिकांश मृत्यु, इसी तरह गला घुटने से होती है। जिसका कलेजा मजबूत है—उस बेचारे की सबसे बुरी गत होती है— बशर्ते कि वह झटके से न मर जाए !

9

पत्थर पर फूल

कहीं पत्थर पर फूल खिलते हैं ?

और, पहाड़ों पर तो फूलों की कमी नहीं होती ?

किंतु क्या पहाड़ सिर्फ पत्थर है ?

जहाँ पहाड़ सिर्फ पत्थर है, वहाँ फूल नहीं खिलते, पौधे नहीं उगते। किन्तु पहाड़ का पत्थर भी हवा-पानी, गरमी-जाड़े से प्रभावित होता है। पत्थर पसीजता है, टूटता है, चूर होता है, और जहाँ चूर हुआ कि मिट्टी बना !

मिट्टी बना और पौधे उगे, फूल खिले !

जिन्होंने पाषाण-पुरी की रचना की होगी, उन्होंने सोचा होगा, यहाँ फूल खिल न सकेंगे। उनकी यह पाषाण-पुरी भीतर जानेवाले फूलों को भी मसल देगी।

किंतु वे भूल गए थे—'रंग लाती है हिना पत्थर पर घिस जाने के बाद !'

कुछ ऐसे भी फूल हो सकते हैं पत्थरों पर घिसने से जिनका रंग और खिल उठ सकता है, जिनकी गंध और भी फैल सकती है। काश, वे जान पाते यह सत्य !

और, कहीं हवा-पानी, जाड़े-गरमी के असर ने पत्थर को मिट्टी बना दिया, तो फिर क्या कहना ?

एक दिन हमने देखा, इस पाषाण-पुरी में पाँच फूल उग आए !

हाँ, फूल ही।

फूल-सा रंग, फूल-सा रूप, फूल-सी गंध !

समूचा जेल जगमगा गया, गमगमा उठा !

शाही कैदी थे वे—शाही कैदी ! कैदी भी शाही हो सकता है ? इसकी तो कभी कल्पना भी नहीं की गई थी इस पाषाण-पुरी में ?

एक पूरा खटाल उनके लिए रिजर्व हुआ। खटाल के चबूतरे तोड़ दिए गए, पलँग बिछ गए। पलँग, गद्दे, तकिए। चादर, रजाई, दुशाले। खटाल में ही बाथरूम बना—साबुन, सेंट, लोशन, स्नो। एक खास रसोईघर बनाया गया—पूड़ी-हलवा, पोलाव-शोरबा, केक, टोस्ट! ओ हो !

समूचा जेल जगमगा गया, गमगमा उठा।

सुपरिंटेंडेंट रोज आकर कुशल-क्षेम पूछ जाते; जेलर शाम-सुबह हाजिरी बजा लाते—और, जमादार ! वह कुत्ता; कुत्ते-सा अब दुम हिलाता फिरता।

कभी कलक्टर आते, कभी आई.जी.।

जहाँ सूरज, वहाँ अंधकार कहाँ ? प्रकाश फैलता जाता था, अंधकार सिमटता जाता था!

अब क्या जेल में अत्याचार हो सकता था ?

सबसे अधिक भाग्य खुला मेरा, बाबू ! इन बाबुओं के लिए कुछ पनियों की जरूरत हुई—जो साफ-सुथरे हों, शऊर-शलीका जानें। उनकी सेवा अच्छी तरह कर सकें।

पहले ही बैच में मैं उनके साथ कर दिया गया।

बात प्रचलित थी कि वे लोग बड़े भयंकर जंतु हैं, इसलिए सरकार ने उन्हें पकड़कर जेल में रख दिया है। वे बड़े आदमी हैं इसलिए उन्हें पूरे आराम के साथ रखा जा रहा है। खुद बादशाह सलामत के वे मेहमान हैं-इसलिए, उनका यह शाही आदर-सत्कार !

किंतु, नजदीक जाकर देखा, उनके ऐसे सरल, सूधे आदमी तो कहीं देखे नहीं। हाँ, वे बड़े आदमी जरूर थे। खूब पढ़े-लिखे, उनमें से दो तो बैरिस्टर थे, बाबू। मैं जिनकी खिदमत में रखा गया, वह कॉलेज के एक प्रोफेसर थे।

प्रोफेसर साहब की प्रोफेसरी जारी रहनी चाहिए—मुझ पर ही उनकी सारी विद्या खर्च होने लगी। उन्होंने मुझे पढ़ाया, लिखाया; सोचना सिखाया; बोलना सिखाया; पाषाण-प्रतिमा में उन्होंने ही प्राण-प्रतिष्ठा की, बाबू !

पूरे दो साल तक वे रहे यहाँ। दो साल तक उनके चरणों के नीचे बैठकर मैं सीखता, समझता रहा।

मेरे इस पढ़ने-लिखने से जमादार कुड़बुड़ाता—किंतु, किसकी मजाल थी जो उन लोगों की इच्छा के प्रतिकूल कोई काम करे !

सुपरिंटेंडेंट उनके साथ चाय पीता; जेलर उनके साथ ताश खेलता।

सिर्फ ताश ही नहीं, तरह-तरह के खेल भी होते अब—भीतरी खेल, बाहरी खेल। शतरंज, चौपड़—बैडमिंटन, टेनिस। दिन-दिन उनकी तादाद भी बढ़ती जा रही थी। देश के कोने-कोने से पकड़-पकड़कर उन्हें जमा किया जा रहा था, इस पाषाण-पुरी में !

जिस प्रकार अचानक वे लोग, स्वर्ग के वरदान की तरह, इस पाषाण-पुरी में पधारे थे, एक दिन उसी प्रकार वसंत के आखिरी झोंके की तरह वे लोग यहाँ से चल पड़े ! किंतु अब तो इसका पूरा कायाकल्प हो चुका था, बाबू !

जमादार ने मुझे धमकाया था—बाबुओं के साथ बाबू बना था साला, अब नानी मरेगी!

मेरी नानी को वह मार न सका था कि आप लोग आ धमके !

अब यह पाषाण-पुरी पुष्पपुरी बन चुकी थी—अब जमादार के नाक-भौं सिकोड़ने से क्या हो सकता था, बाबू !

आपकी सेवा में भी एक साल गुजरा। अब तो अपनी रिहाई के दिन नजर आ रहे हैं, बाबू !

किंतु, चलतें-चलते यह क्या पिछली याद दिला दी आपने ! क्या यह कहानी भी कहने की थी ? क्या यह भी कहानी सुनने की थी ? पतितों की कहानी; पतितों के देश की कहानी!

खैर, मेरे जेल के दिन पूरे हो रहे हैं, बाबू ! अब तीन-चार महीनों में मैं भी बाहर जाऊँगा। बाहर जाना—कैदियों के लिए कितनी खुशखबरी की बात है ! किंतु, मेरा मन तो रह-रहकर हहर जाता है। बाहर ! बाहर मेरे लिए क्या धरा है ? माँ मर ही गई है; पिअरिया से भेंट होगी नहीं—वह भी जरूर चल बसी होगी ! फिर, बाहर जाकर कहाँ रहूँगा, कैसे रहूँगा ?

किन्तु, मैं चाहूँ या न चाहूँ, मुझे बाहर जाना ही पड़ेगा। ठीक उसी तरह, जिस तरह नहीं चाहने पर भी मुझे यहाँ आना पड़ा।

और, बाहर जाने पर क्या करूँगा, इसकी भी चिन्ता नहीं है। आप लोगों के आशीर्वाद से ऐसी बुद्धि आ गई है कि अपने लिए कोई पथ चुन लूँ।

किंतु, बाबू, आपसे सच कहूँ, ज्यों-ज्यों जेल से बाहर जाने के दिन करीब होते जाते हैं, कई प्रश्न मेरे मस्तिष्क को बुरी तरह व्याकुल कर रहे हैं ? क्या आप उन प्रश्नों के सुलझाने में मेरी मदद कर सकेंगे ?

सोचता हूँ, पिअरिया से यों प्रेम करना क्या मुनासिब था ? एक तो—हम दोनों दो जाति के थे, फिर हमें क्या हक था कि यह जानते हुए भी हम एक-दूसरे से उलझें। किंतु, इसका जवाब तो मैं दिए लेता हूँ। जात-पाँत तो अब आखिरी साँस ले रही है, दम तोड़ रही है। यदि हम दो-चार लात लगाकर उसका अंत और निकट ला दें, तो अच्छा ही है ! वह घुट-घुटकर तो मर ही रही है, सो, जरा जल्दी ही क्यों न खतम हो जाए ? किंतु, एक प्रश्न जबरदस्त है। पिअरिया की भी शादी हो चुकी थी और मेरी भी। फिर, यह प्रेम क्या उचित था?

किंतु, यहाँ सवाल होता है, शादी ही क्या चीज है ? क्या। शादी उसी को कहा जाए, जिसमें 'कहीं की ईंट कहीं का रोड़ा, भानमती का कुनबा जोड़ा' की कहावत के अनुसार दो प्राणियों को दो जगह से लाकर जबरदस्ती गठबंधन कर दिया जाए? बया विवाह के लिए दो हृदयों के पारस्परिक मिलन की कोई अनिवार्यता है ही नहीं?

यदि है—तो हम उसे क्या कहें, जिसमें हृदय-मिलन तो हुआ नहीं, और गठबंधन हो गया? क्या उसे तोड़ने का हक हमें नहीं होना चाहिए ?

व्यभिचार—व्यभिचार ! आज समाज व्यभिचार के नाम से ही चौंक पड़ता है! ठीक भी है। समाज में नैतिकता होनी चाहिए, सदाचार होना चाहिए। किंतु, व्यभिचार की परिभाषा क्या है ? यही न, जो संपर्क विवाह-संबंध के बाहर किया जाए ! किंतु, जहाँ विवाह ही सही रूप में नहीं हुआ, वहाँ व्यभिचार का सवाल ही कहाँ उठता है, बाबू ? मेरे खयाल से तो सबसे बड़ा व्यभिचार 'पति'-नामधारी वह महापुरुष है जो 'पत्नी'- नाम्नी एक अबला पर, हृदय-मिलन की आवश्यकता को बिना महसूस किए ही, केवल इसीलिए कि वह किसी पंडितजी या कुछ बड़े-बूढ़ों के द्वारा पति करार दे दिया गया है, अपनी पाशविक तृष्णा की पूर्ति करता है ! कैसा भयंकर अँधेरा ! तथाकथित विवाह की ओट में होनेवाली दिन-रात की इस व्यभिचार-लीला पर तो कुछ खयाल नहीं किया जाता और यदि कभी इकले-दुकले युवक-युवती हृदय की पुकार से बाध्य हो परस्पर मिलते हैं, तो व्यभिचार-व्यभिचार का तूमार खड़ा कर दिया जाता है !

और, मैं तो आपसे कहूँ, बाबू इस संबंध में हमारे पुरखे हमसे कहीं ज्यादा बुद्धिमान थे।

वे 'गठबंधन' को कभी भी महत्त्व नहीं देते थे, 'हृदय-मिलन' ही उनके लिए सबकुछ था।

यदि ऐसी बात न होती तो शकुंतला, मत्स्योदरी, गंगा आदि 'देवियों' और भरत, व्यास, भीष्म आदि उनके 'सपूतों' की चर्चा हम अपने ग्रंथों में दूसरे ही रूप में पाते! भला बताइए न, इन देवियों के परिणय के लिए कब मंडप रचाया गया था ? कब ब्राह्मण-देवता ने मंत्रोच्चार किया था ? कब इनकी बरात सजी थी ? कब गठबंधन हुआ था ? तो भी इनके 'सपूत' हमारे महापुरुष हैं ! हम उनके नाम लेते नहीं अघाते।

यदि उस समय की हालत से इस समय की तुलना की जाए, तब पता चले, हम कितने पानी में हैं ! जरा कल्पना कीजिए, हमारी बहनें या बेटियाँ बिना हमसे पूछे, किसी वसंतकालीन दुपहरिया में किसी लता-कुंज के नीचे, या प्रातःकालीन कुहासे में किसी नदी के किनारे, या चकमक चाँदनी चर्चित कलस्विनी की मध्य धारा में किसी युवक को देखकर ललच जाएँ, उससे उलझ जाएँ, अजी, अपने हृदय की प्यास बुझा लें, तो खबर मिलने पर क्या आप उन्हें जिंदा दरगोर किए बिना छोड़ेंगे ? —उनके बच्चों को भरत, व्यास या भीष्म की तरह पूजा पाने का सौभाग्य तो दूर रहे; क्या वे बेचारे, दुनिया की रोशनी भी देख पाएँगे !

किंतु मैं कहाँ बहक रहा हूँ, बाबू ? मैं पतित ठहरा—मुझे क्या हक कि धर्मात्मा समाज की कार्रवाइयों पर उँगली भी उठाऊँ ? किंतु, एक बात !

कुछ दिनों में आप लोग भी बाहर जाएँगे। बाहर जाएँगे, और जैसा कि आप लोग कहा करते हैं, इस पृथ्वी पर स्वर्ग बसाने की कोशिश करेंगे। पृथ्वी पर स्वर्ग! कितनी सुंदर कल्पना! यह सपना सत्य सफल हो।

पर, क्या आप लोगों के उस पृथ्वी के स्वर्ग में भी पतित रहेंगे, बाबू ? और, सबसे बढ़कर, क्या उसमें भी पतितों का यह देश आबाद रहेगा ?

जहाँ पतित हों, जहाँ पतितों का देश हो—क्या उसे स्वर्ग के नाम से अभिहित किया जा सकता है ?

जहाँ कल्लू हो, जमादार हो; जहाँ बेंत की तिकठी हो, फाँसी का तख्ता हो—यह स्वर्ग तो हो नहीं हो सकता। ये तो पृथ्वी के ही कलंक हैं—स्वर्ग की बात अलग।

स्वर्ग बना सकें, बसा सकें—फिर क्या कहना ? किंतु मैं कहूँ, यदि पृथ्वी से इन कलंकों को दूर कर दें, तो कम-से-कम यह आदमियों के रहने लायक तो हो ही जाए।

देवता हम पीछे बनेंगे, पहले हम पूरे आदमी बन लें।

क़ैदी की पत्नी

[1940 ई.]

अपनी रानी को जिसके सुख-दुख की तस्वीरें अंकित करने की चेष्टा है इसमें।

—श्रीरामवृक्ष बेनीपुरी

क्यों ?

राजनीतिक पुरुषों के गले में जयमाला पड़ती है, उनका जय-जयकार होता है। इस रूप में उनकी जेल-यात्रा या त्याग-तपस्या की क्षतिपूर्त्ति होती जाती है।

किंतु, उनकी पत्नियों की क्या दशा होती है, उन्हें किन तकलीफ़ों और परेशानियों में ज़िन्दगी गुज़ारनी होती है—क्या इस ओर कभी ध्यान दिया गया है?

शरीर के कष्ट तो सह भी लिए जाते हैं, किन्तु मानसिक चिन्ताएँ और वेदनाएँ—बिच्छू के डंक भी क्या खाकर मुकाबला करेंगे उनका !

'क़ैदी की पत्नी' में मैंने उन्हीं वेदनाओं को साकार करने की चेष्टा की है। और, स्पष्ट कहूँ, उसमें सफल नहीं हो सका हूँ, क्योंकि कष्टों का द्रष्टा मात्र ही तो रहा हूँ।

तो भी, इसे लिखकर मुझे सन्तोष हुआ था कि मैंने देश की हज़ार-हज़ार ऐसी पत्नियों के आँसुओं की उज्ज्वलता से अपनी लेखनी की स्याही को विमल-धवल करने का एक तुच्छ प्रयास तो कर दिया।

इसकी रचना आज से बारह वर्ष पहले हुई; इसकी सारी पृष्ठभूमि उसी समय की है !

—श्रीरामवृक्ष बेनीपुरी

1-11-53

[क] स्वतिश्री

हड़हड़ करती गाड़ी स्टेशन पर आ लगी।

कुलियों की दौड़धूप, यात्रियों के रेल-पेल, फेरीवालों के शोरगुल के बीच ड्योढ़े दर्जे के डब्बे से एक नौजवान गाँधी-टोपी पहने उतरा और उसके बाद एक लड़का और एक बच्चा और अन्त में गोद में बच्ची लिए एक स्त्री उतरी। स्त्री खादी की सुफेद साड़ी पहने थी, जिसकी किनारी गहरे नीले रंग की, और बदन में खादी की ही हलके रंग की छींट की चोली। पैरों में चप्पल। गोरे चेहरे पर बाल की जो कई लटें बिखर पड़ी थीं, उनमें कुछ धूप-छाँह के रंग। कुछ ऐसी रेखाएँ भवों के ऊपर, जो मानसिक चिन्ता का निश्चित संकेत करतीं। गोद में जो बच्ची है, वह कोलाहल से त्रस्त माँ का मुँह देख रही है। बच्ची का एक हाथ माँ की छाती पर, एक ठुड्डी पर। बच्चा, जो पाँच-छः वर्ष का होगा, भीड़भाड़ देख, नौजवान के पास से दौड़कर स्त्री के पास चला आया और उसकी अँगुली पकड़कर उसके पैरों से चिपक-सा रहा। बड़े लड़के की उम्र ग्यारह-बारह वर्ष से ज़्यादा की क्या होगी, किंतु, वह काफी होशियार और दुनियादार मालूम होता था। कभी वह सामान गिनता और कुलियों पर हुकूमत करता, तो कभी 'काकाजी, टिकट निकालकर रिटर्न की अधकटी रख लीजिए'—का तक़ाज़ा नौजवान से करता और बच्चे के नज़दीक पहुँचकर, 'बबुआ, माँ की अँगुली पकड़े रहना'—का आदेश करता। स्त्री उसके मुँह की ओर देखकर गर्व अनुभव करती। नौजवान का चेहरा बताता, उसने ज़िन्दगी देहातों में गुज़ारी है, लेकिन वह शहर के तौरतरीक़े से भी अपरिचित नहीं है।

"कैसा शहर है यह, न एक फिटन, न एक घोड़ागाड़ी—टमटम पर कहीं भलेमानस जाते हैं।"—नौजवान झल्लाता हुआ स्टेशन के बाहर खड़ा है और दोनों कुली "न हो, तो टैक्सी कर लीजिए बाबू"—कहकर अपने भारी बोझ की परेशानी और जल्दीबाज़ी की सूचना दे रहे हैं। उसी समय, छोटा बच्चा, स्त्री की अँगुली छोड़ नौजवान के निकट पहुँचा और बोला—"काका, बाबूजी आज मिलेंगे न?"

"बाबूजी की तुम्हें बड़ी फिक्र—अगर बाबूजी को भी तुम्हारे ऐसी फिक्र होती तब न?"—स्त्री ने बच्चे की ओर मुखातिब होकर कहा। बच्चा फिर स्त्री की अँगुली से आ रहा और बोला—"क्या बाबूजी नहीं मिलेंगे, मैया ?" उसकी आँखों में करुणा थी !

"मिलेंगे, मिलेंगे—बाबूजी हमसे ज़रूर मिलेंगे बबुआ," कहकर बड़े लड़के ने उसे गोद में उठा लिया।

कई मुँह से बाबूजी-बाबूजी की आवाज़ सुन गोद की बच्ची किलक पड़ी—"बाबूजी !"

"हाँ, कसर तुम्हारी ही थी"—कहकर स्त्री उत्कंठित आँखों से बच्ची के मुँह की ओर देखने लगी। उसकी आँखों में गंगा-जमुना उमड़ आई। नौजवान ने कुलियों से कहा, सामान टैक्सी पर रखो और खुद स्त्री के निकट जाकर बोला—"स्टेशन पर यों नहीं किया जाता भौजी ! यह भैया की शान के खिलाफ है कि लोग आपके आँसू देखें !"

स्त्री के मुँह से शब्द नहीं निकले। कुली जिस ओर सामान लिये जा रहे थे, वह चुपके, धीरे, उस ओर बढ़ी। नौजवान ने आगे बढ़कर टैक्सी का दरवाज़ा खोल दिया। सब बैठे; भों-भों की आवाज़ देकर टैक्सी बढ़ी—कितने अरमानों को ढोती !

x x x

दूसरा दिन। वही स्टेशन, वही पूरा झुंड—वही स्त्री, वही नौजवान, वही लड़का, वही बच्चा, वही बच्ची ! किंतु, किसी के मुँह से कोई शब्द नहीं। सबके चेहरे उतरे। कुलियों ने ड्योढ़े दर्जे में सामान रखे। लड़के ने मन-ही-मन उनकी गिनती की। नौजवान ने चुपचाप कुलियों के हाथ में पैसे रख दिये। छोटा बच्चा भी चुप। मानो इन्हें शब्दों से घृणा हो गई हो, या ये शब्द से डरते हों। किंतु, यह छोटी बच्ची। वह क्या जाने डर क्या चीज़ है? घृणा का इसे अहसास कहाँ ? ज्योंही गाड़ी चली सीटी चीख़ उठी, स्टेशन का होहल्ला दूर हुआ, वह स्त्री की ठुड्डी पकड़कर बोल उठी—"बाबूजी !"

कल से ही इतनी बार वह अपने दो भाइयों के मुँह से—'बाबूजी, बाबूजी' सुन चुकी थी कि उसकी जिह्वा पर यह शब्द चढ़ चुका था। वह उसे दुहरा-मात्र रही थी। उसे क्या मालूम, उसका यह शब्द उसकी माँ के लिए क्या काम कर रहा था ? नौजवान दुखी था, भैया से भेंट नहीं हो सकी—किंतु, वह जानता था, उसके भैया शान के आदमी हैं; क़ैद हुए तो क्या ? राजबंदी की प्रतिष्ठा के लिए वह सबकुछ कर सकते हैं। यह भी कोई बात है कि पत्नी से मुलाक़ात होते वक्त भी बग़ल में सी.आई.डी. बैठे। ऐसा नियम बनानेवाले पर तुफ़, और धिक्कार है उन्हें जो ऐसा नियम मानते हों। भैया कैसे मानते भला इसे ? भेंट न हुई, न हो। बड़े लड़के का चेहरा भी उतरा था, लेकिन अपने तेजस्वी पिता के स्वभाव से वह भी अपरिचित न था—'टूट तो सकते हैं हम, लेकिन लचक सकते नहीं' का नमूना ! छोटा बच्चा भी ग़मगीन था, किंतु सिर्फ़ अपने ग़म से नहीं। सबकी ग़मगीनी की परछाईं उसके भावना-प्रवण हृदय पर पड़ी थी। किंतु वह स्त्री!

उफ़्, कितने अरमान लेकर आई थी ! कितने दिन हो गये, आज उन्हें देखूँगी, उनसे दो-दो बातें करूँगी। उन्हें उलाहना क्या दूँगी, बिना मुँह खोले ही वह सब बातें जान जाएँगे। ये बच्चे उन्हें देखेंगे, खुश होंगे ! वे भी बच्चों को देखकर क्या कम खुश होंगे ? बच्चों से उनको कितना स्नेह है ! किंतु, हाय, भेंट नहीं हो सकी! क्यों न हो सकी, इसके फेर में पड़ने की उसे सुध कहाँ थी ? उफ़्, ये बच्चे कैसे उदास लौट रहे हैं ? अपना दुख वह भूल भी जाती, पी भी जाती, इसकी वह आदी हो चली थी; लेकिन, इन बच्चों के मुँह देख-देखकर उसकी छाती फटी जा रही है! और, इतने में बच्ची का यह 'बाबूजी !'—उससे सामने देखा नहीं गया, जहाँ सामने के बेंच पर कई सभ्य सहयात्री बैठे थे। वह मुँह मोड़कर खिड़की से बाहर देखने लगी ! उसकी आँखों से अजस्र अश्रुधारा चली जा रही है और इन आँसुओं के बीच उसकी पूरी ज़िन्दगी आज तस्वीरें बन-बनकर सिनेमा की चित्रावली की तरह एक-एक कर आ-जा रही है !

1
गुड़िया

कभी इस गोद की बच्ची की तरह वह भी बच्ची रही होगी, लेकिन इन आँसुओं के हजूम में उसे अपनी वह सूरत याद नहीं आ रही। हाँ, वह आज स्पष्ट देख रही है, वह एक छोटी-सी लड़की के रूप में अपने नैहर के आँगन में घूम रही है। उसका नैहर; वह छोटा-सा गाँव, जिसे दो ओर से एक पतली नदी गाढ़ालिंगन-सी करती, कलकल-छलछल स्वर में, बही जा रही और दो ओर आम की सघन अमराइयाँ और बाँस की झुरमुटें जिसे घेरे खड़ीं। कभी इस नदी में वह नहाती, चुभकती, फुरेरियाँ लेती; कभी इन अमराइयों की छाया में टिकोरे चुनती, आँखमिचौनी खेलती। बाँसों की फुनगियाँ जब थोड़ी हवा में भी मस्ती से सिर हिलाने लगतीं, वह किन विस्मय-विमुग्ध दृष्टियों से उन्हें देखती !

और, उसका वह आँगन। मिट्टी की दीवार के छोटे-छोटे घर, खपरैल से छाये। घर से

लगे ओसारे, जिनमें लकड़ी के खम्भे लगे। इन खम्भों से लगाकर जब मथानी से दही मथा जाता, वह किस तरह दौड़कर कूँड़े के निकट पहुँचती और दादी के हाहा करते रहने पर भी न्यूनी में हाथ लगा ही देती ! ओसारे के नीचे वह फैला हुआ आँगन—जो गोबर से लगातार लीपे जाने के कारण गर्द-ग़ुबार से रहित, चिकना, ढुर-ढुर। इस आँगन में वह कितने खेल रचाती ? उससे बड़ी एक बहन थी, उससे छोटा एक भाई था। भाई-बहन के बीच में अपने को करके कभी वह चिल्ला उठती—"किनारे-किनारे ताड़, बीच में सरदार !" बड़ी बहन खीझ उठती, मारने दौड़ती। वह दौड़कर दादी की गोद में जा छिपती। दादी ! दादी कितना मानती उसे ? उनकी गोद वह क़िला था, जिसके अन्दर पहुँचते ही वह अपने को सब प्रकार सुरक्षित समझती। वहाँ पहुँचकर वह बहन को चिढ़ाने लगती ! बहन झल्लाकर चली जाती और रूठकर एक ओर बैठ जाती। तब वह दबे पाँव बढ़ती और अचानक जाकर बहन के गले से लिपट जाती ! बहन तो इसकी प्रतीक्षा में ही रहती। सब मामला तय और नया खेल प्रारम्भ !

गुड़िये बनाती, उन्हें रंग-बिरंगे कपड़ों से सजाती, फिर उनके ब्याह रचाती। गीत गाती, कोहबर पुजाती। कभी बाहर से गर्द लाकर आँगन में घर उठाती—'नया घर उठे, पुराना घर ढहे !' यह घर मेरा, यह घर बबुआ का, यह घर बहन का। दादी, माँ, काकी सब बड़े दालान में ही रहेंगे। "और बाबूजी; उन्हें कहाँ रखोगी पगली ?"— बहन पूछती। घर से अलग एक बैठका बन जाता। इतने में भाई के मन में न जाने क्या भाव उठता? वह लात से पूरी इमारत को चूर-चार कर देता। बहन हँस पड़ती, वह झल्लाती, फिर, गुस्सा शान्त कर पानी लाती और धूल को सानकर गीली मिट्टी बनाती। यह गूँथा गया आटा; यह पक रही हैं पूड़ियाँ। यह पूड़ी बाबूजी के लिए, यह पूड़ी दादी के लिए, यह पूड़ी बहन के लिए, यह पूड़ी बबुआ के लिए। यों ही घर के हर आदमी के लिए पूड़ियाँ बन जातीं। लेकिन, सिर्फ़ पूड़ियाँ कैसे खाई जाएँगी ? बची धूल में काफी पानी मिलाकर खीर बनी और घर से लगी बारी से कुछ सेम की फलियाँ लाकर उसकी तरकारी भी बन गई ! खा बबुआ, खा बहन ! और अपना मुँह भी चला रहा है—जीभ से चुभर-चुभर आवाज़ ! सब खाने का स्वाँग कर रहे।

खाना खतम भी नहीं हुआ कि बाबूजी आ पहुँचे। बाबूजी को देखते ही वह घर में भागी। वह बाबूजी से बहुत डरती—क्यों डरती ? और बाबूजी उसे बहन और भाई से भी ज़्यादा मानते हैं, उस उम्र में भी वह जानती थी। वह उनसे भागती, वह उसे नज़दीक लाने की तरकीबें करते। कभी खिलौने लाते, कभी मिठाइयाँ लाते। भाई और बहन के हिस्से तो दादी के हाथ भी मिल जाते, लेकिन, अपना हिस्सा पाने के लिए उसे उनके निकट पहुँचना ही पड़ता। ये खिलौने—कितने सुन्दर हैं! क्या वह उनसे वंचित रहे ? उसका बाल-हृदय अकुला उठता। वह सहमती, डरती उस ओर धीरे-धीरे बढ़ती। धीरे-धीरे बढ़, नज़दीक जा, एक ही झपट्टे में वह खिलौने लेकर भागना चाहती कि बाबूजी कि विशाल बाँहें उसे लपेट लेतीं। "अरी, तू डरती है क्यों मुझसे ?" वह उसे उठा लेते और ओसारे के छप्पर से भी ऊँचा करके कहते—"डरती है, तो ले, मैं पटक देता हूँ।" वह उस ऊँचाई से नीचे की ओर देखते ही भयभीत होकर दादी-दादी चिल्लाने लगती। दादी दौड़कर आतीं, बेटे के हाथ से पोती को छीन लेतीं; फिर चूमतीं, दुलरातीं, हलरातीं !

दादी कितना प्यार करतीं उसे ? जब से उसे होश हुआ, वह दादी की ही गोद में सोई। पीछे उसे मालूम हुआ, इन तीन भाई-बहनों का पहले ही बँटवारा हो चुका था। बहन काकी के हिस्से पड़ी थी, बबुआ माँ के हिस्से और वह दादी के हिस्से। लोग कहते, रंग को छोड़कर सूरत-शक्ल, चाल-ढाल उसका सबकुछ दादी पर ही पड़ा था। क्या दादी उसके बहाने अपने को प्यार करती ? अपने को, नहीं, अपने बचपन को !

धीरे-धीरे वह बढ़ी। उसका बचपन अब उस छोटे से आँगन में समाता नहीं था। लेकिन,

पर्दानशीन दादी का कंधा तो उसे आँगन से बाहर ले नहीं जा सकता। लाचार उसे बाबूजी का प्रेमाग्रह क़बूल करना पड़ा। जिस दिन उनकी अँगुली पकड़कर वह आँगन से, बैठके से, गाँव से बाहर निकली; उस दिन उसके नन्हे-से दिल में कौन-कौन-सी तरंगें न उठी थीं ? ये आम के बगीचे, ये हरे-भरे खेत, यह नदी का कछार, यह कछार में उपजा सरपत का जंगल। दुनिया इतनी रंग-बिरंगी है; उसकी छोटी-सी आँखें इस शोभा-समूह को अपने में कहाँ तक स्थान दे सकें ?

कुछ दिनों के बाद 'अपने' घर की तरह, उसे यह भी ज्ञात हो गया, यह 'अपना' बगीचा है, यह 'अपनी' बँसवारी है, यह 'अपने' खेत हैं, यह 'अपना' खलिहान है। इन सबमें उसे प्रिय था अपना बगीचा। कितने आम के पेड़ ! उसे गिनना कहाँ आता? कुछ लीचियाँ भी, कुछ कटहल और एक अमरूद। अमरूद बारहमासी। वह जब कभी रूठती या ज़िद करती, बाबूजी अमरूद से ही फुसलाते थे न उसे ?

ज़िद—हाँ, एक चहेती बेटी की हैसियत से वह ज़िद भी कम नहीं करती। उसकी उस दिन की ज़िद ! बैसाख का महीना था। लीचियों में ललाई आ गई थी। आम में कोंसे हो गये थे और सिन्दूरिया पर रंग भी चढ़ने लगा था। वह बाबूजी के साथ प्रायः दिनभर बगीचे में ही रहती। उस दिन दोपहर को वह बगीचे में ही थी। बाबूजी लीचियों पर बैठनेवाले पंछियों को उड़ाने के लिए कमठा बना रहे थे; वह नदी की गीली मिट्टी से कमठे पर चलाने के लिए गोलियाँ गढ़ रही थी। उसी समय एक पंडुक दाने चुगता-चुगता उसके निकट आया। पंडुक को उसने प्रायः देखा था, लेकिन इतने निकट से नहीं। उसका धूसर रंग, उस धूसर पर काले-काले बुंदे। सुडौल गले पर बुंदे और भी सघन हो गये थे, जिनके बीच में एक पतली काली घेर—मानो, उसने नीलम की हँसली पहन ली हो। उसकी पतली, सुन्दर चोंच और उस चोंच से ताबड़तोड़ दाना चुगना ! वह उस पर मुग्ध हो गई और गीली मिट्टी छोड़ उसे पकड़ने दौड़ी। पहले एक-दो छोटी उड़ान ले पंडुक कुछ दूर पर बैठ जाता रहा, पीछे लगातार पीछा किया जाता देख वह उड़ चला। पंडुक उड़ा और वह रोई। "क्यों, क्या हुआ, काहे रोती है ?" बाबूजी ने पूछा। उसने कहा, "मैं पंडुक लूँगी।"

"पगली, कहीं उड़न्त पंडुक पकड़ा जाता है !" —बाबूजी ने हँसकर कहा, जैसे हँसी में वह बात उड़ा देना चाहते हों। लेकिन, बेटी इतने सस्ते पिंड छोड़नेवाली थोड़े ही थी। वह ज़िद कर बैठी, पंडुक लूँगी और कितने बगीचों की छानबीन, कितनी डालों के चढ़ाव-उतार, कितने खोतों की खोज-ढूँढ़ के बाद उसी शाम को पंडुक के एक जोड़े बच्चे कमाची के ताज़ा बने पिंजड़े में उसकी आँखों के सामने टँगकर रहे ! जिस काठी का कमठा बन रहा था, उसी से पिंजरा तैयार हुआ ! पंडुक के उन बच्चों को उसने किस तरह पाला। धीरे-धीरे उनके पंख निकले, वे पूरे पंडुके के रूप में आ गये। वैसी ही चोंचें, वैसी ही गर्दनें, वे ही चितकबरे धूसर पंख, वैसी ही शानदार पूँछें। उनके सीने और पेट के हिस्से को हरे रंग में रँगकर उनकी शोभा और बढ़ा दी थी उसने। वे कुछ दिनों में गुट्र-गूँ भी करने लगे। दिन -भर उनका पिंजड़ा उसकी आँखों के सामने; रात में पिजड़े को सामने टँगवाकर सोती।

एक दिन वह पिंजड़े को नीचे रखकर पंडुकों को दाना दे रही थी कि उसके बबुआ ने बुद्धिमानी की। पिंजड़े के दरवाज़े की सींक खींच ली, दरवाज़ा खुल गया। वह दाना देने में इतनी मस्त थी कि उसका ध्यान भी उस ओर नहीं गया। ध्यान गया तब, जब एक पंडुक उस दरवाज़े से सन्न-से निकला और वह हा-हा करती रही कि वह आसमान में नौ-दो-ग्यारह हो गया। बदहवास-सी वह दौड़कर आँगन में आई और जिस ओर वह उड़ा था, देखने लगी कि फिर सर्र-से दूसरा पंडुक भी उड़ा और उसके पंख भी आसमान में फर्-फर् करने लगे ! यों दोनों पंडुकों

को एक बार ही खोकर वह कितनी दुखित, व्यथित, क्षुभित और चिन्तित हुई थी। बबुआ को तो वह उठाकर पटकने ही जा रही थी कि दादी ने उसे पकड़ लिया। हाँ, गुस्से में उसने पिंजड़े को चूर-चूर कर दिया और दिन-भर रोती रही।

उसकी पीड़ा तुरत भर गई होती, लेकिन, दूसरे ही दिन से देखती क्या है, वे दोनों पक्षी एक साथ शान से मैदान में दाने चुग रहे हैं। उनके सीने का हल्का हरा रंग उनका हुलिया खोल देता था। वे ही तो हैं ! क्या मुझे चिढ़ाने आये हैं वे यहाँ ? वह गुस्से में काँपती। बाबूजी समझाते। पीछे उसे पता लगा, ये पंछी अजीब होते हैं। एक मादा, एक नर—साथ ही जनमते, एकसाथ ज़िन्दगी बिताते और एक के वियोग में दूसरा प्राण तक...

x x x

प्राण तक !—वह एक बार ही सिहर पड़ी ! उसी समय उसने अपनी ठुड्डी पर कुछ गरम चीज़ का अनुभव किया। यह उसकी बच्ची का हाथ था। बच्ची को ग़ौर से देखा, फिर किंचित मुड़कर अपने दोनों बच्चों को देखा। एक गरम साँस के साथ, उसने खिड़की की ओर मुँह मोड़ लिया।

उसकी आँखों से झर-झर पानी झरता जा रहा है। गाड़ी हड़हड़ कर बढ़ी जा रही है। सामने हरे-भरे खेत बसंत की मादकता में सराबोर हैं। लेकिन, वह उन्हें क्या देख पाती है ? आँसू की बाढ़ थमी नहीं कि ज़िन्दगी की दूसरी तस्वीर उसके सामने आ खड़ी हुई !

2
पंख फूटे !

और उसी बाबूजी ने उस दिन उसे डाँटकर कहा—"जा, भाग। देखती नहीं, कोई मेहमान आ रहे हैं इधर !"

वह देखती क्यों नहीं थी ? सिर पर लाल पगड़ी दिये, देह में मिरजई पहने, हाथ में बाँस की मूठदार छड़ी लिये वह एक अपरिचित आदमी आ रहा है। लेकिन उसकी समझ में यह बात उस दिन नहीं आई कि वह खदेड़ी क्यों ज़ा रही है ? अगर उसे वह सज्जन देख लेंगे, तो क्या होगा ? उनकी लाल छड़ी देखकर तो उसके मन में उत्कंठा जगी थी—यह छड़ी लूँ, उसे घोड़ा बनाऊँ, सवारी करूँ, दौड़ूँ। उसकी चाँदी से मढ़ी टेढ़ी मूँठ तो ठीक घोड़े के सिर की तरह थी। उफ़, कैसा अच्छा घोड़ा बनता उसका—मन-ही-मन ऐसा सोचती, पछताती, बाबूजी का बिगड़ैल रुख़ देखकर चुपचाप घर की ओर रवाना हुई और गुस्से में यहाँ तक ठान लिया कि अब बाबूजी के कहने पर भी बगीचा नहीं आवेगी।

सोचती-बिसूरती घर पहुँची और दादी की गोद में जाकर बिलख-बिलख रोने लगी। "क्या बाबूजी ने मारा है ?" दादी चकित होकर पूछने लगीं। वह बोलती क्या, रोती गई। दादी सांत्वना देने लगीं। लेकिन जैसे-जैसे सांत्वना देतीं, वैसे-ही-वैसे हिचकियाँ बढ़तीं। थोड़ी देर के बाद बाबूजी भी पहुँचे—उस आगत व्यक्ति को विदा कर। उन्होंने ठीक ही समझ लिया था, उनकी मानिनी बेटी ने उनकी बात मान तो ली है, किंतु उसके दिल पर जो चोट लगी है, उसे वह तुरत भूल नहीं सकेगी। उन्हें देखते ही दादी ने फटकार बताई—"मेरी पोती को डाँटनेवाले होते हो तुम कौन ? जाओ, मेरे आँगन से निकल जाओ ! और, देख, मेरी दुलारी पोती, अब उसके साथ बगीचा मत जाना। नहीं जाएगी न ?" बार-बार पूछे जाने पर उसने ऊँ-ऊँ करती 'नहीं जाती' यह कह तो दिया, लेकिन मुँह से यह शब्द निकालकर कितनी चौंकी ? क्या सचमुच अब बाबूजी के साथ वह बगीचा नहीं जाएगी ?

इस डाँट के लिए बाबूजी को दंड भी देना पड़ा—कुछ मिठाइयाँ, कुछ खिलौने और एक

जोड़ी बढ़ियाँ चूड़ियाँ। लेकिन, दादी ने उसे समझाया, उसने भी स्थिति समझी, कि वह अब निरी बच्ची नहीं रह गई है। अब वह बड़ी होती जा रही है। अब उसे अपरिचितों से थोड़ी लाज करनी चाहिए। उनके सामने कभी नहीं होना चाहिए। अगर अचानक वे सामने आ जावें तो मुँह पर यों घूँघट करके झटपट भाग आना चाहिए। 'यों घूँघट!' —दादी ने नई बचकानी साड़ी पहनाकर उसे घूँघट करना सिखलाया। सिखलाया—गर्दन से होकर जो आँचल आज तक अमूमन कंधे पर पड़ा होता, उसे किस तरह सिर पर रखकर, एक तिकोन-सा बनाता हुआ, चेहरे पर ले आना चाहिए। सिखलाकर दादी ने कहा—"अच्छा, दुलारी, ज़रा घूँघट करके दिखला तो दे !" दुलारी घूँघट कहाँ तक काढ़ती, गर्दन से आँचल हटा उसे कमर में लपेटती, भागी। दादी, मैया, काकी—सभी ठहाका मारकर हँसने लगीं।

लेकिन, उम्र बीतने के साथ-साथ ये चीज़ें भी उसे सीखनी ही पड़ीं। बाबूजी के साथ छाया-सी जो वह लगी फिरती, वह धीरे-धीरे कम होता गया। अब उसे नई-नई कारीगरी सिखलाई जाने लगी। कारीगरी के चक्कर में उसे ज़्यादातर आँगन में ही रहना पड़ता। जिस सींक के सन्दूकचे में पहले सिर्फ़ गुड़िये और उनके साज-शृंगार रहते; उसमें सूई, तागा, तरह-तरह के रंगीन कपड़े, ऊन के लच्छे, बुनने की कमाचियाँ और शानदार कैंची आदि चीज़ें ठसाठस भरी रहतीं। पहले उससे सुई में तागा देना मुश्किल होता। कई बार उसने कपड़ा सीने के बदले अपनी अँगुली में सुई चुभो ली। कैंची से तो बहुत दिनों तक डरती रही; जब वह कैंची चलाती, उसे लगता, यह अपना मुँह खोलकर कपड़े के साथ उसे भी निगल जाएगी। लेकिन, धीरे-धीरे कैंची उसकी मर्ज़ी पर कम-वेश मुँह खोलती, बन्द करती और सुई जादूगरनी-सी कटे-छँटे वस्त्र-खंडों से सुन्दर पहनावा तैयार कर देती। साधारण बखिये से लेकर वह कटाव का काम करने लगी, फिर बेलबूटे काढ़ने लगी। बुनने में तो उसने सबसे जल्द व्युत्पन्नता हासिल की। थोड़े ही अभ्यास के बाद कमाचियाँ और लच्छे लेते ही उसकी अँगुलियाँ नट की तरह कलाबाज़ियाँ दिखाने लगतीं। उसकी कारीगरी पर प्रशंसा के पुल बनने लगे। वह उस पुल पर झूमती, हिलकोरे लेती !

यही नहीं, रसोई बनाने की कला का प्रयोगात्मक ज्ञान भी उसे दिया जाने लगा। शुरू-शुरू में इसमें भी उसे दिक्कतों का सामना करना पड़ा। कई बार जिसकी पानी की बूँदें सूख नहीं पाई थीं, वैसी कड़ाह में तेल डालकर उसकी भयानक चट्-चट् से वह भयभीत हो चुकी थी। कई बार घी इतना जल उठा था कि उसमें तरकारी डालते ही आग भभक उठी, वह घबराकर भागी। कई बार कड़ाह या बटुलोही उतारते समय वह हाथ में छाले ले चुकी थी। ठीक परिमाण में नमक डालना तो खूब परेशान करता। कभी इतना अधिक नमक, कि खाया नहीं जाय; कभी इतना कम कि पीछे से मिलाना पड़े। वह प्रायः नमक देना ही भूल जाती। लेकिन, इन विघ्न-बाधाओं को भी वह पार पा गई और उस श्रावणीपूजा के दिन जब उसी की बनाई पूड़ियाँ, खीर, तरकारियाँ और बचके बाबूजी को खिलाए गये, तो उन्होंने तारीफ़ की ही झड़ी नहीं लगा दी, आगामी भैयादूज को उसके लिए बढ़िया साड़ी, खुद शहर जाकर, ख़रीद लाये !

यों, धीरे-धीरे उसका नाता आँगन से जुड़ रहा था और बाहर की दुनिया से टूटता जा रहा था। लेकिन, न जाने क्या बात थी, वह आम में बौर आते, उसकी तबीयत बावली-सी बगीचे में जा रमती और मिठुआ, मालदह के बाद भी जब तक एक भी राढ़ी का फल लगा रहता, बगीचे में ही चक्कर देती रहती। बाबूजी एक प्रतिष्ठित व्यक्ति थे, गाँव-घर में ही नहीं, जर-जवार में भी उनकी इज़्ज़त-प्रतिष्ठा थी, किंतु अपनी इस बेटी का मन तोड़ना उनके लिए मुश्किल था। जहाँ तक हो सके, उसे निर्बन्ध विचरने देने में वह कसर नहीं लाते। वह बहुत दिनों तक बगीचे में आती-जाती रही। हाँ, वह भी अपनी स्थिति समझ, इस तरह आती-जाती कि उनकी प्रतिष्ठा में ज़रा भी बट्टा नहीं लगे। चुपके-चुपके बगीचे जाती, वहाँ पेड़ों की आड़ में बैठती, बैठे-बैठे

एक-एक बौर, एक-एक टिकोरे, एक-एक फल को देखती। कितने सुन्दर लगते थे वे। जब वह घर लौटती, उसका आँचल फलों से भरा होता !

फलों से भरा आँचल, उमंगों से भरा हृदय। वह ज्यों-ज्यों बढ़ने लगी, उसके हृदय में उमंगों की घटा भी घनघोर होती चली। हृदय में उमंग, नसों में तरंग। उसे कभी-कभी ऐसा लगता, उसकी बाँहों के नीचे, काँख के निकट से, पंख-से फूट रहे हैं। उसकी इच्छा होती, वह उड़े ! वह कभी-कभी पंख फड़फड़ाने के धोखे में हाथों को ही हवा में तौलने लगती ! अरे, उसे यह क्या होता जा रहा है ?

क्या होता जा रहा है, यह भी उससे छिपा नहीं रहा।

सावन का महीना था। बगीचे के बचे-खुचे आम तोड़कर घरों में रख दिये गये थे। घनघोर वर्षा हो रही थी। खेतों में धान की रोपनी की धूम थी। बाबूजी खाने-भर को घर आते, दिन-दिन भर खेतों पर ही रहते। घर-घर में आर्द्रा मनाई जा रही थी। पूड़ियाँ पकतीं—कचरकूट होती। कभी इस घर, कभी उस घर। लगातार वर्षा के कारण आँगन में निकलना तक मुश्किल था। घर-घर में झूले पड़ गये थे। दिन-रात हमजोलियाँ झूले पर धूम मचाए रहतीं। पेंगें लगतीं, गाने होते। हाहा-हीही से घर के छप्पर तक के उड़ने का अंदेशा होता।

वह भी कई दिनों से झूल रही थी। कुछ हमजोलियाँ; कुछ बहनें, कुछ भावजें। इस सावन ने तो काकी-मैया को भी अपने रंग में रँग डाला था। मैया घर के कामों में फँसी रहती, अतः वह कम झूल पाती; काकी तो किशोरियों के कान काट रही थीं। उम्र, नाता और दूसरी पाबन्दियों को भूलकर सब हिलमिलकर झूले जा रहे थे। एक दिन ऐसा संयोग कि झूले पर एक ओर वह थी, दूसरी ओर काकी। थोड़ी देर में सरगर्मी आई। काकी कहतीं—"बबुई, ज़ोर लगाओ; क्या धीरे-धीरे पेंग दे रही है !" लेकिन, बबुई की तो अजीब हालत थी। वह ज्योंही पेंग देती, झूले के दोनों रस्से उसके सीने से लग जाते और उनके लगते ही एक अजीब कनकनी, झिनझिनी-सी बर जाती। अंग-अंग सिहर उठते, झनझना पड़ते, पेंगें शिथिल पड़ जातीं। काकी ने एक बार, दो बार टोका। वह शर्मिन्दा-सी होकर, बहाना करके, उस घर से निकल, दूसरे घर में आई।

इधर, दादी का आग्रह था, हमेशा चोली पहने रहो। लाचार वह समूचे शरीर को कसे रहती। यह मेरे सीने में क्या हुआ है ? वह एकान्त में जाकर देखना चाहती थी। उस घर में घुसी, चोली निकाली। चोली निकालना और काकी का ठहाका, जो चुपचाप उसके पीछे आकर देख रही थीं। वह चौंकी, काकी ठहाके के बीच ही बोल उठीं—"यह क्या हो रहा है बबुई ?" शरम के मारे उससे सिर नीचा नहीं किया गया, उसने झटपट चोली पहन ली—"काकी, आपको मेरी कसम, किसी से कहिएगा नहीं ...।"

x x x

उसे ऐसा लगा, वह नैहर के उस घर में खड़ी है—चोली उतारे, और काकी छिपकर झाँक रही और ठहाका दे रही हैं। वह आज भी चौंकी, पीछे मुड़कर देखा। सामने के बेंच पर बैठे यात्री कुछ बातें करते और ठहाके लगा रहे थे । उसे तुरत स्थिति का भान हुआ, किंतु उसी समय उसकी नज़र सामने की बेंच पर बैठे अपने बड़े लड़के पर गयी। आह, इस ठहाके के बीच भी, उसके हँसमुख लड़के का मुँह कैसा लटक रहा है !

फिर आँसुओं का प्रवाह। फिर खिड़की की तरफ़ मुँह। फिर वे ही तस्वीरें !

3
उड़नखटोला

वह जवान हो रही है—इस कल्पना ने उसे कितना चकित-विस्मित, मुग्ध-मग्न कर दिया था।

उसकी नज़र, जो पहले बाह्यजगत पर दौड़ी फिरती थी, अब अपने पर केन्द्रित होती गई। वह अब आईना लेकर बहुत-बहुत देर तक अपना चेहरा देखा करती। मेरी ये आँखें—कोये कितने लम्बे, उजले; बीच की पुतलियाँ—कैसी गोल, कितनी काली। बड़ी-बड़ी आँखों को ढँकने के लिए मानो बरौनियाँ भी लम्बी-लम्बी चाहिए। और ये भवें—कितनी पतली, काजल की पतली रेखा-सी। चौड़ा ललाट। उभरे गाल—जिन पर हँसने पर गड्ढे बन जाते। पतले लाल अधर, गोल चिबुक। चेहरे का गोरा-भभूका रंग काले बालों की पृष्ठभूमि में दमक रहा। हाँ, हाँ, वह काफी खूबसूरत है।

जब वह बाहर निकलती, काफी चौकसी से। आँचल कितना बड़ा हो और कहाँ तक लटका रहे; इस रंग की साड़ी पर यह चोली अच्छी लगती है या नहीं; वह पैर कैसे उठाती है, चलते समय उसके हाथ कैसे हिलते हैं ! उफ़, वह खुदी में इतनी ग़र्क हो गई थी कि चलते समय अपनी छाया तक देखती ! मेरी छाया—इसमें मैं कैसी लगती हूँ ?

विचित्रता यह रही कि एक ओर जहाँ वह यों खुदी में, अपने आपमें ग़र्क रहती, वहाँ बाहर की चीज़ें उसे प्रभावित भी बहुत करतीं। जो दृश्य या शब्द पहले उसके लिए सिर्फ़ दृश्य या शब्दमात्र थे, अब उनमें वह भिन्नता ही नहीं, अलग-अलग पैग़ाम भी सुनती और वे उसके मन में तरह-तरह की अजीबोग़रीब भावनाएँ सृष्टि करते। कोयल की बोली पहले भी मीठी थी। किंतु अब जब भोर-भोर वह कोयल की बोली सुनती, उसे नींद नहीं आती, मालूम होता—कानों के रस्ते एक अजीब सनसनी उसके अन्दर घुसकर नस-नस में एक नाव-सी खे रही है। श्यामल घटाएँ पहले सिर्फ़ वर्षा की सूचना देती थीं, अब वे घटाएँ आसमान से उतरकर उसके हृदयाकाश में छा जातीं और रस की अजस्र बूँदें बरसा देतीं। अब बिजली सिर्फ़ आसमान में ही चमककर एक क्षण में गुम नहीं हो जाती, थोड़ी देर के लिए उसका समूचा शरीर जैसे बिजली से छू जाता! वसंत पहले भी फूलों का जामा पहने आता था, शरद पहले भी चाँदनी में मुस्काता था। लेकिन वसंत के वे फूल अब सिर्फ़ नेत्ररंजक रंगों का झलमल मेला मात्र न थे और न शरद की चाँदनी शीतल ज्योत्स्ना की झकझक आरसी मात्र। अब वे आँखों के देखने के उपादान-मात्र नहीं रहकर, हृदय की अनुभूतियों की आँखमिचौनी के साधन बन चुके थे !

छोटी-सी चीज़ यह आम का बौर। बचपन से ही वह बगीचे की संगिनी रही है। न जाने कितने मधुमास में वह आम में मंजरी आना देखती आई है। न सिर्फ़ हर फुनगी पर उनका निकलना, लटकना उसने देखा है, डाल छेद-छेदकर भी मंजरी को निकलते उसने निहारा है। जब मंजरी को देखती, खुश होती ! खूब फल लगेंगे इस साल—खूब खाऊँगी, खिलाऊँगी। जब कभी लगातार पुरवा हवा के कारण बौर में 'मधुआ' लग जाता; वे नुकसान हो जाते, या फागुन की वर्षा में बिजली का एक बार चमक उठना भी उन्हें झुलसा देता, निष्फल बना देता, वह उदास हो जाती—आह! मंजरियाँ बरबाद गईं, इस साल अब आम नहीं मिलेंगे। लेकिन, इन्हीं मंजरियों को उस साल देखकर वह किस तरह चौंक उठी ! इन मंजरियों में उसने आम की सार्थकता ही नहीं, अपनी तादात्मता भी पाई और जब उनकी झुरमुट में बैठकर कोयल कूकी और उनके ऊपर मँडराकर भौरों ने गुनगुनाना शुरू किया—उसने बगीचा जाना छोड़ दिया।

उसे एक और विचित्र अनुभव हुआ। अब उसे ऐसा लगता, जब कहीं वह बाहर-भीतर जाती-आती है, लोग उसकी ओर घूर-घूरकर ताकते हैं। दादी, काकी, सब एक विचित्र नज़र

से उसकी ओर देखते हैं। उसकी सखी-सहेलियों की नज़रें भी उसकी ओर कुछ और ही रुख़ अख्तियार कर बैठी हैं। खैर, ये तो स्त्रियाँ ठहरीं, वे घूर-घूरकर देखें, तो सिवा थोड़ी खिजलाहट अनुभव करने के, वह उसे सानन्द बर्दाश्त कर सकती थी। लेकिन, मर्दों की नज़रों में एक ही बार दो विरोधी रुख़ देखकर वह घबरा जाती। एक ओर ये बाबूजी और कुछ गुरुजन—जिन्होंने उसे गोद में खेलाया था, जो उसे देखते ही पकड़ लेते, तरह-तरह से गुदगुदाते, हँसाते थे। अरे, जिन्होंने कितनी ही बार उसे नहलाया है, कपड़े पहनाए हैं; वही बाबूजी और वे ही गुरुजन अब उसे देखते ही सिर नीचा कर लेते !—सिर नीचा कर लेते, उसकी ओर आँख उठाकर देखते भी नहीं ! क्यों ? किंतु यह 'क्यों' उसे इतना चिन्तित न करता, जितना कुछ दूसरे लोगों का उसकी ओर अजीब वहशियाना नज़र से देखना !—ख़ासकर अपरिचितों से तो वह तंग थी। उस साल वह मेले के दिन शिवजी पर जल चढ़ाने गई थी। उफ़ लोगों ने, ख़ासकर नौजवानों ने, उसकी ओर कैसे देखना शुरू किया, जैसे वे उसे ज़िन्दा निगल जाने के दाँव खोज रहे हों।

इसी चित्र-विचित्र अनुभवों और अनुभूतियों के बीच एक दिन उसने दादी और बाबूजी को एक विचित्र चर्चा करते सुना। दादी कहती थीं—दुलारी की शादी कर दो, इस साल लगन भी अच्छी है, फसल भी अच्छी आई है, जवान बेटी जितनी जल्द घर से जाय, उतना ही अच्छा। इधर बाबूजी कहते—तीसरे ही साल तो बड़ी लड़की की शादी की, कुछ हाथ-हथफेर अभी चुकाने को रह ही गये हैं; एक साल और ठहरो, अभी तो बच्ची है, क्या हड़बड़ी लगी है ? लेकिन, दादी के निकट बाबूजी की क्या बिसात? एक दिन उसने देखा, पुरोहितजी सिर पर पग्गड़ दिए, त्रिपुंड किए, नंगे बदन पर मोटी जनेऊ लटकाए, कंधे पर चादर रखे—जिसकी खूँट में पत्रा बँधा था—उसके आँगन में आ धमके और दादी के कानों में कुछ फुस-फुस बातें कर रवाना हो गये। लोगों ने कहा, वर ढूँढ़ने गये हैं।

वर ढूँढ़ने ! वर किसे कहते हैं, क्या वह नहीं जानती ? जानती क्यों नहीं, बचपन से वह गुड़िये का ब्याह रचाती आई है। उसने कितने वर देखे हैं, कितने ब्याह देखे हैं। तीसरे साल अपने ही आँगन में बहन की भाँवरें पड़ती देख चुकी है। ब्याह उसे कितना मज़ेदार लगता रहा है ! नई साड़ियाँ पहनने को मिलें, नये-नये गहने अंगों को जगमगाएँ। सब लोग गाने गाएँ। हँसी के फ़व्वारे छूटें। भोज हो, कचरकूट मचे। अहा, ब्याह कितना अच्छा उत्सव !

लेकिन, उस दिन जब उसने सुना, उसके लिए वर ढूँढ़ने पुरोहितजी जा रहे हैं, तो न जाने क्यों, वह अजीब उलझन में पड़ गई, विषण्ण बन गई। वर ढूँढ़ने! वर! वर क्या ? एक ऐसा पुरुष, जिसके साथ उसे ज़िन्दगी गुज़ार देना है।

पुरुष ! पुरुष की कल्पना से उस दिन सचमुच, वह काँप उठी। अब तक वह स्त्रियों के बीच ही रही। बचपन के कुछ दिन उसने बाबूजी के साथ ज़रूर गुज़ारे हैं। लेकिन, अब तक की उसकी सारी रातें तो स्त्रियों—ख़ासकर दादी—के साथ ही कटीं। उसकी ज़िन्दगी के अधिकांश दिन भी स्त्रियों के ही बीच कटे। लेकिन, अब एक पुरुष उसकी ज़िन्दगी में प्रवेश करेगा, जो सारी रात, सारे दिन उससे तलब करेगा। हाँ, सारी रात, सारे दिन ! उसने यही सुन रखा है, उसने ऐसा ही देखा भी है। उफ़, सारी रात, सारे दिन एक पुरुष के हाथ दे देना; जिससे उसका आज तक का कोई सम्बन्ध नहीं रहा है, जिसके व्यक्तित्व से उसका कोई परिचय नहीं—उसी एक पुरुष के हाथ अपनी सारी रातें, सारे दिन दे देना !

लेकिन, उसने देखा है, पुरुषों को पाकर उसकी सहेलियाँ बहुत प्रसन्न हुई हैं, उनमें से कुछ ने अपने उस जीवन की अंट-संट कथाएँ भी हँसती-हुलसती उसे सुनाई हैं। अभी-अभी पड़ोस की वह भौजाई आकर हँसते-हँसते उसके गालों में हुदक्का देकर कह गई है—"बबुई, अब क्या है, बस कुछ दिन और; और गुलछर्रे उड़ाइए !"

वाह रे गुलछर्रे ? 'जान न पहचान, बड़ी बी सलाम !' लेकिन, जान-पहचान करनी ही होगी, बीवी बनकर सलामी लेनी ही होगी। तो अब उसके लिए वह तैयारी क्यों न करे ?

अब पुरुष में एक नये क़िस्म की दिलचस्पी उसमें जगी। पहले कोई नौजवान उसकी ओर घूरता तो वह अकुला उठती, बेचैन हो जाती। उसकी इच्छा होती, कहीं दौड़कर अपने को वह छिपाती। कभी-कभी सोचती, सँड़सी हो, तो उसकी आँखें निकाल लूँ। लेकिन, अब उसके ख़याल में आता, ऐसा ही कोई नौजवान तो मुझे दिन-रात घूरा करेगा और उस सहेली की कथा के अनुसार, गुदगुदाकर मुझे जगाएगा, थपथपाकर मुझे सुलाएगा। फलतः अब झल्ला उठने की जगह वह उसकी आँखों में कुछ पढ़ने की चेष्टा करती। यद्यपि यह चेष्टा बहुत क्षणिक होती, तुरत संकोच उसकी आँखें झिपा देता, तथापि उस एक क्षण में ही देखती, नौजवानों की भाव-भंगिमा में अजीब परिवर्तन आ जाता। उनकी पलकें स्थिर हो जातीं, आँखों में चमक आ जाती, होंठ कुछ हिल जाते। कभी-कभी उसने उनके ललाट पर पसीने की बूँदें भी देखीं ! इस नये अनुभव ने उसमें कुतूहल पैदा किया और कुतूहल में वह रस अनुभव करने लगी !

एक दिन उसने सपना देखा—एक नौजवान के साथ वह मँड़वे पर बैठी है, उसके मुँह पर घूँघट है, लेकिन, उस घूँघट से ही उसकी ओर वह देख रही है और उसकी आँखों में वैसी ही चमक है, उसके होंठ वैसे ही हिल रहे हैं, ललाट पर वैसी ही पसीने की बूँदें ...

नहीं, नहीं, यह बुरी बात। वह भँसी जा रही है। यह क्या उलूल-जलूल कल्पना! अपने मन को दूसरी ओर मोड़ने के लिए उसने सिलाई-बुनाई में ज़्यादा वक्त देना शुरू किया। रसोई-पानी में भी वह ज़्यादा दिलचस्पी लेने लगी। दादी ने उँगली पकड़-पकड़कर उसे रामायण और सुखसागर पढ़ना सिखाया था; उसके उपयोग का अर्थ उसे अब मालूम हुआ। उन्हें पढ़ती, गुनती। घर से प्रायः निकलती ही नहीं। रात में सोने के पहले दादी से तब तक कहानी कहलवाती जब तक उसको नींद नहीं आ जाती। दूसरे दिन वह फिर दादी से कहानी के लिए आग्रह करती, तो दादी कहतीं, बाज़ आई तुझे कहानी सुनाने से। मैं कहानी कहूँ और तू सो जाय! लेकिन, बार-बार आग्रह करने पर दादी को कहानी कहनी ही पड़ती—

"एक थे राजा, उनकी सात थीं रानियाँ !"

"सात रानियाँ ?"

"हाँ-हाँ, सात रानियाँ।"

"सात रानियाँ क्यों, दैया ?"

"चुप, कहानी सुनेगी, या बहस करेगी ?"

"एक थे राजा, उनकी..."

"एक..."

x x x

उसकी आँखें झिपने-सी लगीं। उसे ऐसा लगा, वह उस कहानी के उड़नखटोले पर उड़ती जा रही है—ज़मीन से दूर, आसमान से दूर। हवा में सर-सर, झर-झर करता उड़नखटोला उड़ा जा रहा है और उस पर बैठी वह कभी ज़मीन की किस्मत पर मुस्कुरा रही, कभी आसमान के सितारों से आँखमिचौनी कर रही। उड़ते-उड़ते, जैसे एक धक्का-सा लगा, उड़नखटोला अचानक खड़ा हो गया। आँखें खुलीं तो पाया, एक स्टेशन पर गाड़ी खड़ी हो रही है। कुछ यात्रियों के उतरने और बहुत के चढ़ने से थोड़ी हलचल। फिर, वायुवेग से रेल भागी जा रही है और उसके सामने चित्र-पर-चित्र आ-जा रहे हैं...

4
कल्पना-पुरुष

कितनी जगहें ब्राह्मण और नाई गये। कुछ स्थानों में उसके बाबूजी भी गये। लेकिन अनुरूप वर नहीं मिला। जब-जब ब्राह्मण-नाई लौटते, दादी से अपना भ्रमण-वृत्तान्त सुनाते। अमुक गाँव में हम गये, वर तो ठीक था—बस गाँव के अमुक नौजवान की तरह, लेकिन घर अच्छा नहीं। कभी सुनाते, घर बहुत अच्छा, लेकिन वर—हमें तो पसंद नहीं आया, हूबहू गाँव के उस लड़के की तरह। किसी-न-किसी तरह ये वृत्तान्त उसके कानों तक पहुँचते ही। ज्यों-ज्यों दिन टलते, उसे आनन्द ही मालूम होता। भविष्य की अनिश्चितता पर वर्त्तमान के सुख-दुख हमेशा तरजीह पाते रहे हैं। फिर, यहाँ दुख कहाँ था, सुख-ही-सुख। न कोई ज़िम्मेवारी, न कोई अभाव। आनन्द फिर क्यों न हो ?

लेकिन, एक विशेषता का उसने अपने में अनुभव किया। जब-जब वह सुनती, अमुक नौजवान की तरह का वर उसके लिए देखा गया है, तब-तब उस नौजवान को गहरी नज़र से देखने की उसमें उत्सुकता पैदा होती। वह उसे कभी आते-जाते देखती, तो अपने को छिपाकर, दूर-दूर से, उसे भली-भाँति देखने की कोशिश करती। वर की तलाश के दौरान में कितने ही नौजवानों की तुलना उसके भावी पति से की गई और हर की ओर उसकी वही उत्सुकता जगी। वही उत्सुकता, और उत्सुकता के फलस्वरूप निरीक्षण, पर्यवेक्षण और, विश्लेषण भी। इन नौजवानों की परस्पर तुलना भी वह करती। उसकी आँखें अच्छी हैं, उसकी छाती खूब चौड़ी है, वह खूब हँसमुख है—यों ही उनके एक-एक अंग की छानबीन वह करती। वह इसमें इस तरह ग़र्क रहती कि हमेशा पुरुष की कोई-न-कोई मूर्त्ति उसके सामने रहती। थोड़े दिनों के बाद उसने महसूस किया, पुरुषों के प्रति जो रस की अनुभूति उसके हृदय में जगी थी, वह मूर्त्तरूप धारण कर रही है। और, उस दिन उसके आश्चर्य की सीमा नहीं रही, जब किसी का चेहरा, किसी का शरीर, किसी का स्वभाव, किसी का रहन-सहन लेकर उसने एक कल्पना-पुरुष की सृष्टि कर ली। यही नहीं, उसने इस कल्पना-पुरुष को अपना पति मान लिया !

एक कल्पना-पुरुष, वह उसका पति और वह स्वयं उसकी सौभाग्यशालिनी पत्नी ! पत्नी; उसे पत्नी बनना होगा। पत्नी क्या ? दूर क्यों जाना, यही बाबूजी के लिए जो उसकी मैया है। उसकी मैया, उफ़ कितनी ज़िम्मेवारियाँ उठा रखी हैं उन्होंने। दादी तो घर की मालकिन हैं और काकी—जब से विधवा हुई—उन्हें घर से सिवा खाने-पीने या तीर्थ-व्रत करने का, दूसरा कौन वास्ता ? यथार्थतः उसकी माँ ही वह धुरी है, जिस पर उसके घर का चक्र चला करता है ! क्या माँ की तरह ही उसे एक पूरी गृहस्थी का ज़िम्मा उठाना पड़ेगा ? उफ़, वह किस तरह इतना बड़ा बोझ बर्दाश्त कर सकेगी ? लेकिन, क्या ऐसे सवाल की गुंजायश भी है ? साफ़ है, उसे यह बोझ उठाना ही पड़ेगा। तो क्यों नहीं वह अपने को उस योग्य बनावे?

आज तक भी वह घर-गृहस्थी में दिलचस्पी लेती आई, तभी तो वह अपनी बड़ी बहन से भी ज़्यादा इस घर की प्यारी रही; लेकिन अब तो उस ओर वह अधिकाधिक ध्यान देती। माँ का व्यवहार दादी से, काकी से, घर की दासियों से, पशुओं के चरवाहों और खेत के हलवाहों से कैसा होता है; पड़ोसियों से वह किस तरह पेश आती; घर के सारे काम वह किस तरह सँभालती—उनकी एक-एक कार्रवाई को वह ग़ौर से देखती। ग़ौर से देखती ही नहीं, उनके कामों में हिस्सा भी बँटाती ! माँ कहती, दुलारी, तू तो अब चार दिनों की मेहमान है, क्यों इन प्रपंचों में पड़ती है ? लेकिन, दुलारी माने तो कैसे ? पड़ोसिनें कहतीं, बेटी हो तो दुलारी-सी, चलती-चलाती भी माँ का हाथ बँटाने से नहीं चूकती; वह जिस घर में जाएगी; नेहाल कर देगी !

यों, वह अपने को भावी पत्नी बनाने की तैयारी में लगी रही और ब्राह्मण-नाई, पड़ोसी और बाबूजी वर की तलाश में लगे रहे, कि धीरे-धीरे लगन के दिन भी टल गये ! माघ से होते-होते असाढ़ आया, और अब फिर अगले माघ में ही तो शादी हो सकती है ! खैर, छः महीने और निश्चिन्तता के मिल गये। उसने कैसी इत्मीनान की साँस ली ?

लेकिन, जिस तरह उसकी ज़िन्दगी के चौदह वर्ष हँसते-खेलते बात-की-बात में बीत गये थे, उसी तरह ये छः महीने भी पलक लगते बीत गये ! और, एक दिन उसने ब्राह्मण-देवता को बड़े आनन्द से यह घोषित करते सुना—बबुई के लिए एक योग्य वर मिल गया !

घर-भर के आनन्द का क्या कहना ? दादी आनन्द से गद्‌गद हो उठीं। माँ के पैर ज़मीन पर नहीं पड़ते। काकी तो फुदकने-सी लगीं। बाबूजी के चेहरे पर प्रसन्नता की स्पष्ट झलक। छोटा भाई दौड़ा-दौड़ा गया और कई आँगनों में यह संवाद कह आया। घर-घर की बड़ी-बूढ़ी आतीं और वर-घर के बारे में विस्तृत रूप से, खोद-खोदकर, पूछतीं और चलते समय उस पर आशीर्वादों की वर्षा करती हुई जातीं। उस रात में उसके आँगन में औरतों का विचित्र ठट्ट जमा और उनके गाने से घर-आँगन ही नहीं, समूचा गाँव गनगना उठा। मानो, उसकी शादी की सार्वजनिक घोषणा कर दी गई !

अब वह चन्द दिनों की इस घर की मेहमान है, अतः ज़िन्दगी-भर में जितना भी उसे प्यार दिया जा सकता था, उस पर इन चन्द दिनों में ही उँड़ेलने की चेष्टा होती। अपने घर-भर के लोगों का ही प्यार नहीं, अड़ोस-पड़ोस का प्यार भी। आज इस घर का निमंत्रण, कल उस घर का। तरह-तरह से उसका आगत-स्वागत होता, तरह-तरह के उसे खाने खिलाए जाते, तरह-तरह के उसे वस्त्राभूषण पहनाए जाते। जब कुटुम्बियों को इसकी खबर लगी, वहाँ से भी उसके लिए तरह-तरह की सौग़ातें आने लगीं। एक अजीब तरह की विविधता और बहुरंजिता में उसके दिन-रात किस तरह कटने लगे, जिसे वह समझ नहीं पाती।

तिलक चढ़ने का दिन भी आ पहुँचा ! उस दिन ब्राह्मण देवता नाई और कितने आदमियों को लेकर, सदल-बल, उसकी भावी ससुराल को चलने की तैयारी करने लगे। तरह-तरह के बर्तन, कपड़े, सुपारी, पान, नारिकेल आँगन में सजाकर रखे गये। गाँव की स्त्रियों ने देखा, प्रशंसा की। फिर ये चीज़ें दरवाज़े पर गईं, जहाँ गाँव के लोग जुटे थे; उन्होंने भी सराहा और तरह-तरह के मंगलोच्चार के साथ, ब्राह्मण देवता के नेतृत्व में, ये चीज़ें उसकी ससुराल को रवाना की गईं। उस दिन से उसे पीली साड़ी पहनाई गई, सिर के बाल खोल दिये गये, देह में रोज़ उबटन लगता, आँखों में काजल की रेखा दी जाती ! एक दिन अपने बाबूजी द्वारा खरीदकर लाये गये उस बड़े आईने में उसने अपनी यह मुक्तकेशिनी, पीतवसनधारिणी, प्रसाधनपूर्णा, कज्जल-रंजिता, वेश-भूषा देखी। देखकर वह खुद चौंक गई ! अरे, वह ऐसी है ! यह जवानी, यह ख़ूबसूरती और यह सादगी !—'इस सादगी पे कौन न मर जाय, ए खुदा !'

इसी वेश में उसे रोज़ स्नान करके शिवजी पर जल, अक्षत फूल, बेलपत्र आदि चढ़ाना पड़ता—दादी की यही आज्ञा थी। उसे कुछ शरम भी लगती, लेकिन, वह आज्ञा टाली भी तो नहीं जा सकती थी। ब्याह-यज्ञ की सफल समाप्ति के लिए शिवजी को प्रसन्न करना ज़रूरी था। फिर "पारवती-सम पति-प्रिय होंहू" के लिए भी तो पार्वती-पति की पूजा एक अनिवार्य आवश्यकता थी।

घर-बाहर का धूमधाम दिन-दिन बढ़ता जाता। उसके काकी के ज़िम्मे था, उसके साथ जानेवाली चीज़ों का सँजोना। वह दिन-रात उसी में व्यस्त रहतीं। इतनी साड़ियाँ, इतनी चोलियाँ, इतने तकिये के खोल, इतने आईने, इतनी कंघियाँ—छोटी-बड़ी एक-एक चीज़ की फेहरिस्त बनाकर वह उसकी पूर्त्ति में लगी रहतीं। जिन चीज़ों की कमी होती, उसके लिए बाबूजी से

तकाज़े-पर-तकाज़े करतीं। कई दिन तो इसको लेकर कहासुनी भी हो गई—काकी की ज़िद थी, अमुक चीज़ें इतनी तायदाद में जाएँ ही, और बाबूजी ने ज़रा चूँ-चरा की, कि काकी उलझीं। दादी तब बीच में पड़तीं और मामला सुलझता। माँ के ज़िम्मे लोगों के खिलाने-पिलाने की चीज़ों का भार था। वह तरह-तरह के अँचार, मुरब्बे, तरकारियाँ, मिठाइयाँ आदि के जुगाड़ में लगी रहतीं। इन चीज़ों की तैयारी में गाँव की स्त्रियाँ उनका साथ देतीं। वे स्त्रियाँ काम करतीं और गाने गाती जातीं। आँगन में दिन-रात शोरगुल और गाने-बजाने की धूम रहती।

दादी के सिर पर तो जैसे सभी बोझ हो। वह घर-बाहर दोनों के सूत्रों की संचालिका थीं। कभी आँगन में आकर वह माँ और काकी को सलाह-मशविरे देतीं, तो कभी दरवाज़े पर जाकर बाबूजी पर हुकूमत करतीं। हाँ, हुकूमत ही समझिए। बाबूजी तो उनके ख़रीदे हुए गुलाम की तरह थे, उन्हीं के इशारे पर सब काम-काज करते।

दरवाज़े पर की भीड़भाड़ का तो कुछ कहना ही नहीं। राज घरों की मरम्मत में लगे हैं, लोहार जलावन चीर रहे हैं, बढ़ई पलंग आदि बना रहे हैं। उनकी कढ़नी, कुल्हाड़ी और बसूले की आवाज़ आने-जानेवाले लोगों की बातचीत के शब्द से मिलजुलकर अजीब कोलाहल की सृष्टि किये रहती।

और इन सब धूमधाम, शोरगुल, भीड़भाड़ और कोलाहल को अपनी धौंस से दबाती और सब[illegible]र छाती हुई एक दिन बरात भी आ ही पहुँची ! बरात, बरात! बाजा-गाजा, धूम-धड़क्का, हाथी, घोड़े, खड़खड़िया-पालकी !

बरात दरवाज़े लगी और वह सकुची, सिमटी घर में, पलंग पर, मुँह ढाँप, लेट गई। मुँह-ढाँपे, सकुची, सिमटी !—कहीं अपनी बरात कोई लड़की खुद देखती है ! किंतु, उसके कान सुन रहे थे—बाजा-गाजा, धूम-धड़क्का, घोड़ों की हिनहिनाहट—हाथियों के चिग्घार ! और उसके कल्पना के नेत्र—वे इस भीड़भाड़ के बीच में खोज रहे हैं—'वे' कौन हैं ? कहाँ हैं ? कैसे हैं ?

'वे' कौन हैं ? कहाँ हैं ? कैसे हैं ?

हाय री, बिहार की बेटियों की तक़दीर—जिनके साथ तुम्हें जीवन की सारी रातें, सारे दिन, कितने महीने, कितने साल गुज़ारने हैं; तुम्हें हक़ नहीं, कि उन्हें झाँक भी सको, जब तक कि उनके हाथ तुम्हारा पूरा आत्मार्पण न हो जाय ! तुम जूही की कली हो, चुपचाप बढ़ो, खिलो, सौरभ फैलाने के योग्य बनो; किंतु, तुम किसके गले में डाली जाओगी, यह जानने की कामना भी क्यों करो ? जिस माली ने तुम्हें बोया, सींचा, पल्लवित-पुष्पित किया, यह उसी का काम है, उसी का हक़ है कि वह तुम्हें जिस गले में डाल दे ! चुप, बोलो गत कि वे कौन हैं, कैसे हैं ?

किंतु, उसे सन्तोष था, उसका माली ऐसा नहीं कि जिस-तिस के गले में उसे डाल दे। वह संस्कृत रुचि का है, दीन-दुनिया का पारखी है—अपनी बड़ी बहन की शादी में ही वह देख चुकी है !

पर, उत्कंठा को वह क्या करे ? जब बरात दरवाज़ा लगते ही उसकी बूढ़ी दाई दौड़ी-दौड़ी, उसे खोजती-ढूँढ़ती आई और उसे पलंग पर सकुची-सिमटी पड़ी देख, भहराकर उस पर गिर गई और उसके माथे पर हौले-हौले हाथ फेरती हुई बोली—"बबुई, तुम्हारा सुहाग अचल हो, तुम्हारे ही योग्य दुलहा मालिक ढूँढ़ लाये हैं"—तब तो यह उत्कंठा और भी चरम सीमा तक पहुँच गई। दाई दौड़कर फिर बरात देखने चली गई; उसकी प्रबल इच्छा हुई, वह क्यों नहीं पिछले दरवाज़े से जाकर, ज़रा एक झाँकी देख आवे ? आँखें जुड़ा ले—उमड़ते हुए हृदय-सागर की तरंगों को थपकियाँ देकर सुला दे ! उफ़—हृदय की ये तरंगें ! उसने बहुत-सी बाढ़ें देखी हैं, नावों को एक ही थपेड़े में डुबानेवाली तरंगें देखी हैं, किंतु इनके मुक़ाबले वे क्या थीं ? ये तरंगें उसे सिर्फ़

डुबो नहीं रही हैं, उसे खुद तरंग बनाये जा रही हैं !—समूचा संसार सागर-सागर है, वह तरंग-सी उस पर नीची-ऊँची हो रही है !

मतवाली तरंग-सी ही वह एकाएक उठ खड़ी हुई, आगे बढ़ी, घर की चौखट एक ही छलाँग में लाँघकर, आँगन में पहुँची ! आँगन सूना था। घर का बच्चा-बच्चा बरात देखने में लगा था—काकी, दीदी, बहन, भाई, पुरजन-परिजन—जिनकी इधर आँगन में भरमार रहती थी—कोई नहीं ! किंतु, इस शून्यता में न जाने कहाँ से औचक आकर कोई उसके पैरों से लिपट गया। दो-एक बार उसने पैर झटके। किंतु, यह क्या? उसके पैर उठ नहीं रहे हैं ! यह कौन है ? क्या है ? हट, मुझे आगे बढ़ने दे। मैं तरंग हूँ। तरंग से न खेल। डूब जाएगी ! किंतु , हाय री यह ज़ंजीर—मर्यादा की ज़ंजीर! दादी, काकी, माँ चौदह वर्षों तक जिसे घुट्टी पिलाकर पोसती रही, वही मर्यादा ज़ंजीर बनकर उसके पैरों में पड़ी है, गड़ी है। वह जाये कहाँ ? अब उसकी आँखों में ही तरंगों की लीला है। उसे कुछ सूझता ही नहीं। लौटकर वह धड़ाम से पलंग पर आ रही।

जिस समय बाजे बज रहे थे, गाने गाये जा रहे थे, आनन्द-ध्वनियाँ हो रही थीं, मंगलाचरण पढ़े जा रहे थे, उसी समय उसकी आँखों से गंगा-जमुना बह रही थी। क्यों ? दुख से ?—'नहीं, नहीं, ऐसा नहीं'—उसका रोम-रोम चिल्ला उठता। यह दुख नहीं, अतृप्त कामना थी, तृप्ति के पहले वह त्रिवेणी में डुबकियाँ लेकर अपने को पवित्र बना रही थी।

बरात जनवासे गई । उसका आँगन फिर कोलाहल का केन्द्र बन गया। काकी उसे खोजती घर में पहुँचीं—"दुलारी, दुलारी, बेटी, तेरे ऐसी कोई भाग्यवती नहीं। तेरे ही लायक दुलहा मिला है तुझे—बस, राम-सीता की जोड़ी !"

x x x

राम-सीता की जोड़ी ! हाँ, तभी तो यह वनवास, यह जंगल-जंगल दौड़ना—सीता के भाग्य में तो यही बदा था न ? किंतु, त्रेता की सीता को सन्तोष था, वह अपने राम के साथ है, न घर सही, चित्रकूट ही सही। किंतु, यहाँ ? यहाँ, सीता अपने लव-कुश को लेकर अपनी कुटिया में राम के वनवास के दिन गिना करती है और राम कभी किष्किन्धा, कभी लंका ! आग लगे उस सोने की लंका में, जिसने मेरी फूस की कुटिया में आग लगाई है ! उसने रूमाल से अपने आँसू पोंछे, एक बार अपने लव-कुश—दोनों लड़कों—को गहरी नज़र से देखा फिर अपने लम्बे आँचल के नीचे सुप्तप्राय बच्ची के मुँह में स्तन लगाती हुई, खिड़की के बाहर देखने लगी। बाहर अब सरसों के खेत-ही-खेत थे, फूलों से लदे। उसके वसंती रंग की पृष्ठभूमि में, उसने रंगीन तस्वीरों की सिरीज़ देखी ...

5
अनजान देश

जिस मर्यादा ने ज़ंजीर बनकर उसके पैर जकड़े थे, उसी ने फिर उसकी आँखों पर ताले जड़ दिये।

विवाह की लगन पहुँची। 'वे' बरात से बुलाये गये। घर की सभी स्त्रियाँ उनकी अगवानी में दरवाज़े तक गईं—मधुर-मधुर शब्दों में गीत गातीं। गीत की ध्वनि में 'वे' आँगन की ओर बढ़े। वह ठीक सामने के घर में थी। आँगन में रोशनी जगमग कर रही थी। उसने सोचा, बस यही तो मौक़ा है, भर-नज़र देख लूँ ! किंतु, यह क्या? उसकी आँखें झिपने लगीं। वह आँखें सामने नहीं रख सकी। उसका सिर झुक गया, जैसे किसी अदृश्य यंत्र ने उसकी गर्दन मोड़ दी हो। वह उस रंगीन शीतलपाटी पर आप-से-आप लेट गई जिस पर वह बैठी थी।

मंडप की भाँवरें पड़ीं। वह सखियों द्वारा घर से लिवाई जाकर मंडप पर बिठलाई गई—बिलकुल चादर से ढँकी। बिलकुल चादर से ढँकी, किंतु, उसने अनुभव किया, वह किसी की बग़ल में बैठी है ! 'वे' ! —उसके इतना निकट हैं ! न जाने क्यों, माघ की उस आधी रात में भी वह पसीने-पसीने हो रही थी ! हाँ, उसे आज भी अच्छी तरह याद है, उसकी चोली पानी-पानी हो चली थी। साया लथपथ हो गया था। माथे का पसीना पपनियों की राह गिर रहा था। वह रह-रहकर काँप-सी जाती थी ! आह! 'वे' उसके इतना निकट बैठे हैं !

और, जब मंत्रोच्चार के बाद उसका हाथ 'उनके' हाथ में रखा गया। उसे कितना आश्चर्य हुआ, 'उनकी' हथेली की अजीब गरमी अनुभव करके। उसका समूचा शरीर उस गरमी से झनझना उठा।

नीचे उनकी हथेली, उस हथेली पर उसकी हथेली। वे उसे विधिवत् पकड़े हुए। ब्राह्मण मंत्र पढ़ रहे। सखियाँ गीत गा रहीं। वायुमंडल में संगीत, आनन्द और उल्लास की तरंगें ! और इधर, 'हमारे' स्नायुमंडल में एक अजीब सनसनी, झिनझिनी ! 'हमारे'—हाँ, वह दावे के साथ कह सकती थी, 'उनका' शरीर भी अपने आपे में नहीं था। उनकी हथेली की यह गरमी और रह-रहकर उसका बार-बार हिल उठना, उसके सबूत थे। पीछे तो उनसे पूछा भी था और उन्होंने हँसते-हँसते अपनी 'कमज़ोरी' क़बूल की थी।

इसके बाद, सिंदूर-दान : उसके घने बालों की पाटियों के बीच उनकी अँगुलियों का सुखद स्पर्श। सप्तपदी : उनके पैर से पैर मिलाकर चलने का प्रथम प्रयत्न। ध्रुवदर्शन : दोनों ध्रुव देख रहे थे। उसकी कैसी नादानी ? उसने ध्रुव में 'उनके' चेहरे को देखना चाहा—जैसे, ध्रुव कोई तारा न होकर, नज़दीक रखा आईना हो।

लेकिन, उसके रोम-रोम तो खिल उठे थे तब, जब उसके पीछे खड़े हो, उसे पूरा आलिंगन में लेते हुए, एक ही डलिया को दोनों पकड़े, वे लावा बिखेरने लगे। स्त्रियाँ गा रहीं—वे बेहूदी गालियाँ ! उसकी सखियाँ उन्हें हुदुक्का-पर-हुदुक्का दे रहीं, हँस रहीं, खिलखिला रहीं। इसी धक्कमधुक्की में लावा आप-से-आप गिरता जा रहा और उसका हृदय ? उस लावे के समान ही उसका स्वच्छ, पवित्र उज्ज्वल हृदय—मानो छोटे-छोटे टुकड़ों के रूप में, उनके चरणों पर बलिहार होने को नीचे आ रहा।

आलिंगन ! ज़िन्दगी में पहली बार वह पुरुष के आलिंगन में आई थी। उसके पीछे एक तरुण बलिष्ठ 'पुरुष' खड़ा है, उसे अपनी विशाल भुजाओं में बाँधे हुए है। अब तुम कहाँ जाओगी, प्रियतमे ! तुम मेरी हुई। इतने स्वजन, परिजन, पुरजन के बीच तुम मेरी बाहुओं में आबद्ध हो—कोई लुका-छिपी नहीं, चोरा-चोरी नहीं, गुप-चुप, चुप-चुप नहीं ! सरेआम, गाना गाकर, सौंपी गई हो; सरेबाज़ार डंका बजाकर ग्रहण की गई हो ! अब इन भुजाओं के बीच किलको, खिलो, फूलो, फलो—नारी-जीवन की यही सार्थकता है ! नर की एकांगिता की यही पूर्त्ति है !

अहा !—उस समय उसके हृदय में कौन-कौन-सी भावनाएँ तरंगें ले रही थीं? उसके दिमाग़ में किन सुनहले विचारों का ताना-बाना बुना जा रहा था ? उसके पैर ज़मीन पर हैं, उसे इसका भान भी नहीं था। उसके सिर के ऊपर आसमान नाम की कोई चीज़ है, इसका ज्ञान भी नहीं था। वह कल्पना के रंगीन पंख लगाकर न जाने किस आनन्द-लोक में उड़ रही थी। मस्ती के डैने दोनों बग़ल में बाँधे, चंचल मछली-सी, वह किस उल्लास-सागर में तैर रही थी ! वह नारी नहीं, तितली थी—हलकी, फुलकी; हवा के दरिया में अपनी नाव का झलमल, चकमक पाल उड़ाती, गाती-बजाती, किसी अनजान देश को जा रही—जहाँ हमेशा वसंत हो, पराग हो !

वसंत, फूल और पराग लिये, विवाह के तीन दिनों के संगीत, हास्य, विनोद के बाद, वह ससुराल को चली—उस अनजान देश को ! एक ओर उसे आनन्द था वह 'उनके' साथ, 'उनके'

वर जा रही है, जो घर अब उनका नहीं, उसका होगा। वह उस घर की मालकिन होगी, गृहिणी का पद उसे प्राप्त होगा। तो दूसरी ओर, जहाँ उसने ज़िन्दगी के पंद्रह वसंत बिताये थे, उस घर, उस गाँव की चप्पा-चप्पा ज़मीन, एक-एक वस्तु, एक-एक व्यक्ति, जैसे ममता के हाथों से, उसे पकड़ रहे थे, रोक रहे थे; और इस रोकथाम में उसकी छाती जैसे फटी जा रही थी। दादी, माँ, काकी, बबुआ, बहन, सखियाँ इन्हीं का वियोग नहीं हो रहा है, यह नदी जिसमें वह चुभक-चुभककर नहाती थी, यह अमराई जहाँ उसने कितने टिकोले बीने थे, यह मौलसिरी की झुरमुट जिसके फूल के लिए वह तड़के उठकर आँखें मलती आती थी, ये हरे-भरे खेत जहाँ वह कुसुम का फूल चुनती, मटर की फलियाँ तोड़ती, सरसों में खड़ी होकर अपनी ऊँचाई नापती—ये सब के सब उससे छूट रहे हैं ! उसकी छाती फटी जा रही थी; हृदय के टुकड़े आँखों की राह गिर रहे थे, हिचकियाँ बँध गई थीं, अरे, वह तो फूटकर रो पड़ी थी ! कैसे न रो पड़े—जहाँ कुछ देर पहले हँसी के फव्वारे छूट रहे थे, वहीं अब सबके चेहरे उसके वियोग की कल्पना में उतरे थे, सबकी आँखों में आँसू थे ! माँ तो उसके गले से लिपटकर रो उठी—मातृत्व दुनिया के बन्धनों को कब मानता रहा है ?

x x x

और उसके आँसू अच्छी तरह सूखने भी नहीं पाये थे कि वह फिर हँसी और चहल-पहल की दुनिया में आ पहुँची। अब वह ससुराल में थी। उसकी आँखें घूँघट और चादर के दोहरी जालों के भीतर थीं, किंतु उसके कान सुन रहे थे वहाँ के आनन्दोच्छ्वास! गीत हो रहे थे, बच्चे-बच्चियाँ कोलाहल कर रहे थे। बड़ी-बूढ़ियाँ उन्हें डाँट-दबार रही थीं। आगे-आगे 'वे' थे, पीछे-पीछे 'वह'। दोनों कोहबर-घर में लाये गये। गृह-देव का अर्चन-पूजन। वे बाहर गये। दुलहिन की मुँहदिखौनी शुरू हुई।

उसका सौभाग्य ! लोगों को वह पसन्द आई।

किंतु, जिनकी पसन्दगी पर उसकी ज़िन्दगी-भर के सुख-दुख निर्भर हैं, क्या उन्होंने उसे देखा है ? शायद ! उस दिन जब वह नैहर में दुपहरिया को मंडप पर खड़ी थी, उसे लगा, जैसे उनकी नज़र उस पर पड़ी थी—उसकी एक शोख सखी ने उन्हें छल से उस ओर देखने को लाचार किया था, जो उस समय कोहबर-घर के दरवाज़े के सामने, कुँवरकन्हैया की तरह गोपियों से घिरे बैठे थे ! वह छलना का देखना—एक क्षण का! सखी कहती थी, तुम्हें देखते ही उनकी नज़र नीची हो गई ! अरे, कैसे मर्द हैं वे—शर्माने में औरतों के भी कान काट लिये। ऐसा कहकर उसकी सखी बेतहासा हँसी थी, वह मन-ही-मन उनके शील-संकोच पर बलिहार हो गई थी। लेकिन, सखी की बातों का क्या ठिकाना ?

दुलहन देखनेवालों और वालियों की भीड़ धीरे-धीरे छँटी। काफ़ी रात बीत चुकी थी। 'वे' आये !

'वे' आये, उन्होंने देखा, उनकी जीत हुई।

एक शून्य घर। साक्षी रूप में सिर्फ़ एक दीपक, 'वे' और वह। वह, एक पत्नी के रूप में। 'वे', एक पति के रूप में। उफ़ री, प्रथम मिलन की मधुर स्मृतियाँ !

ज्योंही उनकी पद-ध्वनि मालूम हुई, उसकी छाती धक-धक करने लगी, साँस ज़ोर-ज़ोर से चलने लगी। वह क्या करे—क्या चुपचाप बैठी रहे ? या उठकर अगवानी करे ? या, मुँह ढाँप, सोने का बहाना करके, पलंग पर पड़ जाय ? माँ ने कहा था—अगवानी करना, पैर छूना, पान देना। उस विवाहिता सखी ने कहा था—"ज़रा लेट रहना, दुलारी ! देखना, किस तरह तुम्हें जगाते हैं, खुशामदें करते हैं। वे जगावें, तुम ऊँ-ऊँ करके, नींद के माते बच्चों की तरह, इस करवट से उस करवट होना और सिमटकर सो जाया करना। बड़ा मज़ा होगा, दुलारी, बड़ा मज़ा ! ये

पुरुष—अपने गँव पर ये कौन-सी खुशामदें नहीं करते ? अरी, वे पैर पड़ेंगे। और, अगर पहले दिन तुमने उन पर विजय प्राप्त की, फिर तो वे हमेशा के तुम्हारे गुलाम बने रहेंगे। ख़बरदार, अपने को सस्ती मत बनाना।" और, माँ ने कहा था, बेटी, अभिमान मत किया करना, कोई ऐसा काम न करना कि 'उनकी' मर्यादा टूटती हो। तुम उनकी मर्यादा तोड़ोगी, तुम्हारी मर्यादा आप-से-आप टूटेगी। वह क्या करे ? इनमें किसकी बात माने, किस पर चले? आह, वे तो इतने नज़दीक आ गये!

इसी असमंजस में वे सचमुच आ पहुँचे। आ गये और वह सामने खड़े हैं! माँ की सीख रह गई, सखी का सिखावन रह गया ! एक तीसरी ही बात हुई। ज्योंही वह उठने का उपक्रम कर रही थी, उन्होंने आगे बढ़कर उसके हाथ पकड़ लिये, उसे खींचकर बग़ल में बिठा लिया, और जैसे, बहुत दिनों के परिचित हों, पूछ बैठे—मज़े में हो न ?

बहुत दिनों के परिचित !—पूर्व परिचित, चिर-परिचित ! हाँ, ऐसा ही लगा था उसे। कैसे एक अपरिचित पुरुष के सामने खड़ी होऊँगी ? उफ़, लाज से गड़ जाऊँगी, गिर जाऊँगी ! न जाने क्या हालत हो, न जाने मुँह से क्या निकले ? कौन-सी गुस्ताख़ी हो जाय—हज़ार-हज़ार चिन्ताएँ एक मिनट पहले तक उसे सता रही थीं। किंतु, यह क्या ? वे चिन्ताएँ कहाँ कर्पूर-वर्त्तिका-सी आप-आप उड़ गईं। हाँ, कर्पूर के उड़ जाने पर भी जैसे उसकी सुगन्ध रह जाती है, उसी तरह संकोच और लज्जा के रूप में उनका अवशिष्टांश यहाँ छाया हुआ ज़रूर है ! यही तो नारी का शृंगार है। यह तो चाहिए ही।

उन्होंने पान खिलाए, बातें पूछीं, हँसे और हँसाया। चुटकियों से संकोच दूर किया, गुदगुदियों से शरम भगाई। नारी और नर के बीच जो चिरकाल से एक कुहेलिका, प्रहेलिका रहती आई है, वह धीरे-धीरे दूर हुई। दूई दूर हुई, एकात्मा आई। एक साँस की डोर में बँधे दोनों कब सो गये, कैसे सो गये—क्या इसकी सुध भी उसे रही ? जब उसकी आँखें खुलीं, भोर हो गई थी। दीपक की जोत मंद पड़ गई थी, एक भक-इँजोरी-सी घर में छा रही थी। वे चलने का उपक्रम कर रहे थे। चलते-चलते उन्होंने एक बार उसका गाढ़ालिंगन किया और पलंग से नीचे होते-न-होते एक स्फीत चुम्बन दे हँसी बिखेरते, देखते-देखते, नौ-दो-ग्यारह हो गये !

x x x

गाढ़ालिंगन, स्फीत चुम्बन !—अभी-अभी इस रेल के डब्बे में भी वह अनुभव कर रही है, जैसे उसके शरीर में झिनझिनी बर रही है। उसके गालों पर किसी की गरम साँस है, उसके अधरों पर किसी के उत्तप्त अधर हैं। उसने आँखें बन्द कर लीं—बाहर की दुनिया कहीं उसके इस कल्पना-महल को चूर-चूर न कर दे। किंतु, क्या इस तरह अपने को ज़्यादा छला जा सकता है ? जिसके आलिंगन और चुम्बन की वह कल्पना करके विभोर हुई जाती है; वह तो इस समय पत्थर की दीवारों के अन्दर, उन मोटी-मोटी आहृती सीकचों के भीतर पड़े, शायद 'उसी' की कल्पना में विभोर, लम्बी उसाँसें ले रहे होंगे। हाँ, वे देशभक्त हैं, कट्टर सिद्धान्तवादी हैं, किंतु वे मनुष्य हैं, हृदय रखते हैं, वैसा हृदय, जिसकी साक्षिणी वह स्वयं है ! आह, उनकी मानसिक स्थिति कैसी होगी ? आँसुओं का फिर नया हुजूम, हुजूम में फिर तस्वीरों का ताँता ! आह, वे दिन ! आह, वे रातें !

6
'वे'

मध्यवित्त गृहस्थ का घर—पर्दे की जड़ता से जकड़ी वह, क्या दिन में उन्हें भर नज़र देख भी सकती थी ? हाँ, जब-तब उनकी बोली वह आँगन में सुन पाती थी। एक ही रात में, हाँ, एक ही रात में, बोली में भी कोई मिठास होती है, उसने अनुभव किया। जब वे आँगन में बोलते,

उसके दिल की डाली पर कोई कोयल-सा, जैसे, कूक जाता! कई बार वह किवाड़ के नज़दीक चली जाती, जिसमें वह उस काकली को और भी स्पष्ट सुन सके, और, शायद देख सके उस कोकिल के सुन्दर मुखड़े को, जिसके अन्दर ऐसी अच्छी ज़बान है। किंतु, लज्जा, नहीं, मर्यादा उसे झट खींचकर बीच घर में ले आती।

और, ऐसा मौक़ा भी तो बहुत कम मिलता, जब उसका घर खाली हो, वह किवाड़ तक भी जा सके। दिन-भर अड़ोस-पड़ोस की स्त्रियाँ आती रहतीं, दुलहन देखने। स्त्रियों का ताँता तो कई दिनों में टूटा भी, किंतु बच्चों का हंगामा तो बना ही रहता। नई बहू को देखने से ही उन्हें सन्तोष नहीं था, वे उससे बोलना चाहते थे, खेलना चाहते थे ! हाँ, नई बहू से बढ़कर दुनिया में खेलवाड़ की चीज़ और क्या हो सकती है ? इन बच्चों में, उनके सरल विनोद और निष्कपट व्यवहार में, वह भी मज़ा पाती। शायद ये नहीं होते, तो अपने नैहर के वातावरण से एक-ब-एक विलग हो जाने का दुख उसे और भी सताता। यों तो, नैहर की याद जब-तब आ ही जाती; आती, रुलाती! आह, कब दादी को देख सकूँगी, माँ से रूठ सकूँगी, काकी से बतिया सकूँगी, बाबूजी को देख कब शरमाकर भागूँगी, और अपने उस दुष्ट भाई को झिड़कूँगी, उसके गालों पर मीठी चपत दूँगी ! अपना वह गाँव, वे पेड़, वे खेत--फिर कब देखने को मिलेंगे?

रात में कुछ देर से 'वे' पहुँचते। पहुँचते अपने साथ हँसी, विनोद, आमोद-प्रमोद सबकुछ लिये-दिये। वह ऐसी हरिणी है, जो अपने गोल से, अपने जंगल से तुरत-तुरत विलगाकर यहाँ लाई गई है, अतः ज़रूरी है, उसका मन बहलाया जाय, उसे भुलाया जाय, फुसलाया जाय-- 'उनका' पारखी हृदय यह अच्छी तरह समझता। अतः, रोज़ कुछ नये-नये शिगूफे छोड़ते। नई बातें, नई कहानियाँ, नए चुटकुले, नई सौगातें !

नई सौगातें ! जिन्हें वह अपने घरवालों की नज़र बचाकर लाते। लोग क्या कहेंगे, कलजुगहा है, अभी शादी हुए दिन भी न बीते, और बीवी की फरमाइशें पूरी करने लगा! अतः यह चोरी-छिपी। लेकिन, वह उनसे क्या फरमाइश करती भला ? क्या उसके लिए सिर्फ़ वे ही काफ़ी न थे, जो दूसरी चीज़ों की वह ख्वाहिश करे ! देहात की वह लड़की--उसके दिमाग़ का दायरा ही कितना बड़ा कि वह नई-नई चीज़ें माँगे? और, जो चीज़ें चाहिए उसके नैहरवालों ने एक-एक कर दी थीं उसे। उसकी काकी ने एक भी ऐसी चीज़ नहीं छोड़ी थी, जो उसे पसंद हो। क़ीमती, रंग-बिरंगी, सराबोर साड़ियों से न जाने क्यों, शुरू से ही उसे उदासीनता रही है और गहनों की ओर भी उसका मन कभी गुड़-चींटा नहीं बना। अतः उसकी इच्छा की पूर्त्ति के लिए नैहरवालों को ज़्यादा ख़र्च भी नहीं करना पड़ा था। यों, वह सब तरह सन्तुष्ट थीं; किंतु, 'उनको' जो सन्तोष हो।

किंतु, सौग़ातों से भी प्यारी थीं उनकी बातें। वे आते, आते ही बातें शुरू हो जातीं। कुछ उससे पूछते, कुछ आप कहते। इसी पूछ-कह में रात न जाने कैसे बीत जाती। जब ऊपर के जंगले से घर में उषाकालीन प्रकाश घुसता, हम प्रायः ही कह उठते--ओहो, दिन हो गया ? रात बीत गई ? कितनी छोटी होती है रात आजकल! क्या सचमुच उन दिनों रातें छोटी होती थीं? या, हमीं रातें छोटी कर लेते थे ? यह प्रकाश देख, जब वे जाने को तैयार होते, उसे कितना अखरता ! विधाता दिन को भी रात ही क्यों नहीं बना देता ? दिन के बिना भला क्या बनता-बिगड़ता है--वह अपने भोलेपन में सोचा करती।

इस रात्रि-जागरण के फलस्वरूप दिन में वह, थोड़ा-सा भी सुअवसर पाते ही, सो जाती। एक दिन दुपहरिया में वह सोई थी। घरवाले भी खा-पीकर निश्चिन्त थे। शादी की भीड़भाड़ से फुर्सत पाकर वे लोग अब निश्चिन्त, अलसाए पड़े थे। न जाने, किस तरह उनकी आँख बचाकर 'वे' झट घर में घुस आये। वह सोई हुई थी--आते ही उन्होंने उसके गालों पर अपने अधर रख

दिये। यह कौन ? दिन में यह कौन ? क्या किसी दुष्ट देवर ने यह खेलवाड़ किया है ? या किसी शोख ननद ने ? वह चीखने ही जा रही थी, कि उसने पाया उसके मुँह पर किसी की हथेली और सामने किसी का हँसता-दमकता चेहरा। वह उठना चाहती थी कि वह किसी के भुजपाश में थी। वह चिर-परिचित भुजपाश ! अटूट, अछेद्य—स्नेह-पाश, प्रेमपाश !

रात तो 'उनके' कौतुकों की क्रीड़ास्थली ही थी। कभी कहते, बाल को यों सम्हालो, कभी यों। कभी यह साड़ी पहनने को कहते, कभी वह। उसे यह जानने में ज़्यादा देर न लगी कि उन्हें हल्के हरे रंग में कुछ खास दिलचस्पी है। शायद दुनिया को वह हमेशा हरा-भरा देखना पसंद करते ! हरी साड़ी पर चोली किस रंग की जमती है, इसको लेकर तर्क-वितर्क होता। हरी किनारीवाली साड़ी को किस रंग में रँगाना चाहिए, यह भी विचार का विषय होता ! गहने ?—यह कानों में क्या लटक रहा है ? यह नाक में क्या गड़ा रखा है ? यह सीपी-सी गर्दन शृंगार क्यों चाहे ? और, छाती पर हार रखना तो दो हृदयों के मिलन में बाधा पहुँचाना है। कमर में झुम-झन, पैरों में रुन-झुन—उहँ, तू पूरी गँवारी है ! एक रात एक-एक कर सभी गहने हटा दिए। ज़रा देख तो आईने में कैसी लगती है अब ? और, हाँ, हाँ, यह चोली ही क्यों रहे ! —वह हा-हा खाने लगी; वे चिपक पड़े, नहीं उतारना ही होगा। क्या यह आँचल ही शरीर ढँकने को काफ़ी नहीं ? भला यह भी कोई तर्क था ? किंतु ज़बर्दस्ती तो दुनिया में खुद सबसे बड़ी दलील है। उन्होंने ज़बर्दस्ती की। 'वह' शरम से गड़ी जा रही थी और 'वे' ...

यह आईना। आईने के सामने खड़े होकर या हाथ में बड़ा आईना लेकर, कितना समय न उन्होंने बर्बाद किया होगा ? दोनों के मुँह का प्रतिबिम्ब आईने में पड़ता था। वे उसके मुँह के एक-एक अवयव का विश्लेषण करते। देख, तेरा यह मुखड़ा। काली पाटियों के बीच यह सिन्दूर-बिन्दु—मानो, काली घटा में अचल विद्युत रेखा ! चाँद-से ललाट के नीचे भँवों की लचीली कमान—काम ने आज क्या चन्द्रमा को ही अपना निशाना बनाया है ? नीचे दो चंचल मछलियाँ खेल रहीं—रस-सागर में डूबती-उतरातीं ! अरी, पगली, तेरी ये पलकें—कितनी लम्बी-लम्बी हैं ये ? कौन ऐसा पत्थर का कलेजा है, जिसमें ये साफ़ घुस न जाएँ ? दोनों ओर गुलाब खिले हैं, बीच में चम्पे की कली—यह थी उसकी नाक और गालों की उपमा। ये दो अधर—ज़रा मुस्कुरा दो न ? नये आम्र-पल्लवों के बीच दाड़िम के दाने बिखर पड़ें, निखर पड़ें ! और, सब रस का निचोड़ तो उस खड्ड में आकर जमा हो गया—उसके चिबुक को पकड़कर वह कह उठते। वह चुपचाप सुना करती। कभी-कभी उसे अपने पर नाज़ भी होता। इस तरह अपने को उसने कभी देखा नहीं था—इस तरह, विलग-विलग करके अपने को अपने से अलग करके। किंतु ज़्यादातर उसे शरम ही आती। "उहँ—यह क्या बक रहे हैं आप; आपने अपने चेहरे को, अपने को ग़ौर से देखा है ? आप ही क्या कम हैं ?"

"हाँ-हाँ, देखा है, कैसा हूँ मैं—सोने की अँगूठी का नीला नग ?"

"नीलम का नग क्यों नहीं कहते !"

"कभी देखा भी है नीलम ?"

उसने आईने में ही उनके चेहरे की ओर हँसते हुए इशारा किया। उन्होंने उसे छाती से लगा लिया। बेचारा आईना ! टुकुर-टुकुर देखा किया वह।

एक रात, न जाने क्या धुन में आई, बोले—"तुम्हारा नाम क्या है जी !"

"आप नहीं जानते क्या ?"

"सुना तो है, किंतु जानता नहीं।"

"वाह, क्या खूब ? जो सुना है, वही मेरा नाम।"

"दुलारी न ?"

"जी हाँ।"

"लेकिन, दुलारी नाम तो बाप का होता है; बाप का कहो या नैहर का कहो।"

"तो पतिदेव का, या, यों कहिए, ससुराल का नाम क्या होना चाहिए, आप ही बतलाएँ?"

"मैंने तो पहले से ही एक नाम चुन रखा है ?"

"वह क्या है ?"

"रानी—और मेरी कुटिया की रानी ही, मेरे दिल की रानी !"—

वे गुनगुनाने लगे, गाने लगे। मुँह से गाते और एक हाथ से उसे अपने हृदय से लगाये दूसरे से उसके बालों को सहलाते। वह उनका स्वर, वह उनके हृदय का मधुर कम्पन, वह उनका कोमल कर-स्पर्श ! उसकी आँखें बन्द हो गईं। उसने अनुभव किया, वह ऊपर उठी जा रही है, वही नहीं, वह भी और वे दोनों ही—इसी मुद्रा में इसी आसन में ! नीचे पलंग छूट गया है, घर छूट गया है, ज़मीन छूट गई है। हम आसमान में हैं, गगनमंडल में हैं, चारों ओर चकमक तारे हैं, दूर पर चाँद हँस रहा है, वायुमंडल में सौरभ और संगीत छा रहा है, वह उड़ी जा रही है—वे उड़े जा रहे हैं—'वह' और 'वे' दोनों—दोनों—दोनों...

x x x

ऐं, यह गाड़ी अचानक रुकी क्यों ? हाय री तक़दीर, तुम्हें इतना भी पसंद नहीं कि वह कुछ देर तक कल्पना की दुनिया में विचरण कर ले। बीच में पुल खराब हो गया था, उसी की मरम्मत हो रही थी। किंतु, क्या उसे यह जानने की फुर्सत थी कि वह कई स्टेशन बीच में छोड़ आई है ! वह तो अपनी तस्वीरों में मस्त थी, तस्वीरों की वह निराली दुनिया !

7
सौग़ात !

"देखो रानी, आज तुम्हारे लिए एक बिल्कुल नायाब सौग़ात लाया हूँ"—कहते हुए, किस मधुर मुस्कान में उस रात उन्होंने घर में प्रवेश किया।

वह उछली, उनकी बग़ल से पोटली छीन ली। एक रेशमी रूमाल में लिपटी हुई उस सौग़ात को जब उसने खोला, देखा—उसमें पाँच बढ़िया, सुन्दर जिल्दवाली, बहुत-सी तस्वीरोंवाली पुस्तकें हैं। वह एक-एक किताब को देखती, उनके भीतर की तस्वीरों को देखती। वह उन किताबों और तस्वीरों को देखती हुई मन-ही-मन, इस बहुमूल्य उपहार के लिए उन्हें बधाई देने को सोच ही रही थी कि वे फिर बोले—

"मैं कल शहर जा रहा हूँ—छुट्टी पूरी हो गई। पढ़ाई में ज़्यादा हर्ज करना ठीक नहीं; समझीं?"

पढ़ाई में ज़रा भी हर्ज करना ठीक नहीं, क्या वह नहीं जानती ? क्या नहीं समझती? नैहर में ही उसने सुन रखा था, वे पढ़ रहे हैं—बहुत पढ़ गये हैं, पढ़ने में बड़े तेज़ हैं, सरकार से स्कालरशिप पाते हैं। इस चर्चा के साथ उसने वहीं यह भी सुना था, लड़के शादी होने पर पढ़ना-लिखना छोड़ देते हैं। उनकी बेवकूफ बीवियाँ उन्हें अपने सामने रखने की धुन में उन्हें छोड़ती नहीं। वे भी प्रेम के प्रथम आवेग में किताब के पन्ने उलटने की अपेक्षा बीवी का घूँघट उलटना ज़्यादा ज़रूरी और क़ीमती मानते हैं। नतीजा यह, कि कितने होनहार नौजवान बर्बाद हो गये, बर्बाद हो गया उनका भविष्य, उनके घर। उसकी एक भावज ने उस दिन जैसे उसे ताना देते हुए कहा था—"मेहमानजी पढ़ रहे हैं; लेकिन देखना है, दुलारी बबुई के चेहरे और कोर्स की किताब दोनों में आख़िर जीत किसकी होती है ?" उसी दिन दुलारी ने मन-ही-मन इसका

उत्तर ठीक कर लिया था—वह उस चेहरे पर तेजाब छिड़क लेगी, जो चेहरा उन्हें किताब से विमुख करे।

किंतु, यह क्या ? वही दुलारी उनके अकस्मात जाने की यह ख़बर सुनकर स्तब्ध रह गई! किताबें पाने का जो आनन्द अभी अंकुर ले पाया था, मानो, उस पर गरम पानी का छींटा पड़ गया। उसके मुख की उत्फुल्लता देखते-देखते परछाईं में बदल गई। हृदय में प्रसन्नता की जो हलकी लहर अभी-अभी उठ पाई थी, वह उच्छ्वास में परिणत होती दीख पड़ी। उसकी आँखों ने तो मानो उसे बेभरम ही कर डाला। उसकी सजल आँखों में अपनी विनोदी आँखें गड़ाकर उन्होंने मुस्कुराते हुए कहा—

"रानीजी, यह रवैया तो ठीक नहीं !"

वह जैसे चौंक उठी। इसमें उनकी होशियारी से अपील ही नहीं थी, उसकी बेवक़ूफी पर ज़बर्दस्त ठोकर भी। यह प्रेम नहीं, मोह है। मोह, विलास, वासना! वह प्रेम क्या प्रेम है, जो परिणाम न देखे, भविष्य न देखे ? जो क्षणिक सुख के लिए जीवन भर के आनन्द को लँगड़ा बना दे, लुंज कर दे, उसकी अकाल हत्या कर दे ! वह सजग हो गई। हृदय के आवेग को रोका, चेहरे पर सुर्खी लाने की कोशिश की। उनकी आँखों में आँखें डालकर ही बोल उठी—

"तो क्या मैं आपको रोकना चाहती हूँ ?"

"यदि ऐसा करो, तो मेरी रानी कैसी ? मेरी रानी ऐसी ग़लती कर नहीं सकती"—कहकर उन्होंने प्रेम का एक ताज़ा चिह्न उसके गालों पर जड़ दिया। फिर कहने लगे—"घबराना नहीं, रानी। छुट्टी होते ही मैं चला आया करूँगा। इसके बाद ही गर्मियों की बड़ी छुट्टी होती है। बहुत दिन तक साथ रहने का मौक़ा मिलेगा। तब तक ये किताबें हैं, जब जी न लगे, इन्हें ही पढ़ना। इन्हें किताब नहीं, अपनी सखी समझना।"

"सखी, या सौत ?"

वह बीच ही में बोल उठी—एक विनोद जो उसे सूझ गया ! किंतु, तुरत उसे लज्जा हुई, यह क्या बोल चुकी वह? वे मुस्कुराकर रह गये, सिर्फ़ इतना कहा—"तू अभी बिलकुल बच्ची है ?" और किताबों को उलट-पुलटकर दिखाने लगे। पहले एक-एक तस्वीर दिखाई, उनकी बारीकियाँ बतलाईं। फिर कहने लगे—"ज़रा पढ़ो न, सुनूँ।" "क्या मेरा इम्तिहान होगा ?"—उसने कहा ! "ओहो, तुम तो वकील होने लायक थीं।" "मैं न सही, मेरे राजा सही ?"—इस प्रत्युत्तर से ने ख़ूब ही प्रसन्न हुए। उसने कहा—"आपने किताबें पहले क्यों न दीं ? ज़रा, आपसे भी पढ़ती।" उन्होंने जवाब दिया —"मैं खुद जो एक किताब पढ़ने में मस्त था।" और, वह किताब क्या थी, क्या वह नहीं समझ सकी थीं ?

"तो आपने मुझे किताब मान लिया है ?"—उसने व्यंग से कहा।

"रानी, हर आदमी एक किताब है। जिस तरह किताब में दोनों ओर जिल्द होती है, फिर पृष्ठ होते हैं, तस्वीरें होती हैं, प्रारम्भ में भूमिका होती है, अन्त में परिशिष्ट होता है, उसी तरह आदमी के जीवन में भी वाह्य आवरण, अन्तःप्रदेश, बचपन और बुढ़ापा और उनके बीच जीवन के भिन्न-भिन्न विभाग होते हैं। किसी किताब की जिल्द तो अच्छी होती है, भीतर का विषय ख़राब, किसी की तस्वीरें तो सुन्दर होती हैं, लेकिन वर्णन वीभत्स—संक्षेप में, कोई किताब अच्छी, कोई किताब बुरी; कोई किताब सिर्फ़ एक बार पढ़ लेने की होती है और कोई बार-बार मनन करने की—यों ही, आदमी-आदमी में भी फर्क़ है। पुस्तकों के चुनाव की तरह आदमी का भी चुनाव करना चाहिए। पिछले कुछ दिन हम लोगों ने भावना की दुनिया में गँवाए हैं। ज़िन्दगी में इनके लिए भी जगह होनी चाहिए, है। किंतु, धीरे-धीरे हमें ठोस ज़मीन पर पैर रखना होगा और लम्बी ज़िन्दगी इस ज़मीन पर ही गुज़ारनी पड़ेगी। उसमें सफलता प्राप्त करने के लिए हमें

आदमी की पहचान करनी होगी। अगर इसमें हमने भूल की, हम रोते जीयेंगे, पछताते मरेंगे। अगर हम सही-सही पहचान कर सके, तब फिर आनन्द-ही-आनन्द में दिन कट जाएँगे; हम खुद ही आनन्द से नहीं रहेंगे, जहाँ रहेंगे, आनन्द का वातावरण बनाये रखेंगे ..."

वे यों कहते जा रहे थे, वह सुनती जा रही थी। इसके बाद फिर उन्होंने अपने घर के बारे में कहना शुरू किया। जिनके मुँह से कल तक वह सिर्फ़ प्रेम, हास्य, विनोद और विलास की बातें सुनती आ रही थी, इस समय वे ही ज्ञान, व्यवहार, लोकाचार की बातें इस तरह कर रहे थे कि उसे शक होता, क्या ये वही आदमी हैं ? वह रह-रहकर उनका मुँह देखती। वे बड़े ही गम्भीर भाव से कहे जाते। मानो ये शब्द नहीं थे, उनका हृदय शब्द-रूप में निकल रहा था। वह भी भाव-मग्न हो उनके एक-एक अक्षर को सुनती रही—सुनती रही, कान के रास्ते हृदय में उतारती रही। उनकी वे बातें? क्या यह सच नहीं है कि उस दिन का उनका वह उपदेश-कथन परवर्ती जीवन में उसके लिए दृढ़ सम्बल बना, नहीं तो, न जाने वह कहाँ रह गई होती, वह गई होती। उस दिन उसे अनुभव हुआ, जिन हाथों को उसने पकड़ा है, वे सिर्फ़ प्रेम सरोवर की थपकियाँ ही नहीं ले सकते हैं, अपार संसार-सागर के पार करने में भी समर्थ हैं। उसने ऐसे पति पाने पर गर्व भी अनुभव किया।

जिस समय उनकी बातें ख़तम हुईं, घर-भर में एक अजीब सन्नाटा छा गया था। उस सन्नाटेपन को उन्होंने भी महसूस किया। उनके चेहरे की ही तरह उसका चेहरा भी गम्भीर हो चला था।

इस सन्नाटे, इस गम्भीरता को कम करने के लिए उन्होंने फिर विनोद का प्रसंग छेड़ा। पाँचों किताबें पड़ी हुई थीं। उनकी कुछ तस्वीरें निकालकर उनकी व्यंगपूर्ण व्याख्या करने लगे। देखो, यह बेचारी है शूर्पनखा, कितनी सुन्दर ! देखो, यह सुन्दर चेहरा ! और इतने पर भी लक्ष्मण महाराज नहीं रीझे, नाक-कान काट लिये ! कुछ मर्द ऐसे ही होते हैं ! कितना भी रिझाओ, रीझते नहीं ! और, यह हैं हमारे अर्जुन—जहाँ गये, वहीं एक प्रेयसी कर ली। अपने गुरुदेव के घर को भी अछूता नहीं छोड़ा ! देखो, सुभद्रा को रथ पर चढ़ाए भागे जा रहे हैं। रानी, बताओ, तुम्हें किस तरह के मर्द पसंद हैं। क्या कहा—'लक्ष्मण' ? तब तो, एक दिन तेरी भी नाक कटेगी ?

"उसकी नाक कटकर रहेगी, जो यों दर-दर दिल का सौदा करती फिरे !"— वह तमककर बोली। उन्होंने हुलसकर उसे हृदय से लगा लिया।

दूसरी रात विदाई की रात थी ! किंतु, उस समूची रात को उन्होंने इस तरह बिता दिया कि उसे यह महसूस करने का मौक़ा भी नहीं मिला, कि कल वे जाएँगे। ज़ोरों से हँसते थे, बात-बात पर चुटकुले कसते थे ! एकाध बार उसने कल जाने की चर्चा करनी चाही, उन्होंने अनखाकर रोक दिया और झट कोई सरस प्रसंग खड़ा कर दिया, हाँ, जब भोर हुई, वह घर से जाने को तैयार हुए, उसकी आँखें सजल हो गईं, वह बोली—"फिर कब दर्शन होंगे ?"

"बस, यही थोड़ी देर बाद, तुमसे मिलकर जाऊँगा न ? इन्तज़ाम कर लिया है; घबराओ मत।"

और, कुछ दिन उठे, जब वह उदास, विषण्ण अपने घर में बैठी थी, अपनी किताबें खोजते, वह पहुँच गये। किताब तो बहाना थी। असल बात थी, उससे मिलना। ससुराल से जो कपड़े मिले थे, बड़ी सजधज से उसे पहने थे। घर में घुसकर किवाड़ भिड़का दिए और नज़दीक आकर हँसते हुए बोले—"रानी, अच्छा लगता है न ? देख तो। देख पगली, देख ! लोग ससुराल की चीज़ों की शिकायत तो न करेंगे ? यह शिकायत तेरी शिकायत होगी ? लोग कहेंगे, जहाँ के कपड़े ऐसे, वहाँ की दुलहन कैसी ? बोल; तू तो चुप है। क्या आज से ही मौन व्रत शुरू हुआ? तो ले, मैं व्रत को भंग किये देता हूँ !"—यों कहते-कहते उसे आलिंगन में ले लिया और सारे

चेहरे को चुम्बनों से भर दिया। "अब तो व्रत-भंग हुआ, बोल न ?"

वह तो नहीं बोल सकी, उसकी आँखें बूँदें गिरा-गिराकर ज़रूर अपनी विनय सुनाने लगीं। उसने देखा, उनका विनोदी स्वभाव भी उदासी में डूबा हुआ है। गला रुँधा हुआ है, चेहरा भारी हो गया है। अरे, उनकी आँखें ? क्या वे भी सजल नहीं हो उठी हैं ? किंतु, तो भी वे मर्द थे, मर्द का हृदय था। उन्होंने अपने को ज़प्त किया, कहा—"घबराना मत, गर्मियों की छुट्टी नज़दीक ही है। मैं जल्दी ही आया। पहुँचते ही चिट्ठी लिखूँगा—हाँ, जैसा परसों समझाया, उसके मुताबिक चलने की कोशिश करना। समझीं ? समझीं मेरी रानी ? ओहो, तू बड़ी नटखट है ! भोली, बच्ची, नादान—और नादान को तो चाँटे लगाते हैं न ?" चलते-चलते एक मीठी चपत उन्होंने उसके गाल पर जड़ दी।

x x x

मीठी चपत ?—ऐं, सचमुच मीठी चपत ! उसकी भोली बिटिया नींद से जगकर उसके मुँह की ओर देख रही थी और उसे अपनी ओर मुखातिब नहीं होती देखकर उसने अपनी गुलाबी हथेली से उसके गाल पर आख़िर एक चपत जड़ दी थी। चौंककर उसने उसकी ओर देखा। सामने की बेंच पर जो एक भलेमानस बैठे थे, वे बच्ची की शोख़ी पर मुस्कुरा रहे थे। वह भी मुस्कुरा पड़ी। बच्ची को समेटकर छाती से लगा लिया और बड़े लड़के से लेमनचूस लेकर उसे हाथों में दे दिया। बच्ची लपककर भाई की गोद में जा रही। दोनों भाई उसे खेलाने या उससे खुद खेलने लगे। और वह फिर अपनी तस्वीरों की दुनिया में जाना ही चाहती थी कि गाड़ी धीमी हुई, कुलियों का कोलाहल बढ़ा...

[ख] विराम

कुलियों के कोलाहल के बीच और उतरनेवालों में रेल-पेल। कई तरफ से गाड़ियाँ आती थीं। यात्रियों में धक्कमधुक्की-सी हो रही थी। खोमचेवालों ने और कुहराम मचा रखा था। मुस्तंडापन गरज रहा था, भलमनसाहत सिमटी जा रही थी। जैसे-तैसे रानी का यह काफला भी उतरा। पता चला, अभी जिस गाड़ी से वह जाएगी, उसके आने में देर है, वह थोड़ी लेट है। देवर ने कहा—वेटिंग रूम में चलकर ठहरा जाय। बड़े लड़के ने ताईद की। उसे तो अनुसरण-मात्र करना था। बच्ची को गोद में लिये, छोटे लड़के की अँगुली पकड़े, वह चली।

वह वेटिंग रूम में बैठी। देवर और बड़ा लड़का स्टेशन की सैर में निकले। छोटा लड़का झट बाहर निकल एक खोमचेवाले को बुला लाया। एक खोमचेवाले की बिक्री ने दूसरे खोमचेवालों को प्रोत्साहित किया। कुछ देर में उस वेटिंग रूम में मिठाइयाँ, फल और खिलौनों की एक छोटी प्रदर्शनी लगी थी। ख़रीदना ही पड़ा उसे—बच्चे की ज़िद और बच्ची की ललक। एक के तीन देने पड़े। बच्ची कचकड़े का झुनझुना बजा रही थी। बच्चा एक हाथ में रबर की रंगीन गेंद पकड़े, दूसरे से अंगूर खा रहा था और माँ से कह रहा था, तुम मिठाइयाँ खाओ। उधर देवर और लड़के ने रिफ्रेशमेंट रूम में नाश्ता किया, चाय पी। पान खाकर, स्टाल पर से कुछ फल ख़रीद वे वेटिंग रूम में पहुँचे—वे जानते थे, वह स्टेशन पर की कच्ची-पक्की चीज़ें खाती नहीं है। थोड़ा फलाहार ही सही—देवर का आग्रह था। वह टाल न सकी।

गाड़ी में बैठी-बैठी, फिर वेटिंग रूम में इतनी देर तक बैठी रहने के कारण, दिल और दिमाग़ के साथ ज़िस्म में भी काफी हरारत वह अनुभव कर रही थी। बच्ची और छोटे बच्चे

को उनके काका के साथ खेलने को छोड़कर, बड़े लड़के के साथ वह वेटिंग रूम से बाहर हुई। स्टेशन पर ख़ूब ही भीड़भाड़ थी। शादी-ब्याह का मौसम होने के कारण तरह-तरह के, रंग-बिरंगे लोगों से स्टेशन की चप्पा-चप्पा, ज़मीन भरी थी। कितने दुलहे अजीब पोशाक, अजीब पग्गड़, अजीब ढंग का चन्दन और काजल लगाये, बिना ज़रूरत मुँह में रूमाल ठूँसे, बैठे हुए थे। जगह-जगह दुलहनें साड़ी-चादर में लिपटी अजीबोग़रीब गठरी-सी बनी थीं। उनकी दाइयाँ उनके पर्दे की बेपर्दगी को ढँकने में बेहद मुस्तैद। कुछ नये-नवेले दुलहे और कुछ नई रोशनी की दुलहनें भी उसने देखीं। इतनी भीड़भाड़ में भी जैसे उन्हें दुनिया को देखने की फुर्सत न हो—एक-दूसरे के देखने-निहारने में ही मस्त। उस पर्दे की बेपर्दगी और इस बेपर्दगी के पर्दे में उसे कुछ ज़्यादा फ़र्क़ नहीं मालूम हुआ। जगह-जगह बाजे बज रहे थे। बरातियों की तरह-तरह की पोशाकों में रंगीनी और भद्देपन की अजब पुट थी। लोग शिवजी की बरात का मज़ाक व्यर्थ में उड़ाते हैं, यहाँ तो हमारी हर बरात शिवजी की बरात होती है—'कोउ मुख-हीन, विपुल मुख काहू' आदि का प्रत्यक्ष प्रमाण।

इन दृश्यों ने उसके मन के बोझ को हलका किया। वह धीरे-धीरे प्लेटफार्म के आख़िर छोर तक चली आई, जहाँ से पश्चिम रुख होते ही, उसका ध्यान डूबते सूरज की ओर गया। इस वसंत में जो वरदान की तरह ही कभी-कभी दीख पड़ता है, बादल का एक हल्का टुकड़ा मानो सूरज की राह रोके खड़ा था। सूरज देवता उसकी शोख़ी पर हँस रहे थे और उनकी हँसी का गुलाबी रंग उस भरे बादल को लाल-भभूका बना रहा था। नज़दीक ही जो लोहे की बेंच पड़ी थी, वह उस पर बैठ गई और डूबते हुए सूरज का बादल के साथ की यह आँखमिचौनी देखने लगी।

आख़िर सूरज डूब गया। बादल का गुलाबी रंग जाता रहा, उसका अपना भूरा रंग भी नहीं रहा—धीरे-धीरे काला होता, वह तमिस्र क्षितिज में कहाँ लीन हो गया, पता तक नहीं ! क्या आदमी के भाग्य की उपमा इस बादल के टुकड़े से नहीं दी जा सकती?—अपने जीवन-पथ पर चलते-चलते कभी-कभी वह यों ही अचानक घटनावश, अकस्मात रंगीन बन जाता, अपने क्षणिक सौन्दर्य और ऐश्वर्य से लोक-लोचनों को तृप्त करता, धन्य-धन्य कहलाता है; फिर अनन्त-अंतरिक्ष में न जाने कहाँ लुप्त हो जाता है। बड़ा सौभाग्य हुआ, तो किसी चित्रकार की कूची, किसी कलाकार की क़लम से इतिहास-पट पर थोड़ी-सी जगह वह पा सका, नहीं तो...

इसी समय उसके लड़के ने कहा, घंटी हो रही है, शायद ट्रेन आनेवाली है। वह हड़बड़ाकर उठी। समूचा स्टेशन बिजली की रोशनी से जगमग हो रहा था। लोगों में एक अजीब हलचल—हलचल क्या भगदड़, मची हुई थी। वह लपकते पैर वेटिंग रूम में आई। वहाँ उसकी बच्ची उसके लिए रो रही थी, बच्चा अपने चाचा को बेचैन किये था। झट बेटी को गोद में लिया, बेटे को बग़ल से सटाकर उसे पुचकारने लगी। तब तक कुली भी आ पहुँचा। सब प्लेटफार्म पर आ खड़े हुए।

गाड़ी आई। सब चढ़े। भीड़ ज़्यादा थी। इन्टर क्लास में भी धक्कमधुक्की। किंतु किसी तरह जगह मिली। सब बैठ गये। हरी रोशनी के इशारे पर गाड़ी चली। प्लेटफार्म तक तो बाहर रोशनी-ही-रोशनी थी। बाद में, जब उसने बाहर देखा, अंधकार-ही-अंधकार। डब्बे की रोशनी को बाहर का अंधकार मानो चारों ओर से दबा रहा। उसके दबाव से सिसकियाँ लेता, आकुल-व्याकुल डब्बा वेग से भागा जा रहा था।

प्रकाश और अंधकार के इस संघर्ष ने उसके जीवन की उन तस्वीरों को दिखाना शुरू किया, जहाँ अब ज़्यादा अंधकार-ही-अंधकार था। हाँ, चारों ओर के निबिड़ अंधकार में प्रकाश का एक छोटा-सा घेरा, जो उसे जिला रहा, बढ़ा रहा, रास्ता बता रहा। कई बार ऐसा लगा था, अब

प्रकाश बुझा, बुता, गया। शाश्वत अंधकार की कल्पना से ही उसका दम घुटने लगता। किंतु, हर बार अंधकार असमर्थ सिद्ध हुआ, प्रकाश फिर प्रकाश में आया। प्रकाश और अंधकार का यह संघर्ष कब तक चलता रहेगा ? क्या ऐसे दिन न आयँगे, जब प्रकाश ही प्रकाश हो ? जीवन में प्रकाश, जगत में प्रकाश! किंतु, क्या वह प्रकाश हमारी आँखों में चकाचौंध न लगा देगा ? हमारे मन को बेचैन, हृदय को उद्वेलित न कर देगा ? छाया आदमी के अस्तित्व का एक प्रमाण है। अंधकार ही प्रकाश को प्रकाश का नाम देता है। अंधकार और प्रकाश के संघर्ष का नाभ ही जीवन है ! जब तक छाया और प्रकाश—लाइट एंड शेड—का सम्मिश्रण न हो, तस्वीरें बन नहीं सकतीं—एक दिन 'उन्होंने' ही तो उससे हँसते-हँसते कहा था। आज प्रत्यक्षतः वह देखती है—अंधकार और प्रकाश की यह आँखमिचौनी उसके सम्पूर्ण जीवन को तस्वीर-ही-तस्वीर बना रही है।

गाड़ी भागी जा रही है, तस्वीरें बनती जा रही हैं। तस्वीरें...

8
वियोग

वे अपने अध्ययन की धुन में शहर चले गये। समझाकर गये, बुझाकर गये, हँसाकर गये, चपतिया कर गये। उसे विनोद में छोड़ने, प्रमोद में रखने के लिए उन्होंने एक कोशिश नहीं छोड़ी। घरवालों से भी शायद इशारतन कुछ कह गये। उन लोगों ने भी उसे बहलाए रखने की पूरी कोशिश की। ननदें घेरे रहतीं, देवर गुदगुदाते रहते। बड़ी-बूढ़ी सब जैसे उसे हाथ पर लिये फिरतीं। किंतु, इन सबके बावजूद, उसके दिल में एक अजीब उदासी छाई रहती, उसके दिमाग़ में उचाट बसी होती। रह-रहकर तबीयत घबराती। मालूम होता, उसके हृदय का एक हिस्सा निकाल लिया गया है, हृदय की वह खाली जगह साँय-साँय किये रहती। कभी-कभी वहाँ एक अजीब पीड़ा, दर्द, टीस का वह अनुभव करती। ऐसा तो कभी नहीं हुआ था, उसे क्या होने जा रहा है ?

इस एक पखवाड़े में ही उसकी ज़िन्दगी में इतना बस गये, रस गये, घुलमिल गये, एक हो गये थे कि उनका वियोग उसे इतना अपूर्ण फलतः विह्वल-विकल बनाये हुए है, इसकी कल्पना पर उसे खुद आश्चर्य होता ! नई दुलहनें क्यों अपने 'पढ़क्कू' पति को अपने आँचल का 'पालतू' तोता बना डालती हैं, अब उसकी समझ में आ रहा है ! बैठती है, तो लेटने की इच्छा होती है; लेटती है; तो अकस्मात खड़ी होकर टहलने लगती है। खाने बैठती है, तो ग्रास कंठ से नीचे नहीं उतरते; पानी उसके जीवन का आधार हो रहा है। उसके अधर मरुभूमि बन गये हैं, आँखों में सावन समा गया है। एक ओर हूहू-धूधू, दूसरी ओर रिमझिम, झिर-झिर ! दिन तो जैसे-तैसे कट भी जाते हैं, किंतु, रात तो उसको काटने दौड़ती है। यह सब क्या है, क्यों है ?

प्रथम वियोग ! उसने 'प्रेम-सागर' में पढ़ा था, कृष्ण के वियोग में गोपियाँ दिन-रात रोया करती थीं ! पहले वह सोचती, यह क्या बात कि मर्द बाहर जाएँ, तो औरतें छाती कूटें, पीटें ! यह पागलपन है जी, इसी का नाम है 'तिरिया चरित्तर', जिसके लिए स्त्रियाँ बदनाम हैं। कोई जाता है, जाये; फिर आवेगा ही। अगर न भी आये, तो अपना क्या वश ? फिर, रोना-धोना क्यों ? वह जाता है, वह नहीं आता—तो साफ़ है, उसके दिल में हमारे लिए पीड़ा नहीं है, दर्द नहीं है। फिर, हमीं क्यों दिल-दिल, दर्द-दर्द चिल्लाते रहें। जिस हाड़, मांस, मज्जा का पुरुषों का हृदय बना है, उसी का स्त्रियों का। पुरुष हँसते-हँसते जाएँ, जाते ही भूल जाएँ, अपने लिए नई दुनिया बसायें और स्त्रियाँ आँसू से विदाई दें, उनके नाम की माला जपा करें, अपनी बसी-बसाई दुनिया को उसाँसों की आँधी में उजाड़ दें, आँसुओं की बाढ़ में डुबो दें ! छी-छी ! यह स्त्रियों के लिए शरम की बात

है। किंतु, जब अपने सिर पर आया, ये सारे ज्ञान, तर्क कहाँ हवा हो गये ? चलते समय उसकी आँखों ने उसे बेभरम किया, अब उसका समूचा शरीर, शरीर का एक-एक अवयव उसे तबाह और बर्बाद करने पर तुला है ! प्रथम वियोग ! —उफ़, अजीब शै है यह, जिसे वह समझ नहीं पाती; और नासमझी का उपचार ही क्या और किस काम का ?

कुछ दिन इसी बेचैनी में बीते। एक दिन उसने आईने में अपने चेहरे पर ग़ौर किया। अरे, यह क्या ? उसके चेहरे पर हवाइयाँ उड़ रही हैं। कहाँ गई वह ललाई, कहाँ उड़ा वह रंग; अब तो जैसे हल्दी मल दी हो। बालों में लट, ललाट पर बल। भौंहों की कमान—जिसका 'गुन' उतार लिया गया हो। आँखों के कोये सुर्ख, पुतलियों पर जैसे छाँव पड़ी हो। गालों के गुलाब—मुरझाए, सिकुड़े, सिमटे। क्या हो गई अधरों की वह हास्य-लालिमा ! अरे, यह क्या हो रहा है, हुआ जाता है ? चेहरे की यह हालत, और दिल की मत पूछिए ? मानो, एक दुनिया उजड़ी जा रही है। जहाँ बगीचा था, वहाँ बबूल का वन बनने जा रहा है ? बबूल का वन—जहाँ भौंरों के बदले भेंम का राज—जहाँ फूल के बदले काँटों का दौरदौरा !

नहीं, नहीं, ग़लत चीज़। उन्होंने जिस चीज़ से सावधान किया, वह उसी के चक्कर में पड़ गई। उसका समझाना-बुझाना, सब जैसे व्यर्थ हुआ, बर्बाद गया। वह भावना के संसार में भटक रही है, तड़प रही है। मृगमरीचिका की एक सृष्टि उसे दौड़ा-दौड़ाकर उसकी जान लेने पर तुली है। नहीं, नहीं यह ग़लत चीज़। अब उसे ठोस ज़मीन पर पैर रखना चाहिए, उसे ज़मीन को देखने, समझने और तदनुसार जीवन की धारा को परिवर्तित करने की कोशिश करनी चाहिए। प्रेम और वियोग का भी जीवन में स्थान है, किंतु जीवन सिर्फ़ प्रेम और वियोग का नाम नहीं है; जीवन के साथ और भी कितने कर्त्तव्य बँधे हैं, जिनका कौशल के साथ सम्पन्न करना ही मानव जीवन की सफलता और सार्थकता है—ऐसा उन्होंने उस दिन बताया था। लेकिन, वह कैसी मूरख निकली कि उनके जाते ही उनकी बात भूल गई। उनकी याद में तो वह घुली जा रही है, किंतु उनकी बातें वह भूली जा रही है—यह कैसा अजीब तमाशा?

ठोस ज़मीन पर पैर रखना—यह उनकी आज्ञा थी, उनकी आज्ञा उसने सिर-आँखों पर ली। किंतु, कुछ ही दिनों में जब उसे मालूम हुआ कि उसके पैर के नीचे जो ज़मीन है, वह कैसी पोली है, तब वह बहुत ही घबराई।

मध्यवित्त गृहस्थ परिवार के सभी वरदान और अभिशाप उसके इस नये संसार को घेरे हुए हैं। एक ऐसा घर—जो चूने से बाहर से पुता हुआ, चकमक करता; किंतु, उस चूने के भीतर जो दीवारें हैं, उसमें नोनी ने घर कर लिया है, वे भीतर-ही-भीतर खोखली हुई जा रही हैं। घर की यह छत, यह किवाड़, ओसारे के ये खम्भे—सभी सुघड़ और सुकाठ के। इन्हें रँगा गया है, इन्हें नया दिखाने की कोशिशें हुई हैं; किंतु भीतर से जो घुन इन्हें खाये जा रहा है, वह छिपाने से भी तो नहीं छिप्प पाता। जो इमारत की हालत, वही घर की सारी चीज़ों की। दरवाज़े पर पशु हैं, चरवाहे हैं, नौकर हैं, अन्न रखने की बखारियाँ हैं, पुआल के बड़े-बड़े टाल हैं, बड़े-बड़े भुसखार हैं। किंतु, क्या यह सच नहीं कि साल लगते-न-लगते पशुओं को चारे की दिक़्कत सताती है, नौकर मुशाहरा न मिलने से खिन्न और अन्यमनस्क रहते हैं, बखारियों की शून्यता को भरने के लिए लाख कोशिशें होती हैं, तो भी सफलता नहीं मिलती। सफलता हो तो कैसे ? — खलिहान से ही जो अन्न का प्रवाह चारों ओर तीव्र वेग से बहने लगता है। जिस टंकी में छेद है उसे भरने के लिए आप लाख पम्प लगायें, वह रीता-का-रीता रहेगा।

टंकी में छेद—गृहस्थी में कर्ज़। दोनों एक बात। हो सकता है; कभी आपका पम्प बिगड़ जाय; कभी आप पानी न दे सकें, भूल ही जाएँ। किंतु, वह छेद तो अपना काम भूलेगा नहीं ? वह तो तब तक अपना काम जारी रखेगा, जब तक एक-एक बूँद पानी निकाल बाहर न कर

दे। यही कर्ज़ की हालत है। आप सोये हुए हैं, और सूद आपके बिछावन के चारों ओर चक्कर दे रहा है ! आपकी खेती ख़राब हो सकती है, घर में कोई यज्ञ-प्रयोजन पड़ जा सकता है, आपकी आमदनी मारी जा सकती है, आपका खर्च बढ़ सकता है। आपके पारिवारिक जीवन में, तरह-तरह के कारणों से, ज्वार-भाटे आ सकते हैं। किंतु कर्ज़ पर इसका कोई प्रभाव नहीं पड़ने का—वह तो अपनी निश्चित गति से बढ़ा जा रहा है। सूद-दर-सूद—एक के दो, दो के चार, चार के सोलह, सोलह के एक सौ चौवालीस,—यह तो सिर्फ़ इसकी चार ही छलाँग हुईं, आगे की गणना कीजिए।

उसके पितामह—हाँ, 'उनके' पितामह भी तो 'उसके' पितामह ही हुए, अब तो 'उनका' एक-एक रिश्ता 'उसका' रिश्ता है—बड़े अच्छे गृहस्थ थे, किंतु, बड़े उदार, दरियादिल। किसी की तकलीफ़ देखी नहीं जाती, किसी का कष्ट देख नहीं सकते। मुसीबतज़दा जो माँगे, पावे। अपनी हैसियत का ख़याल नहीं रखते। कैड़े के मर्द—मूँछ की शान पर जान भी देने को तैयार। कोई उन्हें आँख दिखा नहीं सकता। जिसके हाथ पकड़ लिये, कोई उस पर अँगुली उठा नहीं सकता। जिसने उनसे गुस्ताख़ी की, वह उसका कड़वा फल चखा। अपनी शान के सामने वे किसी को लगाते नहीं। पुराने ज़माने के सामन्तों के सभी गुण। लेकिन, यह सामंती का युग तो रह नहीं गया था ! जो कभी का गुण था, वही इस ज़माने का अवगुण हुआ। अपनी ज़िन्दगी में उन्होंने बड़ा नाम कमाया, घर का रुतबा बढ़ाया, शान बढ़ाई, किंतु जिस घर को छोड़कर वे स्वर्ग सिधारे, वह घर ऐसा था, जो उनकी सन्तानों के लिए एक बोझ ही साबित हुआ।

उनके बड़े लड़के —'उसके' पिताजी ने घर को सम्हालने की कोशिशें कीं, वे बहुत कुछ सफल भी हो रहे थे, किंतु, विधाता से देखा नहीं गया। सिर्फ़ एक बच्चा छोड़कर, भरी जवानी में, वह अचानक ही चल बसे। घर में जो अब चाचा वग़ैरह हैं, वे सिर्फ़ लकीर पीटनेवाले। वे इस दुर्वह बोझ को जैसे-तैसे ढोये जा रहे हैं, ढोये जा रहे हैं ! किस उम्मीद पर ? किस आशा में ?

हाँ, इधर आशा की एक झलक दीख पड़ी है—उस झलक के मूर्त्त रूप हैं, उसके 'वे' ! लोग कहते हैं, उनकी सूरत-शक्ल, चेहरा-मोहरा, चाल-ढाल, शील-स्वभाव, बातचीत—सबकुछ उनके पितामह से मिलता-जुलता है। होनहार बिरवा के चिकने पात की तरह, बचपन से ही उनकी प्रतिभा देखकर लोग मुग्ध हैं। इधर पढ़ने-लिखने में उनकी तेजी और तरक्की देखकर लोग कहने लगे हैं, उनके पितामह ने ही मानो घर की गिरती हालत देखकर उसके उद्धार के लिए, यह अवतार लिया है। इस घर का रौब फिर बढ़ेगा, इसके आसमान पर फिर ज्ञान-मान का सूरज चमकेगा। बाल-किरणें ही साबित करती हैं, दिन कैसा होने जा रहा है ?

एक ओर जहाँ इस घर की हालत देखकर वह घबराई, वहाँ उसे इस कल्पना ने आनन्द भी कम नहीं दिया कि वह उनकी सौभाग्यशालिनी पत्नी है, जो इस नाव की पतवार होंगे, जिनके ऊपर घर-भर का भविष्य निर्भर है। वह अपने को उनकी योग्य अर्द्धांगिनी सिद्ध करेगी, उनके प्रयत्नों में अपना योग्य हिस्सा लेगी और अगर इतनी योग्यता अपने में न ला सकी, तो कम-से-कम उनके पथ के काँटों को चुनेगी, उस पर अपने स्नेह और भक्ति के फूल बिखेरेगी।

प्राचीन वीरांगनाओं की-सी उसमें योग्यता कहाँ, जो पति के साथ-साथ क़दम-ब-क़दम चलती, बढ़ती थीं—रणक्षेत्र में उनकी ढाल और शिरस्त्राण बनती थीं; कर्मक्षेत्र में उनकी प्रेरिका और संचालिका मानी जाती थीं। यह नहीं सही, वह अपने को एक सच्ची गृहिणी तो बना सकती है, और यदि उसने इतना भी कर लिया, तो उसके सौभाग्य के लिए इतना ही कम नहीं। गृहिणी—क्या गृहिणी का पद ही न्यून है ? क्या गृहस्थी की धुरी गृहिणी ही नहीं है ? आप बाहर कितना भी कर-धर आइए, किंतु अगर घर में सुघड़ गृहिणी नहीं हुई तो आपका सारा करा-कराया

सब चौपट ! उसके सामने कितने उदाहरण हैं कि अच्छी गृहिणी के अभाव में कितने घर चौपट हो गये ! वह ऐसा नहीं होने देगी !

x x x

"ऐसा नहीं होने देंगी !"—उसके कानों में भी यह आवाज़ आई। वह चकित हुई—उफ़, क्या तस्वीर के बदले वह तक़रीर पर उतर आई है ? लेकिन, नहीं, उसने मुड़कर देखा, तो पता चला, डब्बे के दो यात्री, इस भीड़भाड़ में भी बहस छेड़े हुए हैं ! बहस का विषय है, शिक्षित स्त्रियाँ ! एक सज्जन पढ़ी-लिखी स्त्रियों पर अपने दिल का बुख़ार उतार रहे हैं। दूसरे सज्जन बड़े जोश से उनकी बातों को काट रहे हैं—"आपने जो कुछ कहा, वह मूर्ख नारियों की करतूत हैं। आप क्यों भूल जाते हैं कि जिस तरह पढ़े-लिखे मर्द मूर्ख होते हैं, उसी तरह शिक्षित नारियाँ भी मूर्ख हो सकती हैं। किंतु जो यथार्थ शिक्षित स्त्रियाँ हैं, वे ऐसा नहीं करेंगी, ऐसा नहीं होने देंगी।" किंतु, उसे बहस सुनने की फुर्सत कहाँ थी ? वह अपनी तस्वीरों की दुनिया में फिर जा पहुँची।

9
बिजली !

वे आया करते, जाया करते। जब वे आते, उसकी ज़िन्दगी में एक ताज़गी, उत्फुल्लता, प्रफुल्लता आ जाती। जब वे जाने लगते, एक उदासी, अन्यमनस्कता, विह्वलता उसके हृदय को ढँक लेती। किंतु इस ताज़गी और उदासी, उत्फुल्लता और अन्यमनस्कता, प्रफुल्लता और विह्वलता के बीच भी वह संतुलन को नहीं खोने देती। वह निश्चय कर चुकी थी, कि उसे एक योग्य पति की कार्यशीला गृहिणी का पद प्राप्त करना है। धीरे-धीरे वे दिन में भी उससे प्रायः मिला करते; रात तो प्रेमी-प्रेमिका की होती ही है। जब दोनों एकसाथ होते, वैसे ही विनोद की कलियाँ खिलतीं, आनन्द की चिड़ियाँ चहकतीं। रँगरलियों की सरिता में बाढ़ आती, सारा जीवन, सारा जगत रसमय हो जाता। लेकिन, इस बाढ़ के बीच भी उसे सीमा का ज्ञान रहता, मर्यादा का ख़याल होता। ज्वार के बाद जब भाटा आता, उस समय वह मर्यादा का और भी ख़याल रखती।

वह थोड़ी-सी पढ़ी-लिखी थी, किंतु उन्हें इतने ही से कहाँ सन्तोष ? जो 'उनकी' छुट्टियाँ होतीं, वे अब 'उसकी' पढ़ाई की सीज़न होतीं। बाजाप्ता क्लास ही समझिए। वह किताब-कापी लेकर बैठी है, वे अध्यापक की तरह उसे पढ़ा रहे हैं, लिखा रहे हैं। ग़लतियाँ दुरुस्त कराई जा रही हैं, सही पर शाबासियाँ मिल रही हैं। लेकिन, अगर एक ही ग़लती को बार-बार दुहराया जाता है, तो झिड़कियाँ तक सहनी पड़ती हैं। कभी-कभी दो-एक मीठी चपत भी।

"और, रानी, अगर फिर भी ग़लती हुई, तो कनेठी मिलेगी"—हँसकर बोलते।

"मास्टर साहब, गाल से कान ज़्यादा सुकुमार नहीं होते"—वह चुनौती देती।

"अच्छा, तो अब मज़ा चखोगी ?"

"क्या आज तक के मज़े से भी ज़्यादा मज़ेदार होगा वह ?"

"ख़ैर, वकालत पीछे होगी, अभी पाठ की ओर ध्यान दो।"

"कोई सामने बैठकर जो बार-बार ध्यान तोड़े देता है !"

यों ही कभी-कभी काफ़ी चुहलें हो जातीं।

उसने पढ़ने-लिखने में काफ़ी उन्नति की। उसकी मेधा की वे तारीफ़ करते; कहते—तुम्हें यह पास कराऊँगा, वह पास कराऊँगा। वह कहती, नहीं, मुझे पास-फेल की दलदल में नहीं पड़ना

है, आप पढ़ाते जाइए, मैं पढ़ती जाती हूँ। पास की ज़िम्मेदारी एक ही की रहे, आप पास करते जाइए, आगे बढ़ते जाइए; आप हाकिम बनिए, मैं हाकिम पर हुकूमत करूँगी। रानी, तू तो बड़ी बातूनी है—वे कहते, हँसते, कभी चपतियाते, कभी हृदय से लगाते। दिन भागे जाते, महीने भागे जाते, इसी हँसी-खुशी में कई बरस पीछे छूट गये, जब इस पर ध्यान जाता, आश्चर्य होता। एक-दो-तीन—अरे, सचमुच हमें एकसाथ रहते तीन बरस बीत गये !

यह चौथा साल कितनी बड़ी ख़ुशख़बरी लेकर आया। उन्होंने बी.ए. किया, यूनिवर्सिटी में अव्वल आये। अव्वल लड़के को डिप्टीगीरी तो आप-आप मिलती है, चारों ओर चर्चा होने लगी। जब वह शहर से आये, गाँव के क्या कहने, अड़ोस-पड़ोस के लोगों ने बधाइयों-पर-बधाइयाँ दीं। उनके कुछ दोस्त भी आये। दिन-भर दरवाज़े पर भीड़ लगी रहती, धूम मची रहती। घरवालों के आनन्द का तो कहना ही क्या? बड़ी-बूढ़ियाँ उसके भाग्य की प्रशंसा करतीं—सुलक्षिणी बहू इसी को कहते हैं। ननदें और देवर कहते—"भौजी, भैया हाकिम होंगे, तुम शहर में जाओगी, हमें भी लिये चलोगी न !"

"मैं आप लोगों को छोड़कर जाऊँगी ही नहीं"—उसके ऐसा कहने पर वे ख़ुश होते, बोलते—"हाँ भौजी, हमें छोड़कर मत जाना। तुम रहोगी, तो भैया भी दौड़े-दौड़े आया करेंगे।"

"क्या आपके भैया मेरे ही लिए आते हैं ?"

"आते चाहे जिनके लिए हों, लेकिन ज़्यादातर रहते तो तुम्हारे ही साथ हैं न"—उनके बाल-सुलभ व्यंग्य में वह कितना आनन्द अनुभव करती।

इन्हीं बधाई देनेवालों में, उसके नैहर से एक दिन एक आदमी आकर ख़बर दे गया, उसके बाबूजी आ रहे हैं। उसका कन्यादान दादी ने किया था, किंतु, प्रचलित प्रथा से प्रभावित उसके पिता शादी के बाद आज तक उसके यहाँ नहीं आये थे। किंतु, इस असीम आनन्द ने उनकी मर्यादा की सीमा भी तोड़ दी। अपनी दुलारी बेटी का यह सौभाग्य देखने के सुख से अपने को वंचित करने की हिम्मत वे नहीं कर सके। वे आये, उनका अपूर्व आगत-स्वागत हुआ। कई दिन रहे, उसे और उसके घरवालों को कृतकृत्य करते रहे और चलते दिन उसके घरवालों से वचन लेकर गये कि हम दोनों को उनके यहाँ तुरंत भेजा जायेगा।

आज भी उसे रोमांच हो रहा है, उन दिनों की याद में, जब वह 'उनके' साथ नैहर गई थी। यों तो दो-तीन बार वह नैहर से हो आई थी, किंतु, इस बार की बात निराली थी। भाई बुलाने आया था। आगे-आगे हाथी पर अपने प्यारे साले के साथ वे थे, पीछे-पीछे खड़खड़िया में आठ कहारों द्वारा ढोकर वह ले जाई जा रही थी। खड़खड़िया में ओहार लगा था, वह बिलकुल पर्दानशीन महिला की तरह जा रही थी। कुछ ही देर पहले दोनों मिलकर चले थे, कुछ ही देर बाद दोनों फिर मिलेंगे, तो भी, न जाने कौन-सा कौतूहल था कि जब उसे ऐसा लगता कि यह सुनसान और निर्जन स्थान है, ज़रा ओहार सरकाकर वह देखने की कोशिश करती—वे कहाँ हैं, कितनी दूर पर हैं ? कितनी दूर पर हैं, कैसे लगते हैं ? उसे कुछ ऐसा अनुभव होता कि अभी-अभी, पहले-पहल, उसने उन्हें देखा था और पहली झलक के बाद ही वे जैसे उसकी आँखों से ओझल हो गये हों। अपनी शादी की बरातवाली शाम को जैसी व्याकुलता का अनुभव उसे अपने आँगन में हुआ था, वही व्याकुलता आज वह इस भरी दुपहरिया में, नैहर के रास्ते में, इस ढाई हाथ की खड़खड़िया में अनुभव कर रही थी।

एक पखवारा वह नैहर में रही। दादी, माँ, काकी, गाँव की बड़ी-बूढ़ी सबने आशीर्वादों से उसे ढँप-सा दिया। जहाँ जाती, उसके सौभाग्य की प्रशंसा होती। जिस भावज ने उस दिन उसकी दिल्लगी की थी, वह तो जैसे कट-सी गई। "दुलारी बुबई, माफ़ करना, मैंने तुम्हें साधारण दुलहन समझने की गलती की थी। तुम धन्य हो, तुम्हें पति भी वैसे ही मिले हैं। दोनों जीयो,

जीयो, खुश रहो, फलो-फूलो।" 'उनकी' आवभगत का भी क्या पूछना ? एक तो दामाद—प्यारा दामाद ! फिर, असाधारण दामाद—जो दामाद अब हाकिम बनेगा ! हाकिम !

जिसका नाम लेकर हम इज़्ज़त पायेंगे, मुकदमे जीतेंगे। "हाँ, कौन हाकिम होगा, जो इस हाकिम-दामाद का नाम सुनकर रियायत न करे"—यह बाबूजी नहीं कहते, गाँव के साधारण लोग भी कहते। नामवर दामाद सबका दामाद होता है न ?

नैहर से लौटने के बाद अब यह चर्चा शुरू हुई कि वे करेंगे क्या ? क्या डिप्टीगीरी लेंगे? लोगों की, सबकी यही राय थी। किंतु, उन्होंने नाहीं कर दी। उन्होंने कहा—नहीं, अभी मैं और पढ़ूँगा, एम.ए. तो कर लूँ, उसके साथ ही बी.एल. भी ! फिर देखा जायेगा। नौकरी क्या कहीं भागी जाती है ? किंतु पढ़ाई छोड़ने पर फिर उसकी ओर ध्यान कहाँ जाता है ? लोगों को उनका यह तर्क पसंद नहीं था। घरवाले और भी उकताए हुए थे। वे चाहते थे, जल्दी नौकरी लगे, कुछ बाहरी आमदनी आये, कर्ज़ से छुटकारा हो, कारोबार बढ़े, बढ़ाया जाये। जब उन लोगों की बात पर उन्होंने नहीं कान किया, तब उस पर ज़ोर डाला गया कि वह उनसे कहे। घरवालों से छिपा नहीं था कि वे उसे कितना प्यार करते, कितना मानते। उसने उन लोगों से कह तो दिया कि वह कहेगी; किंतु, क्या उसने कभी इसकी चर्चा उनसे की ? वह तो उनकी बुद्धिमानी पर इस तरह फिदा थी कि उनकी हर बात में हाँ करना, उनकी हर राय में स्वीकृति देना अपना कर्त्तव्य समझने लगी थी। वे जो कहते हैं बिलकुल सही और दुरुस्त कहते हैं। नौकरी कहाँ भागी जा रही है ? उनकी उम्र ही क्या हुई है ? घरवाले स्वार्थ में अंधे हो रहे हैं—स्वार्थ दूर तक कहाँ देख पाता है ? नज़दीक की चीज़ भी क्या वह सही-सही देख पाता है ? नहीं, नहीं अगर वे चाह रहे हैं, तो उन्हें पढ़ना चाहिए। एक दिन, घर से जाने के पहले उन्होंने ही उससे पूछा—"तुमने नहीं बताया, रानी कि तुम्हारी क्या राय है?" "जो आपकी राय, वही मेरी—" वह इतना कहकर ही पिंड छुड़ाना चाहती थी, किंतु, उन्होंने माना नहीं। बात बढ़ाई, और तर्क और युक्ति से उसके दिल में बिठा दिया कि उसकी, अपनी और अपने घरवालों की भलाई की दृष्टि से भी उनके लिए यही उचित है कि वे पढ़ाई जारी रखें।

हँसी-खुशी में वे आगे अध्ययन के लिए घर से चले। घरवालों ने चातक की तरह उनकी ओर देखना शुरू किया। ईमान की बात है, वह भी उनके भविष्य को जल्द-से-जल्द सफल और सुफल देखने के लिए कम उत्सुक नहीं थी। किंतु, उसके घरवाले क्या जानते थे कि जिस बादल की ओर वे पपीहा की तरह ध्यान लगाये हुए हैं, वहाँ स्वाती-बूँद के बदले कुछ दूसरी ही चीज़ की सृष्टि हो रही है ? वह भी क्या जानती थी कि जिस वृक्ष की डाल की ओर फल की आस में वह एकटक आँखें गड़ाए हुई है, वहाँ नियति कुछ दूसरा ही फल रच रही है ! वह चकित, स्तम्भित रह गई; घरवाले विह्वल, मूर्च्छित हो गये; सभी हित-कुटुम्ब, मित्र-बांधव भौचक-से रह गये—जब उन्होंने सुना...

x x x

बाहर इस समय थोड़ी वर्षा होने लगी थी। जो थोड़ा-सा बादल उसने थोड़ी देर पहले क्षितिज पर देखा था, उसने समूचे आसमान को ढाँप लिया था। बिजली चमकने लगी थी, हवा जोर से चल रही थी, पानी की बूँदों के साथ-ही-साथ छोटे-छोटे ओले गिरकर डब्बे की छत और खिड़कियों पर शब्द कर रहे थे। एक यात्री ने कहा, रब्बी चौपट हुई, दूसरे ने कहा, आम का सफाया हो गया—यह बिजली, अब तो बौर में आम लग नहीं सकते ! क्या उस दिन भी इसी तरह की बातें उसके घर-बाहर नहीं कही गई थीं ? उन दिन का वह दृश्य—उफ़, कैसा करुण चित्र !

10
तूफान

हाँ, वह तूफान ही था, जो अपने सभी साधनों से लैस होकर आया था,—बादल, बिजली, ओले, क्या-क्या नहीं ? वह तूफान जिसने उसकी हरी-भरी, लहलही खेती को रौंद डाला, मसल डाला, कुचल डाला, जिसने उसकी बौर-भरी डाली को झकझोर डाला, मरोड़ डाला, तोड़ डाला, जिसने उसके प्राचीन प्रतिष्ठित घर की दीवार दरका दी, छत उड़ा दी, घरवालों को बेभरम और बरबाद कर डाला; जिसने उसके आशाभरी, उल्लासमयी ज़िन्दगी को किस बुरी घड़ी में, ज़मीन से अलग कर दिया कि वह आज तक तुच्छ तिनके की तरह यहाँ-से-वहाँ, इधर-से-उधर, मारी-मारी फिर रही है ! कई बार उसने कोशिश की, कई बार उन्होंने कोशिश की, ज़रा ठोस ज़मीन पर उतरा जाय, घर बने, खेती हो, बगीचे लगें, किंतु आज तक वह न हुआ, न हुआ ! बार-बार ज़मीन पैर के नीचे से खिसक जाती रही, हवा का महल हवा में मिल जाता रहा। क्या आसमान की खेती ज़मीन पर फूल बरसाती और फल टपकाती है ?

उसको अच्छी तरह याद है उस दिन की एक-एक बात ! उनके चाचाजी आँगन में आये, रोनी-सी सूरत बनाये और उन्होंने जब उस दुस्सम्वाद की घोषणा की, समूचे घर पर मुर्दनी-सी छा गई । जितनी ही बड़ी आशा बँधी थी, उतनी ही बड़ी यह निराशा की ख़बर थी। मानो स्वर्ग पहुँचते-पहुँचते त्रिशंकु ज़मीन पर ढकेल दिया गया हो और वह औंधे सिर नीचे आ पड़ा हो। त्रिशंकु के लिए कम-से-कम यह तो गनीमत हुई कि वह अधर में ही लटका रह गया, इस पृथ्वी के लांछन, अपमान और अभिशाप देखने को नहीं लौटा। किंतु, यहाँ तो स्वर्ग से सिर्फ़ पृथ्वी तक ही रहने की बात नहीं रही, पैर के नीचे की ज़मीन भी धँसी जा रही थी—नरक की भट्टी मुँह खोले लीलने को तैयार थी ! अरे, यह क्या हुआ ? अभी कुछ दिन हुए, वे गये थे—क्या-क्या कहकर, क्या-क्या अरमान लिये हुए, लोगों को क्या-क्या सुख-स्वप्न दिखलाकर ? और, अचानक उन्होंने यह क्या कर लिया? चाचाजी अपनी आँखों के आँसू तक नहीं रोक सके। जहाँ उनकी आँखों में बूँदें थीं, वहाँ घर की औरतें खारे पानी के झरने बहाते जा रही थीं। हाँ, बोली किसी के मुँह से नहीं निकल रही। भावनाओं का ज्वार ज़बान पर ताला डाल देता है न?

और, उस समय उसकी अपनी हालत कैसी हो रही थी ? काटो तो खून नहीं। हृदय में तूफ़ान, दिमाग में धुआँ; नसों में खून की जगह बिजली की धारा दौड़ रही। वह थोड़ी देर अपने घर के दरवाज़े पर, किवाड़ की आड़ में खड़ी, सबका मुँह देखती रही, फिर, जैसे उसके पैर आप-ही-आप उखड़ गये, वह धम्म से पलंग पर आकर गिर पड़ी औंधे मुँह, मुँह के बल। क्या वह रो रही थी ? क्या वह सो रही थी ? उसे मालूम नहीं, कब तक इसी तरह पड़ी रही कि, उसने पाया, उसका देवर—वहीं, जो सामने बैठा है, उस समय छोटा बच्चा, प्यारा, दुलारा, भला, भोलाभाला था—उसे जगाने, उठाने की कोशिश कर रहा है। और अपने प्रयत्न में असफल होता, कुछ झुँझला रहा, झल्ला रहा, उकता रहा, बेचैन हो रहा—

"भौजी, ओ भौजी, उठती नहीं, सो रही हो, ओह, रो रही हो ! रोओ नहीं, ऊँह, यह क्या, अरी, ओ उठो, लो लो, यह लो, भैया ने तुम्हारे लिए चिट्ठी भेजी है। भैया ने, तुम्हारे लिए चिट्ठी, चिट्ठी !"

"चिट्ठी, चिट्ठी, भैया ने"—शायद वह चिल्ला उठी थी। झपटकर उठी, उस रुआँसे बच्चे से चिट्ठी ली और जब खोलकर पढ़ने बैठी...

शायद तीन बरसों से जान धुनकर उसे इसीलिए पढ़ाया जा रहा था, कि वह उनकी इस चिट्ठी को पढ़ सके, समझ सके—यह चिट्ठी थी, या ज़िन्दगी भर की तक़लीफ़ों का दमामी पट्टा

था ! पढ़ पगली, पढ़—एक बार पढ़, दो बार पढ़, फिर पढ़, पढ़ ले, जब तक इसके एक-एक शब्द याद नहीं हो जाएँ—

"रानी, मेरी रानी, मेरी प्यारी रानी,

"तुम्हारे पास यह चिट्ठी भेजते हुए मेरे हृदय और दिमाग की क्या हालत हो रही है, क्या तुम कुछ भी अनुभव कर सकती हो ? तुम्हें यह चिट्ठी लिखूँ या नहीं; लिखूँ तो क्या लिखूँ, कैसे लिखूँ ? लम्बे तर्क-वितर्क के बाद कागज़-क़लम लेकर बैठा भी हूँ, तो काग़ज ठीक से रख नहीं पाता, क़लम ठीक से पकड़ में नहीं आती, हाथ ठीक से काम नहीं करता, दिमाग जवाब देने लगता है, हृदय एक अज्ञात बोझ से दबा जाता है ! भावनाओं की इस धमाचौकड़ी में बेचारी बुद्धि काम कर नहीं पाती, ज्ञान कहाँ उड़ा जा रहा है ? ज़रूर ही इस चिट्ठी के पहले तुमने ख़बर सुन ली होगी—ख़बर बेपर की चिड़िया ! अपनी रफ्तार में डाक, तार सबको पीछे छोड़ देती है। ... वह किसी-न-किसी तरह इस चिट्ठी से पहले पहुँच ही चुकी होगी। और, इस ख़बर के बाद जब कल्पना करता हूँ...

"तुम्हारी क्या हालत हुई होगी ? मानो किसी ने आसमान से नीचे पटक दिया हो; मानो किसी ने पैर के नीचे की ज़मीन छीन ली हो ! तुम खड़ी हो—देख रहा हूँ, तुम खड़ी हो, विषण्ण बदन, आँचल नीचे खिसक पड़ा है, बाल की कुछ लटें आप-से-आप बिखरकर अकाल के बादल की तरह तुम्हारे चन्द्रमुख को ढँकने की कोशिश कर रही हैं, ललाट पर पसीने की बूँदें, आँखों में पानी का झरना ! होंठ हिल रहे, मुँह से आवाज़ नहीं आ रही ! खिले कमल-से चेहरे पर मानो अचानक तुषारपात् हुआ हो। और यह क्या ? तुम्हारा समूचा शरीर हिल रहा है—ज्वरग्रस्त कपिला गाय की तरह। तुम अपने को सम्हाल नहीं पातीं, बेहोश हुई जाती हो, आख़िर वहीं...

"तुम बेहोश पड़ी हो, उस निर्जन, एकाकी गृह में। क्योंकि घर के और-और लोगों की भी मनोदशा ऐसी नहीं कि कोई किसी को धैर्य दे सके। समूचे घर में शोक का राज्य है। बड़े-बूढ़े औरत, मर्द, बच्चे सब पर उदासी की घनघोर घटा छाई है। यह मैंने क्या किया ? क्या मेरे लिए यही उचित था ? क्या यह धोखा नहीं है ? —घरवालों को धोखा, जिन्होंने इतने रुपये खर्च करके मुझे पढ़ाया-लिखाया, मुझ पर इतनी उम्मीदें बाँधीं। सबसे बढ़कर रानी—तुमको धोखा! हाँ, ज़रूर तुम मुझे धोखेबाज़ समझती होगी। सोचती होगी, ऐसे निर्णय पर पहुँचने के पहले ज़रा मुझसे पूछ भी तो लिये होते...

"सच कहता हूँ, रानी, जब-जब तुम्हारे चेहरे और घरवालों की मनोदशा की ओर ध्यान देता हूँ, मालूम होता है, मैंने ग़लती की है, अपराध किया है। यह उचित नहीं था। शायद जल्दबाज़ी तो मुझसे नहीं हो गई...

"किंतु, जब-जब ऐसा सोचने लगता हूँ, उसी क्षण एक बुढ़िया का चेहरा मेरे मानस-नेत्रों के सामने आकर प्रतिबिम्बित हो जाता है। एक वृद्धा—जर्जर वृद्धा! गलित-गलित अंग, झुर्रियों से भरे उसके चेहरे को आँखों की गंगा-जमुना सिर्फ़ धोना नहीं चाहती, बहा ले जाना चाहती हो। अस्त-व्यस्त उज्ज्वल बाल, गले में हिचकियों का ताँता। किस करुण दृष्टि से वह मेरी ओर ताक रही है ! क्या उस दृष्टि में सिर्फ़ करुणा ही है ? करुणा-मात्र रहती, तो सहानुभूति की दो बूँदें बहाकर सन्तोष कर लिया जाता। इस दृष्टि में तो उपालम्भ है, उलाहना है, ताना है। बेटा, क्या मेरी यह गत तुमसे देखी जाती है ? तुम्हारे अछत मेरा यह हाल ? बेटे के सामने माँ लूटी जा रही हो, अपमानित की जा रही हो, और बेटा टुकुर-टुकुर देखा करे ? क्या यह कभी सम्भव है ? अभी तक मेरी गत इसलिए थी कि शायद तुम्हारी नज़र मेरी ओर नहीं थी। किंतु, जब तुम सामने हो, तुम्हारे सामने यह सब हो? नहीं, नहीं, ऐसा हो नहीं हो सकता—मेरे बेटे !...

"उफ़, रानी, मेरी रानी, बताओ, मैं कैसे उसे इस दशा में छोड़ूँ ? तुम्हारे सामने, तुम्हारी मैया पर ऐसी मुसीबत आये और वे आकर तुमसे विपदा सुनायें, तो, तुम स्त्री हुईं तो क्या, मेरी तेजस्विनी रानी, मुझे यकीन है, तुम भी अपनी सारी स्थिति, मर्यादा भूलकर उनकी मदद में जान पर खेल जाओ। मैं तो पुरुष ठहरा। ऐसी पुकार पर भी जिसका हृदय न पसीजे, उद्वेलित न हो, मैं समझता हूँ, वह पुरुष की क्या बात, मनुष्य भी नहीं ! उसे पुरुष या मनुष्य कहना मनुष्यता और पौरुष का अपमान करना है...

"कहोगी, वृद्धा कौन है ? कहाँ से आकर मेरे सामने यह अचानक खड़ी हो गई? बिना किसी बड़ी भूमिका के सुना दूँ। वह सिर्फ़ मेरी नहीं, हमारी-तुम्हारी सबकी माता, हमारी देश-माता, भारत-माता है। कभी इसके भी दिन थे, कभी इसकी भी शान थी। जब इसके मस्तक के रत्न-किरीट के प्रकाश से संसार प्रकाशित था, जब इसके पद पर संसार रत्नांजलि अर्पित करता था। आज वह भिखारिणी है। सिर्फ़ भिखारिणी ही नहीं—बंदिनी ! अब तक चेहरा ही देख रही थीं तुम, अब ज़रा उसके पैर की ओर देखो, हाथ की ओर देखो। वे लोहे की ज़ंजीरें, वे वज्र-शृंखलाएँ...

"रानी, रानी, हमें धिक्कार है, जो अपनी माँ को इस स्थिति में छोड़कर हम स्वयं आमोद-प्रमोद, सुख-चैन में मस्त और व्यस्त रहें। अब तक हमारी आँखों में पट्टी बँधी थी, हम अपनी माँ को, उसकी दुर्दशा को देख नहीं पाते थे। धन्य कहो, धन्य कहो, उस महात्मा को, जिसने हमारी यह पट्टी खोल दी है। और जब वह पट्टी खुल गई, तो फिर हम पट्टी-बँधे बैल की तरह अपने सुख-चैन के कोल्हू में चक्कर काटते हुए, उस अमूल्य मानव-जीवन को बर्बाद कर नहीं सकते...

"यह कहना भी फ़िज़ूल है कि तुम मुझे प्यारी हो ! रानी; तुम्हारा हृदय ही साक्षी होगा, मैं तुम्हें कितना प्यार करता हूँ ! तुम्हारे सुख के लिए, तुम्हें आराम और चैन में रखने के लिए, मैं सबकुछ कर सकता हूँ! किंतु, मैं समझता हूँ, जैसी स्थिति आ गई है, तुम भी चाहोगी कि पहले मैं इस मातृ-ऋण से उऋण हो लूँ। जब तक सिर पर ऋण का बोझ है, आदमी पनप नहीं सकता—हमारा अपना घर इसका उदाहरण है। क्या यह अच्छा नहीं कि मैं इस ऋण से मुक्त हो लूँ ? तुमने सुना ही होगा, सिर्फ़ एक वर्ष की बात है ? उस महात्मा ने कहा है—बस, मेरी बातें मानो, एक वर्ष में स्वराज्य लेकर दिखला देता हूँ... सिर्फ़ एक वर्ष—फिर तो अपनी दुनिया—हमारी-तुम्हारी दुनिया है ही ! माता बंधनमुक्त होगी। देश आज़ाद होगा। एक नया समाँ होगा। एक नया संसार होगा। हम नये संसार में रहेंगे। फिर हमारा परिवार होगा, हम होंगे; सानन्द रहेंगे, स्वच्छंद विचरेंगे—ओहो ! कैसे वे दिन होंगे, कैसी वे रातें होंगी—कल्पना करो, रानी...

"मेरी रानी, घरवाले इस ख़बर से बहुत ही व्याकुल होंगे। इन तीन-साढ़े तीन वर्षों में तुमको तो ऐसा बना भी लिया है कि तुम्हें समझा सकूँ। किंतु उन्हें! —उन्हें कैसे समझाऊँ, समझ में नहीं आता ! इसलिए, चाचाजी को सिर्फ़ एक छोटा-सा क्षमा का पत्र लिख दिया है। अब यह तुम्हारा काम है कि मेरी ओर से उन्हें सन्तोष और धैर्य दो। घर की स्त्रियों के मन को अगर तुमने ठीक कर लिया, तो फिर बाहर तो आप-आप सब दुरुस्त होगा। रानी, तुम्हें स्वयं ही धैर्य नहीं रखना है, तुम्हें मेरी मदद भी करनी है, ख़ासकर इस काम में...

"मैं चाहता था, आऊँ, तुमसे मिलकर समझा दूँ, घरवालों को भी धैर्य दे लूँ; किंतु, एक तो इस समय शायद सिर्फ़ समझाने-बुझाने से काम नहीं चलने का। नया घाव है, गहरा घाव है; ताज़ा चोट है, मर्मस्थल की चोट है। इसे समय का मरहम ही भर सकता है। अतः कुछ दिन के बाद ही आने की सोच रहा हूँ। फिर, काम की जो भीड़ है, उसकी कल्पना भी तुम नहीं

कर सकतीं। तुम यह न समझो, पढ़ने-लिखने से फुर्सत पाकर मैं सैर-सपाटे में मस्त होऊँगा। ठीक इसके विपरीत बात है, रानी। समझो, मैंने अपने को एक तूफ़ान के बीच में डाल दिया है—चारों ओर हूहू-हाहा, कहीं घर उजड़ रहे हैं, कहीं पेड़ गिर रहे हैं, ग़र्द-गुबार से वायुमंडल व्याप्त है, एक झोंका उधर पटक देता है, दूसरा झोंका फिर इधर घसीट लाता है—और इन सबके बीच अपने रास्ते पर बढ़े चलना है ! हमारी सफलता इसी पर निर्भर है कि इस हंगामे में भी हम कहाँ तक अपनी राह को अच्छी तरह देख सकते हैं, उस पर दृढ़ता से बढ़ सकते हैं...

"अतएव, मेरी प्यारी रानी, तुम क्षमा करना। आने में विलम्ब हो, तो घबराना नहीं। मेरे लिए चिन्ता तो बिलकुल ही नहीं करना। तुम्हारा प्रेम मेरे लिए हमेशा ढाल का काम करेगा, उसकी छाँव में मैं हमेशा निश्चिन्त सोऊँगा। हाँ, मुझे घरवालों के लिए थोड़ी चिन्ता है। सो देखना—देखना, ओ मेरी प्राण से प्यारी रानी..."

हाँ, यों ही तो उनका वह पत्र था। उसकी आँखों के सामने आज भी तो उस पत्र के अक्षर जगमगा रहे हैं। यह आश्वासन का एक अजीब तरीका था। जिसे सबसे ज़्यादा आश्वासन की ज़रूरत थी, उसी पर यह बोझ डाला गया, कि वह दूसरों को आश्वासन दे। यह क्या कोई न्याय था ? किंतु, क्या उसके लिए यह कर्तव्य नहीं कि उनके वचन का पालन करे ? उसने धीरे-धीरे अपने मन को शान्त किया और वह धीरे-धीरे उनकी ओर से घर की स्त्रियों से वकालत भी करने लगी। समझाती, बुझाती, धैर्य देती, ढाढ़स बँधाती। उसने देखा, वह कुछ सफल भी हो रही है कि एक नई खबर आई—वे गिरफ्तार हो गये ! और तूफ़ान का यह झोंका इतना बड़ा, इतना प्रबल था कि अब उसके लिए भी सम्भव न था कि वह खड़ी रह सके। वह गिरी और उठी उसी दिन, जब उसने देखा, वे आकर उसे उठा रहे हैं...

x x x

तेज़ी से भागी जानेवाली गाड़ी, उसने पाया, अब एक स्टेशन पर खड़ी है। लोग उतर रहे हैं। अधिकांश लोग उतर गये। उसका देवर उसे ध्यानमग्न देख, उसके नज़दीक आकर कह रहा है—"भौजी, उठिए न, बिस्तरा बिछा दूँ। ज़रा लेट जाइए। बड़ी भीड़ थी। ज़रा कमर तो सीधी कर लीजिए।" वह चौंककर उठी। बिस्तरा बिछाया गया। बच्ची को गोद में चिपकाकर वह लेट गई। आँखें बंद कीं। आँख बंद थीं, किन्तु, वह देख रही थी...

11
मान

वह पड़ी हुई है, वह उसे उठा रहे हैं, मना रहे हैं। न जाने क्यों, उस दिन एक अजीब मान उसके दिल में पैदा हुआ। जो मान, पहली रात में, पहली मुलाक़ात में, न जाने कहाँ सोया पड़ा था, इन तीन-चार वर्षों के विवाहित जीवन में जिस मान की छाया भी उसने नहीं देखी थी, वही मान उसके हृदय पर अधिकार कर बैठा—उस दिन, जब कि एक वर्ष की जुदाई के बाद वे उसके घर में आकर खड़े थे ! वे, उन्हीं के शब्दों में, तपोभूमि से लौटे थे। घरवालों ने आँसू के हार से स्वागत किया, परिजन-पुरजन ने आरती और माला से अभिनन्दन किया। उसके दरवाज़े पर भीड़ लग गई। वे मानव होकर भी मानवेतर हो चुके थे। उनके त्याग और तपस्या की चर्चाएँ हो रही थीं। एक कोलाहल-सा मचा था। इस भीड़भाड़ से निबटकर जब वह आँगन में आये और बड़ी-बूढ़ियों से आशीर्वाद पाने लगे, उसके मन में न जाने क्यों एक अजीब भावना पैदा हुई।—मैं कौन होती हूँ उनकी ? उन्हें मेरी क्या परवाह? मुझे अथाह सागर में छोड़कर कैसे वे तैरते बढ़ गये। आज लौटे हैं, देवता होकर ! गले में मालाएँ पड़ रही हैं, कर्पूर की आरतियाँ

हो रही हैं। भगवान के नये-नये भक्त हैं; मैं कौन होती हूँ भला? मेरे घर आ रहे हैं, एक लोकलाज निबाहने। अगर मेरी ज़रा भी चिन्ता होती, तो, यों मुझे भूलकर, तपस्या में लीन हो जाते! मैं अबला, मैं नारी । नारी तो तप-भंग की सामग्री है न ? तपस्वियों को नारी से अलग ही रहना चाहिए। मैं क्यों उनके तप में आड़े आऊँ? मन, चल दूर हट...

यों ही अंट-संट सोचती, वह पलंग पर जा लेटी। आँचल से मुँह को ढँप लिया। आँचल का छोर यों दाब दिया, कि चेष्टा करने पर ही मुँह उघाड़ा जाये। वे घर में घुसे। उनकी पग-ध्वनि उसने सुनी, पहचानी। उन्हें कितना आश्चर्य हुआ होगा, यह देखकर? शायद उन्होंने सोचा होगा, रानी, किवाड़ की ओट में खड़ी प्रतीक्षा कर रही होगी। ज्योंही पहुँचूँगा, या तो लिपट रहेगी, या पैरों पर लेट जायेगी। किंतु, यह क्या? यह तो पलंग पर पड़ी हुई है ! वह धीरे-धीरे पलंग के निकट आये, पुकारा—रानी, रानी ! किंतु, रानी सोई थी क्या, जो आवाज़ सुनकर जग जाये? वे पलंग से सट गये, एक पैर पलंग के ऊपर रखा और हाथ आँचल की ओर बढ़ाया। हाथ बढ़ाते हुए बोले—"समझा, रानी समझा ! तू नाराज़ है मुझ पर। वाजिब ही है तेरी नाराज़ी। मैंने अपराध किया। किंतु, इस समय माफ़ी माँगने की भी सुध नहीं है, पगली। आ, उठ, पहले तुझे हृदय से लगा लूँ। देख तो, यह मेरा दिल, तुमसे मिलने को कैसा अकुला रहा है—धड़धड़ किये हुए है।" उन्होंने उसका हाथ खींचा और उसे घसीटकर अपनी छाती पर ले गये। उसका हाथ उनकी छाती पर; उनका मुँह उसके आँचल पर ! उच्छ्वास की गरमी, चुम्बन की बिजली! उसका मान पानी-पानी हो रहा। आँचल न जाने कहाँ विलुप्त हो चला। उसने पाया, वह उठाई जाकर उनकी गोद में है।

जब आँखों का ज्वार-भाटा ख़तम हुआ, उसने उनके मुँह की ओर देखा। अरे यह क्या? वे इतने दुबले ? ललाट पर शिकन, आँखों के गोलक धँसे, गाल पिचक गये, नाक कुछ अधिक उभर आई है—अरे, यह क्या ? वह आँख फाड़-फाड़कर देख रही थी,—चकित, विस्मित, भयभीत! और, वे... वे मुस्कुरा रहे थे।

"क्यों रानी, क्यों ? मैं दुबला हो गया हूँ यही न ? तो, यह कौन-सी बात है भला? जहाँ चार दिन तुम्हारे हाथ से खाया, और चार दिन तुम्हारे पास रहा—फिर, वही मुटाई, वही ललाई! रंग रंग भी तो देता है। क्यों ?" वह चुप थी और वे आँखों से मुस्कुराते और होंठों से अमृत की वर्षा किये जाते थे। जब कुछ देर के बाद वह कुछ आश्वस्त हुई, बोली—

"तपस्वी को नारी से अलग ही रहना चाहिए, तपभ्रष्ट मत हूजिए।"

उन्होंने कहा—"ओहो, अब समझा ? यह मान नहीं था, मेरा कल्याण था, जो मेरी रानी को यों यहाँ सुलाये हुआ था ! वाह री मेरी रानी !" बात जारी रखते हुए उन्होंने आगे कहा—"किंतु, रानी, यह विश्वामित्र की तपोभूमि नहीं है; यह तो जानकी का केलि-मन्दिर है, जहाँ की ध्यान-धारणा, अशन-आसन सबकुछ दूसरा ही है।"

और इसके बाद...

उफ़, उसका पिछला वर्ष कैसा बीता था। ध्रुवदेश में छः महीने का दिन और छह महीने की रात होती है, सुनते हैं। किंतु, यहाँ तो यह एक पूरा वर्ष उसके लिए रात-ही-रात रहा है। रात—अमावस्या की रात, अमावस्या भादों की। चारों ओर अंधकार ही अंधकार—जब बिजली कौंधकर प्रकाश नहीं देती, अंधकार की भयानकता को और बढ़ाता है। आसमान में एक तारे तक के दर्शन नहीं—तमाम बादल छाये हुए। रात भर टिप-टिप, टिप-टिप,—खुलके बरसे तो जी कुछ हल्का भी हो जाये। अजीब उमस। उफ़, री, वह काली, भयानक, भयावह रात। और, आज की रात—ऐसी रात सब सुहागिन की हो; दिन न हो, रात ही रात। इस एक ही रात में जैसे उन्होंने जादू फेरकर बारह महीने की अनगिनत रातों की व्यथा को, न जाने किस तरह, हवा कर दिया। दूसरे दिन जब वह उठी, उसकी आँखों में नई रोशनी थी, उसके पैरों में पुराना बल

था; आईने में देखा, गालों पर गुलाबी दौड़ गई थी, होंठों पर ईंगर मुस्कुरा रहा था और आँखों की पुतली कठपुतली-सी ता-थेई नृत्य कर रही थी।

दिन में उन्हें भी उसने ग़ौर से देखा। वे दुबले हो गये थे ज़रूर—लेकिन समूचे शरीर से एक ज्योति-सी निकलती। कभी-कभी उसे ऐसा लगता—जैसा कि उसने देवताओं के मुखड़ों के चित्रों में देखा था—उनके चेहरे से ज्योतिःस्फुलिंग निकलकर एक वृत्त बनाये हुए है। वह वृत्त क्रमशः फैलता जाता है। उस वृत्त के भीतर उनका चेहरा कैसा अपूर्व मालूम होता! वह कई बार उसे देखती ही रह जाती—आत्मविस्मृत, आत्मविभोर ! उसे इस तरह निर्निमेष दृष्टि से देखते हुए पाकर उन्होंने कई बार पूछा भी—"यह क्या है रानी, यों घूर क्यों रही हो ? मैं दुबला हूँ, यही न ?" कहकर मुस्कुरा पड़ते। वह बोलती क्या भला, होंठों का जवाब होंठों से ही देने की चेष्टा-भर करती।

थोड़े ही दिन वे रह पाये थे कि एक दिन शहर से कुछ 'बड़े-बड़े' लोग उसके दरवाज़े पर आ पहुँचे और उन्होंने ख़बर की—वे उन्हीं के साथ जा रहे हैं। जा रहे हैं ? क्यों, कहाँ ? क्या एक वर्ष की तपस्या पूरी नहीं हुई ? अब तो फिर पढ़ना है, घर देखना है। डिप्टीगीरी न हुई, वकालत ही सही। वही पढ़िए, दो वर्ष क्या चीज़ है ? किंतु, उन्होंने इन बातों को हँसी में उड़ाना चाहा। पर, उनकी मानिनी रानी माने तो। उसने ज़िद की—"मैं आपको नहीं जाने देती; मैं नहीं जाने दूँगी। पहले मुझे बता दीजिए, आप क्या करना चाहते हैं, कहाँ जाना चाहते हैं? एक बार मैं धोखा खा चुकी, मैं अब आपको नहीं छोड़ती।" शब्द ही नहीं थे, एक-एक शब्द के साथ आँसुओं की शत-शत बूँदें भी थीं। वे तैयार होकर उससे मिलने आये थे। सिर से टोपी उतारकर उसके हाथों में रख दी और कहा—"अच्छा, आज नहीं जाता। जब तेरी आज्ञा होगी, तभी जाऊँगा। जैसी तेरी मर्जी।" दरवाज़े पर गये, उन लोगों को, न जाने क्या कहकर, विदा किया और लौटे। तब तक वह खड़ी थी, उनकी उस उजली गाँधी-टोपी को हाथ में रखे, उसे देखती, उसे अश्रुंओं से अभिषिक्त करती ! आते ही बोले—"हुआ न, मैं हारा, तू जीती।"

हाँ, सचमुच यह उसकी विजय थी। ऐसी विजय—जिस पर घरवालों को ही आश्चर्य नहीं हुआ, उसे स्वयं भी आश्चर्यचकित रह जाना पड़ा ! किंतु, उसकी यह विजय कितनी महँगी है, उसने तुरत अनुभव किया। उनका चेहरा लटक रहा— श्रीहीन, विषण्ण। कहाँ गया उनके मुँह का ज्योति-वृत्त ? और आँखों में यह क्या उमड़-घुमड़ रहा है ? उनमें पानी नहीं सही, उनसे बूँदें न गिरें, सावन के सजल बादल तो वहाँ हैं ही। तो क्या, उससे कोई अपराध बन पड़ा ? कोई ऐसा काम किया उसने, जिससे उनके हृदय को ठेस पहुँची है ? वे चाहते तो उसकी अवज्ञा कर सकते थे ? किंतु, ऐसा नहीं किया। उन्होंने, उसका मान रखा, ज़िद रखी। उन 'बड़े लोगों' ने मन-ही-मन क्या कहा होगा ? बड़े देशभक्त बने थे, बीवी ने ज़रा टोक दिया, बस, सारी देशभक्ति हवा हो गई ? शायद इस अपमान के बोध ने ही उनकी आँखों में इन बादलों की सृष्टि की है? उहुँ, उसने गलती की है, नादानी की है, उससे अपराध हो पड़ा है, अक्षम्य अपराध ! एक तरफ़ वे हैं, जो उसकी ज़िद की भी क़दर करते हैं, एक तरफ़ वह है, जो उनकी प्रतिष्ठा की ओर भी ध्यान नहीं रखती !

वे खड़े थे, उनके हाथ उसके बालों से खेलवाड़ कर रहे थे। उसने उनके मुँह की ओर देखा। सहसा उनके होंठों पर एक मुस्कुराहट खेल गई। उसके समझने में धोखा नहीं हुआ कि यह उत्फुल्लप्राय कलिका की चटक नहीं है, बल्कि अपने बोझ से व्याकुल बनी मेघ-माला की तड़प है। मुस्कुराते हुए उन्होंने कहा—"चलो, कुछ गप हो; खड़ी कब तक रहोगी ?"

"क्या आपके साथी चले गये ?"—उसने पूछा और जवाब की प्रतीक्षा किये बिना ही बोल उठी—"आप जाइए, जब वे बुलाने आये हैं, तो आपका नहीं जाना मुनासिब नहीं।" वे चकित होकर देख रहे थे। उसने फिर कहा—"मुझसे अपराध बन पड़ा था! मैं नारी, गँवारी—यदि दूर

तक नहीं देख सकूँ, तो मेरा क्या कुसूर? आपको क्षमा कर देना चाहिए।" इतना कहते-कहते, उसके हिचकियाँ आ गई थीं, उसे आज भी अच्छी तरह याद है। फिर क्या था, उनकी आँखों के बादल भी बरस पड़े ! किंतु, यह उसके कर्त्तव्य-ज्ञान पर बहे हुए प्रसन्नता के आँसू थे या उसकी अपार मानसिक पीड़ा पर बहे हुए सहानुभूति के आँसू—यह कौन बताए ?

उसे घसीटकर वह पलंग पर ले गये। बिठाया, वह बैठी। बहुत कुछ कहना चाहते थे, कह न सके। कहा, रात तुमसे दिल खोलकर बातें होंगी। उन लोगों को कह दिया है—घर पर एक ज़रूरी काम छूटा जा रहा था, अभी-अभी याद आया, उसे सम्पन्न कर तुरत आऊँगा, आप लोग चलिए। वे चले गये हैं। अब तुमसे पूरी बातें करके, और तुमसे आज्ञा लेकर ही जाऊँगा। यों ही कितनी ही बातें कहकर, घर से बाहर गये।

और, उस रात में !—मानो, उन्होंने अपना कलेजा निकालकर उसके सामने रख दिया—हाँ, एक वर्ष की ही बात थी। किंतु, आज स्पष्ट है कि चाहे जिसकी कमी से हो, जिसकी ग़लती से हो, तपस्या का फल नहीं मिला। अब क्या यह उचित है कि एक बार जिस काम में हाथ डाल दिया गया, उसे सम्पन्न किये बग़ैर पीछे पैर दिया जाये? घर की हालत ख़राब होती जा रही है, वे खुद भी देख रहे हैं। क्या उन्हें आँखें नहीं, ज्ञान नहीं ? किंतु, देश में आज उन्हीं का घर तो इस अबतर हालत में नहीं। सारा देश ही ऊजड़ गाँव हो रहा है। अगर उसमें एक घर सम्पन्न ही हुआ तो क्या? अतः एक घर को सम्पन्न करने की अपेक्षा, इस समूचे ऊजड़ गाँव को ही फिर से बसाने की क्यों न चेष्टा की जाये ? गाँव बसेगा, तो यह घर भी आप-आप बस जायेगा। घरवालों को तो इतना ज्ञान नहीं, उन्हें तो अपनी ही हालत सूझती है, उन्हें समझाया जाये, तो कैसे? किंतु, उसे तो समझना ही चाहिए, वह सिर्फ़ सहचरी ही नहीं है, सहधर्मिणी है, अर्धांगिनी है ! उन्हें इस बात से आज प्रसन्नता हुई है कि वह चीज़ों को समझने की चेष्टा कर रही है, वे अपने को धन्य समझ रहे हैं कि ऐसी पत्नी मिली। किंतु, जो दिन आनेवाले हैं, वे शायद और भी अधिक परीक्षा के हों। अतः, उसे पूरी तैयारी करनी चाहिए। अपने जीवन, अपनी भावना, अपनी बुद्धि सबको नये साँचे में ढालने की कोशिश करनी चाहिए—आदि, आदि।

वे कहे जा रहे थे, वह सुनती जा रही थी। वह क्या बोलती भला ? यों बहुत देर तक दीन-दुनिया की बातें करते हुए, फिर उन्होंने विनोद की बातें छेड़ीं—अपने पूर्व-परिचित स्वभाव के अनुसार। कौन कह सकता था कि कुछ मिनट पहले इसी मुँह से ज्ञान की वे अनमोल मुक्ताएँ झड़ रही थीं—अब तो यहाँ सिर्फ़ फूल-ही-फूल बरस रहे थे ! फूल—रंग, गंध; देखो, सूँघो; खुश हो, मस्त हो। उसी मस्ती में न जाने कब उसकी आँखें लग गईं।

x x x

और, सचमुच उसकी आँखें लग गई थीं। दूसरे स्टेशन पर फिर एक बरात जब चढ़ने का उपक्रम करने लगी, उस कमरे में होहल्ला शुरू हुआ। उसने आँखें खोलीं। भीड़ देख बच्ची को सँभाला। उस सोई हुई बच्ची को लेकर एक कोने में सिमटकर बैठ गई। गाड़ी चली, दौड़ी, भागी। वह फिर अपनी पुरानी तस्वीरों की दुनिया में जा पहुँची...

12
मातृत्व !

एक राष्ट्रीय विद्यालय खोला गया था, उसके वे प्रधानाध्यापक थे। इस अध्यापन से पैसे तो कुछ इतने मिलते नहीं थे कि घर को सम्हाला जा सके। हाँ, घरवालों को, हित-कुटुम्ब को और उसको भी यह सन्तोष था कि आख़िर उनकी ज़िन्दगी में स्थिरता तो आई। विद्या है, योग्यता है, तो

कभी-न-कभी उच्च स्थान प्राप्त करेंगे ही। अभी यही सही। अध्यापक होने के बाद, उन्होंने घर के काम-काज की ओर भी कुछ ध्यान देना शुरू किया। छुट्टियों में आते, तो चाचाजी के बोझ को हल्का करने की कोशिश करते। कई पुराने कर्ज़ ऐसे थे, जो 'सइन' घाव की तरह, न जाने कब से, बहते आ रहे थे। उनसे पीव ही नहीं निकलता था, जीवनी-शक्ति बही जा रही थी। ऐसे कर्ज़ों को उन्होंने हाथ में लिया। घर के कुछ अनावश्यक ख़र्चों को कम कर, उपज की वृद्धि की ओर ध्यान देकर, को-ऑपरेटिव बैंक से कुछ उधार लेकर उन्होंने उन कर्जों को सधा दिया। इस ऋण-मुक्ति से घर में थोड़ी मायदारी आई। लोगों की आशाएँ फिर पत्ते और कोंपलें लेने लगीं।

और, अरे, वह कैसे कहे, कैसे बताये, कि उसके यौवन-तरु में भी अचानक कोंपल फूटी, मंजरी निकली, बौर लगे और हाँ, टिकोरे के भी लक्षण स्पष्ट होने लगे। ओहो, वह गर्भवती हो चली है !

गर्भ—मातृत्व का पावन प्रतीक, प्रेम का विजय-वैजयन्त ! जब रानी 'भोग' की दुनिया से हटकर 'साधना' की स्वर्भूमि में पहुँच जाती है; जब 'काम' 'धर्म' में परिणत हो जाता है, 'मोह' 'कर्त्तव्य' में। जब आँखों का रस छाती में घर करता है, जब होंठों की ललाई दूध की उज्ज्वल धारा के रूप में फूट पड़ती है। जब यौवन उन्माद के आवर्त्त से निकलकर मर्यादा की सीमा में बँध जाता है। जब हाथ स्थिर हो जाते हैं, पैर भारी पड़ जाते हैं। जब हवा में तैरनेवाली नारी ज़मीन के लिए भी बोझीली बन जाती है, जब आसमान में स्वच्छन्द विचरण करने की भावना घर की चहारदीवारी को भी बड़ा घेरा मानने लगती है। संक्षेप में—जब 'पत्नी' 'माता' बन जाती है—वन्दनीय, अर्चनीय, नमस्य, प्रणम्य।

वह गर्भवती है—इस कल्पना ने उसमें एक साथ ही कितनी खुशी और कितनी ज़िम्मेवारी के भाव भर दिये। वह गर्भवती है—अब उसके एक शरीर में दो प्राण बस रहे हैं ! कितना आश्चर्यजनक ! और यह जो दूसरा प्राण है, वह कौन है? क्या वह उनकी प्रतिमूर्त्ति नहीं है; जिस मूर्त्ति को वह इतने बरसों से—सुख में, दुख में, मिलन में, बिछोह में—अपनी आँखों में बसाए हुए थी, वही मूर्ति अब प्रत्यक्ष उसकी आँखों के सामने, मूर्त्तरूप में, चलेगी, फिरेगी। उसके आनन्द का क्या कहना? किंतु, उस मूर्त्ति के पिंड को नौ महीने तक अपने गर्भ में लिये रहना, अपने प्राण-रस से उसका प्रतिपालन करना, कोई ऐसी हलचल न करना कि उस नन्हे-से मांस-पिंड को ज़रा भी सदमा पहुँचे और जब वह संसार का प्रकाश देखे, उसे मातृत्व की उन शत-सहस्र परिचर्याओं से पालना, पोसना, बढ़ाना, अरे—वह किस तरह इन जिम्मेवारियों को निभा सकेगी, भला?

वह विद्यालय में थे। वह सोचने लगी, जब वे आवेंगे, किस तरह यह सुसंवाद उन्हें वह सुनाएगी ? क्या कहेगी, क्या कहकर बतलाएगी ? जब वे सुनेंगे, उनके मन में क्या भाव होंगे ? ज़रूर ही आनन्द होगा उन्हें। किंतु, जिम्मेवारियों के बोझ का उन्हें भी अनुभव होने लगेगा। अच्छा ही तो; अब वे घर की ओर ज़्यादा ध्यान देंगे! घरवालों को भुला सकते थे, उनकी उपेक्षा कर सकते थे। किंतु, उसकी उपेक्षा कैसे करेंगे, जो उन्हीं की सृष्टि है; उन्हीं की रचना है ? किंतु, यह उपेक्षा का प्रश्न ही कहाँ उठता है? आज तक उन्होंने क्या कभी किसी की उपेक्षा की है ? हाँ, कर्त्तव्य-बंधन था। जहाँ दो कर्त्तव्य परस्पर टकराते थे, किसी एक ही का पालन तो कर सकते थे वे ? उन्होंने यही किया। हाँ, यह बात ज़रूर है कि एक अबोध शिशु के साथ जो उनका कर्त्तव्य होगा, वह ज्यादा नाजुक होगा, अतः, दो कर्त्तव्यों के चुनाव में, इसकी ओर ही उन्हें पहले ध्यान देना होगा। दो कर्त्तव्यों का चुनाव !—तुरत उसका ध्यान अपनी ओर गया। अब उसके साथ भी तो यही सवाल होगा ! वह किसको तरज़ीह देगी—उन्हें, या इस आगन्तुक को? उसने सुन रखा था, बाल-बच्चे

वाली स्त्रियाँ पति के प्रति कुछ उदासीन हो जाती हैं। वे बच्चों में इतनी तल्लीन हो जाती हैं कि पति को अपना पूरा प्रेम दे नहीं पातीं। क्या उस पर भी यह बात लागू होगी ? नहीं, हर्गिज़ नहीं। वे बेवकूफ स्त्रियाँ होती हैं, जो इस तरह करती हैं। जिसका प्रेम सिर्फ़ हृदय की चीज़ न रहकर मूर्त्तरूप में सामने नाचे, खेले, हँसे, तालियाँ दे, ता-थेई करे—उसके प्रति उपेक्षा या उदासीनता कहाँ से आयेगी? वहाँ तो प्रेम बढ़ता ही जायेगा—उसमें चार चाँद लग जायेंगे !

अभी विद्यालय से उनके आने में देर थी। इधर, उसका कुतूहल बढ़ता ही जाता था। एक महीना तो उसने जैसे-तैसे काटा, किंतु, दूसरा महीना आते ही, इस कुतूहल, उत्सुकता को उनसे छिपाए रखना उसके लिए असम्भव हो गया। आख़िर, एक दिन एक चिट्ठी उसने उनके पास भेज ही दी—क्या किसी इतवार को, सिर्फ़ एक दिन के लिए, नहीं आ सकते ? एक ज़रूरी काम है। और, वह अगले इतवार को आ पहुँचे और आते ही पूछ बैठे—"क्या है रानी ? क्यों बुलाया?" वह बोलने ही को थी कि फिर कहने लगे—"मैं कहूँ, क्यों बुलाया है ? वाह री खुशख़बरी—अपने को ज़प्त नहीं कर सकी ? तो, बधाई लो, खुश रहो"—कहते-कहते उन्होंने उसे आलिंगन में आबद्ध कर लिया ! "मैंने सामुद्रिक पढ़ा है, रानी—किस तरह बिना कहे ही सब बातें जान लीं?"

उसे सचमुच आश्चर्य हो रहा था, उन्होंने यह जाना कैसे ? वे भी रहस्य को रहस्यमय बनाये जा रहे थे ? किंतु, पीछे, उसकी समझ में आया, यह चीज़ कैसे गुप्त रह सकती थी भला? घर की औरतों से बच्चों के कान में बात गई और उनकी ज़बान जहाँ जिसे न कह दे ? ननदें तो जैसे बाट जोह रही थीं। भैया आये और उनके कानों में बात पड़ी—मिठाई, गहने, और साड़ी की माँग के साथ।

इस शुभ संवाद ने उन्हें कितना हर्षित, पुलकित, आनन्दित किया ! हर महीने वे ज़रूर घर आने लगे—आख़िरी दिनों में तो हर रविवार को। जब आते, उसके शरीर का पूरा समाचार पूछते—खोद-खोदकर। जहाँ कुछ गड़बड़ी मालूम होती, तुरत उपचार में लग जाते। उन दिनों उसकी तबीयत भी अजीब हो रही थी। अवसाद का तो मानो उसके जीवन पर एकच्छत्र आधिपत्य हो गया था। जब खड़ी होती, बैठने की इच्छा होती; जब बैठी होती, तो लेटने की। नई-नई चीज़ों के खाने-पीने की लिप्सा तो होती, किंतु, जब वे चीज़ें सामने आतीं, उबकाई आने लगती। जो वस्तुएँ उसे बहुत प्रिय थीं, अब उनकी ओर आँख उठाने की इच्छा नहीं होती। चेहरे का रंग उड़ा जा रहा, होंठों पर पपड़ियाँ पड़ रहीं। जब कुछ दिन रह गये, हाथ-पाँव की क्या बात, उसकी पलकों पर भी सूजन-सी आ गई थी। वे घर पर होते, तो ज़्यादातर उसके निकट होते। हँसने-हँसाने की कोशिशें करते, बहलाने-टहलाने की चेष्टाएँ करते।

संयोग, जिस दिन प्रथम-प्रथम उसने इस पुत्ररत्न का प्रसव कर अपने को अतिसौभाग्यशालिनी सिद्ध किया, उस दिन वे घर पर नहीं थे। यह घटित भी हुआ अचानक और अप्रयास। थोड़ी रात बीती थी। सवेरे कुछ खाकर—यों ही दो-चार कौर—वह आँख मूँदे पलंग पर पड़ी थी कि उसके पेड़ू में कुछ दर्द-सा मालूम हुआ। दर्द टीस में बदला। वह उठकर बैठी। बैठा न गया। पलंग के नीचे पैर खिसकाकर वह खड़ा होना चाहती थी, कि उसे मूर्च्छा-सी मालूम हुई। पलंग की पाटी पकड़कर वह नीचे बैठ गई। एक ज़ोर का वेग—उसके मुँह से चीख़। उसके बाद—क्या हुआ, उसे पता नहीं। थोड़ी देर में जब उसे होश हुआ, घर में आनन्द-बधैया बज रहा था और उस कोलाहल में एक मीठी-मीठी केहाँ-केहाँ की आवाज़ आ रही थी ! वह आवाज़, और जैसे उसके समूचे शरीर में जो भी जीवनीशक्ति थी, वह एकाएक उमड़कर उसकी छाती में आ गई और थोड़ी ही देर में उज्ज्वल दुग्ध-धारा के रूप में प्रवाहित होने लगी।

'बरही' का दिन—स्नानादि कराकर, पीली साड़ी पहनाकर, उसे भोर की मीठी धूप में आँगन में बिठा दिया गया था। उसकी आँखों में काजल की मोटी रेखा कर दी गई थी; उसकी

माँग में सिंदूर की फैली-फैली लकीर थी। उसने आईने में अपने चेहरे को देखा, खुद नहीं पहचानी जाती थी। आँखें धँस गईं—गालों का रंग क्या हुआ? जब समूचे शरीर में ज़र्दी-ही-ज़र्दी हो तो पीले रंग की साड़ी से बढ़कर पहनावा क्या हो सकता था ? लेकिन, उस ज़र्दी के भीतर से जो आभा फूट रही ! इन धँसी आँखों में जो उत्फुल्लता दीख रही है ! ज़रूर उसके शरीर में खून की कमी हो गई है। किंतु, उसकी गोद में जो रक्त का एक सजीव पिंड है, उसने तो मानो उसके सम्पूर्ण जीवन को लाल बना रखा है। ऊपर ज़र्दी है, भीतर लालिमा खेल रही है। उसके बचे-खुचे खून में नई रवानी है। उसके हृदय-सागर में नई-नई तरंगें अठखेलियाँ कर रही हैं। उसकी आँखें, उसका चेहरा, उसका शरीर, उसका सम्पूर्ण जीवन—आज हँस रहे हैं, विहँस रहे हैं ! उसी असीम हँसी के बीच 'वे' आँगन में पहुँचे। वह शर्माई, घूँघट नीचे खींच लिया, आँचल अच्छी तरह सम्हाला। उन्हें देखते ही ननदें किलक पड़ीं, देवर उछल पड़े। 'भैया इनाम लूँगी, भैया मिठाई दो'—का शोर मच गया। एक ननद ने बच्चे को उसकी गोद से ले लिया और बोली—पहले मुँह-देखाई, तब देखने दूँगी। वे भौचक थे—आनन्द से या आश्चर्य से ? अपनी ही एक जीवित-जागरित प्रतिमूर्त्ति सामने देखकर किसे आश्चर्य नहीं होगा ?

उसकी गोद का लाल बढ़ने लगा। उनकी ममता भी बढ़ने लगी—कम-से-कम उसे तो ऐसा ही अनुभव होता। जब आते, बच्चे के लिए कुछ-न-कुछ लाते ही। बच्चे के साथ उसकी माँ को कभी नहीं भूलते। किसने कहा कि सन्तान होने के बाद दम्पति का प्रेम-बन्धन ढीला पड़ता है? सन्तान तो एक मुहर है, जो प्रेम की बाज़ाप्तगी की ही नहीं, उसके अटूट, अचल और अकाट्य होने की भी सूचना देती है। दम्पति के प्रेम-वृत्त का सन्तान केन्द्र-बिन्दु है। सन्तान धुरी है, जिस पर स्त्री-पुरुष-रूपी दोनों पहिये चक्कर काटते हैं और इसी चक्कर के साथ-साथ जीवन-रथ को कर्त्तव्य-पथ पर बढ़ाए चलते हैं। जब तक सन्तानरूपी धुरी में न बँधे हों, ये पहिये कब, कहाँ ढुलक, गुड़क जायेंगे, कोई ठिकाना नहीं !

उसने अनुभव किया, सन्तान ने उन्हें और भी उसके निकट कर दिया है, दोनों के जीवन में तारतम्य ला दिया है। आज भी वह देखती है, यह सन्तानों की ममता ही है कि उनका विद्रोही और वैरागी हृदय घर से सम्बन्ध जोड़े हुए है। सन्तान होते ही, जब यशोधरा प्रसूति-गृह में ही थी, बुद्ध घर छोड़कर चल बसे। नहीं तो, शक है कि राहुल के दूध-भरे मुँह की सोंधी गन्ध सूँघने के बाद वे जा भी पाते ! यह सम्भव भी होता, तो जिस समय राहुल बिना दाँत के मुँह से 'बा' कहकर उन्हें पुकार लेता, उसके बाद तो उनका जाना निस्संदेह ही असम्भव पड़ता !

ज्यों-ज्यों बच्चे के अंगों का विकास होने लगा, उसे लेकर कितनी रात क्या-क्या न बातें हुईं। कभी उसके एक-एक अंग का विश्लेषण होता—रानी, रंग तो इस पर मेरा पड़ा है, लेकिन, देखती हो, रंग के भीतर बिलकुल तुम-ही-तुम हो। ये आँखें—अरी, इसने तुम्हारी आँखों का किंचित भूरापन तक ले लिया है ! और यह नाक तो मेरी है नहीं। हाँ, होंठ कुछ मेरे ज़रूर हैं, लेकिन इनकी ललाई भी तुम्हारी ही है। यों ही इस ललाट को मेरा कह सकती हो, किंतु ये भवें और बाल—बताओ न, तुम्हारे हैं कि मेरे। शरीर का गठन मेरा है, तो सौष्ठव तुम्हारा।

"लेकिन, माफ कीजिए, मेरे राजा, शरीर में मैं जहाँ भी होऊँ, न होऊँ, इसके भीतर जो आत्मा है, वह तो बिलकुल आपकी है। शिशुता में भी यह नटखटपन, यह ज़िद, यह... उहूँ, उहूँ, ये सब मेरे हो नहीं सकते।"

"तो मैं नटखट हूँ—ज़िद्दी—क्यों ?" उन्होंने एक दिन हँसकर पूछा और उसने तुरत जवाब दिया—"इसी से पूछिए !" मुस्कुराकर उन्होंने एक मीठी चपत दी। कितनी मीठी ! उसे मिठास में मस्त देख उन्होंने बच्चे को उठाकर किस तरह चूम लिया था। वह चुम्बन किसके हिस्से का था, किसे दिंया गया था ?

x x x

वही बच्चा आज सामने बेंच पर बैठा है। उसने घूमकर उसकी ओर देखा। किस उत्सुकता और उत्कंठा से वह उसके अंग-प्रत्यंग को देखने-परखने लगी। उसकी आँखें, भवें, ललाट, नाक, होंठ—किन-किनमें वे हैं ? वह यों घूर-घूरकर देखने लगी, कि उसे मालूम पड़ा, जैसे वे स्वयं वहाँ बैठे हों। हाँ, वे ही तो हैं—कहाँ है फ़र्क ? बिलकुल वे ही! किंतु, यह तो छलना है। इस समय तो वे उस पाषाणपुरी में होंगे—किसी निर्जन, एकान्त कोठरी में बैठे ! क्या उन्हें हमारी याद आती होगी? नहीं आती होगी, यह वह मान नहीं सकती। तो, वह याद क्या उन्हें विकल नहीं बनाए होगी ? लेकिन... हृदय, उनकी दुनिया में जाकर अपने दुख को दूना नहीं बना ! चल, अपनी दुनिया देख—पुरानी, धुँधली, दर्दीली, तस्वीरों की दुनिया—

13
तपस्या

जब उसने सोचा था, तूफ़ान फट गया, आसमान साफ़ हो गया, उसमें वह आशा की सुनहरी रेखा भी देखने लगी थी, कि फिर अकस्मात् क्या हुआ ?—यह अनभ्र वज्रपात!!

वह चौंक पड़ी, चीख पड़ी, गिर पड़ी, बेहोश हुई। होश आने पर भी उसका दिमाग साँय-साँय कर रहा था—अरे यह क्या ? षड्यंत्र, खून, डकैती, बम, रिवाल्वर... और वे ? वे और ये भयंकर भयानक, भयावह चीज़ें ! नहीं, नहीं, ! हो नहीं सकता ? किसी ने यह दिल्लगी की है ! इन चीज़ों से उनका सरोकार ही कहाँ, जो इनमें वे गिरफ्तार किये जायेंगे ? वे और खून! जो मांस तक नहीं खाते, वे आदमी का खून करेंगे ? जिन्होंने अपना घर लुटा दिया, मिटा दिया, वे दूसरे का घर लूटने जायेंगे ? जिनका जीवन एक खुली हुई पोथी है, वह भला षड्यंत्र, साज़िश करेंगे ? अपने कोमल हाथ की ओर देखकर जिन्होंने कई बार कहा, रानी, ये सिर्फ़ क़लम पकड़ने के लिए बनाये गए हैं; उसी हाथ में बम, रिवाल्वर ! नहीं, बिलकुल झूठ ! झूठ और झूठ !

किंतु, यह बात सच थी कि इसी अभियोग में वे गिरफ्तार कर लिये गए थे। उसकी अपनी परेशानी तो थी ही, घरवाले बदहवास हो रहे थे। चाचाजी चादर से मुँह ढँककर जो सोये, तो तीन शाम तक बिस्तरे से उठे नहीं। घर में खाना-पीना बन्द। एक ऐसी आग जल उठी जो घर के हर प्राणी के साथ समूचे घर को ही जलाने पर उतारू थी, फिर चूल्हा जलाने की किसे चिन्ता? अड़ोस-पड़ोस के हित-कुटुम्ब दौड़े-दौड़े आये। उसके बाबूजी भी कई वर्षों पर पधारे ! भला, वे किस तरह इस जीवन-मरण के निर्णयात्मक अवसर पर अपनी प्यारी बेटी की सुध नहीं लेते?

वह उनके पैर पकड़कर फूट-फूटकर रोने लगी। यह पहली बार थी, जब उसने अपनी मर्म-व्यथा को संसार पर प्रकट होने दिया था। बाबूजी को भी धैर्य नहीं रहा—उनकी आँखों से भी आँसू बहे जा रहे थे। किंतु, दूसरों में और उनमें थोड़ा अन्तर था। जहाँ सभी धैर्य के साथ होश-हवास खो बैठे थे, वहाँ उन्होंने हार्दिक व्यथा के बावजूद अपने मस्तिष्क का संतुलन ठीक रखा था। उन्होंने चाचाजी को बिस्तरे से उठाया। घर में रसोई का सिलसिला बँधवाया। फिर सब बातों को दरयाफ़्त करने शहर की ओर चले। हमें समझाते गये—होनहार पर किसी का बस नहीं, किंतु, हमें प्रयत्न तो करना ही चाहिए। मेरा यकीन है, वे निर्दोष हैं। किंतु आज के ज़माने में जिस पर जो आरोप न हो जाए ! उनके ऐसे प्रसिद्ध और तेजस्वी व्यक्ति को फँसाने के लिए लाख चेष्टाएँ हो सकती हैं। किंतु, हमें भी चेष्टा करनी चाहिए, कि उनकी निर्दोषिता प्रमाणित कर सकें। अब सिर पीटने की जगह हमें थोड़ा हाथ-पैर चलाना होगा। मैं देखता हूँ, असल बात क्या है ?

असल बात तो तह में रह जाती है, नकल का बोलबाला होता है। दो वर्षों तक मुक़दमा चलता रहा। अजीब सनसनीखेज चीज़ें सामने आईं। जिसकी कल्पना भी नहीं की जा सकती थी, वे ही बातें सत्य की तरह रखी गईं। उस असत्य सत्य को असत्य सिद्ध करना कोई आसान काम नहीं था। बाबूजी प्राणपण से लगे हुए थे। रुपया पानी की तरह बहाया जा रहा था। चाचाजी कर्ज़-पर-कर्ज़ किये जाते। घर की हालत ख़राब हुई जाती। दो साल तक खेती-बारी की तरफ़ भी किसी का ध्यान न गया। उपज कम और ख़र्च ज़्यादा। पहले से खोखला घर और भी खोखला हुआ जाता।

एक दिन बाबूजी आये, कुछ रुपये की तुरत ज़रूरत थी। चाचाजी ने कई जगह दौड़-धूप की। रुपये मिलते नहीं थे। बाबूजी ने भी अपना हाथ खाली कर लिया था। क्या किया जाय—इसी चिंता में वे थे। उसने उन्हें बुलाया और जब वे आये, उनके हाथ में एक पोटली रख दी। "यह क्या ? अरे, तुम्हारे गहने हैं ! नहीं दुलारी, नहीं। मुझसे यह नहीं होगा। मैं घर जाता हूँ, कोई उपाय करूँगा। क़र्ज़ लूँगा। तुम्हारे गहने? —मैं बेचूँ ? तू पागल हो गई है क्या ?"

"बाबूजी"—वह बोली—"मैं कोई भोली बच्ची नहीं। बहुत देखा, बहुत सुना।" सब समझती हूँ। ये गहने नहीं हैं, मेरे पाप हैं। मुझे यक़ीन हो गया है मेरे पाप ही उन्हें इन संकटों में डाल रहा है। वे साधु हैं, पुण्यात्मा हैं। फिर भी वे जो इन झंझटों में फँस जाते हैं, मेरे चलते, मेरे पापों के चलते। मैं अपने पापों को धोऊँगी, अपने को जलाऊँगी, शुद्ध करूँगी ! जब तक मैं शुद्ध नहीं होती, उनका उद्धार नहीं होगा। मेरे पाप का बोझ उनकी धर्म की नैया को डुबाने पर तुली है। यह नहीं होने दूँगी। ये गहने तो ऊपरी पाप हैं, मन में जो लालसाएँ घुसी, छुपी हैं, उन्हें भी दूर करना होगा। आप पिता हैं, मेरी मदद कीजिए। ले जाइए इन्हें, इन्हें बेचकर उनके काम में लगा दीजिए। अगर आप न भी लीजिएगा तो ये गहने मैं रखूँगी नहीं ! हाँ, यह मेरा निर्णय है। आप इस बाहरी पाप से मुझे मुक्त कीजिए, जिसमें भीतरी प्रायश्चित के लिए मैं अपने को तैयार करूँ।" वह यों ही बोलती जाती थी, और उसने देखा, उसके बाबूजी की आँखों से आँसू बहे जा रहे थे। उन्होंने अंततः पोटली उठा ली। जब वे चलने लगे, उसने कहा—"देखिए, चाचाजी से यह मत कहिएगा !"

उसके बाद उसने अपने को किन तपस्याओं में जलाना शुरू किया ! नहीं, नहीं, सुकर्म को जिह्वा पर लाना नहीं चाहिए, उसका माहात्म्य समाप्त हो जाता है !

इन तपस्याओं के बीच उसके मन में एक लालसा जगी। वह एक बार उनके दर्शन क्यों नहीं कर आती ? दर्शन करके अपने पापों को कम करेगी और साथ ही देखेगी कि दुनिया जिसे षड्यंत्र, क़त्ल और लूट कहती है, उनके चेहरे पर वे कहाँ छिपे हैं, किधर हैं ?

वह भी एक दिन था ! गोद में बच्चे को लिए वह जेल में पहुँची। जेल में ही उनका मुक़दमा चल रहा था। जज से हुक्म लेकर उसके बाबूजी उसे जेल के उस कमरे में ले गए। जज अपने आसन पर बैठा था; सामने पेशकार कागज उलट-पुलट रहा था। दोनों तरफ़ के वकील पहुँच चुके थे ! किंतु वे नहीं थे, जिनके लिए यह सब आयोजन था ! थोड़ी देर में मधुर संगीत की एक स्वर-लहरी उस कमरे में प्रवेश करने लगी, संगीत के साथ कुछ झन, झन, खन, खन भी। जज चौंका। पेशकार चौकन्ना हुआ। वकीलों ने दरवाज़े से बाहर देखना शुरू किया और थोड़ी देर में बारह-तेरह नौजवान हाथ-पैर में बेड़ी-कड़ी झनझनाते, गाते, कमरे में दाख़िल हुए।

और, वे यह हैं !—वह खड़ी थी, बरबस उसके पैर बढ़े और उनके चरणों में वह गिरना ही चाहती थी कि बाबूजी ने बढ़कर उसे सजग किया। यह क्या कर रही हो, यह कचहरी है ! वह खड़ी हो गई। आँखों से अश्रुधारा फूट निकली। गोद का बच्चा उसकी यह दशा देख, चीख पड़ा। वह चट बैठ गई और उसे आँचल के नीचे करके उसके मुँह में स्तन दे दिया। बच्चा चुप हो गया।

किंतु, उसकी पापिनी आँखें! क्या वे ठीक से देखने भी नहीं देंगी ? आह रे उनका चेहरा !—दाढ़ी-मूँछ और सिर के बाल बढ़ गए हैं, काफ़ी लम्बे—किंतु उन काले बालों के बीच उनका शांत सौम्य चेहरा और कितना उद्दीप्त हो चला है ! उसने पाया, उनके चेहरे का प्रकाश-वृत्त और भी बड़ा हो गया है ! उसकी ओर देखकर उनके होंठों पर एक स्मित-रेखा देखी गई, किंतु, उनकी आँखें? कुछ दूसरी ही बात उसने देखी, पढ़ी! और, उनके अगल-बगल में ये जो नौजवान हैं—उनमें से कई को तो वह और भी कितनी ही बार देख चुकी है, वे उनके साथ उसके घर पर गए थे। उसने उन लोगों को खिलाया था, कई ने तो उससे दिल्लगियाँ भी की थीं। वे सब कितने मस्त हैं। गप कर रहे, चिकोटियाँ काट रहे, मुस्कुरा रहे, हँस रहे। क्या ये ही लोग खूनी हैं? क्या इन्होंने ही डकैतियाँ की हैं ? साज़िश करनेवालों के चेहरे क्या ऐसे ही होते हैं ? बम, रिवाल्वर से खेलनेवाले क्या इसी तरह खेलते हैं ? नहीं, नहीं, सारा, इल्ज़ाम गलत—सारी बात झूठ ?

टिफिन के वक्त जज से हुक्म लेकर उसने उनसे बातें कीं। वे उसके निकट आये। बाबूजी हट गये थे। आते ही उन्होंने बच्चे की ओर हाथ बढ़ाया। किंतु, जब तक बच्चा उनके हाथों में जाये, कि उनके साथियों में से एक लड़का—हाँ, वह लड़का ही था—लपका और बच्चे को छीनकर ले गया। भाई साहब, आप भौजी से बातें कीजिए, हम बच्चे से खेलते हैं—एक ने मुस्कुराकर कहा। सब हँस पड़े। बच्चे को हाथों-हाथ लेकर वे खेलने-खेलाने लगे और वह उनके सामने चुपचाप खड़ी है। क्या बोले, क्या कहे ? उन्होंने ही निस्तब्धता भंग की—

"क्यों, घबरा गई हो ? ठीक, घबराने की बात ही है। सोचती होओगी, कैसा मैंने धोखा दिया। सच, धोखा तुम्हें शुरू से ही हुआ ! किंतु, रानी, घबराने से क्या कुछ बन पड़ेगा ?—बिगड़ेगा ही। परस्पर आरोप लगाने से भी कुछ होने-जाने का नहीं। अब, तो चुपचाप देखना है, सहना है, भोगना है। सत्य प्रकाशित होकर रहता है। किंतु, सत्य को आच्छादित किया जा सकता है, कुछ देर के लिए ही सही! अतः, अवश्यम्भावी पर तर्क करना ही फिज़ूल है। कभी-कभी हमारी परीक्षा के लिए भी ऐसी चीज़ें आती हैं ? परीक्षा कड़ी भी हो सकती है। हो सकता है, हमारा सामूहिक पाप कुछ व्यक्तियों के निरपराध रक्त से ही धोया जा सके? दासत्व सबसे बड़ा पाप है, रानी !...

"... तुम इतनी दुबली हो गई हो ? ठीक तो, दो परस्पर संलग्न आत्माएँ यों अचानक अलग कर दी जायें और बीच में ऐसी दीवार खड़ी कर दी गई हो, जिसके ओर-छोर कुछ मालूम नहीं, तो, पीड़ा का होना लाज़िमी है। और, हृदय की पीड़ा तो खून ही पीता है, मांस ही खाता है। किंतु, रानी, जब दो आत्माएँ तीसरी आत्मा के रूप में अपने को स्वतः परिणत कर लें, तब उनका यह भी कर्त्तव्य हो जाता है कि उसके लिए—कम से कम उस तीसरी आत्मा के लिए भी—अपने अस्तित्व को क़ायम रखने की कोशिश करें। तुम्हारा यह दुबलापन बच्चे के लिए कितना हानिप्रद होता होगा, तुमने सोचा है ? मेरे लिए इतनी चिंता और उस अबोध के लिए ?...

"...और, तुम लोगों ने यह क्या किया है ? चाचाजी तो पागल हो गये हैं, तुम्हें सोचना चाहिए। यों उजड़े घर को दोनों हाथों से आप-आप उजाड़ना, यह क्या बात? क्यों इतना ख़र्च? किंतु, तुम इस बारे में सुनोगी नहीं ! अपने गहने तक बेच दिए ! बाबूजी कह रहे थे, रो रहे थे ! मैं उन्हें क्या समझाता भला ?...

"...सुना, मेरे लिए बड़ी-बड़ी साधनाएँ कर रही हो—व्रत, उपवास, मन्नत, क्या-क्या न? शायद तुम्हारी तपस्या घर को बचा ले ? मेरी तपस्या का फल तो यही है, जो मैं भुगत रहा हूँ, भुगतूँगा ! और यह तपस्या नहीं है रानी, प्रायश्चित है ! कहोगी, मैंने तो कोई अपराध नहीं किया, फिर प्रायश्चित कैसा ? अपना नहीं, अपने पूर्वजों का। और, प्रायश्चित जितना कड़ा होगा, पाप उतना जल्द कटेगा, पुण्य का उतना शीघ्र उदय होगा। घबराना नहीं, हमारी मुक्ति के दिन

निकट आ रहे हैं। क्या तुम नहीं देखतीं ? मैं तो देख रहा हूँ, उतना ही स्पष्ट, जितना यहाँ तुम खड़ी हो..."

वे बोले जा रहे थे। बोलते-बोलते और भी नज़दीक आ गये थे। उसके हाथों को अपने हाथ में ले लिया था। वे चिर-परिचित हाथ—मालूम हुआ, वह फिर मँडवे पर बैठी है और उसका हाथ उनके हाथों में है ! हाथों के स्पर्श ने ही जैसे उनके हृदय से उनके हृदय का सम्बन्ध जोड़ दिया। कान उनके शब्द पी रहे थे और हृदय उनके हृदय से सन्देशों का आदान-प्रदान कर रहा था। हृदय की भाषा के बाद जिह्वा का क्या काम? वह चुपचाप खड़ी थी। वे शायद कुछ और कहते, किंतु इसी समय टिफिन का वक्त पूरा हुआ। लोग कमरे में आने लगे। उनकी ओर देख, जैसे उनकी आँख बचाते हुए, एक बार उन्होंने उसके चिबुक को पकड़ लिया और तुरत, उसे छोड़ बोल उठे—अच्छा जाओ, मस्त रहना, रानी। तब तक उनके साथी बच्चे को उनके नज़दीक ले आए थे। बच्चे को हाथों में लिया, एकाध बार चुमकारा और उसके हाथों में देते हुए कहा—अपने लिए नहीं, इस बच्चे के लिए तो तंदुरुस्ती पर ध्यान देना ! "भाई साहब, भौजी से थोड़ी हमारी बातें भी होने दीजिए"—उनके साथियों ने ठहाके के बीच कहा। किंतु, तब तक जज अपने आसन पर आ चुका था और बाबूजी भी उसके नज़दीक आकर चलने का इशारा कर रहे थे। यद्यपि वह अपने को ज़प्त करना चाहती थी, किंतु वह आप-से-आप झुक ही पड़ी, उनके चरणों की ओर। और उसे लपककर उठाते हुए, एक ही सेकेंड के लिए ही सही, उन्होंने उसे आलिंगन में ले लिया। वह आकस्मिक आलिंगन—उसका समूचा शरीर कदम्ब-सा फूल उठा !

जब वह घर लौट रही थी !—क्या एक मिनट भी उसके आँसू रुक रहे थे? इनमें से किसी को फाँसी हो सकती है, किसी को कालापानी ! ये हँसते-खेलते लोग! इनमें से किसी को, सूत की मोटी डोर से गला कसकर, दम घुटकर, मार डाला जाएगा; किसी को सात समुंदर पार घुल-घुलकर, तिल-तिलकर, मरने को लाचार किया जाएगा? ये हँसते-खेलते लोग ! —क्या इनका परिणाम यही होना था। और, 'वे'—कौन कहे, उनका क्या हो ? फिर भेंट हो या...विधाता... विधाता...

x x x

उसने आँखें खोल दीं। उसकी आँखों से अनवरत आँसू आ रहे हैं और गाड़ी तेज़ी से भागी जा रही है। जिस तरह दुःस्वप्न से घबराकर आदमी, आँखें खोलने पर भी स्वप्न से इस तरह अभिभूत रहता है कि अपनी जाग्रत स्थिति पर भी उसे सन्देह होता है, वह काँपता है, चीखता है, चिल्लाता है, ठीक वही हालत उसकी हो रही थी ! उसका हृदय इतना आन्दोलित था, उसका दिमाग़ इतना परेशान था, कि उसे भान नहीं था, वह कहाँ है ? झटपट उसने आँचल से आँसू पोंछे और डब्बे की रोशनी की ओर देखने लगी—ठीक उसी तरह, जिस तरह स्वप्नाभिभूत व्यक्ति रोशनी देखना चाहता है। डब्बे में कुछ नई सूरतें थीं, जो उसकी ओर न जाने क्यों घूर-घूरकर देख रही थीं। उसका स्वप्न-भंग तो हुआ, किंतु, वह उनकी इस बेहूदगी को बर्दाश्त नहीं कर सकी। फिर मुँह फेरकर डब्बे से बाहर देखने लगी और उधर देखना था कि...

14
भिखारिन

उसके सिंदूर का भाग्य—वे छूट गये, बेदाग़ छूट गये। हाँ, ऊपर की अदालत तक जाते-जाते इस परीक्षा में ढाई वर्ष से ऊपर लग गये।

वे लौटे, उसका सुहाग लौटा। और, अब उसका एकमात्र सहारा तो यह सुहाग ही था न ?

चाचाजी ने कुछ ऐसा शोक धर लिया कि वे चल बसे ! उनका चलना कि घर का रहा-सहा शीराज़ा भी बिखर गया। घर की यह हालत देखकर उन्हें सदमा नहीं हुआ, किंतु एक दिन चर्चा चलने पर बोले—

"रानी, हम वैसे माँझी हैं, जिसने अपनी नाव जला डाली हो। नाव जल गई, सामने समुद्र लहरा रहा है और उसकी हर लहर हमें निमंत्रण ही नहीं दे रही, बल्कि हमारा आह्वान कर रही है ! हम निमंत्रण की उपेक्षा कर सकते थे, किंतु आह्वान की उपेक्षा तो पौरुष का अपमान होगा। हम उसमें धसेंगे, उसे पार करेंगे। यह शरीर ही नाव बनेगा, भुजाएँ ही पतवार होंगी। नाव पर हम मन-चाहा सामान लाद सकते थे, अब एक सेर ज़्यादा बोझ भी हमें लहरों के नीचे ला देगा। कभी साधनहीनता बुरी होती है, कभी भली। कभी सम्पन्नता सुख-शान्ति का कारण होतीं है, कभी जीवन का काल। हम साधनहीन, सम्पत्तिहीन हो रहे हैं, होते जाएँगे; किंतु हमने जो शपथ ली है, उसे देखते हुए, इस स्थिति पर सन्तोष ही करना अच्छा! किंतु मैं मानता हूँ, इस सन्तोष की स्थिति में मस्तिष्क को ले आना आसान नहीं। पुराने सुख हृदय में काँटे बनकर गड़ेंगे, पुरानी मौज दिल को बेचैन बनायेगी। ये ही परीक्षा के दिन होंगे—मेरे लिए, तुम्हारे लिए, घरवालों के लिए। मैं उत्तीर्ण हो सकता हूँ, तुम ज़रूर उत्तीर्ण होगी, किंतु, ये भोले-भाले लोग ! अतः, अब एक ही काम करना है, जहाँ तक बन पड़े, साधना की धूनी रमाई जाय और इन्हें सुख से रखने की कोशिश की जाय। मुझे उम्मीद है, तुम मेरे इस असाध्य साधन में सहायक बनोगी।"

वह सहायक बनती, बनने की उसने कोशिशें की हैं—किंतु न जाने क्यों, ज्यों-ज्यों दिन बीतते जाते हैं, वियोग की कल्पना भी उसे बेतरह अखरने लगी है। "आप घर रहिए, मैं सब सह लूँगी, कर लूँगी",—एक दिन उसने कहा भी उनसे। वे सुनकर मुस्कुरा पड़े—"रानी, तब तुम फिर मुझसे घर बसाना चाहती हो। मुझे मेरे कर्त्तव्य-पथ से मत हटाओ मेरी रानी ! स्थानभ्रष्ट व्यक्ति कहीं का नहीं रहता है—न घर का, न घाट का ! मनुष्यता को श्वान-वृत्ति में पटक देना, रानी, कम-से-कम मेरी अर्द्धांगिनी के लिए शोभनीय नहीं।"

उसने देखा, "मेरी अर्द्धांगिनी" कहते हुए उनकी आँखें अभिमान से चमक पड़ी थीं और उस चमक ने उसकी कमज़ोरी को, कुछ देर के लिए ही सही, न जाने कहाँ भगा दिया था !

तरह-तरह के आन्दोलन चलते रहे, सबमें उनका सिर्फ़ हिस्सा ही नहीं; हाथ होता। और, परिणामस्वरूप बार-बार जेल-यात्राएँ करनी पड़तीं। आज जब वह हाथ की उँगलियों पर उनकी जेल-यात्राएँ गिनना चाहती है, गिन नहीं पाती।

इधर नोनी लगी दीवारें और घुन लगे खम्भे एक-एक कर गिरने का उपक्रम कर रहे थे। जो कसर थी, भूकंप ने पूरी कर दी। घर गिर गए, खेती बर्बाद हो गई, बाढ़ और बीमारी ने सबकुछ चौपट कर छोड़ा !

जहाँ पहले इमारत थी, वहाँ ऊँचा-सा ढूह बना है। उस ढूह पर कुछ छोटी-छोटी झोंपड़ियाँ हैं—बाँस की दीवार, फूस का छाजन। छोटा-सा घर-आँगन। उस छोटे-से आँगन में एक बड़ा-सा परिवार। ऐसा परिवार जिसे भूत ललचाता है, वर्तमान समझाता है, और भविष्य ? उसकी चर्चा ही व्यर्थ।

संक्षेप में जो रानी थी, वह भिखारिन हो गई।

एक बार की बात उसे याद है। वे एक वर्ष के लिए जेल गये थे। यह एक वर्ष उसने कैसे बिताया था ? चाचाजी के बाद, 'उनकी' ग़ैरहाज़िरी में, वही घर की मालकिन हुई। देवर नाबालिग़; घर की स्त्रियों की जैसे मत मारी गई। घर-बाहर उसे ही देखना पड़ता। उस साल फसल बिलकुल ख़राब गई। कर्ज़वालों के तक़ाज़े इतने थे कि नये कर्ज़ की चर्चा ही फिज़ूल थी। गहने बिक चुके थे। वह क्या करे? सिर्फ़ एक साड़ी पर उसने एक साल बिता दिया था !

एक साड़ी पर एक साल ?

घर की औरतों और बच्चों के तन ढँकने के बाद उसके लिए सिर्फ़ एक साड़ी ही तो बच गई थी।

जब वे लौटे, एक दिन कोई प्रसंग आया, उसकी ज़बान से यह चर्चा निकल पड़ी। सुनकर बहुत ही विषण्ण हुए। उसे अफ़सोस हुआ, कहाँ से उसने कह दिया। उसने देखा, कई दिनों तक रह-रहकर उनका चेहरा उदास हो जाता। बातें करते होते, हँसते होते, हँसाते होते, बच्चों को खेलाते होते, उनसे खेलते होते—अचानक, जैसे उनके चेहरे पर स्याही दौड़ जाती। हँसता हुआ फूल मुरझा उठता ! उसने कई बार पूछा, ऐसा क्यों ? जब वह पूछती, वे मुस्कुराने की चेष्टा तो ज़रूर करते, किंतु, यह कृत्रिम हँसी उनके चेहरे की स्याही को और भी सघन कर देती।

लेकिन, क्या इसने भी उन्हें उनके मार्ग से विचलित किया !

याद है, कई बार कुछ बड़े नेता उसके घर पर आये। उनसे बार-बार आग्रह किया—असेम्बली के लिए खड़े होइए, डिस्ट्रिक्ट बोर्ड में चलिए, चेयरमैनी क़बूल कीजिए, किंतु, उन्होंने किस उपेक्षा और घृणा से उनकी 'देन' को ठुकरा दिया ! "सुनती हो रानी, सत्ययुग में तपोभ्रष्ट करने को राक्षस या अप्सराएँ आती थीं। कलियुग की सब बातें विचित्र हैं न ? इस ज़माने में हमारे बुज़ुर्ग ही हमें दलदल में घसीटना चाहते हैं ! क्या तमाशा है, कुत्ते लोहे की ज़ंजीर को अपनी जीभ से चाटते-चाटते अपनी जीभ से ही निकले खून में स्वाद अनुभव कर ज़ोरों से जीभ चलाये जा रहे हैं ! दुनिया में आत्मवंचना से बढ़कर कोई बड़ा अभिशाप नहीं है, रानी !"

"और इस युग में ज़्यादा तो ऐसे ही लोगों की संख्या है न ?" —उसके मुँह से निकला! शायद उसमें थोड़ी कमज़ोरी आ गई थी।

"इसीलिए तो, जो थोड़े-से लोग इन्हें बुरा समझते हैं, उन्हें ज़्यादा-से-ज़्यादा आत्मत्याग दिखाना चाहिए। जहाँ तर्क और सीख काम नहीं करते, वहाँ उदाहरण ही एकमात्र उपाय बच जाते हैं रानी ! जब सब चिराग़ गुल हो रहे हों, तो, जिनके पास बचे-खुचे तेल-बाती हैं, उन्हें कंजूसी नहीं करनी चाहिए। प्रकाश होने दो, प्रकाश ! रानी—मुहूर्त्तं ज्वलितं श्रेयः नच धूमायितं चिरम् !"

उसने देखा था, उनकी दोनों आँखें यह कहते-कहते दो जीवित मशाल बन रही थीं—निर्धूम, उज्ज्वल, प्रोज्ज्वल !

किंतु उन उज्ज्वल आँखों में सिर्फ़ ज्वाला ही नहीं है—वहाँ करुणा की निर्झरिणी अनवरत अठखेलियाँ करती है, यह भी वह जानती है। शायद करुणा की अधिकता ही ज्वाला में परिणत हो गई है। तरल पानी ज़्यादा शीत पाकर कठोर बर्फ बन जाता है—ऐसी सख्त कि उस पर इस्पात की धार भी भुथरी हो जाय। किंतु, इसका मतलब यह कदापि नहीं कि उसकी तरलता ख़त्म हो गई। बस, सिर्फ़, थोड़ी गरमी चाहिए, फिर पानी-पानी है—तरल, कोमल, शीतल, सुखद !

उसने उनके जीवन को देखा है, परखा है, और हमेशा यही पाया है। इस परिवार—एक-एक प्राणी—के लिए उन्हें कितनी चिन्ता रहती है। और ये बच्चे !—जिस समय वे इन बच्चों में होते, कौन कह सकता है कि यही वह व्यक्ति है, जो कर्त्तव्य की पुकार पर इन बच्चों की परवाह किये बिना बड़े-से-बड़ा संकट लेने को तैयार होता है ! जब तक बच्चे हँसते, उनके बीच वे यों हँसते कि यह पार पाना मुश्किल कि किसकी हँसी ज़्यादा मासूम है—बच्चों की या उनकी ! किंतु, ज्यों ही इन बच्चों की तबीयत ज़रा भी अलील हुई, कहाँ गई हँसी ? —यों सेवा-उपचार में व्यस्त रहते कि शक होता, वह बच्चों की माँ है, या वे ?

यही नहीं, अपने शरीर का फटा कुर्त्ता वे फख़्र से रखते—पैबन्द से उन्हें जैसे प्रेम हो गया

हो। किंतु, जब कभी बच्चों के कपड़े फटे देखते, जैसे उनकी छाती फट जाती ! और, यदि कभी गाँव के किसी यज्ञ-उत्सव पर, या किसी पर्व-त्योहार पर बच्चे नये कपड़े के लिए ज़िद करते, तब तो वे कट-से जाते ! बच्चों को हँसकर बहलाते, किंतु, उनके हृदय में कौन-सा हाहाकार मच जाता, क्या वह नहीं परखती?

माता के हृदय के लिए ज़रूरी नहीं कि छाती पर दूध के दो घड़े ही रखे हों !

किंतु, वह कहाँ बहकी जा रही है ? वह अपनी तस्वीर भूली जा रही है, उसके बदले वह उनकी-ही-उनकी तस्वीर देख रही है !

उसकी तस्वीर—उनकी तस्वीर ! अब वह ज़िन्दगी के जिस छोर पर पहुँची है, क्या वहाँ कहीं भी दो तस्वीरें नज़र आती हैं ? वह अपने को अब कहाँ पा रही है? चेष्टा करके भी वह अपने को अगर पा सकती ? अब तो वह चारों ओर उन्हें-ही-उन्हें पा रही है। अगर उसका अस्तित्व बचा रहता, तो क्या वह उन संकटों को झेल सकती, नहीं-नहीं, उन संकटों से खेल सकती, जो ज़िन्दगी की इस ढलती बेला में एक-पर-एक उस पर गिरते रहे हैं ! अब तो वह उस जगह पहुँच गई है, जहाँ दर्द दवा बन जाता है, निदान उपचार में परिणत हो जाता है!

यह उन्हीं की महिमा है, उन्हीं का प्रताप है !

किंतु, इस एकात्मता ने जहाँ ऐसा वरदान दिया है, वहाँ इसका एक दुखद पहलू भी है।

अब उसने हर दुख को उनकी नज़रों से देखना शुरू किया है। इसलिए, अपना दुख भूलकर भी, वह दुखों की दुनिया से अपने को विलग नहीं कर पाती। यह छोटा-सा उदाहरण। आज वह इतना दुखित क्यों है ? क्या सिर्फ़ अपने दुख से ? नहीं; बार-बार उसका ध्यान जाता है उनकी ओर, जो इस आधी रात की निस्तब्धता में भी, उस एकांत कोठरी में जगे हुए बैठे होंगे! बैठे, सोचते—न जाने, इस घटना को रानी ने कैसे लिया हो ? न मालूम, बच्चों ने क्या महसूस किया हो?

वह छोटी-री साड़ीवाली बात ! उन्होंने न जाने हृदय के किस कोने में उसे बंद करके रख छोड़ा था और इस बार जब गिरफ्तारी की चर्चा सुनी, सबसे पहला काम यह किया कि बाज़ार गये और साड़ियों का एक बंडल ही ख़रीदकर घर में रख दिया। आपने यह क्या किया ? – उसके पूछने पर उन्होंने सिर्फ़ मुस्कुराते हुए इतना कहा –एक वर्ष के लिए ये साड़ियाँ शायद काफ़ी होंगी !

x x x

"भौजी, आनेवाले स्टेशन पर उतरना है, सामान दुरुस्त कर लिया जाय"—उसके देवर ने कहा। और भी मुसाफ़िर अपने सामान ठीक कर रहे थे। इसी स्टेशन पर उतरना है—इस बात ने उसे काफ़ी सन्तोष दिया, क्योंकि वह अब तस्वीरों की उस दुनिया में पहुँच चुकी थी, जहाँ बाहरी आकार नहीं होते, टेढ़ी-मेढ़ी लकीरों के भीतर अस्पष्ट, धुँधली भावनाएँ होती हैं—आँसुओं में पली, उच्छ्वासों में खेली, जो देखनेवालों के लिए खेलवाड़ होती हैं किंतु समझनेवालों के लिए मौत ! जिनकी व्याख्या की नहीं जा सकती, जिन पर टीका हो नहीं सकती...

[ग] एतद्ध्रि

देखिए, वह स्टेशन से एक घोड़ागाड़ी देहात की ओर चली जा रही है।

वे ही सब-के-सब। बच्ची के हाथ में झुनझुना है, वह बजा रही है, किलक रही है। बच्चा बिस्कुट कुतर-कुतरकर खा रहा है। बड़ा लड़का रास्ते की चीज़ों की ओर बच्चे का ध्यान बार-बार आकृष्ट करता है। नौजवान समझता है, बच्चों का गार्जियन वही है, क्रमशः सबकी ओर ध्यान देता, सबकी ख़्वाहिशें पूरी करता और सबका जी बहलाता, वह खुद भी इन्हीं में बहला हुआ है।

किंतु, वह स्त्री ? उसके शरीर को घोड़ागाड़ी ढोये ले जा रही है, घर की ओर; किंतु उसका मन कहाँ है ? हृदय कहाँ है ? उसकी आँखों से पूछिए—उन आँखों से जिनकी पलकें सूजी हुई हैं और जिनकी पुतलियाँ इस तरह अचंचल हो रही हैं, जैसे उनमें ज्ञान ही नहीं हो। रास्ते के ये पेड़-पौधे, बाहर के ये खेत-खलिहान, ऊपर की यह गाड़ी की छत, बग़ल के ये बच्चे—क्या उसकी आँखों में इनमें से किसी की भी प्रतिच्छाया है ?

जो उसकी आँखों में, हृदय में, मन में, नस-नस में रमे हुए हैं, वे इस समय कहाँ हैं ?

भेंट न हुई, न हुई। उन्हें देखे कोई ज़्यादा दिन नहीं हुए। यही पाँच-छः महीने तो हुए उन्हें इस बार जेल आये। भरी जवानी में इससे दुगने, तिगुने, चौगुने दिनों तक उन्हें नहीं देखकर भी वह धैर्य रख सकी, किंतु आज उसे क्या हुआ जा रहा है? लोग कहते हैं, जवानी ढलने पर प्रेम का ज्वार भी भाटे में पहुँच जाता है। तो फिर, उसके हृदय में यह ज्वार-ही-ज्वार क्यों हाहाकार कर रहा है ? समुद्र का ज्वार भी अपनी मर्यादा का ज्ञान रखता है। लेकिन, यहाँ यह क्या हो रहा है?

सामने बच्चे हैं, एक तो काफ़ी सयाना है। क्या वह इन बातों को नहीं समझता होगा ? फिर, वह मन-ही-मन क्या कहता होगा ? उसका यह देवर—वह देख नहीं रही, वह उसकी इस खिन्नता से कितना उद्विग्न है ? वह भी क्या सोचता होगा—भौजी को यह क्या हो गया है ? और रास्ते के ये चलनेवाले पथिक—जो औरत को देखते ही घूरने लगते हैं, क्या कहते होंगे ? नहीं-नहीं—यों, आम रास्ते पर अपनी मर्यादा को लुटाना मुनासिब नहीं।

किंतु, वह करे तो क्या करे ? तर्क से अपने दिमाग को तो वह कुछ स्थिर कर पाती है, किंतु, यह कम्बख़्त दिल—रह-रहकर जैसे वहाँ एक बिजली चमक जाती है, वह काँप उठती है, उसके होंठ हिल जाते हैं, उसकी आँखें बरसने लगती हैं। यह उसका क्या उपचार करे ?

आँसू, आँसू, आँसू ! ज्वार, ज्वार, ज्वार ? भँसा ले जाओ, तुम जहाँ चाहो! बेभरम तो कर ही डाला, अब रहम की ज़रूरत क्या ?

शीतल छाया। घोड़े पसीने-पसीने। सत्तू की दूकान। गाड़ीवान घोड़े को आराम दे रहा है, सत्तू पिला रहा है। गद्दा डालकर गाड़ी के यात्री उस पर बैठे हैं।

नौजवान उस देहाती पान की दूकान पर चला गया है। लड़का भी उसके साथ है। बच्ची सो गई है। छोटे बच्चे से वह स्त्री दिल बहला रही है। इतने में वह चिल्ला उठा—पंडुक-पंडुक !

पंडुक, पंडुक। वह उसकी ओर दौड़ा। स्त्री ने देखा—दो पंडुक, वैसे ही, जैसे बचपन में उसने देखा था। धूसर पंख, काले बुंदे, गले में नीली-सी रेखा, चमकीली गोल आँखें, सुन्दर लम्बी चोंच—दोनों पंडुक अगल-बगल चुग रहे ! बच्चे के पैर की धमक से चौकन्ने हुए, उड़े, उनके चारों पंख इस तरह हवा में हिलकोरे दे रहे थे, मानो, वे एक ही कल के चार पुर्जे हों।

ये पंडुक—और इनका प्रेम। एक साथ जन्मे, एक साथ बढ़े, और एक साथ ही चल देंगे, या तो साथ-साथ या एक-दूसरे के वियोग में बिसूरते !

और मनुष्य !—

अभिशापित प्राणी ! बचपन में वियोग, जवानी में वियोग, बुढ़ापे में वियोग। जीवन में वियोग, मृत्यु में वियोग। भोग के लिए तुमने क्या-क्या नहीं किया ओ मानव? किंतु मिला वियोग, वियोग ! सुख की खोज में हमेशा दुख पाया तुमने।

भुजाओं से तुम्हें सन्तोष नहीं हुआ, पंख बनाए। उड़े तो; किंतु, गिरे ऐसे कि भुजाएँ भी न रह गईं।

कन्दरा या खोंढर से तसल्ली कहाँ, प्रकृति पर विजय करना चाहते थे, प्रकृति के गुलाम बने ! ज़मीन पर स्वर्ग बसाना चाहा, उसे नरक बना डाला ! बड़े-बड़े महल बनाये। बनाये, लेकिन, वे ही महल तुम्हारे कैदख़ाने हो रहे हैं। तड़पा करो उनमें—कुछ क़ैदी कहलाते हुए, कुछ अपने को स्वतंत्र मानते हुए !

तड़प, तड़प ! चीख़, चीख़ ! जहाँ देखो, तड़प, चीख !

और, पंडुक स्वच्छंद विचर रहे हैं, मस्त हैं। पंखों के पर, कंकड़ के भोजन, प्रेमी-प्रेमिका का अहर्निश संग।

यों ही वह सोचे जा रही थी कि उसने देखा, उसका छोटा बच्चा पंडुक के पीछे दौड़ा जा रहा है। वे इस डाली से उस डाली पर, इस टीले से उस टीले पर बैठ रहे हैं और वह उनके पीछे बेतहासा भागा जा रहा है !

वह खड़ी होकर उसे पुकारना चाहती थी। कि—

कि उसके पैर लड़खड़ा गये, समूचा शरीर झनझना उठा, उसने पाया, उसे गश आ रहा है, वह गिरने-गिरने को है, झट बैठने का उपक्रम करने लगी।

किंतु क्या बैठ सकी ? गद्दे पर लुढ़क-सी गई। उसका देवर अलग से देख रहा था, वह दौड़ा, बड़ा लड़का दौड़ा। दोनों नज़दीक आये—भौजी, क्या हुआ ? मैया, क्या हाल ?

उसने आँखें खोलीं—“कुछ नहीं—ज़रा पानी...”

काका और भाई को दौड़ते देख, छोटा बच्चा भी पहुँच चुका था। पसीने से तर उस बच्चे को गोद से सटाते हुए, उसने फिर आँखें बंद कर लीं।

सतरंगा धनुष

[1937-39 ई.]

प्रकाशकीय★

बेनीपुरीजी गद्यशिल्पी थे। उनका गद्य हिंदी की परंपरा में विकसित नहीं हुआ था। उन्होंने नए गद्य की नींव डाली थी। लोक-संस्कृति और उत्तरांचल की मिट्टी ने मिल-जुलकर उनके गद्य का निर्माण किया था। यह गद्य मात्र साहित्य या भाषा-चमत्कार नहीं है, जीवन के जीवित छंद की पुनर्रचना है। उत्तर बिहार की जिंदगी उनके गद्य में जीवन की सारी विषमताओं, व्याधियों, रीतियों-रिवाज़ों, विश्वासों और गीतों के साथ जुड़ती चलती है। उनके गद्य में इसीलिए कविता भी है, संगीत भी है, नट अभिव्यक्तियाँ हैं, अर्थात् भाषा और जीवन का पूरा ज्वारभाटा है।

'सतरंगा धनुष' में उनकी कई प्रतिमान-रचनाएँ एकत्र हैं। ये रचनाएँ बेनीपुरीजी की शैली का प्रतिनिधित्व तो करती हैं, उत्तरांचल की जिंदगी का साक्षात्कार भी कराती हैं। ऋतुएँ, महीने, बाढ़, धन-खेत, मछली मारते मछुआरे, आँगन में फुदकता खंजन, तोरी के फूल और होली इत्यादि एकत्र भाषाचित्र या चित्रमय भाषा के रूप में सामने आते हैं। बूढ़े कुत्ते के प्रति जिस मानवीय संवेदना के साथ उन्होंने लिखा है वह उनके हृदय-कवि का गद्यकाव्य है।

'सतरंगा धनुष' को व्यक्तिगत निबंध कह लीजिए, गद्यकाव्य कह लीजिए, भाषा का जादू कह लीजिए, शब्दों से रंग उरेहना या शब्दों का वाद्य-यंत्र कह लीजिए; यह कृति आपकी हर स्थापना के समर्थन में है। इसलिए कि 'सतरंगा धनुष' में ऐसी कला का उपयोग हुआ है कि जो अनेक आयामों की है। गद्य को जीवनपर्याय के रूप में देखनेवालों के लिए 'सतरंगा धनुष' प्रमाण कृति है।

★ *'सतरंगा धनुष' बेनीपुरी प्रकाशन से 1975 में प्रकाशित हुआ। उसका 'प्रकाशकीय' उसी में लिखा गया था।*

मासानां मार्गशीर्षोऽहम्

मैं महीनों में अगहन हूँ।

देखते नहीं, यह नीरभ्र नीला आकाश मेरा श्यामल शरीर है। पके-पके, पीले-पीले धान से भरी धनखेतियाँ—यह मेरा पीत पट है। पुरवा हवा पर कैसे लहराता यह ! उस हवा के कारण धान की बालियों से जो सुरीला स्वर निकलता है, वही तो मेरी वंशी-ध्वनि है। उस ध्वनि पर मुग्ध होकर, देखो, गाँव के बूढ़े-बच्चे, स्त्री-पुरुष सरेह में निकल आए हैं। ये किलकते-उछलते बच्चे ! ये, पोपले मुँह से व्यंग्य-विनोद के फव्वारे छोड़ते बूढ़े, यह अल्हड़-अलमस्त नौजवान ! ये उमंगभरी, तरंगभरी छोरियाँ! "काहू न रह्यो मन धीर मुरलिया की धुनि सुनि"—सारा संसार ही गोकुल बन गया है आज। हाँ, मैं महीनों में अगहन हूँ !

"मासानाम् मार्गशीर्षोऽहम्" मैं फूलों-भरा फागुन नहीं हूँ, रिमझिम का आषाढ़ नहीं हूँ, रजतियामय आश्विन नहीं हूँ—मैं धान की सुनहली बालियोंवाला अगहन हूँ, महीनों में अगहन हूँ।

मैं अगहन हूँ, जिसमें मानव-श्रम पोषक अन्न में परिणति पाता है, जिसमें काली मिट्टी सोने का रंग लेकर बालियों के रूप में लहरा उठती है, जिसमें पृथ्वी अपने 'रसा' नाम की सार्थकता पूर्णतः सिद्ध करती है।

ये धनखेतियाँ—जिंदगी तरंगें ले रही है इनमें। सब मस्त, सब व्यस्त ! छोरियाँ आँचल को कमर में लपेटे, साड़ी के खूँट को ऊपर समेटे, सरसर हँसिया चलाए जा रही हैं ! हँसिया चला रही हैं, गीत गा रही हैं। अंग-अंग फड़क रहे हैं इनके। बच्चे नाच रहे हैं, किलकारियाँ भर रहे हैं, जो बालियाँ इधर-उधर बिखर गई हैं, उन्हें सम्हाल रहे हैं, बूढ़े जूने बँट रहे हैं, बिछा रहे हैं। बूढ़ियाँ पुलिया बना रही हैं, सम्हाल रही हैं। नौजवान बोझ बाँध रहे हैं, सिर पर ले रहे हैं और झूमते हुए खलिहान की ओर जा रहे हैं; हँसते हुए, ठहाके लगाते हुए। हाँ, हाँ, सब व्यस्त हैं, सब मस्त हैं।

कहाँ से इतने पंछी उतर आए हैं, इन खेतों में। सरगट हैं, मैने हैं, नीलकंठ हैं, सूपाबेनी हैं, बगेरियाँ हैं, बनगौरैयें हैं। क्यों न उतरें वे, इतने दाने जो आप-आप बिखर गए हैं। दाने बिखर गए हैं और धान कट जाने से, खेतों के कीड़े-पतंगे भी उनके आहार बन जाने को उमड़ आए हैं ! खेतों में पंछियों का मेला लगा है जैसे—रंग-रंग के पंख, तरह-तरह के कंठ। और, वह चील क्यों चक्कर लगा रही है ऊपर ? अरे, वह लपकी, झपटी और एक चूहे को पकड़कर ले भागी—यह गई, वह गई, गायब हुई।

आज खेतों में कचरकूट मची है—कल घर-घर कचरकूट मचेगी।

सचमुच खेतों में मेला लगा है—पंछियों का ही नहीं, आदमियों का भी। लो, ये मदारी आ गए डुगडुग, डुगडुग, और डुगडुगी पर नाच रही हैं बंदरियाँ—ताथेई, ताथेई। नट आ गए, दी ढोलक पर थाप और छेड़ दिया आल्हे का कहरवा—गढ़ पर गढ़ जीते जा रहे हैं। मालिन पहुँची माला लेकर, नाई पहुँचा आरसी लेकर। तंबोली पहुँच गया पान लेकर 'धाने से पान तो मोर पिया काहे के सिहान'—आज मजदूरिन भी अपने पति का मुँह लाल देखना चाहती है। फिर किसान का दिल दरियाव क्यों न हो। भगवान ने दिया है, तो 'बाँट चोट खाव, गंगा नहाव'—खुश-खुश एक-एक पुलिया सबके हाथ थमा देता है।

पूरे छह महीने की मेहनत सफल हुई है उसकी। रोहिनी की पहली फुहार पर उसने बीज डाले, आर्द्रा की बौछार में उसने रोपनी की, मघा में मेड़ों को कसकर बाँधा, हथिया में खेतों में नमी रहे और स्वाती यदि दो बूँद गिरा जाए तो फिर क्या कहने! लंबी-लंबी बालियाँ लहराने लगीं, दूध आया, दाने भरे, सोना चढ़े और यह लीजिए, आज कटनी हो रही है। छह महीने की मेहनत सफल हुई है—काटो, बाँटो! दिया, तो पाया है, दोगे तो पाओगे। पुण्य से धन, धन से पुण्य—सिलसिला टूटने न पाए।

मेहनत भी कैसी ? हड्डी-तोड़ मेहनत ? जुताई-कोड़ाई में चोटी का पसीना एड़ी होकर चुआ दिया। कड़ी धूप चमड़ी छेदकर हड्डी जलाती रही, लेकिन हल चलाते रहे, कुदाल भाँजते रहे। रोपाई में कीचड़ ठेलते-ठेलते तलवे की चमड़ी सड़ गई, उँगलियों में छाले निकल आए—तो भी बीज उगाते रहे, उपारते रहे, रोपते रहे। तब सिंचाई की बारी आई—बाँध बाँधो, पइन बनाओ, ढेंकुल चलाओ, करीन उठाओ, पटाओ, पटाओ, पटाओ—धान और पान, दोनों पानी पर ही जीते हैं न !

धान की एक-एक काठी रोपी थी, दस-दस हुई। सारा खेत भर गया, लहलहा उठा। फिर गम्हड़े लगे, बालियाँ फूटीं। लेकिन किसान को आराम कहाँ? कंधे पर लाठी लिए मेड़ों पर घूमा किया—इनकी रक्षा चाहिए छुट्टे साँड़ों से, शैतान सुग्गों से, दुष्ट चूहों से, दोपाए भैंसों से भी, जिसके सामने लाठी का बल ही बल है। इतनी मेहनत, मशक्कत, हैरानी, जाँ-फिसानी के बाद कहीं ये दिन देखने को मिले हैं। फिर किसान का आनंद आज सीमा तोड़ जाए, तो आश्चर्य क्या ?

वे धनखेतियाँ—मानव श्रम की विजय-पताकाएँ हैं ये। सोने के रंग से रँगी चमचम झलमल! तभी तो इनकी लहरान में अपने पीतांबर का फहरान पाता हूँ, और मुक्त कंठ से कहता हूँ, मैं महीनों में अगहन हूँ।

अन्न बहुत है, किंतु धान सबसे निराला अन्न। कितने आकार के, कितने प्रकार के, कितने रंग के, कितनी सुगंध के ! और किस अन्न में इतनी किस्में पाई जाती हैं, इतने रंग पाए जाते हैं, इतनी सुगंध पाई जाती है ? और नाम भी कैसे! बासमती, तुलसीफूल, श्यामजीरा, धानदेव—अन्न। कोई पूजा पूरी हो सकती है बिना धान के, अक्षत के ? देवता पर चढ़ाना है इसलिए हर दाने पर रुखड़ा, मोटा, मजबूत छिलका डाल दिया गया है—कहीं कोई जूठा न कर दे। छिलके हटे कि श्वेत, स्निग्ध, सुवासित चावल निकल आए। खीर पकाइए, भात बनाइए, खिचड़ी डालिए, या भूँजा, मूड़ी या चिउड़ा के रूप में ग्रहण कीजिए। किंतु किसी भी रूप में ग्रहण करने से पहले कृष्णार्पण करना मत भूलिए, क्योंकि धान मेरा अन्न है। मेरे अनेक रूप, धान के अनेक रूप। मेरे अनेक नाम, धान के अनेक नाम। और इसी के नाते तो मैंने कहा है—मासानां मार्गशीर्षोऽहम्।

खेत से खलिहान में आइए। धान के बोझों का अंबार लगा है—खेत की लक्ष्मी घर में जाने के पहले खलिहान में 'नगर-विश्राम' ले रही है। जरा सुस्ता लेगी, फिर 'गृह-प्रवेश' करेगी। बोझों का अंबार--उस पर टाँग पसारे बैठा किसान तलहथी पर सुरती मसल रहा है और उसका बूढ़ा बाप अलग बैठा हुक्का गुड़गुड़ा रहा है। बाप मगन है, बेटा मगन है, और वहाँ दूर पर गुल्लीडंडा खेलता पोता भी क्या कम मगन है ? यही नहीं, बैलों की उस जोड़ी को देखिए—नया, ताज़ा, मुलायम चारा खाकर वह भी किस शान से जुगाली कर रही है, मस्त—मगन है।

भोर से ही प्रभाती की टेर। एक ने प्रभाती छेड़ी कि हर खलिहान ने स्वर में स्वर मिलाया। जंगल में मंगल मच गया। किरणें छिटकीं कि दौनी का खटराग शुरू हुआ। आगे-आगे बैल, पीछे-पीछे हाँकनेवाले। ललकार है, पुचकार है—चल बे पट्ठे, मार लिया मैदान है। अब पुआल अलग, अन्न अलग। अन्न की राशि-राशि खलिहान में जमा हो गई। और जरा पछैया सिसकी

नहीं कि ओसौनी शुरू—सूप सरसरा उठे, दाने एक ओर, भुस्सा एक ओर। संध्या को तौल शुरू हुई, हर खलिहान में रामे-राम। एक राम, एक, दो राम, दो। तौल की हर संख्या पर राम ही राम की टेक टूटती है। राम कहो, घनश्याम कहो, बात एक ही है न ?

रात भीगी कि समूचा गाँव भजन-कीर्त्तन से गूँजने लगा। ढोलक-झाल, खंजड़ी-करताल, झाँझ-मृदंग ! हो, हो, ही, ही, हा, हा। सारा गाँव आनंद में डूबा, उत्साह में डूबा।

बाहर का आनंद-उत्साह दूना होकर आँगन में पहुँचा है। धान की राशियाँ खलिहान से आँगन में पहुँची नहीं कि हलचल मची—यहाँ रखो, वहाँ रखो, इस कुठली में रखो, उस बुखारी में रखो और साल भर के चावल का जोगाड़ अगहन में ही करना है—अगहन का चावल मीठा होता है न ? मीठा और मुलायम भी। हलचल कोलाहल में बदली—मूसल का धम्म-धम्म ! ढेंकी की ठेंठें, सूप की फटफट ! और वह काम क्या, जिसमें संगीत नहीं घुला ! मैंने भी तो गाय चराते हुए बंसी टेरी थी, रथ हाँकते हुए गीता कही थी। नारियों के कंठ फूटे—चूड़ियाँ की झनकार ने पंख लगा दिए—संगीत सपक्ष होकर उड़ने लगा है।

जो रसमय है, गीतमय है, हास्यमय है, आनंदमय है, उमंगमय है, तरंगमय है—मैं वह अगहन हूँ।

मासानां मार्गशीर्षोऽहम्—मैं सब महीनों में श्रेष्ठ अगहन हूँ, अगहन हूँ।

पंडुक और भुजुंगा

मैं बरामदे पर बैठा हुआ हूँ। हल्का-हल्का धुँधलका है। माघ महीने की भोर है। जाड़ा लग रहा है। बाहर निकलने की इच्छा नहीं होती। आँखों पर अभी नींद की खुमारी है। कभी-कभी आँखें झिप जाती हैं।

बाहर का दृश्य सुहावना है। धान कट गए हैं। खेसारी की कोमल-कोमल फुनगियाँ सिर उठाने लगी हैं। सरसों में अभी फूल नहीं आए। गेहूँ की बालियाँ अभी गोद में ही पल रही हैं। इन सब पर कुहरे की झीनी चादर पड़ी हुई है। चाहता हूँ, देखता रहूँ, किंतु देख नहीं पाता—झबकी, फिर झबकी।

कि अचानक चें-चें की आवाज़। ध्यान ईनारे की ओर गया।

ईनारे पर, उससे पानी निकालने के लिए, लट्ठा गड़ा हुआ है। लट्ठे में एक लंबा बाँस बँधा है। लट्ठे से त्रिकोण बनाता हुआ वह बाँस तिरछा अड़ा है। मोटी डोर नीचे लटक रही है।

बाँस के आख़िरी छोर पर एक पंडुक बैठा है। धूसर-धूसर रंग, जो कुहरे से हिलमिल रहा! बेचारा सिकुड़ा, सिमटा है। जाड़े से परेशान है शायद। ऊपर बैठा होगा कि धूप जब खिले, उसके पंखों को गरमा दे। किंतु यह भुजुंगा—काला, कलूटा। कहाँ से निकल आया ? अब यह बार-बार उसे तंग कर रहा है, कि वह वहाँ से हटे !

भुजुंगा कभी उसके निकट जाकर बैठता है, कभी उड़कर उसके चारों ओर चक्कर लगाता है, चें-चें करता है। वह देखिए, वह चोंच भी चला देता है !

दुबला-पतला है यह भुजुंगा—लंबी पूँछ न हो तो कितना छोटा लगे यह। पल्ले पर रखिए, क्या पंडुक का आधा वज़न भी इसका होगा ? किंतु देखिए इसकी धृष्टता! बेचारे को तंग कर रहा है। क्या बाँस पर जगह की कमी है ? इतना लंबा-सा बाँस है—वह कहीं भी बैठ सकता है, धूप का मज़ा ले सकता है।

किंतु, नहीं, यह तो उसे तंग करेगा ही। इधर से उधर जाता है, उधर से इधर आता है। क्या इसे जाड़ा नहीं लग रहा ? या काले रंग पर मौसम का असर नहीं होता?

बेचारा पंडुक ! जब-जब भुजुंगा हुदुक्का देता है वह पंख फड़फड़ाता है। देखता हूँ, दो बार उसने गुस्सा भी दिखाया, गरदन टेढ़ी की, चोंच भी सम्हाली। किंतु यह भुजुंगा माननेवाला!

अंत में पंडुक उड़ा, बाँस को छोड़कर लट्ठे पर आ बैठा—लो दुष्ट ! ऊँचा आसन तुम्हें ही मुबारक, सूरज की पहली किरण का मज़ा तुम्हीं चखो। कौन तुमसे मुँह लगाए! दुष्ट से मुँह लगाकर कौन अपना मुँह खराब करे !

दुर्जन से सज्जन अपने को अलग रखना चाहे, किंतु दुर्जन जो उन्हें अपने से अलग भी निश्चिन्त बैठने दे !

थोड़ी देर भुजुंगा बाँस के छोर पर बैठा—चें-चें किया, जैसे विजय का नारा लगा रहा हो ! और, पंडुक सिकुड़ा, सिमटा लट्ठे पर चुपचाप बैठा रहा ! हाँ, उसने अपना मुँह भुजुंगे की विपरीत दिशा में कर लिया !

कि, फिर भुजुंगा उड़ा और लट्ठे पर आ पहुँचा—फिर चें-चें, फिर चोट की फटकारें!

कोढ़ में खाज की तरह, न जाने कहाँ से, दूसरा भुजुंगा आ गया। अब दोनों दो ओर से उसे तंग कर रहे हैं ! पंडुक कभी इस ओर रुख करता है, कभी उस ओर। कभी इसका वार बचाता है, कभी उसका।

इच्छा होती है, दौड़ूँ और ढेले फेंककर इन दोनों भुजुंगों को उड़ा दूँ, उस भलेमानस की रक्षा करूँ। यदि निशाना ठीक होता, तो इन दोनों को मार गिराने में भी मुझे उज्र नहीं होता। किंतु, यह जाड़ा। रज़ाई से लिपटा हूँ। फिर कोई देख ले, तो क्या कहे ? यह भोर-भोर क्या ढेलेबाज़ी की सूझी है इन्हें।

मैं इधर सोच-विचार में ही हूँ और अब वह पंडुक लट्ठे को भी छोड़ चुका है। कहाँ वह चला गया ? और दोनों भुजुंगे। किस प्रकार बाँस के छोर पर सट-सटकर बैठे हैं।

मन में तरह-तरह के भाव उठ रहे हैं, विचार उठ रहे हैं। अरे, यह मैं कहाँ पहुँच गया।

एक घाटी है, सुंदर घाटी, मनोरम घाटी। ऐसी घाटी तो कभी नहीं देखी थी। याद कर रहा हूँ, देश-विदेश के जिन पर्वतीय अंचलों में गया हूँ, कहीं भी ऐसी घाटी नहीं थी।

फूल खिल रहे हैं, पंछी चहचहा रहे हैं। हल्की मीठी धूप है। वह झरना झर-झर कर रहा है। उसकी बूँदें, उसके फुहारे—कैसी शीतल, कैसे रंगीन।

झरने की बगल में वह कौन बैठा है ? क्या वह कोई देवकुमार है ? हाँ, हाँ, कोई देवकुमार ही तो। कितना सौम्य-शुभ-सुंदर मुखमंडल है उसका !

वह झरने को एकटक देख रहा है—ध्यानमग्न ! कि देखिए, वह बगल की झाड़ी से कौन निकला ? दैत्याकार शरीर, नंग-धड़ंग, काला-कलूटा। क्या कोई राक्षस है ? वह धीरे-धीरे देवकुमार की ओर बढ़ता जा रहा है !

इच्छा हुई, चिल्लाऊँ ! कहीं यह भीमकाय राक्षस उस सुकुमार देव-शिशु का कोई अनिष्ट नहीं कर दे।

थोड़ी आहट ! देवकुमार का ध्यान टूटा। उसने उस राक्षस की ओर ताका, मुस्कुराया और फिर झरने की ओर देखने लगा।

उसकी यह हँसी, राक्षस कट मरा। क्रुद्ध काँपने लगा। एक भीषण चीत्कार, वह टूट पड़ा देवकुमार पर ! किंतु जब तक वह उसके निकट पहुँचे, देवकुमार यों ही मुस्कुराता, उसकी पहुँच के बाहर हो चला था। क्या वह भाग रहा था ? नहीं, लगा, जैसे वह हवा में तैर रहा हो।

उसी समय दूसरी ओर से एक राक्षस और टूटा—वैसा ही भीमकाय, वैसा ही नंग-धड़ंग,

वैसा ही काला-कलूटा !

अरे, अब क्या होगा ?

दोनों राक्षस एक साथ ही अट्टहास कर उठे। सारी घाटी थरथर काँपने लगी जैसे !

मेरी घिग्घी बँध गई !

उफ़, अब क्या होगा ?

हुआ कुछ नहीं !

जब दोनों के हाथ उसे छूने-छूने को हुए, उसने ज़रा भवें टेढ़ी कीं, फिर मुस्कुरा पड़ा, और हवा में तैरता हुआ, वह घाटी के एक कुंज में जा छिपा।

दोनों राक्षस यहाँ दाँत पीस रहे हैं, कुंज से वंशी की तान निकलकर सारी घाटी को संगीतमय बना रही है !

आँखें खुलीं तो पाता हूँ कुहरा छँट गया है। धूप निकल आई है। बाँस पर के दोनों भुजुंगे न जाने कहाँ चले गए ? उधर मेरी केले की बाड़ी में से पंडुक का कु-ऊ, कु-ऊ सुनाई पड़ रहा है !

तोरी फुलाइल : होरी आइल !

झुनिया ज़रा-सी गुनगुनाई—"तोरी फुलाइल"; कि झूमक गरज उठा—"होरी आइल!" झुनिया सहम गई; झूमक ने हाथ बढ़ाकर उसके चाँदी के झूमके को झुला दिया !

"अरे, ज़रा लोगबाग देख लिया करो !"

"फागुन में भी झुन्नो !" कहकर हो-हो करता हुआ, वह मतवाला-सा गा उठा—

"फागुन है दिन रस के,
बोल ! बोल ! हो पिया हँस-हँसके !"

दोनों हँस पड़े; दोनों लिपटे पड़े, फिर दोनों सरसों के खेत में धँसकर घास जुगाने लगे!

x x x

चंदर अपने बरामदे की कोठरी की खिड़की के पास बैठा सरसों के इस उफनाते हुए पीले समुद्र को देख रहा था। कहाँ वह शहरी जीवन-बनावटी फूल, बनावटी चेहरे ! हवा में कब खुनकी आई, नसों में कब खून दौड़ा, शरीर में कब पुलक हुई; कुछ पता नहीं चलता !

और, यहाँ यह दृश्य। चारों ओर सरसों फूल रही है। पुरवा हवा के झोंके कलेजे में सनसनी पैदा कर रहे हैं। लगता है, कहीं सिमट रहें; किसी से लिपट रहें !

चमेली उसकी बगल में आकर खड़ी है। वह भी तृषित नेत्रों से खेतों की ओर देख रही है ! सरसों की सुगंध उसकी नाक में बसी है। उसके ऊपर उड़ते हुए छोटे-छोटे पंछियों की चें-चें उसके कानों में अमृत घोल रही है। वह सोचती है, काश, उसके पंख होते! वह उन्मुक्त हवा में आज विचरण कर सकती !

उसी समय तोरी और होरी की सम्मिलित कड़ियाँ सुनाई दीं ! यहाँ भी दोनों हँसे, दोनों पुलकित हुए, और दोनों के हृदय में झंकृत हुआ—

"फागुन है दिन रस के,
बोल ! बोल ! हो..."

किंतु, दोनों की वाणी कब तक मूक रही क्या दोनों में से किसी को इसकी सुधि थी !

x x x

वह हीरा जा रहा है, नौ साल का चपल बालक। कमर में लंगोटी, हाथ में छोटी-सी लकुटी, आगे-आगे उसकी बकरी भागी जा रही है !

"ओ, हिरबा, सुन रे !"

"सीबू की बेटी, पैर तोड़ दूँगा, जो इस तरह फिर बोली ! हीरा कह, हीरा !" उसने उस बच्ची को लकुटी से पीटने का इशारा करते हुए कहा जो उससे उम्र में तो दो साल छोटी थी किंतु लगती थी उसके बराबर !

"अरे, तू बन-चर ही रह गया ! देख, इसे मेरे कान में लगा दे।" अब वह उसके नज़दीक पहुँच चुकी थी !

"ओहो, तुझे झुमका का शौक हुआ है ! बाप से कह, सोने का गढ़ा देंगे, यह सरसों के डंठल क्या तोड़ लाई। नाम सोना, गहने घास-पात।" दोनों हँस पड़े।

बकरी न जाने कहाँ निकल गई। सोना पैर पसारे बैठी है, हीरा उसके कान में फूल गूँथ रहा है। कान के बाद चोटी; फिर गले में, हाथ में ! वह फूलों से लद-सी गई है। "ले, तू बन-देवी हो गई ! मैं बन-चर, तू बन-देवी ! बोल—

"फागुन है दिन रस के ..."

"तू मुझे गाली देता है, रे" सोना की भवों पर तेवर थे ! हीरा ने उसकी ठुड्डी पकड़कर ज़ोरों से हुदुक्का दिया और भागा उधर। खेत के पौधे ज़ोरों से हिल रहे थे। कोठरी की चिक गिर चुकी थी !

x x x

"काँव-काँव, काँव-काँव !"

कौवे की चिर-संगिनी ने कहा—"अहा, आज तुम्हारी बोली कितनी मीठी लग रही है—सच कहती हूँ, कोयल भी मात !"

"और ज़रा अपने पंख तो देख, वे कैसे रंगीन हैं, मोर भी शर्मिंदा !" कौवे की आँखों में रस उमड़ा जा रहा था !

"आज भोर में कोयल बोल रही थी—मेरी सौत !"

"और, मेरी आँखों में मोर नाच रहा है, मेरा रकीब !" दोनों की गरदनें कुछ झुकीं, आँखों ने आँखों से बातें कीं। दोनों उड़े-उड़े जा रहे थे, ऊँचे, ऊँचे, ऊँचे !

फुलसूँघनी ने सूपाबेनी से कहा—"कुछ देखा, ठूँठ में भी कोपलें फूट आई हैं !"

"ऊपर-ऊपर रस चाखनेवाला क्या जानेगा, नीचे क्या है ?"

"ओहो, तो यह बयार तुझे भी लगी !"

"किसे नहीं लगी है—देख, उस हीरा को सोना को, राजा को रानी को, झुनिया को झूमक को ! और..."

"काँव-काँव, काँव-काँव !"

अरे—

"कौवे का बोलना भी एक लुत्फ दे रहा है !"

फुलसूँघनी सूपाबेनी के हरे पंखों को देख रही थी; सूपाबेनी फुलसूँघनी की गहरी नीली पंखियों पर निसार हो रहा था।

x x x

यह भोर है। चारों ओर धुंध छाई हुई है। नई रात हो आई है; सुफेद रात !

हाँ, सुफेद रात ! दिन चढ़ रहा है, दस गज आगे भी नहीं सूझता ! खलिहान के बाँस पर सिर्फ़ भुजंगे की चीख सुनाई पड़ती है !

कि, लो, यह जादू ! आसमान पर उजला गोला चमक उठा। सारा संसार झक-झक कर उठा। दूब पर पड़ी ओस-कणिकाएँ तक ठठा पड़ीं !

सारा वातावरण रंगीन हो रहा है, चकमक हो रहा है ! केवल सरसों की ही बात नहीं; कौन ऐसा पौधा है जिसमें फूल नहीं लग गए हों; कौन ऐसी डाल है, जिसमें बौर नहीं फूट निकले हों !

नीली-नीली अलसी, लाल-लाल मटर, पीले-पीले अरहर। तितलियाँ जिन पर नाच रहीं, भौंरें भाँवरे दे रहे ! दूब से फूल फूट निकले हैं—हवा ज़रा सिहकी कि चँवर डुलने लगे ! सर-सर, सी-सी ! रोयें क्यों न सिहर उठें ? जब पृथ्वी को भी यह रोमांच हो आया है !

बारी का यह एक पेड़ नींबू—फूलों से ऐसा लदा कि सारे घर-आँगन महमह बना रहा है !

यह अमराई ! यह सचमुच बौरा गई है, पागल हो उठी है। कहीं एक पत्ता भी दीखता है ! बौर-बौर-बौर ! और बौर पर के भौंर ! गुन-गुन, गुन-गुन ! किंतु कितना रस चख सकोगे भौंर भौंरे ? अरे, नीचे तक रस चू रहा है—टप-टप, टप-टप! देखो न, वह बच्चा उस सूखे पत्ते को किस तरह चाट रहा है। उस पर मधु का वह पीला लेप ! चाटो, बच्चे, चाटो ! किसी को पत्ता चाटने को मिलता है; किसी को रस चूसने को मिलता है !

लीची—कहाँ तक कमर लचकाती जाओगी, पगली ! इतना फूलना नहीं चाहिए। याद रखो, तुम्हारी डाली तुनुक है—ज़रा अधिक बोझ पड़ा कि गई !

कुहू-कुहू—बोलती जा पगली; गाती जा ! ऐसी फुलवाड़ी में काठ के भी कंठ फूट उठते! यदि तुम्हारे कंठ में आज मिठास आ गई तो कौन-सा आश्चर्य ? किसका कंठ न मीठा होगा यहाँ ? कुहू-कुहू—गाए जा, गाए जा !

x x x

और, आज सारा गाँव गा रहा है ! क्यों न हो, जब अस्सी साल के बूढ़े जग्गू दादा ने उनका नेतृत्व किया है।

कल देखा न था जग्गू दादा को ? कमर झुकी हुई, लकड़ी टेककर चलते। आँखें धँसी, गाल पिचके। बालों में कहीं कालापन ढूँढ़ देते, तो आपको इनाम। सिर इस तरह लगातार हिल रहा, मानो कोई अलक्ष्य शक्ति अविराम गति से उसे झकझोर रही हो ! दाँत तो हैं नहीं, मुँह से आवाज़ भी ठीक से नहीं निकाल पाते !

और, वही जग्गू दादा आज हैं ! उछल रहे हैं, कूद रहे हैं, गा रहे हैं, बजा रहे हैं—

"भर फागुन बुढ़ऊ देवर लागे हैं !"

घबराइए मत, आज आप गाँव में हैं, होली के दिन में हैं, यहाँ आज का सात खून माफ है !

ओहो दादा का चेहरा। चेहरा ही क्यों, सारा शरीर—"लाल देह लाली लसै अरु धर लाल लंगूर !" बस, कसर है तो सिर्फ़ इस पिछली चीज़ की, नहीं तो फिर हनुमान भी क्या खाकर दादा से जोड़ लगाते !

कहाँ से यह जोश, ताकत, यह जवानी आ गई है दादा !

"अहा, आज दादी नहीं हुई ?"

"दादी नहीं रही तो क्या ? मैं तो हूँ—"

लीजिए, उम्र में उनसे भी दो वर्ष बड़ी उनकी भावज पहुँच गईं—सोना की दादी! और देखिए, इस बूढ़े-बूढ़ी में क्या उठा-पटक मच गई। दोनों दोनों को रंग में सराबोर कर रहे हैं और सारा गाँव तमाशा देख रहा है, हँस रहा है, तालियाँ पीट रहा है !

x x x

डफ़ बज रहे हैं, झाल बज रहे हैं। ढोलक बज रही है। मंजीरे बज रहे हैं। अबीर उड़ रही है, रंग उड़ रहा है। कपड़े रँग रहे हैं, शरीर रँग रहे हैं, किसी के बाल न उजले रहे, न काले—सब लाल हो गए !

बूढ़े-बच्चे-जवान सब रंग में डूबे हैं, राग में डूबे हैं। राग क्या ?—हो-हो, हा-हा! ज़ोरों से चिल्ला रहे हैं, झूम रहे हैं। उछलने-कूदने में भी कसर नहीं है।

छोटा हीरा भाव-विभोर होकर गाए जा रहा था कि पीछे से उसके गालों पर, किसने अबीर मल दी ? सिर्फ़ गालों पर ?—आँख, नाक, भौं, सब अबीर में ढंक गए जैसे !

हीरा समझ गया, यह कौन है ? आँख मूँदे ही वह दौड़ा उसके पीछे—क्योंकि सोना हँसती हुई भाग रही थी ?—खिलखिल खिलखिल, खुलखुल खुलखुल !

"मुझे अंधा बना दिया, पहले आँखों पर की अबीर झाड़ दे।" हीरा ने सोना को बाँहों में समेटते हुए कहा—

"छोड़ो भी, हाथ तो कसे हैं ?"

हीरा ने सोना का हाथ छोड़ दिया। सोना ने झट अबीर की दुहरी मूठ मल दी और अब ऐसी भागी कि—

"वाह बिटिया ! शाबास !" यह सोना की दादी उसे दाद दे रही थी ! हीरा कट रह गया—उसके कान सुने जा रहे थे—खिलखिल, खिलखिल, खुलखुल, खुलखुल !

x x x

"अब कइसे जोबना बचइबू हे गोरी !
फागुन मस्त महीना की होरी।"

अरे यह झूमक है—दीवाना बना है दीवाना ! लंबे-लंबे बाल पिंडल जटाजूट बन रहे हैं, जिन पर अबीर की लाली है, अबरख की चमक है। कमर में ढोलक बाँध रखा है उसने। गाता है, ढोलक बजाता है, नाचता है। बजाते-बजाते कभी ज़मीन से सट रहता है, कभी उछलकर हवा में उड़ता-सा दीखता है। उसकी चौड़ी छाती आज कितनी चौड़ी लगती है : उसके मांसल पुट्ठे आज कैसे सुघड़—सजीव लगते हैं—आज वह यौवन की साक्षात् प्रतिमा लग रहा है !

वह बजा रहा है, गा रहा है। झुनिया उसे देख रही है, हाँफ रही है ! वह बलहार जा रही है, भगवान ने कैसी जोड़ी लगाई है उसकी ! उसकी इच्छा होती है, वह भीड़ में घुस जाए और झूमक के बालों में पाव भर अबीर बाँध दे। किंतु लाज लग रही है उसे, वह क्या करे!

इसी समय झूमक की नज़र उस पर जाती है—"अब कइसे..." की कड़ी उसके मुँह से फूट पड़ती है ! इधर झुनिया की आँखें मुँद जाती हैं, उधर भीड़ में रस की बाढ़ आ जाती है ! सब पागल-से गा रहे हैं, उछल रहे हैं। और झुनिया—

झुनिया दिन में सपना देख रही है—आँखें मुँदी हैं, किंतु तस्वीर के रील पर रील उखड़ते जा रहे हैं—कैसी तस्वीर, क्या-क्या तस्वीर ?

"बबुई, अब शाम होने ही को है"—यह उसकी भावज ने उसे झकझोर दिया! रील टूट गया, आँखें खुल गईं, वह भागी—कहाँ, कहाँ—उसकी भाभी पुकार रही है, किलकारियाँ दे रही है।

x x x

"रानी, होली इसको कहते हैं—जब दीन दुनिया की याद रह गई, तो फिर होली क्या?"

"हाँ, शहर में सब बनावटी—साज-शृंगार में बनावट, राग-रंग में बनावट, उत्साह-उमंग में बनावट ! दिल खुलता नहीं, उसमें ताज़ी हवा जाती नहीं, वहाँ सड़ाँध-सड़ाँध है, गंदगी-गंदगी है। भीतर गन्दगी ! ऊपर कैसी सफ़ाई !"

आज गाँव-भर के देवरों और ननदों ने बहूरानी की दुर्गत कर डाली है ! तो भी बहूरानी खुश हैं, मगन हैं। उनकी चूनर पर तरह-तरह के रंग हैं, उनकी चोली पर तरह-तरह की छाप हैं। तरह-तरह की हथेलियों ने उनके गालों पर रंग चढ़ाया है ! आज सचमुच उनके गालों पर रंग है ! बनावटी नहीं, असली !

"सदा अनंद रहे एहि द्वारे मोहन खेले होरी हो"

वह देखिए, होलैयों की जमात चंदर के दरवाज़े पर भी आ गई ! सारा गाँव उमड़ पड़ा है। दरी-जाजिम पर अटाँव होगा, टाट-चटाई सब जोड़ दिए गए। लोग जमके बैठे। ठफ घहरे, ढोलक घुटके, झाल झनझनाए, मंजीरे किन् किन् किन् किन् कर उठे। प्रथम पर शुरू, सप्तम पर समाप्त ! ये गाने हैं, ये बाजे हैं ? नसों को झकझोर देते हैं, हड्डियों को झकझोर देते हैं। साल भर का अवसाद एक ही दिन में निकल जाता है ! खून नया हो जाता है, शरीर नया हो जाता है।

"जो जीये से खेले फाग,
जो मरे से् लेखा लाग !"

ओ जीनेवाले, खेलते जाओ, खेलते जाओ ! अरे, आख़िर लेखा लगाना तो है ही ! ज़िंदा होकर मुर्दों में क्यों गिनती कराओ, खेलो, खेलो !

मोहन खेले होरी हो, मोहन खेले होरी हो—सदा आनंद रहे यही द्वारे, मोहन खेले हारी हो...मोहन खेले, मोहन खेले...

गा-बजाकर होलैये चले गए हैं, उनकी ध्वनि कानों में गूँज रही है। एक बार फिर उमंग आई है—राजा-रानी एक-दूसरे को रंग से सराबोर कर रहे हैं !

x x x

सामने के बाँस की फुनगी पर कबूतर का एक जोड़ा आ बैठा। उजली कबूतरी अपने रँगे हुए पंखों को चोंच से सहलाती हुई बोली—"देखो, मुझे भी रँग दिया! वह ललन बड़ा बदमाश लड़का है !"

"मैं तो देख रहा था, वह अपनी पिचकारी लिए हौले-हौले पाँव बढ़ा आ रहा था और तू दाना चुगने में मस्त थी !"

"तो मुझे चिता क्यों नहीं दिया ?"

"मेरी रानी, जब संसार रंग में डूब रहा है, तब मेरी रानी ही यह बगले का रंग लिए फिरे ! ओहो, रंग के इन छींटों ने तेरे पंखों को कैसा सुंदर बना दिया है! लाओ, ज़रा चूम लूँ।"

कबूतर ने अपनी चोंच उसके पंखों में घुसेड़ दी !

"हाँ, आप तो बच गए न !" कबूतरी की आँखों में प्रेम का गुस्सा था !

"तो क्या हुआ, ज़रा सटकर तो बैठ। अब भी रंग ताज़ा है, तेरे पंख के रंग के छींटे मेरे पंख में लग ही जाएँगे !"

और, कबूतर भी नहीं जानता था, बदमाश ललन अब भी उनका पीछा कर रहा था।

नीचे से पिचकारी छूटी, और उसके धूसर पंख भी लाल-लाल हो उठे !

अपने रंगीन गीले पंखों से हवा पर तैरते कबूतर का जोड़ा उड़ा जा रहा था—गटरगूँ, गटरगूँ, गटरगूँ !

x x x

"वाह कैसी लाल रज़ाई ओढ़ ली है, तुमने ! लगता है, दुलहा बने हो।"

"और एक तुम हो कि हरी चादर तक उतार दी है—क्या भीतर आग लगा दी है, मधु?"

"जिसके फल में एक बूँद रस नहीं, वह क्या जाने पीर क्या होती है ?"

सेमल ने देखा, महुआ की आँखों से मोती झर रहे हैं—टप-टप ! और, उसकी लाल रज़ाई पर जैसे स्याही पुत रही है।

x x x

तितली ने भौंरे से कहा—"बदतमीज़, क्या इस तरह सर्वस्व लूटा जाता है! गुनगुन करते रहे और जब कलियों ने दिल खोला, तो सारा रस-भंडार खाली करके ही छोड़ा !"

"तुम्हारा बदला चुका रहा हूँ, अलबेली ! फूल-फूल पर अभी नाचती फिरो, क्योंकि पंखों में अभी रंग भी है, उड़ान भी ! किंतु, अंत में पाओगी, रंग झड़ गए, पंख उड़ गए, तुम भुनगा होकर रह गईं और मेरा मधु-चक्र सदा रस से सराबोर है"—भौंरे ने जवाब दिया।

"किंतु भूलना नहीं, कोई व्याधा अपनी मटकी लिए तुम्हें लूटने भी आ रहा होगा।"

x x x

ओ पछवा के झोंके—तूने यह क्या ग़ज़ब किया !

सरसों की बासंती साड़ी तार-तार उड़ गई; सेमल की रज़ाई रुई-रुई हो गई; बौर झड़ पड़े, भौंरे उड़ गए, तितली-रानी का नामनिशान नहीं, हाँ, अकेली महुआ अब तक मोती टपकाए जा रही है—टपकाए जा रही है : क्या यह बताती हुई—रस का भंडार अभी सूखा नहीं है; फागुन गया, तो चैत आ रहा है !

जब मंजरियाँ फूटीं !

मैं आम के बगीचे में बैठा हूँ और चारों ओर से मंजरियों की महमह मेरे मस्तिष्क को सुवासित बनाए हुए है !

आम की मंजरियों की उपमा प्रायः ही स्वर्ण-कणिकाओं से दी गई है। किंतु क्या वे एक ही सुनहले रंग की हैं ? कालिदास के समय में उनमें एक ही रंग की प्रधानता रही हो, किंतु आज तो आम के नाना प्रकारों की तरह, उनकी मंजरियों के रंग और सुगंध में भी कम इज़ाफे नहीं हुए हैं।

भूरे, पीले, गुलाबी, लाल—इन रंगों के कितने सम्मिश्रण और उपभेद आँखों में रंगीनियों की सृष्टि कर रहे हैं। और यदि इनकी डालों के निकट खड़े हो जाइए, आपको तुरत पता चल जाएगा हर पेड़ की मंजरियों की सुगंध में कितना अंतर है।

ऋतुराज आ रहे हैं—ये नाना रंग के, नाना प्रकार की सुगंधों से सुवासित वंदनवार तान दिए गए हैं, उनकी अगवानी में। भौंरे नाच-नाचकर गीत गा रहे हैं! पंछियों की चहक है, या ये डालें ही रह-रहकर चहक उठती हैं। श्यामा की सीटी सूचना देती है, देखो, मदन-महाराज की स्पेशल ट्रेन अब आ ही पहुँची ! इस हवा को क्या हो गया है !—कहती है, धीरे-धीरे चलो, देखो, कहाँ आ गए हो !

और ऊपर से यह कोयल की कु-हू ! कु-हू ! कु-हू ! क्या कलम घिस-घिस कर रहे हो? देखो, सुनो ! सुनो, देखो !

x x x

बचपन से ही देखता आया हूँ, सुनता आया हूँ—किंतु आज तक तृप्ति नहीं हुई! हैं ये रंग-बिरंगी मंजरियाँ, ये रंग-बिरंगी सुगंध। भौंरों का गुंजन : चिड़ियों की चहक। श्यामा की सीटी, कोयल की कु-हू ! आँखों ने देखा, कानों ने सुना ! किंतु फिर भी दोनों अतृप्त के अतृप्त !

सावन के अंधे को सदा हरा-ही-हरा सूझता है ! लेकिन वह अंधा नहीं होकर बहरा बन गया, तो ! झड़ की झड़झड़ाहट : ठनकी की ठनक ! बेचारा रह-रहकर चौंक उठता होगा !

एक के बदले दो अभिशाप सही। अंधा और बहरा बनने का किसी को अभिशाप नहीं मिले : किंतु किसी की नियति बुरी हो, तो उस पर इतनी कृपा तो हो कि वह जब वसंत ऋतु में किसी अमराई में बैठा हो, तभी यह गाज उस पर गिरे !

ओहो ! आँखों में सतत मंजरियाँ झूलती रहें—ये भूरी-भूरी, ये पीली-पीली, ये गुलाबी-गुलाबी, ये लाल-लाल मंजरियाँ, जो मंद पवन के झूले पर झूल रही हों। और कान में भौंरे गूँजते रहें, श्यामा सीटी देती रहे, कोयल कूक रहे हों !—क्या यह अभिशाप भी उनके लिए वरदान नहीं सिद्ध होगा !

x x x

याद आते हैं बचपन के दिन ! यों बच्चे टिकोले पर टूटते हैं, मैं मंजरियों पर ही अपने को न्योछावर करता था ! सारी डालियाँ झुकी-झुकी। जिन्हें कभी पकड़ नहीं पाता, उन्हें भी छू सकता ! किस तरह मंजरियों को सतृष्ण दृष्टि से देखता : उनकी एक-एक कणिका को गिनने की कोशिश करता! अरे, इस पल्ली में इतने बड़े गुच्छे लगेंगे! क्या यह पतली डाल सम्हाल सकेगी इन गुच्छों के बोझ को ? लड़ुआ, लंगड़ा, बंबइया सम्हाल भी ले, तो इस दलिमा, लटकंपू और मीरजाफर का क्या होगा?

मन-ही-मन चाँड़ी लगाता और मचान बनाता ! जिस दिन वसंत के बादल उमड़ते, ब्रह्मबाबा को बताशे की मनौती करता कि बिजली नहीं चमके ! नहीं तो सारी मंजरियाँ झुलस जाएँगी ! और जब पुरवैया हवा दम नहीं लेती, तो सोचा करता, आह रे, मंजरियों में मधुआ नहीं लग जाए ! मंजरियाँ आप-आप झड़ पड़ेंगी—हाँ, पत्तों पर थोड़ा मधु लिपटा ज़रूर मिलेगा।

मधु से चुपड़े ये पत्ते : चाटने में कैसे मज़ेदार लगते ! किंतु चाटते-चाटते जी धक्-सा ही रहता : पक्के आम का चभक्का अब कहाँ मिलेगा ? आग लगे इस पुरवैया बयार को !

इस पेड़ से उस पेड़ के निकट जाता। एक-एक डाल को देखता, एक-एक पल्लो को देखता। प्रायः ही ऐसा होता, किसी सघन पेड़ की झुरमुट से जाकर छिप रहता! आँखों में रंगीनियों, नाकों में सुगंधियों और कानों में काकलियाँ—भरी दुपहरिया में मेरी खोज हो रही है और मैं उस झुरमुट के बीच स्वप्नपुरी में विचरण कर रहा हूँ !

वे सपने ! रंग-भरे, सुगंध-भरे, संगीत-भरे सपने ! सपने तब से देखते ही आया हूँ, प्रायः खुली आँखों से भी। किंतु अंत ! वे सपने ! यदि एक बार भी वे सपने पा लेता, तो अपने सारे स्वप्न, जागरण ही नहीं, जीवन भी सानंद न्योछावर कर देता !

x x x

ये मंजरियाँ—और जब टिकोले आएँगे; पहले सरसों के आकार के, सबका एक-सा सुनहला रंग। किसी चतुर सुनार ने सोने की सरसों पंक्तिबद्ध सजा डाली हों। फिर उनमें हरीतिमा बिखरेगी। बस हरे-हरे मटर मरकत के ! और तब हर पेड़ के टिकोले अपने-अपने आकार धारण करेंगे—किसी में लंबाई, किसी में गोलाई, कोई चिपटा-चिपटा, कोई गुल्ला-थुल्ला ! किसी-किसी

में सुग्गे-सी नाक निकल आएगी !

बस, बच्चे घर-आँगन को छोड़कर अमराई में आ जुटेंगे ! यदि स्कूल के बाड़े में उन्हें घिरना पड़ा, तो भी, ज्योंही छुट्टी हुई, बाड़े से निकले बछड़ों की तरह उछलते-कूदते बगीचे में आ पहुँचेंगे!

ऊपर टिकोले फूल रहे, नीचे उनके खेल जम रहे ! गुल्ली-डंडा, ओल्ह-ओल्ह : कबड्डी-कबड्डी। पेड़-पेड़ के नीचे कोलाहल, और डालों पर दोला-पाती भी तो जमेगी! देखो, धीरे चढ़ना, धीरे कूदना—कहीं टिकोले न झड़ पड़ें !

लेकिन टिकोलों को तो झरने ही हैं ! इतने टिकोले रह गए, तो क्या ये डालियाँ बचेंगी? तुम धीरे-धीरे चढ़ो, धीरे-धीरे कूदो, किंतु फागुन की पछवा हवा इन्हें झकझोरेगी ही, चैत की तीखी धूप इन्हें झुलसाएगी ही ! ये झड़ेंगे इतने कि पेड़ों के नीचे पथार बिछ जाएगा। इनमें जो बड़े होंगे, वे चटनी बनकर मानव के काम आएँगे, बाकी सड़-गलकर उस पेड़ की खाद बनेंगे, जिनकी डालों ने इन्हें पालने खेलाया !

बचपन की याद आ रही है। एक लड़ुवा पेड़ था। कितना बड़ा पेड़ ! हर साल उसमें कितनी मंजरियाँ फूटतीं, हर साल उसमें कितने टिकोले भरते ! टिकोलों में भी मिठास-भरी सुगंध ! इस समय भी नाक उस सुगंध से आप्यायित हो रही है! न वह पेड़ रहा, लगातार की बाढ़ ने उसे सुखा दिया, उसकी लकड़ी जलावन बन चुकी है। और न आज कहीं टिकोले हैं—किंतु एक हल्की याद ने कहाँ से लेकर मिठास भरी सुगंध से मेरी नाक के पोरों को भर दिया !

x x x

टिकोले बढ़ेंगे, फल बनेंगे, अपने पूरे आकार में आएँगे। हर पेड़ की शोभा अलग होगी, हर डाल की शोभा अलग होगी। हरे-हरे पत्ते, हरे-हरे गुच्छे ! अमराई सौभाग्यवती गृहिणी का रूप धारण करेगी। अब उसका घर-आँगन कलरवमय होगा! लड़के दौड़ेंगे, लड़कियाँ दौड़ेंगी। वे लुक्का-चोरी खेलेंगे। लड़के के पीछे लड़कियाँ दौड़ेंगी, लड़कियों के पीछे लड़के दौड़ेंगे !

याद आ रहा है, एक दिन वर्षा हो गई थी। हम लुक्का-चोरी खेल रहे थे। एक लड़की के पीछे दौड़ा जा रहा था। अचानक उसके पैर फिसल गए। वह बेतहास गिरी : गिरी और मूर्च्छित हो गई। ओ हो, आज भी अनुभव कर रहा हूँ, उसका सिर अपनी जाँघ पर रखकर सहला रहा हूँ और उससे क्षमा माँग रहा हूँ। कहीं, वह अपनी माँ से न कह दे। और, यह गुस्ताख कोयल आज भी कुहू-कुहू करके कह रही है, मुझे भी याद है जी, मुझे भी याद है—तुमने कितनी मिन्नत की थीं उसकी!

ग्वाल-बालों की करील-कुंज रही हो : गाँव की केलिकुंज तो शाश्वत से यह अमराई ही रही है न ?

फलों में कोसे लगेंगे—फिर अँचार डलेंगे, कसौंझी बनेगी। अरहर की दाल में एक फाँक डाल दीजिए, स्वाद ही दूसरा। गुड़ डालकर अमझोरा बनाइए, रोटियाँ भी पुए का मज़ा देने लगें। फलों का राजा आम ! जिस रूप में खाइए, सदा ही स्वाद की बहार। इसकी खटास भी मिठास को मात देती है !

x x x

और जिस दिन गोपी चुई !

ओहो—गोपी ! आम की किसी निभृत डाली में, पत्तों की झुरमुटों में छिपी, आकार में कुछ पतली, चुपचाप पृथ्वी का रस पीती, सूर्यकिरणों से लुक्का-चोरी खेलती, हवा से दुलार पाती—लोक-लोचनों से बिलकुल दूर-दूर, जवानी से गदराती, कुछ-कुछ पीली-पीली पड़ती जाती किंतु गालों पर अप्रतिम लालिमा लिए—यह आम्र-किशोरी! किसने इसे 'गोपी' नाम दिया—एक दिन भोर-भोर चू पड़ी, तो सारी अमराई में हलचल मच गई—गोपी चुई ! गोपी चुई !

फिर तो होड़ लगी, कौन ऐसा सौभाग्यशाली है, जिसे गोपी प्राप्त होगी।

कुहू-कुहू

कुहू-कुहू।

आँखें खुलीं, और यह कोयल बोल रही है !

भोर में, न जाने यह कब से बोलने लगी है। यह साढ़े-सात बजे भी बोले ही जा रही है।

गीचे में यह डेरा है मेरा। आम के पेड़ इस बार फिर बौर से लदे और अब भी उन पर ह हरे टिकोरों की भरमार है !

आम में बौर न लगे कि कोयल बौराई ! और जब तक ये टिकोरे फल बनकर, पककर, झड़ न पड़ेंगे, वह इसी प्रकार कुहू-कुहू करती जाएगी !

कुहू-कुहू ।

कब से यह कोयल इसी तरह वसंत आते ही कुहू-कुहू करती आई है ?

जब बच्चा था, उसकी बोली का अनुसरण कर उसे चिढ़ाने की कोशिश करता—वह सचमुच चिढ़ जाती, ज़ोरों से बोलने लगती।

और, अब मेरा पोता, यह लल्लन उसे चिढ़ा रहा है !

यह एक मेरा ही बगीचा नहीं है, जहाँ कोयल बोल रही है। वह चुप हुई कि दूर से आवाज़ आ रही है, सुदूर उत्तर से !

और, दक्षिण से भी तो !

यह सड़ा-गला पुराना शहर पटना—इसमें भी कोयल बोल रही है।

समय पर कोयल बोलेगी ही, चाहे आप झोंपड़े में हों, या महल में !

आपका घर गिरा हो या सड़ा हो, कोयल कुहू-कुहू करती ही जाएगी !

बोलती जा कोयल, बोलती जा। जब आदमी के कंठ रुँधते जा रहे हैं, तू बोलती जा, रस घोलती जा !

आदमी ने तो अपने को प्रकृति से इतना दूर कर लिया है कि उसके परिवर्तनों पर उसका ध्यान कहाँ ?

तू बोलकर बताती जा, अब भी वसंत आते हैं, आम बौराते हैं, टिकोरे निकलते हैं !

आदमी, तू सात बजे तक सोया रहता है, तो रह। अब भी भोर में खुमारी भरी हवा बह ही जाती है; शहर की गंदी गलियों में भी मस्ती बिखेर ही जाती है !

तू बताती जा कोयल कि शहर पुराना हो जाए, वसंत सदा नया है ! आदमी का खून ठंडा पड़ जाए, उसके हृदय की गुदगुदी तब तक कायम रहेगी, जब तक वह ज़िंदा है !

अरे, अब तो लगता है, चारों ओर से कुहू-कुहू ही सुन रहा हूँ। इनमें होड़ लग गई है क्या ?

शायद वे उन्हें भी जगा देना चाहती हैं, जो सोने में मेरे भी उस्ताद हैं; जो अब तक भी अँगड़ाई ले रहे हैं !

इस देश में उस्तादों की कमी नहीं !

क्या कोयल का भी कोई उस्ताद होगा ?

तब उसकी बोली में यह मिठास कहाँ से आती ?

रिमझिम ! रिमझिम !

मैं भोर-भोर रज़ाई में मुँह छिपाए लेटा हूँ और मेरे आँगन में सावन बरस रहा है... रिमझिम! रिमझिम !

रात कितनी उमस रही ! जैसे, हवा कहीं रास्ता भूल गई हो। दम घुटता-सा था। शरीर पसीने-पसीने ! उफ़ ! वर्षा होगी, रानी ने कहा।

पहले इस उमस से तो जान बचे।

और उसके हाथ के पंखे की हवा ने, जिसमें चूड़ियों के खन-खन स्वर कभी-कभी घुल जाते थे, कब सुला दिया, पता नहीं ।

सपनों के पंख बने थे : पल, क्षण, घड़ियाँ उड़ी जा रही थीं !

नींद टूटी तो पाता हूँ, झमाझम वर्षा हो रही है।

"कोई अलबेले की नार झमाझम पानी भरे री"

यहाँ तो लगता था, अनेक अलबेलों की अनेक अलबेली नारियाँ, झमाझम पानी उँड़ेले जा रही हों !

कैसी होंगी उनकी गगरियाँ ! कैसी होंगी वे ?

सूचीभेद्य अंधकार में देखने की कोशिश कर रहा हूँ, किंतु उन्हें देख कहाँ पाता? हाँ, सुन रहा हूँ, उनकी गगरियों से निकली बूँदों की यह रिमझिम !

रिमझिम ! रिमझिम ! यह सावन बरस रहा है, इस घोर निशीथ में !

सावन की वर्षा। जिसे दीन-दुनिया किसी की सुध नहीं रहती। जो बरसे जाती है ! और जो न किसी में दीन-दुनिया की सुध रहने देती है !

आकाश की बिजली जब मन में कौंधने लगती है ।

रोम, रोम में जब फुहारें रम जाती हैं !
आँगन की बूँदें जब घर में बरसने लगती हैं !
तन और मन की दुई जब दूर हो जाती है !
फिर कब नींद पड़ी ? फिर सपनों ने कितनी मंज़िलें पार कीं ?

और यह भोर-भोर अपनी रज़ाई से मुँह लपेटे पड़ा हूँ और अब भी सावन बरस रहा... रिमझिम ! रिमझिम !

x x x

सावन बरस रहा है...रिमझिम ! रिमझिम !

बूँदियाँ...नहीं नहीं, पानी की पतली-पतली रेशमी लच्छियाँ आकाश से अनवरत झर रही हैं।

यदि इन लच्छियों के कपड़े बुन पाते ? हम उन्हें कैसे सँजोकर बैसाख-जेठ के लिए जुगता रखते ? और ग्रीष्म की चुनौती देते।

लेकिन ये स्थायी होतीं, तो इनका महत्त्व क्या रह पाता ?

आकाश से लच्छियाँ गिर रही हैं और आप ही आप टूट रही हैं। सारे आँगन में पानी है।

पानी में गिर्दाब है, गिर्दाबों पर बुलबुले हैं ! बुलबुले बनते हैं, बिगड़ते हैं ! कुछ वैसे ही जैसे हमारे मन के हौसले !

आँगन का यह तुलसी चौरा ! लगता है, किसी महासमुद्र का यह मुक्ता द्वीप हो !

और, लल्लनजी ने इस महासमुद्र में अपनी नाव डाल दी है।

महासमुद्र के इस ज्वार में लल्लनजी की कागज़ की नाव की क्या बिसात?

वह डूबी !

लेकिन लेखक के घर में कागज़ की क्या कमी ?

नावें पर नावें डाली जा रही हैं। वे चलती हैं, दौड़ती हैं, लड़खड़ाती हैं, डूबती हैं !

मन्नन, रत्तन, छोटन, रंजन सब इकट्ठे हो गए हैं अब ! तालियाँ पिट रही हैं, किलकारियाँ छूट रही हैं ! और अब तो ये सबके सब चतुर नाविक की तरह, अपनी-अपनी नावों की रक्षा के लिए इस महासमुद्र में कूद पड़े हैं।

सारे आँगन में कोलाहल-कोलाहल है !

बूढ़ियों और बच्चों में होड़ लगी है। कौन जीते, कौन हारे ?

किंतु बाबा ने हार मान ली ! बिस्तरे से उठकर वह बाहर आते हैं।

अरे, यहाँ का यह दृश्य !

बाड़ी में, फुलबाड़ी में, खेत में, मैदान में सावन नाच रहा है और उसके पैर के घुँघरू बोल रहे हैं...रिमझिम ! रिमझिम !

x x x

हाँ, हाँ, यह सावन बरस नहीं रहा, नाच रहा है !

पौधों पर, पेड़ों पर, फूलों पर, फलों पर, पत्तों पर, पत्तियों पर सावन नाच रहा है और उसके पैर के घुँघरू बज रहे हैं...रिमझिम ! रिमझिम !

केले के ये लंबे पत्ते... ये सावन के मानो हरे झंडे हैं...लहर रहे हैं, फहर रहे हैं, इस रिमझिम के ताल पर।

कद्दू के गोल-गोल बड़े-बड़े पत्तों पर जब बूँदें गिरती हैं, लगता है, नीलम की तश्तरियों पर कोई पारे का छिड़काव किए जा रहा हो, अनवरत ! पारे का हर कण भी नृत्यशील है।

नींबू की डालियाँ छोटे-छोटे गोल-गोल फलों से लदी झूम रही हैं। वे जैसे बादलों को चुनौती दे रही हैं, अमृत की बूँदों का सिर्फ़ तुम्हारा ही स्वत्वाधिकार नहीं, हमने इन नन्हें फलों में भी उसे जुगा रखा है ! और इसी आत्माभिमान में आँखें मटका रही हैं।

यह शरमीली लीची...यह रात में ही कैसी शोख़ बन गई है। इसकी पत्ती-पत्ती से रस चुआ पड़ता है। लगता है, कहीं यह ज़मीन छोड़कर नाचने न लगे...छुंमछनन्!

मौलिश्री आज अपने रहे-सहे फूलों की डाली लुटाकर ही रहेगी !

अभी यह आम इतना बड़ा नहीं हुआ कि इसकी डाल में झूले लटकें, किंतु इसकी हर डाल झूले बन रही हैं...लचक रही हैं, पेंग दे रही हैं !

नीम की डाल में भी लचक है। अमरूद का पेड़ है या हरा वितान तना है।

और क्यारियों में ये रंग-बिरंगे फूल। गुलाब का लाल सेहरा भीग रहा है। छूकर देखिए, इसके काँटे भी कैसे मुलायम हो गए हैं।

बेले के पुटों में ये सावन की बूँदें हैं, या मोती पर मोती चमक रहे हैं !

जूही बहार पर है और रजनीगंधा तो जैसे दिन-रात की तमीज़ भूल गई है।

और क्या सचमुच दिन-रात का कोई भेद रह गया है। बिहारी ने किसी ऐसे ही दिन को देखकर कहा होगा—

"सावन घन अँधियार में रही भेद ना आन !
रात द्योस जाने पड़े लखि चकई चकवान !"

ये उमड़ती घटाएँ : सघन फुहारें ! खेतों पर, मैदानों पर, इस मेरी छोटी-सी बगिया पर, एक झीना-सा अंधकार का पर्दा पड़ा है, जिसे पुरवाई के झोंके बार-बार तार-तार उड़ा देना चाहते हैं। किंतु क्या वे इसमें समर्थ हो पाते हैं ?

और, भोर के इस रजतिम अंधकार की छाँव में सारे चर-अचर नृत्यशील हो रहे हैं। सावन ही नहीं नाच रहा, ये पेड़-पौधे, फूल-पत्ते सब नाच रहे हैं। और उनके घुँघरुओं की रिमझिम कानों को तृप्त कर रही है ! तृप्त कर रही है !

भीतर रिमझिम, बाहर रिमझिम और लीजिए, यह नस-नस में भी रिमझिम की झड़ी लग गई...रिमझिम ! रिमझिम !! रिमझिम !!!

x x x

जहाँ नृत्य : वहाँ संगीत !

वह सामने मकई के खेत के मचान से बारहमासे की कड़ियाँ फूट पड़ीं—

"सावन हे सखि, सरस सुहावन !"

मकई के खेत ! ऊँचे-ऊँचे पौधे ! पौधों के ऊपर धनबालियों के चमर डुल रहे! ये चमर किस पर डुल रहे हैं ? ज़रा नीचे देखिए।

मकई की हर गोद में, हरे आँचल से लिपटे, ये नन्हें-नन्हें 'बाल', जिनके सिर सुनहले केश गुच्छ लटक रहे !

'बालों' की बत्तीसी ! दूध से धोई, नहीं, दूध में डूबी बत्तीसी : ज़रा दबा दीजिए, दूध की पिचकारियाँ छूट पड़ें !

इन दुधमुँहे 'बालों' पर दुष्टों की नज़र... दिन में कौओं की, रात में सियारों की। इनकी रक्षा के लिए ये मचान जहाँ तीर-कमान भूलकर वह तान पर तान तोड़े जा रहे हैं।

संगीत संक्रामक होता ही है : हर मचान जैसे एक-एक रेडियो स्टेशन बन गया है ! प्रोग्राम पर प्रोग्राम बदल रहे हैं !

भैंसों को चराते हुए चरवाहों ने बिरहे टेर दिए ! हलवाहे ही क्यों...उनके चाँचर और ग़जब ढा रहे हैं !

और मेरे आँगन से कैसी आवाज़ आई ! प्रभा बिटिया का झूला पेंगें लेने लगा है...उसकी सखियों ने कजरी छेड़ दी है !

अब तो सारा गाँव ही जैसे गाने लगा है। सावन... यह तो बेटियों का ही महीना है। हर घर में झूला, हर घर में पेंग, हर कंठ में गीत ! आँगन में सावन बरस रहा है, घरों में इसकी वर्षा हो रही है !

जो बाहर, वह भी भीग रहा है, जो भीतर, वह भी सराबोर है !

आज पूड़ियाँ पकेंगी, पकौड़े छनेंगे !

नृत्य है, गीत है, सुगंध है ! सावन की भारी-भारी हवा में ये तीनों घुलमिल रहे हैं अब ! नस-नस में सावन है, हृदय-हृदय में सावन है। सावन ने सबको समरस कर दिया है ! अब रोम-रोम में ही नृत्य है, संगीत है, सुगंध है...श्रेय है, रिमझिम...रिमझिम ! रिमझिम...रिमझिम !

यह गणेश ने अपने बैलों के जोड़े खोल दिए।

बिंदेसर और जप्पू कंधे पर हल रखे खेत की ओर जा रहे हैं। खेतों में पानी लग गया है, आज रोपनी होगी।

बैल उछल रहे हैं, सावन की रिमझिम ने उन्हें भी मस्त कर रखा है !

इस साल यह पहली बार कसकर वर्षा हुई है। इसकी कितनी प्रतीक्षा थी।

बूँदाबूँदी ज़रा थमी नहीं कि सारा गाँव खेतों में निकल आया है।

कहीं हल चल रहे हैं, कहीं हेंगा पड़ रहा है। कहीं बीहन उखड़ रहे हैं, कहीं रोपनी शुरू हो रही है।

मर्द भी हैं, औरतें भी।

गंजी भीग रही है, चोली भी। धोती भीग रही है, साड़ी भी। तन भीग रहा है, मन भी।

खेती हो रही है, खिलवाड़ भी चल रहा है ! किसी का तन-मन क्या काबू में है इस समय ?

"गुलबिया, यह क्या कर रही है रे ? तू खेती होने नहीं देगी।"

"मालिक, मुनेसरा को न मना कीजिए, वह मुझ पर पानी उलीच रहा है।"

लछुमनजी की हथेली खुजला रही है...काश वह भी दो चुल्लू पानी गुलबिया पर डाल पाते। अपनी उम्र देखते हैं और शरमा रहे हैं !

पूनत पोपले मुँह के फसके हुए होंठों को दबाकर मुस्कुरा रहे हैं !

गुलबिया भागी जा रही है, मुनेसरा खदेड़े जा रहा है !

गुलबिया के पैर रपट गए : पूरी जवानी मेंड़ पर अरराकर गिर गई।

सारा सरेह अट्टहास से गूँज उठा !

सावन बरस रहा है, तन भीज रहा है, मन भीज रहा है ! खेती भी हो रही है, खिलवाड़ भी हो रहा है !

गुलबिया की हार का बदला सुकिया चुका रही है ! मुनेसरा को उठाकर कीचड़ में दे पटका। नीचे मुनेसरा, ऊपर सुकिया !

लछुमनजी हो-हो करके हँस रहे हैं। पूनत तालियाँ पीट रहे हैं !

अब सारे खेत में उठा-पटक है। मर्दों और औरतों में जैसे बाजी बजर गई !

गणेश चिल्ला रहा है, आज खेती नहीं होगी। किंतु कौन सुनता है ? सब भूतनाथ बने हैं, कीचड़ से सने, पानी से लदे-फदे ! अब फिर खेती शुरू हुई !

झूमर, चाँचर और बिरहे की तान पर लयबद्ध उँगलियाँ रोपनी में लगी हैं।

धान के हरे-हरे पौधे खेत को धानी रंग में रँगते जा रहे हैं। और, सावन बरस रहा है, रिमझिम...रिमझिम ! रिमझिम...रिमझिम !

x x x

सावन की संध्या : फुहार भरी, हुलार भरी। शृंगार भरी !

बादल कुछ छँट गए हैं, जब तक इधर से फुहार आती है, उधर निकल जाती है। सूर्य की सुनहली किरणें कभी झिंपती हैं, कभी खुलती हैं।

मैं अपनी छत से पश्चिम ओर देख रहा हूँ। मैदान का यह रंग : आकाश का यह रंग !

पेड़-पौधे, वह पीपल, वह ताड़...सबके सब नहा-धोकर बनारसी छैलों की तरह सजे-बगे खड़े हैं ! न जाने किसकी प्रतीक्षा में ?

दूर की वह वृक्षराजि क्षितिज से किस प्रकार घुल-मिल गई है ! लगता है, बहुत दिनों पर आकाश और पृथ्वी का मिलन हो रहा है !

और, सूर्यदेव बादलों की ओट में छिपे इस मिलन पर रह-रहकर मुस्कुरा उठते हैं !

उनकी मुस्कुराहट : आकाश का गाल लाल हो उठता है : पृथ्वी के धानी आँचल में एक सुनहली धड़कन दौड़ने लगती है !

अफ़सोस होता है, आज मैं चित्रकार क्यों नहीं हुआ ? सावनी संध्या का एक चित्र बनाकर ही मैं अमर हो सकता था।

आकाश का रंग प्रतिक्षण बदल रहा है। बादलों के अनेक टुकड़े अनेक रूप धारण कर

रहे हैं ! रूप और रंग की जादूगरी मन को भावमुग्ध और आँखों को अपलक बना रही है !

अरे, यह क्या ? यह पूरब तरफ़ कितना बड़ा इंद्रधनुष खिंच आया ! इतना स्पष्ट, इतना विशाल इंद्रधनुष क्या कभी देखा था ? सातों रंग को आप स्पष्ट गिन सकते हैं! वामनावतार की तरह एक ही डग में यह उत्तर और दक्षिण को नाप रहा है !

अद्‌भुत दृश्य : अद्‌भुत सौंदर्य : और वैसा ही क्षणिक ! यह लीजिए, यह विलीन हो रहा है, हुआ, हो गया है !

पश्चिम की नयनाभिराम लालिमा भी कालिमा में परिणत होती जा रही है।

एक निबिड़ निस्तब्धता छा रही है ! हवा ने भी साँस लेना बंद कर दिया है। इस निस्तब्धता में अपना अस्तित्व भी भूल चुका हूँ। क्या मेरी साँस चल रही है?

कब तक इस तरह खड़ा रहा ! कहाँ से फिर यह फुहार आई ? और रोम-रोम में बज उठी...रिमझिम...रिमझिम ! रिमझिम...रिमझिम !

जानि सरद-रितु खंजन आए !

1
ओस

आँखें खुली नहीं कि ओसों की चमचम से चकाचौंध लग गई। जहाँ देखिए—ओस, ओस, ओस!

दूबों की नन्हीं-नन्हीं फुनगियों पर, धान की हरी-हरी बालियों पर, लीची के लाल-लाल किसलयों पर, दूर बँसवारी के आकाश-चूमते बाँसों के झूमते लंबे-लंबे पत्तों पर, जहाँ देखिए, ओस, ओस, ओस !

और, ओस की हज़ार-हज़ार बूँदें सूर्य किरणों की आभा से चमचम-चमचम कर रहीं !

शाम को तो ये नहीं थीं। रातोंरात किसने मुक्ताओं की यह झड़ी लगा दी, लड़ी गूँथ दी? रातोंरात सुदामा की फूस की कुटिया सोने की हो गई थी ! रातोंरात जिसने इस हरीतिमा या मुक्ताओं की यह वर्षा कर दी, वह कौन कौतुकी कृष्ण है?

ओहो, चारों ओर चमचम, झलमल, झकझक !

कैसा जादू ! किसका जादू ? दूब निहाल, धान निहाल, लीची निहाल, बाँस निहाल !

और तुम ?

तुमने छुआ नहीं कि वे ढुलक पड़े, बिखर पड़े, विलीन हुए। तुम्हारे हाथ में कोई पाप है क्या ? कोई शाप है क्या ?

अरे, तुम अलग रहो, देखा करो—सिर्फ़ देखा करो और तरसा करो।

और देखो, तो ज़रा गहरे देखो, गौर से देखो। हर ओसकण में एक-एक इंद्रधनुष—बिंदु में सिंधु समान ।

नहीं, हर ओसकण एक आकाश है और हर आकाश में एक-एक इंद्रधनुष !

अनेक आकाश और अनेक इंद्रधनुष तुम्हारी आँखों के सामने झलमला रहे हैं आज !

इंद्रधनुष—सतरंगी इंद्रधनुष ! यह रंगों की बहार, यह रंगों का बाज़ार !

देखो, देखो—फुनगियों पर, बालियों पर, किसलयों पर, पत्तों पर रंगों का बाज़ार लगा है, सजा है ! सात रंग-कुमारियाँ दूब-दूब पर, धान-धान पर, लीची-लीची पर, बाँस-बाँस पर नाच रही हैं !

हाँ, नाच रही हैं !

'झमक-झमक पायल बाजे !'

पायल—रंगों की पायल ! हाँ, हाँ, रंगों की पायल ! स्वर रंगों से रँगकर गूँज रहे हैं, रंग स्वरों से लिपटकर झलमला उठते हैं। रंगीन स्वर या स्वरमय रंग ?

दर्शन और श्रवण एक हो रहे हैं—आँख और कान एक साथ व्यापार कर रहे हैं !

चमचम—झमक झमक, पायल बाजे—झलमल !

देखो-सुनो, सुनो-देखो। आँख-कान को तृप्त करो, कान-आँख को तृप्त करो ! तृप्त करो, तृप्त करो !

चारों ओर ओस-ओस, इंद्रधनुष-इंद्रधनुष ! हरीतिमा-हरीतिमा, रंगीनियाँ-रंगीनियाँ ! प्रातः सूर्य की किरणें नाच रही हैं : ओस की बूँदें नाच रही हैं, इंद्रधनुष नाच रहे हैं, रंग-कुमारियाँ नाच रही हैं।

शरद है यह, शरद की भोर है यह !

चमचम—झमक-झमक, पायल बाजे—झलमल।

2
अंकुर

अभी कल ही तो यह खेत सूना-सूना था !

हल चले, चौकियाँ फिरीं। एक-एक ढेले तोड़े गए, एक-एक खर-पात, जैसे झाड़-बुहारकर, अलग कर दिए गए !

धूसर-धूसर खेत—चौरस, सपाट, स्वच्छ, समथर—धूसर-धूसर खेत !

एक ही रंग, मिट्टी का रंग !

फिर बीज डाले गए, गेहूँ के बीज। यों कहिए, धूसर रंग में थोड़ा गेहुँआ रंग मिला दिया गया !

फिर हल, फिर चौकी ! गेहुँआ रंग नीचे, मिट्टी का रंग ऊपर। सूना-सूना खेत, धूसर-धूसर खेत ! एक ही रंग, मिट्टी का रंग !

कि आज ये क्या उग आए ? ये पीले-पीले, नाजुक-नाजुक नुकीले-नुकीले !

रत्नगर्भा वसुंधरा !

क्या उन रत्नों की, माँ वसुंधरा, इन अंकुरों के रूप में बानगी पेश कर रही हैं?

ये पीले-पीले अँकुरे, ये नाजुक-नाजुक अँकुरे, ये नुकीले-नुकीले अँकुरे !

ये अँकुरे हैं या स्वर्ण-शलाकाएँ !

स्वर्ण-शलाकाएँ जो अभी-अभी धूसर परिधान को सरकाकर निकली हैं और सारे खेत को स्वर्णिम-स्वर्णिम बना रही हैं ! ओहो ! सारे खेत में सोना बिछ रहा है जैसे !

सोना-सोना हो रहा है यह धूसर-धूसर खेत !

सोना भी कहाँ रंग पाएगा इनका और यह कठोर कितना है ?

ये अँकुरे, जिनमें सोने से भी अधिक मोहक रंग है—जिनकी कोमलता का उपमान आप खोजकर भी क्या पा सकेंगे ?

किंतु कितनी जीवनीशक्ति है इनमें ! ये पृथ्वी को फोड़कर बाहर निकले हैं और सारे खेत पर छा रहे हैं।

अरे, कहीं किसी दुष्ट की नज़र न लग जाए—डिठौना बाँधो इन पर !

क्या बाँधोगे ? देखो, दुष्टों की जमात इकट्ठी होने लगी।

सरगट, मैने, भुजंगे, सूपाबेनी—सबने धावा बोल दिया है इन पर ! और सबसे बढ़कर दुष्टाधिराज ये कौवे ! ओहो झुंड के झुंड उतरे आ रहे हैं ये काले-कलूटे !

यदि इनकी चली; अपनी काली-घिनौनी चोंचों से इनका मूलोच्छेद किए बिना रहेंगे ये?

हा-हा-हा ! हो-हो-हो !

दौड़ो लल्ला-मन्ना : दौड़ो चुन्नी-मुन्नी। ढेले लाओ, ढेलमास लाओ, कमठा लाओ, गुलेल लाओ ! लाओ; भगाओ, इन दुष्टों को, इन दुष्टाधिराजों को और बचाओ, माँ वसुंधरा के इन सुकुमार कुमारों को, इन स्वर्ण-शलाकाओं को, इन पीले-पीले नाजुक-नाजुक अंकुरों को !

लल्ला दौड़ रहा है : मन्ना दौड़ रहा है। चुन्नी दौड़ रही है, मुन्नी दौड़ रही है।

हा-हा—हूहू : काँव-काँव—कें-कें।

समूचे खेत में कोलाहल-कोलाहल है ! पृथ्वी-पुत्रों और आकाशचारियों में द्वंद्व मचा है! ये दौड़ते हैं, वे उड़ते हैं। इनके गुलेल, उनके पंख ! यदि पृथ्वी-पुत्र तुल पड़े, तो कौन उससे पराजित न हो !

दुष्टों की हार हुई ! लल्ला-मन्ना, चुन्नी-मुन्नी अपनी विजय पर फूले नहीं समा रहे।

माँ—वसुंधरा मुस्कुरा रही है : अँकुरे किलक रहे हैं : सारा खेत स्वर्णिम-स्वर्णिम हो रहा है !

3
वातावरण

क्षितिज से सटे ये उजले-उजले मेघखंड—लगता है, नीचे की हरिअरी चरकर छुट्टे साँड़ अब निश्चिंत बैठे जुगाली कर रहे हैं !

यह निर्मल नीलाकाश : जैसे कोई योगी सभी विकारों को दूर कर, आपको अपने से हटाकर, ध्यानस्थ बैठा हो !

जल-पंछियों की पाँतें पंखों के हहास से उसके ध्यान को भंग करना चाहती हों मानो ! किंतु हवा में एक हल्की-सी लहर-मात्र पैदा कर इस अनंत नीलिमा में वे स्वयं लीन हो जाती हैं !

गड्ढों और नालों के किनारे बगुलों ने स्थायी आवास बना लिया है। पानी सूख रहा है, तट-रेखाएँ सिमट रही हैं, मछलियाँ अकुला उठी हैं—वे तड़पती हैं, उछलती हैं—बगुलों को और क्या चाहिए ? स्वतः उसके मुख में आहार पहुँच रहा है ! कचरकूट मचा रखी है इन आततताइयों ने ! इनके उजले-उजले पंख : इनकी काली-काली करतूतें !

तलैया का पानी आकाश से होड़ ले रहा है। वैसी ही निर्मलता, वैसा ही नीलापन। किंतु एक दर्पण है; एक पत्थर। इस पानी में आकाश प्रतिबिंबित है; हम-आप भी अपना प्रतिबिंब देख सकते हैं ! किंतु आकाश में न तलैया, न हम-आप। यदि आकाश में भी प्रतिबिंबिता होती? तो वह कितना सुंदर लगता, पृथ्वी के कितने कुकर्म भी रुक जाते !

खेत की मेंड़ों पर कास फूला है—न रूप, न रंग, न गंध ! भुआ-भुआ ! बूढ़ी वर्षा के ये उजले बाल हैं—कवियों ने कैसी सटीक उपमा दी है ! बुढ़ापा बुरा ! उसका चिह्न उससे भी बुरा।

मेंड़ों पर बुढ़ापा; खेतों में जवानी। शस्य सुंदरी जवान हो चली है, बादलों का दूध पीकर : धरती का रस चूसकर। वह जवान हो चली है, हृष्टपुष्ट हो चली है। किस मस्ती में सिर हिला रही है ? आँचल हिला-हिलाकर किसे बुला रही है? आँचल—धानी आँचल, जादुई आँचल !

क्या बैठे हो? चलो खेतों की ओर ! अरे, इस आमंत्रण की कौन अवहेलना कर सकता है ?

4
खंजन

चें-चें—चूँचूँ ! वह देखिए, मेरी अँगनाई में किसने घुड़दौड़ मचा रखी है ?

ओहो !—जानि सरद रितु खंजन आए ?

चेंचें—चूँचूँ ! कहाँ से आ पहुँची है यह छोटी-सी चिड़िया ? किसने इसे आमंत्रण भेजा था कि आओ, मेरे गोबर से लिपे-पुते इस चिकन-ढुरढुर आँगन को अपनी चेंचें-चूँचूँ से भर दो!

यह आज तक कहाँ थी ?

शरद् आई, यह पहुँची : वसंत बीता, यह गई। कहाँ से आती है, कहाँ भाग जाती है ?

धूप, धूल, धमार से इसे विरक्ति क्यों है ?

इसे ठंडक चाहिए; इसे रंगीनी चाहिए ! कैसी रसीली तबीयत पाई है इस छोटी-सी चिड़िया ने।

ओ नन्हीं चिड़िए, अपने साथ मुझे भी ले ले और संसार के उन भागों की सैर करा, जहाँ सिर्फ़ ठंडक-ठंडक है, रंगीनी-रंगीनी है ! गर्मियों ने झुलसा डाला है : कुरूपताओं ने आँखों की रंग-ग्राहिणी शक्ति को ही नष्ट कर दिया है !

चेंचें—चूँचूँ ! क्या बोल रही हो ? मैं तुम्हारी भाषा समझ कहाँ पाता हूँ ?

न समझो, तुम्हारी बला ! यह चेंचें कर रही है, चहक रही है, दौड़ रही है, उड़ रही है! पैर, पंख, चोंच सब एक ही साथ काम कर रहे हों जैसे। एक छोटी-सी चिड़िया ने सारे आँगन को भर रखा है—जहाँ देखिए, यही, यही !

छोटी-सी चिड़िया : उजली-सी चिड़िया। छोटे-छोटे पैर, छोटी-सी चोंच, छोटे-छोटे पंख। उजले पंखों पर काली-सी धारियाँ—जो पूँछों से शुरू होकर, गर्दन से होती हुई, चोंच पर समाप्त होती हैं !

कवियों ने कामिनियों की आँखों की उपमा इससे दी है—अंजन-रंजित आँखों से।

ज़रा गौर से देखिए किसी सुंदरी के अंजन-रंजित नयन इस खंजन के रूप में मेरे आँगन में चहक रहे हैं, फुदक रहे हैं !

हाँ, हाँ, यह खंजन नहीं, अंजन-रंजित नयन हैं जो मेरे आँगन में इधर-उधर, यहाँ-वहाँ, फुदक-चहक रहे हैं ! एक नयन अनेक नयन बन चुका है। चारों ओर नयन, नयन, नयन—यह खंजन कहाँ है ?

कैसी चपलता, कैसी चटुलता ! क्या कामिनियों की अंजन-रंजित आँखों ने चपलता-चटुलता का उपहार तुमसे ही प्राप्त किया है ?

ओ नन्हीं चिड़िये, ज़रा पल-भर को ठहरो तो, रुको तो, अपनी क़लम के कैमरे से तुम्हारा पूरा चित्र तो उतार लूँ !

शायद तुम्हें यह सूक्ति मालूम नहीं—सारा सौंदर्य क्षणिक है, नश्वर है, जब तक वह कला में नहीं बाँधा जाता !

ठहरो, तुम्हें कलम में बाँधू, तुम्हें अमरता दूँ, शाश्वतता दूँ।

किंतु बेचारी करे तो क्या ? क्या चाहकर भी वह कहीं स्थिर हो सकती है, एक क्षण को, पल को भी।

लगता है, विधाता ने पारे से इसकी रचना की हो—चकमक, ढलमल पारे से।

पारे से इसे रचा और काले डोरों से इसे बाँध दिया—नहीं तो यह कब न आकाश में उड़ गई होती ! हाँ—, पंखों पर के ये काले-काले डोरे हैं जिनके कारण यह पृथ्वी से बँधी है, आज मेरे आँगन में दौड़ रही है, चहक रही है !

चेंचें—चूँचूँ ! सर-सर : फुर-फुर !

अरे, इसकी गति में कैसी समरसता, समथरता है। शरीर में ज़रा हिलडुल नहीं, पूँछ में हल्का-हल्का कंपन। चलती है, तो गौरैया भी, जैसे बँधे पैरों में कूद रही हो। क्या कोई सधा हुआ घोड़ा भी इस सरपट से भाग सकता है ?

इस गति की उपमा कहाँ खोजी जाए ?

जब पेरिस के स्वर्ग-पथ (साँ जिलेज़े) पर टहल रहा था, वहाँ की सुंदरियों की, घाघरे को ठेलती हुई, हवा में तैरती-सी गति देखकर इस चिड़िये की याद आई थी?

यह गई, वह गई, उड़ गई ! कहाँ गई, किधर गई—बस, चिल्लाते रहिए, वह गई, गई ! चेंचें—चूँचूँ : सरसर-फुरफुर !

5
चाँदनी

अरे, यह चाँदनी, शरद की चाँदनी, शरद पूनो की चाँदनी; घर से निकलो, रास रचाओ, रास रचाओ !

घर से निकलो, घर से निकलो—रास रचाओ, धूम मचाओ, ओ राधे, ओ अनुराधे! कहाँ हो, कहाँ हो ? घर से निकलो !

यह नीरभ्र आकाश, ये चकमक तारे, यह पूर्णचंद्र, यह भीना-भीना वातावरण! यह क्या घर में बैठने का, पड़े रहने का समय है ? बाहर निकलो, रास रचाओ, धूम मचाओ।

अभी-अभी स्नान करके निकली यह पृथ्वी !—सद्यःस्नाता, अनावृता, अनलंकृता, दिगंबरा! चाँदनी की एक पतली-सी चादर डाल दी है पूर्णचंद्र ने जिस पर। किंतु फानूस के अंदर की लौ-सी जिसकी सौंदर्य-राशि निखरी पड़ती है, बिखरी पड़ती है! सौंदर्य की लूट मची है और तुम घर में बैठी हो, पड़ी हो—घर से निकलो, निकलो, ओ राधे, ओ अनुराधे !

यह उन्मुक्त आकाश ! कितने दिनों पर बादलों के नागपाश कटे हैं इसके। अपने विस्तार में समा नहीं रहा है जैसे ! रह-रह हुमक रहा है गाढ़ालिंगन करने को, हाथ नहीं तो स्वयं झुककर पास आ जाना चाहता है; वसुंधरा से एकाकार हो जाना चाहता है ! देखो, देखो, आज धरा और अधर का मिलन-पर्व है। इस पर्व पर उत्सव मनाओ— नाचो, गाओ, रास रचाओ, धूम मचाओ।

ये तारे, यह नक्षत्र-मंडल, यह आकाश-गंगा ! क्या इनमें आज सिर्फ़ भुकभुक प्रकाश-मात्र है ? अरे देखो, गौर से देखो, नज़र गड़ाकर देखो, नभमंडल में भी आज रास-मंडल रच रहा है। एक-एक तारे, एक-एक नक्षत्र आज नाच रहे हैं। वह रोहिणी, वह कृत्तिका, वह अश्विनी, वह भरणी—सबकी करधनी आज झनझना उठी है। गगन आज गनगना उठा है। तुम भी अपने कंकण के कूण-कूण उसमें क्यों न मिलाओ, ओ राधे, ओ अनुराधे !

और, इस चंद्रमा को, शरद के पूर्णचंद्र को देखो, कभी का सुधाकर आज साक्षात् सुरा-कर लगता है। यह बड़ा-सा चाँदी का पात्र आकाश में छलछला रहा है और उससे छलक-छलककर झाग-सी चाँदनी सारे अग-जग को मदहोश बना रही है। सब मदहोश हैं, सब नृत्यशील हैं,

पेड़-पौधे, लता-गुल्म, जिन्हें हम-तुम जड़ समझते थे, उनमें भी प्राणों का कण ऐसा स्फुरण हुआ है कि वे नाच रहे हैं—ताथेई, तत्थेई, ताथेई।

क्या यह कदंब है री ! नहीं-नहीं, यह कोई चतुर नर्तक है जो एक पैर पर ही नृत्य की सारी भाव-भंगिमा दिखा रहा है—डाल-डाल में भंगिमा है, पत्ते-पत्ते में इंगित है। ये करील की कुंजें—उनमें से एक-एक नृत्यमंडप बन गई हैं आज। लतिकाएँ झूम रही हैं, बेहोश झुक-झुककर गिरी पड़ती हैं। फिर सम्हलती हैं, झूमती हैं, झुकती हैं! ज़रा उन्हें हाथ दो, ओ राधे ! और यह यमुना क्या कल की यमुना है ! उस व्योमविहारी चाँदी के चल पात्र को अपने कलेजे में लगाए अपनी एक-एक तरंग को वीणा में परिणत कर दिया है उसने ! संगीत, नृत्य, हाव-भाव-विभाव-अनुभाव का बाज़ार बिछा है—घर से निकलो, ओ राधे, ओ अनुराधे !

तुम्हारे आँगन की यह नन्हीं-सी शेफालिका अपनी कलियों की एक-एक गाँठ खोलकर अपनी मादक सुगंध से हवा को महमह बना चुकी। सिंहरनमयी वह हवा घर के कोने-कोने में तुम्हें ढूँढ़ती फिर रही है; तुम कहाँ छिपी हो ? निकलो, निकलो, रास रचाओ, रास रचाओ, धूम मचाओ, धूम मचाओ !

अरे, यह चाँदनी, शरद की चाँदनी, शरद पूनो की चाँदनी ! तुम कहाँ हो? घर से निकलो, बाहर आओ, यमुना-तट पर आओ, कदंब के नीचे आओ, करील-कुंजों में आओ, रास रचाओ, रास रचाओ ! ओ राधे, ओ अनुराधे !

दीया जलाओ !

क्यों खड़े हो, क्या सोच रहे हो ? अरे, झुको बैठो—दीया जलाओ !

दीया जलाओ, आज दीवाली है न ?

यह नहीं, वह नहीं। यह अभाव, वह अभाव। सुन रहा हूँ, सुनता आया हूँ—तो भी कहता हूँ, दीया जलाओ, दीया जलाओ !

दीया जलाओ; आज तुम्हारे द्वारे दीवाली आई है न ?

क्या यह नहीं जानती कि तुम्हारे पास क्या है, क्या नहीं है ? फिर क्यों संकोच, क्यों हिचकिचाहट ? दीया जलाओ, दीया जलाओ !

ज्योति का पर्व है यह !

मानव की वह साहस-रात्रि, जिसमें चाँद-सूरज के अभाव में भी उसने अंधकार को खदेड़ निकालने का मंसूबा बाँधा !

कहाँ थीं उन दिनों ये बिजली-बत्तियाँ—ये जगमगाते लट्टू, ये झिलमिलाते गुब्बारे, ये धड़धड़ाते पटाखे ! फिर भी उसने अमा के अंधकार को चुनौती दी थी।

मिट्टी के नन्हें दिए, तूल की तुनुक बत्तियाँ और ज़रा-सी न्यूनी—जिसे मुश्किल से उसने सँजोया था !

और इन क्षुद्र साधनों से उसने असाध्य साधने का प्रयत्न किया !

क्या वह सफल हुआ ?

भाई मेरे, सब चीज की नापजोख सफलता के बटखरे से ही नहीं करो ! आओ, बैठो, दीया जलाओ, दीया जलाओ !

अंधकार और प्रकाश का युद्ध सृष्टि के आदि-काल से चला आ रहा है !

अब भी प्रकाश की विजय नहीं हुई है, किंतु क्या तुम देख नहीं पाते, अंधकार दिन-दिन

सिमटता जा रहा है, उसका वृत्त छोटा होता जा रहा है ?

हाँ, आज अंधकार घना है—क्योंकि उसका वृत्त छोटा है, इस छोटे से वृत्त में उसका सघन हो जाना स्वाभाविक है ही !

घने अंधकार को दूर करने के लिए दीये की बत्ती तेज़ कर देती है—बत्ती को उकसाओ, थोड़ा और स्नेह डालो उसमें ! क्यों खड़े हो, कैसी हिचकिचाहट—दीया जलाओ, दीया जलाओ!

कुछ हंडे, कुछ बल्ब, क्या कर सकेंगे ?

जलें असंख्य दीये, चमकें असंख्य बत्तियाँ ! दीये—मिट्टी के ! बत्तियाँ तूल की, जो स्नेह में भिगोई हों !

मिट्टी के दीये !—ओ मिट्टी के पुतलो ! तुम क्यों बिजली की प्रतीक्षा में बैठे हो?

कोड़ो धरती, निकालो मिट्टी, बनाओ दीये !

खेतों में निकलो, तूल लाओ ! नहीं तो फाड़ो लंगोटी ! यही सही !

स्नेह कहाँ से आए ? बड़ा प्रश्न यह !

हाँ, बड़ा प्रश्न यह !

तिल नहीं ? अरंड नहीं ? जब गोधन न रहा, तो न्यूनी कहाँ से आवे, हाँ, बड़ा प्रश्न यह!

किंतु यह प्रश्न बड़ा इसलिए लगता है कि तुम अपने को भूल गए हो !

स्नेह का सबसे बड़ा स्रोत तुम्हारे अंदर है—तुममें, तुम्हारे हृदय में !

चीरो हृदय; निकालो गरम-गरम, लाल-लाल स्नेह-राशि !

कल तक उजले स्नेह से दीप-दान होता रहा, आज लाल स्नेह से दीये जलें—असंख्य-असंख्य दीये !

जब दीप-दान संबद्ध हो जाएगा रक्त-दान से—अंधकार उस दिन सदा के लिए दूर होकर रहेगा !

मेरे प्यारे, क्यों खड़े हो, क्या सोच रहे हो ? अरे, झुको, बैठो, दीया जलाओ, दीया जलाओ—आज दीवाली है न ?

बूढ़ा कुत्ता

बार-बार दुत्कारे जाने, झडुआए जाने पर भी जब यह कुत्ता बरामदे के बाहर अगले पैर खड़ा कर और अपने पिछले भाग को ज़मीन से सटाकर बैठ जाता और धीरे-धीरे पूँछ हिलाता, फिर करुण-सजल आँखों से मेरी ओर देखने लगता है, तो समझ में नहीं आता, क्या किया जाए ?

बूढ़ा हो गया है यह; समूची देह में खौरा लग गया है, जिसे अपने ही पंजों से खरोंद-खरोंदकर इसने सारे बदन में घाव कर लिए हैं। इसका पेट भी खराब हो गया है, आसपास को गंदा करता रहता है। शरीर से बदबू निकलती रहती है, ऐसी कि उबकाई आ जाए। फिर भला इसे कौन बरामदे पर चढ़ने दे, घर में आने दे ?

ज्यों ही यह इस ओर बढ़ा कि हर मुँह से दुत्कार-फटकार बरसने लगती हैं। तो भी यह नहीं मानता; तो फिर इस पर झाडू से, छड़ी से, खड़ाऊँ से, जूतों से भी, मार पड़ने लगती है। मार खाने पर भी यह तब तक मुड़ने का नाम नहीं लेता, जब तक कि चोट असह्य नहीं हो जाती। तब कूँकूँ करता यह बरामदे के नीचे तो उतर जाता है किंतु वहाँ से भागने का नाम नहीं लेता ! यह बैठ जाता है और लगता है टुकर-टुकर मेरा मुँह देखने !

एक मित्र ने कहा, कोंचिला खिला दीजिए, मर जाएगा। एक बंदूकधारी मित्र ने कहा, आठ

आने पैसे ही न बरबाद होंगे; गोली से उड़ा देता हूँ। सोचता हूँ, इसकी इस बुरी गत से मौत अच्छी होगी। किंतु चाहकर भी कभी मुँह से 'हाँ' नहीं निकल पाती है।

बहुत पुराना कुत्ता है यह ! इसका जन्म कहाँ हुआ, पता नहीं। इसका बचपन कहाँ बीता, इसकी भी खबर नहीं। एक दिन गरमी की दुपहरिया में एक मोटा-ताज़ा पिल्ला मेरी राममड़ैया में न जाने कब घुस आया और खाट के नीचे लेट गया। वह थका था, गरमी से परेशान था, खाट के नीचे की ठंडी ज़मीन उसे सुखद लगी। वह चुपचाप लेटा हुआ ज़ोरों से हाँफ रहा था। मैं खाट पर चैत की दुपहरिया की झपकी ले रहा था। एक समान ताल से निकलनेवाली हंफनी की आवाज़ से मेरी आँखें खुलीं। इधर-उधर देखा, कुछ नहीं। खाट के नीचे देखा, तो सबसे पहली नज़र उसकी दो चमकती आँखों पर पड़ी ! उस दिन भी उसकी आँखों में ऐसी ही सजलता और करुणा पाई थी।

उसका शरीर धूल-धूसरित था। उसके बदन पर कई दाँत के दाग़ थे, जिनसे ताज़ा खून टपक रहा था ! चैत का महीना—मुझे यह समझते देर नहीं लगी कि यह कुत्ता-किशोर किसी प्रेयसी के पीछे घर-बार छोड़कर चल दिया होगा, रास्ते में इसकी बिरादरी के कुछ मुस्तंडे मिल गए होंगे, उन्होंने इसकी प्रेयसी पर तो अपना प्रेम-अधिकार जमाया ही होगा, पुरस्कारस्वरूप इसके बदन पर ये प्रेम-चिह्न भी दे दिए हैं।

'अतू'-'अतू', कहकर बुलाया, उसकी करुण आँखें आनंद से चमक उठीं; किंतु बेचारे की हिम्मत नहीं हुई कि बाहर आए।

मैं आँगन में जाकर थोड़ा भात-दही ले आया और खाट के नीचे ही रख दिया। उसे खाकर फिर वह वहीं लेट गया। मैं भी खाट पर सो गया।

जब शाम को नींद टूटी और मैं गाँव की ओर निकला, देखा, वह मेरे पीछे-पीछे लगा है। अपनी अधिकार-सीमा के अंदर एक अपरिचित को देख गाँव के कुत्ते भूँकने लगे, एक-दो इसकी ओर टूटे भी। जब वे टूटते, यह मेरे पाँवों के बीच आ जाता। मैं उन्हें झटकार देता। किंतु, धीरे-धीरे इसने किस प्रकार उनसे दोस्ती गाँठ ली, यह उनमें से एक हो गया, इसका वर्णन कर समय क्यों बरबाद करूँ ?

अच्छा भोजन, घर-भर का प्यार और सुरक्षा पाकर थोड़े ही दिनों में एक अच्छा-खासा कुत्ता बन गया। रोयें चिकना गए, बदन के दाग मिट गए। जिसे कभी सुरक्षा चाहिए थी, वह स्वयं मेरे घर-आँगन का प्रहरी बन गया ! जो कुत्ते उस दिन इस पर भूँके थे, उन्होंने भी इसे सरदार मान लिया ! मूँड़ मुँड़ाते ही जिस पर ओले पड़े थे, हर चैत और कार्तिक में उसका अबाध प्रेम-व्यापार चलने लगा। वह संकोचशील पिलपिला किशोर अब एक प्रगल्भ, सबल युवक था।

बैशाख-जेठ में, जब सरेह खाली पड़ जाता, माँदों से सियार निकलते। गाँव भर के लड़के और कुत्ते उन पर टूट पड़ते ! अजीब हुरदंग मच जाता। हा-हू मचाते लड़के दौड़े जा रहे हैं, उनके आगे-आगे गाँव के कुत्ते हैं और सबसे आगे मेरा यह कुत्ता है। इन्हें निकट आया जान सियार मुड़ता है। अपने थुँथुने चढ़ाकर लंबे-उजले दाँत दिखाता, उन्हें डराना चाहता है। लड़के रुक जाते हैं, कुत्ते रुक जाते हैं, किंतु मेरा कुत्ता तब तक कतरियाकर सियार के आगे चला जाता है और उसके पीछे से ऐसा हबक्का लगाता है कि वह बेचारा हक्का-बक्का हो रहता है। किंतु, फिर सियार सम्हलता है और वह विकराल रूप धरता है, जो सिद्ध कर दे सचमुच वह भेड़िए का छोटा भाई है ! फिर भागदौड़, उठा-पटक का बाज़ार गर्म होता है। अंत में सियार की मौत होती है—उसका रहा-सहा दम लड़कों के डंडे निकाल देते हैं। मेरा कुत्ता विजयी की तरह लौटता है—हाँ, उसके शरीर पर प्रायः ही सियार के दाँतों के दाग़ के तमग़े होते हैं !

गाँव से दूर हटकर, खेत में घर बनवा लिया। उतने पैसे कहाँ कि रात-भर पहरे देने के

लिए कोई संतरी रख सकूँ। और स्वयं रात-भर जगा कहाँ तक जाए? भरोसा तो इसी कुत्ते का। ज्यों ही हमारी नींद लगी, इसने घर के आसपास चक्कर लगाना शुरू किया और ज्योंही दूर पर भी किसी को देखा, या ज़रा-सी आहट पाई कि लगा भूँकने। जब तुरत नींद लगी हो, इसका भूँकना कितना बुरा लगता। प्रायः ही बाहर आकर इसे डाँटता, डाँट पर चुप हो जाता, नज़दीक आकर बदन सूँघ जाता जैसे इत्मीनान दिलाता, जाइए, आप निश्चिंत सोइए। किंतु, फिर भी ज़रा-सी खट-खुट हुई कि वही भूँक ! आप सोइए, न सोइए, यह कुत्ता ऐसा नहीं होने देगा कि आपके घर कोई चोरी हो जाए !

और, इसके बावजूद जो एक बार चोरी हो गई, तो क्या उसमें इस कुत्ते का कोई कसूर है ? हमारे घर में एक बिदागिरी होनेवाली थी। दिन-भर धूमधाम रही; रात में बड़ी देर तक गाँव की स्त्रियाँ आती-जाती रहीं। जब घर के लोग सोने गए, तो ऐसे सोए कि कोई घोड़ा बेचकर सोता हो। और यह कुत्ता भूँकता-भूँकता रहा। घर में पीछे जाकर खाँव-खाँव करता, घर के सामने आकर गला फाड़-फाड़कर भूँकता। अचानक रानी की नींद टूटी और वह अपने कमरे से बाहर हुई, तो कुत्ता घर के पीछे की ओर भूँकता हुआ दौड़ा। उन्हें कुछ संदेह हुआ। लोगों को जगाने लगीं, शोर करने लगीं। जब रोशनी की गई, देखा गया, घर में सेंध है— कुछ चीज़ें चली गई हैं। किंतु, इस कुत्ते ने ही बचा लिया, नहीं तो उस दिन सर्वनाश ही हो गया होता।

दिन में देखा, चोरों ने कई बार कुत्ते पर आक्रमण किया था। एक बर्छा तो ऐसा लगा था कि कहीं यह कतरिया नहीं गया होता, तो उस दिन इसका वारा-न्यारा ही हो गया होता।

हम लोग परदेशी—प्रायः ही घर छोड़कर बाहर जाते। सरो-सामान के साथ हम बाहर निकलते, यह पीछे लग जाता। जब नालों में पानी होता, हम नाव पर जाते, हम नाले से नाव पर जा रहे हैं, यह उसका किनारा पकड़े दौड़ा आ रहा है! नाले में जहाँ-जहाँ मोड़ होता, यह बेधड़क पानी में कूद जाता और पानी की तेज़ धार को काटते हुए उधर से इधर निकल आता। हम इसे नाव पर ले लेना चाहते, किंतु, नाव का सँकरा स्थान इसे पसंद नहीं, या नाव से इसे घृणा होती, जो उसके मालिक को उससे बिछुड़ाके लिए जा रही है। समूचा शरीर कीचड़ से लथ-पथ हो जाता, हाँफते-हाँफते इसकी जीभ लटक आती। किंतु क्या यह कहीं, कभी रुकता। नाव का पीछा किए जा रहा है, किए जा रहा है।

जब हम सड़क पर पहुँचते और सामान सरिआकर मोटर-बस की प्रतीक्षा करते, यह बारी-बारी से हममें से एक-एक के निकट पहुँचता, पूँछ डुलाता हुआ कूँकूँ करता, फिर रानी के निकट जाकर लेट रहता। वह उसके भीगे सिर पर हाथ फेरती; वह स्नेह-आकुल हो पूँछ हिलाता। इतने में बस पहुँची। हम उस पर सवार होते। यह छटपट करता बस के चारों ओर दौड़ रहा है।

बस चली, वह उसके पीछे दौड़ा ! रानी सिर निकालकर उसे देख रही हैं, कह रही हैं, लौट जाओ। ज्यों-ज्यों वह बोलती हैं, त्यों-त्यों वह और तेज़ दौड़ रहा है। किंतु बस की रफ्तार पर उसका क्या बस ? हारकर खड़ा हो जाता। फिर लगता करुण स्वर में भूँकने—जैसे रो रहा हो। हाँ, हमें लोगों ने प्रायः कहा है, बड़ी देर तक वह रोता रहता, मोटर की पथ-रेखा को सूँघते थोड़ी दूर और बढ़ता फिर हारकर लौट जाता !

और, कौन उसे बता देता, हम आनेवाले हैं ? हर बार गाँव के बाहर ही यह हमारा स्वागत करता। इस सम्बन्ध में जित्तिन का अनुभव विचित्र है। वह देहरादून से लौट रहे थे। वह सैनिक पोशाक में थे। जब बेदौल से बाहर हुए, अपने घर की ओर, वहीं से देखते, वह तेज़ी से चले आ रहे थे। मेरे घर से एक मील पर होगा यह बेदौल। बीच में खुला मैदान है। वह थोड़ी ही दूर बढ़े थे, कि देखा, एक कुत्ता दौड़ा चला आ रहा है। सोचा, कोई पागल कुत्ता है क्या, जो

मेरी इस फौजी पोशाक से अपरिचितता के कारण, मुझे काटने को दौड़ा आ रहा है ! वह बढ़ते तो गए किंतु यह सोचते हुए कि यदि वह मुझ पर वार करे, तो क्या करूँगा। कि, यह कुत्ता दौड़ता और हाँफता हुआ उसके निकट पहुँचा और हा-हा करते ही थे कि यह दोनों पैरों के बीच घुसकर उनके पैरों को सूँघने और कूँकूँ करने लगा। थोड़ी देर तक यह इतना प्यार जताने लगा कि जित्तिन भी झुककर इसे दुलराने-पुचकारने लगा। फिर बड़ी शान से उनके आगे-आगे बढ़ता, उछलता, शाही सम्मान के साथ उन्हें घर लिवा लाया।

यह कुत्ता थोड़े ही दिनों में जान गया था कि यद्यपि घर का मालिक मैं हूँ, किंतु यहाँ तो राज्य जहाँगीर का नहीं, नूरजहाँ का है। अतः रानी के प्रति सदा ही इसकी अधिक प्रीति और भक्ति रही। जब रानी पालकी पर अपने मैके गईं, यह उनकी पालकी के साथ-साथ उनके मैके तक गया और जब तक वहाँ रहीं, सदा उनके पलंग के नीचे ही सोता रहा। मैके से उन्हें मैं मोटर पर ले आया। हमने चाहा कि इसे मोटर पर बिठाकर ले लें, किंतु ज्यों ही मोटर खुली, वह घबराकर नीचे कूद पड़ा। अब क्या करें—न साथ ले सकते थे, न छोड़ना चाहते थे। हारकर मोटर पर हम चले आए, यह ताक़ीद करके कि सामानों के साथ जो बैलगाड़ी आ रही है, उसके साथ ही इसे भेज दिया जाए। दूसरे दिन घर पर हम इसकी प्रतीक्षा में थे कि यह झट से सामने आ खड़ा हुआ। अरे, यह क्या ? सारा शरीर धूल-धूसरित है, शरीर में कितने ज़रक हैं। लगता है, ज्यों ही हमारी मोटर आँखों से ओझल हुई, यह बैलगाड़ी की प्रतीक्षा किए बग़ैर वहाँ से निकला और रास्ते भर अपनी बिरादरी के लोगों से लड़ता-झगड़ता, उनके अनेक व्यूहों को वीर-अभिमन्यु-सा चीरता, रात में कहीं थोड़ा विश्राम कर, भोर-भोर यह हमारे यहाँ पहुँच गया है। रानी ने इसे नहलवाया, इसके ज़ख्मों पर मरहम लगवाया, और फिर यह अपनी ड्यूटी पर डट गया।

आप ही बताइए, ऐसे स्वामिभक्त, कर्त्तव्यपरायण, वीर, साहसी जीव के साथ क्या यही व्यवहार करना उचित है, जो हमारे मित्र बताते हैं ?

किंतु, जब-जब इसे इस रूप में देखता हूँ, चित्त उद्विग्न हो जाता है। इसकी हालत देखकर नहीं, संसार की हालत पर और कुछ अपना भविष्य सोचकर भी।

यह कम्बख्त बुढ़ापा भी क्या चीज़ है ? यह क्यों शरीर से शक्ति छीन लेता है, जर्जर, क्षीण बना डालता है। जीवों का अंत इतना बुरा क्यों होता है ? बचपन का दुलार, जवानी का प्यार—और उसके बाद बुढ़ापे की यह दुत्कार-फटकार । सारी शक्ति खोकर, सारा सम्मान खोकर, तिल-तिल गल-गलकर मरना—विधाता, यह तुम्हारा विधान कैसा है ?

जीवों का अंत हो, आदमी मरे, यह तो ठीक। इतनी जगह पृथ्वी पर कहाँ कि वह अमर प्राणियों के रहने योग्य स्थान भी दे पाए। अतः मृत्यु होनी ही चाहिए। किंतु बुढ़ापे की यह मौत! बुरी मौत को कुत्ते की मौत कहा जाता है। किंतु क्या बुढ़ापे की हर मौत कुत्ते की मौत नहीं है ?

अभी मेरे दरवाज़े पर वह बिहारी आया था। कैसा दबंग युवक था वह। अभी मुझे उन दिनों की याद है, जब उसके होंठों पर मसें भीग रही थीं। काले चेहरे पर भी कैसी चमक थी! मोटा, मुस्तंडा। जो बोझ किसी से नहीं उठे, यह उठाए; जो काम कोई न करे, वह बिहारी करे। मस्ती से कमाता, मौज से खाता। वही बिहारी क्या बन गया है ? जर्जर काया, झुकी कमर, एक लाठी के सहारे, वह आया और मेरे दरवाज़े पर बैठ गया—क्योंकि आज होली है, पुआ-खीर खाने की उसकी इच्छा है। उसे देखते ही सबके चेहरे सिकुड़ गए—बिहारी, नीचे ही बैठो, नीचे। मैंने धीरे से कहा, ऐसा क्यों कह रहे हो ? गणेश ने कहा—समूचा शरीर बसाता है इसका। न नहाता है, न धोता है—पानी भी ठीक से नहीं छूता।

हाँ, दुर्गंध तो मैंने भी महसूस की थी। जल्द-जल्द कुछ खिलाकर विदा किया। अपने बूढ़े कुत्ते को भी तो मैं प्रतिदिन कौरा डाल दिया करता हूँ।

बाढ़ का बेटा

[1]

"बाढ़ आ रही है।"

सुकिया ने कहा। बिसेसर ने ज़रा सिर उठाकर उसकी ओर देखा और फिर अपने जाल की मरम्मत में लगा।

बाढ़ आ रही है—क्या बिससेर यह नहीं जानता ? आज चार दिनों से जो उमस-उमस रही, उत्तर ओर, हिमालय की तराई में जो लगातार बिजली चमकती रही, बादल गरजते रहे, वे क्या यह सूचना नहीं देते थे कि बाढ़ आएगी ही।

बाढ़ उसके लिए कोई नई चीज़ है ?

बचपन से ही वह बाढ़ देखता आया है ! देखता आया है, उससे खेलता आया है।

बीच चौर में है उसका यह गाँव। चार महीने तक तो यह एक टापू ही बना रहता है।

और कहीं वर्षा से बाढ़ आती हो, यहाँ तो सूखे से भी बाढ़ आती रही है।

गाँव सूखा, खेत सूखे—तालाब सूखे, नाले सूखे; कि एक दिन अचानक शोर मचा, बाढ़ आई, बाढ़ आई !

बड़ी उमस हुई; हिमालय पर बर्फ पिघली; इस चौर में बाढ़ आई—यही होता रहा है!

बाढ़ आई और बच्चे दौड़े नाले की ओर !

नाले में पीला-पीला पानी, इन बच्चों से भी अधिक चपल, चंचल। कैसा प्रवाह, कितना शीतल ! बच्चों ने अपने को उसमें डाल दिया—नहा रहे हैं, तैर रहे हैं। उछल-कूद, शोर-कोलाहल—दीन-दुनिया की सुध नहीं; पानी बढ़ते-बढ़ते नाले का छोर छू रहा है और उसमें इतना प्रवाह हो गया है कि न पैर टिक सकते हैं, न तैरना सध सकता है।

अब बड़ों की बारी आई।

नाले का पानी अब खेतों को भर रहा है, खड्डों को भर रहा है। और छोटी-बड़ी मछलियाँ उपटी पड़ती हैं।

बाढ़ के पानी में, खासकर पहली बाढ़ के पानी में, एक नशा होता है। वह पानी मछली के मुँह में गया नहीं कि वह बौराई, पागल बनी !

गाँव से लोग दौड़े, जाल लिए, टापी लिए, घनी लिए। जो खाली हाथ दौड़े, वे भी दो-चार मछलियाँ लेकर ही घर लौटे !

गाँव में बाढ़ क्या आई, घरों में मछली की कचरकूट मची !

इधर पानी बढ़ता गया, धीरे-धीरे सारा गाँव जलमग्न ! तब नावें छूटीं, ऊँची-ऊँची तरंगों पर वे पतली-पतली डोंगियाँ। झूले का मज़ा भी देती हैं वे।

बिसेसर को अपने बचपन की याद आ रही है और याद आ रहे हैं उसके दादा प्रयाग सहनी।

बूढ़े प्रयाग सहनी इसी तरह एक दिन जाल बिछाकर बैठे थे कि उन्होंने बिसेसर को पुचकारकर बुलाया—

"आओ बेटे, एक नया खेल सिखला दें तुम्हें।"

और सचमुच खेल-खेल में ही उन्होंने बिसेसर को क्या-क्या नहीं सिखला दिया।

जाल की मरम्मत करना, नया जाल बनाना। जाल का तागा कैसा होना चाहिए, तागे को तैयार कैसे करना चाहिए। जाल को कैसे सम्हालना चाहिए, कैसे फेंकना चाहिए। सिर के चारों ओर घुमाकर फेंकते ही वह एक बड़ा-सा वृत्त बनाता पानी में इस तरह गिरे कि उस वृत्त के दायरे की मछलियों को निकल भागने का मौका ही नहीं मिले !

मछली पकड़ने की भी एक कला है। मछली सिर्फ़ चंचल ही नहीं होतीं, चालाक भी होती हैं। उनकी भिन्न-भिन्न जातियों का भिन्न-भिन्न स्वभाव होता है। रोहू सदा धारा के प्रतिकूल चलेगी; बोआरी को धारा के साथ बहते रहने में आनंद आता है। चेल्हवा धारा के ऊपर-ऊपर तैरती है, सउरा ज़मीन पकड़कर चलती है। प्रयाग सहनी ने मछली मारने के सारे गुर बिसेसर को बता दिए थे !

जब बाढ़ अपने ओज पर होती, वह बिसेसर को नाव पर बिठाकर चल पड़ते, चौर की ओर ! दिन में ही नहीं; अँधेरी रात को भी। "डरना मत बेटे, बाढ़ में देवी-देवता होते हैं, भूतपिशाच नहीं।"

जब नाव बीच चौर में पहुँचती, बूढ़ा पतवार चलाना छोड़ देता, नाव को स्थिर कर देता और उसकी माँगी पर जाल लिए खड़ा होकर पानी की ओर एकटक घूरता! नाव धीरे-धीरे आप ही फिसल रही और बूढ़ा पानी की ओर इस तरह देख रहा होता, मानो अपनी नज़र उसके भीतर तक घुसा देना चाहता हो ! उस समय उसकी सूरत—लगता, नाव की माँगी पर ताँबे की मूर्त्ति खड़ी है—निस्पंद, निर्निमेष !

कि इतने में मूर्त्ति काँपी, जाल उछला और लीजिए, यह बड़ी-सी रोहू नाव में छटपट कर रही है ! बिसेसर को याद नहीं है कि कभी उसके दादा का निशाना चूक गया हो !

प्रयाग सहनी ने बिसेसर को नाव के बारे में भी बहुत कुछ शिक्षा दे दी थी—किस लकड़ी की नाव अच्छी होती है, इससे लेकर जब नाव भँवर में पड़ जाए, तो उसे कैसे निकालना चाहिए, यहाँ तक।

नाव का भँवर में पड़ना—जब न ताकत काम करती है न चातुरी। पतवार को हाथ में रखकर भगवान के भरोसे बैठे रहो, उधर टेढ़े-मेढ़े प्रवाह से नाव चक्कर-पर-चक्कर खा रही है, चर्र-मर्र कर रही है। इतने ही में नाव की माँगी ज़रा-सी भँवर से बाहर गई और यदि ऐन उस समय पतवार से एक हुदक्का मार दिया गया, तो फिर बेड़ा पार ! बिसेसर ने कितनी बार अपनी नाव को भँवर से उबारा है।

ज्यों ही उमस बढ़ने लगी थी, सबसे पहले बिसेसर ने अपनी नाव की मरम्मत की थी। फिर वह जाल पर जुटा है !

बाढ़ आ रही है, तो आए, प्रयाग सहनी कहा करते—"बेटे, बाढ़ से मत घबराना, भगवान खुश होते हैं, तो पानी देते हैं ! बाढ़ नहीं आए, तो मछली कहाँ से आएगी। और अपनी दो बीघा ज़मीन से ही जो परिवार-भर की गुज़र चल जाती है, क्या उसमें बाढ़ की देन नहीं है !"

दो बीघा ज़मीन और परिवार-भर की गुज़र। बिसेसर को कभी अनाज नहीं ख़रीदना होता। हर साल बाढ़ आती है और कुछ नई, कुँआरी मिट्टी खेतों में डाल जाती है। वह नई, कुँआरी मिट्टी—न्यूनी-सी चिकनी, सोने की रंगवाली। ज्योंही उसमें धान रोपिए, देखते ही देखते वह छाती-भर बढ़ जाएगा ! आसिन में भी रोपिए, तो अगहन में कट्ठे मन काट लीजिए ! और उसी धान में कातिक में राई-सरसों छींट दीजिए, तो माघ में फिर सरसों की वसंती बहार देखिए—सारा सरेह सरसों का समुद्र-सा लगता है !

मेंड़ ऊँची करो, कुदाल मजबूती से पकड़ो, समय पर खेती करो, बाढ़ आती है तो आने

दो ! लगा, जैसे प्रयाग सहनी आज भी बिसेसर को उपदेश नहीं, आदेश दे रहे हों !

[2]

और सचमुच बाढ़ आ गई !

किंतु इस साल की बाढ़ को क्या सिर्फ़ बाढ़ कहा जा सकता है ?

बिसेसर अपने जाल की मरम्मत में लगा रहा। उसने सोचा था, वही पुराना क्रम—नाले में पानी आएगा, फिर खेतों और खड्डों में, तब उसकी बारी आएगी, वह जाल लेकर चलेगा और बात-बात में कितनी ही बड़ी-बड़ी मछलियाँ पकड़ लाएगा।

सुकिया उसे चेतावनी देकर आँगन चली गई—बाढ़ आ रही है, तो मछली आएगी ही, वह पहले से ही मसाला पीसने में लगी है !

कि अचानक हाहाकार सुनाई दिया।

यह बाढ़ नहीं आई, जैसे जंगल का बाघ आया—उछलता-कूदता, गरजता, तरजता।

लोगों ने अलग से देखा तीन हाथ ऊँची पानी की दीवार जैसे दौड़ती हुई चली आ रही हो—खेतों को, खड्डों को, भेड़ों को, बाँधों को डुबोती, पाटती, तोड़ती !

लोग भगे ! हलवाहे हल-बैल लेकर भगे, चरवाहे गाय-भेड़ लेकर भगे। जो जहाँ था, सिर पर पैर रखकर भागा। किंतु वह गाड़ीवान क्या करे ? उसने बैल के पुट्ठों पर चाबुक लगाना शुरू किया, किंतु गाड़ी के साथ बैल कहाँ तक दौड़ें ! पानी का एक जबर्दस्त हिलकोरा आया और वह लीजिए, बैलों की जोड़ी भँसी जा रही है, गाड़ी भँसी जा रही है और उस पर बैठा वह गाड़ीवान चीख रहा है—बचाओ हो मरे रे !

भेड़ों का वह बड़ा रेबड़। बेचारा गड़रिया खदेड़े जा रहा है। किंतु कहाँ भेड़ों के पैर, कहाँ इस बाढ़ का झपट्टा ! जब अपनी जान पर आई, गड़रिया भागा; भेड़ों का एक झुंड पानी में भँसा जा रहा है—मेंमें की कैसी करुण पुकार !

किंतु इन चीख-पुकारों पर कौन ध्यान दे ?

पानी गाँव में घुस गया, अब घरों में घुस रहा है। पहले सारा गाँव टापू लगता था, अब हर घर टापू लग रहा है।

बिसेसर दरवाज़े की चीज़ों को सहेज रहा था। ढोरों को सम्हालता था, चारे को सम्हालता था, ईंधन को सम्हालता था। नाव को सम्हालता था, जाल को सम्हालता था, कुदाल को सम्हालता था, पतवार को सम्हालता था। और एक को सम्हालता होता कि दूसरे को संकट में देखता।

उधर आँगन में सुकिया परेशान है, अंत में वह चिल्ला उठी—'पानी चूल्हे तक चढ़ आया; दौड़ो हो !'

बिसेसर कहाँ-कहाँ दौड़े, क्या-क्या बचाए ? पानी बढ़ता गया, बढ़ता गया। बाहर की सारी चीज़ें भीग गईं, भीतर की भीग रही हैं—कपड़े और अन्न तक को नहीं बचा सका वह। अंत में तो ऐसा लगा कि उसकी यह झोंपड़ी भी कहीं बह न जाए। जो कुछ संभव हुआ, लेकर वह पहुँचा गाँव के नुनफर पर।

गाँव का यह नुनफर आज गाँव का गोवर्धन बन गया है। बाल-बच्चे, माल-गोरू, अन्न-धन, चारा-ईंधन लेकर लोगों ने इस नुनफर की शरण ली है !

"अरे, कलछी तो घर में ही छूट गई !"

सुकिया की बात सुनकर बिसेसर झल्लाया। ये औरतें—इन्हें संकट भी अक़ल नहीं दे सकता। लेकिन, कलछी के बिना रसोई कैसे बनेगी। छाती-भर पानी हेलकर वह अपने आँगन में पहुँचा। ज्यों ही घर में घुसना चाहा, एक विशाल नाग फुफकार उठा !

हाँ, इस साल बाढ़ में पानी ही नहीं आया—साँप-बिच्छू की भरमार है। इतने क़िस्म के साँप भी लोगों ने कहाँ देखे थे ! एक विशाल अजगर अभी भँसता जा रहा था। बेचारा अधमुआ हो गया था। किंतु यह नाग !—गेहुँअन है, कैसा फन काढ़ रहा है !

बिसेसर भागा।

बाढ़ के प्रवाह में नाना प्रकार के जंतु बहे जा रहे हैं—घरेलू जानवर और जंगली जानवर भी। वह एक ऐसा बहा जा रहा है—किस तरह कें-कें करता और अगले पैर पटकता जाता है। सियार, हुँड़ार, लकड़बग्घे भी देखे गए। एक घर में तो बाघ छिपा बैठा था; न जाने कैसे बहकर आया और घर में घुस गया ! जब घर का मालिक भीतर घुसा, वह गुर्राया ! गाँव में शोर मचा—बेचारे को कुत्ते की मौत नसीब हुई !

जहाँ पहले हाहाकार था, वहाँ अब चीत्कार है, आर्त्तनाद है। लेकिन रोने-धोने से होता है क्या, लोग धीरे-धीरे शांत हो रहे हैं।

प्रयाग सहनी कहा करते थे, जो बाढ़ जितनी तेज़ी से आती है, वह उसी तेज़ी से भागती भी है ! दूसरे ही दिन से पानी घटने लगा था, तो भी गाँव से निकलते-निकलते तो सात दिन लग ही गए।

उफ़, इन सात दिनों में गाँव की कैसी दुर्गत हो गई है।

लगता है, गाँव में किसी ने बमबारी की हो। ज्यों ही पानी घटने लगा, कच्ची मिट्टी की दीवारें, जो भीग गई थीं, धड़ाधड़ गिरने लगीं। चारों ओर ढूह ही ढूह, मलबे ही मलबे दिखाई पड़ते हैं।

गाँव में दुर्गंध फैल रही है। अन्न की सड़ाँध, चारे की सड़ाँध, ईंधन की सड़ाँध, गोबर की सड़ाँध, मलमूत्र की सड़ाँध—उफ़, लगता है, जैसे नाक फट रही हो। सारी चीज़ें सड़ गईं, उनकी दुर्गंध में मनुष्य ने अपनी दुर्गंध मिला दी। वह करे क्या, बाढ़ में बाहर जाए कहाँ ?

खेतों में नई मिट्टी कहाँ तक पड़ेगी, जो मिट्टी थी, जल का प्रवाह उसे भी खोदकर ले गया, गड्ढे तक बना दिए। मेंड़ों का तो कहीं पता नहीं है। किसी-किसी खेत में बालू का अंबार लगा है।

खेत की फसल गई, घर के अन्न भी सड़ गए—अगले दिन कैसे कटेंगे, सारे गाँव में मायूसी है। सुकिया उदास है, बिसेसर की आँखों में नींद नहीं आ रही है! बाढ़ आती थी, जाती थी, यह क्या बाढ़ आई थी ? नहीं-नहीं—

नहीं-नहीं—बिसेसर इस तरह बैठा-बैठा झींखता नहीं रहेगा।

उसके दादा कहा करते थे, बेटा, जो मालिक लेता है, वही देता है, बशर्ते कि आदमी जाँगर चलावे !

बिसेसर जाँगर चलाएगा, हाथ-पैर से काम लेगा, ये पुट्ठे किस काम के यदि ये संकट में काम नहीं आए।

बिसेसर ने कुदाल उठाई। घर में, दरवाज़े पर जहाँ-जहाँ कीचड़ जम गई थी, साफ़ कर दिया। फिर उसी कुदाल से सारी सड़ी-गली चीज़ों को बटोरकर एक खड्डे में डाल दिया—खाद भी बनेगी यह ! जहाँ-जहाँ गंदगी थी, उसकी कुदाल वहाँ-वहाँ पहुँची ! दो दिन में ही उसके घर-बार फिर चमकने लगे।

सुकिया ने इस काम में कम मदद नहीं की।

फिर बिसेसर कुदाल उठाकर अपने खेत में पहुँचा। मेंड़ों को दुरुस्त किया, खड्डों को भरा। वह खेत में फिर धान रोपेगा; जाँगर नहीं चलाएगा, तो गुज़र कैसे होगी?

दिन-भर वह कुदाल चलाता है और रात में जाल उठाता है और चल पड़ता है चौर

में मछली मारने। अजीब रही इस साल की बाढ़, लगता है, सारी मछलियों को भी वह बटोरकर ले गई है। लेकिन बिसेसर हार नहीं मानेगा !

पतवार चलाते-चलाते और जाल फेंकते-फेंकते उसके पुट्ठे इस्पात के हो गए हैं, उनका उपयोग तो ऐसे ही समय सिद्ध होता है। जब वह भोर में चौर से लौटता है, कुछ छोटी-बड़ी मछलियाँ उसकी डेली में अवश्य उछलती होती हैं !

दिन-भर खेत में, रात-भर चौर में—बिसेसर ने इस दानवी बाढ़ की चुनौती स्वीकार कर ली है।

एक दिन सुकिया ने कहा—"रिलीफ आई है, चावल बँट रहे हैं, कपड़े बँट रहे हैं।"

"फिर रिलीफ आई है ! भूकंप के साल भी आई थी ! रिलीफ का क्या मानी होता है, तू समझती है।"

"मैं क्या जानूँ, गाँव के कई लोग रिलीफ लेने गए हैं।"

"जो जाते हैं, जाने दे ! रिलीफ मानी भीख । दादा ने मरते समय कहा था, बेटा, भूखों मर जाना, भीख मत माँगना ! लोगों को भीख माँगने दे, तू इस कुदाल और जाल-पतवार की ख़ैर मना।"

बोरे के बोरे चावल, गड्डे के गड्डे नोट बँट रहे हैं, लेकिन बिसेसर अचल, अडिग अपने काम में जुटा है।

'अब पानी कम हो रहा है; अपनी 'हँसली दे', बंधक रखकर कुछ पैसे ले आऊँ और बीज ख़रीदकर धान रोप दूँ।'

सुकिया कुछ उज्र कर सकती थी ? उसने हँसकर हँसुली उतार दी। हँसुली हाथ में रखते ही बिसेसर की आँखें छलछला आईं—यह पहली बार है जब उसे बीवी का गहना बंधक रखना पड़ रहा है ! लेकिन वह तुरंत सम्हला और हँसकर बोला—'भगवान मालिक हैं सुक्कोरानी, फसल आएगी और हँसली के साथ सूद में करनफूल भी लाएगी !'

यहाँ से बीस मील पर बीज मिलता है। दूसरे दिन थोड़ी रात रहते बिसेसर यहाँ से चला और आधी रात को नाव पर बीज लादकर पहुँचा।

आज भोर से ही वह खेत में धान रोप रहा है ! उसकी बगल में सुकिया है। सुकिया यों तो घर-आँगन के ही काम में लगी रहती थी, लेकिन, बाढ़ के पानी का क्या भरोसा? और खेत सूख गया, तो फिर धान में हरियरी आने में ही पखवाड़ा लग जाएगा। अतः वह भी जुटी है, डटी है।

हरे-हरे धान के बीज—ज़मीन पाते ही जैसे सिर उठाने लगते हों। बिसेसर खेत रोप रहा है और उसके रोम-रोम पुलकित हो रहे हैं।

बाढ़ आती है, बाढ़ जाती है। समय पर यदि खेती हो गई, तो सारी क्षति-पूर्त्ति हो जाती है।

उसकी आँखों में वह दृश्य नाच रहा है, जब ये बीज लहलहा उगेंगे, बढ़ने लगेंगे, फैलने लगेंगे। कातिक में छाती-भर धान आ जाएगा और माघ आते ही इन खेतों में सरसों का पीला समुद्र लहराने लगेगा।

उसी समय आकाश में एक हवाई जहाज़ जा रहा था—इधर बाढ़ क्या आई, हवाई जहाज़ की भरमार हुई। नेता जा रहे हैं, अफसर आ रहे हैं, इंजीनियर आ रहे हैं। सभी देखते-फिरते हैं, इस प्रलय-कांड से लोगों को त्राण कैसे मिले !

सुकिया का ध्यान ऊपर गया। वह बोली—"वह हवाई जहाज़ जा रहा है।"

बिसेसर अपनी उँगलियों से बीजों को छिटकाते और रोपते हुए बोला—

"हवा में मत देख, हमारा काम ज़मीन देखना है, हम ज़मीन देखें। वे अपना काम कर रहे हैं, हम अपना काम करें।"

और सचमुच उसकी नज़र ऊपर नहीं गई। वह उसी लगन से, तल्लीनता से अपना खेत रोपता रहा, रोपता रहा !

छठे दशक में 'नई धारा' में प्रकाशित एक और ललित लेख

बाँसुरी बजाए जा

बाँसुरी बजाए जा, बजाए जा।

अभी रेडियो में यह गीत सुना है। सुन रहा था और इच्छा होती थी, मैं भी चिल्लाऊँ—बजाए जा, बजाए जा, मुरलीवाले श्याम, बाँसुरी बजाए जा।

क्यों ऐसी इच्छा होती थी ?

आजकल इतनी कर्कश बातें सुनता हूँ, चित्त को उबानेवाली बातें सुनता हूँ, मन को उद्विग्न करनेवाली सुनता हूँ कि बातों से ही घृणा हो उठी है—बस सुनूँ तो सिर्फ़ मुरलीवाले की बाँसुरी, या यह कान कुछ सुनें ही नहीं।

यों मैं सदा राम में रमा रहा किंतु गुरुरूप से मैं कृष्ण का उपासक था। यह बचपन की बात है, जब मैं नास्तिक नहीं बना था। कृष्ण का चरित्र बहुत ही रंगीन है, रसमय है—इसलिए मेरे साहित्यिक हृदय को वह बहुत भाता था।

यमुना के किनारे, कदंब की डाल पर बैठकर, बंसी द्वारा कृष्ण का वह रस की यमुना बहाना या वृंदावन के कुंजों में छिपकर किसी चाँदनी रात में—नाम समेतम्, कृत संकेतम् वादयते मृदु वेणुम्।

सचमुच मेरी नस-नस में, कृष्ण तुम्हारी बाँसुरी की यह धुन ध्वनित—प्रतिध्वनित होती थी। वह मुझे—भाव-विह्वल बनाती थी, तन्मय बनाती थी, आत्मविभोर बनाती थी।

कितने दिन तुम्हारी बाँसुरी ने मुझे इस सुखद स्थिति में रखा।

कि अचानक मेरे कानों में तुम्हारे पांचजन्य की ध्वनि सुनाई पड़ी।

तुम्हारे पांचजन्य की यह ध्वनि मुझे खींचकर युद्धक्षेत्र में ले गई। पच्चीस वर्षों तक मैं उसी ध्वनि से अभिभूत लड़ता रहा, अपने परिवार पर, अपने पर, अपनी जान पर खतरे पर खतरा बुलाता रहा, लादता रहा, ओढ़ता रहा।

घर का अकेला, परिवार का एकमात्र अवलंब, किंतु मैंने ज़रा भी इन बातों की परवाह की ! लड़ता रहा, जूझता रहा—निर्भय, निश्शंक।

और इस शंख-ध्वनि के बीच-बीच में, युद्धक्षेत्र में भी तुम्हारी वंशी की धुन क्या मुझे पुलकित-प्रफुल्लित नहीं कर जाती थी।

तभी तो युद्धक्षेत्र में भी मैं इतना हँसता था, अट्टहास लगाता था।

एक दिन की बात याद आ रही है।

मैं 1945 में पेरोल पर छूट रहा था—रानी बीमार थी। जेल के बाहर जाने के पहले लोगों से मिलने को घूम रहा था। जब श्री जगलाल चौधरीजी से मिलने गया, उन्होंने कहा—जाइए घर पर बीमार हैं, अच्छी बात हुई कि आप जा रहे हैं। किंतु एक बात... वह कुछ रुक गए।

उनकी आँखें नम हो आईं। फिर बोले—आप जब हँसते थे, ये पत्थर की दीवारें भी हिलती-सी मालूम देती थीं। आज से ये सचमुच पत्थर की हो जाएँगी।

चौधरीजी की ये बातें क्या कभी भूली जा सकती हैं ? एक दूसरी बात—

शिवजी (श्री शिवपूजन सहाय) के साथ जब मैं बनारस में रहता था, जब कभी मैं बाहर जाता तो मोहल्ले के लोग उनसे पूछते, क्या बेनीपुरीजी कहीं बाहर गए हैं, ठहाका नहीं सुनाई पड़ता।

कहाँ गई मेरी हँसी, जो जेल की पत्थर की दीवारों को कँपाती थी, काशी के मोहल्ले-भर को गुलजार रखती थी।

वीणा वही है, लगता है, कोई तार टूट गया है। आज भी हँसता हूँ, किंतु वह हँसी !

कान वही हैं, किंतु न कभी बाँसुरी की धुन सुनाई पड़ती है और न पांचजन्य की ध्वनि ही।

क्या कान बदल गए हैं—या ओ वंशीवाले या तुमने बाँसुरी बजाना ही छोड़ दिया। कम-से-कम मेरे कानों को उसकी धुन से वंचित ही कर दिया है तुमने।

इसलिए जब यह गीत सुन रहा था; इच्छा होती थी, मैं भी चिल्लाऊँ—बाँसुरी बजाए जा, बजाए जा।

कृष्ण, इस बुढ़ापे में अब उससे वंचित रखो, क्या यह उचित है।

जब चारों ओर से कर्कश ध्वनि सुनता रहा हूँ, कटु ध्वनि सुनता हूँ, बेसुरी ध्वनि सुनता हूँ—व्याकुल बनानेवाली, बेचैन करनेवाली ध्वनि सुनता हूँ, कान तरसते हैं, फिर एक बार बाँसुरी की वह धुन सुनूँ, सुनूँ।

वह धुन जो गोपियों को ही नहीं, गायों को भी बेसुध बनाती थी। वृंदावन के पेड़ों के पत्ते जिस धुन को सुनकर हिलना छोड़ देते थे; यमुना की चंचल लहरें जिसे सुनकर अचंचल, अचल हो रहती थीं।

आज लगता है, मेरे वृंदावन में शिशिर का राज्य है, मेरी यमुना की धार ही सूख रही है।

बाँसुरीवाले श्याम ! एक बार सुनाओ, फिर सुनाओ। सुनाओ कि मैं हँस सकूँ।

यह बाहर हँसना, भीतर रोना। जो अंबपाली के लिए लिखा, वह मुझ पर ही बरस जाएगी, इसकी कल्पना तो की नहीं थी।

और यदि वंशी नहीं सुना सको—वह पाञ्चजन्य ही फूँको। फूँको एक बार और, कि युद्धक्षेत्र में जाऊँ और जूझ मरूँ। बहुत जी चुका। पचपन साल ! क्या चाहते हो कि बिस्तर पर पैर पटक-पटककर मरूँ !

क्या मेरे लिए यही मौत गढ़ रखी है तुमने ?

तो मेरे साथ अन्याय हुआ है, अन्याय किया है। या तो फिर वंशी बजाओ, बाँसुरी बजाए जा, बजाए जा कि इसी रस में सराबोर सदा के लिए आँखें मूँद लूँ। या नहीं तो फिर युद्धक्षेत्र में लड़ते-लड़ते शहीद हो जाऊँ।

इन्हीं दोनों में से एक मृत्यु मेरे योग्य होगी—मेरे कृष्ण !!

[4 नवम्बर 1954, डायरी से]

गाँधीनामा

[1937 ई.]

पूर्वकथन

गाँधीनामा बेनीपुरीजी का एक अद्वितीय स्मृति-चित्र है। उनके दूसरे बेटे सुरेंद्र का निधन छह साल की उम्र में हो गया था। बेनीपुरीजी तब 1937 में हज़ारीबाग जेल में थे। परिवार में सुरेंद्र को प्यार से गाँधी कहा जाता था। गाँधी के अचानक गुज़र जाने की सूचना बेनीपुरीजी को जेल में ही मिली। बेनीपुरीजी के तीसरे बेटे ग्रुप कैप्टेन जितेंद्र कुमार बेनीपुरी एक पत्र में लिखते हैं : 'मुझसे एक बड़े भाई थे। उनकी मृत्यु, बाबूजी जब जेल में थे तब हुई। नाम उनका सुरेंद्र था पर सब लोग उन्हें गाँधी कहते थे। बेटे की मृत्यु से पैदा हुई एक बाप की पीड़ा को बाबूजी ने गाँधीनामा में चित्रित किया है। मुझे लगता है, उनकी यह सबसे अच्छी कृति है।' निश्चय ही, बेनीपुरीजी का 'गाँधीनामा' शीर्षक यह स्मृति-चित्र बेहद काव्यात्मक है। उन्होंने गद्य में एक श्रेष्ठ शोकगीत लिखा है। अगर यह रचना चौथे दशक में लिखे जाने के साथ ही प्रकाशित हो गई होती तो साहित्येतिहास में 'गाँधीनामा' को निराला की 'सरोज-स्मृति' के साथ रखकर देखा जाता। बेनीपुरीजी ने अपनी डायरी में 'गाँधीनामा' शीर्षक के नीचे यह भी लिखा है :

गाँधी = सुरेंद्र
जन्म, दिसंबर 1930 ई.
मृत्यु, अप्रैल 1937 ई.

इस पहले पन्ने पर जेल की मुहरें भी हैं।

—सुरेश शर्मा

एक नक़्श मिट गया है,

रोते निशान पर हैं।

दिल में है दाग़ हसरत,

क़िस्से ज़ुबान पर हैं।

—अकबर

अरे, तू मेरा भरम भी ले बैठा !

मैं—विद्रोही—जिसकी ज़िंदगी धूप-छाँह में ही बीती! धूप? धूप कहाँ—छाँह-छाँह! या, ज़्यादा-से-ज़्यादा, धूप और छाँह—प्रकाश और अंधकार—का जहाँ अनवरत संघर्ष—एक लगातार लड़ाई ! जहाँ गया—साहित्य, राजनीति, धर्म, समाज—सब जगह यही कशमकश, यही जंगोजहद। यारों ने चुन-चुनकर तीर मारे। चुन-चुनकर—ताक-ताककर। ताक-ताककर—सीधे मर्मस्थल पर, अंतस्तल में! लेकिन मैं—वाह रे मैं—मैं मुस्कुराता ही रहा। मुस्कुराता ?—अरे, अट्टहास करता! मेरा अट्टहास—मेरे दोस्तों से पूछो, मेरे दुश्मनों से पूछो। मेरा अट्टहास एक नामी चीज़ है। अट्टहास ? नहीं, मेरी विजय-वैजयन्ती—जो सब जगह फहराती रही, लहराती रही। किंतु, आज—

अरे, आज तू मेरा भरम भी ले बैठा !
मैं रो रहा हूँ ! मैं; और रो रहा हूँ ?

माना, दो-एक बार आँखें पसीजी हैं। बस, पसीजना-मात्र ! और, वह भी ग़ुस्से में। एक बार, स्वर्गीय यतींद्रनाथ दास के जुलूस के बारे में, पटना में, जब हमारे रहवरों ने फिसड्डीपन दिखलाया, तो श्रद्धेय राजेंद्र बाबू के सामने; दूसरी बार, किसान-सम्मेलन के अवसर पर, जब सिद्धांत को छोड़कर व्यक्तियों की दिलजमई की जाने लगी, तो स्वामी सहजानंदजी के समक्ष हाजीपुर में; बस, दो ही याद हैं! एकाध बार समवेदना में भी—एक बार, जब अखबारों में भुवाली में कमला-जवाहर-स्वरूपरानी की विदाई का वर्णन पढ़ा। लेकिन, अपनी व्यथा में रोना ! —विद्रोही ने इसे जाना नहीं ! ! जिसने चार वर्ष की उम्र में ही माता खोई, नवें वर्ष में पिता और बीस। लगते-लगते दादा, दो चाचे—यों सभी पुरुष गुरुजन को। और, उनके खोने का अर्थ क्या सीदा-सादा था? उसका अर्थ था एक पूरे परिवार का बोझ अपने सिर ढोना, जिसे आज तक ढोए जा रहा हूँ। कभी-कभी इस बोझ से उकता गया हूँ, गर्दन दबती और कमर टूटती मालूम हुई है, अपने स्वतंत्र उछल-कूद में तो इसे सदा ही बाधक पाया है, अतः कई बार इसे फेंक-फाँककर निश्चिंत होने को भी सोचा है। राहुल बाबा से तो कई बार अपने लिए एक पीला चीवड़ तैयार किए रहने को हँसते-हँसते कह चुका हूँ—लेकिन, ये सब 'ख़याल' मात्र रहे हैं, काम में यही रहा कि ढोए जा रहा हूँ। पीड़ा को मस्ती में, वेदना को हँसी में डुबाए, ढोए जा रहा हूँ। मस्ती में, हँसी में ढोए जा रहा था—कि, अकस्मात् यह तूने क्या कर दिया रे !

ओ, छह वर्ष के छोकरे, तूने यह क्या कर दिया ?

मैं रो रहा हूँ ! — मैं रो रहा हूँ ? हाँ, मैं, विद्रोही, आज रो रहा हूँ !

उस दिन, गंगाशरण, श्रीमती प्रभावती देवी के साथ, हम लोगों से मिलने आए थे। मेरे और साथी पहले ही मिलने चले गए थे, मैं बाद में गया—यह एक संयोग ही था ! गया, तो देखा, आज लोगों में एक अजीब संजीदगी है। क्या बात है, इसके फेर में न पड़कर, मैं गंगा से बातें करने लगा। इधर घर से कोई ख़त नहीं आया था, पूछा—"बेनीपुर की हालत ?" "मैं

परसों तुम्हारे घर जा रहा हूँ" —गंगा ने मुँह लगे कहा ! गंगा मेरे घर जा रहे हैं, इसकी कल्पना ही मेरे लिए इतनी सुखकर थी कि फिर घर की कोई बात पूछने की ज़रूरत नहीं रही ! बातचीत के बाद मैंने हँसते-हँसते विदा ली—मेरी हँसी जो उन्हें तकलीफ पहुँचा रही थी, उसका ख़याल मैं कैसे कर पाता !

शाम का वक्त। यह था मेरा 'पुष्प-चयन' का समय। बेले की कलियाँ तोड़कर, जल की फुहारों से, रात-भर में उन्हें प्रस्फुटित करना और भोर में गुलाब के फूलपत्रों के साथ, तरह-तरह के गुलदस्ते बनाकर दोस्तों को देना, यह मेरा नित्य-नैमित्तिक कर्म था ! कलियाँ चुनने चला। देखा, अधिक गर्मी पड़ने से कुछ कलियाँ सूख-सी गई हैं—झुलस गईं कहना ज़्यादा सही होगा। मेरे मुँह से निकला—

हसरत उन गुंचों पै है,
जो बे खिले कुम्हला गए !

उर्दू-संसार के नामी अख़बारनवीस, भाई अब्दुल बाक़ी, इस पुष्प-चयन में, मेरी मदद कर रहे थे। गंगा से मुलाक़ात के समय आप भी थे और मुझ पर क्या हश्र बरपा हो चुका है, इससे वाक़िफ थे ! अतः, ज्यों ही, मेरे मुँह से शे'र का यह टुकड़ा निकला—वह चौंक-से गए। निस्संदेह उनका चौंकना मैं नहीं महसूस कर सका—केवल कहते सुना, यह क्या अजीब बक रहे हो, बेनीपुरी! मैं हँस पड़ा ! मेरी इस हँसी ने उनके मुँह पर कैसी मायूसी और मुर्दानी ला दी थी। क़ाश, मैं उस समय समझ पाता ! यों ही, जब शाम को हम घास पर बैठे बातें कर रहे थे, जयप्रकाशजी बातों के सिलसिले के बीच में एक बार कह उठे थे—यह अजीब है कि जब-जब मुलाकाती आते हैं, कुछ-न-कुछ उदासी की बात सुननी ही पड़ती है। जयप्रकाशजी के सिर पर कितने बोझ हैं। सबसे बढ़कर अखिल भारतीय कांग्रेस साम्यवादी पार्टी है, जिसके वह जन्मदाता और प्रधानमंत्री हैं। बिहार की पार्टी, बिहार का किसान-आंदोलन, इधर सबसे अधिक जन-साहित्य-संघ के लिए वह प्रायः चिंतित रहते। मैंने समझा, गंगा ने शायद इन्हीं के सम्बन्ध में कुछ निराशाप्रद ख़बर कही होगी। मैंने दरियाफ़्त भी करना चाहा—लेकिन, उन्होंने बात बदल दी। असल में, जयप्रकाशजी भी मेरे इस दुस्संवाद से ही चिंतित थे—लेकिन, कहने की हिम्मत नहीं होती थी ! इसके पहले की मुलाकात में उन्हें यह ख़बर मिली थी कि उनके प्यारे भांजे को थाइसिस हो गया है—वह इटली भेजा गया है ! वह थाइसिस और यह...

ख़ैर, वक्त़ पर संतरी आए और हमें बैरक में बंद कर चले गए। चंडाल-चौकड़ी जुटी—लेकिन इसे क़िस्सा साढ़े तीन यार ही कहना उचित होगा। क्योंकि हमारे चौथे सदस्य शाह हबीब साहब बहुत ही कम सुनते हैं, अतः हमारी गद्यबाज़ी में मुश्किल से उनका आधा हिस्सा होता है। हा-हा-हा, ही-ही-ही—! मैं अपनी आदत के अनुसार किए जा रहा हूँ। लेकिन, रंग जम नहीं रहा ! मेरे साथी उदास-से दीख पड़ते हैं। हँसते हैं, तो मालूम पड़ता है, ज़ोर करके हँस रहे हैं ! मेरी कुछ समझ में नहीं आता। आख़िर, उनसे भी नहीं रहा गया। भाई बाक़ी के मत्थे यह दर्दनाक काम सौंपा गया—वह बोले—

"बेनीपुरी, तुम्हारे कै लड़के हैं !"

"तीन।"

"तीनों में तुम्हें कौन सबसे प्यारा है ?"

"बाप के लिए तो सब बेटे एक-से। लेकिन, मेरे बड़े साहब (देवेंद्र) का कहना है—बाबूजी, आपका प्यारा बेटा गाँधी है !"

कुछ देर के लिए सन्नाटा !

"अच्छा, अगर मैं कहूँ कि गाँधी नहीं रहा ..."

गाँधी नहीं रहा !!! मेरा गाँधी नहीं रहा ?

यह दिल्लगी है क्या ? पर, कहीं ऐसी भी दिल्लगी होती है। मित्रों ने संक्षेप में दास्तान सुनाई—जयप्रकाशजी ने मेरे नज़दीक आकर चुपचाप एक ख़त रख दिया। ख़त मेरे भाई का था ...

दिल्लगी ऐसी नहीं होती, लेकिन, मैंने इस पुरदर्द घटना को दिल्लगी बनाना चाहा ! मैं—ज्ञानी, अपने मनोभावों पर क़ब्जा रखने का अभिमानी ! मैंने इसे दिल्लगी में ही उड़ाना चाहा !! हँसता रहा और हँसते-हँसते ही, अपना एक छोटा-सा रेखा-चित्र, उन मित्रों को सुनाया। मैं देख रहा था, उन्हें थोड़ा आश्चर्य हो रहा था! आश्चर्य की बात भी थी—जिस बेटे पर इतना स्नेह बताया जाता हो, वह चल दे और हँसी-हँसी उसकी जीवनी सुनाई जा रही हो—यह आश्चर्य की बात तो थी ही ! मुझे शक है, शायद उन्हें मेरे दिमाग़ की सेहत पर भी शुभा हुआ होगा ! ऐसे अवसरों पर इस तरह हँसना आदमी के आत्मिक बल का सूचक न होकर ज़्यादातर उसके दिमाग़ की ख़राबी का—पागलपन का—सूचक होता है न?

मैं चुप। सब चुप।

लेकिन यह क्या ? यह क्या होने जा रहा है ?

मेरे समूचे शरीर का ख़ून क्यों मेरे सिर की ओर दौड़ा जा रहा है। मेरी नस-नस में क्यों एक झिनझिनी-सी हो रही है ? मेरे शरीर में क्यों कँपीकँपी मालूम पड़ती है? मेरे दिमाग़ में यह कैसी सनसनी ? मैं मूर्च्छा की बीमारी का शिकार—उसके लक्षणों का जानकार ! एक मिनट की देर भी यहाँ पर एक काण्ड कर देगी। झट कुर्सी से उठा और बिछावन पर जाकर लेट रहा। ठंडी हवा बह रही थी—सिर के सामने की खिड़की से सीधे झिहिर-झिहिर आकर सिर में लगने लगी। कुछ आराम-सा मालूम देने लगा !

कि, इसी समय एक ऐसी हरकत हुई, जिसका ज़िंदगी में पहली बार यह अनुभव हुआ। मालूम हुआ, जैसे कलेजे की कोई ग्रंथि अचानक फट्-से फूट गई! मुझे ऐसा महसूस होता है, उसके 'फट्'-से फूटने की आवाज़ भी मैंने सुनी थी। उधर वह ग्रंथि फूटी, इधर आँखों से जलधारा चलने लगी—अजस्र जलधारा ! जीवन-संचित जलधारा! —आज काल-ऐरावत ने अपने दोनों वज्रदंत से मेरी आँखों में छिद्र करके युग-युग से मानस में संचित मेरी अश्रु-गंगा को विमुक्त कर दिया था। वह घहराती, गरजती बह चली—ज्ञान, तर्क, लोकलज्जा जो कुछ भी सामने आया, उसे तिनके सा बहाता हुआ ! ...

कुछ होश हुआ, अपने को हिचकियों में डूबा देखता हूँ। अरे, यह क्या ? मैं रो रहा हूँ और हिचकियाँ ले-लेकर ! उफ़, यह तो ठीक नहीं। यह तो क्लीवता है, जनानापन है ! ये मेरे दोस्त क्या कहेंगे ? क्या समझेंगे ? नहीं-नहीं, यह नहीं होने दूँगा—नहीं होने दूँगा !

ज्ञान मदद कर, —मनोनियंत्रण, आ भाई !

हाँ, अपने ज्ञान की सेना को, जिसके पैर उखड़ चुके थे, फिर व्यूह-बद्ध किया। अपने मनोनियंत्रण की शक्ति को, जो तितर-बितर हो गई थी, संगठित और केंद्रित किया। धीरे-धीरे तर्क के तोपख़ाने में भी पलीते लगाए और इस गढ़ की विजय की कामना से धावा बोल दिया। मुझे कुछ ऐसा लगा, मैं जीत रहा हूँ। हिचकियाँ धीमी पड़ीं—अश्रुधारा का वेग कम पड़ा। किंतु, इसी समय न जाने कैसे और कहाँ से आकर तू सामने खड़ा हो गया ! और, अपनी पीठ दिखाकर रो पड़ा ! !

अरे, इस पर तो चाँटे का दाग है ! चारों उँगलियाँ साफ़-साफ़ उभर आई हैं—गोरे शरीर पर ये लाल-लाल निशान! रोंगटे खड़े हो गए। यह कैसा दाग़ है? याद आया—इस बार जब घर था, ज़िंदगी में पहली बार तुझे पीटा था ! एक ही चाँटा सही—लेकिन थी तो यह पिटाई ही!

मैं ट्रौट्स्की का 'हिस्ट्री-ऑफ-रशियन-रेवोल्यूशन' पढ़ रहा था! बेनीपुर तो मेरा विश्राम-गृह रहा है, यहाँ तो तुम लोगों से खेलना-कूदना मेरा काम रहा है, यह पढ़ना न जाने कहाँ से सूझा। अपने स्वभाव और आज तक के अभ्यास के अनुसार तू आया और ऊधम शुरू किया। कभी कंधे पर चढ़ जाता, कभी आँखें मूँद लेता, कभी गुदगुदा देता—मानो, बाप को भी ज़िंदादिली सिखा रहा हो। कई बार रोका। रोकता, डाँटता; तू सहम जाता, ठिठक जाता। फिर वही हँसी, वही पीठ, वही आँख, वही काँख !

"नहीं मानेगा !"

"नहीं मानूँगा !"

यही तो तेरा स्वभाव था ! तेरा ऐसा सीधा लड़का नहीं और तू अड़ जाए, तो तेरा ऐसा ज़िद्दी लड़का नहीं। मैं, ट्रौट्स्की के करतबों का सपना देखनेवाला, अपने देश में रूस की क्रांति की पुनरावृत्ति की प्रतीक्षा करनेवाला, तेरे ऐसे नादान बच्चे की मनोवृत्ति पर क्या ध्यान देता? तुझे, ज़िंदगी में पहली बार, एक चाँटा जड़ ही तो दिया! इस चाँटे ने उतना तेरे शरीर को चोट नहीं पहुँचाई, जितना तेरे आत्माभिमान को। तू रोया, लेकिन, तब तक चुप नहीं हुआ, जब तक तेरी दीदी आकर तुझे गोद में उठाकर नहीं ले गई—

"मैं बाबूजी से नहीं बोलूँगा !"

रोना चुप करने के बाद यह सबसे पहला वाक्य था तेरा। और, मुझे याद है कितनी खुशामदें करनी पड़ी थीं, तुझे मनाकर बुलाने में ! मैंने समझा, तूने क्षमा कर दिया—लेकिन, नहीं, मालूम होता है, तूने उसे गाँठ मार लिया था और आज यहाँ, इस जेल में आकर कह रहा है—

बाबूजी, देखिए मेरी पीठ !

समूचा कलेजा, मालूम हुआ, जैसे, उलटकर, मुँह की राह, निकलना चाहता! मुँह की राह और समूचा कलेजा ! मैं चिल्ला पड़ा ! आँसू, हिचकियाँ तक नहीं—मैं चिल्ला पड़ा ! क्या कोई अबला भी इस तरह रोएगी !

इसी से तो कहता हूँ, तू मेरा भरम भी ले बैठा, ओ, मेरे प्यारे बेटे !

और, वह भी कहाँ ?

इस 'पर-पुर' में—'पाषाण-पुरी' में !

इसके लिए यह बहुत बुरी जगह तूने चुनी, ओ मेरे गाँधी ! बहुत बुरी जगह! पत्थर के ढोकों से बनी ये ऊँची-ऊँची दीवारें ! इस्पात के बने ये फाटक ! जहाँ मानव पत्थर और इस्पात बन जाते हैं—मानवता तो इसके भीतर प्रवेश करती ही नहीं, हाँ मानवी ढाँचे ज़रूर चलते-फिरते दीखते हैं। वहाँ, अपने प्यारे बाबूजी को इस तरह तड़पाना, बेभरम करना, क्या तेरे लिए मुनासिब था ?

अपने प्यारे बाबूजी को ?

हाँ, मैं यह दावे के साथ कह सकता हूँ, यह बाबूजी तुझे बहुत ही प्यारा था। जिसने कुल छह वसंत ही देखे थे, ऐसे तेरे इस छोटे-से शरीर में तेरे बाबूजी के लिए कितना प्रेम भरा था, इसकी कल्पना भी आज विह्वल कर देती है ! सोचता हूँ, इस बार, क़ैद की अवधि को बिताकर जब जाऊँगा, तब नाव के लिए मेरी हाँक सुनते ही या पोखरे के भिंडे की ऊँचाई पर मेरी चाल देखते ही, अनायास पहचानकर कौन दौड़ा-दौड़ा, गिरता-पड़ता, आएगा और मेरे हाथ से मेरी किताब लेकर, अपने सिर पर रखे, शान से मेरी रहनुमाई करेगा ! गाँधी, तेरे बिना बेनीपुर में कैसे पैर रख सकूँगा—यह सोचता हूँ। और, रोता हूँ !!!

तू कितना सुन्दर था रे !

वह गोरा भभूका शरीर। चाँद-सा मुखड़ा, जिसमें पूर्णोपमा के लिए, कट जाने से बना, एक लंबा दाग़। वह तेरी शोभा को द्विगुणित कर देता ! लटुरिया बाल उभरी-चौड़ी पेशानी पर क्रीड़ा करते। कितने मुलायम बाल ! कंघी लगाई नहीं कि जिस ढब-छब से मोड़ लो। मैं इन बालों से तेरे सिर पर कितनी चित्रकारियाँ करता। जिस समय साबुन से मलकर नहा देता, तेरा धूल-धूसरित शरीर निखर पड़ता—गाल सेब से दमक पड़ते ! अंग-अंग जैसे साँचे में ढले हों। हाथों का चढ़ाव-उतार, छाती से कटि तक का शरीर-सौंदर्य। वह जाँघ, वह फिल्ली—अरे, पाँव के वे बाक़ायदा नख।

और, तू हँसता कितना था रे !

जिस समय हँसता, तेरे पतले-पतले लाल अधरों के बीच से चावल-से चमकीले छोटे-छोटे पतले दाँत चमक पड़ते। गालों में गड्ढे पड़ जाते। तेरा अंग-अंग हँसता-सा जान पड़ता। तू सरापा हँसी मालूम होता। तू सचमुच सुरेंद्र कुमार जँचता !

फिर तेरी वह मस्तिष्क-शक्ति !

छह वर्ष का छोकरा ! ज़्यादातर नंग-धड़ंग घूमनेवाला। लेकिन तेरा वह पढ़ना-लिखना। सभी को ताज्जुब होता। "दीदी, मैं बहुत तेज हूँ। गाँव में मेरे ऐसा कोई लड़का नहीं है—ब्रिजविहारी भैया कहते थे।"—ऐसा कहकर कभी माँ को प्रफुल्लित करता, तो कभी "बाबूजी, भैया भमहरा पढ़ने गए हैं, मैं भी जाऊँगा, पढ़ने में मैं उन्हें पकड़ लूँगा," कभी ऐसा कहकर अपने बाप को कृतकृत्य करता। अपनी किताबों की क्या बात—भैया की किताबों को भी पढ़ जाता ! और, सबसे बढ़कर, जब अपने भैया के साथ छोटी चौकी पर बैठकर 'दिनकर' की 'रेणुका' तू गाने लगता। वह साफ़ उच्चारण—वह सुरीला स्वर ! मालूम होता, मेरे आँगन में संगीत और आनंद सपक्ष होकर उड़ रहे हैं ! अरे दुष्ट, तुझ पर तेरे बाप ने क्या-क्या न आशा-महल उठा रखे थे ?

माया के मोहक बन की—

—यह था तेरा प्रिय गीत। "भैया, 'परदेसी' निकालिए, वही—माया के मोहक बन की"—यह रहती थी तेरी फरमाइश ! आज न समझ रहा हूँ तुझे 'रेणुका' का यह गीत क्यों पसंद था। उसकी ये अंतिम पंक्तियाँ—

मिटता लोचन-राग यहाँ पर,
मुरझाती सुंदरता सारी।
एक-एक कर उजड़ रही है,
हरी-भरी कुसुमों की क्यारी।
मैं न रहूँगा इस भूतल पर,
जीवन यौवन प्रेम गँवाकर।
वायु उड़ाकर ले चल मुझको,
जहाँ कहीं इस जग से बाहर।
मरते कोमल वत्स, यहाँ
बचती न जवानी परदेसी,
माया के मोहक बन की
क्या कहूँ कहानी परदेसी !

सो, तुझे तो वायु उड़ाकर ले गई, जहाँ तेरे ऐसे 'कोमल वत्स मरते' और 'जवानी न बचती'

उस भूतल से तूने प्रस्थान कर दिया, लेकिन तेरे न रहने से किसी की 'हरी-भरी कुसुमों की क्यारी' जो उजड़ रही है, इसका तूने ख़याल किया ! ज़िंदगी की इस मरुभूमि में मेरा परिवार मेरी कुसुम-क्यारी थी—थका-माँदा, भूखा-प्यासा, कुम्हलाया-मुरझाया, झुलसा-जला जहाँ पहुँचकर मैं ठंडक, तृप्ति, हरीतिमा और रंगीनियाँ पाता था। मेरे दोस्त मेरे बार-बार घर जाने पर दिल्लगियाँ उड़ाते—इसी घर के चलते कभी मैं प्रांत से बाहर नहीं गया, एक बार गया भी तो स्नेहमय वातावरण को छोड़कर भाग आया, जिसके लिए अपने-पराए से उलाहना सुनना पड़ा। किंतु, चाहे दिल्लगियाँ हों या उलाहने—मैं चुपचाप पी जाता! मैं किस ज्वाला में जलता हूँ और मेरा घर मेरे लिए क्या चीज़ है, उनसे कैसे बताऊँ। सब चीज़ें बताई ही जाएँ, यह भी कोई बात है !

आह री मेरी वह कुसुम-क्यारी—अपनी इस अलौकिक कलिका से हीन होकर न जाने वह किस दशा में हो !

तू बचेगा नहीं—

—न जाने क्यों, मेरे परिवार-भर की यह धारणा थी। तू देव-शिशु था, मेरे इस अकिंचन घर में न जाने कैसे भटककर चला आया था। जब तक तू था, हमें आश्चर्य होता। तेरे रूप, तेरे गुण, तेरे शील, तेरे स्वभाव को देखकर तेरी माँ ने मुझसे कई बार कहा—गाँधी जीएगा नहीं, जीनेवाला लड़का ऐसा नहीं हुआ करता। तेरे प्यारे काका ने भी कितनी दफे कहा—भैया, गाँधी बचेगा नहीं, और बचेगा तो ... होगा ! यहाँ वह बिहार के एक ऐसे सुपूत का नाम लेता, जिसकी चर्चा भी आज 'पाप' है ! वह भोलाभाला तेरा देहाती काका समझता, तेरे ऐसा तेज़ आदमी ज़रूर ही क्रांतिकारी होता है ! और, मैं—मैं सच कहूँ गाँधी, मैं तुझसे सदा ही डरता। आज याद आ रहे हैं, कई बार तुझे चूमकर मैं सिहर उठा था, काँप गया था ! मैं तुझसे कितना शंकित था, इसका सबूत तो यहीं मिला। इधर, जब से इस 'पाषाण-पुरी' में आया, पहले कह चुका हूँ, एक भी ख़त घर से नहीं आया। सोचता था, क्या बात है कि चिट्ठी नहीं मिली। दो-एक बार जेलवालों से भी दरयाफ़्त किया, उन्होंने भी कहा—कोई चिट्ठी नहीं आई ! दिन-रात एक चिंता-सी, दिमाग़ में एक उधेड़बुन। और, जहाँ घर की चिंता हुई, तू वहाँ ज़रूर होगा। तेरी मृत्यु की ख़बर मुझे 16 मई को लगी है, लेकिन 14 की दुपहरिया में, जब मेरे सभी मित्र सोए हुए थे, मैं भी अपने बिछावन पर ऊँघ रहा था। अकस्मात् ऐसा लगा कि तू चल बसा है और मैं पागल होकर बैरक के फौलादी दरवाज़े पर सिर पटक रहा हूँ। मैं चौंककर उठ बैठा। अपने मन को इस कुभावना के लिए बहुत ही डाँटा, दबारा। मुँह-हाथ धोकर पढ़ने-लिखने में लग गया। किंतु, बार-बार वही बात—तू नहीं रहा, मैं पागल हो गया हूँ। सोचा, दोस्तों से कहूँ, कहने से जी हल्का हो जाएगा। फिर सोचा, यह अपशकुन ज़बान पर लाना भी ठीक नहीं, और, दोस्त सोचेंगे मैं दिन-रात घर की चिंता में ही मरा जा रहा हूँ। पर, जो होना था, सो तो हो ही चुका। स्वप्न सत्य हुआ, तू नहीं रहा और मैं इतना रोया कि शायद अपने इन मित्रों की नज़र से भी गिर पड़ा !

और, साफ़ बात तो यह है गाँधी, कि इसके पहले भी तू तीन बार चलने की तैयारी कर चुका था। तीन-तीन बार !

पहली बार—

तुझे गोदी में लिए तेरा बड़ा भाई जा रहा था। तू एक-डेढ़ बरस का, वह पाँच-छह बरस का ! उसके पैर लड़खड़ा गए, वह गिरा। संयोग से तेरे हाथ में लाल शर्बत की शीशी थी। नीचे वह शीशी, उसके ऊपर तेरा सिर और सिर पर तेरा भाई ! लोग दौड़कर तुम दोनों को सँभालते हैं, तो देखते हैं, तेरी पेशानी से ख़ून की धारा बह रही है। शीशी फूट गई थी और उसके एक

टुकड़े ने तेरी भवों के नीचे और आँखों के ऊपर, दाहिनी आँख के आधे से लेकर बाईं आँख के आधे तक, बीच में नाक को भी काटते हुए, घायल-घायल कर दिया है। कोई नस कट गई है—खून रोके नहीं रुकता। देहात का वास्ता, शाम का वक़्त ! ग्रामीण उपचारों पर ही किसी तरह काम चलाया गया। कल भोर ही डॉक्टर बुलाया गया। ख़ून बंद करने के लिए सिंदूर आदि जो भर दिए गए थे, उन्हें अलग किया, घाव को अच्छी तरह धोया, धोकर यहाँ से वहाँ तक सी दिया! उसका कहना था जितनी खोद-खाद करनी पड़ी, या सीने में दिक्कतें हुईं उनसे कोई भी आदमी बेहोश हो सकता था। लेकिन तू—डॉक्टर का काम ख़त्म न हुआ, कि उसकी एक ही टिटकारी में तू उसकी गोद में मुस्कुरा रहा है। तेरा यह मनोबल देखकर बेचारे डॉक्टर के मुँह से निकल पड़ा—यह सचमुच गाँधी है ! कहना व्यर्थ है कि महीनों तक यह घाव चला और लोगों ने तेरा नया ही जन्म समझा !

दूसरी बार—

जब मैं 1932 में दुबारा जेल आया—तू ननिहाल में बेतरह बीमार पड़ा। तेरा समूचा शरीर ठंडा पड़ गया था। लोगों ने समझा, तू चला। रोना-धोना शुरू हुआ ! तेरे नाना बिलपते—अगर गाँधी नहीं रहा, इसके बाप को कौन मुँह दिखलाऊँगा। ख़ैर, उस बार भी बचा। लेकिन, सोचता हूँ, क्या एक बार फिर उनके मन में ऐसा ही ख़याल नहीं पैदा हुआ होगा ! एक अजीब बात थी, तेरे शरीर का ढाँचा तेरे नाना से मिलता-जुलता था !

तीसरी बार—

तीसरी बार तू ईनार (कुआँ) में गिर गया। लगभग चार वर्ष का तू रहा होगा। ईनार के किनारे की सब्जी पर तू खेल रहा था—एक लड़के को हाथी बनाकर तू उसका महावत बना, उसकी पीठ पर सवार, उसे घास चरा रहा था। इतने में हाथी पगला गया—उसने देह झकझोरी! एक ही झकझोर में महावतजी ईनार में गिर गए, और हाथी—हाथी का पागलपन गायब, भागकर न जाने कहाँ छुप गया। यों, तेरा ख़ात्मा ही था। लेकिन, एक लड़की ने दूर से तुझे ढिलमिलाते देखा और पानी में छप्प-सी आवाज़ सुनी ! वह चिल्ला उठी—गाँधी, ईनार में ! तेरा बचना था—ठीक उसी समय तेरा काका कहीं से आ रहा था—प्यारा काका, जिसकी गोद, जिसका कंधा तेरा स्थायी अड्डा था। गाँधी—ईनार में ... सुनते ही दौड़ा। ईनार में झाँकता है, एक अजीब दृश्य! देखता है, तू पानी पर चित्त पड़ा उतरा रहा है ! हाथ-पैर धीरे-धीरे पटक रहा है। तेरे बड़े-बड़े बाल पानी पर झिलमिला रहे हैं, कुछ तेरे मुखड़े पर भी झिलमिला रहे हैं ! कभी-कभी आँखें बंद करता है, कभी खोलता है ! वह बेचारा—बाँस, रस्सा या कोई दूसरा आसरा खोजे, जबकि उसका लख़्ते जिगर, उसके सामने मौत से लड़ रहा है। वह कूद पड़ा और तुझे हाथ में ले लिया। एक हाथ में तुझे लिए हुए है, एक हाथ से तैर रहा है। जब तैरने से थकके ईनार की पुश्त की ईंटें पकड़ना चाहता है, हाथ फिसल जाता है, गड़ाक् से डूब जाता है। डूब जाता है, लेकिन, अपना वह हाथ ऊपर ही किए रहता है, जिसमें तू था। खैरियत थी, कि पानी इतना ही था कि उसके पैर ज़मीन छूए, तो भी, उसके हाथ का ऊपरी हिस्सा पानी से बाहर ही रहे—वह है भी तो काफी लंबा ! यों ही तीन-चार बार वह डूबता, ऊपर होता, तैरता, पुश्त पकड़ता, फिर डूबता, तुझे ऊपर ही रखता। ईनार पर लोग जमा हो गए थे, लेकिन, सभी इस कलाबाज़ी से भौचक में आ गए थे—कोई नीचे जाता नहीं, न कोई आसरा देता है! इसी समय तेरी दीदी पर्दा-फर्दा को लात मार दौड़ी-दौड़ी वहाँ आती है। देखती है, उसके दो लड़के ख़त्म होने पर हैं। वह चिल्लाकर कूदने को आमादा हो जाती है! तब लोगों का ध्यान टूटता है। तुम दोनों बचा लिए जाते हो !

यों तेरे—और घर के और बच्चों के भी—मौत के जबड़े से कई बार निकल आने से मेरे

गाँव में एक वहम-सा हो गया था कि मेरे पुण्य-प्रताप से, सुकर्मों के ज़ोर से ही, ये बचाव होते जाते हैं। मेरे परिवार पर भी कुछ ऐसा वहम था और कभी-कभी मैं सोचता, मेरा सुकर्म कुछ असर ज़रूर रखता है। ईश्वर, धर्म, परलोक, किसी चीज़ पर विश्वास न करता हुआ भी, अपने सुकर्मों पर—सच्चरित्रता, त्याग, कष्टसहन आदि पर—मुझे विश्वास था और यह विश्वास कुछ इतना बढ़ गया था कि उसका भौतिक मूल्य भी मैं आँका करता था। मेरी इसी महामूढ़ता को तूने ख़त्म करने के लिए महाप्रस्थान किया है, ओ मेरे महान् बेटे ! क्यों न हो, अपने प्यारे पिता में ज़रा भी जहालत तू कैसे बर्दाश्त करता !

खै़र, आज तो यही बार-बार सोचता हूँ तेरा वह काका कैसे होगा—तेरी माँ कैसे होगी! कैसे होगी तेरी बड़ी दादी जिसकी गोद में, माँ की कभी-कभी नाराज़ी देखकर, तू जा छिपता था। कैसे होगी काकी जो रोज़, एक ही दिन के जन्मे, दो बच्चों को एक ही साथ खिलाती थी। अरे, कैसे होगा तेरा भाई—देवेंद्र, जिसको तेरी थोड़ी जुदाई भी अखरती थी ! और, तेरा बड़का काका—सरजू भैया ! बेचारे ने अपना सारा पुत्र-प्रेम तुम्हीं लोगों पर उँड़ेलकर अपनी पुत्रहीनता भुला रखी थी ! आह रे, मेरा घर—मेरे घर को क्या बनाकर तू चला गया, ओ मेरे गाँधी ! जाने के पहले तुझे ज़रा सोचना था !

लेकिन, तू क्या सोचता ? एक ही दिन के बुखार में तो तू चल पड़ा। संयोग—तेरी माँ भी बीमार थी। तेरा काका लिखता है, उसे सबसे बड़ा अफसोस यही है कि वह किसी अच्छे डॉक्टर या वैद्य से भी तुझे नहीं दिखा सका !

किसी का जी दुखलाना, यह तेरा स्वभाव ही नहीं था गाँधी। तेरी उम्र के लड़के के लिए मार-पीट, गाली-गलौज आम बात है। लेकिन, तू आम लड़कों में से तो नहीं था! आज तक कभी हमने तेरी इस सम्बन्ध की कोई भनक भी सुनी ! तू सुबह उठता, नाश्ता करता, बस्ता लेता, स्कूल में। स्कूल से आता, खाता, साथियों से खेलता। फिर, बस्ता लेकर स्कूल में। शाम को फिर मेरे घर-आँगन को अपने कलरव से गुलज़ार मचाता। खाने-पीने में भी और लड़कों की तरह तू ना-नू नहीं करता। जो सामने रखा गया, ख़ूब खाया ! ऐब था तो एक ही—कभी-कभी ज़िद। लेकिन, यह ज़िद भी कितनी ऊँचे दरज़े की होती। मेरे परिवार का हर आदमी तेरी इस ज़िद की क़दर करता ! आह ! बच्चों की ज़िद में कैसी मिठास होती है ! और, उस मिठास का स्वाद माँ से बढ़कर कौन जान सकता है !

तेरी माँ—तेरी दीदी ! तेरी दीदी—मेरी रानी !

आज जब तेरे इस अकस्मात अवसान के दर्पण में उसकी तस्वीर देखता हूँ, इस चिलकते बैसाख में भी, आँखों में सावन-भादों उमड़ आते हैं—वही उमस, वही कालिमा, वही चकाचौंध, वही गर्जन, वही झिकोरे, वही फिरफिर फिरफिर—

आह रे, कवि ने इन दो पंक्तियों में क्या-क्या न भर दिया है—

> अबला जीवन हाय, तुम्हारी यही कहानी !
> आँचल में है दूध और आँखों में पानी !

आह रे 'वह' दूध ! आह रे 'यह' पानी ! गाँधी, सिर दर्द के कारण हुई उसकी डबडबाई आँखों को देखकर तू उदास हो जाता था, विषण्ण हो जाता था—फिर, तूने स्वयं ही यह क्या कर दिया ! सोच तो, वह किस तरह बिसूरती होगी !

यों तो, उसकी पूरी ज़िंदगी ही पुरदर्द है !

शादी के पहले ही कहीं पढ़ा था, कवि की पत्नी कभी सुख से नहीं रहती। दुर्भाग्यवश उस समय मैं भी अपने को कवि समझता था—यारों ने भी मशहूर कर रखा था। सोचता, क्या मेरी

पत्नी भी सुख से नहीं रहेगी ? उँहु—ऐसा नहीं होने दूँगा। या तो यह कथन ही किसी सीड़ी का है, या, मैं उसे ग़लत करके ही छोड़ूँगा!

तेरी माँ मेरे घर आई। मैं—उसका कवि-पति—हर तरह उसे सुखी रखने की कोशिश करता।

मैंने प्राचीन कवियों की अनुपम अद्भुत नायिकाओं के कल्पना-चित्रों और नवीन युग की कुमारिकाओं के आश्चर्यप्रद कँट-छँट पर, इस भोली-भाली देहाती लड़की को तरज़ीह दी—उसका रूप, उसके गुण भी ऐसे थे। मैंने अपने हृदय का पूरा प्यार दिया। कुछ दिनों तक का हमारा जीवन, पंडुक-दंपति की तरह, सुखमय, आनंदमय बीता। लेकिन इतने ही में 1920 का तूफ़ान शुरू हुआ और शुरू हुआ यहीं से उसके जीवन वह पहलू, जो कवि-पति पाने की बरक़त होना चाहिए ! मैं सिद्धांत में मस्त, प्रसिद्धि की शराब में सराबोर, लड़ाई-भिड़ाई के मज़े में चूर, अपनी ज़िंदगी की धूप-छाहों की बहार लूटता रहा—हर छाँह को अपनी हँसी की ज्योति से धूप में परिणत करने की कोशिश करता, सफल भी होता ! लेकिन, वह—वह बेचारी ! उसका चेहरा देखो, छाँहों की तह-पर-तह दीख पड़ेगी वहाँ। उफ़, कहाँ है उसका वह गौर उद्दीप्त मुख-मंडल, कहाँ है उसकी वह उन्मुक्त हँसी, जिससे घरवालों की क्या बात, पड़ोसी भी तंग रहते ! मालूम होता, मेरे आँगन में कहीं हँसी की कल गड़ी हुई है! कहाँ है वह हँसी, कहाँ है वह चेहरा ! अब तो उसके चेहरे को जब-जब देखता हूँ, अपने अपराधों की गुरुता से दब जाता हूँ। सौभाग्य की बात है, अब मैं कवि नहीं रहा; लेकिन, क्या इससे उसके जीवन में कुछ परिवर्तन हुआ?

लेकिन, उसकी इस छाँह-छाँह में भी एक जगह धूप की थी—शायद यही चीज़ थी, जो उसे जिलाए जा रही थी ! वह धूप थी—उसकी तीन संतति !—तुम तीन भाई! खाली गेह, बड़ा परिवार, अनिश्चित भविष्य आदि की ओर मेरा ध्यान आकृष्ट कर जब वह मुझसे 'कुछ घर की ओर' भी ख़याल रखने को कहती, तो मैं हँसके कहता—'रानी, तू भी क्या बात करने लगी ! अरे, ये तेरे तीन लाल हैं—इनसे भी बढ़कर कोई विभव होता है !' देखता, इसकी चर्चा-मात्र से ही उसकी आँखें दिप उठतीं, चेहरा खिल पड़ता, वह पुलकित-प्रफुल्लित हो जाती !

पर, आज !

आज वह किस हालत में होगी ! अभी-अभी उस दिन, गिरफ्तारी के बाद, उसे ख़त लिखा और फिर अपने इसी रामवाण का प्रयोग किया !—तीन लाल ! जब वह उस पत्र को पढ़ती होगी, तब ? कभी-कभी मन में आता है, यदि इस समय उसके साथ रहता, तो उसे कुछ ढाढ़स दे पाता, समझाता-बुझाता ! किंतु, क्या यह संभव था ? क्या एक माता को, जिसका बच्चा—प्यारा बच्चा—उससे सदा के लिए छीन लिया गया, उसे समझाया-बुझाया जा सकता है ? तर्क, ज्ञान—ये क्या ऐसी चीज़ें हैं, जो उसके सामने पेश किए जाएँ ? आज मेरी आँखों के सामने विक्टर ह्यूगो की 'नाइनटीन थ्री' की माइकेली क्लिकार्ड की तस्वीर है और टेलमार्श की तरह मेरे ज्ञान, तर्क जवाब दे रहे हैं—

And how to make a mother this beset hear reason. Maternity is inexplicable, you cannot argue with it. That it is which renders a mother sublime, she becomes unreasoning. The maternal instinct is divinly animal. Her children are her cubs. Hence in a mother there is something at once inferior and superior to arguments. A mother has an unerring instinct. The immense mysterious will of creation is within her. Hers is a blindness superhumonly enlightend.

और यही नहीं, गाँधी, मैं यहाँ—सैकड़ों मील दूर—बैठा हुआ भी तेरी दीदी का रुदन, करुण-क्रंदन, सुन रहा हूँ। तेरी दीदी का करुण, माँ का वह क्रंदन—

The cry of indiscretable agony is only given to mothers. No sound is atonce so savage and so touching; When a women ulters it, you seen to hear the yell of a she-wolf; when she-wolf cries thus, you seem to hear the voice of a woman.

आह रे माँ का यह क्रन्दन—वह चीख़ ! जिसे सुनकर लैंटेनक ऐसे नरमेध-परायण, नृशंस वज्रतुल्य का कलेजा भी द्रवित हो गया। अपने सभी भीषण उद्देश्यों, ख़ूनी अरमानों को भूलकर, उसने अपने को अग्नि-मुख में अर्पित कर दिया और वहाँ से उसके बच्चों को बचाकर, स्वयं अपने को शत्रुओं के हाथ में सौंपकर हर्षित हुआ ! वैसी ही एक आग उस दिन बेनीपुर में जली होगी, वैसी ही एक माँ चीखी होगी ! —किंतु, दुनिया में किसमें ताक़त थी जो उस आग से उस फूल से बच्चे को बचाए ! माइकेली का भाग्य फिरा, उसके तीनों बच्चे मिले—किंतु, मुझे तो अपने दो ही बच्चों पर सब्र करना होगा, रानी !

x x x

तेरी मृत्यु मेरे मित्रों में से दो की याद खासकर दिलाती है, गाँधी। एक अंबिका, दूसरा अवधेश्वर! एक से तेरा नाता मैंने मन-ही-मन बाँध रखा था और दूसरे से तो ख़ुद तूने ही। ओह, विचित्र नाता। जब तू मुझ पर, या, अपनी माँ पर नाराज़ होता, कहता—मैं आपका बेटा नहीं हूँ। किसका बेटा है ? अवधेश्वर बाबू का ! यही नहीं, माँ को तो तू प्रायः ही धमकाता—अच्छा, मेरे अवधेश्वर बाबूजी को आने दे, तो पिटवाता हूँ तुझे ! बात यों है, तेरे छुटपन से ही अवधेश्वर आया-जाया करते हैं। हमारे परिवार में वह भी शामिल हैं। एक बार, जब तू कुछ होशवाला हो चला था, अवधेश्वर गए, तो तेरा रंग और चेहरे की कुछ बनावट अवधेश्वर से मिलता देख, हँसी-हँसी में हममें से किसी ने कहा—गाँधी अवधेश्वर बाबू का बेटा मालूम पड़ता है ! बस, तू इसे ले उड़ा ! अंबिका ने तो तुझे देखा भी नहीं था, अवधेश्वर को तेरी मृत्यु क्या कम खली होगी !!

और—

यह कैसा विधि-विधान ! —सचमुच यह अजीब संयोग रहा।

गाँधी, तेरी अगवानी की धमक मुझे तब मिली थी, जब मैं, आज से सात वर्ष पहले, इसी जेल में था और आज तेरी विदाई की ख़बर भी मुझे यहीं मिली! तब कितनी खुशी हुई, और आज—

तब की खुशी—

उस गाँधी-की-आँधी के युग में—1930 के उस उथल-पुथल के ज़माने में—एक ही दिन, मेरे घर में दो देव-शिशु आए ! जिस दिन तूने अपनी दीदी की गोद भरी, ठीक उसी दिन, हाँ, कुछ पहले ही, तेरी काकी की गोद भी भरी ! एक ही दिन, एक ही आँगन, एक ही घर में, दो भाइयों का यों दो पुत्र-रत्न प्राप्त करना—क्या छोटे सौभाग्य की बात माना जाता ! जब बारह दिनों के बाद, मेरे आँगन में, दो माताएँ पीली-पीली साड़ी पहने, दो बच्चों को लिए, घर से निकल कर बैठीं—उफ़, आनंद और उल्लास का एक समाँ बँध गया था। ज्योतिषीजी ने भी तुम दोनों का नामकरण किया, किंतु, वह चला नहीं, चल गया तेरे भाई का अनोखा नामकरण ! मेरे दरवाज़े पर नेताओं की तस्वीरें थीं। गाँधीजी की भी तस्वीर थी, वही नंगे बदन, ठुड्डी पर हाथ रखे कुछ सोचते-से ! तू कुछ दुबला जन्मा था—अतः हड्डियोंवाला गाँधीजी का वह ढाँचा उस लड़के के छोटे दिमाग़ में कौंध गया—उसने तेरा नाम 'गाँधी' रख दिया और इसके बाद एक का नाम 'जवाहर' पड़ना लाज़िमी था ! एक ही साथ अपने आँगन में गाँधी और जवाहर को पाकर कितनी खुशी हुई थी उस दिन !

और, आज—

सच कहता हूँ, बेटा, मैंने ज़िंदगी में कभी इतनी खुशी महसूस न की थी, जिस परिमाण में आज कातर हो बैठा हूँ ! मैं तो यहाँ तक कहूँ, मेरे जीवन भरके सुखों को तराजू के एक

पलड़े पर रख और इस दारुण पीड़ा को दूसरे पलड़े पर; और तू ही तौल देख—मैं कहता हूँ, ओ मेरे स्वर्गीय देव-शिशु, यह दूसरा पलड़ा भारी होगा, भारी होगा ! देखता नहीं, आज पाँच दिनों से मैं क्या हो रहा हूँ ! क्या मैं ज़िंदा हूँ रे ? यह जो नस-नस में बिजली की तरंगें-सी दौड़ती हैं, यह जो मर्मस्थल में करोड़ों बिच्छू एकसाथ डंक मारे जा रहे हैं—क्या मौत इससे बुरी होती है ! दो बार मौत को भी बहुत नज़दीक से देख चुका हूँ। वहाँ तो शांति-ही-शांति दिखी—मुझे मालूम होता, किसी शांत श्यामल समुद्र में, जिरा पर झिलमिल-झिलमिल रोशनी जहाँ-तहाँ नाच रही है, मैं तैर रहा हूँ—तैरे जा रहा हूँ ! कहाँ मौत का वह शांति-सुख, कहाँ ज़िंदगी की यह मर्मांतक पीड़ा !

लेकिन, मुझे दुख से सबसे अधिक तो आश्चर्य हो रहा है, ओ छोटे छोकरे !

तू इतना नटखट तो कभी नहीं था। फिर, मेरे साथ इस 'पर-पुर' में क्यों नटखटपन किए जा रहा है। न सोने देता है, न बैठने ! खाना-पीना तक हराम किए हुए है। ज़रा जी बहला नहीं कि चट सामने आ जाता है तू ! अरे दुष्ट, तुझे मालूम नहीं यह जेलखाना है ! हाँ, हाँ—इस जेलखाने में तू आने ही कैसे पाता है। ये ऊँची दीवारें—क्या तू फाँद सकता है ? दरवाज़े का वह दुहरा आहनी फाटक ! आने का वही एक रास्ता हो सकता है ! किस तरह कतरियाकर, जेल-अधिकारियों के गृद्ध नेत्रों में धूल झोंककर, संतरियों को चकमे में डालकर, क़ैदी-पहरेदारों को मोलम्मे में रखकर, तू दौड़ा-दौड़ा सीधे मेरे यहाँ चला आता है ! तू धूर्त तो कभी नहीं था गाँधी ?

अच्छा भाई, आ, खेल, हँस, बातें कर, पीठ पर चढ़, आँख-मिचौनी दे, गले से लिपट, गुदगुदी लगा ! यह भी तेरी मेहरबानी ही है कि अपने बाबूजी को तू मरकर भी नहीं भूला ! लेकिन, यह क्या रे ? जब-तब अपनी पीठ की ओर क्यों इशारा करता है ? —बाबूजी, यह पीठ! अरे इतनी बार चूमा, इतनी रातें कलेजे से सटाकर सोया, इतना लाड़-प्यार दुलार किया, सबकुछ भूल गया—और एक बार एक ग़लती हो गई, उसे यों याद किए हुए है—

बाबूजी, देखिए यह पीठ !—यह दाग़ !

गाँधी—गाँधी ! —मेरी रक्षा कर भाई ! मेरा कलेजा फटा जाता है, मेरी रक्षा कर भाई! यदि यह बात तूने फिर दुहराई, तो ज़िंदा नहीं रहूँगा, बेटा—रह नहीं सकूँगा! अरे मुझे जीने दे—अपने लिए नहीं जीना चाहता, सच कहता हूँ, हृदय से कहता हूँ! अरे, तेरे बाद अब जीने में लुत्फ़ कहाँ ? जीना चाहता हूँ, कुछ दिन तक ही और, तो अपने स्वप्नों के लिए ! स्वप्न ?—नहीं, नहीं, मुझसे भूल हुई ! इन्हीं 'स्वप्नों' के चलते तो एक बार ग़लती कर बैठा था—जिसका तू यों दंड दे रहा है! अतः, तुझसे उन स्वप्नों के नाम पर अपील करने की धृष्टता नहीं करूँगा। अच्छा, तो, कुछ दिन जीने दे—अपनी प्यारी दीदी के लिए, अपने दोनों प्यारे भाइयों के लिए, अपनी आदरणीया दादी के लिए, अपने स्नेही काका के लिए, अपनी प्यारी काकी और उसके जवाहर, अपने प्यारे सखा जवाहर और उसके छोटे पन्ना के लिए, कुछ दिन जीने दे भाई !

गाँधी, मेरा प्यारा बेटा ! मान जा भाई !

यों तो, यह जीना भी कैसा जीना होगा, वह जानता ही हूँ—

जब नाम तेरा लीजिए, तो चश्म भर आए !
इस तरह के जीने को कहाँ से जिगर आए !

—मीर

हजारीबाग़ सेंट्रल जेल
20-5-37

नया आदमी

[1950 ई.]

उफ़ रे कुकर्म
अधर्म !

●●

मिट्टी का पुतला यह—
मिट्टी का इसको अभिमान;
मिट्टी का बना है, पला है यह मिट्टी पर;
मिट्टी खोद-खोदकर बनाई एक दुनिया—
दुनिया निराली रंगीन;
देख प्रकृति दंग रही !
प्रकृति ने दी थीं गुफाएँ और कंदराएँ,
या कि जीर्ण पेड़ों के खोंढ़रे;
इसने बनाईं अट्टालिकाएँ
गगन-चुंबी गुंबदें—
जिनकी परिणति हुई 'ताज' में !
वसन को वल्कल था मृगछाला—
इसने तैयार किए पाटंबर, मखमल,
ज़रीदार, झलमल,
शाल-पश्मीने या अच्वी और मलमल;
असन को कंदमूल, फूलफल,
प्रकृति की देन ये;
इसकी है करामात—
छह रस, छत्तीस व्यंजन और भोग छप्पन;
चौंसठ कलाओं का स्रष्टा यह—
कूची से, लेखनी से, छेनी से
नई सृष्टि इसने रचाई है,
प्राकृतिक सृष्टि से भी सुंदर—
सुंदर, अलौकिक
रमणीय !
मिट्टी का पुतला यह—
मिट्टी पर इसको अभिमान;
मिट्टी पर पैर रख दी थी चुनौती आसमान को,
आसमान के उस देवता भगवान को—
वही भगवान, जिसे इसी ने बनाया था
बाल-सुलभ, कौतुक-कुतूहल में
हँसी में, खेल में;
किंतु, बन बैठा था जो जग-जग का कर्त्ता,
भर्त्ता और हर्त्ता;
बोला यह—
देखो भगवान

कल्पना-निधान,
तोड़े डालता हूँ तेरे सारे विधान—
बिना पंख उड़ा आसमान में,
बिना डैना तिर गया समुद्र यह,
भूधरों के गर्वोन्नत मस्तक पर पैर रख
गाड़ दी पताका अपनी,
अगम अरण्यों की छातियों को चीरकर
तीर-सा निकल पड़ा नए भूभाग में,
अरे, अरे, मृत्यु को भी जीत लिया इसने !
छीन लिया देवों से अमरत्व—
छका करें अमृत वे,
ज्ञानामृत छककर
मृत्युंजय बना यह—
मृत्युंजय,
अनामय,
निरामय !

●●

किंतु, यह कैसी विडंबना !
सत्य या कि स्वप्न ?
जाने कौन कीट आके बसा पद्म-दल में—
पी गया मधु और खा गया पराग,
काट-काट दल को, कमल को बना दिया
रूपहीन, रंगहीन, गंधहीन;
देख लो मृणाल वह—
काँटों से भरा एक ठूँठ-मात्र;
मानव, ओ मानव !
तुम्हारी यह कैसी दशा ?
सौध जो बनाया, वही कारा बना—
बंदी बन उसमें
रुद्ध श्वास
चीखते-चिल्लाते रहो,
मृत्यु-गीत गाते रहो;
वन्य पशुओं के बाँधने को रचीं शृंखलाएँ !
आप बँधे उसमें,
खूब छटपटाते रहो,
झन-झन बजाते रहो;
प्रकृति-पराभव को अस्त्र-शस्त्र जोड़े थे—
एक-दूसरे पे लगे छोड़ने,
भाइयों के हाथ रँगे भाइयों के खून से,

कलपुर्जे चिकने हैं, चलते हैं सर-सर
धड़-धड़;
ऊपर की चिमनी की धूम्र राशि—
श्रमिकों का दीर्घश्वास या कि उच्छ्वास है;
गिन्नियाँ ख़जाने की ?
श्रमिकों के लाल ख़ून जम-जमकर ठोस हुए,
पीले पड़े;
जिनका उपभोग कर
तुम, बने लाल और पीले पड़े जाते वे,
श्रमिक बेचारे—
रक्तहीन,
दीन !

●●

"वसुधैव कुटुंबकम्"
एक दिन मानव ने इस पूत मंत्र से
गुंजित किया था रन-वन को,
घर को, आँगन को,
दिशा को, गगन को,
सारे जगतीतल के एक-एक कोने को !
किंतु, जब वसुधा ही बँट गई टुकड़ों में,
एक ही कुटुंब कैसे ?
अरे, अरे, अपना कुटुंब भी बेगाना आज—
बाप लड़े बेटे से, अग्रज अनुज से,
मनुज दनुज से;
कौन पूछता है कौन परिजन-पुरजन,
प्रियजन, गुरुजन ?
एक के लोथड़े पे दूसरे के दाँत हैं,
एक की गर्दन पर दूसरे के हाथ हैं;
बल से या छल से,
बात से या घात से,
एक दूसरे का नाश करने पर तुले हैं;
बनैले भैंसों की तरह,
घरेलू मेढ़ों की तरह,
सींगें खुजलाती रहती हैं लड़ने के लिए;
लड़ते-झगड़ते हैं,
जीतते, पछंड़ते हैं,
आँतें निकलती हैं, चील कौवे खाते हैं,
उत्सव मनाते हैं—
जीते रहो, ओ मानव-पुतलो !

लड़ा करो,
मरा करो !

●●

"वसुधैव कुटुंबकम्"—
जिन ऋषियों ने ज़ोर-ज़ोर से चिल्लाया था,
उन्हीं की संतानों ने
उन्हीं के नाम ले-लेकर
क्या-क्या न अनर्थ किए ?
कुछ बने आर्य, ज़्यादा दास बनाए गए;
दासों का धर्म है कि सेवा करें आर्य की—
कौम सैरताज की !
सेवा करें या कि मरें कुत्ते की मौत वे—
वेद का विधान यह !
देवों का ज्ञान यह !
और रामायण में ?
कौन बने राजा, इस हेतु क्या-न-क्या हुआ ?
सौत सौत से लड़ीं,
भले ही विधवा बनीं;
अंततः, मिट्टी की अयोध्या के नाम पर—
सोने की लंका को ख़ाक में मिलाया गया,
देशद्रोहिता को, रामभक्ति बतलाया गया,
भीषण विभीषण का यशगान गाया गया !
और, महाभारत की बात मत पूछिए—
"सुई की नोक-भर पृथिवी न दूँगा मैं"
इसी पापी नारे पर
कौरव-पांडव दोनों, कुल-परिवार और
बंधु-बांधवों के साथ,
पृथ्वी को दे के रक्तदान,
हुए अंतर्धान !

●●

बचपन की बात अभी याद है !
मेरी बूढ़ी दादी ने उँगलियाँ उठाके कहा—
देखो, लल्ला, टीला वह
किसी युग में थी वहाँ विक्रम की राजधानी;
मर गए विक्रम, उजड़ गई नगरी,
भग्नावशेष रूप टीला वह बचा है;
टीले के नीचे है विक्रम का सिंहासन—
विक्रम का सिंहासन, पूरा-पूरा सोने का;

स्वर्ण-सिंहासन पर सात स्वर्ण-कलशें
स्वर्ण-मुद्राओं से भरे
अब भी धरे हैं ...
"अब भी धरे हैं।"—मैंने बीच ही में टोक दिया
दादीजी को रोक दिया
[आज सोचता हूँ कहाँ मेरा गाँव बेनीपुर
और कहाँ विक्रम की उज्जयनी]
"अब भी धरे हैं ? कोई खोद क्यों न लेता है ?
चाचाजी से कहो दादी,
ओ री मेरी अच्छी दादी
कहो चाचा खोदें इसे—
सोने के कंगन, औ' कुंडल, औ' हार
हाथ, कान, कंठ के सिंगार !
कैसा भला दीखूँगा पहन,
शान से चलूँगा बन-ठन !
दादी, दादी
चाचाजी से कहो ज़रा खोदें इसे !"

●●

बचपन की बात अभी याद है, सही-सही—
दादी बोलीं—चुप, चुप, ऐसी बात बोलो मत,
ऐसा मुँह खोलो मत;
स्वर्ण-सिंहासन पर स्वर्ण-मुद्राओं से भरे
सात स्वर्ण-कलशें हैं—
बात यह ठीक है,
ज़रा न अलीक है !
किंतु सात मणिधर नाग उन पर हैं !
स्वर्ण-कलशों पे मारे कुंडली,
काढ़े विकराल फन,
करते रखवाली हैं रात-दिन;
कौन भला जाएगा समीप उनके ?
चुप-चुप, ऐसी बात जीभ पर न लाना कभी,
प्यारे लल्ला, उस ओर भूलकर न जाना कभी—
समझे न ? लल्लू मेरे !
लल्लाजी की बोलती ही बंद हुई
कल्पना से नाग की,
फन की, फुफकार की
समझें क्या खाक् वह ?
किंतु झल्लाए भी कि यह कैसा अनर्थ है ?
इसका क्या अर्थ है ?

नाग जी न सोना खाते, उन्हें हाथ, कान कहाँ ?
सोने से उन्हें क्या काम ?
चाहें लेवें दूध-लावा, खाए-पीएँ मौज करें;
सोना दें मुझको
बनाऊँ मैं कंगन, व कुंडल, व हार,
हाथ, कान, कंठ के सिंगार !
किंतु, कहाँ हिम्मत थी बातें करूँ दादी से
और ... नाग जी नाराज़ कहीं हो गए तो ...

●●

आज बार-बार यह सोचता हूँ—
दादी ने क्या एक सत्य बात नहीं कही थी
टीले के बहाने ?
आज देखते हैं क्या ?
चारों ओर धूसर, धुमीले सपाट पर
कहीं-कहीं टीले के समान—
धनहीन, श्रीहीन, सुखहीन, शांतिहीन
जर्जर व झर्झर समाज में,
एक मुट्ठी भूमिपति,
पूँजीपति,
दुनिया की सारी संपदा को जोड़े बैठे हैं;
सैकड़ों, हजारों बखारियों में अन्न कसे,
थैलों, तिजोरियों में गिन्नियाँ भरे हुए;
हाथी जैसा पेट नहीं,
राक्षस-सा मुँह नहीं,
फिर क्यों वे इतना अगोड़े हुए बैठे हैं ?
खाते औ' न खाने देते !
एक ओर अन्न सड़ जाते हैं—लाखों मन,
लाखों टन;
मेवे, फल लाद के समुद्र में डुबोए जाते हैं;
पके अन्न खेतों में ही आग से जलाए जाते;
गिन्नियाँ खनकती हैं, घिसती हैं दिन-रात
रंडियों के घर में, या शराबखाने में—
ऐय्याशी विलासिता में सिर्फ सर्फ होतीं वे !
और, और दूसरी—एक मुट्ठी दाने को
बच्चे तड़पते, बिललाते; माँ दुहाई देती
युवा बाप दर-दर फिरता भिखारी बना—
"पैसा, हाय, पैसा ! ...
सोना दो, न चाँदी दो
पैसा, हाय ताँबे का काला-काला पैसा

चमक-दमक, बन-ठन,
शीत-ग्रीष्म, आवरण,
लज्जानिवारण,
अद्‌भुत, अपूर्व, चमत्कार !
प्रकृति-पुरुष का वह परिचय !
देखा पुरुष ने वह सामने खड़ी है,
अवगुंठिता;
किंतु रूप-राशि फूटी पड़ती है चारों ओर—
स्वर्ण-रश्मियों में मानो डूबा सारा अगजग,
हो रहा है जगमग;
अंग-अंग में तरंग यौवन की उठती,
बुद्धि भरमानेवाली,
होश को डुबानेवाली,
आप ही इशारे से बुलाती जो—
वहाँ क्या खड़े हो बढ़ो,
प्याला मदिरा से भरो,
पियो और बन जाओ आनंद-विभोर;
पुरुष के पाँव बढ़े आप-आप—
हाथों ने कुछ करामात की,
अधरों ने शायद कुछ टूटी-फूटी बात की;
पल बीत पाया नहीं
कैसा आश्चर्य ?
हुई नहीं मान-लीला,
देखी नहीं दान-लीला,
जो थी अवगुंठिता, वह हुई पद-लुंठिता,
अकुंठिता !

●●

प्रकृति-पुरुष का वह परिणय !
मंडप की भाँवरें दिलाईं सूर्यदेवता ने,
चाँद ने परीछा ज्योत्स्ना का दधिदान देके,
लावा बिखेरे शुभ्र तारक-समाज ने,
कोयल-पपीहे ने मंगल के गीत गाए,
नृत्य किया मोर और मृग ने,
शाखोच्चार घोषणा की स्वयं ऋतुराज ने !
नीले आसमान के चँदोवा तले उस दिन
महफिल सजी जो फिर देखी गई कभी क्या ?
भूलकर सारा विधान—
चर हुए अचर,
अचर जो, सचर बने;

किसे भान, किसे ज्ञान—सब थे समान;
और जिस महफिल के बीच में—
मंत्रमुग्ध प्रकृति खड़ी थी शरमाई हुई
मानव का हाथ धरे,
झिझक, ठिठक से
नाज़ से, लचक से;
देख रंग-ढंग
सब दंग !

●●

प्रकृति-पुरुष का वह परिणय !
मानव ने अपनी बलिष्ठ बाहुओं में बाँध,
प्रकृति-प्रेयसी के हृदय-खजाने को
लूट लिया !
लूट लिया ?
नहीं, नहीं, प्रकृति ने स्वयं प्रदान किया;
प्रथम परस की पुलक में तो बोल उठी—
ले लो नाथ, ये फूल-फल, मेवे, अन्न, दुग्ध,
सोना-चाँदी, रत्न-जवाहर चाहो जितना !
सागर उगल दे, जो रत्न छिपा रखे हैं;
पर्वत खिसक जा, जो पथ माँगता है यह;
पृथ्वी ! ओ मेरी परिचारिके,
सेवा करो मेरे प्रियतम की,
भूल सुध निज तन-मन की;
जल ! पैर धोओ, अँचवाओ, अभिषेक करो;
पावक ! जलाओ चूल्हे, व्यंजन बनाओ स्वाद-स्वाद के;
पवन ! खड़े हो क्या, पंखे डुलाओ,
अरे, थकन मिटाओ,
हृदय को सरसाओ;
और, गगन ! आश्चर्य-चकित होके मत मुँह बाओ,
चँदोवा तनाओ,
बादलों का गीत गाओ—
सभी आओ, सभी आओ,
सेवा करो मेरे प्रियतम की—
भूल सुध निज तन-मन की !

●●

प्रकृति-पुरुष का वह परिणय !
कोटि-कोटि युग में जो बातें नहीं देखी गईं,
लेखी गईं;

कौन कहे कैसी लगन, कैसी बेला थी—
परिणीता सीता जब राजसिंहासन पर,
पतिसंग बैठने थी जा रही उमंग भर,
अकस्मात्, शाप-रूप, हुआ बनवास,
भरी जवानी में
दंपति को लेना पड़ा, हाय रे, संन्यास !
ठीक वही बात हुई—
प्रकृति-पुरुष का वह परिणय,
जगती को करके सम्पन्न, ऐश्वर्यमय,
देने जा रहा था चिर शांति औ' प्रणय;
बीच में ही कूद पड़ा,
निर्दय प्रलय !
नाश महानाश के वीभत्स नृत्य होने लगे !
मानवों के हाथ मानवों के रक्त धोने लगे !
मृत्यु-बीज बोने लगे !
भूल गए सारे ज्ञान, ध्यान—
संहार का बाना पहन हँसता विज्ञान !
कहीं नहीं दीखता कल्याण !
होना जैसे चाहता हो मानव के वंश का
दीपक-निर्वाण !

तीन

अरे, वह अजब ज़माना था—
आज-सी न ऋतुएँ थीं, न ऋतुओं का क्रम था—
सूरज की किरणों में आज-सी न लाली थी
आसव से खाली चाँद मामाजी की प्याली थी,
बार-बार पृथ्वी डोलती थी, अँगड़ाई लेती—
क्रोध में प्रमत्त होके अंगारे उगलती,
प्रलय के दृश्य बार-बार देखे जाते थे,
कभी जलमय सारी धरा बन जाती थी,
कभी हिम-राशि का प्रवाह दौड़ा फिरता—
कहीं दीख पड़ती थी न आज-सी स्थिरता !
तारे टूटते थे, कभी ग्रहखंड गिरते,
देश डूबते थे, कहीं पर्वत थे तिरते,
सारी सृष्टि यों थी, जैसे खौलता कड़ाह—
नया देश, नई भूमि,
नया सिंधु, नई ऊर्मि,
बनने-बिगड़ने का ऐसा सिलसिला था

कि कहते बने न वाह, आह !

●●

धीरे-धीरे शान्त हुए प्रलय के दृश्य ये—
शांति का साम्राज्य चारों ओर लगा फैलने।
ग्रह-उपग्रहों की प्रगति में प्रशमता थी,
आसमान बादलों से परिपूर्ण दीखता,
त्रिविध समीर मंद-मंद लगी बहने।
देवी वसुंधरा हो स्नात सुधाधारा से
नव-नव परिधान, उपादान सजने लगी !
रानी का शुभ्रांचल रँगा धानी रंग में।
पादपों की पंक्तियों की मृदुल हरीतिमा,—
नभनीलिमा को मानो प्रकट चुनौती थी !
शस्य की श्यामलता—
झूम-झूम, हँस-हँस, कर रही आमंत्रित थी
किसी अनागत को,
जो कभी अजन्मा, अरूप औ' अदृश्य था !
क्रमशः नए-नए जीव लगे दीखने—
जलचर, थलचर, नभचर—
नाना रूप, नाना रंग—
जीवन की चंचल तरंग हुई उच्छ्वसित—
जग पड़ी सोई उमंग !
त्रिभंग !

●●

लाख-लाख वर्षों की बात यह पुरानी है—
जहाँ है हिमालय, वहाँ सागर तरंगें लेता
जहाँ हिंद-सागर है, वहाँ महादेश था—
हरा-भरा सुंदर प्रदेश था !
यूरोप समूचा हिमराशि तले सोया था—
खोया था !
ध्रुवदेश शाश्वत वसंत का उद्यान !
एक हरे-भरे गुलिस्तान का नमूना था,
सहारा का यह रेगिस्तान !
सिंधु में ही गोते तब खाता था जापान,
अमेरिका गर्दन उठाए हुए सागर से
ताकता था नीला आसमान !
अफ्रीका से चीन तक—
फैला हुआ एक लंबा उर्वर मैदान,
जिसमें

नील नदी ख़ूब घहराती थी,
दजला की धारा लहराती थी,
सप्तसिंधु करती कल-कल,
पोत नदी बहती छल-छल
अद्‌भुत अपूर्व किसी प्राणी की प्रतीक्षा में
देख पड़ते थे जल-थल !

●●

कैसी शुभ तिथि, शुभ घड़ी थी !
प्राकृतिक वंश-परिवर्तन-विधान से
मानव पधारा बनमानुषी की गोद में !
चौड़ी और उभड़ी ललाट
ऊपर से चमर डुलाती लटें जिस पर,
भीतर छिपा था जिसमें वृहद्, विराट् !
भूरी नीली आँखों में ज्योति कुछ निराली-सी,
प्रतिभा का प्रथम प्रकाश !
खड़ी नासिका के नीचे प्रमुख अधर
बाल-सुलभ रुदन में भी स्पष्टता का भास !
सघन रोमावली का तन पर अभाव था,
पूँछ का पता नहीं !
पूँछ !—
पशुता का प्रमुख प्रतीक !
कैसी यह घटना अलीक !
अपनी अद्‌भुत, अलौकिक संतान को
देख-देख विस्मित बेचारी बनमानुषी—
और बनमानुष था घूर-घूर देखता—
"क्या है, यह कौन है ?"
शब्द के अभाव में बेचारा वह मौन है !

[1950]

कुछ अन्य कविताएँ

[छठा दशक]

सिंहगढ़

सिंहगढ़, सिंहगढ़
बढ़े चलो, चढ़े चलो;
सिंहगढ़ दूर है
सामने बबूल है, खजूर है,
नीचे यह मक्के की खेती है,
लाल-लाल रेती है !
ऊँची वह चोटी है,
चौड़ी, सपाट-सी,
पत्थर की खाट-सी
बड़ी ही भयावनी, डरावनी,
पतली पगडंडियाँ
धामिन की पूँछ-सी
लंबी हैं, टेढ़ी हैं
बगल की झाड़ियों में
रह-रहकर घुस जातीं,
शक्ति-दूध चूस जातीं;
किंतु, तुम रुकना नहीं, झुकना नहीं;
हाँफते भी बढ़े चलो,
चढ़े चलो !
सिंह-गढ़,
सिंह-गढ़ !

●●

सिंहगढ़, सिंहगढ़
शिवा की पुकार है—
बढ़े चलो, चढ़े चलो !
चारों ओर छाई हरियाली है !
कैसी खुशियाली है,
चिड़ियाँ चहक रहीं,
भूरी-भूरी, नीली-नीली
कलियाँ महक रहीं—

लाल-लाल, पीली-पीली,
लड़कियाँ उछल रहीं,
कोमल तलैयों से
कंकड़ मसल रहीं।
प्यास लगी, कचरो ककरियाँ
पतली ककरियाँ
देखो बेच रही बूढ़ी दादियाँ,
तान के छतरियाँ
और या कि
छाछ पियो,
मीठी-मीठी छाछ पियो,
बाँट रही नन्हीं छोहरियाँ
कोमल उँगलियाँ—
छाछ पियो,
एक ही दुअन्नी में पेट भरो,
आगे बढ़ो, बढ़े चलो !

●●

सिंहगढ़ ! सिंहगढ़ !
बढ़े चलो, चढ़े चलो,
पैर थरथरा रहे,
साँस तेज़ चल रही,
चू रहा पसीना, जैसे झरना हो झरता !
तो भी तुम्हें बढ़ना है,
चोटी पर चढ़ना है,
क्योंकि यह शिवा की पुकार है
ताना की ललकार है !
माता जीजाबाई की
अद्भुत मनुहार है !
भोर तक झंडे उड़ाना है,
रात ही में शत्रु को हराना है,
कमर में पीली गीली धोती है,
बेटे का ब्याह है,
घर में उत्सव, उछाह है,
तो भी तुम्हें जाना है,
जाना है, सिंहगढ़ के शिखर पर,
शिवा की पताका फहराना है।
बढ़े चलो, चढ़े चलो।
चढ़े चलो !

●●

सिंहगढ़, सिंहगढ़,
बढ़े चलो, चढ़े चलो !
सिंहगढ़ अब तो नहीं दूर है,
आ गए, पहुँच गए !
बैठ लो, सुस्ता लो,
दम लो, अघा लो,
पी लो तुम छाछ फिर एक बार–
"एक बार और तो पी लीजिए !"
बोले मेरे मित्र,
किंतु, मैं तो देख रहा चित्र !
कैसा ?–सुहावना,
लुभावना ?
नहीं, नहीं, यह नहीं तस्वीर है,
अमा की लकीर है–
खिंच रही दिमाग़ पर,
और झुलसा रही, जला रही जो
सारी भावनाओं को !
सारी कामनाओं को !
देखकर निहारिए !
टिन के गिलास में उजली-सी छाछ लिए
आ रही वह कौन है ?
गुमसुम है, मौन है ?
सुंदर, ख़ूबसूरत एक लड़की
लड़कियाँ–सबकी सब सुंदर ही होती हैं;
कलियाँ गुलाब की हों
या हों कनेर की–
सबकी सब ख़ूबसूरत होती हैं–
हाँ, तो वह कलिका-सी बालिका,
नन्हीं-नन्हीं, गोरी-गोरी उँगलियों में
गंदा-सा गिलास लिए,
आ रही,
आ रही, शरमा रही !
लजा रही !
क्यों ?
क्यों ? क्यों ?
क्या यह भी अदा है ?
नहीं, नहीं, कज़ा है।
मौत है, मृत्यु है ! किसकी ?
सारे समाज की,
तख़्त की, ताज की !

आ रही वह लड़की लजा रही, शरमा रही
क्योंकि उसकी गंदी-गंदी साड़ी जो फटी है
ठीक बीच जाँघ पर !
सच सच कहता हूँ, ठीक बीच जाँघ पर !
ढँकने की बार-बार चेष्टा करती हुई
ढँक भी न पाती है,
तो भी बढ़ी आती है,
क्योंकि दुअन्नी का लोभ है—
लोभ के ही साथ-साथ
लाभ का न लोभ है,
अपने पर क्षोभ है—
किंतु सुनो, सुनो, पीछे से कौन उसे कहता,
बढ़े चलो, चढ़े चलो !

●●

सिंहगढ़ सिंहगढ़,
बढ़े चलो, चढ़े चलो !
किसकी पुकार यह—
किसकी ललकार यह।
किसकी मनुहार यह !
जो कि उस बच्ची को पीछे से धकेलती, ठेलती !
उधड़ी-सी जाँघ है,
उजड़ी-सी माँग है,
उधड़ी-सी जाँघ से वह पीली-पीली चमड़ी,
झाँकती है,
क्योंकि वह गोरी है,
किसकी किशोरी है ?
एक पैर लज्जा है खींचती, पीछे को,
एक पैर क्षुधा है ठेलती, आगे को
आगे और पीछे की कैसी खींचातानी है
अजब हैरानी है,
पसीनों की बाढ़ में डूबती पेशानी है !
होती पानी-पानी है !
तो भी उसे बढ़ना है,
धीरे-धीरे पेट के पहाड़ पर चढ़ना है—
बढ़े चलो, चढ़े चलो !
क्योंकि, यह सिंहगढ़, सिंहगढ़ !

●●

सिंहगढ़, सिंहगढ़,
बढ़े चलो; चढ़े चलो,
फेंक दो दुअन्नी और पी लो इस छाछ को,
गट-गट, गट-गट !
जैसे इस छोटी-सी किशोरी ने
पी लिया है लाज को !
पानी-पानी हो रही-सी लाज को !
पी लो और आगे बढ़ो
देखो, यह ताना की बाँह है !
कटी हुई ताना की बाँह है।
और, यह खड्ड है,
जिस पर कमंद डाल उस आधी रात को,
चढ़ गए थे तानाजी !
और, यह मंदिर है—
यहीं शहीद हुए तानाजी !
ताना की मूर्त्ति यह !
मंदिर में घुसकर प्रणाम करो—
और फिर गद्‌गद कंठ से बोलो तुम
धन्य-धन्य तानाजी,
धन्य-धन्य शिवाजी !
धन्य-धन्य-धन्य माता जीजाजी !
कैसी पुकार थी,
कैसी ललकार थी,
कैसी मनुहार थी,
बढ़े चलो, चढ़े चलो !

●●

सिंहगढ़, सिंहगढ़,
बढ़े चलो, चढ़े चलो !
बढ़ते ही बढ़ते उतर रहे,
किंतु रह-रहकर रोयें सिहर रहे !
कौन यह बार-बार पैर पीछे खींचता,
चुपके से, पीछे से, मेरी आँखें मींचता !
पथ सूझता है नहीं,
पैर थरथराते हैं,
देख नहीं पड़ती हैं लाल-पीली कलियाँ,
कहाँ न चली गईं वे,
भूरी-नीली चिड़ियाँ
संज्ञा-शून्य हो रहा हूँ !
कौन है, वह कौन है ?

थरथरा रही हैं वह किसकी अँगुलियाँ,
अरे, वह मैली, फटी साड़ी के छोर से
पीली-पीली चमड़ी वह झाँक रही किसकी,
किसकी, नहीं रे, किसकी जाँघ की !
लाज से जो गड़ रही है,
शरम से जो मर रही है !
किंतु जो दुअन्नी के मोह में,
आगे बढ़ती ही रही छाछ लिए हाथ में !
किसकी पुकार थी—वह,
बढ़े चलो, बढ़े चलो !
सिंहगढ़, सिंहगढ़ !
बढ़े चलो, चढ़े चलो !
आज यह किसकी पुकार है,
आज यह किसकी ललकार है,
आज यह किसकी मनुहार है,
सुन लो, महाराष्ट्र के सपूतो तुम,
सुन लो, ओ राष्ट्र के सपूतो तुम,
आज क्या तुम्हारे कान बहरे हैं हो गए ?
आज क्या तुम्हारे सारे आन-बान खो गए ?
तानाजी का वंश लुप्त हो गया !
सारा महाराष्ट्र सुप्त हो गया ?
पूना की सड़कों पर,
साइकिलें उड़ाता वह कौन है,
मोटरें दौड़ाता वह कौन है,
कौन है जो सपनों का जाल बुना करता ?
कौन है जो पोथियों के सड़े गड़े पन्नों पर मरता ?
लेकिन जो माँगता है,
पुट्ठों पर गाजता है,
क्या उसमें जान नहीं बाक़ी है ?
क्या उसमें शान नहीं बाक़ी है ?
फिर वह पुकार क्यों न सुनता,
सिंहगढ़, सिंहगढ़,
बढ़े चलो, चढ़े चलो !
सिंहगढ़ की यही पुकार है,
आज शिवराजा की यही ललकार है,
माता जीजाबाई की यही मनुहार है—
हमें इस लाज को हटाना है,
हमें इस जर्जर समाज को हटाना है ?
जिसमें कि कोई भोली लड़की,
लाज बेचने को लाचार की जाती है,

फटी गंदी साड़ी से भी,
जाँघ ढँक न पाती है !
एक दुअन्नी के लिए, बढ़ती, सकुचाती है,
तो भी रुक न पाती है !
छाछ के ही साथ अपनी लाज बेच खाती है !

●●

लाज, यह किसकी है ?
कभी तुमने सोचा है ?
लाज महाराष्ट्र की है,
लाज सारे राष्ट्र की है,
जो कि एक दुअन्नी में सरेआम बिक रही !
और हम तुम, किस शान से हैं कह रहे,
बढ़े चलो, बढ़े चलो !
सिंहगढ़, सिंहगढ़,
बढ़े चलो, चढ़े चलो;
बेटे का ब्याह है,
उत्सव उछाह है,
कमर में धोती पीली-पीली है,
माथे पे रोली गीली-गीली है,
तो भी हमें बढ़ना है,
उस नन्हीं बच्ची का उद्धार हमें करना है,
करना है जिसका उद्धार भूख-प्यास से,
करना है जिसका उद्धार लाज-त्रास से,
ढँकना है जिसकी पीली जाँघ को,
ढँकना है उसकी उस रूखी-सूखी माँग को,
चिथड़े उतारना है,
नया वस्त्र देना है !
सुंदरी कुँआरी के रूप में सँवारना है,
और फिर देखना है, ऐसा समाज बने,
ऐसा एक राज बने,
जिसमें कुँआरियों को लज्जा बेचनी न पड़े
सिंहगढ़, सिंहगढ़ !
बढ़े चलो, चढ़े चलो !
हाँ, हाँ, शिवराजा की पुकार आज यही है,
माता जीजाबाई की गुहार आज यही है,
ओ जी, अरे, ताना के वंशजो,
छोड़ो यह राग रंग,
छोड़ो सब साज संग,
आओ एक सेना के रूप में सजो, सजो !

एक नई सेना के रूप में !
आज न कमंद तुम्हें चाहिए !
अस्त्र-शस्त्र के अंबार की न ज़रूरत है,
मन में उमंग हो,
नसों में तरंग हो,
बढ़ो, बढ़ो,
चलो, चलो,
सिंहगढ़ चढ़ो, चढ़ो !
चलो, उद्धार करें पहले उस बालिका का,
फिर यह सेना बढ़े,
छा जाए सारे महाराष्ट्र में,
छत्तीस करोड़ मानवों के इस राष्ट्र में,
जहाँ-जहाँ दीखें फटी साड़ियाँ,
जहाँ-जहाँ दीख पड़ें भोली सुकुमारियाँ,
कुमारियाँ !
अर्द्धनग्न, क्षुधा पीड़ित !
उनका उद्धार चलो हम करें;
उनका उद्धार करें,
उनकी सँवार करें,
कहीं भी न दीख पड़े ऐसी अर्द्धनग्नता,
बेबसी के पाले पड़ी ऐसी निर्लज्जता,
फोड़ दो इस छाछ-भरे घड़े को
तोड़ दो इस पाप-भरे घड़े को
बढ़ो, बढ़ो, चलो, चलो !
कसम तुम्हें है शिवराजा की,
कसम तुम्हें है माता जीजा की !
तब तक न रुको तुम !
तब तक न झुको तुम !
बढ़े चलो, चढ़े चलो !
सिंहगढ़ ! सिंहगढ़ !

पचासवाँ पार किया !

क्यों बार-बार झींकते हो
मैंने पचासवाँ पार किया !
क्या तुम्हारी भुजाओं में बल नहीं है,
क्या तुम्हारे खून में उबाल नहीं है,
क्या तुम्हारी छाती में दम नहीं है,
क्या तुम्हारे जीवन के रागों में सम नहीं है,

यदि है; फिर क्यों बार-बार झींकते हो,
मैंने पचासवाँ पार किया !
जवानी क्या है, बुढ़ापा क्या है ?
क्या तुम्हीं ने इसकी कितनी परिभाषाएँ पैदा नहीं की थीं?
जवानी नाम है ज़िंदादिली का,
बुढ़ापा है जीवन की वह अवस्था,
जब बालों के साथ मन भी पक जाता है !
क्या तुम्हारी ज़िंदादिली ख़त्म हो गई ?
क्या इन कुछ पके बालों ने तुम्हारे मन को भी
पका दिया?
यदि नहीं,
तो फिर क्यों बार-बार झींकते हो ?
मैंने पचासवाँ पार किया !
मैंने पचासवाँ पार किया !!
यह पचासवाँ क्या है ? वह पच्चीसवाँ क्या था ?
जब होंठों पर मसें भीगती हों,
जब पैर डगमग पड़ते हों,
जब होश पर जोश हावी हो,
जब बेसमझे बेजगह हाथ बढ़ते हों ?
पच्चीसवाँ यही न था ?
क्या यह इतनी बड़ी चीज़ थी कि
तुम बार-बार झींक रहे हो,
मैंने पचासवाँ पार किया !

●●

ज़िंदगी की सड़क पर पच्चीसवाँ एक मील का
पत्थर-मात्र था,
वह मंज़िल नहीं था ?
इस पत्थर को पार करना ही था,
तुमने पार किया !
पचासवाँ भी उसी की तरह मील का
दूसरा पत्थर था,
अब तुमने उसे भी पार कर लिया !
पच्चीसवाँ और पचासवाँ से ज़िंदगी की
सड़क बहुत बड़ी है !
बहुत कम सौभाग्यशाली हैं जिनके जीवन
में लंबी सफर बदी होती है !
उन लोगों की तक़दीर पर लोग रोते आए हैं,
जो मील के एक या दो ही पत्थर देख सके,
अतः आनंद मनाओ, आनंद मनाओ।

क्यों बार-बार झींक रहे हो ?
कि तुमने पचासवाँ पार कर लिया !

●●

तुम्हारे डैनों में अब भी बल है,
उड़ो, उड़ो !
तुम्हारे सामने नए-नए आसमान आ रहे हैं,
उड़ो, उड़ो !
पहले इंद्रधनुष में सात ही रंग थे,
पहले के तारे रात में ही चमकते थे,
पहले का सूरज सिर्फ़ गर्मी देता था,
पहले का चाँद सिर्फ़ चाँदनी छिटकाता था,
अब इंद्रधनुष शतरंगी है,
तारों में शाश्वत प्रकाश है,
सूरज शांतिदाता है और शक्तिदाता भी
इसलिए
प्रकाश की ओर, रंगीनियों की ओर,
उड़ो, उड़ते चलो,
झींकना छोड़ो,
कि मैंने पचासवाँ पार कर लिया !

●●

अब जोश पर होश की लगाम है,
पैरों में गति के साथ यति भी है,
हाथों में बल के साथ अनुभव भी है,
आँखों में ज्योति के साथ सूझ भी है,
खून में उबाल के साथ सम्हाल भी है,
अब एक की जगह दो-दो मददगार हैं तुम्हारे,
अतः बढ़े चलो,
झींको मत कि मैंने पचासवाँ पार किया ?

●●

अभी कितने ही सपने अधूरे हैं,
अभी कितने काम पूरे करने हैं,
वे सुनहले सपने नहीं,
जिन्हें सोते-सोते देखकर बच्चे अचानक
मुस्कुरा पड़ते हैं,
उनकी आँखें मुँदी होती हैं
किंतु दूध के धोए दाँत चमक जाते हैं !
वे सुनहले सपने भी नहीं,

जिन्हें जवानी ढलती रात या उनींदी दुपहरिया
में दीखती है,
दीखती है और चाहती है उसे दीखती ही रहे,
नहीं, तुम्हारे सपने ऐसे नहीं थे,
अरे, उन्हें तुमने खुली आँखों से देखा था,
पूरे होश में देखा था,
उनको रूप तुमने दिया था,
उनमें रंग तुमने भरे थे—
उनमें जान तुमने डाली थी !
वे जीते-जागते, चलते-फिरते सपने,
क्या वे सपने पूरे हुए ?
फिर क्यों अभी से झींकने लगे,
मैंने पचासवाँ पार किया !

●●

अभी कितने काम पूरे करने हैं—
कितने गड्ढों को पाटना है,
कितने नागों को नाथना है,
कितनी निर्झरियों का मुँह खोलना है,
कितने बेज़ुबानों को ज़ुबान देना है,
नई धरती, नया आसमान सँवारना है,
उस नई धरती पर नया स्वर्ग उतारना है,
हाँ, नया स्वर्ग,
जिसके कल्पवृक्ष ही छाँव सबके लिए सुखद हो,
जिसकी कामधेनु सबके लिए दूध दे !
जहाँ न कोई इंद्र हो,
न उसकी सभा न कोई चाटुकार सदस्य,
सब देव हों, सम वेब हों !
अमृत का घट सबका हो !
दुनिया पर अमरता उतरे,
समता उतरे,
अरे, अभी बहुत से काम अधूरे हैं,
उन्हें पूरा करने में लगो,
झींकना छोड़ो, छोड़ो,
कि मैंने पचासवाँ पार किया !

तो, बुद्ध की यह शानदार मूर्त्ति
इस नुक्कड़ पर स्थापित की गई उस दिन !
राज्य के मुख्यमंत्री ने उसकी स्थापना की !
क्या उनके भाषण आप भूल गए ?
सभी दैनिक पत्रों के प्रथम पृष्ठ पर छपा था वह !
मुख्यमंत्री ने हमें समझाया था,
हमारा देश महान इसलिए है कि वहाँ
बुद्ध जैसे महात्मा पैदा हुए !
बुद्ध ने हमें अहिंसा दी !
अहिंसा ने हमें स्वराज्य दिया !
आओ, बुद्ध को अपने जीवन में उतारो !
नमन करो इस मूर्त्ति के सामने !
भिक्षुकों का दल गद्गद हो उठा था,
उसने उद्घोष किया,
बुद्धं शरणं गच्छामि,
धम्मं शरणं गच्छामि,
संघं शरणं गच्छामि !
जितने श्रोता थे, दर्शक थे, सब गद्गद
हो उठे थे उस दिन !
मंत्री अपनी शानदार मोटर पर
तिरंगा उड़ाते चले गए !
धीरे-धीरे लोगों की भीड़ छँटी !
रह गई सिर्फ़ यह मूर्त्ति !
तब से यह मूर्त्ति यहीं खड़ी है !
एक हाथ से लोगों को अभयदान देती हुई !
मूर्त्ति खड़ी है, किंतु है यह बुद्ध की
ध्यानमुद्रा की बैठी हुई मूर्त्ति !
जाड़ा गया, गर्मी गई,
बरसात भी अभी-अभी इसे धो-पोंछकर गई है !
किंतु यह मूर्त्ति उसी प्रकार यहाँ खड़ी की खड़ी है !
कैसी है यह श्यामली शानदार मूर्त्ति,
किस शानदारी से उठा है इसका दाहिना हाथ,
अभयदान देने के लिए !
यह सबको अभयदान देती है !
बड़े लोगों के मुहल्ले के बीच है यह तिमुहानी
बड़े-बड़े वकीलों की मोटरें निकलती हैं
        इसकी बग़ल से,
जिनकी जेबों में नोटों के पुलिंदे होते हैं,
यह मूर्त्ति उन्हें सपुलक अभयदान देती है !
बड़े-बड़े साहूकारों की मोटरें निकलती हैं इसकी बग़ल से,

जो लाखों का वारा-न्यारा पलक लगाते कर देते हैं,
यह मूर्त्ति उन्हें भी अभयदान देती है,
मिनिस्टरों की मोटरें भी इसकी बगल से
प्रायः निकला करती हैं,
उनकी मोटरों पर सदा दो-चार ब्लैकमारकेटियर
होते हैं !
यह मूर्त्ति मिनिस्टर और ब्लैक मारकेटियर
दोनों को अभयदान देती है !
मुहल्ले में दो-चार बड़े ज़मींदार भी हैं,
उनकी मोटरों पर वह चमक नहीं,
किंतु खँडहर बताता है, इमारत बुलंद थी,
यह मूर्त्ति उन्हें भी अभयदान देने से नहीं चूकती !
अब आपकी समझ में यह बात आई होगी,
कि क्यों इस मुहल्ले की इस
तिमुहानी पर ही यह मूर्त्ति स्थापित की गई है ?
किंतु, यह मूर्त्ति सिर्फ़ बड़े लोगों को ही
अभयदान नहीं देती है !
इस पर यह तुहमत मत लगाइए !
जब कोई रिक्शावाला पैसे के बदले कभी
डाँट और कभी गाली खाकर इस मुहल्ले से लौटता है
उसे भी यह मूर्त्ति इसी प्रकार हाथ उठाए
अभयदान देती है !
उस दिन वह भिखमंगिन 'बाबू एक पैसा' कहती
आँखों में आँसू भर
जब निराश भाव से जा रही थी,
इस मूर्त्ति ने उसे भी अभयदान दिया था ?
और जब उस दिन उस बेकार नौजवान ने
उस पर घूँसा मारा था,
उसने उसे भी उसी प्रकार अभयदान दिया !
और, तो और,
अभी-अभी यह कौवा उसके सिर पर बैठकर
काँव-काँव करता, पूँछ उठाकर,
उसके काले मस्तक को चंदन-चर्चित कर गया है,
तब भी वह उसी सहज भाव से
उसे अभयदान दे रही है !

बसें हमारी, ट्राम हमारे !
हाकिम और हुक्काम हमारे !
स्वराज है, और स्वदेशी राज है !
सब है,
किंतु ओ कलकत्ता, क्या बात है ?
अभी, इस आधी रात को,
जब तुम्हारे एक मध्यास्थित मुहल्ले की
एक बहुत-बहुत पुरानी इमारत की छत पर
खड़ा होकर देख रहा हूँ,
लगता है,
उस बरगद के पेड़ की डालें ऊपर उठ रही हैं !
और उसके नीचे
वह विदेशी बनिया
जिसका लाल-लाल चेहरा था,
जिसकी नीली-नीली आँखें थीं,
जिसके भूरे-भूरे बाल थे,
जिसके पीले-पीले दाँत थे,
अपनी विचित्र पोशाक में उकडूँ बैठा
हुक्का पी रहा है !!
चारों ओर एक ही शब्द है
गुड़गुड़ गुड़गुड़,
गुड़गुड़ गुड़गुड़,
और नीचे-ऊपर, अगल-बगल छा रहा है,
उसी हुक्के का धुआँ !
धुआँ, धुआँ !!!

महाबलीपुरम्

गाओ दक्षिण के गीत,
गाओ दक्षिण भारत के गीत,
ओ उत्तर के रहनेवालो
ओ उत्तर भारत के रहनेवालो,
गाओ दक्षिण के गीत,
गाओ गाओ, दक्षिण भारत के गीत !
दक्षिण भारत के गीत,
जहाँ तुम्हारी कला सुरक्षित है,
जहाँ तुम्हारा संगीत सुरक्षित है,
जहाँ तुम्हारा नृत्य सुरक्षित है,
जहाँ तुम्हारा स्थापत्य सुरक्षित है !

वह स्थापत्य नहीं, जो ईंट-चूने-लकड़ी से बने
और ईंट-चूने-लकड़ी की ही तरह,
नूनी से, सरदी-गरमी से
गल जाए, सड़ जाए, झड़ जाए,
वह स्थापत्य जो चट्टानों को काटकर तैयार किए गए
वह कला जो पत्थरों पर मूर्तिमंत की गई,
वह नृत्य जो हर किशोरी के पाँवों की शोभा है,
वह संगीत जो हर नारी का कंठाभरण है,
भरत नाट्यम के दक्षिण को,
कथकली के दक्षिण को,
गगनचुंबी गोपुरी के दक्षिण को,
कलामंडित गुफाओं के दक्षिण को,
नमस्कार करो, सिर झुकाओ,
सिर झुकाओ !
तुम्हें याद है,
तुम्हारे राम मर गए थे,
तुम्हारे कृष्ण मर गए थे,
तुम्हारी अयोध्या के मंदिर निस्सार हो चुके थे
तुम्हारी मथुरा में दस्युओं का राज्य स्थापित हो चुका था,
दक्षिण ने तुम्हारे राम को जिलाया,
दक्षिण ने तुम्हारे कृष्ण की बंशी फिर फूँकी !
प्रणाम करो, सिर झुकाओ, स्तुति गाओ,
रामानंद के दक्षिण को,
वल्लभाचार्य के दक्षिण को,
जिसने तुम्हें कबीर दिया,
तुलसी दिया,
मीरा दी !
गाओ, गाओ, दक्षिण के गीत गाओ,
दक्षिण भारत के गीत गाओ !
अ। . नहाबलीपुरम् के इस प्राचीन दीप-स्तंभ
पर खड़ा होकर,
तुम्हारा ही एक भाई पुकार रहा है,
ओ उत्तर के लोगो,
ओ उत्तर भारत के निवासियो,
दक्षिण के गीत गाओ !

●●

सामने समुद्र लहरा रहा है,
नीला-नीला समुद्र लहरा रहा है,
जिसकी ऊँची-ऊँची तरंगें,

गजराज, अब तुम पर कौन सवारी करेगा ?
मृगराज, तुम किसका विजय-घोष करोगे ?
वृषभराज, इसी तरह बैठे जुगाली करते रहो,
वह युग नहीं लौटेगा, नहीं लौटेगा,
ओ नंदी, जब तुम्हारे सामने पत्र-पुष्प से भरी
नाँद रख दी जाती थी !
न कोई, गदाधारी रहा,
न धनुषधारी,
द्रौपदी, तुम्हारी मनुहार कौन रखेगा ?
धर्मराज, बिना जूआ खेले ही फिर एक बार
आपको बनवास मिला है !
इस निर्जन, निर्जीव स्थान में पड़े रहिए !!
"नहीं ! नहीं !! नहीं !!!"
यह आवाज़ कहाँ से आ रही है ?
यह स्वर कहाँ से सुनाई पड़ रहा है ?
गुफाएँ गरज रही हैं,
इधर-उधर बिखरी अनेकों गुफाएँ,
उनमें चित्रित हाथी चिंग्घाड़ रहे हैं,
सिंह गरज रहे हैं,
पंछी चहक रहे हैं !
असंख्य मानवों का जन-रव सम्मिलित है उनमें
नहीं, नहीं, नहीं—
अरे, महाबलीपुरम्, स्थान नहीं, प्रतीक है,
प्रतीक है, उत्तर-दक्षिण के मिलन का,
प्रतीक है, संपूर्ण भारतीय सभ्यता की
        एकात्मता का,
प्रतीक है दूर-दूर देशों और द्वीपों में फैलानेवाले
अमर संदेश का,
अमृत संदेश का।
प्रतीक है, अविनश्वर कला का,
अविनश्वर संस्कृति का,
चट्टानों पर खोदकर तुम्हारे पूर्वजों ने
उसकी अविनश्वरता का उद्घोष किया था !
तुम्हारे कान वही उद्घोष आज सुन रहे हैं—
सुनो, सुनो,
ओ उत्तर के रहनेवालो,
ओ उत्तर-भारत के निवासियो,
गीत गाओ, गीत गाओ,
दक्षिण का,
दक्षिण भारत का,

और फिर उत्तर-दक्षिण दोनों मिलकर,
जयनाद करो, संपूर्ण भारत का !
अटूट, अखंड भारत का !!

धान की बालियाँ

धान की बालियाँ हिल रही हैं,
फूल-भरी, दूध-भरी, दाने-भरी धान की बालियाँ
हिल रही हैं, हिल रही हैं !
पुरवैया के झूले पर
झूल रही हैं, झूल रही हैं !
कातिक का महीना बीता जा रहा है,
नीले-नीले आकाश में कहीं-कहीं उजले-उजले बादल हैं,
हवा में ठंडक घुलती जा रही है,
तालाब के कुमुद-बन में उल्लास है, उछाह है,
उजले-नीले फूल हँस रहे हैं, बिहँस रहे हैं,
आँगन में खंजनों का खिलवाड़ शुरू हो गया,
भोर में सारस के पंखों की फरफराहट सुनाई पड़ती है,
चारों ओर मस्ती है, मौज है,
और इस मस्ती के हिंडोले पर
फूल-भरी, दूध-भरी, दाने-भरी बालियाँ
झूल रही हैं !
श्यामल शस्य सागर में यह कैसी लहरें हैं,
धान की बालियाँ कहाँ,
ये उस सागर की हरी तरंग राजियाँ हैं !
हवा के झोंके उनमें गिर्दाब उठा रहे हैं,
अरे, यह क्या बैठे देख रहे हो,
चलो खेत में इस सागर में डुबकियाँ लगाओ,
इन लहरियों पर अपने बाजुओं को फटकारो !
देखो, वे छोटी-छोटी फुदगुद्दियाँ नाच रही हैं उन पर,
तुम्हारा भारीपन तुम्हें नाचने से मजबूर करे,
तो क्या हुआ, अपनी कल्पना को तो नृत्यशील होने दो,
देखो रे देखो,
वह धान की बालियाँ हिल रही हैं,
पुरवैया के झूले पर झूल रही हैं।
हिल रही हैं, झूल रही हैं, झूल रही हैं, हिल रही हैं !
अन्नपूर्णा का यह हरा आँचल
अब सुनहला-सुनहला होता जा रहा है !
दो दिनों के पछवा ने ही कितना रंग बदल दिया !

फूल से दूध, दूध से दाने—
पीले-पीले दानों से उजले-उजले चावल
निकलेंगे,
खेत से अन्नपूर्णा घर में पधारेंगी,
ओखल मूसल के धमाधम सुनेंगे हम !
चिउड़ा-दही, खीर-खिचड़ी,
अजी मुँह पानी-पानी हो रहा है,
और, उधर धान की सुनहली बालियाँ हँस रही हैं,
बिहँस रही हैं !
खिलखिला रही हैं !

बेनीपुर

ओ री मेरी मातृभूमि,
मैं तुम्हारा गीत गाऊँगा,
प्यारी मेरी मातृभूमि,
मैं तुम्हारा गीत गाऊँगा !
तुम्हारे पीपल के पेड़ों ने मुझे ऊँचाई का अनुभव दिया,
तुम्हारे खेतों से मैंने सीखा चौड़ाई किसे कहते हैं ?
तुम्हारे आकाश के तारों ने मुझे गिनती सिखाई,
तुम्हारे फूलों की क्यारियों ने मुझे रंगों की महिमा बताई,
तुम्हारे नालों ने बताया गति क्या है ?
तुम्हारी बाढ़ ने सिखाया,
किस तरह किनारों को उछला जा सकता है,
कगारों को तोड़ा जा सकता है,
खड्डों को भरा जा सकता है,
और कर दिया जा सकता है क्षण-भर में ही सारी धरा को
किस तरह जलमय, रसमय,
जीवनमय, यौवनमय !
ओ री मेरी मातृभूमि,
मैं तुम्हारा गीत गाऊँगा !
प्यारी मेरी मातृभूमि,
मैं तुम्हारा गीत गाऊँगा !
याद आ रहे हैं मुझे वे दिन,
वे सुनहले दिन, वे रुपहले दिन,
और जब सोना बरसाती थी,
दुपहरिया, जब चाँदी छितराती थी,
साँझ मुस्कुराती थी,
रात शरमाती थी,

मैं भोर गुज़ारता था तुम्हारी अँगनाई में
दुपहरिया गुज़ारता था तुम्हारी अमराई में
शाम को चहलकदमी होती थी,
रात में उठापटक मचती थी,
तुम्हारी उन्मुक्त वायु सदा उन्मुक्त रखती थी,
न भय था, न पाप था, न ताप था,
सब जगह वरदान था, कहीं न अभिशाप था !
जब चिड़ियाँ चहकती थीं,
जब गायें रभाती थीं,
जब बछड़े उछलते थे,
जब मेमने मचलते थे !
वाह रे वे बचपन के दिन,
आह रे तुम्हारी गोद के वे दिन !
आज वे दिन मुझे विभोर बना रहे हैं,
मुँह से बार-बार, आप-आप, निकल पड़ता है—
ओ री मेरी मातृभूमि,
मैं तुम्हारे गीत गाऊँगा !
प्यारी मेरी मातृभूमि,
मैं तुम्हारे गीत गाऊँगा !
तुम्हारे गीत गाऊँगा
जिसमें होली की उमंग होगी,
जिसमें चैती की करुणा होगी,
जिसमें बिरहों की व्यथा होगी,
जिसमें बारहमासों की रंगीनियाँ होंगी !
जो सावन की फुहारों से भीगे-भीगे होंगे,
जो कातिक के ओसों से लदे-लदे होंगे,
जिनमें धान की बालियों की लहरान होगी,
जिनमें सरसों की बासंती चादर की फहरान होगी !
जिन पर ग्राम की मंजरियाँ निछावर होंगी,
जिन पर लीची के गुच्छे बलिहारी होंगे,
केले के हरे पत्ते जिन पर मनुहार करेंगे !
और केले के घौंद की तरह ही
शत-शत फलों को लिए
जो एक दिन अचानक फूट पड़ेंगे !
ओ री मेरी मातृभूमि
मैं तुम्हारे गीत गाऊँगा !
प्यारी मेरी मातृभूमि
मैं तुम्हारे गीत गाऊँगा !
गाऊँगा तुम्हारे चरवाहे के गीत,
जो गाय चराते हैं किंतु दूध नहीं पाते,

गाऊँगा तुम्हारे हलवाहे के गीत,
जो अन्न उपजाते हैं किंतु खा नहीं पाते,
किंतु तो भी जो गाते हैं,
गाते नहीं अघाते हैं !
जो खेतों को गुलज़ार रखते हैं,
जो खलिहानों को गुलज़ार रखते हैं !
गाऊँगा, तुम्हारी रोपनी के गीत,
गाऊँगा तुम्हारी कटनी के गीत,
पानी से लबालब भरे खेत,
कसार में जन हैं—
मुँह से गीत हो रहा है,
उँगलियों से धान रोपे जा रहे हैं !
वे छोटे-छोटे पौधे,
वे हरे-हरे पौधे,
कीचड़ पाते ही वे कैसे सनक उठे ?
वे बढ़ रहे हैं,
फैल रहे हैं,
एक का ग्यारह—यहाँ देखिए !
वे घुटने तक आए, जाँघ तक आए,
कमर तक आए, छाती तक आए—
फिर बालियाँ फूटीं !
बालियों में दूध भरा, दाने भरे !
वे पीले पड़े—नीचे झुके,
अब कटनी हो रही है,
पतली हँसिया, पतली उँगलियाँ
पतली कमरिया—
कटनी हो रही है,
झुक-झुककर कटनी हो रही है !
नदिया हिल रही है,
झुमका झूल रहा है !
काँसे के कड़े की टन-टन
गिलट के घड़े की झन-झन,
हाथों से कटनी हो रही है,
आँखों से कटनी हो रही है—
खेतों में पूलियों का अंबार है—
छाया की भरमार है—
तो भी जो गुलज़ार ही गुलज़ार हैं
ओ मेरी मातृभूमि, मैं तुम्हारे गीत गाऊँगा,
ओ री प्यारी मातृभूमि मैं तुम्हारे गीत गाऊँगा !
गीत गाऊँगा तुम्हारी राममड़ैया के,

तुम्हारी राधा के, तुम्हारे कन्हैया के !
जहाँ सब सरल हैं,
प्रेम सरल है,
विरह-मिलन सरल हैं,
जहाँ प्रेम तूफान नहीं उठाता,
विरह बवंडर नहीं बनता !
मिलन मलिन नहीं बनाता,
प्रेम आँखों में एक हल्की लाली लाता है,
विरह पपनियों को थोड़ा गीला बना डालता है,
मिलन उन्हें हौले-हौले सुखा डालता है !
जहाँ सब स्वाभाविक हैं—
आँगन का प्यार,
बगीचे का अभिसार
टकही टिकुलियों का शृंगार,
लाह की चूड़ियों की मूक झंकार,
जहाँ बचपन खडुकी में कुलेल करता है,
जहाँ जवानी अँगिया में अँगड़ाई लेती है,
जहाँ बुढ़ापा आप अपना ढिंढोरा पीटता है,
जहाँ की घूँघट बेपर्द नहीं बनती,
जहाँ का आँचल बेहोश नहीं खिसकता,
जहाँ सब मौसम पर निर्भर करता है,
फागुन गवाता है,
चैत रुलाता है,
जेठ गलाता है,
असाढ़ भिगाता है,
सावन झुलाता है,
भादों भुलाता है,
आश्विन में पूजा,
कातिक में रास,
अगहन में चटाई,
पूस में रजाई,
जहाँ सब स्वाभाविक है,
सरल है,
प्राकृतिक है—
ओ री मेरी मातृभूमि मैं तुम्हारा गीत गाऊँगा,
प्यारी मेरी मातृभूमि मैं तुम्हारा गीत गाऊँगा !
जवानी तुम्हें नहीं दे सका
किंतु बुढ़ापा तुम्हारे लिए छटपटा रहा है !
जवानी संघर्ष खोजती फिरी,
लड़ने में मज़ा आता रहा,

आज न रो पा रहा हूँ,
न आँसू बहा पा रहा हूँ !
एकटक देख रहा हूँ इस चौकोर समाधि को,
कुछ फीट लंबी, कुछ फीट चौड़ी,
कुछ-कुछ आयताकार,
सीमेंट की सीधी-सादी बनी इस समाधि को
जिसके नीचे संसार के सबसे बड़े महापुरुष
की अस्थियाँ सो रही हैं !
जिस पर फूल चढ़ाए जा रहे हैं,
जिस पर सर झुकाए जा रहे हैं,
जिसके चारों ओर बच्चे किलोल कर रहे हैं !
हाँ, ये दो बच्चे,
समाधि पर पड़े फूलों को लूटने का
कैसा खेल रचा रहे हैं ?
एक लेकर भागता है,
दूसरा उससे छीनकर फिर डाल जाता है !
इनकी यह हँसी, यह उल्लास,
क्या बापू की अस्थियाँ भी नहीं हँस रही होंगी ?
बापू को बच्चे कितने प्रिय थे—
यदि बापू एक बार और साक्षात हो पाते,
तो क्या इन दोनों बच्चों को कंधे पर नहीं चढ़ा लेते !
दिल्ली कई बार आया,
किंतु तुम्हारी समाधि पर यह पहली बार आया हूँ, बापू !
क्यों नहीं आता था ?
क्या मुझसे कोई अपराध हो गया ?
क्या इसी के विद्रोह में आँखों की ये दो बूँदें सत्याग्रह कर बैठी हैं?
नहीं, बापू, नहीं,
यह कोई अवज्ञा या अश्रद्धा नहीं थी !
एक पुरानी बात है, बापू,
इसी यमुना के किनारे, यहाँ से कुछ दूर,
एक समाधि है,
समाधि के ऊपर जो इमारत है,
कहते हैं, संसार की सर्वोत्तम इमारत है वह !
एक विदेशी की बात याद है,
जब उनसे पूछा गया था, आप भारत में क्या देखने आए हैं ?
उसने कहा था—"ताज और गाँधी !"
मैं गाँधी को बचपन से ही देखता आया था,
सोचा था, ताज न देखूँ—
एक लालसा भी तो अतृप्त जाए !
एक कामना भी तो कल्पना ही बनी रहे !

किंतु, ऐसा चक्र,
एक बार वहाँ पहुँच गया
और उसे देखा,
अच्छी तरह से देखा,
निकट से देखा, दूर से देखा,
भोर में देखा, शाम को देखा,
दुपहरिया में देखा, अधरतिया में देखा
मेघों की धुँधली छाँव में देखा,
पूर्णिमा की चमचमाती चाँदनी में देखा,
जब पानी में वह एक से दो बनता है,
किले के उस छोर से देखा !
जिससे होकर बंदी सम्राट शाहजहाँ उसे देखा करता था,
किंतु, सच कहता हूँ, बापू,
लगा, मैंने यहाँ आकर अच्छा नहीं किया,
एक सपना टूट गया,
एक कल्पना मिट गई !
हम कलाकार !
हम बिना सपने के जी नहीं सकते !
कल्पना ही हमें जिलाती है, बढ़ाती है !
चाहता था, उस कल्पना के सपनों के टूट जाने पर आपकी यह
समाधि ही
अब मेरा सपना बने,
अब मेरी कल्पना बने,
किंतु, हाय रे, मानव-हृदय,
आज न जाने कैसी उद्विग्नता हुई,
और तुम्हारे निकट आ पहुँचा !
आया हूँ,
तुम्हारी समाधि के निकट खड़ा हूँ,
चाहता हूँ, रो लूँ ?
चाहता हूँ, तुम्हारी इस समाधि से लिपट जाऊँ,
और आँखों के जल से ही इसे धो दूँ !
किंतु, यह क्या हो गया है मुझे ?
मैं तुम्हारी इस समाधि के पायताने खड़ा हूँ,
और आँखों में दो बूँदें लिये
एकटक देख रहा हूँ !
हे राम !
हे राम !
हे राम !
बार-बार इन तीन अक्षरों को पढ़ रहा हूँ !
एक और समाधि पर ये तीन अक्षर पढ़ चुका हूँ, बापू !

और मुझसे कहा गया था, वे अक्षर तुम्हारे लिखे हुए थे !
पूना—आग़ा खाँ का महल—
अगल-बगल दो समाधियाँ !
एक पूजनीया 'बा' की,
एक बापू के 'महादेव' की !
1942 की क्रांति
देश ने क्या-क्या बलिदान नहीं दिए !
किंतु, बापू,
तुमने जो दो बलिदान दिए,
उनकी पवित्रता की, उनकी महानता की, समता कहाँ मिल पाएगी
तुम्हारी आँखों के सामने तुम्हारी दो विभूतियाँ लुटीं;
तुमने अपने हाथों से दो चिताएँ जलाईं,
और कबीर के इस दोहे को सार्थक किया—
"कबिरा खड़ा बज़ार में लिये लुकाठी हाथ,
जो घर फूँके आपना चलै हमारे साथ !"
तुमने अपने हाथों से दो चिताएँ जलाईं,
तुमने अपने हाथों दो समाधियाँ बनाईं,
और उनमें से एक पर लिखा—ॐ
दूसरे पर लिखा—हे राम !
ॐ !
हे राम !
हे राम !
तीन समाधियाँ !
इनमें दो समाधियाँ दक्षिण को मिलीं,
एक समाधि यह हमें मिली है !
सबको जाना है, सबकी समाधियाँ बनेंगी,
'बा' जातीं, महादेव जाते,
तुम जाते,
हमें तीन समाधियाँ बनानी ही पड़तीं,
किंतु, आह ! ये तीनों समाधियाँ,
कितनी करुणा को अपने नीचे समेटे हुई हैं !
मैंने कितनी समाधियाँ देखी हैं, बापू !
नेपोलियन की, नेल्सन की,
संत पाल की, संत पीटर की,
शेक्सपीयर की, विक्टर ह्यूगो की, दाँते की,
कितनी समाधियों के बारे में सुन रखा है, पढ़ रखा है,
लेनिन की समाधि के बारे में,
वाशिंगटन की समाधि के बारे में,
सनयात सेन और मुस्तफा कमाल की समाधियों के बारे में,
वे भव्य, दिव्य, विशाल, महान समाधियाँ—

चकमक, झलमल,
सोने से मढ़ीं, फूलों से लदीं !
किंतु, तुम्हारे योग्य ऐसी ही समाधि हो सकती थी, बापू !
नदी के किनारे,
खुले आकाश के नीचे,
जहाँ कोई बंधन नहीं,
जहाँ कोई व्यवधान नहीं,
जहाँ बच्चे निर्बाध खेल सकें,
जहाँ युवक-युवतियाँ स्वच्छंद सैर कर सकें,
जहाँ बुड्ढे एक कोने में मंत्र जप सकें,
जिस पर धूप-चाँदनी समान रूप से पड़े,
वर्षा की फुहार जिसे शीतल बनाती रहे,
तुम्हारी समाधि ऐसी ही हो सकती थी बापू !
सिर्फ़ एक समाधि इसका मुकाबला कर सकती है,
क्या उसका नाम लूँ ?
वह भी कभी भारत का सम्राट था,
उसके बाप-दादा ने अपने लिए शानदार समाधियाँ बनवाई थीं,
किंतु उसने कह रखा था,
मेरी समाधि पर सिर्फ़ मिट्टी रख देना
और उस पर सिर्फ़ एक हरा पौधा रोप देना—
उसके ऊपर कोई इमारत नहीं बनाना
खुले आकाश के नीचे वह मेरी समाधि हो !
दक्षिण भारत में
जब मैं उस समाधि के सामने था,
जिसके ऊपर पीली मिट्टी पड़ी थी,
जिस पर बन-तुलसी का एक पौधा लहरा रहा था,
तो सच कहता हूँ, बापू,
आँखों में इसी तरह दो बूँदें उमड़ आई थीं।
आदमी क्या होता है ?
इतिहास जिसके अत्याचारों की गाथा से भरा है,
उसमें यह देवत्व कहाँ से आ गया ?
आदमी विचित्र जानवर है,
यह किस ऊँचाई तक उठ सकता है,
कोई बता नहीं सकता !
लेकिन, क्या उसकी इच्छा पूरी की गई ?
उसकी समाधि तो वैसी ही रखी गई,
चारों ओर पत्थर-ईंट के अंबार
खड़े कर दिये गए—
इमारतें हैं, दीवारें हैं, फाटक हैं, किवाड़ हैं,
न जाने आदमी में इमारतों के लिए कैसा मोह है ?

न जाने दीवारें वह क्यों पसंद करता है
क्यों वह विस्तार से घबराता है ?
क्यों वह अनंत को शांत बनाना चाहता है ?
सुन रहा हूँ बापू,
यहाँ भी बड़ी-बड़ी इमारतें बनाई जाएँगी !
क्या उसे सेंट पिटर से भी विशाल बनवा सकेंगे ?
क्या उसे रेड स्क्वायर से भी शानदार बनवा सकेंगे ?
फिर क्यों यह चिंता ?
जहाँ इमारतें बनेंगी, तो उनकी रक्षा का प्रश्न भी उठेगा !
फाटक बनेंगे, किवाड़ लगेंगे, ताले जड़ेंगे !
इच्छा होती है चिल्लाऊँ,
अरे, बापू को दीवारों से मत घेरो,
उन्हें इसी तरह रहने दो खुले आकाश के नीचे—
यह सीमेंट से ढँक दिया, यही बहुत हुआ,
उचित था, यहाँ मिट्टी-मिट्टी होती,
चारों ओर दूब-दूब होती,
ऊपर तुलसी के कुछ बिरवे होते !
बापू की समाधि का यह रूप होना था,
किंतु, जो कुछ बन गया है, वही बहुत है !
अब उसे अधिक आभूषित मत करो, मत करो !
बापू की गरिमा को इमारतों से मत बाँधो, मत बाँधो !
यह दिल्ली, यह यमुना,
मुर्दों का शहर है यह,
मुर्दों की नदी है यह !
कितनी बादशाहतें यहाँ टूट चुकी हैं,
कितने शाहंशाह यहाँ की मिट्टी में समा चुके हैं !
इस यमुना ने किन-किनके नाम पर न आँसू बहाए हैं !
आज भी उसके निकट जाकर देखिए,
उसमें आप कलकल-छलछल नहीं पाएँगे,
जैसे आनंद उसकी धारा में नहीं है,
लगता है, जैसे वह रो रही हो,
एक मौन रुदन, एक अव्यक्त सिसकी,
जैसे उसकी तरंगें तीव्र सतह पर फिसलती जा रही हों !
मन में प्रश्न उठता है,
बापू, मरने के लिए तुमने इस दिल्ली का चुनाव क्यों किया ?
क्यों यमुना के इस रुदन में एक महान रुदन की
    कड़ी तुमने जोड़ दी !
तुम्हारा सत्याग्रह आश्रम था,
तुम्हारी साबरमती थी,
तुम्हारा सेवाग्राम था,

उसका फैला-फैला मैदान था !
यदि तुमने वहाँ शरीर का त्याग किया होता,
उनकी महिमा में चार चाँद लगा गए होते !
वे इस महिमा के हकदार भी थे !
किंतु, बापू,
तुमने उन्हें यह महिमा नहीं दी,
महिमान्वित किया तो मुर्दों के इस शहर को,
इस मुर्दार नदी को,
पतितपावन सीताराम,
यह थी तुम्हारी टेक !
क्या यही टेक तुमने निबाही यहाँ !
या हमें बतलाया—
हमें, जिन्हें तुम दिल्ली की गद्दी पर बिठला चुके थे,
देखो, यह है दिल्ली,
यह है मुर्दों का शहर !
यहाँ खून पानी से भी सस्ता रहा है,
पवित्रता-अपवित्रता की कोई तमीज़ यहाँ नहीं रही,
15 अगस्त को देश ने तुम्हें अभिषिक्त किया,
आज 30 जनवरी को मैं अपने रक्त से अभिषेक
कर रहा हूँ,
तुम्हारा पथ मंगलमय हो !
वह मंगलमय रहेगा,
लेकिन शर्त सिर्फ़ एक है,
कि तुम मत भूलो कि इसी शहर में
जो तुममें सबसे पवित्र था, उस पर भी गोलियाँ चली हैं,
जो तुम्हें इस गद्दी पर बिठला सका,
उसकी समाधि भी यहीं है वहाँ उस यमुना के किनारे,
जिसके तरंगहीन जल पर सिसकियाँ फिसलती हैं !
जिसके जल से अभिषेक ही नहीं होते रहे हैं,
जिससे लाशें भी धोई जाती रही हैं !
प्रायः खून-भरी लाशें भी !
बापू, यदि तुम्हारी यह समाधि,
तुम्हारे उज्ज्वलतम व्यक्तित्व की,
देवोपम चरित्र की,
स्मृतिमात्र हमें दे पाती !
तब हम यहाँ आते,
फूल चढ़ाते, सिर नवाते,
नई प्रेरणा पाते,
नई चेतना पाते,
और पुलकित-प्रफुल्लित लौट जाते !

किंतु, तुम्हारी यह समाधि
उस काली घटना की याद दिलाती है,
जब दिल के टुकड़े हुए,
देश के टुकड़े हुए,
जब मानव राक्षस बना,
मानवता ने क्रूरता में राक्षसता को भी पराजित किया,
जब ज़मीन खून से सींची गई थी,
योद्धाओं के खून से नहीं
बच्चों के खून से, अबलाओं के खून से,
जब अस्मत लुटी थी,
मर्यादाएँ टूटी थीं !
मानवता पर राक्षसता का जब बोलबाला था,
बापू, धन्य हो तुम कि हमारी सारी राक्षसता को
तीन गोलियों के रूप में तुमने
अपने कलेजे के अंदर ले लिया !
धाँय ! धाँय ! धाँय !
हे राम !
कहकर तुम गिरे,
किंतु देश को सदा के लिए गिरने से बचा लिया !
तुम्हारे पवित्र रक्त की कुछ बूँदें गिरीं,
और सारे देश को, देश के चप्पे-चप्पे को,
उन्होंने रक्त-रंजित होने से बचा लिया !
जीवन से भी महान था तुम्हारा मरण, बापू,
तुम्हारी एक बलिदानी मृत्यु ने बचा लिया,
करोड़ करोड़ लोगों को अकाल निधन से,
करुणा और वीरत्व का
ऐसा समन्वय कहाँ हुआ था?
तुम्हारी यह समाधि
मानवता का विजय-स्तंभ है !
शायद इसीलिए ये मेरे दो बूँद आँसू
आँखों में उमड़-घुमड़ रहे हैं
न ढुलकने पाते हैं, न सूखने पाते हैं !

[दिल्ली, 17.5.54]

जय नेपाल !

जय नेपाल !
नेपाल तेरी जय हो, जय हो !
जय हो बोधिसत्व मंजुश्री के नेपाल की—
जिनके एक हाथ में तलवार थी, एक हाथ में पुस्तक !

जिन्होंने तुझे यह घाटी दी,
यह मनोरम सुंदर घाटी !
पहले यहाँ झील थी—
झील में खिलते थे कमल,
गुंजारते थे भौंरे
और यहाँ आवास था नाग का—
नागवास के नाम से प्रसिद्ध थी यह झील,
किंतु, जिन्होंने झील को काटकर पानी बहाया
नागवास को मानव-वास के योग्य बनाया
अंधकार को हटाकर प्रकाश का राज्य फैलाया !
तेरे नागरिकों के एक हाथ में दी तलवार,
        एक हाथ में पुस्तक !
शक्ति और ज्ञान का कैसा अद्‌भुत सम्मिश्रण !
शक्ति और ज्ञान की अजस्र धारा बहती रही है
तेरे शुभ्र सुंदर आँगन में !
        जय नेपाल !
जय हो खसों के नेपाल की,
जय हो नेवारों के नेपाल की,
जय हो गोरखों के नेपाल की,
जय हो गुरूँग, मगर, मोठे, थाकसे, थारू,
        दामी, कामी आदि
अनेक जातियों और वंशों के नेपाल की
जहाँ अनेक धर्म मिले और एकाकार हुए,
जहाँ अनेक जातियाँ मिलकर एक राष्ट्र बना रही हैं,
ओ समन्वयवादी नेपाल,
तेरी जय हो, जय हो !

●●

जय नेपाल !
नेपाल, तेरी जय हो, जय हो !
हिमालय की गोद में चंचल शिशु-सा खेलता,
अनेक नदियों के पवित्र जल से
        अपने चरणों को पखारता,
नयनाभिराम अनेक दृश्यों से आँखमिचौनी करता
        फूलों से मढ़ा,
        फलों से लदा
        शस्यों में विहरता
        धातु-रत्नों से खेलता
तुझ-सा बड़भागी कौन है, नेपाल ?
तेरे पग-पग पर कला-निधियाँ बिखरी हैं,

तेरी गली-गली में भव्य मंदिर हैं,
तेरे शिखर-शिखर पर बौद्ध-विहार हैं,
स्वयम्भू का नेपाल,
पशुपति का नेपाल,
दत्तात्रेय का नेपाल,
दक्षिण काली का नेपाल,
तेरी जय हो, जय हो !

●●

जय नया नेपाल !
जय प्रजातंत्र नेपाल !
अभी-अभी तेरी प्रजा ने परतंत्रता का पाश तोड़ा है,
अभी-अभी उसने संसार के राष्ट्रों से
आँखें मिलाना सीखा है,
अभी-अभी उसने नव-निर्माण के सपने देखे हैं,
अभी-अभी उसने सोते से उठकर जम्हाई ली है,
चारों ओर एक नई करवट है,
चारों ओर एक नई हलचल है,
सोए सिंहों ने अभी-अभी अपने केसर हिलाए हैं,
जो मूर्तियों के रूप में मंदिरों और प्रासादों के
द्वारों पर गड़े थे, जड़े थे,
उन केसरियों ने अभी-अभी छलाँग ली है,
संसार तेरी ओर देखकर चकित है,
तेरी अपनी संतानें भी विस्मित हैं,
नया नेपाल आगे बढ़ !
उन्नति के शिखर पर चढ़ !
तेरी जय हो, जय हो !

●●

जय नया नेपाल !
जय प्रजातंत्र नेपाल !
तुझे बहुत कुछ करना है !
तुझे बहुत कुछ लेना और देना है !
तेरे परिश्रमी किसान--जो पत्थर पर फूल उगाते हैं !
पहाड़ों पर—सीढ़ियों-सी बनी ये धन-खेतियाँ
किसी ने कहीं देखी हैं ?
तेरे मेहनती मजदूर—जो मालों को ही नहीं,
मानवों को भी ढोकर
दुर्गम पहाड़ी दर्रे पार करा देते हैं,
अरे, उन किसानों के, ऐसे मजदूरों के

ये गंदे शरीर
उन पर लदे ये चीथड़े !
नया नेपाल !
उनकी झुकी हुई कमर को सीधा कर,
उनके पिचके गालों पर थोड़ी गुलाबी ला,
ज़रा उन्हें गरम पानी से नहला दे,
ज़रा उन्हें साफ़-सुथरे कपड़े पहना !
उन कारीगरों के वे वंश मरे नहीं हैं,
जिन्होंने ये मंदिर बनाए, दरबार सजाए,
जिनकी छेनियों ने पत्थरों से ये सुकुमार
मूर्तियाँ निकालीं,
जिनकी रूखानियों ने सूखे काठों में
ये लता-गुल्म खिलाए !
वे मरे नहीं हैं, कहीं सोए पड़े हैं,
खोए पड़े हैं,
उन्हें ढूँढ़ ! उन्हें बाहर ला !
वे तेरी कला से फिर तेरे घरों को जगमग कर देंगे
वे विदेशों में गई तेरी लक्ष्मी को फिर वापस लाएँगे !
और ढूँढ़ उन पंडितों को
जिन्होंने तेरी विद्याओं को सुरक्षित रक्खा है,
ताल-पत्रों में, भोज-पत्रों में !
विद्याओं का इतना भंडार तेरे पास,
और तेरे बच्चों में यह अविद्या यह अज्ञान ?
नया नेपाल ! इस अविद्या को, अज्ञान को दूर कर, दूर कर,
उठ उन्नति के शिखर पर चढ़ !
तेरी जय हो, जय हो !

●●

जय नया नेपाल !
जय प्रजातंत्र नेपाल !
आगे बढ़, किंतु पीछे को मत भूल !
उन मूर्तियों को ज़रा पोंछ दे,
जिन पर धूल जम गई है !
काई उग आई है !
उनकी रक्षा कर जिन्हें हिम-आतप-वर्षा
समान रूप से बर्बाद कर रहे हैं !
उनके सोने को चाट रहे हैं,
उनकी चमक को चाट रहे हैं,
अरे, काष्ठ-कला के ऐसे नमूने कहाँ मिलेंगे ?
ये भूमिसात हुए, तो तू क्या खड़ा रहेगा ?

अरे, इन मन्दिरों को, दरबारों को बचा,
कांतिपुर ! ललितपुर ! भक्तपुर ! कीर्तिपुर ! जनकपुर !
कैसे सुंदर नाम ?
इनके नाम भ्रष्ट हो रहे हैं, इनके काम भ्रष्ट हो रहे हैं !
और, तू देख रहा है ?
मंदिर—उनमें गंदगी ?
विहार—उनमें बदबू ?
दरबार—उनमें ये मकड़जाले ?
अरे, इन्हें बचा ! इन्हें जगमगा !
इनमें रंग भर दे ! सुगंध भर दे !
लुंबिनी ! कपिलवस्तु !
ये तुझे एशिया के, संसार के तीर्थ-स्थल बना देंगे—
इन्हें तूने ढूह ही छोड़ रक्खा है !
खँडहर बना रखा है !
नया नेपाल ! पुराने नेपाल को बचा,
सम्हाल, सजा,
इसी ने तुझे जीवित रक्खा है—तू इसे फिर जीवित कर !
उठ ! आगे बढ़ !
तेरी जय हो ! तेरी जय हो !

●●

जय नेपाल !
जय प्रजातंत्र नेपाल !
सामने के इस नगराज से उच्चता ले,
महानता ले,
क्यों छोटी-छोटी बातों में उलझा है, फँसा है ?
अपनी इन नदियों से, नालों से, गति ले, प्रवाह ले
क्यों छोटे-छोटे गड्ढों में
खड्डों में
गोते खा रहा है,
ऊभचुभ कर रहा है,
अरे, अपने धूप के, साल के, सेमल के पेड़ों से
पत्थर फोड़कर उगना सीख,
बढ़ना सीख,
मस्ती में सिर हिलाना सीख !
अपनी इस नन्हीं-नन्हीं गुणकेसरी से मुस्कुराना सीख !
तोड़े जाने पर भी, मसले जाने पर भी,
सुगंध बिखेरना सीख !
बाघ के शिकार बहुत किए,
नर-व्याघ्र बनकर जंगल में मंगल मनाना सीख !

प्रकृति ने सारे वरदान दिए हैं तुझे,
तू उनका उपयोग सीख !
उपभोग सीख !
अरे, तुझे तेरे स्वयम्भू की कसम,
तेरे पशुपति की कसम,
तेरी सीता की कसम,
तेरे बुद्ध की कसम,
नया नेपाल ! सपनों का नेपाल ! आदर्शों का नेपाल !
उठ, आगे बढ़ !
उन्नति के शिखर पर चढ़ !
तेरी जय हो, जय हो !
जय नेपाल ! जय नेपाल ! जय नेपाल !

[काठमांडू, 13.1.55]

बंबई

विस्तृत नील सागर में
झिलमिल झिलमिल तरंगें !
कभी फुलझड़ियाँ छोड़ रहीं,
कभी विस्फोट कर रहीं !
रेतों को चूमती,
तटबंधों से टकराती,
कभी भुजपाश में बाँधती हैं,
कभी तट पर फेंक देती हैं !
और, इन तरंगों के ही समान
तुम्हारे नागरिक और नागरिकाएँ
रंग-बिरंगी इनकी पोशाकें,
रंग-बिरंगी इनकी भंगिमाएँ,
कब छाती से लगा लेंगी,
कब किसी गटर में ढकेल देंगी,
क्या कोई ठिकाना है ?
जब अधरों से अधर मिल रहे हों
तब भी हाथ की कतरनी
कुछ कमाल नहीं कर रही हो
कौन इसकी गारंटी दे
तब भी न जाने तुम मुझे क्यों भाती हो,
बंबई !
भाती हो, भली लगती हो !

लगता है, अभी-अभी समुद्र से निकली हो तुम—
तुम्हारे बालों की बूँदें सूखी नहीं हैं
तुम्हारे गालों पर एक अजीब ताज़गी
खेल रही है !
"तितल बसन तन लागू;
मुनिहुँक मानस मनमथ जागू !"
किंतु यहाँ वसन कहाँ जो सिक्त होकर
तन से चिपक रहें !
तुमने तो अपने को अर्द्धनग्न कर रखा है—
अभी वह सामने से एक लड़की गुज़री है,
गोरा चेहरा, भूरे बाल,
लाल जर्सी,
नीली निकर !
इच्छा होती थी, आँखें मूँद लूँ !
किंतु क्या यहाँ आँखें मूँदने के लिए भी
गुंजायश है;
बिजली का है यह शहर,
बिजली से ही सारे काम होते हैं यहाँ !
बिजली रेल चलाती है,
बिजली ट्राम चलाती है,
बिजली बसें चलाती है,
बिजली कारखाना चलाती है;
बिजली खाना पकाती है,
यहाँ कण-कण में बिजली है,
जहाँ आँखें झिपीं कि आ गए बिजली की
चपेट में !
इसलिए आँखें खोलकर चलो,
जो दिखाई पड़े, सब देखो,
तभी बिजली से बच सकोगे—
तो, देखा वह लड़की फुदकती हुई सामने आई,
लिपस्टिक से रँगे अधरों को ऐंठती हुई
भूरे रंगीन बालों को इधर-इधर,
ऐसे-वैसे फेंकती हुई,
फुदकती हुई,
और सामने की छोटी टैक्सी पर फुदककर
उछली और उड़ चली !
फुर्र !
बंबई, क्या यही लड़की हो तुम !
या वह देवी जी हो, जो कल संध्या को
चौपाटी पर चाट चाटे जा रही थीं !

कैसी चहल-पहल,
नीचे रेत-ही-रेत
कहीं बच्चे उछल रहे,
कहीं बूढ़े टहल रहे,
कहीं नौजवानी अठखेलियाँ कर रहीं,
और, वह सज्जन धुआँधार व्याख्यान दिए
जा रहे !
लोगों ने घेर रखा है उन्हें—
कभी तालियाँ पिट रहीं
कभी व्यंग्य-ध्वनियाँ !
कभी जयध्वनियाँ !
शायद वक्ता महोदय समझ रहे हैं,
लोग उन्हें बड़े ध्यान से सुन रहे हैं !
किंतु, उनकी इस गलतफहमी पर
वह सामने खड़ी
लोकमान्य तिलक की मूर्ति मुस्कुरा
रही है !
लोकमान्य तिलक की यह मूर्ति—
जिस पर धूल पड़ी है, गर्द पड़ी है,
जिसे पंछियों ने गंदा तक कर रखा है,
जिसकी वाणी कभी इस सागर की तरह
गरजती थी !
जो श्रोताओं के हृदय में ऐसी ही ऊँची-ऊँची
तरंगें उठाती थी,
क्या उनकी बातों को लोगों ने गंभीरता से लिया !
हमारा देश सिर्फ़ मूर्तियाँ बनाना जानता है,
एक मूर्ति से उसे संतोष नहीं हुआ,
तो वह देखिए,
दूसरी मूर्ति उसने खड़ी कर दी है,
इससे भी शानदार !
विट्ठल भाई की मूर्ति !
और राष्ट्रपति के हाथों इसका उद्घाटन कराया;
उस दिन इस रेत पर गलीचे बिछे थे
शामियाने तने थे,
रेशमी झालरें लटकी थीं,
बैंड बजे थे,
जयकार हुए थे !
किंतु, वे सब दो घड़ी के धूमधाम के बाद चल पड़े !
रह गई है यह मूर्ति !
ऐसी ही धूल से भरी, गर्द से भरी !

और रह गई हैं वह देवी जी,
जो चाटवाले की दुकान पर खड़ी,
चाट को चाटे जा रही हैं,
होंठों पर लिपस्टिक लगाए !
बंबई, तुम क्या वह देवी जी हो ?
या वह देवी हो, जिसे उस आधी रात को देखा।
यह भारत का द्वार—
यह ताज !
आदमी भी क्या मसखरा होता है ?
कहाँ आगरे का ताज,
कहाँ बंबई का ताज !
किंतु, हमारे देश में आज नामों का क्या मखौल हो रहा है ?
कितने राम, कृष्ण, प्रताप, शिवाजी,
बोझे ढो रहे हैं, घास काट रहे हैं !
वह ताज—प्रेम की अमर निशानी !
यह ताज—वैभव की काली कहानी !
इस नए ताज में जो उस दिन डांस में मस्त थी,
आधी बेहोशी, आधी होशियारी
इन्तहा ए नशा में आता है होश !
होशियारी इन्तहा ए नशा है !
पैर लड़खड़ा रहे,
तो भी ताल पर उठ रहे,
बदन अलसा रहे,
तो भी बल खा रहे,
आँखें अधमुँदी
तो भी निशाने साध रहीं,
बंबई, ताज में नाचती वह अत्याधुनिक देवी हो तुम !
वह देवी हो जो, उस दुपहरिया में
मिनर्वा के स्टूडियो में नाचे जा रही थीं !
चारों ओर अंधाकुप्प अंधकार
हवा जिसमें प्रवेश नहीं कर पाती,
साँसें फूल रहीं,
पसीने से तर थी वह !
"ज़रा ऐसे !"
"नहीं नहीं, ऐसे !"
"भवें थोड़ी टेढ़ी करो !"
"कमर में थोड़ी और लचक !"
"गर्दन में थोड़ी और मरोड़ !"
बस ! बस !
"सैंया तेरी गलियाँ ..."

धान कूट रही !
मैल-भरे चेहरे पर पसीना-पसीना,
मैली उँगलियों से जिसे बार-बार पोंछ रही,
मूसल ऊपर जाता है,
मूसल नीचे आता है,
ऊखल में धम्म धम्म !
वह धान कूट रही ?
या जवानी कूट रही ?
बंबई, क्षमा करना बंबई,
उस दिन उस रक्तहीन चेहरे में
मैले-कुचैले चेहरे में
असमय वार्धक्य-भरे चेहरे में,
तुम्हारा चेहरा ढूँढ़ लिया !
और ढूँढ़ लिया उन अनेक चेहरों में तुम्हारा चेहरा—
जो उस निस्तब्ध रात्रि में
कठघरों के भीतर से
मोटे-मोटे छड़ों के भीतर से
तृषित नेत्रों से गली की ओर झाँक रहे थे !
पोपले गालों पर पाउडर
धँसी आँखों में सुरमा
सड़े दाँतों में मिस्सी
गले होंठों पर लिपस्टिक !
बंबई, बंबई, वे चेहरे भूले नहीं जा सकते,
विश्वास नहीं होता था,
जी मानने को तैयार नहीं था,
किंतु उन चेहरों में तुम्हारा चेहरा
स्पष्ट प्रतिभासित था !
ओह ! उफ़ !
यह भी तुम हो बंबई !
किंतु, यह वह
वह यह,
जो भी हो तुम बंबई,
जब सबको सम्मिलित करके देखता हूँ,
तब मुझे तुम भाती ही हो बंबई !
चारों ओर से जिसे महासागर अभिसिंचित करता हो,
चारों ओर की अबाध हवा जिसे अनुप्राणित करती हो,
जहाँ न अति शीत, न अति आतप,
जहाँ न अधिक धुआँ
न अधिक धूल,
जहाँ गति ही गति है,

जहाँ ट्राम दौड़ती हैं,
जहाँ बसें दौड़ती हैं
जहाँ मोटरें दौड़ती हैं,
जहाँ के मर्द दौड़ते चलते हैं,
जहाँ की औरतें दौड़ती चलती हैं,
जो भाग-दौड़ की नगरी है,
जो उछल-कूद की नगरी है,
जहाँ यति है नहीं,
गति ही गति है,
और गति का ही दूसरा नाम ज़िंदगी है न ?
गति की नगरी,
ज़िन्दगी की नगरी,
तुम मुझे बहुत प्यारी हो,
तुम मुझे बहुत भाती हो,
तुम्हें मेरा सलाम !
स्वीकार करती हो ?
बोलती क्यों नहीं ?
तुम्हें मेरा सलाम !
गुलाबी सलाम !
सैलाबी सलाम !

आँसुओं को बोलने दो !

हम माँ के आँसू हैं,
हम पत्नी के आँसू हैं,
हम बहन के आँसू हैं,
हम बाप के आँसू हैं,
हम भाई के आँसू हैं,
हम साथी के आँसू हैं,
हम स्नेही के आँसू हैं,
हमें बोलने दो !
हमें बोलने दो !
अभी कितने हुए,
देश आज़ाद हुआ,
[यह छोड़ दो उस आज़ादी के लिए
तुमने कितना किया ?
और देश के इन बच्चों ने कितना किया था ?]
देश आज़ाद हुआ,
देश में स्वराज्य हुआ,

तुम राजा बने !
नहीं, हमने तुम्हें राजा बनाया !
तुमने घोषणा की,
हमारा स्वराज्य—
बापू का राज्य होगा,
राम-राज्य होगा !
बापू का राज्य—
सत्य का राज्य
अहिंसा का राज्य !
राम-राज्य—
"दैहिक दैविक भौतिक तापा !
राम-राज्य काहू नहिं व्यापा !
स्वल्प मृत्यु नहिं कबनिहु पीड़ा !
सब सुंदर सब निरुज शरीरा !"
हमने उत्सव मनाया,
घर-घर पर झंडा लहराया,
लहराया और गाया—
"प्रेमिक विश्व तिरंगा प्यारा
झंडा ऊँचा रहे हमारा !"
यही नहीं, तुम्हें कंधे पर चढ़ाया,
ऊँचा उठाया !
तुम आसमान के तारे तोड़ने को लपके !
कुछ तोड़ भी सके !
अब तुम बुद्ध की वाणी में बोलने लगे,
बुद्ध के पंचशील को तुमने राजनीतिक नारा बनाया !
और अभी दिल्ली में तुमने तुमुल स्वर में कहा—
हमारी विजय अशोक की धर्म-विजय होगी !
अशोक के अभिलेखों की प्रतिलिपियाँ
नई दिल्ली के कोने-कोने में
प्रस्तर के ऊँचे स्तंभों पर
उत्कीर्ण करने की
अभी तुमने घोषणा की है !
तुम कहोगे—
यह क्या बक रहे हो !
तुम क्या कहना चाहते हो !
तो, जो कहना है,
हम अभी कहने जा रहे हैं !
किंतु इसके पहले
यह बड़ा-सा आईना रख दिया है !
तुम्हारे सामने

कि इसमें तुम अपने भरे-पूरे चेहरे
देख लो, अच्छी तरह देख लो !
और फिर सोचो,
वही तुम–
उस दिन
अशोक की इस पुरी में,
बुद्ध के चरण रज से पवित्र,
गाँधी की पवित्र वाणी से गुंजित,
इस प्राचीन पाटलिपुत्र में
इस आधुनिक पटना के
अशोक-राजपथ पर
[हाँ, हाँ, इस सड़क का यह नाम
तुमने ही दिया था !]
तुमने क्या किया !
तुमने,
तुम्हारे दरिंदों ने,
तुम्हारे हत्यारों ने,
क्या किया ?
क्या किया सिर्फ़ पाँच पैसे के लिए !
[या पूरे सत्य की दृष्टि से
5 x 5=पच्चीस पैसे के लिए]
एक बार, दो बार नहीं,
पूरे पाँच बार तुमने गोलियाँ चलवाईं !
अंधाधुंध, धुआँधार गोलियाँ चलवाईं !
कितनों को मौत के घाट उतारा,
कितने को जीवन भर के लिए अपंग बनाया,
आह ! तुम एक बार
बी.एन. कॉलेज के बरामदे में गए होते !
जहाँ खून जमकर
उस निर्दोष ब्राह्मण-कुमार
दीनानाथ पांडेय का रक्त
जमकर
काला पड़कर
आज भी तुम्हारी हत्या की
नृशंस हत्या की
डौंडी पीट रहा है !
और जहाँ के ऑफिसों,
होस्टलों, क्लासों और प्रयोगशालाओं
की दीवारें
तुम्हारी नृशंसता की

राक्षसता की
अनेक निशानियाँ लिए खड़ी हैं—
चिल्ला रही हैं !
हाय रे, अशोक राजपथ
हत्यारों ने तुम्हें करबला का मैदान बना दिया !
हाँ, करबला का मैदान !
जहाँ लाशें तड़पीं—
भोले बच्चों की लाशें,
निर्दोष नागरिकों की लाशें
हाय रे !
लाशें जब तड़प रही थीं—
बूटों से उन्हें कुचला गया,
किरचों से उन्हें छेदा गया !
मुमूर्षु जब पानी माँग रहा था,
बूटों और किरचों ने
उसके जुड़े हाथों पर
खुले मुँह पर
अपनी दानवी लीला दिखलाई !
दुकानों से घसीटकर
गलियों में खदेड़कर
खून की होली खेली गई !
बारह और तेरह अगस्त !
ओ दो अभागी तारीखो !
तुम्हें इतिहास में यही स्थान पाना था !
अशोक राजपथ,
तुम्हें यही 'करबला का मैदान' बनना था !
उफ़ ! आह !
भारत ने राम-राज्य पाया,
बिहार ने कृष्ण-राज्य पाया था !
कृष्ण की होरी और बरजोरी
गोपियों और ग्वालों ने द्वापर में देखी थी !
हमने,
अशोक के पाटलिपुत्र ने,
इस कलियुग में,
[कलियुगे, कलि प्रथम चरणे]
अशोक के राजपथ पर देखी—
"हलो, हलो !
ज़रा मुख्यमंत्री को फोन दीजिए !
यहाँ गोलियाँ चल रही हैं !"
"क्या है ? बोलिए !"

हुजूर ! हुजूर !
गोलियाँ चल रही हैं !
हुजूर, टेलीफोन में गोलियों की आवाज़ सुनिए !
"आप कौन हैं ?
आपका क्या नाम है ?
गोलियाँ चल रही हैं तो आपको क्या ?"
"हुजूर, हुजूर,
गोलियाँ ! गोलियाँ !
सुनिए हुजूर, गोलियाँ !"
किंतु कौन सुनता है ?
जोरों से खड़बड़ की आवाज़,
टेलीफ़ोन बंद !
और गोलियाँ चलती रहीं !
लोग गिरते रहे,
लाशें तड़पती रहीं,
[कन्हैया...
आज खेले होरी !
आज खेले होरी !]
अरे, रे ! इस तरह मत बोलो !
पागल हो गए हो !
नतीजा जानते हो !
हम सब जानते हैं
किंतु हम बोलेंगे !
क्योंकि
हम माँ के आँसू हैं,
हम पत्नी के आँसू हैं,
हम बहन के आँसू हैं !
हम बाप के आँसू हैं !
हम भाई के आँसू हैं !
हम साथी के आँसू हैं,
हम स्नेही के आँसू हैं,
हमें बोलने दो !
हमें बोलने दो !
यही नहीं,
यही नहीं,
हम राम के आँसू हैं,
हम बुद्ध के आँसू हैं,
हम अशोक के आँसू हैं,
हम गाँधी के आँसू हैं,
हम सत्य के आँसू हैं,

हम अहिंसा के आँसू हैं,
हमें बोलने दो,
हमें बोलने दो,
हमें कोई शक्ति नहीं रोक सकती !
हमें कोई बंधन बाँध नहीं सकता !
हम बोलने आए हैं,
हम बोलेंगे ! बोलेंगे !

●●

अब कहते हो,
यह प्रेस्टिज की बात है,
यह शान की बात है !
ओ निर्ल्लजो !
यदि तुममें शान भी होती !
यदि तुममें शान होती,
तो तुम दानवी कृत्य करके, करा के,
चूहों की तरह
बिलों में नहीं घुस गए होते !
राष्ट्रीय पर्व पर
राष्ट्रीय झंडे का अपमान नहीं होने देते !
वह राष्ट्रीय झंडा,
जिसके लिए देश ने
देश के बच्चों ने
इतना खून बहाया था,
क़ुर्बानियाँ की थीं,
हँसते-हँसते शीश अर्पित किए थे !
तुम बिलों में घुस गए,
और हमारे परम पवित्र
राष्ट्रीय झंडे उतारे गए,
झुकाए गए,
जलाए गए !
कृष्ण की ही तरह
खूब 'रण-छोड़' बने तुम !
अब जो तुम्हारा अपना झंडा है,
कृष्ण का झंडा !
[कृष्ण=काला]
काला झंडा !
देखो, तुम्हारे राज्य में चारों तरफ़
किस शान से लहरा रहा है !
एक दिन अपने बिल से निकलो,

और देखो न अपने इस झंडे की बहार !
किंतु हम जानते हैं,
तुम चूहों की तरह ही चालाक हो !
सोचते हो,
यह हो-हल्ला एक दिन शांत होगा !
आदमी की याददाश्त छोटी होती है न ?
वह भूल जाया करता है,
एक दिन वह यह सब भूल जाएगा !
फिर तुम शान से निकलोगे,
केसरी-निनाद करोगे,
तुम्हारे गुर्गे
तुम्हारे खुफिये,
जो अभी से यहाँ-वहाँ लुक-छिपकर
तुम्हारी शान का शानदार प्रचार कर रहे हैं,
तुम्हारे उस केसरी-निनाद पर
तालियाँ पीटेंगे !
नारे लगाएँगे !
तुम भावुक हो !
तुम डिमागौग हो !
तुम आँसू भी बहाओगे,
तुम फूट-फूटकर रोओगे भी !
फिर तुम्हारे ये गुर्गे !
ये खुफिये !
तुम्हारा जय-जयकार करेंगे !
आदमी की याददाश्त छोटी होती है,
सब लोग तुम्हारा जय-जयकार मनाएँगे !
किंतु, ओ चूहो, ओ चालाको
संसार में एक चीज़ है,
जो कभी नहीं भूलती !
वह है इतिहास !
जो ब्लैकहॉल को नहीं भूल सका,
जो सन् सत्तावन को नहीं भूल सका,
जो जलियाँवाला बाग को नहीं भूल सका,
जो डायर और ओडायर को नहीं भूल सका,
वह 12, 13 अगस्त को भी नहीं भूल सकेगा !
वह नहीं भूल सकेगा—
बी.एन. कॉलेज को,
उस कर्बला के मैदान को !
भूल नहीं सकेगा, भूल नहीं सकेगा,
दीनानाथ पांडे और उनके साथियों को,

[जिन्हें तुम आठ ही बताते हो !
यही सही,
पाँच पैसे में आठ जानें—
कितना सस्ता सौदा !]
और एक दिन उसके
चिह्न को भी हटा दो !
किंतु इतिहास भूल नहीं सकेगा,
बी.एन. कॉलेज के बरामदे पर के
रक्त के उस नन्हे तालाब को !
और उन निर्दोषों की तड़पती लाशों को
जिन्हें तुमने बूटों से रौंदा,
किरचों से छेदा !
वह लिखेगा, खून की रोशनाई से लिखेगा,
1955 में,
अशोक की इस पुरी में
एक राज्य था,
जो कृष्ण-राज्य था !
[कृष्ण=काला]
काला-राज्य था !
काला-काला राज्य था !
और जिसका झंडा काला-काला-काला था !
अरे जो लोग कहते हैं—
तुम इस्तीफा दो,
तुम हटो !
हटो और हटाओ—
उन्हें जिनके हाथों में खून लगा है !
जिन्होंने रक्त की होली खेली है !
वे तुम्हारे मित्र हैं,
वे इतिहास की इस रक्तिम रोशनाई को
कुछ फीका कर देना चाहते हैं,
कुछ धुँधला कर देना चाहते हैं,
जिससे, जब तक तुम ज़िंदा रहो,
तुम लोगों को मुँह दिखला सको,
और जब मरो,
लोग कह सकें
बेचारों से कुछ गलती हो गई,
और उस गलती का प्रायश्चित भी उन्होंने कर लिया था
अतः स्वर्ग में उन्हें शांति मिले !
क्या तुम इस पुकार को सुन सकोगे—
सुनो ! सुनो !

अरे, यह राजनीतिक पार्टियों की पुकार नहीं है—
यह माताओं के आँसुओं की पुकार है !
यह पत्नियों के आँसुओं की पुकार है !
यह बहनों के आँसुओं की पुकार है !
यह पिताओं के आँसुओं की पुकार है !
यह भाइयों के आँसुओं की पुकार है !
यह साथियों के आँसुओं की पुकार है !
यह स्नेहियों के आँसुओं की पुकार है !
और यह पुकार है
राम की, बुद्ध की, अशोक की, गाँधी की,
सत्य की, अहिंसा की !
सुनो, सुनो !
हटो और हटाओ !
हटो और हटाओ !
हटो और हटाओ !

परिशिष्ट : 1

1926 में बेनीपुरी ने 'कविता कुसुम' शीर्षक काव्य संग्रह संपादित किया था। पुस्तक में अनेक कवियों की कविताएँ थीं। उसमें बेनीपुरी की कोई कविता नहीं थी। लेकिन उन्होंने संग्रह में शामिल कवियों का परिचय लिखा था। वह नीचे दिया जा रहा है। **—सं.**

कुछ कवियों का संक्षिप्त परिचय

भारतेन्दु हरिश्चन्द्र—इनका जन्म काशी में, विक्रम-संवत् 1907 की भादों सुदी पंचमी को, सन् 1850 ई. के सितम्बर में, एक धनी अग्रवाल वैश्यकुल में हुआ था। इनके पिता बाबू गोपालचन्द्रजी बड़े अच्छे कवि थे। इनकी मुत्यु, संवत् 1941 की माघ बदी छठ को, काशी में ही, 35 वर्ष की अवस्था में, सन् 1885 ई. की छठी जनवरी को, हुई थी। इनके बनाये सैकड़ों ग्रन्थ हैं। हिन्दी को इन्होंने नया जीवन और नया रूप-रंग दिया। ये बड़े उदार, मधुरभाषी, विनोदी, दानशील, देशानुरागी, शौकीन, कला-निपुण, साहित्य-रसिक और गुणियों तथा मित्रों के आश्रय थे। हिन्दी की सेवा में इन्होंने तन-मन-धन अर्पित कर दिया। श्रीराधाकृष्ण के ये परम भक्त थे। ये अनेक भाषाओं के विद्वान थे। इनकी प्रतिभा विलक्षण थी।

पंडित प्रतापनारायण मिश्र—ये उन्नाव जिले (युक्तप्रान्त) के बैजे गाँव के निवासी कान्यकुब्ज ब्राह्मण थे। इनके पिता का नाम पंडित संकटाप्रसाद मिश्र था। संवत् 1913 में आश्विन कृष्ण 9 को इनका शुभ जन्म हुआ था और देहान्त हुआ संवत् 1951 में आषाढ़ शुक्ल 4 को। इन्होंने 12 पुस्तकों का हिन्दी-अनुवाद किया और 20 पुस्तकें लिखीं। मासिक 'ब्राह्मण' और दैनिक 'हिन्दुस्थान' का इन्होंने सम्पादन किया था। ये बड़े अच्छे अभिनेता, हँसोड़, स्पष्टवादी, मनमौजी, ईश्वरभक्त, देशप्रेमी और समाज-सुधारक थे। इनकी कविता में इनके बैसवाड़ा प्रांत की बोली का पुट भी मिलता है। ये मनोरंजन की मूर्ति थे।

पंडित अम्बिकादत्त व्यास—इनका जन्म जयपुर (राजपूताना) में, विक्रम-संवत् 1915 की चैतसुदी अष्टमी को, हुआ था। संवत् 1916 में इनके पिता पंडित दुर्गादत्तजी काशी में आ बसे। संवत् 1957 में (सन् 1900 ई. की 19वीं नवम्बर को), काशी में ही, इनका देहान्त हुआ। इन्होंने संस्कृत और हिन्दी में 78 पुस्तकें लिखी हैं। ये लगातार कई साल बिहार में भी रहे थे—दरभंगा, भागलपुर, मुजफ्फरपुर, पटना, छपरा आदि नगरों में संस्कृत के अध्यापक रहे। ये संस्कृत के महान् पंडित और तेजस्वी कवि थे। भारतेन्दु हरिश्चन्द्र का इन पर बड़ा स्नेह था। अनेक भारतीय भाषाओं के ये पंडित थे। शतरंज खेलने, समस्या-पूर्ति करने और कविता रचने में इनकी बुद्धि बड़ी तीव्र और आश्चर्यजनक थी।

पंडित अयोध्यासिंह उपाध्याय 'हरिऔध'—ये युक्तप्रान्त के आजमगढ़ जिले के निजामाबाद कस्बे के निवासी सनाढ्य ब्राह्मण हैं। इनके पिता का नाम था पंडित भोलानाथ सिंह उपाध्याय। इनका शुभ जन्म संवत् 1922 में वैशाख कृष्ण 3 को हुआ था। आजकल ये काशी के हिन्दू विश्वविद्यालय में हिन्दी के प्रोफेसर हैं। कठिन से कठिन और सरल से सरल गद्य और पद्य रचने में ये बड़े सिद्धहस्त हैं। ये अखिल भारतीय हिन्दी-साहित्य-सम्मेलन के दिल्लीवाले अधिवेशन के सभापति हो चुके हैं। इनके 'प्रियप्रवास' नामक महाकाव्य पर 1200 रुपये का मंगलाप्रसाद-पारितोषिक मिल चुका है। सन् 1970 में आरा (बिहार) की नागरी-प्रचारिणी सभा ने इन्हें एक 'अभिनन्दन ग्रन्थ' अर्पित किया। इन्होंने लगातार 50 बरसों तक हिन्दी की सराहनीय सेवा की है। बालकों के ये अपने कवि हैं। इनकी सरल कविताओं में हिन्दी के मुहावरे भरे पड़े हैं। ये

बड़े उदार, सहृदय, सरलचित्त, यशस्वी और साहित्यमर्मज्ञ हैं।

बाबू बालमुकुन्द गुप्त—ये पंजाब के रोहतक जिले के गुरियानी गाँव के निवासी अग्रवाल-वैश्य थे। इनका जन्म भी संवत् 1922 में ही कार्तिक सुदी चौथ को हुआ था। इनकी मृत्यु दिल्ली में सन् 1907 ई. की भादों सुदी एकादशी (बुधवार) को हुई थी। ये उर्दू भाषा के अच्छे पंडित थे। दैनिक 'हिन्दुस्थान' के संपादकीय विभाग में रहते समय पंडित प्रतापनारायण मिश्र से इन्हें हिन्दी सीखने में बड़ी सहायता मिली थी। कलकत्ते के साप्ताहिक 'हिन्दी-बङ्गवासी' और 'भारतमित्र' का इन्होंने बड़ी योग्यता से बरसों संपादन किया था। ये बड़ी जोरदार, मुहावरेदार, चटकीली और चुभीली भाषा लिखते थे। हास्यरस और व्यंग्यविनोद के लेख लिखने में अत्यन्त निपुण थे। ये बड़े अच्छे समालोचक, मिलनसार, स्वाभिमानी, प्राचीनता-भक्त और निर्भीक लेखक थे। खरी बातें कहने में एक ही थे।

लाला भगवान 'दीन'—इनका जन्म युक्तप्रान्त के फतहपुर जिले के बरवट गाँव में, संवत् 1923 की सावन सुदी छठ को, श्रीवास्तव कायस्थ-कुल में हुआ था। संवत् 1990 में श्रावण शुक्ल 4 को इनकी मृत्यु काशी में हुई। ये वहाँ हिन्दू-विश्वविद्यालय में हिन्दी के प्रोफेसर थे। प्राचीन हिन्दी-साहित्य के ये माननीय पंडित थे। इनका स्थापित किया हुआ हिन्दी-साहित्य-विद्यालय काशी में अच्छी साहित्य-सेवा कर रहा है। इनके कई शिष्य हिन्दी के प्रतिष्ठित विद्वान् हैं। इन्होंने प्राचीन हिन्दी-कवियों के कई कठिन ग्रंथों की सरल टीकाएँ लिखी हैं। काशी की नागरी-प्रचारिणी सभा के 'हिन्दी-शब्दसागर' के संपादकों में एक ये भी थे। गया (बिहार) से इनके संपादकत्व में बहुत दिनों तक 'लक्ष्मी' मासिक पत्रिका निकली थी। ये वीर-रस के सिद्धहस्त कवि थे। इनकी दूसरी पत्नी 'बुंदेला बाला' भी अच्छी कविता करती थीं। ये बड़े परिश्रमी, सन्तोषी, हँसमुख और स्पष्टवक्ता थे।

पण्डित रामचरित उपाध्याय—इनका जन्म गाजीपुर (युक्तप्रान्त) के एक सरयूपारीण-ब्राह्मण-कुल में, संवत् 1929 की कार्तिक बदी चौथ को, हुआ था। इनके पिता का नाम पंडित रामप्रपन्न उपाध्याय था। ये खड़ी बोली (हिन्दी) के प्रसिद्ध कवि हैं। इनकी कविता में संस्कृत के शब्द अधिक मिलते हैं और उनका प्रयोग भी बड़े सुन्दर ढंग से देखने में आता है। 'रामचरित-चिन्तामणि' इनका प्रसिद्ध महाकाव्य है। उपदेशपूर्ण और नीतिशिक्षा से भरी कविताएँ लिखने में ये बड़े कुशल हैं।

सैयद अमीर अली 'मीर'—इनका जन्म मध्यप्रदेश के 'सागर' नगर में, विक्रम-संवत् 1930 की कातिक बदी दूज को, हुआ था। इनके पिता मीर रुस्तम अली इनके बचपन ही में मर गये। इनके चाचा मीर रहमत अली ने इन्हें पाला-पोसा, पढ़ाया-लिखाया। आप खड़ी बोली के मुसलमान कवियों में बहुत प्रसिद्ध थे। हिन्दू-मुस्लिम एकता के पक्के हिमायती थे। ये गद्य भी सुन्दर लिखते थे। चित्रकारी भी अच्छी जानते थे। इनका जीवन शिक्षा-विभाग की नौकरी में ही बीता। इनकी भाषा सरल होती थी। 1937 ई. में 19 जनवरी को 'भाटपारा' में रेल-दुर्घटना से इनका देहान्त हुआ।

पंडित जगन्नाथप्रसाद चतुर्वेदी—इनका जन्म बंगाल प्रान्त के 'नदिया' जिले के 'छिटका' गाँव में हुआ था, विक्रम संवत् 1932 की विजयादशमी को। ये माथुर-चतुर्वेदी ब्राह्मण हैं। इनके पूर्वज व्यापार करने के लिए आगरे से बंगाल चले आये थे। जब ये दो वर्ष के थे तभी इनके पिता पंडित कालीप्रसादजी का देहान्त हो गया। तब इनके मामा पंडित बलदेव प्रसाद पांडेय इन्हें अपने यहाँ (मलयपुर, मुँगेर) ले आये। इनकी शिक्षा जमुई (मुँगेर) और कलकत्ते में हुई। बाबू बालमुकुन्द गुप्त के सत्सङ्ग से ये प्रसिद्ध लेखक और कवि हुए। हास्यरस के ये आचार्य हैं। गद्य और पद्य तथा भाषण में हास्यरस की बड़ी बहार दिखलाते हैं। शुद्ध और सरस भाषा लिखने

में सिद्धहस्त हैं। अखिल भारतीय हिन्दी-साहित्य-सम्मेलन के लाहौर वाले बारहवें अधिवेशन के सभापति हो चुके हैं। बिहार-प्रान्तीय हिन्दी-साहित्य-सम्मेलन का जन्म इन्हीं के सभापतित्व में हुआ था। ये बड़े विनोदी एवं सहृदय हैं।

पंडित गयाप्रसाद शुक्ल 'सनेही'—इनका एक उपनाम 'त्रिशूल' भी है। युक्तप्रान्त के उन्नाव जिले के 'हड़हा' कस्बे में इनका जन्म संवत् 1940 में हुआ था। ये कान्यकुब्ज ब्राह्मण हैं। इनके पिता का नाम पंडित अवसेरी शुक्ल था। ये आरम्भ ही से शिक्षा-विभाग में अध्यापक रहे। आजकल कानपुर से 'सुकवि' नामक सचित्र मासिक-पत्र प्रकाशित और संपादित करते हैं। ये उर्दू-फारसी भी बहुत अच्छी जानते हैं और उसमें कविता भी करते हैं। हिन्दी के तो ये गिने-चुने सुकवियों में एक हैं। इनकी रचना बहुत साफ और सुबोध होती है। ये बड़े साहित्य-रसिक, मिलनसार और प्रेमी जीव हैं।

पंडित सत्यनारायण 'कविरत्न'—इनका जन्म संवत् 1941 में माघ सुदी तीज (सोमवार) को हुआ था। ये सनाढ्य ब्राह्मण थे। इनके माता-पिता बचपन ही में मर गये। इनकी मौसी ने इन्हें पाला-पोसा। कुछ ही दिनों में वे भी चल बसीं। तब एक राममन्दिर के पुजारी जी ने इन्हें सँभाला। आगरा कालेज में ये बी.ए. तक पढ़े थे। ये ब्रजभाषा के बहुत ही अच्छे कवि माने जाते हैं। खड़ी बोली में भी इनके समान ललित और मधुर कविता किसी की नहीं होती थी। 1918 ई. में 16 अप्रैल को इनका देहान्त हो गया। इन्होंने कई कविता-पुस्तकें लिखी हैं।

पंडित मन्नन द्विवेदी गजपुरी—इनका जन्म गोरखपुर जिले के गजपुर गाँव में संवत् 1942 में हुआ था। इनके पिता पंडित मातादीन द्विवेदी भी ब्रजभाषा के अच्छे कवि थे। इन्होंने बनारस के सरकारी कालेज से बी.ए. पास किया था। नौ पुस्तकें इनकी लिखी हुई हैं, जिसमें दो पद्य में हैं और सात गद्य में। गद्य भी बहुत अच्छा लिखते थे। इनकी कविता बहुत ही सरल और स्वाभाविक होती थी।

पंडित शिवाधार पांडेय—इनका जन्म संवत् 1944 में फाल्गुनी शिवरात्रि को हुआ था। इनके पिता का नाम पंडित शिवदत्त पांडेय था। ये कानपुर के निवासी कान्यकुब्ज ब्राह्मण हैं। 1907-8 में एम.ए., एल.एल.बी. हो जाने पर ये पहले वकालत करने लगे, फिर प्रोफेसर हुए, और आजकल इलाहाबाद-विश्वविद्यालय में अँगरेजी के अध्यापक हैं। ये बड़ी कोमल और भावमयी कनिता करते हैं। अँगरेजी के माननीय विद्वान् हैं।

पंडित बदरीनाथ भट्ट—इनका जन्म आगरा नगर के गोकुलपुरा मुहल्ले में हुआ था। इनके पिता पंडित रामेश्वर भट्ट संस्कृत के अच्छे पंडित थे, जिन्होंने तुलसी-कृत 'रामायण' और 'विनय-पत्रिका' की बड़ी सुन्दर टीकाएँ लिखी हैं। पंडित बदरीनाथजी हास्यरस के प्रसिद्ध लेखक थे। इनका देहान्त सन् 1934 ई. में लखनऊ में हुआ। ये बी.ए. पास करके बालकों के मासिक पत्र 'बाल-सखा' (प्रयाग) के संपादक हुए थे। उसके बाद अंत तक लखनऊ-विश्वविद्यालय में हिन्दी के अध्यापक रहे। ये विख्यात लेखक, समालोचक, कवि, नाटककार और विनोदी थे। इनकी रचनाएँ बड़ी सरल, रसीली, चटकीली और मनभावनी होती थीं।

पांडेय मुकुटधर शर्मा—ये हिन्दी के सुप्रसिद्ध कवि पंडित लोचनप्रसाद पांडेय के छोटे भाई हैं। मध्यप्रदेश के विलासपुर जिले में बालपुर गाँव इनका वासस्थान है, जहाँ इनका जन्म संवत् 1952 के आश्विन में हुआ था। संवत् 1972 में इन्होंने प्रवेशिका परीक्षा पास की। आजकल अपने पिता द्वारा स्थापित अपने ही गाँव की पाठशाला में अध्यापक हैं। ये बड़े प्रतिभाशाली कवि हैं। गद्य के भी अच्छे लेखक हैं। इनकी रचना भावपूर्ण होती है।

बाबू जैनेन्द्रकिशोर—बिहार-प्रान्त के 'आरा' नगर के निवासी अग्रवाल जैन थे। आरा की नागरी-प्रचारिणी सभा के जन्मदाताओं में एक ये भी थे। ये बड़े अच्छे नाटककार और अभिनेता

भी थे। संगीत-विद्या के भी जानकार थे। उर्दू-भाषा के भी पंडित थे। हिन्दी और उर्दू में अच्छी कविताएँ रचते थे।

बाबू रघुवीरनारायण, बी.ए.—इनका जन्म बिहार के छपरा जिले में हुआ है। ये अँगरेजी के भारत-प्रसिद्ध कवि हैं। इनका 'बटोहिया' गीत समस्त बिहार में अत्यन्त प्रसिद्ध है। आजकल बनौली-नरेश राजा कीर्त्यानन्दसिंह बहादुर बी.ए. के प्राइवेट सेक्रेटरी हैं। बड़े सहृदय विद्वान् हैं।

परिशिष्ट : 2

1936 में बेनीपुरी ने 'झोंपड़ी का रुदन' कथा संग्रह संपादित किया था। उसमें उनकी भी कहानी 'कहीं धूप कहीं छाया' थी जो इसी खंड में 'चिता के फूल' के अंतर्गत संकलित है। उन्होंने इस पुस्तक की भूमिका 'झोंपड़ी रो रही है' शीर्षक से लिखी थी। भूमिका नीचे दी जा रही है। **—सं.**

झोंपड़ी रो रही है

इस प्रथम-प्रथम असाढ़ में ही तुम क्यों रो पड़ीं, झोंपड़ी?

पूर्व क्षितिज पर बादल का एक टुकड़ा दीखा। कृषक-कंठ से बारहमासा फूटा। बच्चों के मयूर-नृत्य से आँगन निहाल हो उठा—'आ जा-मेघा-पानी-दे !'

रिमझिम, रिमझिम !
रिमझिम, रिमझिम !!

ताप-तप्त धरणी से सोंधी सुगंध उठी! धुली दूब पर बकरी के छौने उछले। गौरय्ये चोंच से चोंच भिड़ा चहक पड़े। बच्चे अपनी 'कागद' की नाव पर 'सात समुद्दर पार' करने की तैयारी में लगे।

चारों ओर उल्लास—हर्ष !

किन्तु, इस प्रथम-प्रथम असाढ़ में ही तुम क्यों रो पड़ीं, झोंपड़ी !

x x x

देख, तुम्हारी ही बगल में वह तुम्हारी सौत इठला रही है !

वर्षा से धुल-पुँछकर उसके कंगूरे अट्टहास कर रहे हैं।

उसके भीतर से संगीत का स्वर फूटकर दिगन्त को पागल बनाने चला।

आज वहाँ वर्षा-मंगल मनाया जाएगा।

भोज्य पदार्थों की सुगंध से, नृत्य-गीत के उच्छ्वास से, विनोद और व्यंग्य की कलध्वनि से, चूड़ियों की खनखन और मंजीर की रुनझुन से अन्तरिक्ष और आकाश तरंगित होंगे।

और उसकी बगल में तुम ?

तुम रो रही हो—उस समय भी शायद रोओगी, जब कि राग-रंग का बाजार यहाँ बेतरह गर्म होगा !

x x x

छोटी-सी फूस की झोंपड़ी ! इस प्रथम-प्रथम असाढ़ की उल्लासमयी घड़ी में ही रो पड़ी?

क्या करती बेचारी ?

आज तीन वर्षों से उसके छप्पर पर एक तिनका नहीं पड़ा। उसका मालिक दिन-रात एक कर, एड़ी-चोटी का पसीना एक कर, धूप-बरसात-जाड़ा एक करके भी, इस पर एक मुट्ठी तिनके

का प्रबंध न कर सका।

असाढ़ की इस प्रथम वर्षा के सम्भार को बेचारी बर्दाश्त न कर सकी—न कर सकेगी !

उसकी छाती छिद गई। छिद क्या गई, छलनी हो गई। रो पड़ी बेचारी— अजस्र अश्रु-धारा से रो पड़ी।

रो पड़ी झोंपड़ी—रो पड़ी झोंपड़ी की रानी !

चार महीने की बरसात सामने है—चार प्राणियों को ये भयावने महीने काटने हैं। अपने दो की क्या चिन्ता ? वह बुढ़िया कैसे बचेगी, जिसकी गुदड़ी आज ही भीग गई। वह बचिया—फूल-सी बचिया—कैसे रहेगी, जिसे, अपनी गोद में छिपाकर भी, वह इस प्रथम असाढ़ को ही भीगने से नहीं बचा सकी।

झोंपड़ी की रानी रो रही है—उसकी अश्रु-धाराएँ छप्पर के इन असंख्य छेदों से, ओरियानी के विस्तृत अंचल से गर-गर-गर-गर करती गिर रही हैं !

हाँ, झोंपड़ी रो रही है।

x x x

और 'उसके' रुदन की भयानकता को और बढ़ा रही है उस अट्टालिका की वह हँसी !

एकसाथ मरना भी जशन है। किन्तु एक ओर जशन और दूसरी ओर रुदन—यह तो जिन्दगी को भी मौत बना देती है।

फिर यदि जशन ही किसी के रुदन का कारण हो, तब? या, किसी के रुदन की कीमत पर ही कोई जशन मनावे, तब?

x x x

इस अट्टालिका की नींव में किसकी महत्त्वाकांक्षा जीवित ही समाधिस्थ की गई !

इस अट्टालिका की ईंटें और गारा किसकी हड्डियाँ और खून से बने !

यह जो सुनहला कंगूरा चमक रहा है, उस पर किसकी हँसी छीनकर पालिश की गई !

भोज्य पदार्थों की सुगंध में किसके उच्छ्वास महक रहे हैं !

इस संगीत में किसकी सिसक, इस अट्टहास में किसकी चीख तड़प रही है !

चूड़ियों की खनखन और मंजोर की रुनझुन ! जरा सच बताना, किसकी हृदय शिराएँ चीरकर तुममें ये मादक स्वर भरे गये हैं !

x x x

झोंपड़ी रो रही है !

रोना ही तो इसका काम है !

अट्टालिका हँसती रहे, इसके लिए यह आवश्यक है कि झोंपड़ी रोये !

शिव-कुटीर, लहेरियासराय —बेनीपुरी

17-1-36

परिशिष्ट : 3

श्रीरामवृक्ष बेनीपुरी

क्रमश जीवन और लेखन : एक नजर में

जन्म-तिथि : 23 दिसंबर 1899 ई.।

जन्म-स्थान : बेनीपुर गाँव; जिला मुजफ्फरपुर; बिहार।

परिवार : पिता, श्री फूलवंत सिंह, ; पितामह, श्री यदुनंदन सिंह। साधारण किसान। बचपन में ही माता-पिता का स्वर्गवास।

शिक्षा : अक्षरारंभ, बेनीपुर। प्राथमिक शिक्षा; बंशीपचरा, ननिहाल में। फिर भिन्न-भिन्न स्कूलों में अध्ययन करते हुए जब मैट्रिक में ही पहुँचे थे, असहयोग आंदोलन के कारण 1920 में स्कूली शिक्षा का परित्याग।

साहित्य में रुचि : तुलसीकृत रामचरितमानस के पठन-पाठन से साहित्य की ओर रुचि। कविता की ओर प्रारंभिक प्रवृत्ति। प्राचीन काव्यों का स्वतः अध्ययन। 15 वर्ष की उम्र में ही हिंदी-साहित्य-सम्मेलन के विशारद। उन्हीं दिनों पत्र- पत्रिकाओं में कविताएँ।

पत्रकिारिता : 1921—'तरुण भारत' (साप्ताहिक) के सहकारी संपादक।

1922—'किसान मित्र' (साप्ताहिक) के सहकारी संपादक।

1924—'गोलमाल' (साप्ताहिक) के सहकारी संपादक।

1926—'बालक' (मासिक) के संपादक।

1929—'युवक' (मासिक) के संपादक और संचालक।

1930—'कैदी' (हस्तलिखित) का संपादन, हजारीबाग जेल में।

1934—'लोकसंग्रह' (मुजफ्फरपुर) और 'कर्मवीर' (खंडवा) के कार्यकारी संपादक।

1935—'योगी' (साप्ताहिक) के संपादक।

1937—'जनता' (साप्ताहिक) के संपादक।

1942—'तूफान' (हस्तलिखित); हजारीबाग जेल में संपादन।

1946—'हिमालय' (मासिक) के संपादक, आचार्य शिवपूजन सहाय के साथ।

1946—'जनता' (साप्ताहिक) के पुनः संपादक।

1948—'जनवाणी' (मासिक), काशी के संपादक-मंडल में, आचार्य नरेंद्रदेवजी के साथ।

1950—'नई धारा' और 'चुन्नू-मुन्नू' के प्रधान संपादक (दोनों ही मासिक)।

1951—'जनता' (दैनिक) के प्रधान संपादक।

पुस्तकें : 1925—(1) बगुला भगत (2) सियार पाँड़े (३) बिहारी सतसई की टीका (4) अश्विनी कुमार दत्त के 'प्रेम' का अनुवाद (5) कविता-कुसुम (संपादित संग्रह, किशोरोपयोगी कविताएँ)।

: 1927-28—(1) विद्यापति की पदावली (2) बिलाई मौसी (3) हीरामन

तोता (4) आविष्कार और आविष्कारक (5) शिवाजी (6) गुरुगोविंद सिंह (7) विद्यापति (8) लंगट सिंह।

: 1930-32—(1) पतितों के देश में (2) फुटकल कहानियाँ, जो 'चिता के फूल' में संगृहीत हुईं।

: 1935-36—(1) साहस के पुतले (2) झोंपड़ी से महल (3) रंग-बिरंग (4) बहादुरी की बातें (5) क्या और क्यों (6) दीदी (उपन्यास : सिर्फ चार फार्म छपा। पांडुलिपि : वर्मन एंड कंपनी, (7) झोंपड़ी का रुदन (संपादित कहानी संग्रह, छह कथाकार; 'कहीं धूप कहीं छाया' कहानी इसी संग्रह में पहली बार संकलित हुई।)

: 1937-39—(1) लाल तारा (2) लाल चीन (3) जान हथेली पर (4) फूलों का गुच्छा (5) पद-चिह्न (6) सतरंगा धनुष।

: 1940—(1) कैदी की पत्नी (2) लाल रूस (3) सात दिन (उपन्यास : अप्रकाशित) (4) जोश (अप्रकाशित) (5) 'माटी की मूरतें' के अधिकांश शब्दचित्र इसी वर्ष लिखे गए।

: 1941-45—(1) अंबपाली (2) रोजा लुक्जेमबुर्ग (3) रवींद्र-भारती (रवीन्द्रनाथ की कविताओं के अनुवाद) (4) इक़बाल (अप्रकाशित और अनुपलब्ध) (5) रूस की क्रांति (6) टुलिप्स (अंग्रेजी के कुछ रोमांटिक कवियों की कविताओं के अनुवाद)।

: 1947—(1) जयप्रकाश : जीवनी (2) जयप्रकाश की विचारधारा (3) तथागत (4) चिता के फूल।

: 1948-50—(1) गेहूँ और गुलाब (2) नेत्रदान (3) सीता की माँ (4) नई नारी (5) संघमित्रा (6) मशाल (7) हवा पर (8) बेटे हों तो ऐसे (9) बेटियाँ हों तो ऐसी (10) हमारे पुरखे (11) हमारे पड़ोसी {पीछे ये दो पुस्तकें 'अमर कथाएँ' नाम से चार भागों में प्रकाशित} (12) पृथ्वी पर विजय (13) प्रकृति पर विजय (14) संसार की मनोहर कहानियाँ (15) हम उनकी संतान हैं (16) इनके चरण-चिह्नों पर (17) अनोखा संसार (18) अपना देश।

: 1951—(1) पैरों में पंख बाँधकर (2) कार्ल मार्क्स (3) अमर ज्योति (4) नया समाज (5) सुनिए।

: 1952—(1) पेरिस नहीं भूलती (अनुपलब्ध) (2) उड़ते चलो, उड़ते चलो, (3) अमृत की वर्षा (4) जीव-जंतु।

: 1953—(1) जंज़ीरें और दीवारें (2) मुझे याद है (3) विजेता (4) धरती की धड़कनें (5) मेरी डायरी (6) नए-पुराने (7) कुछ मैं, कुछ वे। इस वर्ष इन पुस्तकों के निर्माण पर कार्य किया।

जेल यात्रा : 1930—छह महीने की सजा; हजारीबाग जेल।

1932—डेढ़ वर्ष की सज़ा, हजारीबाग और पटना कैंप जेल।

1937—तीन महीने की सज़ा; हज़ारीबाग जेल।

1938—दो दिन हाजत में —सिटी जेल, पटना जेल।

1939—दो सप्ताह की सजा—पटना जेल।

1940—एक वर्ष की सजा—हजारीबाग जेल। (इसी दरम्यान एक

		मुकदमे के सिलसिले में छपरा जेल, सीवान जेल।)
		1941—छह महीने की सज़ा, हाजीपुर जेल, मुजफ्फरपुर जेल।
		1942—डेढ़ साल की सज़ा, सीतामढ़ी जेल।
		1942—छह महीने की सज़ा, मधुबनी जेल, दरभंगा जेल।
		1942 से 1945—नजरबंदी, हजारीबाग जेल, गया जेल।
संस्थाओं से संबंध	:	बिहार हिंदी-साहित्य-सम्मेलन की स्थापना (1919) में सहयोग, उसके सहकारी मंत्री, संयुक्त मंत्री, प्रधानमंत्री (1946 से 1950 तक) फिर सभापति (1951)। अखिल भारतीय हिंदी-साहित्य-सम्मेलन के प्रचार मंत्री (1929) जब श्री गणेशशंकर विद्यार्थी उसके सभापति थे।
	:	1920 से 1946 तक कांग्रेस में। पटना शहर कांग्रेस कमेटी के सभापति। अखिल भारतीय कांग्रेस कमेटी के सदस्य। 1926 में बिहार राजनीतिक कान्फ्रेंस (मुंगेर) में पूर्ण स्वाधीनता का प्रस्ताव पेश किया, जो बड़े नेताओं के विरोध के बावजूद पास हुआ। फैजपुर कांग्रेस में जमींदारी उन्मूलन का प्रस्ताव पेश किया। 1937 के आम चुनाव के बाद दिल्ली में संयोजित नेशनल कान्वेन्शन के सदस्य।
	:	बिहार सोशलिस्ट पार्टी (1931) के संस्थापकों में। अखिल भारतीय कांग्रेस सोशलिस्ट पार्टी की पहली कार्य-समिति के सदस्य। सोशलिस्ट पार्टी (बिहार) के पार्लियामेंटरी बोर्ड के अध्यक्ष।
	:	पार्टी के मुख्य पत्र 'जनता' के संपादक।
	:	बिहार प्रांतीय किसान सभा के सभापति। भारतीय किसान सभा के उप-सभापति। जमींदारी उन्मूलन का नारा सबसे पहले दिया।
	:	1954-56—बेनीपुरी ग्रंथावली की प्रकाशन-व्यवस्था में अत्यधिक व्यस्त। लेकिन ग्रंथावली दो खंडों से अधिक नहीं छप सकी।
	:	1957—बिहार विधान-सभा के सदस्य निर्वाचित।
	:	1958—बिहार विश्वविद्यालय सिंडिकेट के सदस्य।
	:	1959—बागमती कॉलेज और गाँधी-भूमि की स्थापना के लिए जोरदार प्रयत्न।
यात्राएँ	:	छठे दशक के शुरू में सोवियत संघ, तुर्की, इराक, सीरिया, वर्मा, थाईलैंड, चीन तथा विभिन्न यूरोपीय देशों की यात्राएँ।
पक्षाघात	:	1959—(दिसंबर) राष्ट्रपति डॉ. राजेंद्र प्रसाद द्वारा गाँधी-भूमि के उद्घाटन की तैयारी में अत्यधिक परिश्रम। उनके आने के एक दिन पूर्व संध्या में अचानक पक्षाघात का आक्रमण।
	:	1960-67—पटना, मुजफ्फरपुर, तथा दिल्ली आदि स्थानों में चिकित्सा-प्रबंध, पक्षाघात के तीन-चार आक्रमण।
सम्मान	:	1967—अखिल भारतीय हिंदी-साहित्य-सम्मेलन, प्रयाग द्वारा 'साहित्य-वाचस्पति' की उपाधि से सम्मानित।
	:	1968—(जनवरी) बिहार-राष्ट्रभाषा-परिषद् द्वारा वयोवृद्ध साहित्यिक पुरस्कार एवं सम्मान।
निधन	:	1968—7 सितंबर, प्रातः 6 बजे—महायात्रा।

परिशिष्ट : 4

श्रीरामवृक्ष बेनीपुरी का संक्षिप्त वंशवृक्ष

खिरोदन चौधरी

वचन चौधरी

दरियाओ सिंह

यदुनंदन सिंह

फूलवंत सिंह

श्रीरामवृक्ष शर्मा बेनीपुरी
(पत्नी : उमारानी बेनीपुरी)

देवेन्द्र कुमार बेनीपुरी (पत्नी : सुशीला बेनीपुरी) — जितेन्द्र कुमार बेनीपुरी (उषारानी बेनीपुरी) — महेन्द्र कुमार बेनीपुरी (डॉ. कामनी बेनीपुरी) — प्रभा बेनीपुरी (पुत्री) (पति : स्व. महंत श्यामसुदर दास)

अनिल कुमार बेनीपुरी — सुनील कुमार बेनीपुरी — मीनीता बेनीपुरी (पुत्री)

मीता विजया बेनीपुरी (पुत्री) — सीना बेनीपुरी (पुत्री) — विनीता बेनीपुरी (पुत्री) — शालिनी बेनीपुरी (पुत्री) — कार्त्तिकेय बेनीपुरी (पुत्र)

वीरभद्र बेनीपुरी — विभूतिभूषण उर्फ मनन बेनीपुरी — रतन बेनीपुरी — कंचन बेनीपुरी — रंजन बेनीपुरी — रमण बेनीपुरी

राजीव रंजन दास

(बेनीपुरीजी के बाद की तीसरी पीढ़ी भी आ गई है।)

परिशिष्ट : 5

आइए चलें बेनीपुर

—सुरेश शर्मा

बेनीपुरीजी का गाँव बेनीपुर बिहार के मुजफ्फरपुर जिले में है। मुजफ्फरपुर से सीतामढ़ी जानेवाली सड़क पर आगे बढ़ें तो 28 किलोमीटर बाद जनाढ़ गाँव आता है। एक तिराहा जैसा है, जहाँ छोटी-छोटी दुकानें हैं। यहाँ सीतामढ़ी या नेपाल की सीमा तक जानेवाली एक्सप्रेस बसें नहीं रुकतीं। 'पैसेंजर' बसें ही रुकती हैं। यह जानकारी न होने के कारण मैं मुजफ्फरपुर से एक्सप्रेस बस में ही बैठ गया। जनाढ़ पहुँचने पर जब मैंने कंडक्टर से बस रुकवाने के लिए कहा तो उसने पहले मना कर दिया : 'यह एक्सप्रेस बस है,' जनाढ़ जैसी छोटी जगह पर नहीं रुकती। लेकिन जब मैंने उससे कहा कि मुझे जनाढ़ उतरकर बेनीपुरीजी के गाँव जाना है, तो उस अधेड़ कंडक्टर की आँखों में कुछ कौंधा और उसने बस रुकवा दी। बिहार के अधिकांश लोग जिन्होंने दसवीं-बारहवीं तक की भी पढ़ाई की है, बेनीपुरी की कृतियों से अवश्य परिचित हैं। 'माटी की मूरतें', 'अंबपाली' या 'नेत्रदान' पाठ्यक्रम में या पुस्तकालय से लेकर वे जरूर पढ़ चुके होते हैं। और कुछ नहीं तो उनकी 'कहीं धूप कहीं छाया' कहानी तो किसी न किसी समय जरूर पढ़ी होती है। कंडक्टर को भी अपनी आधी जीवन-यात्रा में बेनीपुरी की रचना कहीं न कहीं मिली होगी और उसने उससे अपना तादात्म्य स्थापित किया होगा। बेनीपुरी नाम लेते ही उसमें कुछ घटित हुआ और उसने मुझे जनाढ़ तिराहे के पास उतार दिया।

इस तिराहे की खाली जगह पर इंदिरा गाँधी की प्रतिमा लगा दी गई है ! पहले जब बेनीपुर आता था तो इस खाली जगह को देखकर एक कल्पना मन में आती थी कि यहाँ बेनीपुरी की प्रतिमा लगाई जानी चाहिए। कुछ समय पहले पटना के राजेन्द्र नगर गोलंबर पर भी यही हुआ। फणीश्वरनाथ रेणु के फ्लैट के सामने के इस गोलंबर पर रेणु की प्रतिमा लगाने का निर्णय लिया गया था। लेकिन तुष्टीकरण की राजनीति के कारण बिहार सरकार ने रातोंरात यह फैसला बदला और रेणु के बजाय किसी राजनेता की प्रतिमा लगा दी गई...। लेकिन प्रेमचंद इस मामले में भाग्यशाली साबित हुए। बनारस में उस चौराहे पर प्रेमचंद की प्रतिमा लगी है जहाँ से लमही की तरफ जाने का रास्ता फूटता है !

बेनीपुर जनाढ़ तिराहे से पूरब की ओर लगभग दो किलोमीटर की दूरी पर है। एक नितांत टूटी-फूटी कच्ची सड़क बेनीपुर गाँव तक जाती है। बस से उतरते ही मैं इस कच्ची सड़क से बेनीपुर की ओर पैदल चल पड़ता हूँ। थोड़ी दूर तक सड़क की दोनों तरफ जनाढ़ गाँव है। तिराहे की दुकानों का सिलसिला खत्म होते ही गाँव, खेत और बगीचे शुरू हो जाते हैं।

दिसंबर, 1997 के इस आखिरी हफ्ते में सरसों के पीले खेत दूर-दूर तक फैले हैं। बेनीपुरीजी ने अपने गाँव पर लिखी एक टिप्पणी में सरसों के इस 'पीले समुद्र' की काफी चर्चा की है। ठंडी हवा के झोंकों से इस समुद्र में पीली लहरें उठती-गिरती दिखाई देती हैं। इन लहरों के बीच कहीं-कहीं पत्रहीन सेमल वृक्षों की पंक्तियाँ भी हैं। सेमल में अभी फूल नहीं आए हैं। खेतों के बीच भैंस की पीठ पर बैठे या लेटे नौजवान या अधेड़ भैंस चरा रहे हैं और हथेली पर तंबाकू भी मल रहे हैं।

बेनीपुर जानेवाली यह सड़क अचानक मुझे थोड़ी दूर तक कटी हुई मिलती है। नीचे उतरकर सड़क के उस गहरे गढ़े को मैं पार करता हूँ। फिर जहाँ नए सिरे से सड़क शुरू होती है वहाँ दो छोटे किसान महेन्दर साह और सुगेश्वर मंडल से मेरी भेंट होती है। दोनों खेत से

कटकर आए धान के 'बोझों' को सँभाल रहे हैं। महेन्दर साह कहते हैं : 'इस साल बाढ़ का पानी निकालने के लिए सड़क काट दी गई। अब तक सरकार ने इसे बनवाया नहीं। सैकड़ों बरस से बाढ़ ने इस इलाके को तबाह कर रखा है !...' उनका कहना है कि 1934 के भूकंप के बाद इस इलाके में भयंकर बाढ़ आई थी। बेनीपुरीजी के आग्रह पर बाढ़-पीड़ितों को देखने के लिए यहाँ गाँधीजी आए थे। सामने जहाँ बाँसों का झुरमुट दिखाई दे रहा है वहीं गाँधीजी ने एक ऊँची जगह से खड़े होकर भाषण दिया था। कहा था : अगर मैं अगस्त्य मुनि होता तो बाढ़ के इस महासागर को अपने चुल्लू से पी जाता...।

सुगेश्वर मंडल बेनीपुरीजी को याद करते हुए कहते हैं कि बेनीपुरीजी सिर्फ़ गाँधीजी ही नहीं बल्कि 1959 में भारत के पहले राष्ट्रपति राजेन्द्र प्रसाद को भी बुलाया था। वह देखिए 'गाँधी भूमि' का टूटा-फूटा चबूतरा। उसी पर खड़े होकर राजेन्द्र बाबू बोले थे और बगल में बीमार बेनीपुरीजी बैठे थे।' महेन्दर साह कहते हैं : 'सामने जो जनाढ़ हाई स्कूल दिख रहा है, वह बेनीपुरी जी द्वारा माँगी गई जमीन पर बना है। वहाँ वे बागमती कालेज खोलना चाहते थे। कालेज के लिए चंदा उगाहने की दौड़-धूप में पास के ही अथरी गाँव में उन्हें लकवा हुआ और उससे वे पूरी तरह कभी ठीक नहीं हुए।' सुगेश्वर मंडल ने बात पूरी की : 'लेकिन जिस कालेज के लिए बेनीपुरीजी ने एक प्रकार से अपनी जान दे दी वह आज तक नहीं बना...।'

महेन्दर साह ने अचानक प्रसंग बदला : 'कुछ भी कहिए, मगर बेनीपुरीजी बेहद खुशमिजाज आदमी थे। ये हो ही नहीं सकता कि आप कुछ देर उनके पास बैठें और बिना ठहाका लगाए वापस आ जाएँ।' पिछली बेनीपुर यात्रा में मुझे बेनीपुरीजी के मित्र 90वर्षीय जयवीर झा ने बताया था कि जनाढ़ से बेनीपुर का रास्ता बेनीपुरी अक्सर बैलगाड़ी से तय करते थे। बैलगाड़ी का इंतजाम जयवीर झा के ही जिम्मे था। एक बार झा जी बेनीपुरी को बैलगाड़ी से ले जा रहे थे। गाड़ी के जुए की रस्सी टूट गई। जयवीर झा ने उसे अपने गमछे से बाँधा। किसी तरह अपने मित्र को बेनीपुर पहुँचाया। जयवीर झा कहते हैं कि इसी यात्रा में अचानक निर्जन में एक सियार बोला। बेनीपुरी ने जयवीर झा से पूछा : 'बता सकते हो जयवीर कि सियार क्या बोल रहा है ?'

'आप ही बताइए', जयवीर झा ने कहा।

'असल में सियार, दूर कहीं बैठी अपनी मादा को पुकार लगाकर बता रहा है कि वह आ रहा है ! मैं भी तो अपनी रानी से मिलने जा रहा हूँ लेकिन अफसोस मैं सियार की तरह, पुकार नहीं लगा सकता !' बेनीपुरीजी ने चिरपरिचित ठहाका लगाया। जयवीर झा ने बताया था कि इस तरह के परिहास से वे साथ के लोगों को लगातार हँसाते ही रहते थे।

अब बेनीपुर ज्यादा दूर नहीं है। आगे एक दोराहा है। एक रास्ता छोटा बेनीपुर जाता है, दूसरा बड़ा बेनीपुर ! बेनीपुरीजी का घर बड़ा बेनीपुर में है। मैं बड़े बेनीपुरवाली सड़क पर मुड़ता हूँ। गाँव दिखता है। फूस तथा खपरैल के कच्चे और पक्के मकान। गाँव शुरू होता है, सड़क के किनारे खड़ी फूस की झोंपड़ियों से। ये खेत मजदूरों की झोंपड़ियाँ हैं। दोपहर का वक्त है। ज्यादातर मजदूर कटे हुए धान के पौधों से धान निकालने और पुआल अलग करने का काम कर रहे हैं। धूप में बैठी कुछ औरतें नन्हें शिशु को अपना दूध पिला रही हैं और रस्सी बाँटने का भी काम कर रही हैं। कुछ मर्द दिन का खाना खा रहे हैं। पीतल की पुरानी थाली में उबला शकरकंद और नमक ! अचानक दूर से भागती एक साँवली लड़की आई। उसने सड़क के किनारे घास छीलती दूसरी लड़की के पीछे चुपचाप जाकर अपनी हथेलियों से उसकी आँखें बंद करते हुए पूछा : 'बताओ' कौन ?

बंद आँखोंवाली लड़की को स्पर्श की पहचान में सिर्फ़ एक पल लगा। तुरंत बोली : 'मरनी

है, और कौन ?' फिर दोनों ने गले लगकर ठहाका लगाया।...

बेनीपुर में घुसते ही विपन्नता के बीच भी श्रम और उल्लास के इस दृश्य से बेनीपुरीजी की रचना की जमीन पहचानी जा सकती है। उनकी कालजयी रचनाओं के अधिकांश पात्र इसी वर्ग के हैं। इसी वर्ग से उनकी सहानुभूति है। एक मुलाकात के दौरान उन्होंने यह बात कही भी थी। सातवें दशक के उत्तरार्द्ध में पहली बार मैं उनसे मिला था। वे अपने छोटे बेटे प्रो. महेन्द्र कुमार बेनीपुरी के साथ महमदा लॉज में रहते थे। इस लॉज के लाल मकान में मैं एक शाम बेनीपुरीजी से मिलने गया। खादी की धोती पहने खाली शरीर वे बैठे थे। पास में रेडियो चल रहा था जिसमें आकाशवाणी के पटना केन्द्र से ग्रामीण भाइयों का कार्यक्रम आ रहा था। पक्षाघात के कारण उन दिनों बेनीपुरी कुछ बोलते नहीं थे इसलिए उनसे वार्तालाप असंभव था। किसी भी प्रश्न के उत्तर में ज्यादातर सिर्फ़ 'जी' कहकर चुप हो जाते थे। फिर भी मैंने उनसे बातचीत करने की कोशिश की थी। सातवें दशक में कहानी के अंतर्गत महानगरीय यथार्थ का बोलबाला था। गाँव के यथार्थ की अभिव्यक्ति को कुछ आधुनिकतावादी लेखक पिछड़ापन बताने लगे थे। मैंने बेनीपुरीजी के सामने ये बातें रखीं तो उन्होंने उत्तर में रुक-रुककर एक वाक्य पूरा किया था : 'कहानी-उपन्यास में प्रेमचंद का रास्ता सही रास्ता था।'

बेनीपुरीजी के पात्रों के बीच से जब आगे बढ़ा तो कुछ समृद्ध किसानों का घर आया। शिवकुमार सिन्हा का मकान दूर से ही पहचाना जाता है। विविध प्रकार के फूलों और विभिन्न नस्ल की आधा दर्जन गायों के बीच सिन्हाजी धूप में चटाई पर बैठे थे। एक हाई स्कूल में जीव विज्ञान के शिक्षक हैं। गाँव की एक संस्था 'बेनीपुरी चेतना समिति' के सचिव भी हैं। कहते हैं : 'इस संस्था के द्वारा मैंने बेनीपुरीजी के स्वप्न को पूरा करने के लिए इलाके को सक्रिय करने की कोशिश की लेकिन कोई सफलता नहीं मिली इसलिए अब खुद में ही सिमट गया हूँ।' शिवकुमारजी का कहना है कि बेनीपुरीजी के नारे 'गेहूँ और गुलाब' को ही उन्होंने अपना जीवन दर्शन बना लिया है। आँखों को सुंदर लगने के लिए वे विविध प्रकार के फूलों का बाग लगाते हैं। पेट के लिए खेती करते हैं। बेनीपुरीजी ने अंतिम दिनों में बड़े पैमाने पर गोपालन की योजना बनाई थी। इसलिए वे विभिन्न नस्ल की आधा दर्जन से अधिक गाय रखते हैं। शिवकुमारजी का कहना है कि सन् 34 के बाद की बाढ़ में बेनीपुरीजी गाँधीजी को इस 'दहनाल एरिया' में ले आए थे। चारों तरफ पानी भरा था। बाढ़ के इस पानी को पास की लखनदेई नदी में ले जाने की व्यवस्था हुई। गाँधीजी ने हाथ लगाकर बेनीपुर की मिट्टी देखी और कहा, 'यह उपजाऊ जमीन है। इस पर बड़े पैमाने पर खेती करो।' तब से बेनीपुर के लोग खूब अन्न उपजाते हैं। उससे पहले इस इलाके के ज्यादातर लोग मछली या चिड़िए का व्यवसाय करते थे। शिवकुमारजी के पास बेनीपुरीजी द्वारा 7 अक्टूबर 1959 का लिखा एक परिपत्र है। इसमें उन्होंने इलाके के सर्वांगीण विकास के लिए एक कार्यक्रम तैयार किया था। उन्होंने 'गाँधी भूमि' का निर्माण करने का सपना देखा था। बागमती कालेज, हस्तशिल्प प्रतिष्ठान, बागमती लोक रंगमंच, चिकित्सालय तथा पुस्तकालय आदि गाँधी भूमि के विविध अंग के रूप में स्थापित करने की योजना थी। इसी के अंतर्गत वे एक गाँधी स्वाध्याय मंदिर भी बनाना चाहते थे जिसमें गाँधीवाद पर चर्चा और शोध हो। वर्ष में एक बार गाँधी मेला भी लगे जिसमें गाँधीवाद के विद्वान शिरकत करें।.. बेनीपुरीजी ने परिपत्र के अंत में यह भी लिखा है कि 'गाँधी स्वाध्याय मंदिर के सामने एक गाँधी स्तंभ स्थापित करना चाहता हूँ जिस पर गाँधीजी की शुभ्र संगमरमर की प्रतिमा स्थापित की जाए। यही मेरी कुछ कामनाएँ-कल्पनाएँ हैं?' अपने इलाके के लिए बेनीपुरीजी की इन कल्पनाओं-कामनाओं में कोई भी पूरी नहीं हुई !

मैं शिवकुमारजी के साथ बेनीपुरीजी के घर की ओर बढ़ता हूँ। थोड़ी दूर चलने के बाद

रास्ता खत्म हो जाता है। दलदल शुरू होता है। बेनीपुरीजी के घर के बगल में सघन जलकुंभी उगी है। उसी के बीच से चलकर हम बेनीपुरीजी के दरवाजे तक पहुँचते हैं। शिवकुमारजी बताते हैं कि बेनीपुरीजी के घर तक पहुँचने का अब तक कोई रास्ता नहीं था। लेकिन अब उनके बेटे महेन्द्रजी ने पट्टीदारों को अपनी कुछ जमीन दी है जिसके बदले में उन्होंने इस जलकुंभी के बीच से रास्ता बनाने के लिए जगह दे दी है। जल्दी ही सड़क बन जाएगी।

बेनीपुरीजी के दरवाजे पर पहुँचते ही उनके मकान की भव्यता का अहसास होता है। यह पूरा मकान नहीं है। सिर्फ़ उसका अगला हिस्सा है। पुरानी शैली के स्थापत्यवाले इस मकान में एक लंबा बरामदा और दोनों तरफ कोठरियाँ हैं। बीच में एक बड़ा-सा हॉल है।

बेनीपुर के एक ग्रामोण का कहना है कि इस बैठक में लोगों से बेनीपुरीजी मिलते भी थे और सीने के नीचे तकिया रखकर लिखते भी रहते। उनका पान खाना और सिगरेट पीना जारी रहता। वे दशहरा और होली में गाँव जरूर आते थे। गाँव के 'भोज-भात' में शामिल होना उन्हें बहुत पसंद था।

बेनीपुरी परिवार का सिर्फ़ एक सदस्य अब इस भव्य मकान में रहता है। बेनीपुरी जी के बड़े बेटे देवेन्द्र कुमार बेनीपुरी के पुत्र रंजन बेनीपुरी पोलियो के कारण चल नहीं सकते। वही यहाँ रहते हैं। मैं उनकी कोठरी में प्रवेश करता हूँ। रंजन मच्छरदानी के भीतर लेटे हैं। दाढ़ी और बड़े बाल। बेहद मिलनसार। यह बिस्तर ही उनकी दुनिया है। बातचीत के दौरान कहते हैं : ' 'माटी की मूरतें' की रजिया यहीं पास के वसंत गाँव की थी। आज भी उसके खानदान के लोग हैं...।' कोठरी से बाहर निकलकर एक बार फिर इस मकान को देखता हूँ। इसके मुँड़ेरों को ध्यान से देखने पर लगा कि उन पर गेहूँ और गुलाब की कलात्मक आकृतियाँ बनी हैं। शिल्प के स्तर पर गहरी सजगता बेनीपुरीजी की रचनाओं में ही नहीं है, वह उनके भवन निर्माण और निजी जीवन में भी थी, उनके निधन से तीन महीने पूर्व जून, 1968 में मैं उनसे दूसरी और अंतिम बार मिला था। उन दिनों वे अपने छोटे बेटे महेन्द्र बेनीपुरी के साथ 'सीता सदन' में फर्स्ट फ्लोर पर रहते थे। महमदा लॉज छोड़ चुके थे। मैं चिलचिलाती धूप में उनके पास पहुँचा था। तब वे बिलकुल ही चुप रहते थे। उन्होंने गंजी और धोती पहनी हुई थी। मेरे साथ एक फोटोग्राफर मित्र भी थे। उन्होंने बेनीपुरी के साथ मेरी तस्वीर लेनी चाही। लेकिन उन्होंने मना किया और नौकर को बुलवाया। उसे इशारे से कहा कि 'शेव' करने के लिए नीचे से नाई को बुला लाओ। कलमबाग चौक से नाई आया। उसने उनकी दाढ़ी बनाई। फिर बेनीपुरीजी ने अपना धुला सफेद कुर्ता मँगवाकर पहनाने के लिए कहा। जब तैयार हो गए तो हलकी-सी मुस्कान उनके चेहरे पर आई और इशारे से फोटो लेने की इजाजत दी। संभवतः वह उनके जीवन की अंतिम तस्वीर थी। रचनावली में वह दी जा रही है।...

बेनीपुरीजी की इच्छानुसार उनका दाह-संस्कार दरवाजे पर ही किया गया था। उस स्थान पर एक स्मारक बनाया गया है। स्मारक के ऊपर एक शिल्प संरचना के नीचे बेनीपुरीजी की प्रतिमा स्थापित है। शिवकुमारजी का कहना है कि यह प्रतिमा बनारस में बनवाई गई थी। वहाँ से यह भारी प्रतिमा वे अकेले ढोकर बेनीपुर लाए थे। स्मारक का स्थापत्य महेन्द्र बेनीपुरी ने कलकत्ता की किसी शिल्प-संरचना के आधार पर बनवाई है। दरवाजे के दक्षिण की ओर बेनीपुरीजी द्वारा लगाया गया आम का बगीचा है। शिवपूजन सहाय ने इस दरवाजे पर मौलसिरी का पेड़ लगाया था। वह पेड़ सूख गया। उसकी जगह पर नई मौलसिरी लगा दी गई है। दरवाजे की दूसरी तरफ वह कुआँ अब भी मौजूद है जिसकी 'जगत' पर बैठकर जेपी, गंगा बाबू तथा पृथ्वीराज कपूर जैसे बेनीपुरी के मित्रों ने भोजन किया था।

बेनीपुर के एक ग्रामीण का कहना है : "यह गाँव बहुत बड़ा नहीं है। लेकिन इस छोटे

से गाँव में ही अनेक जातियाँ मिल-जुलकर रहती हैं। गाँव में भूमिहार सबसे अधिक हैं। बेनीपुरीजी इसी परिवार में पैदा हुए थे। गाँव में बीस घर मल्लाह, बीस घर ततमा, दस घर धानुक, दस घर दलित, दो घर मुसहर तथा दो घर कुम्हार हैं।" ग्रामीण ने कहा कि यहाँ की मुख्य फसल धान है। इस इलाके में गेहूँ, मक्का, सरसों तथा दलहन आदि भी उपजता है। इस मकान के आगे कोई बस्ती नहीं है सिर्फ़ भरथुआ चौर है। इस चौर में पूरब की ओर कुछ दूर चलने पर मुझे बागमती नदी मिली। बेहद शांत और स्थिर। बेनीपुरी अपने को बागमती का बेटा कहते थे।

बागमती के किनारे शाम हो गई। मैं अब लौट रहा हूँ। फिर वही रास्ता, बेनीपुर के सीमांत पर मुझे अस्सी साल का रीझनदास मिला। वह कहता है—बेनीपुरीजी के घर उनके लगाए तरह-तरह के पौधों में मैं पानी देता था। वह इस बात से आज भी गौरवान्वित है कि बेनीपुरी छोटे-बड़े सबके दरवाजे पर समान भाव से जाते थे तथा सबको आदर से 'जी' कहते थे। रीझनदास को अचानक सन् 34 के बाद गाँधीजी के इस इलाके में आगमन की याद आती है। वह कहता है—भरथुआ चौर में गाँधीजी को देखने के लिए लाखों लोग उमड़ पड़े थे। गाँधी जी ने आधी धोती कमर में पहनी थी और आधी ओढ़ रखी थी। आँखों पर गोल चश्मा। एक हाथ में उनकी लाठी थी और दूसरा हाथ बेनीपुरीजी के कंधे पर। मंच पर इसी रूप में बोलते हुए वे मुझे याद हैं। शब्द चित्रकार बेनीपुरीजी के ग्रामीण रीझनदास ने भी अनजाने में गाँधीजी का एक शब्दचित्र ही खींच दिया था, बेहद मूर्त !

लगता है, बेनीपुर की उर्वर मिट्टी में ही शब्दचित्र गढ़ने की गुणवत्ता है ! आश्चर्यचकित मैं लौट रहा हूँ। पीछे मुड़कर देखता हूँ तो शाम की पीली धूप भी अब बेनीपुर के छप्परों से गायब हो रही है। नए जले अलावों के धुएँ से वहाँ का आकाश धूमिल हो रहा है।

• • •